Volksfrömmigkeit in der Schweiz

Herausgegeben von
Ernst Halter und Dominik Wunderlin

Volksfrömmigkeit
in der Schweiz

Mit 8 Fotoreportagen von Giorgio von Arb

OFFIZIN

Die Herausgeber und der Verlag danken folgenden Stiftungen, Institutionen und Firmen
für ihre grosszügige Unterstützung dieses Werkes:

Stiftung Pro Patria
Kanton Luzern, Erziehungs- und Kulturdepartement
Kanton Obwalden, Erziehungsdepartement

Josef Müller Stiftung Muri
Ulrico Hoepli-Stiftung, Zürich
Stiftung «Dr.phil.Josef Schmid, Staatsarchivar von Luzern, und Frau Amalie Schmid-Zehnder»

Ordinariatsstiftung des Bistums Basel
Römisch-Katholische Zentralkonferenz
Verband röm.-kath. Kirchgemeinden des Kantons Obwalden

Victorinox Messerfabrik, Ibach SZ
Raiffeisenbank Kerns
Anonymer Spender

Editorische Betreuung und Redaktion: Ernst Halter, Aristau AG
Gestaltung und Koordination: Hans Rudolf Ziegler, Zürich
Lithos: Franz Horisberger AG, Niederglatt ZH
Satz und Druck: BuchsDruck, Buchs SG
Einband: Buchbinderei Burkhardt AG, Mönchaltorf ZH

ISBN 3–907495–95–0

Inhalt

IV. Volksfrömmigkeit im Jahres- und Lebenslauf

V. Anhang

Giorgio von Arb: Fotoreportagen

Ernst Halter

Unten und oben

Gott müsste hier sein; doch er ist es nicht. Er wäre nicht Gott, wenn er durch seine Schöpfung wandelte. Er lässt uns allein. Also gilt es, seine *Existenz zu beweisen* oder seine *Gegenwart zu erfahren* oder zumindest *in seine Nähe zu gelangen,* dorthin, wo eine menschliche, uns verwandte Stimme, ein uns vertrautes, auch von uns real oder in der Vorstellung durchlittenes Leid für uns, die im Stich Gelassenen, zeugt und einsteht. Nennen wir's *die drei Wege;* sie streben von einem Punkt aus an ein und dasselbe Ziel.

Die *Gottesbeweise* füllen eine Bibliothek, und es gibt einen, der uns in Momenten der Zuversicht noch immer stärker einleuchtet als Kants Kategorischer Imperativ: Thomas von Aquins Kausalitätsbeweis. Aus dem Streben des Menschen nach dem Guten, aus dem trotz seiner Bedingtheit wachen Bewusstsein eigener Beschränktheit und Unvollkommenheit schliesst der *Doctor angelicus* auf einen Gott der unendlichen Existenz- und Sinnfülle, von dessen Substanz ein Schimmer uns erhellen müsse. Diese im Kern auf Platon basierende Beweisführung, die bei Thomas ihre überzeugendste Formulierung findet, soll nur den Weg andeuten, auf dem wir hier unterwegs sind.

Auch die Wissenschaft – denken wir an Astronomie, Atomphysik, Mikrobiologie – hat, ohne dass es deutlicher als in unwillkürlichen Stossseufzern – etwa von Einstein – ausgesprochen worden wäre, viel von einer Suche nach Gott. Die Dynamik ihrer Entwicklung und der Glaube, den sie bei den Zeitgenossen mobilisiert, erinnern nicht zufällig an die Dynamik der hochmittelalterlichen Scholastik. Gott begänne – die Vereinfachung sei erlaubt – an einer hypothetischen Grenze, die vom menschlichen Denken und seiner instrumentellen Intelligenz nicht mehr zu durchstossen sein würde, obwohl ein Dahinter nicht ausgeschlossen werden könnte. Klar, *Er* würde dort nicht beginnen, da er ja weder Beginn noch Ende hat; doch träte uns in der Unmöglichkeit, weiter vorzudringen, der ganz Andere vielleicht nahe.

Über die *Gotteserfahrung* lässt sich schwer in verständlicher Alltagssprache berichten. Diejenigen unter den Mystikern – christlichen so gut wie islamischen oder buddhistischen –, die es gewagt haben, gehören zu den ersten, welche die Unzulänglichkeit menschlichen, also symbolischen Sprechens schmerzlich haben erfahren müssen. Kein Wort *ist,* was es auszudrücken versucht. Baal Schem Tov, der Begründer des Chassidismus, schrieb kein Wort von denen, die ihm auf die Lippen traten, nieder. Erst lange nach seinem Tod machten sich Jünger daran, seine Aussprüche zu fixieren. Die Einsiedler auf dem Berg Athos äussern sich unwillig, fragmentarisch und nur auf dringliche Nachfrage eines ihnen Vertrauten über ihre Erfahrungen mit dem «unerschaffenen Licht». Und von etlichen Zen-Meistern wird berichtet, sie hätten allzu begriffsstutzigen Lehrlingen zuweilen mit einer Maulschelle oder einem Besenhieb ans Schienbein weitergeholfen. So ist, selbst wenn etwas «schwarz auf weiss» dasteht, dies nur für wenige nachvollziehbar und verbürgt durch eigene Erfahrung.

Es bleibt der Dritte Weg *der Annäherung,* und einer, der ihn im Wissen um die Schwierigkeit (und wohl auch um den elitären Charakter) der beiden andern Wege eingeschlagen hat, ist Jesus von Nazareth gewesen. Die von ihm in Anspruch genommene Mittlerstellung zwischen Gott und den Menschen dürfte zum revolutionären Erfolg des Christentums beigetragen haben. Sein Leiden und seine Inkarnation boten eine als Realität erfahrene Möglichkeit der Annäherung. Nach etwa drei Jahrhunderten apokryphen Wildwuchses, gnostischer Mythen und Riten setzt sich, von Konzil zu Konzil schärfer umrissen und dogmatisch gefestigter, die Orthodoxie als Verwalterin des Glaubenssatzes von Jesu Gottessohnschaft und somit der Trinitätsdoktrin durch.

Jede dogmatisch verfasste Kirche gerät, sobald die lokalen Kulte und ketzerischen Mischformen ausgerottet oder zurückgedrängt sind, trotz äusserlichem Triumphalismus in eine kritische Lage. Denn dass sich etwas aus dem Licht des Tages und der Öffentlichkeit zurückgezogen hat, ist kein Beweis, dass es in andern, dunklen, geheimen Bereichen nicht weiterwirke. So wird die Kirche zur Erfindung einer praktischen Psychologie lange vor der Prägung dieses Begriffs gezwungen. Mit ihrer Anthropologie des Glaubens verfestigt und verchristlicht sie, was es in anderer Form lange vor jeder Stabilisierung von Glaubensinhalten und in jeder Religion gibt und gegeben hat: popolare Arten der Verehrung und Anbetung. Es genügt nicht, im Besitz dogmatischer Wahrheiten zu verharren, da die Gläubigen, der Leib der Kirche, immer neu überzeugt sein wollen. Auch Christus musste Wunder wirken; an seiner Stelle wirkten nun die Gottesmutter, die Heiligen, die Glaubenszeugen und ihre Reliquien. Sie alle stehen dem Menschen näher als Gottes Sohn, sind sie doch Menschen wie wir gewesen. Sie sind Mittler und Begleiter im Alltag, sie trösten im Leid, sie mildern die Angst vor Tod und Jenseits. Dass es sie gegeben hat, wird als Beweis genommen, dass eine Brücke zwischen «unten» und «oben» existieren muss.

Im Streben, die menschliche Existenz zu heiligen, muss sich das Heilige also vom Profanen durchdringen lassen. So erst wird es für jedermann erfahrbar, vermittelt es den Lebenssinn, auf dessen Suche sich die Menschen befinden. Im Zeitalter des Barock hat man dies nüchtern *praxis pietatis* genannt, Frömmigkeitspraxis, den täglichen rituellen und selbstverständlichen Vollzug einer transzendentalen Bindung. Heute hat sich im deutschsprachigen Raum der Begriff «Volksfrömmigkeit» eingebürgert.

Im wissenschaftlichen Diskurs (vgl. die einleitende kritische Betrachtung von Wolfgang Brückner) wird er vor allem in Deutschland ungern gebraucht. Zum einen ist noch nie schlüssig definiert worden, was das «Volk» überhaupt ist. Sind es die sogenannten Unterschichten? Sind es Angehörige jeder Gesellschaftsschicht, sobald und sofern sie gewissen, in unserem Fall von der offiziellen Kirche nicht vorgegebenen oder gutgeheissenen Handlungsmustern folgen, ohne diese in Frage zu stellen? Gibt sich beispielsweise jemand als zum Volk gehörig zu erkennen, wenn er mit seinem krebskranken Kind eine Heilerin aufsucht? Zum andern ist während des Nazismus der Begriff «Volk» in einem nicht wiedergutzumachenden Mass missbraucht und beschädigt worden. Doch das Wort «Volksfrömmigkeit» (oder «Volksreligiosität») ist da, und ein besseres, das noch allgemeinverständlich wäre, gibt es leider nicht.

Nun, die Schwierigkeiten mit dem Begriff sollten den Blick auf die Fülle der Erscheinungsformen nicht verstellen. Diese haben sich, soweit heute noch fassbar, vor allem infolge der durch die Reformation ausgelösten Glaubensspannungen entwickelt. Dieses Buch, so die Hoffnung, gibt davon trotz Beschränkung und Auswahl ein Zeugnis. Nicht immer war es möglich, Autoren mit der nötigen fachlichen Kompetenz zu finden. So mussten geplante Kapitel über jüdische und über muslimische popolare Frömmigkeitsformen sowie über moderne inner- und ausserliturgische, heute oft ökumenische Brauchentwicklungen entfallen. Um so aufrichtiger und herzlicher sei hier allen, die am Werk mitgeschrieben haben, gedankt. Dank auch an Paul Hugger für seine Hinweise und Anregungen während der Entwicklung des Konzepts.

24 Kapitel berichten über einen durchaus unerwarteten Reichtum, über eine Dynamik im Vergehen wie im Entstehen, die bis heute nicht erlahmt und deren Ende nicht abzusehen ist. Die Themen reichen vom religiösen Brauchtum im Jahreslauf (Karl Imfeld) und im Lebenslauf (Paul Hugger) über die Gebetskultur (Alois Senti) bis hin zur protestantischen sowie freikirchlichen Religiosität (Thomas Hengartner), von der marianischen Frömmigkeit (Franz-Toni Schallberger) über Wallfahrtsbrauchtum (Paul Hugger) in der sakral geprägten Landschaft (Klaus Welker) bis zum religiösen Theater (Fritz Franz Vogel), vom Eremiten (Paul Hugger) über Gestalten wie Niklaus von Flüe oder Vater Niklaus Wolf von Rippertschwand und die sogenannten Volksheiligen (alle Pirmin Meier) bis zu geheimgehaltenen magischen Heilpraktiken (Roland Inauen), von Klosterarbeiten (Mathilde Tobler) und vom Heiliggrab (Peter Kern) bis zur Schlachtengedenkfeier (Paul Wicki), zur Kilbi (Dominik Wunderlin) und zu religiösen Unterströmungen im Alltag (Rolf Thalmann). Je ein Kapitel ist der italienischen Schweiz (Ottavio Lurati) und dem Wallis (Thomas Antonietti) gewidmet. Der Auffahrtsumritt Beromünster (Ludwig Suter) steht als

Beispiel für grosse Schaubräuche, die heute wieder Scharen von Pilgern anziehen. Acht Bildreportagen (Giorgio von Arb) und zahlreiche Illustrationen im Text erinnern daran, welche Bedeutung dem optischen (nicht selten lustbetonten, häufig akustisch unterstützten) Element in vielen Formen der Volksfrömmigkeit zukommt. Den Herausgebern war es ein Anliegen, auch die heutige Jugendreligiosität (Roland Campiche) sowie modernste, im Entstehen begriffene Glaubens- und Kultformen (Otto Bischofberger) zu dokumentieren. Diese New-Age-Spiritualität lässt einen durchaus an frühchristliche Synkretismen denken, wie sie aus dem anatolischen und syrischen Raum überliefert sind. Die Inhalte sind z.T. verschieden – heute blüht eine Mischung aus popularisierter Wissenschaft und Psychoanalyse, Erneuerung «alter» Kulte und schierem Aberglauben –, die Bewegung jedoch ist verwandt.

Es hat den Anschein, als ob wir heute an einer Schwelle stünden – vermutlich eine ahistorische Täuschung und die Folge der Unfähigkeit, zuweilen über die Schulter zurück und die Zeit «hinunter» zu blicken. Neu dürfte die Koppelung von Millenarismus und einer alle Lebensbereiche durchdringenden Verwissenschaftlichung und Verzifferung (Ernst Jünger) sein. Angst und Hoffnung sind Geschwister. So hat es seine eigentümliche Logik, dass eschatologische Vorstellungen heute meist auf der Annahme einer Zeitenwende «0» um Christi Geburt und somit auf dem indischen Dezimalsystem beruhen. Ihr Zusammenwirken beschert uns in Kürze das 3. Jahrtausend. Können aber Psychose oder gläserne Mathematik einen unerforschlichen, unser Mass und Ermessen übersteigenden Gott begreifen?

Dominik Wunderlin

Zur Einführung

In einer Zeit, in der die Nachteile der fortschreitenden Technisierung und Rationalisierung des Menschen und seiner Umwelt immer spürbarer werden, ist die Suche nach grösserer Lebensqualität durchaus verständlich. Sie hat aber auch die Werte echten Brauchtums wieder vermehrt ins Zentrum gerückt. Dies gilt insbesondere für das religiöse Brauchtum. Denn ihm fühlt sich jeder christlich erzogene Mensch innerlich verpflichtet. Mit den Tiefen seines Wesens ist das religiöse Glauben und Wirken verbunden, und dass dies nichts Fertiges ist, zeigt sich immer wieder.

Nach einer «Säuberungswelle», die vornehmlich die Liturgie betroffen und insbesondere die älteren Menschen oft ziemlich irritiert hat, erkennt vorab die katholische Amtskirche die Wichtigkeit volkstümlicher Elemente im Gottesdienst und jener Bräuche, welche die Liturgie über die Kirchenmauern ausweiten. Die von der Geistlichkeit und von den Gläubigen empfundene Leere hat in jüngerer Zeit zu Bestrebungen geführt, erhaltenswerte Überlieferungen neu zu beleben oder sich von altem volksreligiösem Brauchtum die Inspiration für neue Formen gemeinschaftlichen Betens und Tuns zu holen. Wesentlich zu dieser Renaissance beigetragen hat die Erkenntnis, dass christlicher Glaube keine abstrakte Idee ist, sondern sich seit jeher in erfahrbaren Zeichen und Vorgängen ausdrückt, die das ganze Leben, Feiertag und Werktag, umgeben. Ihrer volksreligiösen Traditionen hat sich keineswegs nur die katholische Kirche erinnert – eine Wende hin zu mehr Sinnlichkeit ist ebenso in der reformierten Kirche zu beobachten.

Allen Ausnüchterungen zum Trotz hat sich indes in der Schweiz vor allem bei den Katholiken (und hier vorab in ländlichen Gegenden) viel an christlichem Volksbrauch in die Gegenwart hinüberretten können. Doch manches wird von einer jüngeren Generation nur noch verstanden, wenn der Sinngehalt dieser Bräuche verständlich ist oder neu aufgezeigt wird. In der Liturgie-Konstitution Nr. 37 des 2. Vatikanischen Konzils findet sich denn auch der Grundsatz, dem heute nachgelebt wird: «Was im Brauchtum der Völker nicht unlöslich mit Aberglauben und Irrtum verflochten ist, das wägt die Kirche wohlwollend ab, und wenn sie kann, sucht sie es voll und ganz zu erhalten. Ja, zuweilen gewährt sie ihm Einlass in die Liturgie selbst, sofern es grundsätzlich mit dem wahren und echten Geist der Liturgie vereinbar ist.»

Die wissenschaftliche Volkskunde befasst sich erst seit dem frühen 20. Jahrhundert mit dem Phänomen «Volksfrömmigkeit» (und hat trotz aller Beschäftigung damit auch in jüngerer Zeit keinen treffenderen Begriff gefunden). Es waren zunächst vor allem volkskundlich interessierte Theologen, die eine Erforschung des Volksreligiösen forderten und notabene darin ein Mittel sahen, die empirischen Kenntnisse als «Waffe der religiösen Demagogie» einzusetzen, wie beispielsweise 1905 der bernische Pfarrer Müller in der «Schweizerischen Theologischen Zeitschrift» schrieb. Seither haben sich auch viele Fachvolkskundler der religiösen Volkskunde zugewandt, die mit ihren Arbeiten nicht selten der praktischen Theologie nützliche Hilfe leisten.

Der vorliegende Sammelband ist eine Art Bestandesaufnahme und zeigt bei aller Lückenhaftigkeit, welcher Reichtum an Formen der Volksfrömmigkeit in unserem Land bekannt ist. Vorgestellt werden ebenso Traditionen, die zum alten christlichen Kulturgut gehören, als auch moderne Schöpfungen. Neben Beiträgen, welche die Elemente christlichen Brauchtums innerhalb der Liturgie beleuchten, stehen Darlegungen über ausserkirchliche (private) Formen der Volksfrömmigkeit. Einen breiten Raum beanspruchen die Bräuche im Jahres- und Lebenslauf sowie die Heiligenverehrung und das Wallfahrtswesen. Schliesslich wird auch der Frage nachgegangen, wie sich die christliche Frömmigkeit in der schweizerischen Landschaft regional unterschiedlich manifestiert.

Zur Mitarbeit an diesem Werk konnten zahlreiche Spezialisten und Wissenschaftler aus dem In- und Ausland gewonnen werden. Diese reich illustrierte Veröffentlichung ist das erste Unternehmen, das in unserem Land die geschilderte Thematik umfassend behandelt. Dennoch kann kein Anspruch auf Vollständigkeit in der Darstellung der Volksfrömmigkeit unseres Landes erhoben werden. Das Buch als Spiegel des aktuellen Forschungsstandes versteht sich als Handbuch, will aber neben den Fachleuten auch den Laien ansprechen.

I. Kritische Einleitung

Wolfgang Brückner

Praxis pietatis

Über religiöse Phänomene zu sprechen oder in den Wissenschaften mit solchen umzugehen bereitet heute grosse Schwierigkeiten, weil wir in einer fast vollständig säkularisierten Gesellschaft leben. Im einst christlichen Mitteleuropa sind Inhalte und Frömmigkeitsformen des Christentums weithin in Vergessenheit geraten. Religion und Kirche wirken vor allem für die jüngere Generation wie fremde Welten, obgleich im Schnitt noch immer 75 Prozent der Bevölkerung beiden grossen Konfessionen angehören, in Ostdeutschland allerdings nur noch 30 Prozent, und unter den dortigen Jugendlichen gibt es nur noch 5 Prozent Getaufte. Generelles Faktum ist eine verbreitete Unkenntnis christlicher Traditionen und Gewohnheiten, voran eines Begriffes vom Kirchenjahr im Gegensatz zum Kalenderjahr, und unbekannt geworden sind die biblischen Geschichten. Die Kirchen haben die Funktion von Museen bekommen, die man allenfalls zur Urlaubszeit besichtigt, die Geistlichkeit hat den Status von Dienstleistern fürs Heiraten und Beerdigen erhalten. Öffentliche katholische Feste besitzen nur noch den Charakter folkloristischer Schauveranstaltungen, und evangelische Jugendarbeit erfährt die blosse Funktion städtischer Sozialtherapie.

Wir Mitteleuropäer leben in einer Kulturtradition komplizierter ideologischer Denkformen-Vermischung. Dies führt zu dem bekannten Dauerpalaver des geisteswissenschaftlichen Diskurses und seiner Reflexe in der gebildeten Öffentlichkeit, sprich: im Feuilleton der seriösen Presse und auf den Akademiepodien der gesellschaftlichen Weltanschauungsgruppierungen. Damit sind wir bei unserem deutschen Schlüsselbegriff: Welt-Anschauung. Er bezeichnet trefflich das erkenntnistheoretische Problem. Wir erfahren die Welt durch unsere Anschauung, das heisst, im Medium unserer beschränkten Sinneserfahrung und deren mentaler Wahrnehmungsmöglichkeiten. Der Mensch ist ein Wesen, das nicht allein aus seinen quasi natürlichen, sprich biologischen Funktionen heraus existiert, sondern das kulturell determiniert wird im Prozess der frühkindlichen Sozialisation und der späteren schulischen Indoktrination. Die Natur des Menschen ist, so herum betrachtet, seine Kultur, und das heisst *in concreto*; seine jeweilige Kultur. Diese besteht nach Wilhelm Wundt aus Sprache, Religion und Sitte, oder anders, moderner ausgedrückt, aus Kommunikationssystemen zur Verständigung, aus Welterklärungssystemen zur Sinnstiftung und aus Normensystemen zur Regelung des Zusammmenlebens.

Die von uns wahrnehmbare Wirklichkeit wird darum allein durch die Filter dieser Kulturprägung erkennbar, nämlich: begreif- und sichtbar, das aber heisst lediglich vorstellbar, eben als Anschauung mit Hilfe unserer Vorwissens-Brillen. Die erfahrbare Realität ist eine sozial konstruierte, eine unter den Bedingungen unseres jeweiligen Erwachsenwerdens aus geschichtlicher Tradition und gesellschaftlicher Gegenwart erwachsene Welt-Anschauung. Unser Wissen lässt sich nicht von unseren Kommunikationsweisen, von unseren Sinnfragen und von unseren Normenvorstellungen trennen.

Die extremen Relativisten unter den Erkenntnistheoretikern fragen darum: «Wie wirklich ist die Wirklichkeit» und nennen sich «Konstruktivisten». Sie sprechen von «erfundener Wirklichkeit». Die Kultur- und Sozialwissenschaften insgesamt aber haben im letzten halben Jahrhundert unter verwandten Prämissen die bisherigen Faktenanalysen menschlichen Denkens und Handelns kritisch hinterfragt und geben ihren Studien provozierende Titel wie: «Die soziale Konstruktion des Körpers»; «Die Erfindung des modernen Menschen»; «Die Erfindung der Kindheit»; «Sexualität als Mythos»; «The Making of Moral Theology»; «Die Erfindung des Vorarlbergers». Die Erfindung von Nationen ganz generell ist im 19. Jahrhundert gut zu beobachten. *Traditions made* nennt man inzwischen das uns so altehrwürdig erscheinende englische Öffentlichkeitszeremoniell. Wir sprechen von «Fund und Erfindung des Volksliedes» und in der Nachfolge dieser These von «Fund und Erfindung» des Märchens, der Tracht, der Volkskunst usw., weil alles Phänomene der letzten zweihundert Jahre sind. Das «Projekt Moderne» (seit der Aufklärung) insgesamt erscheint uns heute als ein gesellschaftliches Konstrukt, und zwar angesiedelt auf zwei Ebenen: auf der Stufe der elitären Hochkultur und im Bereich der populären Massenkultur.

Damit lassen sich die Schwierigkeiten für unser Thema genauer benennen. Weil es um den zentralen Bereich der Religion, wenn auch nur um deren historisch angemessen-verstehende Beurteilung, geht, sind wir alle dreifach involviert und darum unterschiedlich richtig informiert. Erstens besitzen wir alle in bezug auf den Gegenstand ein kulturell unterschiedlich geprägtes Denken, nämlich unsere je konfessionelle Sozialisation. Davon ist zweitens aus historischen Gründen in Mitteleuropa, ich nenne als einen Hauptfaktor die preussisch-protestantische Universität des vorigen Jahrhunderts, der wissenschaftliche Diskurs über die uns hier beschäftigenden Phänomene in ganz bestimmte Richtungen gelenkt. Die forschungsleitenden methodischen Paradigmata sind darüber hinaus vorgegeben durch ein Weiterwirken der mechanistischen und ökonomistischen Theorien in den gewinn- und anwendungsorientierten Natur- und Wirtschaftswissenschaften. Und drittens: Beide Komponenten entstammen dem Erbe der antimittelalterlich argumentierenden und auf praktisch-politisches Handeln ausgerichteten Spätaufklärung, nämlich der sogenannten Vernunftreligion, und dem Evolutionsgedanken als merkantiler Kosten-Nutzen-Rechnung. Beides ist nach 250 Jahren im Allgemeinbewusstsein fest verankert. Auf dieser Basis formulieren die Meinungsmacher ihre moralischen Appelle. Wir sind alle davon tief infiziert und tun uns schwer, über derartige Schatten zu springen, wenn wir über Zeiten sprechen, die anders gedacht haben als wir, oder wenn wir über Menschen reden, die scheinbar anders sind als wir Mitteleuropäer des 20. Jahrhunderts mit Abitur oder Matura.

Wo es aber kein Kult-Verständnis aus eigener Erfahrung mehr gibt, lässt sich noch schwerer über die *praxis pietatis* reden. Denn auch unter den Wissenden behindern Begriffe das Sprechen, wenn sie, wie in aller Regel, unreflektiert benutzt werden. Wissenschaftliche Begriffe werden «Fehlschlüssel» im Alltagsgebrauch. Sie bedürfen ständig der genaueren Bestimmung und Reflexion über das tatsächlich Gemeinte. Das Hauptziel eines geistes- und kulturwissenschaftlichen Studiums ist darum, die Relativität unserer Wirklichkeitsvorstellungen zu begreifen und zu lernen, unser Wissen, wie man zurzeit modisch sagt: zu dekonstruieren. Darum bleibt es in Europa weiterhin nützlich, sich bisweilen lateinischer Terminologien zu bedienen, weil deren Künstlichkeit aus der Geschichte auch der Gegenwart bewusst geblieben ist und darum die Fragen oder das Wissen exakter in jenen gesetzten Definitionen wachhält. Gefährlich wird es für den Wissenschaftler meist erst dann, wenn deutscher Begriffsgebrauch allgemeines Bildungsgut der Umgangssprache geworden ist. Dann regieren simple Nominaldefinitionen das gewöhnlich assoziative Denken. Sie werden für Realdefinitionen genommen und erhalten dadurch den Charakter von Interpretamenten (Deutungsfestlegungen), das heisst, mit den Begriffen wird zugleich eine bestimmte Sacherklärung, also eine implizite Theorie, mitgeliefert. Volksfrömmigkeit = Frömmigkeit des Volkes = Unterschichtenreligion im Unterschied zu theologisch einwandfreiem Christentum, was immer das im einzelnen sei. *Praxis pietatis* ist hingegen ein neutraler Fachterminus mittelalterlicher und barocker Katecheten, die nicht interpretierend, sondern phänomenologisch oder strukturell lediglich unterschieden zwischen Lehre und Anwendung, Anspruch und Vollzug, Theorie und Praxis.

Anders unsere Lexika. Ein Beispiel aus dem Jahre 1994; wohlgemerkt nicht 1894, als sich die Volkskunde gerade zu einer wissenschaftlichen Disziplin mauserte. Es geht um den 23. Band der Neubearbeitung von «Brockhaus Enzyklopädie», Stichwort «Volksfrömmigkeit». Hier der gesamte Text: «Volksfrömmigkeit. Bezeichnung für Formen der Frömmigkeit und des Kultes, die sich von der offiziellen Religion dadurch unterscheiden, daß sie Reste früherer Zeiten und untergegangener oder verdrängter Religionen bewahren (s. Volksglaube).» Zwanzig Jahre zuvor war unter dem Stichwort «Volksglaube» versucht worden, durch Auflistung bisheriger Meinungen die Sache abzuheben von dem ominösen Volk. Der Artikel lautete: «Volksglaube, heute gebräuchlicher Fachausdruck der (s.) Volkskunde für alle Erscheinungen, die im ‹Handwörterbuch des deutschen Aberglaubens› (1927–42) zusammengetragen wurden, unter dieser vom theologischen und philosophischen Standpunkt aus gewählten Bezeichnung jedoch nicht wissenschaftlich zureichend erfassbar sind (s. Aberglaube). Man versucht seitdem, Aberglauben im christlichen und rationalistischen Sinne (‹Volkswissen› als überlieferte empirische Erfahrung) und Volksglaube voneinander zu unterscheiden. Die Problematik beruht nun in der Beurteilung dieser Phänomene als Bruchstücke stammesgebundener Urtraditionen (s. Sage) oder nationaler Eigenheiten (‹deutscher Volksglaube›) oder als Ausfluss allgemeinmenschlicher Primitivgeistigkeit (s. Elementargedanken, s. prädeistisch, s. Sympathie) oder als Bestandteile ‹gesunkenen Kulturgutes› (s. survivals) der Oberschicht (z. B. Teile der s. Volksmedizin). Darum hat sich hiervon wiederum ein Begriff wie (s.) Volksfrömmigkeit abgespalten, und die gegenwärtige theoretische Diskussion bemüht sich um neue analytische Ansätze im Rahmen einer umfassenderen Kulturtheorie (s. Tradition).»

Der gleiche Autor, nämlich ich selbst, hat damals unter dem Stichwort «Volksfrömmigkeit», formuliert: «Eine Sonderbezeichnung der (s.) Volkskunde für Erscheinungen des (s.) Volksglaubens, soweit sie von Überlieferungen der christlichen Konfessionen geprägt sind oder im Zusammenhang des kirchlichen Lebens stehen wie das volkstümliche Wallfahrts- und Prozessionswesen, die Praxis der Heiligenverehrung und des Sakramentaliengebrauchs, die Wegekreuze und Feldkapellen, die brauchtümliche Ausschmückung der Jahresfeste, der Lebensstadien sowie des Tageslaufs, vor allem aber die solcher Welterfahrung und Gestaltung zugrundeliegende ‹geistliche› Kommunikationsweise in Bildern und Zeichen (s. Devotionalien), weiterhin die geistlichen Lieder und Schauspiele. Dabei spielt der innere Aspekt der (s.) Frömmigkeit eine unterschiedlich beachtete Rolle, weil der Begriff Volksfrömmigkeit zunächst gegen den negativen wertenden Oberbegriff des (s.) Aberglaubens in der volkskundlichen Forschung stand und zu Zeiten politische Ideologisierung des Faches zur inhaltlichen Bestimmung einer ‹religiösen Volkskunde› wurde. Diese besitzt ihre Wurzeln in der protestantischen Dorfkirchenbewegung und blieb daher pastoral gebunden; sie wurde auf katholischer Seite seit den dreissiger Jahren ebenfalls von Theologen gefördert. Die heutige phänomenologisch-kulturhistorische Betrachtungsweise geht auf religionswissenschaftliche Ansätze zurück. Geistesgeschichtlich gesehen hat es innerhalb der christlichen Kirchen immer wieder Perioden der Bekämpfung angeblich heidnisch-konkretistischer Religionsausübung des Volkes gegeben (Reformation, kirchliche Aufklärung, gegenwärtige Tendenzen), aber auch stets die Gegenbewegung des positiven Eingriffs der Lenkung und Indienstnahme (gegenreformatorisches Barock, Pietismus, Romantik, Entdeckung der religiösen Volkskultur seit Beginn des 20. Jahrhunderts).»

«Volksfrömmigkeit» ist spätestens mit dem im Jahr 1993 erschienenen und für die katholische Gesamtkirche gedachten römischen Katechismus ein kirchenamtlich sanktioniertes Faktum der geglaubten Wirklichkeit in unserer Welt geworden. Das haben wir sogleich im «Jahrbuch für Volkskunde» aufgespiesst unter dem Titel: «Zu den modernen Konstrukten Volksfrömmigkeit und Aberglauben.» Thomas Hauschild hat schon vor einigen Jahren in der «Zeitschrift für Volkskunde» auf die unheilige Allianz von Theologie und «moderner» Wissenschaft hingewiesen, wenn er schreibt: «Kirche und Ethnologen stehen bei der Formierung von Kategorien wie ‹Heidentum› oder ‹Fetischismus› gleichermassen Pate, obwohl die Zielsetzung ihrer Beschreibungen des Volksglaubens einander entgegengesetzt zu sein scheinen. Gemeinsam ist Theologen und Forschern ein intellektuelles Schaudern angesichts der Heftigkeit und Farbigkeit traditioneller Religiosität. Der Ethnologe neigt dazu, die darin aufscheinenden antiken Formen zu suchen und ihren Verlust zu betrauern ... Die Kleriker hingegen trauen den Bildern und Ritualen des Volksglaubens nicht zu, dass sie wahren Glauben ebenso ausdrücken könnten wie ihre Schriften und Gebete.» Dies bezieht sich hier auf Interpretationen süditalienischer «Volksfrömmigkeit» durch die von Mitteleuropa aus beeinflussten Theorien einheimischer Volkskundler und die Position der heutigen Pastoraltheologie, die ebenfalls in den Schuhen der europäischen Aufklärung steckt. Der Volksfrömmigkeitsbegriff hat in deutschen Texten neuerer kirchlicher Verlautbarungen schon seit fast zwanzig Jahren Eingang gefunden, interessanterweise aber über die Diskussion von Problemen der Massenmissionierung im heutigen Südamerika. Darum muss eine Übersetzung des kirchenamtlichen Begriffs der *popularis religiositas* mit dem ideologisch aufgeladenen deutschen Begriff der «Volksfrömmigkeit» zu ganz eigentümlich ahistorischen Verbindungen führen.

Christoph Daxelmüller resümiert in seiner Rezension in «Arbitrium» 3/1993 über Peter Dinzelbachers Sammelband «Volksreligion im hohen und späten Mittelalter» (Paderborn 1990): Dies sei noch kein Durchbruch in Sachen «Volksfrömmigkeit», «wobei grundsätzlich darüber nachzudenken wäre, ob sich etwa die Aberglaubensdiskussion als geeignetes (Gegen-) Paradigma eignet oder aber vom Wesen der Religion populaire wegführt. Ferner bestätigt sich die Erkenntnis, dass der ethnologische und folkloristische Blick zurück in die Vergangenheit das mittelalterliche Weltbild eher exotisiert und banalisiert, indem er lediglich das Auffällige (z. B. Wallfahrtswesen), Abnorme (z. B. Häresien), Abstruse (Aberglaube) und Spektakuläre (Magie) registriert, nicht jedoch die Alltäglichkeit des Konsenses zwischen elitärer und populärer, gebildeter und analphabetischer, theologischer und konkret ätiologisierender Kultur». Das ist nicht etwa die ausgefallene Schulmeinung eines vereinzelten Volkskundlers, sondern zugleich die theoretische Überzeugung von Hauptvertretern der mediävistischen Mentalitäten-Geschichte in Frankreich. Jean-Claude Schmitt sowohl wie Roger Chartier sprechen unabhängig voneinander genau dieses Problem des gelenkten Scheuklappen-Blickes an und nennen die Fixierung der Frömmigkeitsgeschichte allein oder vor allem auf die Kuriosa «Pathologie», d. h. Krankheitserforschung. Wir sind als Historiker gefordert, Vergangenheit *und* Gegenwart erkenntniskritisch in den Blick zu nehmen.

Inzwischen sind aber der ungenaue Sprachgebrauch und die damit transportierten Deutungsmuster als kaum mehr hinterfragbare Termini selbst in die kirchenamtlichen Pastoralanweisungen eingedrungen. Spätestens seit dem Apostolischen Schreiben Papst Pauls VI.: «Über die Evangelisierung der Welt von heute» vom 8. Dezember 1975 gibt es den Begriff der *popularis religiositas*, der im amtlichen deutschen Text mit «Volksfrömmigkeit» übersetzt worden ist. Das gilt ebenso für das Schlussdokument der 4. Generalversammlung der lateinamerikanischen Bischöfe von 1992 in Santo Domingo und schliesslich für den neuen römischen Katechismus mit einem eigenen Abschnitt (Nr. 1674–79), im deutschen Text wiederum überschrieben: «Die Volksfrömmigkeit». Für den Kultur- und Sozialhistoriker sind hier zwei Dinge vermischt: zum einen die gegenwärtige synkretistische Glaubenssituation der sozial und damit bislang auch weitgehend pastoral im Stich gelassenen, ethnisch zusammengewürfelten Unterschichtsmassen in Südamerika und zum anderen die zu folkloristischen Nebensächlichkeiten erklärten, aber bis heute nachwirkenden konkreten Frömmigkeitsformen der katholischen Reformen des 17. und 19. Jahrhunderts, die aus dem Geist der jesuitischen Anthropologie der Sinne erwachsen waren. Sie gelten heute in der Pastoraltheologie für überholt und werden deshalb gerne zu Aberglauben verketzert.

Im neuen römischen Katechismus sind darunter subsumiert: «die Reliquienverehrung, das Aufsuchen von Heiligtümern, die Wallfahrten und Prozessionen, die Kreuzwegandachten, die religiösen Tänze, der Rosenkranz und die Medaillen». Dazu gibt es eine der im neuen Katechismus beliebten Anmerkungen, die auf die Tradition verweisen sollen, hier aber mit der Zitierung der Konzilien von Nicaea und Trient die fatalen Missverständnisse drastisch deutlich werden lassen. Der angeführte Beschluss aus der 25. Sitzung in Trient vom 3. und 4. Dezember 1563 handelt über die Abstellung von Missbräuchen im Zusammenhang des Fegefeuerglaubens sowie «De invocatione, veneratione, et reliquiis sanctorum, et sacris imaginibus». Es sind das die für die barocke Kunstentwicklung und die gegenreformatorische Frömmigkeitskultur gewichtigen Dekrete der allerletzten Session, die auf ausdrücklichen Wunsch des französischen Episkopates quasi nachgeschoben wurden wegen der Auseinandersetzungen mit den calvinistischen Hugenotten. Dort finden sich klare Distinktionen über Volkskatechese, deren Ziel die «pietatis accessio», die Frömmigkeitsbeförderung, sein soll durch *popularibus concionibus*, nämlich volkstümlich gehaltene Predigten. Hier heisst *popularis* eindeutig «auf das Volk abgestimmt», und diese Volksbildung hat die «pietas» im Sinn, das heisst «Frömmigkeit», und hat nicht bloss mit «Volk» und «volkstümlich» zu tun, sondern ist die Aufgabe aller gelebten «religiositas».

Die heutige Nomenklatur, zumal im Deutschen, meint jedoch entsprechend der Volkskultur-Doktrin, wie sie sich seit Johann Gottfried Herder in den Geistes- und Sozialwissenschaften herausgebildet hat, dass es da einen urständigen Mutterboden heilgebliebener Volksmenschlichkeit von alters her gäbe, auf dem die gesellschaftlichen, politischen und religiösen Erneuerungsbewegungen gerade unserer Tage ihre Reformationen und Revolutionen errichten konnten. Die Missionspredigt des Mittelalters und die Konfessionskatechese der katholischen Reform hingegen besassen keine ideologischen Vorstellungen von Volksfrömmigkeit und keine Berührungsängste mit einer von den Sinnen getragenen *religio carnalis*, vielmehr haben sie gerade diese Verleiblichung des Glaubenslebens als anthropologische Grundvoraussetzung aller, auch ihrer eigenen Religiosität und Christlichkeit angesehen.

Religion ist ein Kommunikationsversuch mit überweltlichen Mächten. Durch eine solche Definition bekommen wir angemessenere Interpretationskategorien an die Hand, um z. B. mehr oder weniger zufällig überlieferte Realien in einstige Lebenszusammenhänge einzuordnen. «Kunstwerke» etwa sind im heutigen Verständnis und gegenwärtigen Gebrauch unserer Gesellschaft keine religiösen Kultobjekte mehr, und wir haben auch nicht gelernt, sie anders denn als «Kunstwerke» im Sinne eines popularisierten, weitgehend vom Kunsthandel manipulierten Kunstkultes anzuschauen. Dingliche Zeugnisse religiösen Kultes besitzen und besassen andere Bedeutungen und Funktionen, eben einen anderen Sitz im Leben.

Eine Ausstellung in Karlsruhe 1992 über «Bildzeugnisse spätmittelalterlicher Heiligenverehrung» trug den sinnerschliessenden Haupttitel: «Ora pro nobis.» Es ist das historische Selbstzeugnis des zentralen liturgischen Textes christlicher Heiligenverehrung, der Allerheiligenlitanei, nämlich ihre Fürbittfunktion. Die Anrufung macht klar, wie die Position der Heiligen in Lehre und Praxis der alten Kirche gewesen ist: kein Nebeneinander mit dem gnädigen Gott, also auch keine Mit-Götzen, um die Definition der Bilderstürmer zu zitieren, sondern die Gott besonders nahestehenden Dienstmannen. Ich benutze bewusst Begriffe von Standespositionen des Mittelalters. Auch Luther konnte über «Götzen» polemisieren, nichts liess er aber auf seine «lieben Heiligen» kommen, schon gar nicht auf die Muttergottes Maria, der er sein berühmtes Magnifikat geschrieben hat. «Abgott» nannte er die nach seiner Meinung ablenkenden Vergegenständlichungen, und er bezeichnete als Superstition den zu falschem Gebrauch anreizenden Reliquienfetischismus und die besondere Verehrung einzelner Bilder. Seine Forderung lautete: keine Umwege, keine zusätzlichen Vermittlungsstrategien, göttliche Gnade gibt es nicht auf dem Petitionswege, sondern nur vom Vater selbst in direkter und alleiniger Zuständigkeit, die ein für allemal durch seinen Sohn am Kreuz erworben worden ist. Der Glaube daran allein macht selig und nicht noch zusätzliches Handeln mit Advokaten und Gebühren.

Doch das ist nur die polemische Zuspitzung gegen zeitgenössische Missbräuche. Theologisch hat sich, im nachhinein betrachtet, auch durch Luther nichts Grundsätzliches verändert. Werke ersetzen zwar nicht den Glauben, doch Glauben ohne Lebenskonsequenzen ist kein Glaube, womit wir zum Gleichnis vom Ursprung von Huhn oder Ei kommen. Christliche

Reformer aller Zeiten haben sich gegen Instrumentalisierungen gewandt und sind für eine weitere Spiritualisierung unserer ohnehin schon verkopften Buchreligion eingetreten. Das hat auf Dauer weitgehende Folgen gehabt und schliesslich zur strikten Trennung von Kirche und Welt, und das heisst auf Dauer von Glauben und Leben geführt und damit zur heute gängigen Vorstellung, alle Vermischungen, Verwachsungen, (genauer:) Verwebungen in der Vergangenheit seien Verunreinigungen und Keime des Bösen gewesen. Das spiritualistische Reinheitsgebot ist zum modernen Denkfehler, weil zu einem anthropologischen Postulat geworden, eben einem typischen Konstrukt. Daraus konnte zum Beispiel die evolutionistische Chimäre der noch gar nicht so alten religionswissenschaftlichen Theorie geboren werden, es gäbe im Abendland eine Entwicklung vom Aberglauben über die Religion zum Christentum, so wie Magie die Vorstufe von Wissenschaft sei. In solcher Reihenfolge lässt sich Christentum dann nur noch als der im liberalen deutschen Kulturprotestantismus zu sich selbst gekommene *homo sapiens sapiens* verstehen. Theologie wie Kultpraxis der Papstkirche und des evangelisch-lutherischen Bekenntnisses zählen in solcher Sicht (z. B. der von Karl Barth) zur zweiten Entwicklungsstufe «Religion». Daher sind beide zurzeit eilig auf dem Wege zu noch konsequenterer Spiritualisierung.

Wenn der marxistische Psychoanalytiker Alfred Lorenzer in seiner «Religionskritik» am «Konzil der Buchhalter» (1981) die «Zerstörung der Sinnlichkeit» durch die Liturgiereform als eine Frucht nachgeholter Aufklärungsideologie beschreibt (wenn auch, für sein Urteil, als kirchliches Täuschungsmanöver zur Systemstabilisierung), so sieht er, ethnohistorisch gesprochen, doch sehr genau, in welche Denkbahnen über die «Natur» des Menschen sich diese seit der Reformation voranschreitende Entritualisierungstendenz einfügt. Er nennt den konsequenten Abbau jahrhundertealter sinnlich-symbolischer Interaktionsformen schlichtweg Vandalismus, weil dies die Aufgabe eines keinesfalls überholten Kulturstils und die Reduktion des Religiösen auf Weltanschauung sei. Zeichen, Bilder und Gebärden sind eben nicht primitivere Evolutionsstufen menschlicher Welterfahrung und Weltschaffung, nicht die Sprache erst ist Hochform des Geistes, Sprache ist nur die eine Kommunikationsform des Menschen, und sie besteht aus Bildern. Alles, was das Wort beschreiben kann, trägt die gleichen Merkmale des bildlich zu Fassenden. Darauf beruht zu einem Grossteil Poesie. Nicht umsonst gibt es Handbücher über «Das Bild in der Dichtung», und der englische Kunsthistoriker Herbert Read hat sein Buch «Bild und Idee» unter das Motto gestellt: «Im Anfang war das Bild» – nicht das Wort, wie wir es aus dem Johannes-Evangelium kennen. Das ist natürlich ein Wortspiel. Der Logos der Bibel meint das schöpferische Gotteswort, während Read nach dem Untertitel seines Buches von der Funktion der Kunst in der Entwicklung des menschlichen Geistes handelt. Das Bonmot macht lediglich deutlich, was uns klar werden sollte: Wort und Bild gehören von Anbeginn zusammen. Der zur Sprache fähige Mensch denkt in Bildern.

Er drückt sich aber auch aus in Ritualien, und diese vollziehen sich in Gebärden, jener dritten Ausdrucksmöglichkeit des Menschen. Nur die Art variiert, der Ausdruck bleibt der gleiche. Auch hier begreifen wir einander durch Bilder und Zeichen. Körper- und Sprachgebärde äussern sich in Bildern. Unsere Vorstellungswelt ist eine visuelle. Wir erfahren sie durch unsere, wie das Deutsche treffend sagt, «Bildung».

Unser Verständnis vormoderner Kulturerscheinungen ist nicht allein erschwert durch eine völlig andere Mentalität unserer Tage sowie des damit verbundenen Lebensgefühls und Selbstverständnisses. Unsere speziellen Blicke auf angebliche Fakten und Faktoren der Vergangenheit sind vornehmlich verstellt von einem uns überkommenen Schauen in und auf diese in weite Ferne gerückten Tage. Das hängt unter anderem mit unserer konfessionell geprägten Kultur zusammen und mit dem von daher beeinflussten Geschichtsbild, voran dem der kirchlichen Verhältnisse und einer nicht historischen, sondern theologischen Beurteilung der praktischen Religionsausübung. «Aberglaube» ist zunächst einmal kein Faktum, sondern die Setzung von einem bestimmten Glaubensstandpunkt aus. Dem Agnostiker ist in solchem Sinne auch die biblischste und aufgeklärteste christliche Theologie eine Art Aberglauben, hier dann im Gegensatz etwa zu rationaler Wissenschaftlichkeit verstanden. Gewichtiger aber noch scheint mir für geschichtlich weiterwirkendes Denken die Polemik der Reformatoren zu sein, weil hier zum Teil die Interpretationsfiguren moderner wissenschaftlicher Theorie vorgeprägt worden sind. Wenn diese von «heidnisch» sprachen im Blick auf «Papistisches», dann war das weniger historisch als essentiell gemeint, aber es ist für Jahrhunderte zu einer Erklärung sogenannten Volksglaubens geworden. Jener stammt angeblich aus dem Heidentum, ist demnach ein Rest älterer Zeiten, also noch nicht christianisierte Vorgeschichte.

Wenn wir Angemesseneres über frühere Zeiten erfahren wollen, so dürfen wir erstens nicht davon ausgehen, dass es durchgängig konstant bleibende kulturelle Phänomene gibt oder solche, deren gesellschaftlich wirksamer Sinn tiefer als in der beobachtbaren Gegenwartspraxis liegt. Historische Wissenschaften haben es mit geschichtlichem Wandel, und das heisst, mit zeitgebundenen Erscheinungen zu tun. Wir dürfen zweitens nicht auf Erklärungen aus jüngeren Epochen über ältere vertrauen, sondern wir müssen kritisch nach den Erkenntnisinteressen der jeweiligen Autoren fragen, um dem historischen Kern ihrer zeitbedingten Aussagen näherzukommen. Drittens produzieren neue Zeiten neue Weltbilder, auch wenn sie sich gerne auf überkommene berufen. Sowohl die katholische Reform im 16. Jahrhundert wie die religiöse Restauration seit dem Biedermeier haben keineswegs mittelalterliche Frömmigkeit einfach konserviert, sondern allenfalls eigene Mittelalterbilder entworfen.

«Volksfrömmigkeit» lässt sich daher sowohl positiv wie negativ konnotieren: Entweder meint der Begriff «echt und unverfälscht» oder aber theologisch «nicht ganz koscher», eben ein Zugeständnis an die Dummen.

Wenn wir das ominöse «Volk» aus dem Spiel lassen, weil es hier weder biblisches Volk Gottes noch Volkskirche im Sinne staatskirchlichen Konfessionalismus meint, sondern eher soziale Unterschicht oder zumindest die Masse der «Gläubigen», dann bleibt nur «Frömmigkeit» als sinnvoller Begriff. Dieser gilt für alle Bevölkerungsschichten, meint weder die Frömmelei der auf «Kirche, Küche, Kinder» eingeschränkten «Religiosität» der Moderne noch bloss die hohe Mystik der gelehrten Nonnen und Mönche des Mittelalters. Frömmigkeit benennt vielmehr die *praxis pietatis*, den gelebten Glauben der vielen in ihren Gemeinden und Gemeinschaften zu allen Zeiten. Er steht in Wechselbeziehung zu den Zeitströmungen von unten und oben, begreift für die Vergangenheit Kreuzzugsbegeisterung, Armutsbewegung und Frauenkollektive ebenso ein wie Geisslerprozessionen und soziale Aufstände.

Sozusagen archäologisch festmachbar aber ist solcher Geist nur an seinen dinglichen Manifestationen und deren Überlieferungen, den frommen Denkmalen und Andenken frommer Gesinnung. Diese sind in der Regel handfeste Realien, brauchtümliches Tun und Gebaren, soweit es sich in Bild und Wort niedergeschlagen hat, und schliesslich die fassbar werdende Mentalität, das geistige Ausgerichtet- und Geprägtsein, wie es sich in bestimmten Lebensstilen und gruppenbezogenen Haltungen kundtut. Wir Volkskundler sprechen darum vom «Umgang mit Dingen». Realien lassen sich nicht von den Menschen trennen und umgekehrt die Menschen nicht von bestimmtem Dinggebrauch her schon einordnen in unsere modernen Beurteilungsschemata. Wir dürfen zum Beispiel nicht von Heiligen- und Reliquienkult reden, als seien das entweder vernachlässigbare Ärgerlichkeiten oder bedauerliches Fehlverhalten, jedenfalls mehr pittoreske Kulturkuriosa als sinnstiftende Kulturprägungsfaktoren.

Es gilt vorab, die Phänomenologie der Bilder und Zeichen und damit ihre Kommunikationsweisen im Kontext des tatsächlichen Gebrauchs zu entschlüsseln. Was aber bildete die Voraussetzung, die Lebenskraft und den sozialen Sinn von Heiligenkult und Reliquienwesen? Es ist der Gedanke des Patronats, der väterlich sorgenden Oberherrschaft des Dienstherren im ritterlich geprägten Feudalsystem: Himmel und Erde als christlicher Lehensstaat gedacht, in dem jeder seinen dienenden Platz findet und dafür quasi familiäre An- und Einbindung erfährt. Aus dieser Grundidee erwachsen die Strukturen kultureller Ausdrucksgestaltungen und deren Wandel im Laufe sich verändernder politischer und gesellschaftlicher Lebensbedingungen.

Das Gesellschaftsbild des christlichen Mittelalters war geprägt durch die auf das paulinische Kirchenverständnis zurückgehende Korporationstheorie. Die Metapher vom Haupt und den Gliedern, der theologischen Idee vom «Corpus Christi Mysticum», wurde zur Rechtsfiktion für Stifte und Klöster, deren himmlischer Patron dadurch das eigentliche Haupt bildete und der damit zum Eigentümer im Rechtssinne wurde. Die Stellvertreter auf Erden waren patriarchalische Hierarchen wie Bischöfe und Äbte; die übrigen Mitglieder bildeten deren Grundholden oder Zinser innerhalb und ausserhalb der Immunitäten; sie waren dem Heiligen «zu eigen» und, im geistlichen Bereich, die Diözesanen in ihren Parochialverbänden. Sie standen als Pfarrkinder unter himmlischen Subpatronen ihrer Mutterkirchen, die, wie die Namenspatrone der einzelnen Menschen, spezifische Schutzaufgaben besassen. Man erhielt seit dem 14. Jahrhundert seinen Vornamen vom Kalenderheiligen des christlichen Geburtstages, nämlich dem der oft noch am selben oder folgenden Tage erfolgten Taufe. Das Jahr bestand nicht aus Zifferndaten, sondern aus Heiligengedenktagen und den wechselnden Feierterminen des «Kirchenjahres», das zugleich das «bürgerliche» Jahr war für Tagesbenennungen und Beurkundungen. Alles stand unter den Sternzeichen der Heilsgeschichte. Auch Berufe und Handwerke wählten sich ihre Patrone. Sie waren himmlische Helfer, Verbindungsleute zum Jenseits, die eigentlichen Geschichtsgestalten des Christentums.

Statuen Christi und der Heiligen wurden für den öffentlichen Kult in der Kirche mit Reliquien bestückt, durch Segnungen geweiht und mit Ablassgewährungen versehen, die bestimmte Andachtsübungen voraussetzten. Darum konnte sich aus dieser Praxis Ende des Mittelalters der Begriff des Gnadenbildes entwickeln. Er meint Ablassbild. Luther hat dies auf den Kruzifixus konzentriert und diesen als das eigentliche Gnadenbild bezeichnet, während im nachtridentinischen Katholizismus nochmals aus manchen Andachtsbildern besonders verehrte Wallfahrtsbilder werden konnten. Doch blieben auch sie weiterhin nur Repräsentationen der dahinterstehenden Jenseitsgestalten. Der theologisch differenzierte und in der Praxis abgestufte Umgang mit religiösen Bildwerken stellt ein Dauerproblem der christlichen Kultentwicklung dar. Der Kulturwissenschaftler darf sich daher nicht von den unterschiedlichen dogmatischen Positionen irritieren lassen und auch nicht Partei für das ebenfalls fundamentalistische Glaubensbekenntnis eines kämpferischen Agnostizismus ergreifen. Er muss vielmehr im Wissen um die Historizität solcher Standpunkte und damit deren nur relative Gültigkeit seine eigenen kritischen Beobachtungen in Geschichte und Gegenwart phänomenologisch ausrichten.

Es gilt dabei, mehrere Ebenen der menschlichen Gestaltung von *praxis pietatis* gleichzeitig zu berücksichtigen, und das heisst, keine zu vergessen oder gar eine einzige zu verabsolutieren, kurz: es ist eine konsequente Historisierung vonnöten. Sakramentalisches Denken muss ebenso ernst genommen werden wie die Arten der nonverbalen Kommunikation oder die je gesellschaftliche Bedeutung von Religiosität, als da sind: Funktionen der Sozialdisziplinierung, zeitgeschichtliche Instrumentalisierungen bestimmter Kultformdominanten, konfessionelle Abgrenzungsstrategien usw. Auf diese Weise hat Lenz Kriss-Rettenbeck schon vor drei Jahrzehnten «Bilder und Zeichen religiösen Volksglaubens» interpretiert sowie für die *Ex Votos* gezeigt, dass sie allesamt «Briefe zum Himmel sind» und keine magischen Ersatzopfer oder Bildzaubereien, wie dies ältere Theorien behauptet haben.

Heute plädiert Martin Scharfe für eine «Rehabilitierung der Dinge» in der Frömmigkeitsforschung, und er benennt die von Karl Popper «Welt3» genannten kulturellen Objektivationen als «das eigentliche Untersuchungsgebiet der Volkskunde». Naturobjektwelt, Subjekterfahrung und Kulturproduktivität gehen ineinander über, bedingen sich zum Teil gegenseitig, sind vor allem gemeinmenschliche Lebensbedingungen und nicht grundsätzlich schichtspezifisch aufspaltbar. Auch von daher betrachtet ist Frömmigkeitsforschung nicht allein fokussierbar auf sogenannt Volkstümliches, wie immer man sich das vorstellen mag. Religionsausübung gleich welcher Art ist immer ein Akt von Frömmigkeit, und die so gern apostrophierte Volksfrömmigkeit lässt sich davon nicht trennen. Religio existiert aus der *praxis pietatis.*

Literatur

Angenendt, Arnold, u. a.: Gezählte Frömmigkeit [Projekt im SFB 231 der Univ. Münster]. In: Frühmittelalterliche Studien 29 (1995), S. 1–71.

Ders.: Heilige und Reliquien. Die Geschichte ihres Kultes vom frühen Christentum bis zur Gegenwart. München 1994.

Baumgartner, Jakob (Hg.): Wiederentdeckung der Volksreligiosität. Regensburg 1979.

Beinert, Wolfgang, u. a.: Maria, eine ökumenische Herausforderung. Regensburg 1984.

Belting, Hans: Bild und Kult. Eine Geschichte des Bildes vor dem Zeitalter der Kunst. München 1990.

Brown, Peter: Die Gesellschaft und das Übernatürliche. Vier Studien zum frühen Christentum (= Kleine kulturwissenschaftliche Bibliothek 40). Berlin 1993.

Ders.: Autorität und Heiligkeit. Aspekte der Christianisierung des Römischen Reiches. Stuttgart 1998.

Brückner, Wolfgang: Volkstümliche Denkstrukturen und hochschichtliches Weltbild im Votivwesen. In: Schweiz. Archiv f. Vk. 59 (1963), S. 183–203.

Ders.: Zur Phänomenologie und Nomenklatur des Wallfahrtswesens und seiner Erforschung. In: FS Josef Dünninger. Berlin 1970, S. 384–425.

Ders.: Erneuerung als selektive Tradition. Kontinuitätsfragen des 16. und 17. Jahrhunderts aus dem Bereich der konfessionellen Kultur. In: Der Übergang der Neuzeit und die Wirkung von Traditionen. Göttingen 1978, S. 55–78.

Ders.: Zum Wandel der religiösen Kultur im 18. Jahrhundert. Einkreisungsversuche des «Barockfrommen» zwischen Mittelalter und Massenmissionierung. In: Sozialer und kultureller Wandel in der ländlichen Welt des 18. Jahrhunderts (= Wolfenbütteler Forschungen 19). Wolfenbüttel 1982, S. 65–83.

Ders., Korff, Gottfried, und Scharfe, Martin: Volksfrömmigkeit (= Ethnologia Bavarica 13). Würzburg u. München 1986.

Ders.: Zu den modernen Konstrukten «Volksfrömmigkeit» und «Aberglauben». In: Jb. f. Vk. NF 16 (1993), S. 215–221.

Ders.: Kulturprägung durch Konfession. Evangelisches Volksleben in Franken und seine Erforschung. In: Bayer. Blätter f. Vk. 19 (1992) H. 3, S. 129–154.

Ders.: Die Neuorganisation von Frömmigkeit des Kirchenvolkes im nachtridentinischen Konfessionsstaat. In: Jb. f. Vk. NF 21 (1998), S. 7–32.

Ders.: Brauchforschung tut not. In: ebd., S. 107–138.

Coreth, Anna: Pietas Austriaca. Ursprung und Entwicklung barocker Frömmigkeit in Österreich (= Österr. Archiv). München 1959.

Daxelmüller, Christoph: Volksfrömmigkeit. In: Brednich, Rolf Wilhelm (Hg.): Grundriss der Volkskunde. Berlin 1988, S. 329–352.

Dünninger, Hans: Wallfahrt und Bilderkult. Gesammelte Schriften. Würzburg 1995.
Eberhart, Helmut, Hörandner, Edith, und Pöttler, Burkhard (Hgg.): Volksfrömmigkeit. Referate der Österreichischen Volkskundetagung 1989 (= Buchreihe der Österr. Z. f. Vk. NS 8). Wien 1990.
Ebertz, Michael, N.: Von der «Religion des Pöbels» zur «popularen Religiosität». In: Jb. f. Vk. NF 19 (1996), S.169–183.
Ders. u. Schultheis, Franz (Hgg.): Volksfrömmigkeit in Europa. Beiträge zur Soziologie popularer Religiosität in 14 Ländern (= Religion – Wissen – Kultur 2). München 1986.
Ehalt, Hubert Ch. (Hg.): Volksfrömmigkeit. Von der Antike bis zum 18. Jahrhundert (= Kulturstudien 10). Wien u. Köln 1989.
Gribl, Albrecht A.: Volksfrömmigkeit. Begriff, Ansätze, Gegenstand. In: Harvolk, Edgar (Hg.): Wege der Volkskunde in Bayern. Ein Handbuch (= Veröff. z. Volkskunde und Kulturgeschichte 25). Würzburg u. München 1987, S. 293–334.
Hamm, Berndt: Frömmigkeit als Gegenstand theologiegeschichtlicher Forschung. Methodisch-historische Überlegungen am Beispiel Spätmittelalter und Reformation. In: Z. f. Theologie u. Kirche 74 (1977), S. 464–497.
Heller, Andreas, Weber, Therese, und Wiebel-Fanderl, Oliva (Hgg.): Religion und Alltag. Interdisziplinäre Beiträge zu einer Sozialgeschichte des Katholizismus in lebensgeschichtlichen Aufzeichnungen (= Kulturstudien 19). Wien und Köln 1990.
Herrschaft, Religion und Volk. Staatliche und gesellschaftliche Formierungsprozesse seit dem 16. Jahrhundert (= Westfälische Forschungen d. Westf. Instituts f. Regionalgeschichte 42). Münster 1992.
Hubensteiner, Benno: Vom Geist des Barock. Kultur und Frömmigkeit im alten Bayern. München 1967, [2]1978.
Kriss-Rettenbeck, Lenz: Bilder und Zeichen religiösen Volksglaubens. München 1963, [2]1971.
Ders.: Ex Voto. Zeichen, Bild und Abbild im christlichen Votivbrauchtum. Zürich 1972.
Ders. u. Möhler, Gertrud (Hgg.): Wallfahrt kennt keine Grenzen. Themen einer Ausstellung. München 1984.
Legner, Anton (Hg.): Reliquien. Verehrung und Verklärung. Köln 1989.
Molitor, Hansgeorg, u. Smolinsky, Heribert (Hgg.): Volksfrömmigkeit in der frühen Neuzeit (= Kath. Leben und Kirchenreform im Zeitalter der Glaubensspaltung 54). Münster 1994.
Rahner, Karl, Modehn, Christian, und Göpfert, Michael (Hgg.): Volksreligion – Religion des Volkes (= Urban TB 643). Stuttgart 1979.
Scharfe, Martin: Evangelische Andachtsbilder (= Veröff. d. Amts f. Denkmalpflege, Reihe C, 5). Stuttgart 1968.
Ders.: Die Religion des Volkes. Kleine Kultur- und Sozialgeschichte des Pietismus. Gütersloh 1980.
Ders.: Rehabilitierung der Dinge. Subjekte und Objekte in der Frömmigkeitsforschung. In: Bayer. Bll. f. Vk. 23 (1996), S. 129–141.
Schieder, Wolfgang (Hg.): Religion und Gesellschaft im 19. Jahrhundert (= Geschichte und Gesellschaft 3, H. 3). Göttingen 1977.
Ders. (Hg.): Volksreligiosität in der modernen Sozialgeschichte. Göttingen 1986.
Schreiner, Klaus (Hg.): Laienfrömmigkeit im späten Mittelalter (= Schriften des Historischen Kollegs. Kolloquien 20). München 1992.
Treiber, Angela: Interpretamente historischer Forschung über Superstitionen und magische Mentalitäten: In: Jb. f. Vk. NF 19 (1996), S. 81–125.
Wallfahrt und Alltag in Mittelalter und früher Neuzeit (= Veröff. d. Instituts f. Realienkunde des Mittelalters und der frühen Neuzeit 14). Wien 1992.
Wiebel-Fanderl, Olivia: Religion als Heimat? Zur lebensgeschichtlichen Bedeutung katholischer Glaubenstraditionen (= Kulturstudien 29). Wien u. Köln 1993.
Woeckel, Gerhard P.: Pietas Bavarica. Höfische Kunst und bayerische Frömmigkeit 1550–1848. Weissenhorn 1992.

Fronleichnam in Düdingen

Am zweiten Donnerstag nach Pfingsten feiert die katholische Kirche das Hochfest des Leibes und Blutes Christi. An vielen Orten ist dieses Fest auch als «Unser Herrgottstag» bekannt. Wo es noch in traditioneller Weise gefeiert wird, gehören Böllerschüsse, Männer in Uniform und Frauen in ihren Trachten zum Bild der theophorischen Prozession zu den Feldaltären. Eine besonders schöne Fronleichnamsprozession kennt das freiburgische Düdingen, wo sich viele Frauen stolz in ihrer prachtvollen «Chränzlitracht» präsentieren. D. W.

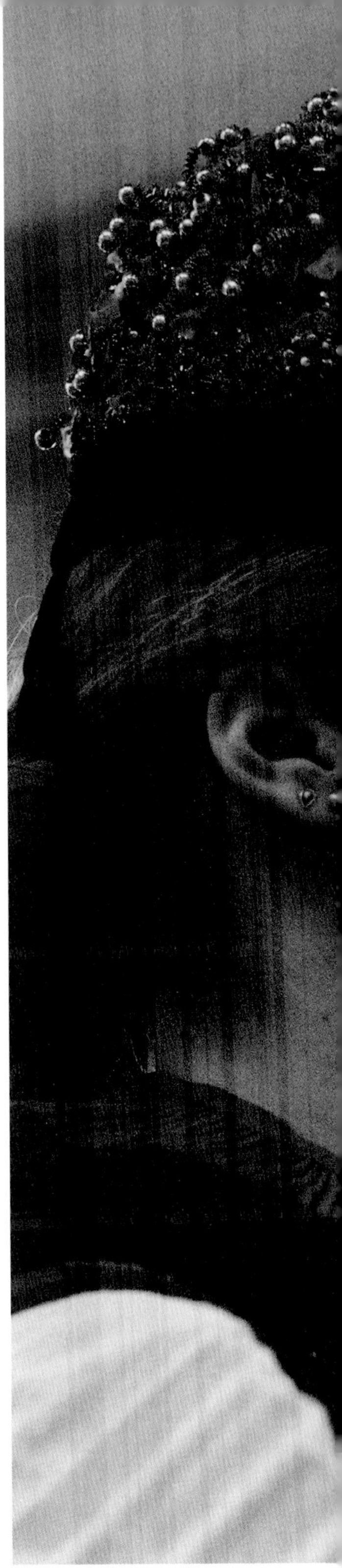

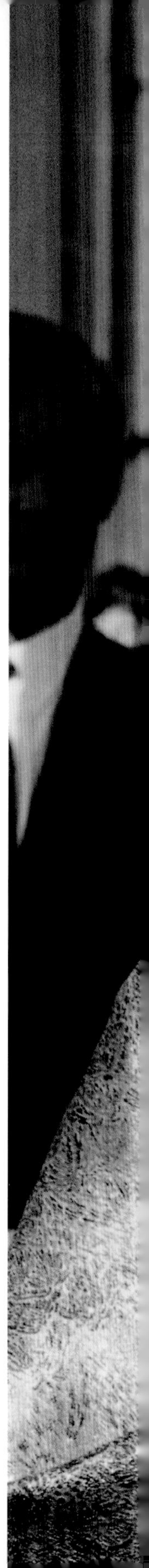

Seeprozession in Meggen

Zu den ganz wenigen Seeprozessionen in unserem Land gehört jene im luzernischen Meggen. Der am Fronleichnamstag abgehaltene Kirchenanlass geht wohl auf das 17. Jahrhundert zurück. Nach dem Gottesdienst besteigen die Gläubigen die Nauen und fahren nach Hintermeggen, von wo eine Prozession zur alten Pfarrkirche St. Magdalena zieht. D. W.

II. Volksfrömmigkeit im persönlichen Vollzug

Rolf Thalmann

Präsenz des Religiösen im Alltag

Versuch einer Übersicht

Grüezi![1]

Die vielbeklagte Säkularisierung des 20. Jahrhunderts ist keineswegs eine Abkehr vom Religiösen an sich, sondern vielmehr eine Abkehr von den Kirchen und teilweise auch vom gegenwärtigen Christentum. Die starke Hinwendung zu Freikirchen und Sekten einerseits, zu Esoterik und ausserchristlichen Religionen andererseits spricht eine deutliche Sprache.

Trotz dieser Tendenzen, die irreversibel scheinen, ist in unserem Alltag schon auf den ersten Blick viel mehr an traditionell Christlich-Religiösem vorhanden, als man glauben könnte; bei genauerem Hinsehen weitet sich das Bild noch aus. Dies soll im folgenden an einigen Beispielen und zwei bescheidenen Fallstudien gezeigt werden. Die Grundlagen stammen zum allergrössten Teil aus dem Kanton Aargau, der dem Verfasser recht gut bekannt ist.[2] Die vielgeschmähte «Mittelmässigkeit» dieses Kantons macht ihn für derartige Arbeiten zum geradezu idealen Beobachtungsgebiet.

Sprache

Unser Weltbild wird – ob wir es wahrhaben wollen oder nicht – zu einem guten Teil von den Medien geprägt. Auch wenn das Fernsehen heute fast allgegenwärtig ist, im Aufnehmen wie im Ausstrahlen, beschränken wir uns auf die leichter auswertbaren gedruckten Medien. Diese, vorab die Tageszeitungen, enthalten eine Fülle von Berichten über religiöse und kirchliche Dinge – die eigentlichen religiös-erbaulichen Artikel sind allerdings weitgehend verschwunden. Nur vor hohen religiösen Feiertagen (Weihnachten, Ostern, Pfingsten, Bettag) sind in den meisten Zeitungen religiös geprägte Betrachtungen enthalten. Früher nahmen diese meist die ganze Titelseite ein (bei etlichen ist dies heute noch der Fall), doch in den letzten Jahren wurden sie meist in eine Ecke oder ins Innere des Blattes verdrängt.

Sonst aber geht es weniger um Glaubens- als um Sachfragen: Berichte über Kirchenbauten und -renovationen, Sektendramen, Pfarrwahlen,

1 Grüezi! (Gott grüsse Sie!) bzw. im westlichen Mittelland Grüessech (Gott grüsse Euch) ist der Standardgruss der Deutschschweiz in der Höflichkeitsform; eine Ausnahme bildet die Stadt Basel, wo jedoch Grüezi oder Griezi das traditionelle Guete Daag bereits ziemlich verdrängt hat.

2 Die ausgiebige Beschäftigung mit dem Kanton Aargau verdankt der Verfasser einem mehrjährigen Forschungsprojekt zu volkstümlichen «Zeichen des Glaubens».

Kirchenkonzerte, Papstreisen, Vorträge und Tagungen, Diskussionen über Sonntagsarbeit und Sonntagsverkauf, kirchliche Stellungnahmen zu politischen Fragen usw. ziehen sich durch alle Ressorts. Zu den erwähnten Feiertagen, vor allem zu Weihnachten und Ostern, wird sehr viel publiziert, auch wenn es mehr um Geschenkideen, Festmenüs und die Herkunft von Tanne und Hase geht als um den eigentlichen Sinn der Feste.

Auffällig ist – besonders in ländlichen Gegenden – das selbstverständliche Zusammenwirken von Vereinen und Kirchen: Kaum ein Musikverein oder Chor, der nicht einen Feiertagsgottesdienst bereicherte, kaum ein Frauenverein, der sich nicht am Erntedankfest oder an einem Suppentag beteiligen würde. (Die anderen Vereine, die hier weniger mithalten können, halten wenigstens einen Chlaushock ab oder gehen auf einen Auffahrtsausflug; diese sind allerdings eher selten religiös geprägt.)

Öfters kommen in den Zeitungen Themen der Kirchengeschichte zur Sprache, meistens aus Anlass eines entsprechenden Jubiläums. Auch in Berichten über Malerei, Musik, Theater und Literatur werden zwangsläufig immer wieder religiöse Inhalte dargestellt. Ein leidiges Kapitel sind schliesslich die politischen Artikel, die von religiös geprägten Auseinandersetzungen handeln, sei dies im Nahen Osten, im ehemaligen Jugoslawien oder in Irland.

Erstaunlich ist bei genauerer Lektüre der Zeitungen die Fülle von Ausdrücken aus dem religiösen Bereich, die den Journalisten in die Tasten fliessen, und zwar auch bei Artikeln, die überhaupt nichts mit Religion zu tun haben. Oft wird es weder den Verfasserinnen noch den Lesern überhaupt bewusst sein, dass es sich um Begriffe handelt, die aus der religiösen Sphäre stammen. Eine systematische Suche über mehrere Monate[3] ergab 365 Belege, die als (ursprünglich) religiöse Wörter und Redensarten bezeichnet werden können.

Am häufigsten kommen Ausdrücke vor, die als religiös, aber nicht als spezifisch christlich bezeichnet werden können, da sinnverwandte Inhalte auch in anderen Religionen vorkommen:

Segen / segensreich / absegnen
Gnade / Gnadenfrist / begnadet / gnädig
Wunder / wunderbar
heilig / sakrosankt / unheilige Allianz
Sünde / Sünder / Sündenbock / sündhaft teuer
Himmel / Geschenk des Himmels / um Himmels willen
Gottlob / Gott sei Dank / über Gott und die Welt sprechen
Hölle / Inferno
Teufel / verteufeln / Teufelskreis / diabolisch

Unter den biblisch geprägten Ausdrücken sind die alttestamentlichen eindeutig in der Überzahl. Dies mag erstaunen, geht aber durchaus parallel mit der unten auszuführenden Wahl der Bibelzitate in den Todesanzeigen und mit der Beliebtheit alttestamentlicher Vornamen besonders in reformierten Gegenden. Als Beispiele seien genannt:

Tohuwabohu, Paradies, Garten Eden, Adam und Eva, Sündenfall, Feigenblatt, Sintflut, Arche Noah, Prophet und prophezeien, Hiobsbotschaft, Kain und Abel, David und Goliath, Menetekel, das gelobte Land, die sieben ägyptischen Plagen, Manna, babylonische Sprachverwirrung, Auge um Auge, Zahn um Zahn...

Diesen Ausdrücken, die grösstenteils mehrfach belegt sind, stehen meist nur einmal gefundene aus dem Neuen Testament gegenüber: bei einer Ohrfeige auf die rechte Backe die linke auch noch hinhalten, das täglich Brot, Apostel, pharisäerhaftes Verhalten, Leidensweg, von Pontius zu Pilatus, den Kelch an sich vorbeigehen lassen, ein Kreuz haben mit etwas, Crux, Auferstehung, Urständ feiern, Erlösung, quo vadis?, vom Saulus zum Paulus, Vorbote der Apokalypse.

Eine dritte Gruppe von Belegen stammt aus dem allgemeinen kirchlichen Bereich und aus der Kirchengeschichte. Mindestens zweimal verwendet wurden: Petrus (als Wettermacher), Sankt-Florians-Politik, Vision, Credo, Lippenbekenntnis, Taufe, Einweihung, Kardinalsfrage, in Klausur gehen, Prediger und predigen, Pilger und pilgern, bekehren, Irrlehre, Glaubenskrieg, Mekka.

Ein Teil der Zeitung, der zu den am häufigsten gelesenen gehört, entsteht allerdings ohne Mitwirkung der Redaktion, nämlich die Seite mit den Todesanzeigen. Vorwiegend, aber nicht nur im reformierten Gebiet sind diese mit religiösen oder weltlichen Zitaten aller Art versehen, die einigen Aufschluss über die Einstellung der Verstorbenen und der Hinterbliebenen geben. Wenn ein Bibelzitat oder ein religiös geprägter Vers verwendet wird, ist als sicher anzunehmen, dass mindestens der oder die Verstorbene ein gläubiger Mensch war. Bei den Hinterbliebenen wird dies ebenfalls zutreffen; dass dem Glauben fernstehende Angehörige nur deshalb einen Bibelspruch wählen, weil der oder die Verstorbene dies geschätzt oder gar gewünscht hätte, ist wohl seltener der Fall.

Die Auswertung aller Anzeigen der erwähnten Zeitung während eines Vierteljahres ergibt folgendes Bild:

Zahl der Anzeigen:	374
Davon mit religiösem Zitat:	129
Mit weltlichem Zitat:	122
Religiöse Formulierungen in Anzeigen ohne religiöses Zitat:	25

3 Ausgewertet wurde der gesamte redaktionelle Text des Aargauer Tagblatts, Ausgabe Aarau, mit Ausnahme der Seite Niederamt, im Zeitraum 2. Januar – 31. März 1996.

Es ergibt sich also, dass etwas mehr als ein Drittel der Todesanzeigen mit religiösen Zitaten versehen sind; wenn wir die Kreuze und die religiösen Formulierungen in den Texten dazunehmen («Der Herr hat ... abberufen», «Wir beugen uns dem Willen Gottes» usw.), dann sind gar über zwei Fünftel der Anzeigen religiös geprägt. Wenden wir uns den eigentlichen religiösen Zitaten zu. Hier sieht die Statistik wie folgt aus:

Total religiöse Zitate:	129
Davon Bibelzitate AT:	42
Bibelzitate NT:	28
Übrige Zitate:	59

Wir stellen also fest, dass bei den Bibelzitaten die alttestamentlichen gegenüber den neutestamentlichen in der Überzahl sind. Am beliebtesten sind dabei die Psalmen, aus denen fast die Hälfte der Bibelzitate stammt. Bei den neutestamentlichen Stellen sind die Paulusbriefe in der Überzahl; Worte von Jesus selbst, der immerhin dem Christentum seinen Namen gegeben hat, machen einen knappen Sechstel der Bibelzitate aus.[4]

In vielen Fällen handelt es sich wohl um die Konfirmationssprüche der Verstorbenen, sofern sie den Hinterbliebenen bekannt waren. Auffällig ist aber auch, dass öfters ein Vers gewählt wird, der einige Tage zuvor bereits in der Zeitung gestanden hat. So kann derselbe Spruch während etwa zweier Wochen gehäuft vorkommen und dann wieder für längere Zeit völlig verschwinden.[5]

Bei den nicht der Bibel entnommenen Sprüchen herrscht eine grosse Vielfalt; volkstümliche Gedichte stehen neben Zitaten von Kirchenvätern und Theologen, Dichterworte neben Aussprüchen, die von den Verstorbenen selbst stammen. Auch bei Worten, die nicht direkt religiös geprägt sind, kann sicher zum Teil angenommen werden, dass die Hinterbliebenen ihnen einen religiösen Sinn unterlegen.

Zwischen oder unter den Todesanzeigen finden sich in etlichen Zeitungen kleinere oder grössere Inserate, in denen nur gerade ein Bibelzitat steht. Anfangs der achtziger Jahre trat die Agentur C in Belp BE – eine private Initiative eines Fabrikanten und seines Freundeskreises – mit der Idee an die Verleger heran, solche Inserate zu publizieren, wobei sich die Grösse nach den Erfordernissen des jeweiligen Tages zu richten hätte. Rund zwanzig Blätter haben diese Anregung aufgenommen und veröffentlichen die von der Agentur gelieferten Bibelverse kostenlos.[6] Die Initianten betrachten diese Inserate als eine wirksame Möglichkeit zur religiösen Propaganda, und Einsendungen in den betreffenden Zeitungen wie in den Kirchenblättern bringen von Zeit zu Zeit die Dankbarkeit von Leserinnen und Lesern zum Ausdruck.

In ähnlicher, wenn auch aufwendigerer Form verbreitet die Agentur C solche Bibelzitate ohne jeglichen Zusatz auch auf grossformatigen Plakaten (Höhe 128 cm, Breite 90 oder 270 cm).

Wer von Westen her auf der Strasse nach Hornussen AG fährt, den empfängt am Ortseingang auf einer Hausmauer die gross gemalte Aufschrift «Grüss Gott». Eine Parallele dazu bildet ein allerdings historisches Ereignis: Auf dem Dach des Neubaus an der Bahnhofstrasse in Aarau liess das Warenhaus Globus 1904 eine grosse Erdkugel mit der Aufschrift «Psalm 24,1» anbringen. «Schlugen die Aarauer ihr Bibelbuch an der rechten Stelle auf, dann stiessen sie auf das Wort, dass die Erde mit allem, was darinnen und darauf, des HERRN sei, was – wenn man ans Warenhaus dachte – viel Kopfschütteln erregte und mannigfacher Auslegung rief.»[7]

Wenigstens erwähnt seien zum Schluss dieses Abschnittes einige weitere sprachliche Bereiche, in denen Religiöses zum Ausdruck kommt oder wenigstens anklingt: Redensarten und Sprichwörter, Märchen und Sagen, Strassen- und Flurnamen wie Kirchrain und Klosterzelg, Familiennamen (Fromm, Pfaff, Münch, Bischof, Messmer, Siegrist, Kilchherr, Engel) und schliesslich die Vornamen, seien es allgemein verbreitete (Christian/Christine, Christoph, Beat, Gottfried, Gottlieb, Pius/Pia) oder Heiligennamen. Bei diesen letzteren sind oder waren jedenfalls bis vor kurzem in katholischen Gebieten lokale Ausprägungen festzustellen, wenn in dem betreffenden Ort ein Heiliger oder eine Heilige verehrt wurde; für den Aargau sind dies etwa Verena, Synes, Leonz (von Leontius) oder Burkhard. In den reformierten Gebieten ist oder war parallel zu den Heiligen eine Bevorzugung biblischer Namen festzustellen: Esther, Sara, David, Daniel, Markus, Simon, Johannes.

Zeichen

Bilder und Gegenstände sind in fast allen Religionen wichtige Zeichen des Glaubens. Solche sind nicht nur im kultischen Bereich zu finden, sondern werden oft auch in den «weltlichen» Bereich übertragen, wo sie je nachdem mehr oder weniger öffentlich zu sehen sind.

Mehr in den privaten Bereich gehört die Ausstattung der Wohnräume. Häufig anzutreffen ist religiöser Wandschmuck in all seinen Ausprä-

4 Für wertvolle und prompte Hilfe bei der Identifizierung der Sprüche danke ich Pfr. Claude Curchod.

5 Ein Paradefall ist der Text «Haltet mich nicht auf, der Herr hat Gnade zu meiner Reise gegeben» (Genesis 24, 56). Obwohl er nichts mit dem Tod zu tun hat, wird er immer wieder gerne gewählt und tritt meist gehäuft auf.

6 Bei der Basler Zeitung, die diese Inserate nicht gratis, aber zu sehr günstigem Tarif abdruckt, übernimmt die Basler Bibelgesellschaft zusammen mit der Evangelischen Allianz die Auswahl der Bibelverse und die Insertionskosten. Freundliche Auskunft von Pfr. Dr. Theophil F. Schubert.

7 Paul Erismann: Anno dazumal in Aarau. Ein lokalgeschichtlicher Rückblick auf die Zeit der Jahrhundertwende. Aarau 1952, S. 61/62.

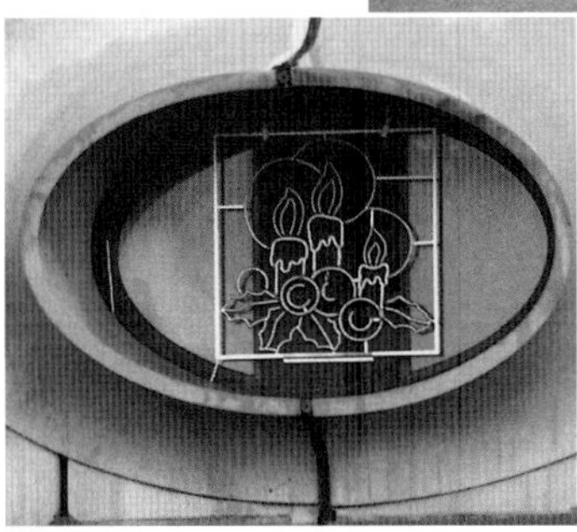

Raststätte Pratteln an der N2. Architekten: Casoni & Casoni, Basel, 1978. Das über barocken Altären oft dargestellte «Auge Gottes» überwacht, exakt in der Mitte der sechs Fahrbahnen, den Verkehr auf der N2. Links: Weihnachtsdekoration im «Auge Gottes»
Fotos: Kurt Wilhelm, Lausen BL, 1998.

gungen, vom grossformatigen Bild bis zum Wallfahrtsandenken. So berichtete ein Schriftsteller aus der Erinnerung über seine Grossmutter in Wettingen AG: «Überall standen Fotos des Papstes, hingen Heiligenbilder, Kruzifixe, Rosenkränze. Minimum eine Einheit pro Zimmer.»[8] So individuell in Art und Quantität diese Objekte auch sein mögen, eine Konstante hat sich beim Blick in Wohnungen und Museumssammlungen erwiesen: Der Unterschied zwischen katholischer und protestantischer Tradition liegt nicht darin, dass es im Protestantismus gar keinen Wandschmuck oder keine Bilder gäbe; die Ikonographie ist jedoch anders, und es gibt im protestantischen Bereich kaum dreidimensionale religiöse Objekte (von Bibel und Gesangbuch abgesehen). Da scheint der Kampf der Reformatoren gegen die «Götzenbilder», der da und dort zum Bildersturm führte, immer noch erfolgreich zu sein. Beliebt sind oder waren bei den Katholiken Darstellungen von Heiligen, Kreuzigung, Herz Jesu, Hinterglasbilder, Wallfahrtsandenken und Reliquienkästchen; spezifisch protestantisch sind etwa Haussegen, Der breite und der schmale Weg, Schliffscheiben, Taufzettel und Konfirmationsandenken. Beiden Konfessionen gemeinsam sind Darstellungen aus dem Leben Jesu, Schutzengel und Totenandenken.

Beim Raumschmuck zeigt sich wie in vielen anderen hier erwähnten Gebieten ein grosser Unterschied zwischen den Generationen: Während für die Älteren Kreuz, Weihwasserbecken und Segensspruch mehr oder weniger selbstverständlich sind, verzichten Jüngere meist leichten Herzens auf solche religiösen Zeichen. Fast nur noch in den Museen zu finden sind Möbel und Hausrat mit religiösen Motiven. Solche waren früher häufig, besonders auf Ofenkacheln, Geschirr, Brezeleisen und Kuchenmodeln. Mit dem Bild sollte auch der göttliche Segen auf den Benützer oder Betrachter einwirken, ja bei Gebäcken recht eigentlich in Fleisch und Blut übergehen. Mobile religiöse Objekte sind die Anhängekreuzchen und Hugenottenkreuze, die Christophorus-Plaketten und Verwandtes, das im Auto befestigt ist, sowie all die Gegenstände, die gläubige und «abergläubische» Menschen in Portemonnaies und Kleidern auf sich tragen. Traditionellerweise waren dies bei Katholiken Rosenkränze und Gnadenpfennige, heute mögen es eher Glücksbringer unterschiedlichster Herkunft und Bedeutung sein.

Während diese Dinge mehr der persönlichen Erbauung des Besitzers dienen, haben andere durchaus den Zweck, den Glauben zu verbreiten. Dazu gehören etwa Postkarten mit religiösen Motiven, Auto-Aufkleber mit religiösen Texten und den während einiger Zeit beliebten Fischen, Tragtaschen, T-Shirts, Kugelschreiber, Schlüsselanhänger, Spielwaren und anderes mehr.[9]

Zum öffentlichen Bereich gehören auch die Wirtshäuser mit ihren Schildern und Anschriften; hier tragen – im protestantischen wie im katholischen Gebiet – etliche einen Namen religiöser Herkunft; die traditionsreichen weisen auch die dazugehörigen alten Schilder mit dem entsprechenden Emblem auf. An aargauischen Lokalen finden sich (in abnehmender Häufigkeit) folgende Namen: Kreuz, Engel, Paradies, Gambrinus, Glocke, Himmel; dazu die von lokalen Gegebenheiten abgeleiteten wie Klosterstübli, Verenahof, Chappelehof etc. Beim Kreuz ist allerdings eine Einschränkung zu machen: es kann sich zuweilen auch um das Schweizerkreuz handeln.

Den Wirtshausschildern verwandt sind die Gemeindewappen, die sich auf Fahnen und Flaggen, an Gemeindehäusern und kommunalen Fahrzeugen finden. Eine ganze Reihe von ihnen weist religiöse Motive auf, seien diese aus der Ortsgeschichte abgeleitet oder nach dem Ortsnamen nachträglich geschaffen. Von den 232 aargauischen Gemeindewappen sind auch ohne historische Kenntnisse gegen zwanzig als religiös geprägt zu erkennen; bei genauer historischer Betrachtung sind es etliche mehr. Von den 86 Wappen des Kantons Basel-Landschaft tragen zehn ein auf den ersten Blick erkennbares religiöses Gepräge. Auf etlichen Ortswappen sind Kirchen und Kapellen dargestellt – diese bilden denn auch einen tatsächlich

8 E. M. Chuchulain: Am Rand des Lebens. Gedanken über die Grossmutter Maria Voser-Voser, die in der Sonderausstellung in Baden in Wort und Bild porträtiert wird; in: Wir Brückenbauer, 4. Januar 1995, S. 52/53.

9 In Beinwil am See AG besteht eine Firma, die neben Büchern, Bildern und Postkarten eine grosse Zahl von alltäglichen Gegenständen mit religiösen Motiven und Sprüchen herstellt und vertreibt. Herrn Hintermann sen. danke ich für seine wertvollen Auskünfte.

nicht zu übersehenden Teil der Präsenz des Religiösen im Dorf- und Stadtbild. In katholischen Gegenden wird die Landschaft zudem mehr oder weniger stark auch von Wegkreuzen, Bildstöcken und Heiligenfiguren geprägt – davon ist an anderer Stelle des Buches zu lesen.

Seltener geworden sind die erkennbar kirchlichen Personen: Pfarrer und Priester sind – ausser bei religiösen Handlungen – immer seltener in der Amtstracht zu sehen, und die Zahl der Mönche und Nonnen hat derart abgenommen, dass sie höchstens noch in der unmittelbaren Umgebung der Klöster und kirchlich geführten Institutionen häufiger anzutreffen sind. Ein Pendant auf reformierter Seite sind die Diakonissen. Stark zurückgegangen sind auch die Prozessionen und Umgänge in katholischen Gegenden; der Strassenverkehr hat sie entweder ganz zum Verschwinden gebracht oder wenigstens auf Seitenstrassen abgedrängt. Nur dort, wo ein kirchlicher Brauch bereits zum Schaubrauchtum geworden ist, darf er noch im Ortszentrum seine ganze Pracht entfalten. – Dass nicht nur der Verkehr, sondern auch religiöse Wandlungen für den Verzicht auf diese Form der öffentlichen Glaubensdarstellung verantwortlich sind, soll wenigstens erwähnt sein.

Unüberhörbar ist hingegen die akustische Präsenz der Kirchen, vor allem durch das seit langem umstrittene morgendliche Läuten der Glocken. Ob das sonntägliche Einläuten zum Gottesdienst eine untolerierbare Belästigung oder eher ein Anlass zu schlechtem Gewissen für die Langschläfer sei, darüber gehen die Meinungen in periodischen Leserbrief-Gefechten stark auseinander.[10]

Handlungen

Alle «Übergangsriten» im Lebenslauf und die meisten Bräuche im Jahreslauf waren in der traditionellen Gemeinschaft religiös geprägt. Bei den Lebensstationen hat eine Abkehr von der selbstverständlichen Anbindung an die Kirche eingesetzt: Nicht mehr alle Eltern lassen ihre Kinder taufen, und nicht mehr jede Ehe wird auch kirchlich geschlossen. Die zahlenmässig grössten Einbrüche haben bei den Konfirmationen und Firmungen stattgefunden: Viele Jugendliche haben keine Lust auf Religionsunterricht und Aufnahme in die Kirche der Erwachsenen. Am wenigsten in Frage gestellt ist die kirchliche Abdankung, was wohl weitgehend eine Generationenfrage ist. Es mag auch (bewusst oder unbewusst) die Scheu eine Rolle spielen, auf diesem ernsten Gebiet die «kirchliche Rückversicherung» ohne Not aufzugeben.[11] Bei all diesen Anlässen spielt natürlich die allenfalls notwendige Rücksicht auf die Verwandtschaft und die Nachbarschaft eine grosse Rolle; dies erklärt die zahlenmässig grossen Unterschiede zwischen Stadt und Land, zwischen industrialisierten und ländlichen Gebieten. Bei den Konfirmationen und Firmungen ist zudem die Person des Pfarrers von erheblicher Bedeutung.

Sind die kirchlichen Taufen, Hochzeiten und Bestattungen statistisch noch in Prozenten zu fassen, so ist bei den kirchlichen Festen im Jahreslauf ungleich schwerer zu entscheiden, ob sie bewusst begangen werden oder nur gerade als willkommener freier Tag wahrgenommen werden. Allerdings zeigt sich bei den periodischen Diskussionen über die Feiertagsregelung[12], über Sonntagsarbeit und Ladenöffnung an Sonntagen[13], dass ein recht grosser Teil der Bevölkerung nicht bereit ist, von einer gewissen christlichen «Grundsubstanz» abzugehen bzw. sie sich nehmen zu lassen.

Exemplarisch zeigt sich dies auch bei den Diskussionen um die Präambel einer neuen Bundesverfassung: daran, dass diese weiterhin «im Namen Gottes des Allmächtigen» gegeben sein solle, wollen viele Bürgerinnen und Bürger nicht rütteln lassen, auch wenn sie den traditionellen Kirchen entfremdet sind. Der zurzeit diskutierte Entwurf hält denn auch an dieser Tradition fest, die «seit den ersten Bündnissen der Eidgenossenschaft gepflegt wird». Die Anrufung Gottes verweise «auf die Existenz einer dem Staat und den Menschen übergeordneten transzendentalen Macht», die jedoch «nicht für alle Personen christlich geprägt sein muss; jede Person kann ‹Gott dem Allmächtigen› einen persönlichen, individuellen Sinn geben».[14] Trotz dieser Relativierungen bleibt also bis auf weiteres – um eine alte Redensart aufzugreifen – die Kirche im Dorf.

Adieu![15]

10 Die Argumentationen sind im Beitrag des Verfassers zu einer privaten Festschrift für Prof. Oscar Cullmann dargelegt worden.

11 Zahlen sind kurzlebig geworden; mit Hilfe von Christoph Baumann, Leiter von Inforel in Basel, dem ich für seine Hilfe danke, sei hier trotzdem eine Schätzung für 1998/99 gewagt: In der gesamten Schweiz sind etwa vier Fünftel der Bevölkerung Mitglieder in einer Landes- oder Freikirche. Von diesen lassen etwa 95 % ihre Kinder taufen, 70 % lassen sich kirchlich trauen, und fast 100 % werden kirchlich bestattet; zwei Drittel der Jugendlichen werden durch Konfirmation oder Firmung in die Kirche aufgenommen.

12 Zum Thema «Geschichte der Feiertagsgesetzgebung im Aargau» besteht ein bisher ungedrucktes Typoskript des Verfassers.

13 Im August 1996 sahen sich die drei Aargauer Landeskirchen veranlasst, eine Aktion «für die Erhaltung des Sonntags» zu lancieren, um «an den hohen gesellschaftlichen Wert des Sonntags als allgemeiner Ruhetag» zu erinnern.

14 Alle drei Zitate stammen aus der amtlichen Schrift «Reform der Bundesverfassung. Erläuterungen zum Verfassungsentwurf», Bern 1995, S. 29.

15 Adieu! (à Dieu!) mit mundartlichen Varianten ist der deutschschweizerische Standard-Abschiedsgruss in der Höflichkeitsform.

Alois Senti

Das brauchtümliche Beten

Obschon das Beten den Alltag in den katholischen Landesteilen der Schweiz bis in die zwanziger und dreissiger Jahre unseres Jahrhunderts mit einer grossen Vielfalt von Formeln und Handlungen erfüllte, wurde es von der Volkskunde wenig beachtet. Das brauchtümliche, ausserhalb der Gottesdienste anzutreffende Beten war offenbar zu selbstverständlich, um näher untersucht zu werden. Auch die Theologie nahm sich des nichtliturgischen Gebetslebens nur am Rande an.

Vorrat und Weitergabe der Gebete

Viele Kinder waren schon im Vorschulalter in der Lage, das Vaterunser, das Gegrüsst seist du, Maria, die Tischgebete, das Morgen- und Abendgebet, die Geheimnisse des Rosenkranzes und den Englischen Gruss mitzubeten. Im Vordergrund standen dabei die Tischgebete. Das Morgen- und Abendgebet wurde häufig mit den Tischgebeten verknüpft. Auf dem Lande erinnerten das Elfuhrläuten und das Betzeitläuten an den Englischen Gruss. Wenn es zur Wandlung läutete, kniete man in der Wohnung oder im Freien, der Kirche zugewandt, nieder und verrichtete die im Gottesdienst üblichen Gebete. Im übrigen setzte das Kirchenjahr die Schwerpunkte: Anbetungsstunden zur Fasnachtszeit, während der Karwoche, am Eidgenössischen Dank-, Buss- und Bettag, am Christkönigsfest und an den Herz-Jesu-Freitagen. Auch die Rosenkranzandachten, die öffentlichen Versehgänge, die Totenwachen und die Wallfahrten und Bittgänge förderten das brauchtümliche Beten.

Von der Kirche her erfuhr das private Beten im Religionsunterricht und in der Christenlehre einen starken Rückhalt. Der Katechismus und das Kirchengesangbuch enthielten im Anhang die vorerwähnten Grundgebete. Daneben führten die Wallfahrtsorte eine heute kaum mehr vorstellbare Auswahl an Ge-

Englischer Gruss

Der Engel des Herrn brachte Maria die Botschaft, und sie empfing vom Heiligen Geist. Gegrüsst seist du, Maria... Maria sprach: Siehe, ich bin eine Magd des Herrn, mir geschehe nach deinem Worte. Gegrüsst seist du, Maria... Und das Wort ist Fleisch geworden und hat unter uns gewohnt (Kniebeuge). Gegrüsst seist du, Maria... Bitt für uns, o heilige Gottesgebärerin, auf dass wir würdig werden der Verheissungen Christi. Wir bitten dich, o Herr, giesse deine Gnade ein in unsere Herzen, auf dass wir, die wir durch die Botschaft des Engels die Menschwerdung Christi, deines Sohnes, erkannt haben, durch sein Leiden und Kreuz zur Auferstehung geführt werden, durch denselben Christum, unsern Herrn. Amen.

Morgengebete

O Gott, du hast in dieser Nacht so väterlich für mich gewacht; ich lob und preise dich dafür und dank für alles Gute dir. Bewahre mich auch diesen Tag vor Sünde, Tod und jeder Plag; und was ich denke, red und tu, das segne, bester Vater, du. Beschütze auch, ich bitte dich, o heiliger Engel Got-tes, mich. Maria,bitt an Gottes Thron für mich bei Jesus, deinem Sohn, der hochgelobt sei allezeit von nun an bis in Ewigkeit. Amen.

Ich stuu uuf im Namä Jesus, Maria und Josef. Joachim und Anna hälfen mier zum Lääbä und zum Stärbä, durch Jesus Christus unsern Herrn. Amen. (Sarganserland)

betbüchern. Sie richteten sich gesondert an Eltern und Kinder, Männer und Frauen, Jünglinge und Jungfrauen, Witwer und Witwen, Bauern, Älpler, Dienstboten und Ministranten. Man legte Wert darauf, die Gebetbücher segnen zu lassen und betrachtete sie als persönlichen Besitz. Als weitere Gebetshilfen kamen Kruzifixe, Statuen und Heiligenbilder, Volkskalender, Haussegen und kleine Andachtsbildchen hinzu. Letztere legte man mit den Trauerandenken in die Gebetbücher oder befestigte sie in den Stuben und Schlafzimmern an den Wänden. Heute drohen die Imprimate des frühen 20. Jahrhunderts in den untersten Schubladen der Kommoden zu verstauben. Sie finden keine Verwendung mehr. Ihre Gebrauchsspuren lassen aber darauf schliessen, dass es einmal anders war.

Ein solcher Katalog an religiösen Verpflichtungen war natürlich nicht frei von jedem Druck und Zwang. Er wurde deswegen aber kaum ernstlich in Frage gestellt. Die Geistlichkeit und die in allen Pfarreien bestehenden Bruderschaften (Rosenkranzbruderschaft, Skapulierbruderschaft, Herz-Jesu-Bruderschaft) sahen in der Pflege des Gebets ihre grosse Aufgabe. Auch die Standesvereine (Marianische Kongregationen, Müttervereine, Drittordens-Gemeinschaften) sowie die vielen Gebetsvereine festigten das private Beten. Die Weitergabe des Gebets vermochten sie aber allen Anstrengungen zum Trotz nicht zu gewährleisten. Darüber entschied schon damals der Umgang der Eltern, Grosseltern und Nachbarn mit dem Gebet und das in heiklen Situationen des Lebens in die Beziehung zu Gott gesetzte Vertrauen. Die ersten Einbrüche in das im späten 19. Jahrhundert aufgebaute Gebetsleben erfolgten in den zwanziger und dreissiger Jahren unseres Jahrhunderts. Dabei sollte das Gefälle zwischen Stadt und Land, vor allem aber zwischen der bäuerlichen und der nichtbäuerlichen Bevölkerung, nicht übersehen werden.

Beten in Familie und Schule

Im Katechismus wird das Beten mit dem «Atemholen für den Leib» verglichen. «Wir sollen täglich beten, besonders am Morgen und am Abend, vor und nach dem Essen, in Versuchungen, in allen Nöten und Anliegen, und so oft die Kirche durch ein Glockenzeichen zum Gebete mahnt.» Das Tischgebet bildete gewissermassen das Rückgrat dieser Forderung. In einer Mischung von Schriftsprache und Mundart wichen die Texte von einem Haus zum andern nur geringfügig voneinander ab. Die Gebete wurden vor und nach den drei Hauptmahlzeiten sitzend verrichtet und waren bei offenen Türen und Fenstern oft bis auf die Strassen und Gassen hinaus zu hören. Noch in den fünfziger Jahren hätte man es sich nicht vorstellen können, eines Tages auf das Tischgebet zu verzichten. Selbst an Veranstaltungen von Verbänden und Vereinen wurde es noch lange gesprochen.

Beim Morgen- und Abendgebet nahmen sich die Betenden mehr gestalterische Freiheiten als bei den Tischgebeten. Insbesondere das mit dem Dankgebet nach dem Abendessen verbundene Abendgebet wurde in bethaften Familien zu eigentlichen Andachten ausgeweitet. Dem Rosenkranz

Gebet vor und nach dem Essen

O himmlischer Vater, segne uns Speis und Trank, die wir von deiner grossen Güte empfangen werden. Gib uns die Gnade, dass wir alles dir zum Lobe und uns zur Wohlfahrt gebrauchen, auch von deiner Liebe niemals abgeschieden werden. Durch Jesum Christum, unsern Herrn. Amen.

O himmlischer Vater, wir danken dir, dass du uns Unwürdige gespeiset hast, und niemals aufhörst, deine Wohltaten uns gütig mitzuteilen. Lob und Ehre sei Gott im Himmel, Friede den Menschen auf Erden, Gnade unsern Wohltätern, die ewige Ruhe allen abgestorbenen Christen und uns nach diesem vergänglichen Leben die ewige Freude und Seligkeit. Amen.

Jetz wimer ässä,
dys häilig, bitteri Lydä nid vergässä.
Dys häilig Chrüz seï üsärä Tisch,
di häiligä dreï Neïgel üser Fisch,
dys rousäfarbini Bluet seï üser Spys und Trangg.
Himmlischä Vater, mier säägen dier Loub und Dangg für alles,
was üs gisch und schiggsch. (Sarganserland)

Abendgebet

I leggä mi nider in Gottes Chraft,
i leggä mi nider in Gottes Allmacht,
i leggä mi nider in ds göttli, rousäfarbig Bluet,
dass mer dr böüs Find ä käi Schaadä tuet. (Sarganserland)

folgten mehrere Vaterunser mit Fürbitten und das Glaubensbekenntnis. Zum Abendgebet gehörten lange Zeit auch noch ältere Gebete. Am Samstagabend kam das Gedenken an die Verstorbenen zur Geltung. Auf dem Ofen oder auf einem Tisch wurde den Armen Seelen eine Kerze angezündet. Ältere Familienmitglieder durften sich setzen, die Eltern und die schulpflichtigen Kinder knieten während der Andacht. Vereinzelt beteten die Eltern mit ausgebreiteten Armen.

Wenn es um elf Uhr den Angelus läutete, riefen die Mütter, Grossmütter und Tanten die erreichbaren Kinder zum Englischen Gruss. Die im Freien arbeitenden Männer hielten für einen Augenblick inne. In manchem Schulhaus wurde der Unterricht unterbrochen oder mit dem Englischen Gruss abgeschlossen. Selbst der Stundenschlag im Kirchturm bot Anlass zu einem Kurzgebet. In den Kindergärten bildete das Beten oft die dominierende Beschäftigung der Kleinen. Zur Adventszeit vermerkten die Kinder jeden Rosenkranz und jedes Vaterunser zuhanden des Samiklauses mit einer Kreide an der Wand. In der Innerschweiz war es Brauch, die vorweihnächtlichen Gebetsleistungen mit dem Messer in ein Hölzlein zu kerben. Im Gefolge des sogenannten Eucharistischen Kinderkreuzzuges der dreissiger Jahre erhielten die Schüler Zettel verteilt, auf denen sie ihre täglichen Gebets- und Frömmigkeitsleistungen eintragen konnten. Am Ende des Monats wurden die Belege eingesammelt. An Weihnachten betete man in manchen Familien vor der Krippe. Schliesslich folgte am Silvesterabend der Dank für die im Laufe des Jahres empfangenen Wohltaten.

In Zeiten, da eine Familie von Krankheiten und Todesfällen heimgesucht wurde oder in andern Nöten steckte, intensivierte sich das Gebetsleben. Zusammen oder für sich allein wandte man sich an die bewährten Heiligen, an den heiligen Antonius, an den heiligen Josef und die heilige Barbara, an die Namenspatrone und die 14 Nothelfer sowie an den heiligen Thaddäus, den Helfer in besonders schwierigen Situationen. Bei einem Unwetter mahnte die Wetterglocke die Bauern zum Gebet. Nachts verliess man die Schlafkammern zum gemeinsamen Gebet in der Stube. Auch wenn der Vater oder die älteren Brüder einer besonders gefährlichen Arbeit auf den Alpen, in den Wäldern oder am Wasser oblagen, wurde zu Hause für sie gebetet. Auf regelmässige Gebetshilfe durften während der Sömmerung des Viehs auch die Älpler zählen.

Anbetungsstunden und Wallfahrten

Am Aschermittwoch begann in der Diözese St. Gallen nach alter Tradition das Vierzigstündige Gebet der Fastensonntage. Höfe, Weiler und Quartiere der Pfarreien wetteiferten miteinander, in den zugeteilten Stunden möglichst zahlreich in der Kirche vertreten zu sein. Anlass zum gemeinsamen Gebet und zur stillen Betrachtung boten ferner die von den Bischöfen verordneten und zum Teil bis heute beibehaltenen Betstunden. Eigentliche Höhepunkte des Gebetslebens ausserhalb der Gottesdienste bildeten die Anbetungsstunden während der Karwoche, die sogenannten Ölbergstunden sowie die Maiandachten. Anfangs August, an Portiunkula, am Rosenkranzsonntag im Oktober und an Allerseelen war in den Kirchen ein grosses Kommen und Gehen zu beobachten. Da wurden Ablässe gewonnen. Die Verehrer und Verehrerinnen des Altarsakraments sorgten auch während des Jahres dafür, dass die Kirchen tagsüber selten ohne stille Beter und Betrachter blieben.

Zum besonderen Erlebnis wurde das Beten an Wallfahrten und Bittgängen, sei es nach Einsiedeln oder Sachseln oder zu regionalen Kirchen, Kapellen, Bildstöcken und Kreuzen. Einsiedeln wurde von einzelnen Pfarreien alljährlich oder in Abständen von zwei bis fünf Jahren aufgesucht. Hier konnten die Gläubigen ihre Anliegen vortragen, ohne dass jemand Näheres darüber erfuhr. Dies im Gegensatz zu den Bittgängen in der näheren Umgebung, die in der Regel in einer speziellen, leicht zu eruierenden Absicht erfolgten. In einigen Kapellen war es Brauch, die Sorgen schriftlich festzuhalten und auf Zetteln um die Gebetshilfe anderer Beter zu bitten. Zahlreiche Zeichen des Dankes (Ex Votos) schmückten die Wände der Kapellen und stärkten das Vertrauen der Hilfesuchenden.

Wallfahrten und Bittgänge wurden früher auch in Stellvertretung unternommen. In jeder Gemeinde gab es Frauen und Männer, die gegen eine bescheidene Entschädigung an einer Wallfahrt teilnahmen, Gebetsaufträge entgegennahmen und Kerzen anzündeten. In der Regel handelte es sich um Menschen aus bescheidenen Verhältnissen, die ihre Gebetsleistung allenfalls noch durch den Beizug der Kinder verstärkten. In der Zentralschweiz wurden bei einem Todesfall noch um die Jahrhundertwende sieben oder neun Kinder aus dem Schulunterricht gerufen, um in einer bestimmten Kapelle für im Sterben liegende Mitbürger zu beten. Bessergestellte Familien vertrauten ihre Anliegen einem Kloster an. Bitten, ins Gebet und in den Segen einer Klostergemeinschaft aufgenommen zu werden, sind heute noch zahlreich. Konkrete Gebetsleistungen, in der Regel das Beten eines Rosenkranzes, wurden von den Gemeindearmen auch bei der Entgegennahme von Spenden verlangt. Sie waren sicherheitshalber im voraus zu erbringen.

Totenwache und Begräbnis

Bis in die dreissiger Jahre unseres Jahrhunderts galt es unter jüngeren Frauen als Ehrensache, bei Schwerkranken und Sterbenden Nachtwache zu halten und am Krankenbett zu beten. Wenn der Pfarrer zur Spendung der Sterbesakramente gerufen wurde, liess der Mesmer die Gemeinde dies durch ein Glockenzeichen wissen. Abkömmliche Kinder, Frauen und ältere Männer begleiteten den Priester und den Mesmer bis vor das Haus des Sterbenden. Die in der Stube versammelte Familie betete während der Beichte und der Kommunion des Sterbenden den Rosenkranz. Ein zweites Glockenzeichen verkündete den Hinschied des Mitbürgers und löste bei allen, die es vernahmen, ein erstes, kurzes Gebet für den Verstorbenen aus. Die Hinterbliebenen benachrichtigten die Verwandten und Nachbarn und erwarteten, dass ihnen das Beileid bekundet und im Zimmer des inzwischen aufgebahrten Toten die fünf Vaterunser zu Ehren der fünf Wunden Jesu gebetet wurden. Schülern, die dem Verstorbenen nach dem Unterricht diesen Liebesdienst erwiesen, schenkte man ein Brötchen.

Am Abend trafen sich die Anwohner zur gemeinsamen Totenwache im Trauerhaus. Für die ausdauerndsten Beter zog sich diese weit über Mitternacht hinaus. Unter allen Gebeten galt der Rosenkranz als das für den Verstorbenen wirksamste Gebet. Ein Rosenkranz zählt fünf Geheimnisse mit je zehn Gegrüsst seist du, Maria, ein aus drei Rosenkränzen bestehender Psalter mit den Schlussbitten deren 159 und die drei Psalter einer Totenwache samt den Hinzufügungen und Übergängen insgesamt 477 Gegrüsst seist du, Maria. Anstelle der üblichen fünf Geheimnisse des Schmerzhaften Rosenkranzes wurden in einzelnen Gemeinden, den sieben Schmerzen Mariens entsprechend, sieben Geheimnisse gebetet. Im Laufe der Jahre nahm die Gebetsleistung ab. Als in den fünfziger Jahren nur noch ein Rosenkranz übrigblieb, wurden die Totenwachen in die Pfarrkirchen oder in hiefür geeignete Kapellen verlegt.

Um einen jähen und unversehenen Tod fernzuhalten, wurde den Kindern schon im Religionsunterricht empfohlen, den täglichen Gebetsverpflichtungen so gewissenhaft als möglich nachzukommen. Die älteren Menschen beteten täglich um die Gnade, vor ihrem Sterben rechtzeitig die Sterbesakramente empfangen zu dürfen. In der gleichen Absicht machten sie die gute Meinung und opferten Gott ihr tägliches Tun und Lassen auf. Die Toten wurden im Trauerhaus abgeholt und auf den Friedhof begleitet. Der Trauerzug betete unterwegs den Schmerzhaften Rosenkranz. Am offenen Grab folgte die Andacht zu den fünf Wunden Jesu. Die Hinterbliebenen besuchten in den Wochen nach dem Todesfall die Gottesdienste häufiger als gewöhnlich und blieben so in ihrer Trauer nicht allein. An Orten, an denen es zu einem tödlichen Unfall gekommen war, wurde ein Kreuz errichtet, um die Vorübergehenden zu einem Gebet für den meist unversehen aus dem Leben abberufenen Mitmenschen zu bewegen.

Die Geheimnisse des Rosenkranzes

Der freudenreiche Rosenkranz
Den du, o Jungfrau, vom Heiligen Geist empfangen hast.
Den du, o Jungfrau, zu Elisabeth getragen hast.
Den du, o Jungfrau, geboren hast.
Den du, o Jungfrau, im Tempel aufgeopfert hast.
Den du, o Jungfrau, im Tempel gefunden hast.
Schlussbitten:
Der uns den wahren Glauben vermehre.
Der uns die feste Hoffnung vermehre.
Der uns die göttliche Liebe vermehre.

Der schmerzhafte Rosenkranz
Der für uns Blut geschwitzt hat.
Der für uns ist gegeisselt worden.
Der für uns ist mit Dornen gekrönt worden.
Der für uns das schwere Kreuz getragen hat.
Der für uns ist gekreuzigt worden.
Schlussbitten:
Der unsern Verstand erleuchte.
Der unsern Willen vollkommen mache.
Der unser Gedächtnis mit allem Guten stärke.

Der glorreiche Rosenkranz
Der von den Toten auferstanden ist.
Der in den Himmel aufgefahren ist.
Der uns den Heiligen Geist gesandt hat.
Der dich, o Jungfrau, in den Himmel aufgenommen hat.
Der dich, o Jungfrau, im Himmel gekrönt hat.
Schlussbitten:
Der unsere Gedanken nach seinem Willen richte.
Der unsere Worte regiere.
Der unsere Werke vollführe.

Vereinzelt kam dem Beten noch ein erzieherisches Moment zu. Kinder mussten ihren Ungehorsam in der Andacht vom Samstagabend sühnen, indem sie eine bestimmte Zeit lang in einer Ecke zu knien hatten. Selbst Halbwüchsige, die mit der Hausordnung in Konflikt geraten waren, wurden angewiesen, fünf Vaterunser oder ein Geheimnis des Rosenkranzes zu beten. In den kinderreichen Familien scheint das Beten allein schon durch den festen Platz, den es im Tagesablauf einnahm, einen gewissen Einfluss auf die Disziplin ausgeübt zu haben.

Samstagsgebet

Hinecht isch di lieb häilig Samschtignacht,
wo Jesus im Grabe lag.
O Wunde Weh, wiä tuen mier di häiligä fünf Wundä so weh,
diä kläinä wiä di groossä, diä falschä, diä stoossä.
O hätt ich nur ä Mensch auf Erden,
der mir das Gebet am Samschtigznacht dreimal sprach,
den wett ich belohnen, den wett ich bedanken,
dem wett ich geben drei Seelen zu erlösen:
Erschtens syni Vaters Seïl,
di zwäit syni Mueters Seïl,
di dritt isch syni äigä Seïl.
D Heldstüür isch pschlossä, ds Fägfüür isch truchä,
di häiligä Himmelspfortä stund offä.
Wär das bätä cha, und nid bätet,
würt am Jüngschtä Tag verwiisä wärdä. (Sarganserland)

Segnungen und Beschwörungen

Am Rande des Gebets befinden sich die parallel dazu überlieferten Segens- und Beschwörungsformeln. Die Kinder wurden von den Eltern immer wieder ermahnt, beim Verlassen des Elternhauses und beim Betreten einer Kirche einen Finger in den Weihwasserbehälter zu tauchen und das Kreuzzeichen zu machen. Man bekreuzigte sich auch, wenn man an einer Kirche, einer Kapelle, einem Bildstock oder an einem Wegkreuz vorüberging. Den kleinen Kindern wurde das Kreuzzeichen auf die Stirn gezeichnet, wenn sie zu Bett gingen. Die Schulentlassenen verliessen mit diesem Zeichen das Elternhaus, um ihre erste Stelle anzutreten. Auch die Sterbenden versiegelte man mit einem Kreuzzeichen auf die Stirn. In manchen Familien war es Brauch, dass die Eltern jeden Laib Brot, bevor er angeschnitten wurde, mit einem Kreuzzeichen versahen. Kindern und Erwachsenen diente das Kreuzzeichen schliesslich auch zum Schutz bei Begegnungen mit dem Unerklärlichen.

Eine in mancher Hinsicht mit dem Kreuzzeichen vergleichbare Segensfunktion wurde in vielen Häusern den Gebetszetteln und Haussegen zugeschrieben. Gebetszettel wurden in der Regel von Hand abgeschrieben. Die Haussegen brachten die Pilger von Einsiedeln. Auch Krämer boten die Blätter unter der Haustüre an. Meistens entnahm man sie in jüngerer Zeit aber den Kalendern und befestigte sie dann in den Schlafzimmern, im Estrich oder im Stall. Man versprach sich davon Schutz vor Feuer, Wasser und Krankheit und vor den Einflüssen des Bösen. Die aus Blech oder Karton ge-

Ave Maria!
Bhüet s Gott und üser lieb Herr Jesus Chrischt,
Lyb, Ehr, Haab und Guet und alles, was hier umen ischt.
Bhüet s Gott und der lieb heilig Sant Jöüri,
der wohl hier uufwachi und höüri.
Bhüet s Gott und der lieb heilig Sant Maarti,
der wohl hier uufwachi und waarti.
Bhüet s Gott und der lieb heilig Sant Gall
mit syne Gottsheiligen all.
Bhüet s Gott und der lieb heilig Sant Peiter.
Sant Peiter, nümm dy Schlüssel wohl in dyni rächti Hand
und bschlüss wohl uf dem Bären synen Gang,
dem Wolf der Zahn, dem Luchs der Chräuel,
dem Rappen der Schnabel, dem Wurm der Schweif,
dem Stei der Sprung.
Bhüet üs Gott vor solcher böüser Stund.
Bhüet Gott alles hier in üserem Ring,
und di lieb Mueter Gottes mit ihrem Chind.
Bhüet Gott alles hier in üserem Taal,
allhier und überall.
Bhüet s Gott, und das walti Gott, und das tüe der lieb Gott!

Sarganserländer Alpsegen

Sarganserländer Alpsegen. Maria mit Jesuskind und die vier im Betruf erwähnten Heiligen, Georg in Rüstung mit Schild und Lanze, Martin und der Bettler, Gallus mit dem zahmen Bären sowie Petrus, der Schlüsselbewahrer, sind abgebildet.
Postkarte der Sarganserländer Druck AG Mels.

stanzten, bunt bedruckten Agnus Dei dienten dem gleichen Zweck und sind in älteren Häusern heute noch über den Türen anzutreffen. Das grosse, aus Wachs geformte Agnus Dei wurde von den Besitzern in Krankheitsfällen und bei schweren Geburten ausgeliehen. Schutz versprach auch das weltweit verbreitete Skapulier, zwei durch über die Schultern gelegte Bändel miteinander verbundene Stücklein Stoff, sowie die zahllosen, an allen Wallfahrtsorten zum Kauf angebotenen Medaillen.

Auf dem Lande war der Schutz der Tiere von grosser Bedeutung. Im Laufe des Sommers suchten die Bauernfamilien Kapellen der näheren Umgebung auf, um für das Wohlergehen des in den Alpen weilenden Viehs zu beten. In dieser Meinung liessen sie auch Messen lesen. Auf manchen Alpen waren die Sennen verpflichtet, jeden Abend den Alpsegen zu rufen. In dem seit dem späten Mittelalter bekannten Segensgebet werden Gott, Maria und die Heiligen gebeten, Mensch, Hab und Gut in ihre Obhut zu nehmen. Der Brauch war einst wohl weit verbreitet. Zurzeit wird er noch in der Innerschweiz, im Sarganserland und in Appenzell I. Rh. gepflegt.

In diesem Zusammenhang ist auch auf die Praktiken zur Abwehr des Bösen hinzuweisen. Sie reichen von einfachen Segensgebeten bis zum Schadenzauber. Gutgläubigen verhiessen die handschriftlich und gedruckt überlieferten Texte fast alles, was sie sich vorstellen mochten: Schutz vor sichtbaren und unsichtbaren Gefahren aller Art. Dabei stiess das Beten, oder was man dafür hielt, nicht selten an die Grenzen der Magie. Die Geistlichkeit führte einen weitgehend erfolglosen Kampf dagegen. Nicht einmal den erfahrenen Volksmissionären gelang es, die Zauberbücher aus der Welt zu schaffen. Wenig Erfolg zeitigten auch die Massnahmen gegen die Scherzgebete. Die Schüler kannten nicht nur die eingangs erwähnten Grundgebete, sondern auch zahlreiche Scherzgebete auswendig und griffen im Spiel und im Spott darauf zurück. Mit den Erwachsenen wussten sie zwischen wirklicher Frömmigkeit und religiösem Übereifer zu unterscheiden.

Massive Veränderungen

Es wäre falsch, in der Verbreitung und Intensität des brauchtümlichen Betens des frühen 20. Jahrhunderts einfach etwas Selbstverständliches zu sehen. Was sich noch vor der Jahrhundertwende entfaltete und in den ersten drei Jahrzehnten unseres Jahrhunderts seinen Höhepunkt erreichte, ist Ausdruck einer ebenso ungewöhnlichen, in der Auseinandersetzung mit Liberalismus und Sozialismus gewachsenen Kirchenfrömmigkeit. Unterdessen sind die Familien, in denen das regelmässig und gemeinsam verrichtete Gebet noch lebendig ist, selten geworden. Eine 1989/90 vom Schweizerischen Pastoralsoziologischen Institut unter Schweizerinnen und Schweizern durchgeführte Befragung ergab zwar, dass 50 Prozent der Befragten noch «jeden oder fast jeden Tag» beten; 62 Prozent beschränken sich auf «schwie-

Der Senn Albert Räss ruft den Alpsegen, Furgglenalp, Alpsteinmassiv; im Hintergrund die sog. Dreifaltigkeit.

Foto: Peter Maurer, Dachsen ZH.

Verlag Niggli AG, Sulgen. Foto aus dem Buch «Appenzellerland. Gesichter vom Alpstein», 1998.

rige Lebenssituationen», und 82 Prozent erklären, dass sie «für sich allein» beten würden. Individuell scheint ein Gebetsbedürfnis zu bestehen. Das gemeinsame, in der Familie gepflegte Gebet des frühen 20. Jahrhunderts dürfte aber der Vergangenheit angehören. Das kann nicht überraschen, wenn vier von fünf Familien gleichzeitig erklären, sie hätten den Kontakt zur Kirche ganz oder weitgehend verloren. Bis tief in unser Jahrhundert hinein war es diesbezüglich, zumindest in ländlich-bäuerlichen Verhältnissen, gerade umgekehrt. Auf dem Land wurde der zweite, in den fünfziger Jahren ausgelöste Modernisierungsschub zudem erst mit erheblicher Verspätung wirksam.

Inzwischen hat die Kirche ihren unmittelbaren Einfluss auf den privaten und öffentlichen Alltag eingebüsst. Innerhalb der komplexen Entwicklung veränderten sich auch die angestammten Frömmigkeitsformen. Dass die Veränderungen aber so massiv ausfallen würden, hätte in der Mitte des Jahrhunderts wohl niemand vorauszusagen gewagt. Am längsten hielt das Tischgebet den neuen Lebensgewohnheiten Stand. Auf die Dauer kommt es aber ohne einen geregelten, für die ganze Familie verbindlichen Tagesablauf nicht aus. Und diesen gibt es heute kaum mehr. Das gemeinsame Abendgebet überlebt zumindest in Familien mit kleinen Kindern, wo es von den Müttern aus Pflichtbewusstsein oder aufgrund bestimmter Erziehungsvorstellungen geschätzt wird. In der Formulierung fühlt man sich frei. Gebetstexte zu memorieren ist nicht mehr üblich. Es kann daher nicht verwundern, wenn die Schüler der Unterstufe nur noch vereinzelt in der Lage sind, das Vaterunser auswendig zu beten.

Anzufügen ist, dass die Gebetsgewohnheiten der ersten Hälfte unseres Jahrhunderts nicht nur den jungen Familien, sondern auffallend häufig auch den älteren Menschen abhanden gekommen sind. Man weiss nicht wie. Im Gespräch zeigen sich die betagten Frauen und Männer überrascht, wie es möglich wurde, dass sie das Beten bei Tisch wohl bei den Kindern und Enkeln, nicht aber bei sich selber vermissen. Vereine und Gruppierungen aller Art versuchen in den Pfarreien, das Gebetsleben in dieser schwierigen Phase zu stützen. In den Pfarrblättern und Kalendern der über das ganze Land verstreuten Gebetsgruppen werden heute mehr Rosenkranzandachten angezeigt als noch vor einigen Jahren. Mit andern Sühneandachten gehören sie aber zu den Sonderbereichen der Pfarreien und erreichen nur wenige Pfarreiangehörige. Eine gewisse Anziehungskraft übten während Jahren die Nachtwanderungen der Pfarreien aus. Daran nahmen auch jüngere Leute teil. Die Anbetungsstunden werden schwach besucht. Kleinere, aktive Gruppen treffen sich vor Weihnachten und Ostern zu Hausandachten und Meditationen, halten an den Herz-Jesu-Freitagen fest und beten um geistliche Berufungen.

Wo es Schwerkranke wünschen oder wünschen würden, rufen die Angehörigen nach einem Priester. Anstelle der früher das Gebetsleben prägenden Letzten Ölung ist die Krankensalbung getreten. Sie wird den betagten Pfarreiangehörigen in der Kirche gespendet. Die Totenwachen wurden noch vor der Jahrhundertmitte aus den Trauerhäusern in die Kirchen und Kapellen verlegt. Auf dem Land werden sie nach wie vor gut besucht. In manchen Häusern hat sich der Brauch erhalten, für die Verstorbenen während einiger Wochen oder Monate ein Armenseelenlichtlein brennen zu lassen. Die älteren Leute gehen davon aus, dass die Verstorbenen, allen Neuerungen zum Trotz, auf das Gebet der Hinterbliebenen angewiesen bleiben. Die um die Weihnachtszeit auf den Friedhöfen brennenden Lichter bringen diese Überzeugung zum Ausdruck und machen Weihnachten neben Allerheiligen und Allerseelen zu einem zweiten Totengedenktag.

Nicht nur in den Kirchen, sondern auch in vielen Wohnungen setzen geweihte Kerzen in bangen Stunden (Geburten, Prüfungen, Stellenbewerbungen, Arztvisiten, Operationen) das Gebet der Gläubigen fort. Ähnlich wie mit dem Gebrauch der Kerzen steht es mit dem Weihwasser, das zwar nicht mehr in die kleinen, neben den Türen hängenden Behälter gegossen, aber dennoch in beachtlichen Mengen in den Kirchen abgeholt wird. In den seit einigen Jahren in vielen Kirchen aufliegenden Fürbitte-Büchern ersuchen in Bedrängnis geratene Menschen handschriftlich um Beistand im Gebet. Wann immer es um die Gesundheit, den Schutz vor Naturkräften und existentielle Fragen geht, sind das Beten und der Segen der Kirche gefragt. So nehmen die Kirchgänger fast ausnahmslos am Blasiussegen teil. Sie bringen Blumen und Heilkräuter zur Segnung in die Kirchen und bestehen auf der Beibehaltung des Wettersegens.

Im Wallfahrtswesen wird seit Jahrzehnten nach neuen Formen gesucht, um die Teilnehmer an der Freude teilhaben zu lassen, von der ihre Grosseltern zehren, wenn sie in der Erinnerung nach Einsiedeln zurückkehren. Bei den Wallfahrten steht das gemeinsame und private Gebet im Mittelpunkt. Es wird von bestimmten Handlungen begleitet. Die Pilger nehmen an den Gottesdiensten teil, zünden Kerzen an und trinken Wasser, alles in der Zuversicht, dass ihre Anliegen erhört und der Glaube gestärkt werden. Am eindrücklichsten sind die seit Jahrzehnten stattfindenden Pilgerreisen nach Lourdes. Daran beteiligen sich stets auch zahlreiche Kranke und Behinderte. An Anziehungskraft gewonnen hat die ins Mittelalter zurückreichende Wallfahrt nach Santiago de Compostela. Auf den Wegen zu den regionalen Gnadenstätten sind heute noch Beterinnen und Beter anzutreffen. Zahlreiche Kreuzwege wurden in den letzten Jahren wieder instandgestellt. Unter den Heiligen ist der heilige Franziskus eine zeitgemässe Gestalt. Der heilige Antonius ist in sehr vielen Familien der unumstrittene Helfer beim Auffinden verlorener Gegenstände geblieben.

Beten sichert die Verbindung zu Gott

Die Erfahrung des Heiligen im persönlichen und gemeinsamen Gebet zu Hause, in der Kirche, auf Wallfahrten und Bittgängen sowie bei Unheil abwehrenden Segnungen und Beschwörungen ist ebenso vielfältig wie das Leben selber und schwierig zu erkunden. Im privaten Bereich bleibt vieles privat. Aufgrund der vorhandenen Befragungsergebnisse lässt sich weder ein gleichzeitiger Aufstieg noch ein gleichzeitiger Niedergang des brauchtümlichen Betens nachweisen. Die Entwicklung muss gesamthaft und über Jahrzehnte hinweg betrachtet werden. Jede Pfarrei, jede Familie, jede einzelne Beterin und jeder einzelne Beter warten mit Überraschungen auf. Gewohnheiten und Gebete, die man längst für erloschen hielt, leben in der einen oder andern Pfarrei oder Haushaltung weiter oder wieder auf. Die fassbaren Abweichungen zwischen zwei benachbarten Pfarreien sind mitunter grösser als die für die Gesamtheit der deutschsprachigen Schweiz nachzuweisenden Unterschiede.

Der Einfluss der Geistlichen auf das Gebetsleben in den Pfarreien ist nicht zu unterschätzen. Wo diese Mühe bekunden, das tägliche Gebet als Bitt-, Dank- und Segensgebet anzunehmen, suchen die Gläubigen nach eigenen Wegen, um die Beziehung zu Gott sicherzustellen. Sie wissen aus der Erfahrung ihrer nächsten Umgebung, wie leicht der Gottesbezug in einer ständig neuen Erkenntnissen der Naturwissenschaft ausgesetzten Welt aufgebrochen wird und für immer verloren geht. Das Beten sichert die Verbindung mit Gott. Wie weit es unter den gegebenen Einschränkungen noch als brauchtümlich und bestimmend für die katholische Lebensweise angesehen werden kann, wird sich zeigen.

Beten im evangelisch-reformierten Alltag

Während es katholischen Geistlichen in der ersten Hälfte unseres Jahrhunderts noch möglich war, die häuslichen Gebetsgewohnheiten der Gläubigen im Religionsunterricht und in der Beichte zu überwachen und zu fördern, wurden die evangelisch-reformierten Haushalte zwar zum täglichen Gebet ermuntert, den Rahmen setzten jedoch weder der Pfarrer noch der Katechismus. Es waren die Eltern, auf dem Lande vielfach noch die Grosseltern, die das familiäre Gebetsleben bestimmten.

Als Morgen- und Abendgebete wurden in religiös gesinnten evangelisch-reformierten Familien das Unser Vater, wechselnde Abschnitte aus der Bibel, Kalenderzettel oder auch das Losungsbüchlein mit seinem «Tages-Spruch» herangezogen. Am Tisch betete man neben den überlieferten Gebeten früher als in den katholischen Familien auch frei formulierte Gebete. Seit einigen Jahren festigt sich in Familien mit Kindern der Brauch, dass sich die Tischgemeinschaft bei den Händen fasst und zusammen oder still für sich betet. Beim Abendgebet mit Kindern werden die Hände gefaltet. Die Erwachsenen beschliessen den Tag, wie sie ihn begonnen haben, mit einem Wort aus der Bibel. In religiös strengeren Kreisen kann sich der Bibelabschnitt zu einer kleinen Hausandacht ausweiten. Texte aus der Bibel werden auch am Sterbebett gesprochen. Auswendig kannten und kennen Erwachsene und Kinder religiös ausgerichteter Familien die Zehn Gebote Gottes und das Unser Vater.

Bibel und Gesangbuch waren in den reformierten Haushalten die einzigen religiösen Gegenstände, die gegebenenfalls für eine Sakralisierung in Betracht fielen. Sie nahmen sich im Vergleich zum Weihwasser, den in Stuben und Schlafzimmern hängenden Kreuzen, den Rosenkränzen und Medaillen, den Statuen, Andachtsbüchern, Heiligenbildern und kleinen Andachtsbildern der Katholiken bescheiden aus. Der Wohnungsschmuck ist denn auch bis auf den Tag eine sichtbare Abgrenzung zwischen katholischen und evangelisch-reformierten Haushalten geblieben. Während man sich in katholischen Bauernfamilien bei einem drohenden Unwetter bekreuzigte und sich an die Heiligen um Fürbitte wandte, betete die reformierte Familie aus der Bibel oder sang ein Lied aus dem Kirchengesangbuch. Bibelverse und Lieder waren integrale Bestandteile reformierter Frömmigkeit, eine zweite, diesmal hörbare Abgrenzung der konfessionellen Identität.

So wie die geweihten Objekte in den katholischen Familien in den letzten Jahrzehnten viel von ihrer früheren Selbstverständlichkeit eingebüsst haben, so ist auch der Raum, den die Bibel und das Gesangbuch in den Haushalten der evangelisch-reformierten Kirche und ihrer Gruppierungen einnehmen, schmaler geworden. Einer treuen Hörerschaft erfreut sich die sonntägliche Radiosendung «Ein Wort aus der Bibel». Die Sendung hat den ursprünglich reformierten Brauch im Laufe der Jahre in manche katholische Familie hineingetragen.

Literatur

Altermatt, Urs: Katholizismus und Moderne. Zürich 1989.

Dubach, Alfred, und Campiche, Roland: Jede(r) ein Sonderfall? Religion in der Schweiz. Zürich/Basel 1993, S. 338 f. und 243 f. (Ergebnisse einer Befragung des Schweizerischen Pastoralsoziologischen Instituts, St.Gallen).

Heim, Walter: Volksbrauch im Kirchenjahr heute. Basel 1983.

ders.: Das kirchliche Brauchtum im Wandel. In: Handbuch der schweizerischen Volkskultur, hg. von Paul Hugger. Zürich 1992, S. 1487 ff.

Katechismus der katholischen Religion, hg. vom Bischöflichen Ordinariat St.Gallen. Freiburg im Breisgau 1895, S. 113.

Senti, Alois: Gebete aus dem Sarganserland, Mels 1983, sowie Ergebnisse der 1981/82 und 1995 vorgenommenen Umfragen.

Mathilde Tobler

Klosterarbeiten

«**K**losterarbeit»[1] – mit diesem Begriff verbindet sich heute oft die Vorstellung von einem in einem Glaskasten liegenden Wachsjesuskind oder einem Rahmen mit reichverziertem Andachtsbild. Ihren Ursprung hat die Gattung Klosterarbeit aber im Reliquienkult. Die ältesten heute bekannten Arbeiten, die bezüglich Gestaltung, Materialien und Techniken schon alle Hauptmerkmale von Klosterarbeiten aufweisen, entstanden im Spätmittelalter. Berühmt sind die aus dem Frauenkloster Ebstorf bei Ülzen (Niedersachsen) stammenden Kissen aus dem ausgehenden 15. Jahrhundert mit plastischen Blumen und Beeren aus Draht, vergoldetem Kupferblech, Textilien und anderen Materialien – Paradiesgärtlein, in die insgesamt 288 in Stoff gehüllte Reliquien eingebettet waren. Vierundzwanzig solcher Kissen waren es ursprünglich, die, zu einer grossen Wiese zusammengefügt, in der Kapelle hingen, in der die Nonnen ihre Profess ablegten.[2] In diesen Paradiesgärtlein verbindet sich der von Mauern umschlossene Garten aus dem Hohen Lied Salomons mit der Idee der Jungfräulichkeit und der Vorstellung vom Paradies der Heiligen. Ähnliche Kunstblumen finden wir in den grossen Reliquienkästen aus dem ehemaligen Kloster Bentlage bei Rheine von 1499[3] sowie in einigen weiteren Arbeiten, deren Anzahl einst viel grösser gewesen sein muss.[4] Die frühesten auf uns gekommenen Klosterarbeiten aus dem Spätmittelalter wurden bereits in denjenigen Techniken ausgeführt, die dann das Aussehen der barocken Arbeiten bestimmten.

1 Der Begriff «Klosterarbeit» wird hier, einengend, nicht für alle in den Klöstern ausgeübten handwerklichen Tätigkeiten gebraucht, sondern nur für diejenigen, bei denen mit den verschiedensten Materialien und Techniken mit grosser Handfertigkeit, viel Geduld und Ideenreichtum ein kostbar wirkender Andachtsgegenstand geschaffen wurde. Oft überstieg der Zeitaufwand den Materialaufwand. Man nennt diese Erzeugnisse «Klosterarbeiten» oder «Klosterfrauenarbeiten», weil sie hauptsächlich in Klöstern, und zwar vor allem in Frauenklöstern, entstanden. Nicht berücksichtigt sind in diesem Beitrag andere kunsthandwerkliche Beschäftigungen der Nonnen wie das Herstellen von Messgewändern und Kirchenwäsche, das Kerzendekorieren oder das Anfertigen von Karten und das Malen.

2 Siehe dazu: Klosterfrauenarbeiten, S. 6 und S. 27, Katalog Nr. 1, mit Abbildung eines solchen Kissens, 60 x 38 x 10 cm, heute im Benediktinerinnenkloster Frauenchiemsee; Legner, S. 317; Reliquien, S. 72, Abb. 28.

3 Heute im Falkenhof-Museum in Rheine (Nordrhein-Westfalen). Siehe dazu: Legner, S. 317/18, mit Abb. 155; Reliquien, S. 74/75, Abb. 33 und 34.

4 Legner führt im Kölner Ausstellungskatalog «Reliquien» noch einige weitere verwandte Arbeiten auf (Text S. 88–90 und Abb. 28–34).

Der hl. Bonifaz aus Neuheim

1679 brachte der Gardesoldat Benedikt Bolsinger bei einem Heimaturlaub die Gebeine des Katakombenheiligen Bonifaz von Rom nach Neuheim im Kanton Zug. 1680 wurden sie von Bruder Leonhard Dossenbach aus Baar, der als Konverse im Kloster Einsiedeln lebte, gefasst. Vermutlich hat er sie in einem Schrein angeordnet. Die Umgestaltung zu einer Figur, bei der die Gebeine in ein Holzgestell eingelegt wurden, dürfte erst auf das Zentenarium der Translation im Jahre 1781 erfolgt sein. Auf eine metallene Panzerung wurde verzichtet, statt dessen die Brusthöhlung reich geschmückt. Von dieser Neufassung stammen ausser der Holzfigur heute noch der Degen, der Heiligenschein, die Verzierungen und Emails in der Brusthöhlung, die Schuhe sowie möglicherweise auch die Rocklappen. Zur zweiten Jahrhundertfeier liess man den Heiligen im Zisterzienserinnenkloster Frauenthal bei Cham neu einkleiden. Von dieser Renovation stammen der Mantel und das Wams; der Rock wurde entweder mit Stickereien ergänzt oder ebenfalls erneuert. 1993 wurde der Katakombenheilige von Monika Wieland, Boswil, restauriert.

Blütezeit im 17. und 18. Jahrhundert

Nach der Reformation, die den mit Ablässen verknüpften Reliquienkult bekämpft hatte, lebte im Anschluss an das Tridentinische Konzil die frühere Reliquienfrömmigkeit innerhalb der katholischen Kirche wieder auf. Nicht nur im Geiste, sondern auch bei der Gestaltung der Reliquiare knüpften Frauenklöster an die vorreformatorische Reliquienverehrung an. Drei Retabelreliquiare aus dem Catharinen- oder Reuerinnenkonvent in Freiburg i. Br. aus der Zeit kurz vor und nach 1600 legen Zeugnis davon ab.[5]

Die grosse Blütezeit setzte um die Mitte des 17. Jahrhunderts ein und hinterliess auch in den Kirchen und Klöstern unseres Landes viele solcher preziöser Handarbeiten. Die Einführung der strengen Klausur in gegenreformatorischer Zeit führte zum Ausbau der Tätigkeiten innerhalb der Klostermauern. Das Sticken und das Anfertigen von Drahtarbeiten waren da standesgemässe Beschäftigungen für die aus dem Patriziat und der bürgerlichen Oberschicht eingetretenen Töchter.

Ihren Höhepunkt erreichte die Kunst, Reliquien zu verzieren, mit der Ausschmückung ganzer heiliger Leiber, die aus den 1578 wiederentdeckten

5 Publiziert in: «Gold, Perlen und Edel-Gestein», S. 79–89, Katalog Nr. 11–13. Der Typus setzt sich bis ins dritte Viertel des 17. Jahrhunderts fort (Katalog Nr. 14–17).

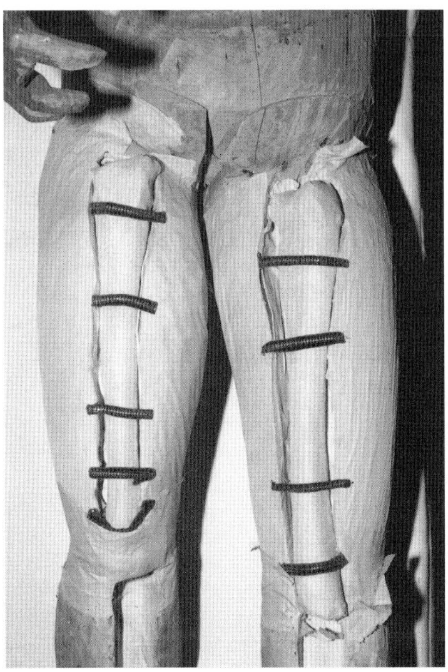

Katakomben Roms geborgen und über die Alpen auch in die Schweiz transferiert wurden. Waren im Mittelalter nur sehr vereinzelt Reliquien in kristallenen Gefässen aufbewahrt worden und besassen Statuen, Büsten, Fuss- und Armreliquiare, wenn sie nicht ganz geschlossen waren, höchstens kleine, verglaste Öffnungen oder durchbrochene Ornamente, durch die der Knochen erspäht werden konnte, so wollte der Barock die Überreste der Heiligen allen sichtbar zur Schau stellen. Er tat dies nicht zuletzt auch, um Zweifeln am Inhalt der Reliquiare vorzubeugen. In einer Zeit, in der ornamentales Gestalten ein Grundanliegen war, wäre ein Ausstellen der «nackten» Gebeine undenkbar gewesen. Statt dessen wurden sie – meistens in Gaze oder Seide gewickelt – auf kostbare Stoffe appliziert und mit Kunstblumen sowie Gold- und Silbergespinsten dekoriert. Anfangs wurden die Gebeine der römischen Heiligen, die etwa ab 1620 in beachtlicher Anzahl in die Schweiz gelangten, wie die herkömmlichen Reliquienpartikel auf mehrere Reliquiare verteilt. Um 1650 empfand man die Katakombenheiligen schon so sehr als unzerteilbare Persönlichkeiten, dass ihre Überreste in einem einzigen Gehäuse untergebracht wurden. Durch eine büstenähnliche Anordnung des Hauptes und der übrigen Knochen begann man ihnen eine menschliche Gestalt zu geben, und schliesslich stellte man ihre Gebeine zu ganzen Figuren zusammen – liegend wie im Grab, stehend, thronend oder, selten, sitzend. Die Knochen wurden entweder zu einem Skelett zusammengefügt oder, häufiger, in einen geschnitzten Körper gelegt. Als Kleidung wählte man für die *miles* (Streiter) *Christi* am häufigsten ein Soldatenkostüm in «römischer Manier», dessen Aussehen vom barocken Theater beeinflusst war. Man verwendete dafür die verschiedensten Materialien und Techniken. Mantel, Rock und Streifenschurz wurden

Oben: Hl. Bonifaz aus der Kirche in Neuheim ZG, Höhe 158 cm (ohne Nimbus).
Museum in der Burg Zug. Depositum der Katholischen Kirchgemeinde Neuheim.
Foto: Monika Wieland, Boswil AG.

Unten: Hl. Bonifaz aus der Kirche in Neuheim ZG. Ausschnitt aus dem Holzgestell mit den eingelegten Oberschenkelknochen.
Foto: Monika Wieland, Boswil AG.

mit vegetabilen und ornamentalen Mustern reich bestickt und mit handgefertigten Spitzen eingefasst, die Knochen und der Schädel mit Klosterarbeiten verziert. Stickerei und Drahtarbeit dürften nur in den selteneren Fällen von den gleichen Personen hergestellt worden sein, häufiger bestand wahrscheinlich eine Arbeitsteilung. Erhielt der Heilige einen metallenen Brustpanzer, so wurde dieser ausser Haus einem Goldschmied vergeben.[6] Drahtarbeit und Stickerei wurden vielfach in Klöstern, vor allem in Frauenklöstern, ausgeführt. Bekanntheit erlangten u. a. die Kapuzinerinnenklöster Maria Opferung in Zug und St. Clara in Stans, das Benediktinerinnenkloster St. Martin in Hermetschwil und die Zisterzienserinnenklöster Olsberg und Gnadenthal. Kenntnisse in der Stickkunst brachten die aus dem Patriziat stammenden Töchter ins Kloster mit, da diese zu ihrer Erziehung gehörte. Trotzdem wurden manchmal auch weltliche Stickerinnen wie Mutter und Tochter Franziska und Margaretha Kuen aus Bregenz beigezogen, die den Kapuzinerinnen des Klosters Notkersegg oberhalb der Stadt St. Gallen beim Fassen eines heiligen Leibes halfen.[7] Die Stickerinnen durften bei der Wahl des Stoffes bisweilen mitreden. Als drei Ratsherren im Pfarrhof in Baar von einem italienischen Reisenden Stoffe für die Kleidung des hl. Silvanus kauften, wurden sie von zwei Nonnen aus dem Zuger Kloster Maria Opferung beraten.[8]

Sticken und Drahtarbeiten waren aber nicht ausschliesslich Frauensache, wie sich dies unsere heutige Gesellschaft vorstellen mag. Auch unter Männern, vor allem geistlichen Standes, gab es Spezialisten für Fassarbeiten, etwa Bruder Leonhard Dossenbach aus Baar, Konverse im Kloster Einsiedeln, Ludwig Anton Maria Zelger, Beichtiger im Frauenkloster St. Clara in Stans[9], oder der berühmte Frater Adalbert Eder im Kloster Waldsassen.[10] Der St. Galler Klosterbruder Gabriel Loser entwarf 1760 die Stickereien für die Fassung der Römer Heiligen Juliana in der Klosterkirche Notkersegg.[11]

Das Ausschmücken der Skelette hatte für die Fasser und Fasserinnen nichts Beängstigendes an sich – wie viele der heutigen Betrachter befürchten mögen. Ganz im Gegenteil: die irdischen Überreste der heiligen Märtyrer galten als Vermittler der göttlichen Gnade und waren Vorbilder für die Standhaftigkeit im Glauben. Nicht selten dürfte die den Heiligen Leib schmückende Person während der langen Zeit der Fassarbeit eine persönliche Beziehung zum römischen Märtyrer oder zur Märtyrerin aufgebaut haben. Der bereits oben erwähnte Bruder Adalbert Eder in Waldsassen sprach nach einer alten Überlieferung einmal vor dem Verlassen seiner Zelle zu einem Heiligen Leib, den er fassen sollte und für den er keine passende Stellung finden konnte, und bat ihn, sich selber so zur Ruhe zu legen, wie er es sich wünsche. Als der Klosterbruder zurückkehrte, war seine Bitte zu seiner grossen Freude erhört worden.[12] Noch vor fünfzehn Jahren nahm die Eschenbacher Zisterzienserin M. Anna Egger (1908–1992), nachdem sie in monatelanger Arbeit die verstaubte Fassung des hl. Candidus aus der Pfarrkirche Inwil LU gereinigt und wieder instandgestellt hatte, mit Bedauern von dem ihr anvertrauten Römer Heiligen Abschied, als dieser aus ihrer Arbeitszelle geholt und in die Kirche zurückgeführt wurde, so sehr hatte sie sich an seine Gegenwart gewöhnt.

Aus schriftlichen Quellen wissen wir, dass die mit der Fassarbeit betrauten Personen verpflichtet wurden, alle Knochen eines heiligen Leibes in die Fassung einzuarbeiten. Dennoch fielen bei den nicht immer gut erhaltenen und durch die Erschütterungen beim Transport oft zusätzlich noch geschädigten Gebeinen kleine Knochensplitter ab. Solche kleine und kleinste Partikel wurden zu Reliquientafeln oder -kapseln verarbeitet und wie bei den grösseren Reliquiaren mit kostbar scheinenden Materialien kunstvoll dekoriert. Durch die *brandea* – Gegenstände, die mit den Reliquien in Berührung gebracht wurden und nach der Vorstellung der Gläubigen deren Kräfte in sich aufnahmen – konnte die Zahl der zur Verfügung stehenden Reliquien beliebig erhöht werden. Diesen Berührungs- oder Kontaktreliquien liess man beim Zieren dieselbe Sorgfalt angedeihen, so dass sich bei manchen Klosterarbeiten oft nicht mehr feststellen lässt, ob Primärreliquien oder Sekundärreliquien verwendet wurden. Berühmte Reliquien wie die Zunge des hl. Johannes Nepomuk oder die Hand der hl. Anna wurden nachgebildet und die wächsernen Anna-Hände mit der Originalreliquie in Wien berührt. Primär- und Sekundärreliquien unterschieden sich zwar in ihrer Herkunft, aber nicht in der erhofften Heilswirkung. Eine ähnliche Kraft wurde den *Agnus Dei* zugeschrieben, den geprägten Medaillons aus weissem Bienenwachs, die auf der vorderen Seite das Lamm Gottes und auf der Rückseite das Bild eines oder einer Heiligen zeigen. Diese unterschiedlich grossen Täfelchen wurden vom Papst im ersten Jahr seines Pontifikates und dann alle sieben Jahre unter Eintauchen in Weihwasser geweiht und sind vorne mit seinem Namen und dem Jahr der Weihe versehen.[13] Ursprünglich verwendete man dafür das Wachs der gebrauchten Osterkerzen, der grossen Nachfrage wegen aber schon bald zusätzliches Wachs, das vom Papst zur Verfügung gestellt wurde. Seit 1608 besassen die Zisterzienser von Santa Croce in Gerusalemme das alleinige Recht, diese Wachsmedaillons anzufertigen. Sie galten als ein wirksames Schutzmittel gegen mancherlei

6 Nach Achermann, S. 86, fertigte zum Beispiel der Zuger Goldschmied Hans Georg Ohnsorg den Panzer für den hl. Silvanus in Zug an.

7 Achermann, S. 85.

8 Zuger Neujahrsblatt 1903, S. 26. Die Translationsfeier fand nach Achermann, S. 303, am 11. August 1697 statt.

9 Achermann, S. 85.

10 Legner, S. 305, und Reliquien, S. 131.

11 Kloster Notkersegg, 1381–1981. Festschrift zum 600jährigen Bestehen als Schwesternhaus und Kapuzinerinnenkloster. St. Gallen 1981, S. 88. Br. Gabriel Loser (1701–1785) betätigte sich auch als Bildhauer, Schreiner und Baumeister.

12 Legner, S. 30.

13 Seit Martin V. (1417–1431) bildete sich das Privileg heraus, dass die Segnung dem Papst vorbehalten blieb. Siehe dazu: Gantner, Theo: Geformtes Wachs. Ausstellungskatalog des Schweizerischen Museums für Volkskunde Basel. Basel 1980, S. 57–75, bes. S. 58.

Gefahr und wurden, häufig zusammen mit Reliquienpartikeln, zu Heiltumstafeln gestaltet.[14] Bisweilen wurden Reliquien mit einer Heiligendarstellung – einer Miniatur, einem handkolorierten Kupferstich oder einem bemalten Wachsrelief – kombiniert, und es entstanden auch miniaturhafte Nachbildungen von Katakombenheiligen. Darstellungen von heiligen und göttlichen Personen wurden aber auch als alleinige Verehrungsgegenstände mit Klosterarbeit verziert und in flache bis kastenförmige Rahmen oder in Gehäuse unterschiedlichster Grösse und Form eingebaut. Dreidimensionale, häufig mit Stoff bekleidete Figuren bestehen ganz oder in ihren sichtbaren Teilen aus Wachs. Sie wurden zum grössten Teil mit Hilfe von Modeln in den Klöstern gegossen, selten bossiert, d. h. aus Wachs modelliert – diese sehr anspruchsvolle Technik übten hauptsächlich berufsmässige Wachsbossierer aus. Zur Gruppe der figürlichen Darstellungen gehören die liebevoll ausgestatteten Kästchen mit dem Jesuskind. Zu diesem hatte sich aus dem Geiste der Mystik heraus in den Frauenklöstern ein lebendiges Brauchtum entwickelt, zu dem das Wiegen, Herzen und Bekleiden des Christkindes gehörten.[15] Stehende Jesuskinder, denen zum Teil die Gestalt eines berühmten Gnadenbildes wie etwa des Prager Jesulein verliehen wurde, erhielten die Bezeichnung Seelenbräutigam, weil es Brauch war, eine solche Figur der Nonne als Braut Christi zur Profess zu schenken. In den Kästen wurden aber auch ganze Weihnachtskrippen und andere biblische Szenen eingerichtet, und dieselben geschickten Hände dürften mancherorts auch die Figuren der grossen Kirchenkrippen eingekleidet haben. Von den miniaturhaft nachgebildeten Nonnenzellen, den sog. Nonnenstuben, ist weiter unten ausführlich die Rede. Damit sind die wichtigsten, aber nicht alle Themen und Gegenstände der Andacht genannt, die in Klosterarbeiten vorkommen.

Vom Gold- und Silberdraht zu Pappe und Tapete

Ebensowenig ist es in dieser knappen Übersicht möglich, die Vielfalt der im Barock verwendeten Materialien und angewandten Techniken zu beschreiben.[16] Ein wichtiges Gestaltungselement waren die Seiden- und Metallstickerei, wobei bei der letzteren zum Teil durch das Unterlegen von Papier, Karton oder Leder eine reliefartige Wirkung erzielt wurde (sog. Sprengarbeit). Neben Goldfäden gebrauchte man für die Stickerei auch geflachten Draht, sog. Lahn[17], und Bouillon, Spiralen aus Draht oder Lahn, durch die ein Faden oder Draht gezogen wurde. Draht aus vergoldetem Silber oder Kupfer oder messingbeschichtetem Kupfer wurde zu Ornamenten gedreht und geschlungen. Aus Draht und Bouillon sowie aus mit Gold-, Silber- und Seidenfäden umwickelten Pappblättern wurden Phantasieblumen kreiert. Aus Papier und Stoff entstanden naturalistische Kunstblumen. Die Draht- und Stickarbeiten aus Metall und Seide wurden zusätzlich geschmückt mit Fluss-, Meeres- oder Kunstperlen, Schmucksteinen, solche imitierenden Glassteinen, facettierten Granatperlen oder künstlich erzeugten Rubinglasperlen. Flache Pailletten erzeugten helle Lichtreflexe. Häufig wurden die ganze Arbeit oder einzelne Teile davon mit einer gewobenen oder geklöppelten Gold- oder Silberborte aus Metallfäden umrahmt.

Barocke Zierelemente wurden auch noch im 19. Jahrhundert – oft in Zweitverwendung – in Klosterarbeiten eingefügt. Andererseits waren die Nonnen stilistischen und technischen Neuerungen gegenüber offen. Hausierer meldeten sich an der Klosterpforte, industrielle Betriebe liessen den Klöstern Kataloge zukommen. Von ihnen bezogen die Schwestern vorgefertigte Einzelelemente wie Staubfäden, Laub und Blütenblätter – sog. Halbfabrikate –, aus denen sie dann die Kunstblumen anfertigten.[18] Anstelle von verglasten Holzkästchen fertigten die Nonnen nun selber Pappgehäuse an, die sie mit Tapeten – wahrscheinlich Resten von Zimmertapezierungen – kaschierten. Maschinell hergestellte Goldprägeborten und Goldprägepapier mit geometrischem oder florealem Reliefmuster ersetzten die textilen Goldspitzen und die Goldstickerei. Mit auf Boden und Rückwände gestreutem Glimmer versuchte man, den Glitzereffekt der barocken Drahtarbeiten wettzumachen. Die einfacheren Materialien spiegeln auch die schlechteren finanziellen Verhältnisse der Klöster im 19. Jahrhundert wieder. Klöster wurden säkularisiert, die Nonnen mussten fliehen und eine neue Heimat suchen, und auch die Häuser, die der Aufhebung entgangen waren, kannten existentielle Sorgen. Die Klosterarbeiten wurden zu einem Erwerbszweig, wenn auch noch zuwenig erforscht ist, welche Bedeutung ihnen innerhalb der gesamten Klosterökonomie zukam. Vor 1900 lieferte das Zisterzienserinnenkloster Mariastern-Gwiggen in Hohenweiler (Vorarlberg) jeweils auf das Weihnachtsfest hin Christkindchen zum Vertrieb nach Wangen im Allgäu, im ersten Drittel unseres Jahrhunderts dann nach Bregenz.[19] Inwieweit die Klosterarbeiten schon im Barock als Einnahmequelle eine Rolle spielten, ist schwierig zu sagen. Das Fassen ganzer heiliger Leiber war eine kostspielige Angelegenheit, doch geht aus den Archivnotizen in der

14 Da nur wenige Leute in den Besitz eines Agnus Dei gelangen konnten, aber viele das segenskräftige Wachs zu haben wünschten, entnahmen die Nonnen den Agnus-Dei-Medaillons durch Schaben oder Erwärmen kleine Partikel, die sie in verzierte Stofftäschlein einnähten oder in Papier einpackten. Sie wurden und werden zum Teil heute noch an den Klosterpforten abgegeben. Heute werden für die Verpackung auch moderne Materialien wie Kunstleder und durchsichtige Folien verwendet.

15 Siehe dazu: Tobler, Mathilde: Geistlicher Krippenbau, Weihnächtliche Frömmigkeit in Innerschweizer Frauenklöstern. In: Jahrbuch der Historischen Gesellschaft Luzern 6 (1988), S. 16–35.

16 Die beste Darstellung der Materialien findet sich im Ausstellungskatalog «Gold, Perlen und Edel-Gestein», S. 285–299 (Glossar mit Detailabbildungen).

17 Lahn: Geflachter Draht aus gebläutem Eisen oder messingbeschichtetem Kupfer, nach den Angaben im Glossar des Katalogs Klosterfrauenarbeiten, S. 81, manchmal auch aus Leder oder Haut mit Metallauflage.

18 Siehe dazu Tobler, S. 146–159.

19 Klosterarbeiten Bodenseeraum, S. 106.

Regel nicht hervor, wieviel von der Gesamtsumme für die Materialien und wieviel für den Fasserinnenlohn ausgegeben wurde. Die kleineren Arbeiten dürften im Barock als Geschenke Verwendung gefunden haben, und zwar für Mitglieder des eigenen wie auch anderer Klöster, für Geistliche, Verwandte und Freunde sowie zum Verdanken erhaltener Gaben.

Im 19. Jahrhundert verschob sich der Aufgabenbereich gegenüber dem Barock etwas. Die Verehrung von Katakombenheiligen war als Folge der Aufklärung und der unter Kaiser Josef II. durchgeführten kirchlichen Reformen, die durch Ignaz Heinrich von Wessenberg, Generalvikar des letzten Bischofs von Konstanz, auch in Teilen der Schweiz wirksam wurden, im Abnehmen begriffen. Es gab keine neuen heiligen Leiber mehr zu fassen, höchstens bereits bestehende zu renovieren. Neue Klosterarbeiten hatten demzufolge hauptsächlich der privaten Andacht zu dienen. Vorherrschend waren nun kleinere Arbeiten für die Zelle, die gemeinsam genutzten Klosterräume, den Herrgottswinkel in der Stube und für andere Wohnräume. Neben Reliquien-, Agnus-Dei- und Heiligenbildchen-Tafeln entstand eine grosse Anzahl von gemütvollen religiösen Darstellungen in Gehäusen und unter Glasglocken. Beliebte Bildinhalte waren bekleidete Wachsmadonnen, Jesuskinder – vor allem Wickelkinder und nach der Jahrhundertwende Christkinder nazarenischer Prägung mit Segensgebärde[20] –, Krippen, Altärchen mit Monstranzen, Nonnenstuben und Klosterfrauenkästchen, in denen eine Nonne ein Kreuz oder das Jesuskind verehrt oder hinter dem Klausurgitter erscheint.

Als neue Gattungen kamen die Hochzeits- und Kommunionandenken sowie die Haararbeiten hinzu. Es wurde Mode, aus den Haaren der Novizin, der ersten Locke eines Kindes, den Haaren Liebender wie auch Verstorbener Gedenk- und Trauergaben anzufertigen. Nicht nur Nonnen, sondern auch private und professionelle Hersteller verstanden sich darauf, die Haare kunstvoll zu verarbeiten. Mit den weiter unten beschriebenen Haarbildern scheint aber ein Frauenkloster einen ganz besonderen Typus gepflegt zu haben.

Meist anonyme Arbeiten

Klosterarbeiten einzelnen Klöstern zuzuschreiben ist ein schwieriges Unterfangen. Die Schöpferinnen der Arbeiten blieben meist anonym. Ein um 1875 entstandenes Pappkästchen mit einem Wickelkind (Fatschenkind)[21] im Museum der Kulturen (Abteilung Europa) in Basel bildet da eine grosse Ausnahme. Auf einem aufgeklebten Zettel ist schriftlich festgehalten, dass es von der aus dem 1869 aufgehobenen Kloster St. Katharinenthal bei Diessenhofen stammenden Nonne Pia angefertigt wurde, die von 1869 bis 1906 im Linthhof in Schänis (ehem. Stiftsgebäude) lebte. Hinweise auf Schwestern, die auf das Herstellen von Klosterarbeiten spezialisiert waren, findet man bisweilen in den Klosterarchiven. Die überlieferten Namen mit bestimmten Arbeiten in Verbindung zu bringen gelingt aber nur zum Teil. Ziel der meisten der Herstellerinnen war es, keine aussergewöhnlichen, sondern dem Zeitgeschmack entsprechende Klosterarbeiten zu schaffen, was zu ähnlichen formalen und technischen Lösungen führte. Durch das Verschenken solcher Arbeiten kam es zwischen den Klöstern zu einem Austausch von gestalterischen und technischen Ideen. Trotz der strengen Klausur waren die Frauenklöster von der Welt nie ganz abgeschlossen. Seit dem Barock beherbergten sie in Kriegszeiten Nonnen aus anderen Klöstern, die auf der Flucht waren.[22] Klosterfrauen wurden von den geistlichen Oberhirten in andere Klöster beordert, um diese zu reformieren, d. h. das religiöse Leben zu erneuern. Es kam auch vor, dass ein Kloster ein anderes ersuchte, eine begabte Stickerin oder Fasserin zum Ausführen einer Arbeit oder zum Anlernen der eigenen Schwestern auf Zeit zur Verfügung zu stellen[23], oder es schickte ein begabtes Mitglied des eigenen Konvents zum Lernen in eine andere klösterliche Gemeinschaft.[24] Viel Bewegung entstand um die Mitte des 19. Jahrhunderts, als Klöster aufgehoben wurden und deren Bewohnerinnen in anderen Häusern Zuflucht nehmen mussten, was auch auf dem Gebiet der Klosterarbeiten den Austausch von Können und Erfahrung verstärkt haben dürfte.[25] Wenn sich überhaupt Handschriften einzelner Herstellerinnen oder Arbeitsgemeinschaften erkennen lassen, dann nur durch

20 Solche Jesulein werden heute noch in der Zisterzienserinnenabtei Mariastern-Gwiggen in Hohenweiler (Vorarlberg), in der die drei 1848 aufgehobenen thurgauischen Frauenklöster Kalchrain, Feldbach und Tänikon weiterleben, hergestellt.

21 Die Bezeichnung Fatschenkind leitet sich vom italienischen Verb «fasciare» (ein-, umwickeln) ab. Diese Jesuskinder sind ein Abbild der früheren Sitte, die Körper der Säuglinge mit Bändern zu umwickeln. Damit glaubte man ein ruhiges Verhalten und einen ebenmässigen, geraden Körperwuchs zu fördern sowie das Kind gegen Stösse zu schützen.

22 Das Benediktinerinnenkloster St. Lazarus in Seedorf nahm – um hier nur ein Beispiel anzuführen – seit dem Dreissigjährigen Krieg bis zur Zeit der Klosteraufhebungen im Jahre 1848 Nonnen aus dem Benediktinerinnenkloster Biblisheim bei Hagenau im Elsass, aus dem Zisterzienserinnenkloster Olsberg, den Benediktinerinnenklöstern Hermetschwil und zu Allen Heiligen in der Au in Trachslau sowie dem Zisterzienserinnenkloster Rathausen auf. Umgekehrt schickte Seedorf während des Kirchenbaus 1699–1701 einen grossen Teil seiner Klosterfrauen in andere Klöster, so nach Hermetschwil, Olsberg, Alspach (Elsass), Amtenhausen (Baden), Masmünster (Elsass), Schönensteinbach (Elsass) und Fahr. Siehe dazu: Henggeler, Rudolf: Das Benediktinerinnenkloster zu St. Lazarus in Seedorf. Seedorf 1959, S. 118–121.

23 So berief das Zisterzienserinnenkloster Rathausen LU 1703 die Nonne Scholastica An der Allmend aus dem Zisterzienserinnenkloster Olsberg zu sich, um durch die Gastklosterfrau den Leib des hl. Venantius neu fassen zu lassen. Die Arbeit dauerte von Mai bis November oder Dezember. Siehe dazu: Suter, Robert Ludwig: Scholastica An der Allmend, eine Luzerner Paramentenstickerin der Barockzeit. In: Zeitschrift für Schweizerische Archäologie und Kunstgeschichte 25 (1968), S. 117/18.

24 1707 schickte das Zisterzienserinnenkloster Frauenthal Sr. M. Felicitas Keiser für zwanzig Wochen in das dem gleichen Orden angehörende Kloster Gnadenthal zum Erlernen der «Stick und gemalten Arbeit» (Müller, Aloys: Geschichte des Gotteshauses Frauenthal, Festschrift zur 700jährigen Jubelfeier 1231–1931. Zug 1931, S. 150).

sehr genaues Beobachten von Details. Im 19. Jahrhundert werden die Zuschreibungen wegen der benutzten Halbfabrikate noch schwieriger.

Einen bemerkenswerten Sonderfall bilden da die im südlich von Walzenhausen gelegenen Kapuzinerinnenkloster Grimmenstein hergestellten Haarbilder. Nur zwei Schwestern dieser klösterlichen Gemeinschaft, nämlich M. Xaveria Josefa Völk (1817–1860)[26] und Fidelia Meinrada Goreth (1834–1904)[27], scheinen auf deren Herstellung spezialisiert gewesen zu sein. Nach den vorhandenen Arbeiten zu schliessen wandten sie zwei Techniken an. Zum einen klebten sie glatte Haare, eines dicht neben das andere gelegt, auf eine Unterlage (Glasplatte oder Japanpapier?), von der sie die Haarschicht nach dem Trocknen ablösten und daraus Motive ausschnitten oder herausstanzten. Diese klebten sie dann auf das als Bildträger benutzte Glas. Zum anderen zerstiessen sie Haare zu feinem Pulver, das sie mit flüssigem Leim (Gummi arabicum) und verschiedenen Farben (Schwarz, Weiss und Pastelltönen) vermischten und mit dem Pinsel wie Malfarbe auftrugen.[28] Einige Stellen malten sie nur mit Farbe, ohne dieser Haarpulver beigemengt zu haben. Durch das Hintereinandermontieren von drei bis vier Glasplatten in einem Abstand von einigen Millimetern wurde eine Tiefenwirkung erzielt. Aus einiger Distanz betrachtet, gleichen die sicherlich nach graphischen Vorlagen geschaffenen Bilder kolorierten Stichen. In der Ostschweiz erlebten Haararbeiten damals eine Hochblüte. Bekannte Haarkünstler waren Maria Elisabeth Signer (1824–1908) in Appenzell und Coiffeur Jakob Rohner in Herisau, der um 1900 mit Haarstaub bemalte Elfenbeinplättchen für Broschen herstellte.[29] Auch kleine Haarbilder mit profanen Sujets entstanden damals. Wo und bei wem die beiden ursprünglich aus Süddeutschland stammenden Grimmensteiner Schwestern ihr Können erlernt hatten, ist nicht bekannt. Andere Schweizer Frauenklöster haben zwar Haararbeiten, aber keine Haarbilder in den oben beschriebenen Techniken angefertigt, solche jedoch in Grimmenstein bestellt. Zwei hängen im

25 1841 nahm das Zisterzienserinnenkloster Eschenbach zwei Schwestern aus dem Kloster Gnadenthal auf, wozu die Eschenbacher Chronik berichtet, dass ihre eigenen Nonnen von denjenigen aus Gnadenthal im Sticken unterrichtet wurden und mit ihrer Hilfe Reliquien neu fassten (Klosterarchiv Eschenbach, Klosterbuch Band 2, S. 262). 1847 hielten sich dann 53 Eschenbacher Klosterfrauen auf ihrer Flucht acht Tage lang im Kloster St. Karl in Altdorf auf.

26 Von Innenberg, Pfarrei Egg (Bayern), Profess 1843.

27 Von Strassberg in Hohenzollern-Sigmaringen. Sie trat ins Kloster Grimmenstein ein, nachdem sie in Walzenhausen als Dienstmädchen gearbeitet hatte. Profess 1855.
Zu den im Kloster Grimmenstein verbliebenen Haarbildern der beiden Kapuzinerinnen siehe Rainald Fischer, Die Kunstdenkmäler des Kantons Appenzell Innerrhoden, Basel 1984, S. 537.

28 Dass der Leim, das Haarpulver und die Farben getrennt aufgetragen wurden, ist eher unwahrscheinlich.

29 Siehe dazu: Emilie Swoboda, Kostbarkeiten aus menschlichen Haaren, Stiftung St. Galler Museen, Museumsbrief 69, St. Gallen 1992, wo auch die verschiedenen Techniken beschrieben sind.

Haarbild «Christus als Guter Hirte», 33 x 39.5 cm, angefertigt von Sr. Fidelia Meinrada Goreth im Kloster Grimmenstein, nach 1874. Kloster zu Allen Heiligen in der Au, Trachslau bei Einsiedeln.

Foto: Robert Rosenberg, Einsiedeln SZ.

«aus den Haaren sämtlicher Klosterfrauen»

Die Bedeutung des Haarbildes mit der Darstellung des Guten Hirten, das im Kloster zu Allen Heiligen in der Au in Trachslau bei Einsiedeln hängt, geht aus dem Text eines auf die Rückseite aufgeklebten Zettels hervor: «Die Haare wurden also verwerthet: Der Hirtenstab ist von den Haaren des Hochw. Abten Heinrich slg. [Heinrich Schmid, Abt des Klosters Einsiedeln 1846–1874]. Das Kleid ist von Ihren eigenen Haaren, das Haupthaar und der Mantel von meinen Borsten (wie komme denn ich in dieses Collegium?). Die Dornhecke, ja die Dornhecke, die Felsen, die Erde, die Schäflein sind aus den Haaren sämtlicher Klosterfrauen in der Au. Alles bundt durch einander. Auch die beiden Kränzlin sind von den genannten Haaren. Das äussere Kränzlein ist mit Zahlen versehen. Zuoberst figurieren Sie als Präsident. an Ihrer Seite die Frau Mutter mit 1, 2 Helfmutter u. dann geht's nach der Seniorität bis 47.–» Der Name des mit «Präsident» angeredeten Herrn, der wahrscheinlich der Auftraggeber oder der Beschenkte war, ist nicht bekannt. Herstellerin der Arbeit war gemäss Angaben im Klosterarchiv Sr. Fidelia Meinrada Goreth im Kloster Grimmenstein.

Kloster zu Allen Heiligen in der Au in Trachslau bei Einsiedeln. Das eine stellt das auf dem Kreuz liegende Jesuskind, das andere Christus als Guten Hirten dar. Laut einer Notiz im Klosterarchiv stammen sie von Sr. Fidelia Meinrada Goreth.[30]

Spätblüte, Ausklang und Wiederaufleben im 20. Jahrhundert

In unserem Jahrhundert haben die Klosterfrauen ganz im Stil des 19. Jahrhunderts weitergearbeitet. Die um 1900 gewerblich erzeugten Arbeiten unter Glasstürzen der Firma Gebr. Weinkamer in Salzburg – zu erkennen an den mit Gras und Blumen aus Wachs überzogenen Sockeln – gelangten zwar auch in die Klöster, beeinflussten die Arbeiten der Nonnen aber nur an wenigen Orten und nur für kurze Zeit.[31] Die klösterliche Tradition war stärker, wie auch die Frömmigkeit der Nonnen bis weit in unser Jahrhundert hinein vom Geist des 19. Jahrhunderts geprägt war. Ein spätes Zeugnis einer langen Tradition ist die Nonnenstube im Kloster zu Allen Heiligen in der Au in Trachslau bei Einsiedeln. Solche Nonnenstuben gibt es seit dem 18. Jahrhundert. Ihre weltliche Variante sind verglaste Kästchen mit gestalteten Wohnräumen, in denen sich Familienangehörige zu einem Erinnerungsbild versammelt haben.[32] Ihre Klosterfamilie hat die Kapuzinerin Elisabeth Ledergerber, Frau Mutter des oberhalb der Stadt St. Gallen gelegenen Klosters Notkersegg, 1787 in einem grossen Glasgehäuse mit einer Nachbildung der Orgel festgehalten, und zwar in dem Augenblick, da der mit einem Pluviale bekleidete Beichtvater allen Klosterfrauen und den beiden Ministranten den Segen erteilte.[33] Diese aussergewöhnlich umfangreiche Darstellung ist leider nicht erhalten geblieben, sondern nur aus der Klosterchronik bekannt. Viel häufiger und zum Teil wahrscheinlich serienmässig angefertigt wurden die Kästchen mit einer darin eingerichteten Nonnenzelle, wie sie hier in einem Exemplar abgebildet ist. Im Kloster zu Allen Heiligen in der Au bei Einsiedeln sollen bis in die 1920er Jahre an der Klosterpforte Nonnenstuben zu kaufen gewesen sein.[34] Auf der Rückwand einer im Kloster verbliebenen Miniaturstube steht die Widmung «Der lie-

30 Klosterarchiv zu Allen Heiligen in der Au, Notiz G. a Nr. 10 (Signatur gemäss Angabe des Klosters von 1982).

31 In der Zisterzienserinnenabtei Mariastern-Gwiggen sollen die Figurensockel eine Zeitlang in dieser Art dekoriert worden sein (Klosterarbeiten Bodenseeraum, S. 107).

32 Ein solches Kästchen mit einer vornehmen Familie ist beispielsweise abgebildet in Schleich auf S. 120. – In den gleichen Techniken ausgeführt, aber viel umfangreicher hinterliess die Fürstin Auguste Dorothea von Schwarzburg-Arnstadt mit ihrer in der ersten Hälfte des 18. Jahrhunderts angefertigten Puppenstadt ein Zeitdokument des höfischen barocken Lebens (Klein, Matthias, und Müller, Carola: Die Puppenstadt im Schlossmuseum zu Arnstadt. Königstein im Taunus, 2. Auflage 1994 [Die Blauen Bücher]). Möglicherweise haben Töchter aus dem Patriziat das Aufkommen der Nonnenstuben begünstigt.

33 Klosterarbeiten Bodenseeraum, S. 122.

Nonnenstube, 24 x 24 x 11.8 cm, Karton, Papier, Kunstglas, Textilien. Geschenk zur Jubelfeier von Sr. M. Bernarda Luthiger am 6.Juli 1947, laut Überlieferung von Sr.Barbara Locher angefertigt. Kloster zu Allen Heiligen in der Au, Trachslau bei Einsiedeln.
Foto: Robert Rosenberg, Einsiedeln SZ.

Blick in die Klausur

Wie alle Nonnenstuben ist auch die hier abgebildete aus dem Jahre 1947 mit viel Liebe zum Detail eingerichtet worden. Der Raum ist mit zwei Stühlen und einem Tisch möbliert. Auf diesem befinden sich Blumenstrauss und Gebetbuch. Links steht an der Wand eine Kommode, die altarähnlich mit einem Kreuz und einem von zwei Blumensträussen flankierten Bildchen des hl. Josef mit dem Jesuskind geschmückt ist, darüber hängen Pendants von Herz Jesu und Herz Mariae. An der Raumrückwand sind über den beiden Fenstern zwei Heiligenbilder angebracht, dazwischen eine Uhr. Die Innenseite der Türe ziert ein Marienbild, neben der Türe ist ein Weihwassergefäss befestigt. Das Josefsbildchen an der Türaussenseite gibt die Gepflogenheit wieder, auf der Gangseite der Zellentüre ein kleines Heiligenbild – meistens eine Darstellung des Namenspatrons der darin lebenden Nonne – aufzuhängen. In der Zelle halten sich zwei Nonnen in der Tracht der Auer Benediktinerinnen mit umgegürtetem Rosenkranz und umgehängtem Monstränzlein auf. Auf ihrem Haupt tragen sie aus Anlass der fünfzigjährigen Professfeier das Professkränzlein. Das Ordensgewand ist getreu nachgebildet, auf das Verleihen porträthafter Züge wurde aber, wie bei Nonnenfigürchen allgemein üblich, verzichtet. Dass die Herstellerin keine historische, sondern eine aktuelle Zelle darstellen wollte, zeigt sich in der Wiedergabe des Radiators unter dem rechten der beiden Fenster.

ben wohlehrw. Frau Mutter M. Bernarda zur hl. Jubelprofess. 6. Juli 1947», ergänzt durch ein Schriftband über der Türaussenseite «50 Jahre Gott geweiht». Sie wurde Sr. Bernarda Luthiger von Zug, die 1897 die Profess abgelegt hatte und von 1932 bis 1947 zum zweiten Mal Frau Mutter war, zur Jubelprofess geschenkt. Solche Nonnenstuben fertigte man jeweils schon zur Profess einer Schwester an, als Andenkengeschenk für ihre Angehörigen, die wegen der Klausur die Zelle niemals betreten durften. Bei Jubelfeiern oder Benediktionen von Äbtissinnen erhielten nicht nur die Verwandten, sondern in manchen Klöstern auch die Geehrten selber ein solches Erinnerungsgeschenk.[35] Nach der Überlieferung der Schwestern im Kloster zu Allen Heiligen in der Au war Sr. Barbara Locher von Remetschwil (1900–1974), die während vieler Jahre Reliquientafeln und Agnus Dei herstellte, die Schöpferin dieser späten Nonnenstube.

In der Zeit nach dem Zweiten Vatikanischen Konzil (1962–1965) hat in den meisten Klöstern das Verständnis für die Klosterarbeiten stark abgenommen; bisweilen schämte man sich sogar fast für die «kindliche» religiöse Haltung früherer Klostergenerationen. Die aufkommende Sachlichkeit im Denken wie im Gestalten blieb nicht ohne Einfluss auf die neu eingetretenen Nonnen und war dem Wesen der detailfreudigen, spielerischen und gemütvollen Klosterarbeiten völlig entgegengesetzt. Beliebt war nun eine schlichte, klare Formensprache. So befassten sich vielerorts bald nur noch ältere Schwestern mit dem Anfertigen von Klosterarbeiten. Impulse für eine neue Wertschätzung gingen nicht zuletzt von weltlichen Liebhabern, Kennern und Wissenschaftlern aus, die sich seit den 1970er Jahren mit dem Thema «Klosterarbeiten» beschäftigten. Ihre Nachforschungen in den Klöstern weckten das Interesse an den alten Arbeiten, wo dieses abgestorben war, und wurden in Form von Publikationen allgemein zugänglich. So war es vor rund zwanzig Jahren möglich, dass im einen Kloster eine betagte Schwester immer noch Klosterarbeiten anfertigte, während in einem anderen die Tradition nach einem Unterbruch bereits wieder aufgenommen wurde. Das hier abgebildete Pappkästchen mit dem gefäschten Jesuskind ist eine Symbiose dieser beiden Möglichkeiten. Das Gehäuse mit dem Paradiesgärtlein schuf in der ersten Hälfte der 1980er Jahre die Seedorfer Klosterfrau M. Maura (Felizitas) Elmiger von Ermensee (1897–1989, Profess 1920). Sie war die letzte Klosterfrau, der ich in einem deutschschweizerischen Kloster begegnete, die diese Tätigkeit nach ihrem Eintritt ins Kloster von älteren Mitschwestern erlernt hatte und fast bis an ihr Lebensende aus-

34 Jaggi, Werner-Konrad: Klösterliche Wachsarbeiten aus der Schweiz. In: Schweizerische Volkskunst, hg. von Robert Wildhaber, Zürich 1969, S. 23–25, S. 24. Zum Teil mögen diese Arbeiten eine bescheidene Einnahmequelle, zum Teil auch ein Mittel, draussen in der Welt für den Eintritt ins Kloster zu werben, gewesen sein.

35 Anlässlich der Benediktion der Äbtissin Agnes Fabianek in der Zisterzienserinnenabtei Mariastern-Gwiggen in Hohenweiler (Vorarlberg) 1969 erhielten sowohl die Eltern der neugewählten Äbtissin wie auch sie selber ein Schaukästchen mit einer Äbtissinnenstube (siehe dazu Klosterarbeiten Bodenseeraum, S. 101).

Sr. M. Gertrud Harder beim Anfertigen einer Krüllarbeit im Kapuzinerinnenkloster Notkersegg, oberhalb der Stadt St.Gallen, 1981.
Foto: Pius Rast, St. Gallen.

Jesuskind-Kästchen, 24 x 47 x 14 cm. Das gefäschte Christkind aus Wachs und Textilien wurde bei den Franziskanerinnen in Reutberg (Bayern) hergestellt; das Pappgehäuse mit glimmerbestreutem Knitterpapier, Stoffblümchen, Müschelchen und weidenden Schäfchen ist eine Arbeit von Sr. M. Maura Elmiger, Kloster Seedorf. 1.Hälfte 1980er Jahre. Privatbesitz Luzern.
Foto: Andreas Lohri, Zug.

führte.[36] Nur die Herstellung der Wachsfiguren wollte ihr nicht mehr gelingen. Das Jesulein musste man deshalb anderswo besorgen. Damals hatten die Franziskanerinnen im Kloster Reutberg (Bayern), das eine hervorragende Sammlung von Klosterarbeiten beherbergt[37], bereits ihre alten Model wieder hervorgeholt und mit der Neuanfertigung von wächsernen Fatschenkindern begonnen. Zu einem solchen Reutberger Christkind schuf Schwester Maura ein Pappgehäuse, dessen Inneres sie mit in Leim getunktem und mit Glimmer bestreutem Knitterpapier als Grotte gestaltete und in dem sie mit vielen Stoffblümchen und Muscheln einen Paradiesgarten anlegte. Die zierlichen Schäfchen mit den gekreuzten rosafarbenen Bändern um Bauch und Hals erinnern an das verspielte Rokoko mit seiner romantischen Vorstellung vom Schäferleben. Man spürt dieser Arbeit an, dass sie spontan aus einer nie abgeklungenen Tradition heraus entstanden ist und nicht bewusst auf altes Formengut zurückgegriffen wurde.

1974 nahmen die Kapuzinerinnen des Klosters Notkersegg oberhalb der Stadt St. Gallen die Herstellung von Wachsarbeiten wieder auf, nachdem 1972 auf dem Estrich ungefähr 300 alte Wachsmodel aufgefunden worden waren. Im Barock hatten sie die Gebeine von Katakombenheiligen kunstvoll gefasst, im 19. Jahrhundert kleinere Klosterarbeiten hergestellt. Um 1920 ging diese kunsthandwerkliche Tätigkeit zu Ende. Vor der Wiederaufnahme der Wachsnerei besuchten zwei Schwestern einen Kurs in der Benediktinerinnenabtei St. Erentraud in Kellenried bei Ravensburg. Während zehn Jahren wurden im Kloster Notkersegg aus Wachs Jesulein und Reliefs hergestellt, und Sr. M. Gertrud Harder fertigte zudem Krüllarbeiten an. Bei diesen werden schmale Papierstreifen zu Ornamenten gerollt und verleimt.[38] Im Kloster waren noch einige alte Arbeiten in Krülltechnik sowie Arbeitsmaterial und Werkzeug vorhanden. Nach 1984 musste trotz grosser Nachfrage auf eine Weiterführung dieser Kunsthandwerke verzichtet werden. Die damit betrauten Schwestern wurden anderweitig gebraucht, und der Werkstattraum konnte wegen baulicher Veränderungen nicht mehr benutzt werden. Die Schwestern hoffen aber, schon in absehbarer Zeit mit dem Herstellen von Klosterarbeiten – vor allem Krippen, bestehend aus Christkind, Maria und Josef – fortfahren zu können.

Seit 1995 bietet das Berggasthaus Gitschenen oberhalb Isenthal in seinem Erlebnisferienprogramm einen viertägigen Kurs für Klosterarbeiten an. Die Kursleiterin, Bärbl Kirner aus Tuttlingen-Möhringen, stammt aus

36 In den alten Techniken der Klosterarbeiten kannte sich auch die Zisterzienserin M. Anna Egger in der Abtei Eschenbach gut aus. Ihr Wissen habe ich in einem Aufsatz festgehalten (siehe dazu in der Literatur unter Tobler). Sie hat aber in den 1980er Jahren keine neuen Arbeiten mehr angefertigt, sondern nur noch alte restauriert.

37 Ein Teil der Sammlung ist publiziert in Schleich, S. 25–31. 1982 konnte sie nur mit einer bischöflichen Genehmigung besucht werden.

38 Auch papier-roulé-Arbeiten genannt, weil die Technik durch Karmelitinnen Frankreichs auf einen hohen Stand gebracht wurde. Eine Arbeit von Sr. M. Gertrud ist auf dem Umschlag des Katalogs Klosterarbeiten Bodenseeraum abgebildet.

dem süddeutschen Raum, wo, besonders im katholischen Bayern, das neue Interesse an den «Schönen Arbeiten», wie die Klosterarbeiten auch genannt werden, früher aufgekommen und stärker verbreitet ist als in der Schweiz. Die Abgeschiedenheit der Alp Gitschenen hat mit dem Leben hinter Klostermauern die Stille gemeinsam. Solche Kurse in der Stadt im Rahmen eines kommerziell ausgerichteten Freizeitangebotes durchzuführen liesse dagegen allzu leicht darüber hinwegsehen, dass Klosterarbeiten nicht nur Erzeugnisse der Handfertigkeit und der Geduld, sondern vor allem auch der Andacht waren, geschaffen mit viel Hingabe an den darin enthaltenen oder dargestellten Gegenstand.

Literatur (Auswahl)

Kursiv Gedrucktes entspricht den in den Anmerkungen verwendeten Abkürzungen.

Achermann, Hansjakob: Die Katakombenheiligen und ihre Translationen. Beiträge zur Geschichte Nidwaldens 38. Stans 1979.

Boos, Ursula: Himmlische Pracht irdischer Überreste. In: Georges-Bloch-Jahrbuch des Kunstgeschichtlichen Seminars Zürich. Zürich 1994, S. 109–126.

«*Gold, Perlen und Edel-Gestein*». Reliquienkult und Klosterarbeiten im deutschen Südwesten. Ausstellungskatalog. Hg. vom Augustinermuseum Freiburg. Freiburg i. Br. und München 1995.

Klosterarbeiten aus dem *Bodenseeraum.* Ausstellungskatalog, Historisches Museum St. Gallen, Kartause Ittingen, Warth TG, Heimatmuseum Insel Reichenau, Reichenau-Mittelzell, Vorarlberger Landesmuseum Bregenz. Bregenz 1986.

Klosterfrauenarbeiten, Kunsthandwerk aus bayerischen Frauenklöstern. Ausstellung Stadtmuseum München, Diözesanmuseum Obermünster Regensburg, Universitätsbibliothek Eichstätt. München 1987.

Legner, Anton: Reliquien in Kunst und Kult zwischen Antike und Aufklärung. Darmstadt 1995.

Reliquien, Verehrung und Verklärung. Skizzen und Noten zur Thematik und Katalog zur Ausstellung der Kölner Sammlung Louis Peters im Schnütgen-Museum. Hg. von Anton Legner. Köln 1989.

Ritz, Gislind, und *Schiedermair,* Werner: Klosterarbeiten aus Schwaben. Gessertshausen, 2. Auflage, 1993.

Rothemund, B.: Barocke Klosterarbeiten. Autenried 1982.

Sander, Helga, und *Peschl,* Wolfgang: Klosterarbeiten. Tradition, Vorbilder, Anleitungen. Augsburg 1997.

Schleich, Elisabeth und Erwin: Frommer Sinn und Lieblichkeit. Vom Zauber der «Schönen Arbeiten» in Altbayern. Passau 1973.

Schmidt, Inge: Klosterarbeiten. Alte Volkskunst neu entdeckt. Nürnberg 1998.

Tobler, Mathilde: Klosterarbeiten. Technik, Form und Aussage. In: Kostbarkeiten alter Zeiten aus dem Kloster Eschenbach, Cistercienser Chronik, N. F. 157/58, 89 (1982) 3/4, Bregenz 1982, S. 119–166.

Thomas Hengartner

Protestantische Volksfrömmigkeit

Kirchliche und ausserkirchliche Formen

Religiöses reformiertes Spruchblatt aus Huttwil BE, 1752; das Zentrum bildet ein verschlungenes Schriftband in Form eines «geistlichen Labyrinths» mit Text aus dem 103. Psalm, Verse 1–12 («Lobe den Herrn, meine Seele, und alles, was in mir ist, seinen heiligen Namen»).

Museum der Kulturen, Basel, Inv.-Nr. VI 7903.01.

Die religiöse Volkskunde beschäftigt sich vorzugsweise mit Phänomenen aus dem katholischen Bereich.[1] Das gilt in besonderem Masse für die Schweizer Volkskunde, wo sich seit Richard Weiss' 1964 erschienenem gleichnamigen Aufsatz[2] Arbeiten zur «protestantischen Volkskultur» fast an einer Hand abzählen lassen. Selbst im 1992 aufgelegten Handbuch der Schweizerischen Volkskultur spielt die Praxis protestantischer Religiosität kaum eine Rolle.[3] Diese einseitige Ausrichtung hängt wesentlich damit zusammen, dass «Volksfrömmigkeit» – ein, wie Christoph Daxelmüller zu Recht anmerkt, ziemlich unglücklicher Begriff[4] – nach wie vor weitgehend unbefragt mit der religiösen Kultur katholisch geprägter Gebiete verbunden wird. «Von der protestantischen Volkskultur», das mag mit Richard Weiss ein, wenn nicht der Hauptgrund für dieses Phänomen sein, «sieht und greift man objektiv wenig. Im Gegensatz dazu ist die katholische Volksreligiosität reich an Schaubarem und Zeigbarem an sinnennahen Gegenständen, welche man als Äusserung volkskundlicher Sinnenfreude, zugleich aber als Zeichen und Gradmesser volkstümlicher Frömmigkeit aufzufassen gewohnt ist.»[5]

Es sind also vor allem Wahrnehmungs- und Zuschreibungsphänomene, die in der alltäglichen wie der wissenschaftlichen Praxis den Blick von der populären protestantischen Religiosität vielfach ablenken. Als erstes und besonders herausragend ist die Visibilität, das reiche Ausdrucksrepertoire der katholischen «Volksfrömmigkeit» zu nennen – vom Rosenkranz über Votivbilder bis hin zu Prozessionen etc. Diese Äusserungsformen werden nicht nur als Dominanten des Erscheinungsbildes volksfrommer Äusserungen weithin anerkannt, sondern auch zum Gradmesser bzw. zur Vergleichsbasis für Phänomene im protestantischen Bereich gemacht. So «spiegelt» beispielsweise Martin Scharfes im schwäbischen Raum angesiedelte

1 Vgl. dazu Thomas Hengartner: Gott und die Welt im Emmental. Eine volkskundliche Untersuchung zur Entstehung, Ausbreitung und Gestaltung religiösen Lebens im Rahmen religiöser Sondergruppen. Bern/Stuttgart/Wien (2) 1995, S. 14, v. a. Anm. 5.

2 Richard Weiss: Grundzüge einer protestantischen Volkskultur. In: Schweizerisches Archiv für Volkskunde 61 (1965), S. 75–91.

3 Roland Campiche unter Mitwirkung von Claude Bovay: Von der religiösen Identität als Vorschrift zur religiösen Identität als Konstruktion. In: Paul Hugger (Hg.): Handbuch der schweizerischen Volkskultur, Bd. III, Zürich 1992, S. 1443–1470.

4 Christoph Daxelmüller: Volksfrömmigkeit. In: Rolf Wilhelm Brednich: Grundriss der Volkskunde. Einführung in die Forschungsfelder der Europäischen Ethnologie. Berlin 1988, S. 330 f.

5 R. Weiss: Grundzüge einer protestantischen Volkskultur, S. 75.

Untersuchung von evangelischen Andachtsbildern[6] im Urteil Christel Köhle-Hezingers «den protestantischen Bestand an katholischen Elementen – ‹Restbeständen›, kirchlichen Traditionen, die die Reformation überdauerten – zugleich das populäre, weithin noch gültige Bild des ‹typisch Katholischen›.»[7]

Unter solchen Umständen fällt es schwer, Elemente einer eigenständigen «protestantischen» Volkskultur zu erkennen, respektive ihnen Eigenständigkeit zuzuschreiben. Zahlreiche Äusserungen des Protestantismus wurden denn auch als «negative Traditionen»[8] gewertet, entstanden aus der Abwehr, Ablehnung beziehungsweise dem Zurückdrängen einer als zu «sinnenhaft» geltenden katholischen Volkskultur. In dieser Richtung zielten ganz besonders die Vorschriften und Massregeln der Obrigkeit reformierter Kantone, die in den ersten Jahrhunderten nach der Reformation einerseits mit zahlreichen Mandaten und Erlassen wider die «abgœttischen und papistischen ceremonien»[9] vorgingen, andererseits aber auch ganz bewusst einzelne kultische und volksfromme Elemente umgestalteten.[10] Aus dem Knien beispielsweise, im vorreformatorischen Sinne ein Zeichen von Bussgesinnung und Schuldbewusstsein, wurde im Katholischen ein Glaubensbekenntnis an die Gegenwart Christi im Altarsakrament, im Protestantismus dagegen der sogenannte «Herdfall» als weltliche Strafe zum Beispiel für Schwören oder Gotteslästerung.

Dennoch: Die Verneinung und Leugnung (katholischer) Ausdrucksformen von Frömmigkeit, das Gerinnen dieser Haltung zu einer eigen-ständigen und eigen-sinnigen Form religiösen Ausdrucks und Selbstverständnisses begreift nur einen Aspekt protestantischer «Volksfrömmigkeit». Ebenso verleitet die Aufgliederung in eine katholische Bild-, der eine protestantische Bildungskultur entgegengesetzt wurde, zu falschen Schlüssen. Aus der Tatsache, dass (Schul-)Bildung aus religiösen Gründen im protestantischen Einflussbereich eine andere Bewertung erfuhr und sich auch tatsächlich früher auf einer breiteren Basis durchgesetzt hat, darf nicht eine einseitige Kausalkette aufgebaut werden. Die Herausbildung einer Buch- und die daran anschliessende Etablierung einer Bildungskultur geschieht vor gesamtgesellschaftlichen und geistesgeschichtlichen Hintergründen und Entwicklungen, die über die Konfessionen hinausgreifen, was spätestens seit den Diskussionen über eine «protestantische Ethik» immer wieder

6 Martin Scharfe, Evangelische Andachtsbilder. Studien zur Intention und Funktion des Bildes in der Frömmigkeitsgeschichte vornehmlich des schwäbischen Raumes. Stuttgart 1968.

7 Christel Köhle-Hezinger: Evangelisch – Katholisch. Untersuchungen zu konfessionellem Vorurteil und Konflikt im 19. und 20. Jahrhundert vornehmlich am Beispiel Württembergs. Tübingen 1976, S. 113.

8 R. Weiss: Grundzüge einer protestantischen Volkskultur, S.82.

9 Christenlich mandat ordnung und ansehen eines ersammen raths der statt Bernn, (...) vom 6.1.1587. In: Hermann Rennefahrt: Die Rechtsquellen des Kantons Bern, Bd. VI/2, Abschn. 31b. Aarau 1961, S. 843.

10 Vgl. Th. Hengartner: Gott und die Welt im Emmental, S. 124–129.

Neujahrswunsch

Liebe Taufpathin 1851.

Heute fängt wieder ein neues Jahr unseres Lebens an. Es ist dies eine wichtige Zeit. Ein Jahr liegt hinter uns, das uns Freude und Leid gebracht hat; doch Gott sei Dank! Er hat uns glücklich in das neue Jahr hinüber geführt. Was das neue Jahr uns bringen wird, das weiss Niemand als Gott. Er schickt Freude oder Leid, Glück oder Unglück, je nachdem er es gut findet. Doch bangt es fast jedem Menschen vor der Zukunft, und er wünscht, es möge ihm und allen Menschen gut ergehen. So fühle ich mich auch gegenüber, Liebe Taufpathin, zu den innigsten Wünschen verpflichtet; Gott der Herr möge Leid und Unglück von Euch fern halten, Euch Heil und Segen zusenden, Euch für die Güte und Liebe, die Ihr bis jetzt erwiesen, reichlich belohnen und Alles so leiten, dass es zu Ihrem wie zu meinem ewigen Heile dient. Dies ist der herzlichste Wunsch

zum neuen Jahre von Eurer Euch innig liebende

Anna Meier. 1851.

Neujahrswunsch einer Anna Meier aus dem Jahre 1851. In evangelisch-reformierten Gebieten vor allem war es üblich, dass die Patenkinder ihren Taufpaten zum Jahreswechsel einen Segenswunsch schrieben, auf den sie die grösste Sorgfalt zu verwenden hatten. Als Gegengabe erhielten sie den Neujahrsbatzen.

Sammlung Paul Hugger, Chardonne VD.

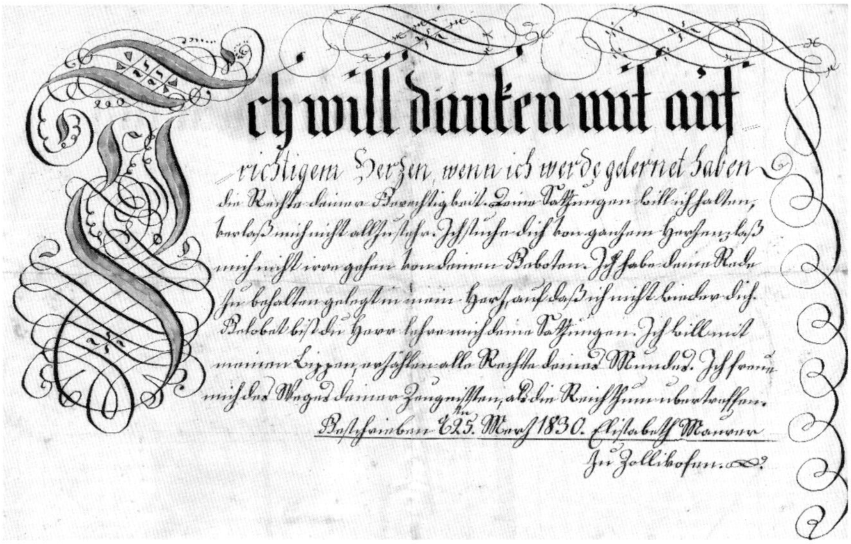

Ein Beispiel protestantischer Schriftkultur aus dem Bernbiet; es mag sich um eine Examens- oder Konfirmationsschrift handeln; charakteristisch ist das darin enthaltene, am 25. März 1830 abgelegte Glaubensbekenntnis von Elisabeth Maurer aus Zollikofen BE.
Sammlung Paul Hugger, Chardonne VD.

betont, aber in den Konsequenzen kaum auf die Erforschung protestantischer Frömmigkeit übertragen wurde. Damit einher geht auch, dass dadurch Formen protestantischer Frömmigkeits- und Ritualpraxis kaum in den Blick genommen wurden.

Vom zuletzt Gesagten ist aber ganz explizit Christine Burckhardt-Seebass' Arbeit über die Konfirmation in Stadt und Landschaft Basel[11] auszunehmen. In ihrer historisch-archivalisch und kleinräumig ausgerichteten Studie gelingt es ihr, exemplarisch die Genese, Bedeutungsentwicklung und Ausgestaltung einer kirchlich-protestantischen Feier herauszuarbeiten. Die Konfirmation erweist sich dabei weder als Reflex noch als Negation katholischer Traditionen: «Als Initiationsfeier hat die Konfirmation keine Vorläufer in der christlichen Kirche (...). Weder Firmung noch Erstkommunion, beide im Kindsalter gefeiert, hatten in der alten römischen Kirche diese Bedeutung.»[12] Im Zusammenspiel zwischen kirchlichen und weltlichen Faktoren konnte sie sich seit dem Ende des 18. Jahrhunderts, vorab durch das Einwirken der Kiche, zum «Ritus des Erwachsenwerdens»[13] entwickeln, was nicht zuletzt in ihrer inhaltlichen und formalen Ausgestaltung gründet:

«Ihre dogmatische Begründung lag hauptsächlich in der von Theologen der Zeit für notwendig erachteten Ergänzung der Taufe durch das persönliche Glaubensbekenntnis der Heranwachsenden, ihre selbständige Übernahme des bei der Taufe durch Vertreter geleisteten Versprechens als Voraussetzung für die Aufnahme in die Gemeinde der mündigen Christen und die Zulassung zum Abendmahl. Die Wichtigkeit dieses Akts machte zwei Dinge nötig: einen besonderen, intensiven Vorbereitungsunterricht, der nicht nur lesen und ein paar Katechismusfragen lehrte, sondern zum Glaubensleben erwecken oder anleiten und zeigen sollte, was Christsein hiess (...). Das andere war, dass das öffentliche Bekenntnis, als Gottesdienst im eigentlichen Sinn, nach einer würdigen, festlichen liturgischen Form rief, dass die Bekennenden eine ‹Antwort› bekamen in Gestalt einer Gebets- und Segenshandlung, an der auch die Gemeinde teilnahm, und eine Zusicherung der in der Taufe verheissenen göttlichen Gnade.»[14]

Um noch näher an die Praxis, an die gelebte Frömmigkeit im Protestantismus heranzukommen, sei im folgenden auf das eingeschränkte Beispiel des religiösen Lebens im Rahmen neben- und ausserkirchlicher Gruppierungen im Emmental etwas ausführlicher eingegangen. Dies hängt nur zu einem Teil mit der schon beklagten schlechten Literaturlage zusammen – ausser den bereits genannten Werken ist für die Schweiz noch auf Peter Weidkuhns relativ frühe Auseinandersetzung mit dem baslerischen Pietismus hinzuweisen[15] sowie auf Christoph-Peter Baumanns knappen Überblick auf «Situation und Probleme religiöser Minderheiten. Dargestellt am Beispiel Basel»[16] – sondern wesentlich auch mit einem angemessenen Verständnis von «Frömmigkeit».

Frömmigkeit soll hier mit Christoph Daxelmüller gefasst werden «als Haltung des Menschen Gott gegenüber, als positiv-sittliches Verhalten des Menschen seinem Mitmenschen und der Schöpfung gegenüber und schliesslich als Veräusserlichung dieser inneren Einstellung von der mystischen Kontemplation über den Kult bis hin zu dinglichen Andachtshilfen. Ziel der Frömmigkeit ist die Nachfolge Christi durch den Vollzug der Werke der Barmherzigkeit».[17] Frömmigkeit als christliche Lebensform ist demnach etwas Ganzheitliches; sie ist zwar auf das Jenseits gerichtet, vollzieht sich aber im Diesseits. Frömmigkeit kann deshalb auch nicht aus sich selbst heraus analysiert werden, sondern ist in unterschiedliche Kontexte einzubetten: von der Einbindung in die jeweiligen zeitgenössischen Bedingungen, Formen und Werte des täglichen Lebens bis hin zu den Wechselwirkungen zwischen Elitereligion (und -kultur) resp. der «offiziellen», kirchlichen Verfasstheit liturgischer, sakramentaler und spiritueller Formen und populärer Religionsausübung bzw. Frömmigkeitspraxis. Volksfrömmigkeit ist

11 Christine Burckhardt-Seebass: Konfirmation in Stadt und Landschaft Basel. Volkskundliche Studien zur Geschichte eines kirchlichen Festes. Basel 1975.

12 Ebd., S. 206.

13 Ebd., S. 213.

14 Ebd., S. 210.

15 Peter Weidkuhn: Strukturlinien des baslerischen Pietismus. In: Schweizerisches Archiv für Volkskunde 62 (1966), S. 160–192.

16 Christoph-Peter Baumann: Situation und Probleme religiöser Minderheiten. Dargestellt am Beispiel Basel. In: Schweizer Volkskunde 77 (1987), S. 1–14.

17 Ch. Daxelmüller: Volksfrömmigkeit, S. 336.

also ebensowenig losgelöste Religiosität, als sie bloss einen Reflex der offiziellen Lehren und Anweisungen darstellt. Auf letzteres hat bereits Max Rumpf hingewiesen: «Das Volk ist Mitschöpfer seiner religiösen Kultur! Es hat sich Lehren und Weisen der Kirche oft erst so angeeignet, dass es sie verarbeitet, sie spezifiziert und eben dadurch erst Neues geschaffen hat.»[18]

Nach soviel Einleitung zum konkreten Beispiel Emmental, einer ausser an Resten und Sonderentwicklungen des Täufertums vor allem an Religionsgemeinschaften des neueren Pietismus reichen Landschaft. Auch wenn es schwerfällt, anhand eines eng umgrenzten Feldes generelle Schlüsse zu ziehen, so kann es doch das Beziehungsgeflecht zwischen weltlichen, historischen, strukturellen, kirchlichen und individuellen Faktoren in ihrer Wirksamkeit für die Ausgestaltung von «Volksfrömmigkeit» exemplarisch verdeutlichen. Ganz bewusst wird hier an den «Rändern» begonnen, bei Faktoren, die für die Entwicklung der gesamten Region eine Rolle spielten; Faktoren auch, die für sich allein genommen keine direkte Erklärungskraft besitzen, aber im Zusammentreffen und Zusammenwirken mit anderen Faktoren für die Ausprägung einer religiösen Landschaft von Bedeutung waren.

Im 19. Jahrhundert geriet das Emmental kontinuierlich und unaufhaltsam in eine strukturelle Randlage: Landknappheit, ungünstige und schleppende verkehrsmässige Erschliessung, weitgehendes Ausbleiben von Bedingungen für die Industrialisierung, Umverteilung geographischer Gunst- und Ungunstlagen sowie Umwertung eines beträchtlichen Teils der lokalen Sozialsysteme – allesamt Stichworte, die die strukturelle Entwicklung im 19. Jahrhundert kennzeichnen – bereiteten den Nährboden für ein gesteigertes Bedürfnis nach weltanschaulichem Halt. Diese ideologische Fixierung boten einerseits konservative Werte generell. «In einer relativ stabilen ländlichen Lebenswelt, wo Religion ebenso alltagswichtig wie kirchenbezogen war»[19], waren es andererseits aber besonders auch die konservativ-restaurativen Wertvorstellungen des neueren Pietismus, die sich zunächst auch noch im innerkirchlichen Rahmen, in der «Evangelischen Gesellschaft des Kantons Bern», finden liessen. Verstärkt wurde dies dadurch, dass auch die gemeinschaftsbildenden Strukturen dieser neuen religiösen Gemeinschaften, die sich in zwei grossen Schüben vor der Mitte und im letzten Viertel des 19. Jahrhunderts herausbildeten bzw. etablierten,[20] etwas nachhaltig

18 Max Rumpf: Religiöse Volkskunde. Stuttgart 1933, S. 9.

19 Werner K. Blessing: Reform, Restauration, Rezession. Kirchenreligion und Volksreligion zwischen Aufklärung und Industrialisierung. In: Wolfgang Schieder (Hg.): Volksreligiosität in der modernen Sozialgeschichte. Geschichte und Gesellschaft, Sonderheft 11. Göttingen 1986, S. 109.

20 Zum Weg der Entfaltung des neben- und ausserkirchlichen Lebens im Rahmen der sog. «Erweckungs-» (1820er/-30er Jahre) und der sog. «Heiligungsbewegung» (letztes Viertel des 19. Jahrhunderts) vgl. Th. Hengartner: Gott und die Welt im Emmental, S. 164 bis 195; zu den einzelnen Gemeinschaften ebd. S. 226–285.

21 Martin Scharfe: Die Religion des Volkes. Kleine Kultur- und Sozialgeschichte des Pietismus. Gütersloh 1980, S. 132.

Vierzehntägliche Stubenversammlung einer Freikirche, Zollbrück im Emmental.
Foto: Koni Nordmann, Zürich.

Neues stiften konnten: In der Einzelhoflandschaft des Emmentals mit ihrer siedlungsgeographischen Vereinzelung bildeten die kleinen Hauskreise, in denen regelmässig Bibel- und Erbauungsstunden abgehalten wurden (daher auch der volkstümliche Name «Stündeler»), eine feingliedrige Struktur, die nicht nur religiös-gemeinschaftliche Bedürfnisse stillen, sondern auch ein bis zu diesem Zeitpunkt kaum existierendes feingliedriges soziales Netz aufbauen konnte. Dieses war in seinen kleinsten Einheiten, den Hauskreisen, so eng geknüpft, dass nicht nur intensive Betreuung (und Kontrolle) und regelmässiges gemeinsames religiöses Erleben gewährleistet waren, sondern auch die siedlungsgeographische Vereinzelung zu einem ansehnlichen Teil überbrückt werden konnte. Das gilt im übrigen bis heute, kommen doch die Mitglieder religiöser Gemeinschaften im Emmental nach wie vor weitaus häufiger aus den peripheren Bereichen der Gemeinden.

Diese «Pietismuslatenz»[21] des Emmentals wurde durch die historische und soziale Entwicklung noch weiter unterstützt: Nach einer längeren Phase ökonomischen Wohlergehens, die das Emmental im 18. Jahrhundert zu einer der reichsten Gegenden der Schweiz (mit entsprechend grossen sozialen Gegensätzen) gemacht hatte, brachen mit Beginn des 19. Jahrhunderts u. a. mit dem Nachlassen der Leinwandproduktion, einer Verlagerung im Bereich der Käserei, der Freisetzung von landwirtschaftlichen Arbeitskräften und fehlenden Ausweichsmöglichkeiten in den Industrie- oder gar den Dienstleistungssektor beträchtliche Teile des wirtschaftlichen Gefüges mehr oder weniger gleichzeitig ein. Dadurch wuchs einerseits die Armut rasch an, andererseits blieben in der ganzen Region überwiegend bäuerlich-kleingewerbliche Strukturen erhalten. Resultat war nicht nur ein rasches Wachstum der Gegensätze zwischen Stadt und Land, sondern vor allem auch in breiten Bevölkerungskreisen die Umkehr von relativem Wohlstand in relative Armut. Damit wurden Sparsamkeit, Fleiss und Affektkontrolle – mithin wichtige Elemente des pietistischen Tugendkanons – je länger je mehr zur Bedingung, um sich ökonomisch über Wasser halten zu können. Der Zugriff auf konservierend-pietistisches Gedankengut bot damit nicht nur Trost, sondern auch die Bestätigung, Legitimation und letztlich auch «Sanktifikation» der eigenen Lebenswelt. Die Gemeinschaften, die sich in der Erweckungs- und Heiligungsbewegung herausbildeten, lieferten damit passende Erklärungen für das Da-Sein und So-Sein innerhalb der agrarisch-gewerblich geprägten Lebensbedingungen. Mit der Agrarkrise in der Mitte, besonders aber auch der Strukturkrise der Landwirtschaft im letzten Drittel des 19. Jahrhunderts, begann sich zudem in noch einmal weiteren Kreisen der pietistische Tugendkanon mit alltagsnotwendigen Werten, mit der realen Lebenssituation zu decken, bot mit anderen Worten der neuere Pietismus eine ideologisch-ethische Stütze, zu der gerne gegriffen wurde.

Die Verbreitung religiös-pietistischer Gemeinschaften erfuhr aber auch durch Entwicklungen innerhalb der bernischen Landeskirche Vorschub. Im 19.Jahrhundert in starke innerkirchliche Richtungsstreitigkeiten verwickelt, sammelten sich konservativ-kirchliche Kreise immer mehr hinter den neuen Bewegungen und den daraus entstehenden Gruppierungen, zumal die Grenzen zwischen Kirche und Sondergruppe vorerst überlappend und fliessend waren. Nicht nur der Widerstand gegen die als «Vesuche mit glaubensleerer Philosophie und wesenlosen Ideen»[22] gebrandmarkte neue Theologie aber, sondern auch der Umgang mit der Seelsorge leisteten dem Aufkommen und der Aufnahme religiöser Sondergruppen Vorschub: In der bernischen Landeskirche fehlte bis weit ins 20. Jahrhundert hinein die seelsorgerliche Betreuung des Individuums weitgehend. Demgegenüber gingen die religiösen Gemeinschaften speziell auf die Alltagsbedürfnisse der einzelnen Gläubigen ein. Mit ihren Frömmigkeitsangeboten bezogen sie das In-

22 Aus einer Petition der Gemeinde Saanen gegen die Berufung von Eduard Zeller an die Universität Bern. Zitiert nach: Rudolf Dellsperger: Berns Evangelische Gesellschaft und die akademische Theologie. Beobachtungen zu einem Stück unbewältigter Vergangenheit. In: ders. (et al.): Auf dein Wort. Beiträge zur Geschichte und Theologie der Evangelischen Gesellschaft des Kantons Bern im 19. Jahrhundert. Bern 1981, S. 197.

23 Vgl. Peter Blickle. Die Reformation im Reich. Stuttgart 1982, S. 18 ff.

Sonntagsschule bei Alttäufern,
Langnau im Emmental.
Foto: Koni Nordmann, Zürich.

dividuum in die Glaubenspraxis mit ein, deren Spektrum von einer rigiden Normierung des Alltagslebens bis hin zur Betonung von Geistesgaben reicht(e). Die Predigt- und Exegesefixierung der Landeskirche fand damit eine entsprechende Kompensation im Partizipationsmodell sondergemeinschaftlichen protestantisch-pietistischen Christentums.

Die bisher genannten Entwicklungen und Aspekte benennen Faktoren, auf deren Grundlage sich religiöse «volksfromme» Praxis entfalten konnte. Dazu gehört aber natürlich auch der Umgang (treffender wäre vom Nicht-Umgang zu sprechen) der Staatskirche mit «Volksfrömmigkeit», die sich im Falle Berns durchaus als institutionalisierte Traditionsverleugnung fassen lässt. Der Prozess einer reformatorischen Neugestaltung von Glaubensinhalten beschränkte sich damit nicht auf den Bereich der theologischen Lehre, sondern umfasste in radikalem Ausmass auch die religiöse Alltagskultur und -praxis: unter der Massgabe einer «Rationalisierung des Glaubens»[23] wurde mit Bedacht auf die Ausgrenzung «gelebter», alltäglicher Religiosität hingearbeitet. Zu den flexiblen Umgangsformen mit diesen neuen Werten und Normen gehört *unter anderem* die Akzentuierung von

Urchristen im Emmental:
Erwachsenentaufe in der Emme.
Foto: Koni Nordmann, Zürich.

Buch und Bildung als Ersatz religiöser Betätigung, hierher gehört aber ebenso die bereits erwähnte Herausbildung «negativer Traditionen» wie die religiöse Aufladung von Handlungen (z. B. der Mildtätigkeit) und Dingen (z. B. und nicht unumstritten der Bibel als Buch). Nicht zu unterschlagen ist aber auch die Suche nach religiöser Gemeinschaftlichkeit und Betätigung. Gerade im Emmental hatten schon die Kreise des älteren Pietismus, besonders aber das Täufertum, Möglichkeiten geboten, volkstümliche Religiosität und «volksfrömmische» Praxis im Rahmen religiöser Gruppierungen zu leben. Besonders grosse Resonanz fanden dann aber die Angebote der aufkommenden neupietistischen, erweckerischen und verwandten Gruppierungen, die im 19. Jahrhundert erstmals ungehindert durch kirchlich-staatliche Interventionen populäre Formen und Gefässe zur Ausübung von Frömmigkeit bereitstellten. Weite Teile der Bevölkerung griffen diese Angebote (und alle in den folgenden Abschnitten genannten Beispiele haben ihre Gültigkeit bis heute gewahrt) – zum Beispiel zur häuslichen Frömmigkeit und Andacht, zu Bibel-, Missions- und Andachtsstunden im Haus- und Gemeinschaftskreis oder zum Zeugnisablegen und zur aktiven Mitwirkung an Gottesdiensten, «Festen» und «Konferenzen» – flexibel auf, vorerst ohne nach einzelnen Denominationen zu trennen. Besonders kennzeichnend für die – in der Regel bis heute existierenden – Gruppierungen war und ist ihr «religiöser Heimatstil». Inhalte und Vermittlungsformen ergaben sich in Wechselwirkung mit den religiösen Bedürfnissen der einzelnen Gläubigen. Die frühen Gemeinschaften der Erweckung fanden dabei ihr Publikum wohl gerade durch ihre Ausrichtung als Ergänzung zur Landeskirche, besonders auf dem Feld individueller Partizipationsmöglichkeiten, jene der Heiligungsbewegung ausgangs des 19. Jahrhunderts vor allem auch durch eine starke Anpassung ihrer theologischen Inhalte an die ländliche Lebenswelt. Vehikel dieser Umgestaltung bildete der Beizug von theologisch ungeschulten, meist aus dem bäuerlich-kleingewerblichen Milieu stammenden sogenannten «Laienevangelisten» zur Wortverkündigung. Durch diese Umlagerung der Vermittlungsinstanzen von Glaubensinhalten begann sich ab diesem Zeitpunkt ein relativ geschlossener Wertekreislauf zu bilden: Die, wie sie auch genannt wurden, «Bauernevangelisten» vertraten oft ein wenig theologisch-exegetischer Schulung und Tradition verpflichtetes, populistisch zurechtgemachtes Wertsystem, dessen Legitimationsmuster direkt dem eigenen agrarisch-gewerblichen Erfahrungsbereich entsprangen. Hauptpunkte bilde(te)n ein funktional auf agrarisch-gewerbliche Lebensumstände ausgerichtetes Sozialverhalten, religiös-rigoristische Erziehungsmuster und -normen, Betonen der Notwendigkeit der persönlichen Bekehrung, Selbst- und Affektkontrolle und die Ablehnung von Sinnlichkeit. Damit erhielten Tages-, Jahres- und Lebenslauf dank «Transgression»[24] – dem wechselwirkenden Hin- und Herargumentieren zwischen Alltagserfahrung und religiöser Interpretation – eine klare religiöse Bestimmung, zumal so mit Mustern aus der eigenen Lebenswelt die eigene Lebenswelt legitimiert werden konnte. Mit Betonung der Adiaphora, das heisst der theologischen Wertfestlegung und dogmatischen Fixierung von sittlichen und kultischen Handlungen, diente diese Angleichung der Theologie an die Alltagswelt nicht nur einer Stilisierung ökonomischer Notwendigkeiten, sondern entwickelte auch eine Eigendynamik. Das Spektrum bindender Verhaltensvorschriften reicht damals wie heute von Nichtrauchertum über Abstinenz und Askese, über Vorschriften zu Kleidung und Äusserem bis zur moralischen Beurteilung und Ablehnung bestimmter Berufe, Tätigkeiten und Handlungsweisen.

Neben dieser theologisch-alltagsnahen Normierung der Lebensgestaltung ist für das Gemeinschaftsleben der religiösen Gruppierungen des Emmentals aber auch der Aufbau einer religiösen «Nebenwelt» von entscheidender Bedeutung. Wesentliche Bestandteile bilden: eigene Vereine und Institutionen (Gesangsvereine, Posaunenchöre etc.), eigene Organisationen für Jugendliche und andere Interessengruppen, eigenes Schriftgut (v. a. gemeinschafts- oder ortsgruppenspezifische Periodika, Bücher- und In-

24 M. Scharfe: Die Religion des Volkes, S. 97.

formationsstände, eigene Verlage etc.), institutionalisierte karitative Tätigkeiten (von Nachbarschaftshilfe über Krankenpflege und Altersversorgung bis zum Aufbau von Institutionen im sozial-karitativen Bereich), die Einbettung der Missionstätigkeit in das Gemeinschaftsleben, vor allem aber auch der Aufbau bzw. das Vorhandensein von Versammlungslokalen und Vereinshäusern, die als «Versammlungsnestchen»[25] Kristallisations- und Identifikationszentren des gemeinschaftlichen Lebens bilden. Diese Institutionen tragen massgeblich dazu bei, dass sich die Mitglieder religiöser Gemeinschaften nicht nur im Glauben, sondern auch in einem weitgehend selbständigen sozialen Netz getragen sehen, in dem selbst die Freizeitgestaltung in einen religiösen Rahmen eingebettet ist. Populäre Frömmigkeit wird damit letztlich zu etwas Ganzheitlichem, in das Arbeit, Alltag, allgemeine religiöse Bekehrung und Freizeit eingebettet sind. Die zeitliche Einbindung in gemeinschaftliche Aktivitäten (oft über 100 Anlässe im Jahr) fördert und legitimiert zudem, sich weitgehend vom dörflichen Sozialleben fernzuhalten. Auch hier spielen im übrigen transgressive Muster: Die Ablehnung weltlicher Geschäfte und Vergnügungen wird verquickt mit den Gegebenheiten der täglichen Lebensgestaltung, die sich ihrerseits aus den Wechselwirkungen zwischen einer langandauernden Isolation der Mitglieder religiöser Gemeinschaften und dem Aufbau religiöser Nebenwelten herleiten.

Individuellere und informellere Strukturen zeichnen nicht nur das kirchliche und soziale Leben innerhalb religiöser Sondergemeinschaften aus, sondern auch das Verhältnis zwischen einzelnem Mitglied und Vertretern der Institution. Mit ihrem im Vergleich zur Landeskirche wesentlich erweiterten, oft auch (sozial) vertrauteren Kreis von Wortverkündigern und seelsorgerlichen Bezugspersonen gelingt es, wesentlich näher auf den einzelnen Gläubigen einzugehen. Dazu kommt, dass in regelmässigen Evangelisationen, meist konzipiert als mehrtägige Veranstaltungen ausserhalb der gewohnten Abläufe, das individuelle Eingehen auf die einzelne Person und ihre religiösen Bedürfnisse eine Dimension dazugewinnt. Gemeinschaftlichkeit und besonders erweckerisch-wachrüttelnde Predigten eines «Starpredigers» – meist eines berufsmässigen «Evangelisten» – wirken in verschiedener Hinsicht: Für noch nicht Bekehrte vermitteln sie Zugang zum Glauben und religiöse Schlüsselerlebnisse, für bereits Bekehrte eine Vertiefung des Glaubens und gemeinschaftliche Glaubenserlebnisse ausserhalb der gewohnten Ordnung. Zudem förderte(e) häufige Wiederholung auch an entlegenen Orten, in Sälen, Gasthöfen und Scheunen Aufbau und Fortbestand einer engmaschigen religiösen Subkultur, verstärkt dadurch, dass die hier vermittelten Impulse im vertrauten Haus- und Ortskreis aufgenommen und vertieft werden.

Das Beispiel des Emmentals, das hier in einigen Strichen skizziert wurde, steht in der religiös-protestantischen Landschaft der Schweiz nicht allein. Es wurde hier aber stellvertretend für einen möglichen Zugriff auf die Erforschung von Frömmigkeit als christliche Lebensform, ihre Einbettung in unterschiedlichste Kontexte herausgegriffen. Nachzutragen wäre, dass gerade in neuester Zeit eine religiöse Pluralisierung als Signatur der aktuellen religiösen Landschaft bezeichnet werden kann. So erfahren – auch neue – religiöse und religionsartige Gemeinschaften, die vor allem Partizipation, persönliches Bekenntnis und Erweckung bzw. Wiedergeburt in den Vordergrund stellen, erkennbaren Zustrom. Daneben wirkt die – in unserem Fall protestantische – Landeskirche insofern polarisierend, als es mehr und mehr zu einem bewusst gefällten persönlichen Entscheid wird, innerhalb der «traditionellen» Kirche zu bleiben oder aber ihr den Rücken zu kehren. Schliesslich haben die geschilderten Partizipationsformen auch Eingang in die offiziell verfasste Kirche gefunden, nicht ohne dort aber eine spürbare Aufteilung zwischen «Evangelikalen» und «Klerikalen» zu hinterlassen.

25 Steine tragen aufs Baugerüst. 75 Jahre Verband Landeskirchlicher Gemeinschaften des Kantons Bern. Oberburg 1983, S. 63.

Krankenwallfahrt nach der Grotte der Sainte-Colombe in Undervelier JU

In einer gewaltigen Grotte der Juraklus zwischen Berlincourt und Undervelier wird die heilige Colomba verehrt. Diese Lokalheilige soll nach der Legende eine spanische Prinzessin gewesen sein, die sich an diesem Ort eine Zeitlang aufgehalten haben soll. Hierhin führt jeweils am 15. August eine Krankenwallfahrt der jurassischen Katholiken. Das in der Grotte fliessende Quellwasser soll heilkräftig sein und seit alters schwächlichen Kindern und kranken Menschen Hilfe bringen.
D. W.

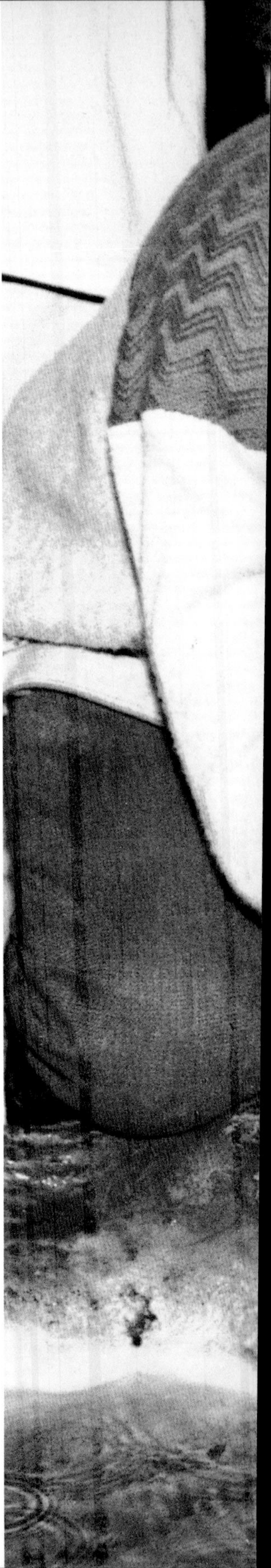

Roland Inauen

Heilglauben und Heilpraktiken in Appenzell Innerrhoden

In Appenzell Innerrhoden leben heute noch Heiltätige, die als medizinische Laien mit Hilfe von altüberlieferten Heilsprüchen oder Segensformeln die Schmerzen oder das Fieber nehmen, das Blut stillen, Warzen und hartnäckige Ekzeme vertreiben oder den «Brand» löschen, das heisst, sie versuchen, schwere Verbrennungen und Entzündungen zum raschen Ausheilen zu bringen, ohne dass auf der Haut Narben zurückbleiben.

Dabei handelt es sich jedoch um kein exklusives Innerrhoder Phänomen. Gleich drei Publikationen, die in den vergangenen Jahren erschienen sind, belegen, dass diese Art der Heiltätigkeit zurzeit auch im Montafon[1] (Vorarlberg), in Oberschwaben[2] und in der Grossstadt Berlin[3] noch relativ häufig ausgeübt wird. Aus der Schweiz sind neuere Untersuchungen zu diesen Heilpraktiken nicht bekannt, doch gibt es verschiedene Belege aus der ersten Hälfte unseres Jahrhunderts, die die Existenz des Gebetsheilwesens beispielsweise in der Innerschweiz[4] oder im Sarganserland[5] nachweisen. Als wichtigste Quellen für die Verbreitung des Gesundbetens um 1940 gelten der Atlas der schweizerischen Volkskunde[6] (ASV) und der Atlas der deutschen Volkskunde[7] (ADV). Im Toggenburg und im Fürstentum Liechten-

1 Ingo Schneider: Volksmedizin zwischen Tradition und Moderne. Von SpruchheilerInnen und MagnetiseurInnen im Montafon. In: Schweizerisches Archiv für Volkskunde 89 (1993), S. 87–100.

2 Anita Chmielewski-Hagius: «Was ich greif, das weich...» Heilerwesen in Oberschwaben. Münster / New York 1996.

3 Martina Bühring: Heiler und Heilen. Eine Studie über Handauflegen und Besprechen in Berlin. Berlin und Hamburg 1993.

4 Eduard Renner: Goldener Ring über Uri. Zürich 1941, S. 216.

5 Werner Manz: Volksglaube aus dem Sarganserland. In: Schweizerisches Archiv für Volkskunde 24 (1923), S. 292–308 und Fortsetzung 25 (1925), S. 65–69.

6 Atlas der schweizerischen Volkskunde, begründet von Paul Geiger und Richard Weiss, weitergeführt von Walter Escher, Elsbeth Liebl und Arnold Niederer. Basel 1950–1989. Im Zusammenhang mit dem Gebetsheilen sind vor allem die Karten 278 («Warzenmittel; ‹Magische› Mittel: besprechen, abwaschen, fortwerfen») und Karte 281 («Mittel um das Blut zu stillen») von Interesse. Dabei zeigt sich, dass das Besprechen vorwiegend in der Ostschweiz und im Jura beobachtet werden konnte, während in den Kantonen VS, FR, TI, in der Innerschweiz und im Bernbiet diese Therapieform wenig verbreitet war. An 31 Orten geschah zur Zeit der Atlasaufnahmen (1937–1942) das Blutstillen noch durch Gebete, Segen und Sprüche. Das Schwergewicht lag auch hier in der Ostschweiz und in Graubünden. Die Praxis des Blutstillens war jedoch an den meisten Orten am Verschwinden, oder sie lebte nur noch in der Erinnerung der Gewährsleute.

7 H. Harmjanz / E. Röhr (Hg.): Atlas der deutschen Volkskunde. Leipzig 1937–1939. Die Karten 110–113 des ADV zeigen die Verbreitung und die Bezeichnungen für das Besprechen von Krankheiten im Untersuchungsgebiet (auch deutschsprachige Regionen ausserhalb Deutschlands).

stein wird nach Auskunft von zwei praktizierenden Ärzten bis heute – wenn vielleicht auch in geringerem Ausmass als in Appenzell Innerrhoden – mit Gebeten und Sprüchen geheilt.

Geheime Berufung

Wenn von Heiltätigen dieser Art die Rede ist, sprechen die Einheimischen von jemandem, der «för Hitz ond Brand tuet» oder «Bluet stöllt» und «Warze vertriibt». Der Ausdruck «Sympathie anwenden/ausüben», der früher oft verwendet wurde, ist heute nicht mehr geläufig. Der Einfachheit halber soll hier die Rede von Gebetsheilerinnen und Gebetsheilern sein, wird doch die Heiltätigkeit von den Betreffenden selbst als Gebet verstanden oder zumindest in inniger Verbundenheit mit Gebeten ausgeübt. Im süddeutschen und österreichischen Raum spricht man im allgemeinen von «Gesundbetern» und «Gesundbeterinnen». Der Begriff «Besprechen» bezeichnet in diesen Regionen dieselbe Tätigkeit.

Die Bedeutung des Gebetsheilens innerhalb des Innerrhoder Gesundheitswesens ist nur sehr schwer abzuschätzen. Obwohl davon ausgegangen werden darf, dass die allermeisten Bewohnerinnen und Bewohner von Appenzell Innerrhoden Kenntnis von dieser medizinischen «Subkultur» haben und damit auch schon mehr oder weniger direkt konfrontiert waren, handelt es sich doch um ein Phänomen, das dem Blick der Öffentlichkeit weitgehend entzogen ist. Im individuellen Erzählrepertoire vieler Menschen nehmen jedoch Erlebnisberichte über verblüffende, unerwartete Heilungen durch Gebetsheilende einen festen Platz ein. Ein immer wiederkehrendes Motiv in den meisten Erzählungen ist das Erstaunen der Ärzteschaft und des Pflegepersonals über völlig unerwartete Heilerfolge bei Innerrhoder Patienten und Patientinnen, die auf die geheime Gebetstherapie zurückzuführen waren. Diese Heil(ung)sgeschichten mit allen dazugehörigen Verzerrungen und Übertreibungen sind für das Überleben des Gebetsheilens nicht zu unterschätzen.

Die Tatsache, dass es sich beim Gebetsheilwesen um eine Geheimkunst handelt, sowie der Umstand, dass für deren Ausübung weder je eine Bewilligung notwendig war noch (in den meisten Fällen) ein Honorar dafür gefordert wurde und wird, hatte wohl zur Folge, dass die Gebetsheilerei nie aktenkundig geworden ist. Als Folge davon und wohl auch aus anderen Gründen ist das Thema in der Innerrhoder Geschichts- und Heimatkundeliteratur inexistent. Einzig Pater Ferdinand Fuchs erwähnt in seiner Dissertation sogenannte Quacksalber oder «Häxemeischter», die bei verschiedenen Viehkrankheiten (Ekzeme, Gliederschwund, Fieberhitze, Euterverhärtungen und Klauenfäule) von den Innerrhoder Bauern häufig beigezogen werden[8]. Laut Fuchs lachten die jüngeren Bauern darüber, während die ältere Generation zum Teil ohne jeden Zweifel daran glaubte.

Eine interessante, leider ungedruckte Quelle bildet eine Umfrage der Schweizerischen Gesellschaft für Volkskunde, Basel, die anfangs der 1930er Jahre durchgeführt wurde[9]. Als Korrespondent für Appenzell Innerrhoden beantwortete der damalige Ratsschreiber Albert Koller (Jahrgang 1904) zusammen mit einer Redaktionskommission den Fragebogen. Frage 1431 lautete beispielsweise: «Kennt man Sprüche und Segen gegen Krankheiten und Wunden? Wie heissen sie?» Koller schrieb folgende Antwort nach Basel: «Ja. Man wird aber von denen, die sie anwenden, nichts inne. Selbst ein Mitglied der Kommission, das sich rühmt, Blut stillen zu können auf solche Art, verriet das Mittel nicht.» Bereits vor rund 60 Jahren scheinen also Recherchen in dieser Richtung nicht gerade erfolgreich gewesen zu sein. Die Bedeutung der Heilenden umschrieb Koller in der Antwort zur Frage 1163 («Gibt es Wunderdoktoren [für Menschen und Vieh?]») folgendermassen: «Ja. Die Leute, die etwas Besonderes können (Blutstillen, gegen Hitz und Brand, gegen Schwini u. drgl.), werden unter der Hand von einem zum andern empfohlen. Ihre Tätigkeit ist nicht öffentlich, aber von nicht zu unterschätzender Bedeutung.» Diese Feststellung könnte wohl auch heute noch ohne grosses Zögern unterschrieben werden.

Das Phänomen des Gebetsheilens muss als Teil eines komplexen gesellschaftlichen und kulturellen Systems verstanden und betrachtet werden. Ein besonderes Augenmerk gilt dabei der allgemeinen Entwicklung der offiziellen Medizin und der medizinischen Versorgungslage. Diese kann in Innerrhoden im Vergleich zu anderen Kantonen seit dem 19. Jahrhundert als gut bezeichnet werden. Seit 1893 verlief die Entwicklung des Innerrhoder Gesundheitswesens allerdings grundlegend anders als in Appenzell Ausserrhoden. Damals sprach sich der Grosse Rat von Appenzell Innerrhoden für das Patentobligatorium aus, was bedeutete, dass den praktizierenden Naturärzten die Ausübung ihrer Heiltätigkeit verboten wurde[10]. Dieses Verbot wurde nicht zuletzt von der Innerrhoder Ärzteschaft angeregt, die bereits 1812 eine Sanitätsordnung verlangte, um der «schädlichen Quaksalberei» Einhalt zu gebieten. Die Gebetsheilerinnen und Gebetsheiler wurden in dieser Debatte mit keinem Wort erwähnt. Dies ist insofern verständlich, als sie für die damalige wie auch für die heutige Ärzteschaft keine Konkurrenz im ökonomischen Sinne darstellten. Das Gebetsheilwesen hatte immer eine Komplementärfunktion zum offiziellen Gesundheitssystem. Krankheiten und Schmerzen wurden und werden sehr oft zusätzlich zur konventionellen ärztlichen Behandlung von Gebetsheilenden bekämpft.

8 Vgl. P. Ferdinand Fuchs: Bauernarbeit in Appenzell Innerrhoden. Basel 1977, S. 132.

9 In dieser sogenannten Enquête 1 (im folgenden als «Enquête 1» zitiert) wurde ein Fragebogen von 1585 Fragen «über die schweizerische Volkskunde» im Korrespondentenverfahren in der ganzen Schweiz gestreut.

10 Vgl. Appenzeller Geschichte. Band 3. Appenzell 1993, S. 401.

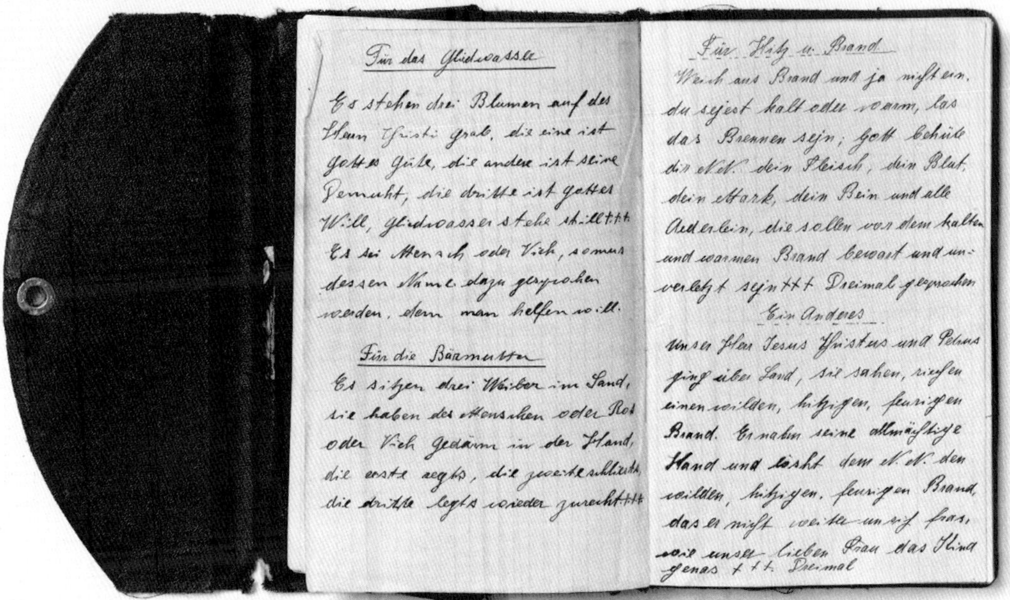

Textseiten aus einem handgeschriebenen Büchlein mit verschiedenen Heilgebeten und Sprüchen (Appenzell I. Rh., 1908).
Privatbesitz.

Die behandelten Erkrankungen

Am häufigsten werden die Gebetsheilenden zur Behandlung von Entzündungen aller Art und von Fieber beigezogen. Die angewandte Therapie trägt in den meisten Fällen auch zur Schmerzlinderung bei. Die meisten Gebetsheilenden sind zudem in der Lage, Blut zu stillen sowie Warzen, Überbeine[11], Ekzeme und Flechten – im Dialekt werden diese Hautkrankheiten pauschal als «Chälblipläss»[12] bezeichnet – zu vertreiben. Es gibt auch Heilende, die Gelbsucht, Gicht und Muskelschwund (Atrophie) mit Erfolg zu behandeln wissen. Hinzu kommen Hilfeleistungen bei psychischen Problemen, bei Prüfungen und allem voran bei Heimweh. Während sämtliche Krankheitsbilder auch in anderen Gegenden, in denen Gebetsheilpraktiken zur Anwendung gelangen, behandelt werden, scheint das «Nehmen» des Heimwehs eine «Innerrhoder Spezialität» zu sein[13].

Möglichkeiten und Grenzen der Gebetsheilungen

Die Grenzen des Gebetsheilens – was den Personenkreis betrifft – muss die heilende Person zuerst bei sich selbst feststellen. Sie kann allen helfen ausser sich selbst[14].

Die meisten Gebetsheilenden sind sich bewusst, dass mit der «Hitz ond Brand»-Therapie wohl Infektionen zum Abklingen gebracht und die dazugehörenden Schmerzen gelindert, nicht aber die Krankheiten oder Leiden geheilt werden können. Auch die Hilfe bei Operationen zielt darauf hin, postoperative Infektionen zu minimieren. Bei Krebs oder anderen sogenannt unheilbaren Krankheiten müssen auch die meisten Gebetsheilenden kapitulieren. Sie können jedoch den Leidenden «die Angst nehmen» und dafür sorgen, dass sie «ruhiger» werden. Während die meisten Therapien auf Distanz erfolgen, müssen hartnäckige dermatologische Erkrankungen «umfahren» werden – im Falle von offenen Beinen mit einer aufgeschnittenen Kartoffel[15]. Als weitere Bedingungen kommen bei dermatologischen Problemen hinzu, dass der Mond «schwiinig», d. h. abnehmend, sein muss und die Betreffenden die Warze oder das Ekzem während des Heilprozesses nicht anschauen dürfen.

Die Behandlungen von Haustieren[16] erfolgen heute noch ungefähr im selben Rahmen, wie sie P. Ferdinand Fuchs beschrieben hat[17].

11 Vgl. «Enquête 1» (wie Anm. 9), Frage 1512: «Welche Mittel wendet man gegen Überbein an?» Diese Frage wurde lakonisch mit: «‹Sympathie›» beantwortet.

12 Schweizerisches Idiotikon V, S. 151.

13 Zum «Heimweh der Appenzeller» aus historischer Sicht vgl. Hermann Bischofberger: Heimweh der Appenzeller. In: Appenzeller Tagblatt Nr. 95 vom 25. April 1981, S. 35. Auch der manchenorts längst verschwundene kirchliche Brauch, am 5. Februar (Agatha) kleine Brötchen (Agädäbrötli) zu segnen, um diese das Jahr über insbesondere gegen das Heimweh von Mensch und Tier anzuwenden, ist in Innerrhoden noch sehr lebendig.

14 Dieses «Gesetz» scheint mit einigen wenigen Ausnahmen überall zu gelten. Viele Heilende haben auch Schwierigkeiten, die eigenen Blutsverwandten zu behandeln. E. Rudolph deutet es psychologisch: «Je stärker der Heiler mit einem anderen Menschen verbunden ist, um so geringer ist der innere Abstand, um so grösser die Emotion, um so schwieriger wiederum die Fähigkeit zur Konzentration. Diese aber ist Voraussetzung für die Behandlung aller komplizierteren Leiden.» (Ebermut Rudolph: Die geheimnisvollen Ärzte. Von Gesundbetern und Spruchheilern. Olten und Freiburg im Breisgau 1977, S. 296.)

15 Dabei handelt es sich um eine Ausnahme, werden doch die Gebetsheilungen ansonsten ohne jegliche materiellen Hilfsmittel durchgeführt. Vgl. Schneider (wie Anm. 1), S. 89.

16 Auch im Montafon und in Oberschwaben werden von praktisch allen befragten Spruchheilenden Tierbehandlungen vorgenommen. Das Spektrum der behandelten Krankheiten ist sehr breit. In neuerer Zeit werden in diesen Gegenden der Tierarzt und der oder die Gebetsheilende sehr oft gemeinsam mit der Heilung beauftragt – gleichsam nach dem Motto: «Wenn der Tierarzt nicht hilft, dann die Gebetsheilerin (oder umgekehrt).» Chmielewski-Hagius (wie Anm. 2), S. 108 ff.; vgl. auch Schneider (wie Anm. 1), S. 91.

17 Siehe S. 130.

Agnus Dei oder «Tüüfels Jageli» aus dem Kapuzinerinnenkloster Maria der Engel, Appenzell. Die Agnus Dei werden in Appenzell I.Rh. häufig Kleinkindern als Schutzmittel unter das Kopfkissen gelegt.
Museum Appenzell.

Der Gebetsheiler als Psychologe und Seelsorger im Spannungsfeld zwischen Tradition und Moderne

Ein Informant (Jg. 1935) heilt seit rund 20 Jahren – anfangs mit Hilfe von Heilsprüchen und -gebeten, die ihm sein Vater in einem handgeschriebenen Büchlein hinterlassen hatte. Heute kommt er ohne die überlieferten Gebete aus. Was an Krankheiten an ihn herangetragen wird, versucht er zu behandeln, denn er ist der Überzeugung, dass positiver Einfluss auf «alles» wirken kann. Das Heilen ist für ihn Berufung; er fühlt sich verpflichtet, zu helfen, wo er um Hilfe gebeten wird. Seine individuellen Heilgebete, in denen immer auch Maria um Hilfe gebeten wird, beschliesst er immer mit der Formel: «Es helfe Jesus Christ; im Namen des Vaters, des Sohnes und des Heiligen Geistes, Amen.»

Er legt grossen Wert darauf, bei seinen Heilungen auch das sogenannte Umfeld der Patientinnen und Patienten zu berücksichtigen. Die «Hitz und Brand»-Therapie vieler Gebetsheilenden seien sehr oft nur Symptombehandlungen. Es gelte aber, der «Wahrheit» der Krankheit auf den Grund zu kommen. Aus diesem Grunde sei es wichtig, diese den Leuten möglichst schonend beizubringen. Wenn die Behandelten denken: er hat eigentlich recht, dann ist ihnen schon ein gutes Stück weit geholfen. Er verstehe seine Art zu heilen lediglich als Anstoss zur Selbstheilung. Dabei gehe es auch darum, herauszufinden, welchen Weg die Krankheit dem Erkrankten oder Verunfallten weisen wolle. In der Krankheit liege immer auch eine Chance zur Entwicklung. Voraussetzung sei aber der Wille zum Gesundwerden. Wenn dieser nicht vorhanden ist, seien alle Heilbemühungen von aussen umsonst. Ein Geheimnis des Gebetsheilens liegt demnach also gewissermassen in der Freisetzung von blockierten Selbstheilungskräften des oder der Erkrankten.

Der Informant betrachtet seine Heilfähigkeit als eine Gabe Gottes. Dazu kämen die «geistigen Helfer», die denjenigen unterstützten, der das Gute suche. Das bedeute aber nicht, dass nicht auch negativ Denkende heilen könnten. Als negativ betrachtet er alles, was mit «Macht ausüben» und «jemanden beherrschen» zu tun hat. Das Gebet und die Fürbitte für die Armen Seelen und die «bösen Kräfte» brächten diesen Erlösung und uns Kraft und Stärkung. Im übrigen ist er überzeugt, dass wir von vielen Übeln erlöst würden, wenn wir wieder vermehrt lernen würden, mit dem Rhythmus der Schöpfung zu leben.

Eltern, deren Kleinkinder in der Nacht ohne erkennbare Ursache immer wieder unruhig sind, empfiehlt er, geweihte Agnus Dei[18] unters Kopfkissen oder in den Stubenwagen zu legen. Die davon ausfliessende positive Ausstrahlung bewirke, dass negative Kräfte, die möglicherweise im Spiel seien, gebannt werden können. Sollte im Stall «etwas nicht in Ordnung» sein, rät er, an den Türsturz den Haussegen «C+M+B»[19] als Schutzmittel anzubringen. Dieser Haussegen ziehe die «guten Kräfte» an und werde so zum Schutz gegen andere. Auf das Anbringen von Steinbockgehörnen oder «Trienzen»[20] zur Abschreckung von «bösen Geistern» soll jedoch verzichtet werden, da es sich dabei auch wieder um eine «ungute» Kampfansage an das Böse handle.

Patienten und Patientinnen

Die Hilfesuchenden kommen nach übereinstimmenden Aussagen verschiedener Gebetsheilenden aus allen Schichten – dazu gehören auch Reformierte, wie immer wieder betont wird. Geographisch ist der Patientenkreis weit gestreut, wobei die Einheimischen den Hauptanteil ausmachen. Die Distanz spielt beim Gebetsheilen anscheinend keine Rolle; ob

18 Die «Enquête 1» (wie Anm. 9), Frage 1133, erwähnt geweihte Gegenstände, sogenannte Tüüfels-Jageli, die man zum Schutz gegen Geister bei sich getragen habe. Diese Praxis wird allerdings (um 1935) als «heute wenig mehr gebräuchlich» bezeichnet.

19 Dabei handelt es sich um die Anfangsbuchstaben von «CHRISTUS MANSIONEM BENEDICAT» (deutsch: «Christus segne/schütze dieses Haus»).

20 Gabel mit drei Zinken. Vgl. Fuchs (wie Anm. 8), S. 72, Anm. 37.

nun jemand in Zürich oder in Bern Hilfe brauche oder in der unmittelbaren Nachbarschaft – die Kraft wirke genau gleich. Für eine Heilerin ist es wichtig, dass sie die Anrufenden gleichsam durch das Telefon sieht. Gelingt es ihr – und das ist meistens der Fall –, sind auch die Chancen auf eine Heilung grösser. Die meisten Hilfesuchenden sind langjährige und treue «Kunden» bei den jeweiligen Gebetsheilenden.

Gebet oder Zauber

Eine Gebetsheilerin hat vor einiger Zeit einem Mädchen, dem es sehr schlecht ging, ohne den ausdrücklichen «Auftrag» von dessen Mutter geholfen. Das Mädchen durfte innert Kürze genesen, und die Mutter erfuhr nachträglich von der «geheimen» Therapie. In der Folge davon beschimpfte diese die Gebetsheilerin in übelster Weise als Hexe. Dieses Beispiel zeigt, dass den Gebetsheilenden oft Misstrauen und Vorbehalte entgegengebracht werden, weil ihr Tun in der Nähe der sogenannten schwarzen Magie angesiedelt wird. Unter schwarzer Magie wird die Fähigkeit verstanden, unter Benützung «böser» Kräfte und Mächte Schadenzauber zu verüben. Und in der Tat ist das nach übereinstimmenden Aussagen verschiedener Gewährspersonen vereinzelt immer noch praktizierte Diebesbannen[21] eindeutig eine Form des Schadenzaubers, obwohl es aus der Sicht der Bestohlenen einem guten Zweck dient. Dabei wird dem Dieb auf dem Weg des Fernzaubers das «Wasser abgestellt», d. h., er kann unter grossen Schmerzen so lange nicht urinieren, bis er das Diebesgut zurückgestellt hat und der Bann daraufhin von ihm genommen wird.

Die auffallende Betonung der Religiosität und der massgeblichen Rolle des Glaubens könnte aber doch auch ein Indiz dafür sein, dass die Heilenden wegen ihrer Tätigkeit eine gewisse Verunsicherung spüren, dass ihnen bewusst ist, sich in einem Grenzbereich von Gut und Böse zu bewegen. Leider werden in Innerrhoden nach Ansicht und nach der subjektiven Erfahrung vieler noch heute Kleinkinder geplagt, bei Kühen Fehlgeburten verursacht und vieles ähnliches mehr. Diese Art von Schadenzauber wurde und wird vorwiegend Frauen angelastet. Die schwerwiegenden Konsequenzen, die diese Diffamierungen und Stigmatisierungen für die Betroffenen haben, sind leicht auszumalen.

Die Gebetsheilenden in Innerrhoden betrachten sich ohne Ausnahme als von Gott mit der Fähigkeit zum Heilen begabt beziehungsweise begnadet. Dabei darf von der Vorstellung ausgegangen werden, dass die von Jesus seinen Jüngern zugesprochenen Gaben auch heute noch nicht ganz erloschen sind, dass also Menschen, die fest im christlichen Glauben stehen, ähnliches zu tun vermögen wie diese. Das Phänomen des Gebetsheilens rückt somit in die Nähe der religiös begründeten Heilungen an Wallfahrtsorten. Mirakelberichte und moderne Gebetserhörungen dokumentieren dort in reichem Masse, was durch die Kraft des Glaubens und des Gebets möglich ist.

Entscheidend beim Gebetsheilen mit oder ohne Heilspruch – so ein Gewährsmann zum Problemkreis «Zauber oder Gebet»[22] – sei jedoch die Einstellung des Heilenden: Wird mit einem Spruch unabhängig von übermenschlichen Mächten durch eigenes Wissen und Können etwas erzwungen, wird der Spruch zum (magischen) Zauberspruch; wird eine Bitte hingegen in der Erkenntnis der eigenen Ohnmacht vertrauensvoll der göttlichen Macht anheimgestellt, handelt es sich um ein (religiöses) Gebet. In der Praxis droht hingegen das christliche Gebet immer wieder zur Zauberformel zu verkommen, welche, richtig aufgesagt und wiederholt, unfehlbar zu wirken hat. Um dem zu begegnen, sei es wichtig – so der Gewährsmann –, dass mit dem Gebet der Gedanke verknüpft ist: «Aber nicht wie ich will, sondern wie Du willst» (Mark.14, 36)[23].

Diesem Artikel liegt ein längerer, reich illustrierter Aufsatz mit dem Titel «Für Hitz ond Brand» zugrunde. Erschienen in: Walter Irniger (Hg.): Kräuter und Kräfte. Heilen im Appenzellerland, Herisau 1995.

21 Die Bekämpfung des Diebstahls durch zauberische Mittel hat eine sehr lange Tradition. Vgl. dazu Spamer (wie Anm. 8), S. 167 ff. Auch im Montafon und im süddeutschen Raum wird das Diebesbannen immer noch ausgeübt. Vgl. Schneider (wie Anm. 1), S. 92 f.; Chmielewski-Hagius (wie Anm. 2), S. 124 ff.

22 Zum Thema Zauberei und Magie vgl. Richard Weiss: Volkskunde der Schweiz, Erlenbach/Zürich 1946, Kap. 11 «Glauben und Wissen», S. 298–330; Christoph Daxelmüller: Zauberpraktiken. Eine Ideengeschichte der Magie, Zürich 1993; Kap. «Die Utopien: Totbeten und Schwarze Messen», S. 154 ff.

23 Vgl. Handwörterbuch des deutschen Aberglaubens. Hg. von E. Hoffmann-Krayer u. H. Bächtold-Stäubli. Bd. 3. Berlin 1930/1931, Sp. 366 ff. s.v. Gebet.

Otto Bischofberger SMB †

Neuheidentum und Volksfrömmigkeit

Gemeinsamkeiten und Unterschiede

Das Neuheidentum ist durchaus nicht nur ein Phänomen der zwei letzten Jahrzehnte, aber nachdem sich die eher diffuse *New-Age*-Bewegung aufgelöst oder in verschiedene Bewegungen mit klareren Konturen aufgeteilt hat, ist es besser fassbar. Es handelt sich um eine Bewegung, deren Mitglieder sich ausdrücklich zur «Urreligion» oder zu einer jener Religionen bekennen, welche in Europa dem Christentum vorausgingen. Sie bezeichnen sich selber als «Heiden». Nun darf und muss man die Frage nach dem möglichen Zusammenhang mit der Volksfrömmigkeit oder Volksreligiosität stellen. Die Fragestellung ist neu, und die möglichen Antworten bleiben zunächst ein Versuch; angesichts bestimmter vergleichbarer Phänomene in der neuheidnischen Bewegung und in der Volksfrömmigkeit muss er aber gewagt werden.

Zunächst gilt es, die wichtigsten Gruppen oder Strömungen des Neuheidentums zu nennen und kurz zu charakterisieren.[1] Trotz der Unterschiede zwischen den verschiedenen Gruppen lassen sich bestimmte gemeinsame Züge neuheidnischer Bewegungen formulieren. Diese sind dann nach möglichen Gemeinsamkeiten oder auch Unvereinbarkeiten mit der traditionellen Volksfrömmigkeit zu befragen.

Manche neuheidnischen Gruppen sind im Umfeld der Kelten-Renaissance zu finden. Schon in den Augen der Aufklärer standen die Druiden – Priester und Magier, Seher und Dichter, Richter und Ärzte[2] – für

1 Margot Adler: Drawing Down the Moon. Witches, Druids, Goddess-Worshippers, and Other Pagans in America Today. Boston 1986. – Björn Ulbrich: Im Tanz der Elemente. Kult und Ritus der heidnischen Gemeinschaft. Vilsbiburg 1990. – Eine besondere Art intellektuellen, von Riten freien Heidentums vertritt Alain de Benoist: Heide sein zu einem neuen Anfang. Die europäische Glaubensalternative. Tübingen 1982. Eine bekannte, in Berlin erscheinende neuheidnische Zeitschrift ist «Der Hain. Zeitschrift für Heidentum, Naturreligion und thelemitische Philosophie». Die in Winterthur erscheinende Zeitschrift «Spuren» vertritt esoterisches Gedankengut, bietet aber gelegentlich auch Beiträge zum Neuheidentum. – Für eine Übersicht von Aussenstehenden siehe Karlheinz Weissmann: Druiden, Goden, Weise Frauen. Zurück zu Europas alten Göttern. Freiburg im Breisgau 1991. – Otto Bischofberger: Vom alten zum neuen Heidentum. Eine religionsgeschichtliche Hinführung; in: Ders.: Das neue Heidentum. Rückkehr zu den alten Göttern oder neue Heilsbotschaft? Freiburg i. Ue. 1996, 11–41.

2 Geoffrey Ashe: Kelten, Druiden und König Arthur. Mythologie der Britischen Inseln. Solothurn 1993, 147. Ein einflussreicher Vertreter der Kelten-Renaissance ist Jean Markale mit seinem Buch «Die Druiden. Gesellschaft und Götter der Kelten» (München o. J.). Eine umfassende wissenschaftliche Orientierung bietet der Ausstellungskatalog «The Celts» (Mailand 1991). Eine kritische Sicht der Keltenideologie seit der Antike und Hinweise auf neue Studien bietet Bernhard Maier: Der keltische Standpunkt. Vom Umgang mit der europäischen (Vor-)Geschichte; in: Orientierung 59 (1995) 46–48.

Freiheit und undogmatische Religion ein. Im 19. und 20. Jahrhundert entstanden in ganz Europa Druiden-Orden, und heute gibt es zahlreiche Gruppen, welche auf sogenannten Kraftplätzen neuheidnisch-keltische Rituale vollziehen und druidisches Geheimwissen lehren. Auch die «Transhelvetier» in der Schweiz gehören zu ihnen.

Seit der Mitte der 70er Jahre entstanden in Deutschland viele kleine Gruppen und Zirkel, die sich die Wiederbelebung des Götterglaubens der Germanen zum Ziel gesetzt haben, wie er in altisländischen Schriften des Mittelalters, vor allem der *Edda*, überliefert ist. Bedeutsam ist ihnen auch die Suche nach der in den Runen verborgenen Weisheit. Bezeichnende Namen sind u. a. *Armanen-Orden, Germanische Glaubensgemeinschaft, Gemeinschaft für heidnisches Leben, Heidnische Gemeinschaft e. V.* In ihrer Kritik an der modernen Zivilisation, insbesondere an der Auflösung traditioneller Gesellschaftsstrukturen und an der Umweltzerstörung, verbinden viele neugermanische Heiden rechtsextremes Gedankengut und die nationalistische Volkstumsideologie früherer Jahrzehnte.[3] In der Schweiz, wo eher die keltische Vergangenheit heraufbeschworen wird, scheint es keine nennenswerten neuheidnischen Vereinigungen zu geben, die neugermanisch-völkische Ideale pflegen.

Eine weitere wichtige neuheidnische Bewegung stellt die Heilige Mutter Erde ins Zentrum. Sie beansprucht, die Wiederbelebung oder Erneuerung der vorchristlichen, das Leben bejahenden Religionen zu sein. Mit dieser in den USA entstandenen neuheidnischen Bewegung verbanden sich die keltisch inspirierte *Wicca*-Bewegung und – nicht ohne Friktionen – die politisch aktive feministische Göttin-Bewegung, die eine frauenzentrierte Spiritualität pflegt und in kleinen Kreisen (*Coven*) Rituale praktiziert, welche sich, eingebunden in den Zyklus des Werdens und Vergehens der heiligen Natur, an uralten Symbolen und Praktiken ausrichtet[4], ja eine alteuropäische Urreligion postuliert.

Die Bewegung des Neoschamanismus ist zwar nicht einfach neuheidnisch, aber sie versteht sich als die «älteste Religion der Menschheit», die von den Kirchen unterdrückt wurde. Gemäss Michael Harner ist der Schamanismus unser gemeinsames spirituelles Erbe, das zerstört wurde, als die Staatskirchen an die Macht kamen. Die als Hexer und Hexen verfolgten Schamanen und Schamaninnen gelten als die eigentlichen Trägerinnen der vorchristlichen Tradition, als die Sänger, Seherinnen und Heiler.[5]

Es gibt bestimmte Merkmale, welche diesen und anderen neuheidnischen Bewegungen und Gruppen gemeinsam sind.

1. Die Neuheiden verwerfen das von den Kirchen repräsentierte Christentum radikal. Deutlich ist der Anspruch, die «ursprüngliche» und damit auch wahre, vom Christentum gewaltsam unterdrückte Religion wieder zu entdecken und zu revitalisieren. Es geht um «Europas eigene Religion».

2. Trotz deutlicher Verwerfung des institutionellen Christentums sind die Neuheiden nicht als areligiös oder gar antireligiös zu bezeichnen,

denn sie haben ein Bekenntnis und führen Riten aus, in denen sie sich transzendenten Mächten (Göttern und Göttinnen im Sinne eines radikalen Polytheismus) zuwenden; diese spiegeln die Archetypen und die seelischen Kräfte des Menschen. Das Neuheidentum bietet Lebensorientierung und schafft Identität. In der erlebten Intimität von Mensch und Kosmos wollen die Neuheiden sogar religiöser sein als die Christen.

3. Die neuheidnischen Gruppen sind fast durchwegs ökologisch orientiert; die heidnische Religion gilt gegenüber dem zerstörerischen Christentum als sanft, naturnah und naturgemäss. Die Natur – die Heilige Mutter Erde – ist heilig. Die alteuropäische Religion wird als Naturreligion verstanden. «Wir arbeiten dafür, die Erde zu heilen.»[6]

4. «Eines der wichtigsten Elemente des Heidentums ist sein Respekt für die Göttin und für das weibliche Prinzip.»[7] Die Rehabilitierung und die Aufwertung der vorchristlichen weisen Frauen, Seherinnen, Schamaninnen und Heilerinnen sind den meisten Neuheiden ein religiös begründetes Anliegen. Sie vertreten «eine umfassende, ganzheitlich orientierte und mit der Natur in Einklang stehende matriarchale Religion».[8]

5. Die Neuheiden beanspruchen, die Riten der vorchristlichen (heidnischen) Zeit zu feiern, und zwar meistens an Orten, welche das Christentum als heidnisch missachtet, zerstört oder gezielt für sich vereinnahmt hat. Man kann aus ihrer Sicht von einer Repaganisierung des Raumes sprechen. Es sind heilige Orte mit geheimnisvoller und unmittelbar erfahrener Aura, sogenannte Kraftorte. Die berühmtesten nördlich der Alpen sind Stonehenge (England), Carnac (Frankreich) und die Externsteine (Deutschland). Kraftorte von besonderer Mächtigkeit sind in der Schweiz die Menhirreihen von Falera («Stonehenge der Schweiz») und die Alp Carschenna bei Sils mit den Felsbildern und Schalensteinen. Der Zahl und Art von Kraft-

3 Stefanie von Schnurbein: Religion als Kulturkritik. Neugermanisches Heidentum im 20. Jahrhundert. Heidelberg 1992. – Dies.: Göttertrost in Wendezeiten. Neugermanisches Heidentum zwischen New Age und Rechtsradikalismus. München 1993. – Ekkehard Hieronimus: Von der Germanen-Forschung zum Germanen-Glauben; in: Richard Faber / Renate Schlesier (Hg.), Die Restauration der Götter. Würzburg 1986, 241–257.

4 Margot Adler, a. a. O. – Gabriele Gummel: Priesterin-Sein in der Göttin Religion. Interview mit Starhawk, in: Schlangenbrut 13 (1995) 34–38. – Starhawk: Der Hexenkult als Ur-Religion der Grossen Göttin. Magische Übungen, Rituale und Anrufungen. Freiburg im Breisgau 1988. – Cf. Mary Jo Neitz: In Goddess We Trust; in: Thomas Robbins / Dick Anthony (Hg.), In Gods We Trust. New Patterns of Religious Pluralism. New Brunswick 1990, 353–372. – Stefanie von Schnurbein: Neuheidnische Religionsentwürfe von Frauen; in: Otto Bischofberger, a. a. O. 72–103.

5 Michael Harner: Der Weg des Schamanen. Interlaken 1983. – Gary Doore (Hg.): Opfer und Ekstase. Wege der neuen Schamanen. Freiburg im Breisgau 1989. – Paul Uccusic: Der Schamane in uns. Schamanismus als neue Selbsterfahrung, Hilfe und Heilung. Genf/München 1991. Diese Bücher sind Standardwerke des Neo-Schamanismus.

6 Aussage von Starhawk, Gabriele Gummel a. a. O. 36.

7 Nigel Pennick: The Pagan Source Book. A guide to the festivals, traditions and symbols of the year. London 1992, 1.

8 Harald Braem: Magische Riten und Kulte. Das dunkle Europa. Stuttgart/Wien 1995, 12.

orten sind kaum Grenzen gesetzt, wie die entsprechenden Kultplatzführer deutlich machen.[9] Auch Orte ohne Zeugnisse vorchristlicher Kultur können Kraftorte werden, wenn sich dort entsprechende spirituelle Erfahrungen einstellen.

Die Frage nach einem möglichen Zusammenhang des Neuheidentums mit Anschauungen und Praktiken der Volksreligiosität ist aus mehreren Gründen bedenkenswert. Allerdings sind auch kritische Fragen zu stellen. Als Volksfrömmigkeit wird hier «die dem einfachen Volk eigene Religiosität [verstanden], wie sie sich im alltäglichen Leben innerhalb und ausserhalb des kirchlichen Lebens äusserte»[10]. Im Zentrum stehen die das Jahr und das individuelle Leben begleitenden Rituale, in denen es um die elementaren Anliegen geht: Fruchtbarkeit für Mensch, Tier und Feld, Schutz vor Krankheit und Naturgewalten. In der Volkskunde und Geschichtswissenschaft werden diese Riten gern als magisch bezeichnet. Aus religionswissenschaftlicher Sicht ist dieser Ausdruck mit grosser Zurückhaltung zu gebrauchen.

Neuheiden nehmen an, dass sich trotz Unterdrückung oder auch Vereinnahmung durch die Kirche lebenskräftige Elemente der vorchristlichen Religionen erhalten haben: in Märchen, Sagen und Mythen, in der Heilkunde, im Brauchtum des Volkes und nicht zuletzt in der Volksfrömmigkeit. Durch die archäologischen Funde sehen sie sich bestätigt. Die Traditionen der keltischen Priester/Priesterinnen, der germanischen Runenkundigen, des alteuropäischen Schamanismus und sogar der ursprünglichen Verehrung der Grossen Göttin sind gemäss neuheidnischer Überzeugung nicht abgerissen. Seit den frühen Volkskundlern des 19. Jahrhunderts werden die Überlieferungen und Bräuche des Volkes gerne als Restbestände der vorchristlichen Zeit gedeutet, die ohne wesentliche Veränderung die grossen geschichtlichen Veränderungen überdauert haben.[11] Diese Annahme, vor allem in populärwissenschaftlicher Literatur sehr verbreitet und in neuheidnischen Gruppen dezidiert vertreten, wird heute von Historikern recht differenziert gesehen,[12] nicht zuletzt im Sinne der Mentalitätsgeschichte.[13] Sie sagen, dass die Volksfrömmigkeit in einem Wechselspiel von Beharrung und Neuerung nicht einfach das Heidentum oder Elemente der heidnischen Religion übernommen und tradiert, sondern diese mit kirchlichen Vorstellungen und Praktiken verbunden und so verändert hat, dass etwas Neues entstand. Delumeau spricht von einem Prozess der *folklorisation du christianisme*, der im Spätmittelalter stattfand[14], Boutry von Mutationen.[15] Die Volksfrömmigkeit stand immer «in einem starken Wechselbezug zur kirchlichen Hochreligion»[16]. «Zwar gab es auch ausserkirchliche Frömmigkeitsformen, aber aufgrund des Glaubensmonopols strukturierte die Kirche diese unterschiedlichen Frömmigkeitsformen nachhaltig ... Eine nicht auf kirchliche Grundlage bezogene Frömmigkeitsäusserung gab es kaum.»[17] Es trifft zwar zu, dass es beträchtliche Differenzen und Konflikte zwischen der Lehre der Kirche und der Volksfrömmigkeit gab und dass sich das Volk gegenüber den Versuchen der religiösen Disziplinierung zugleich anpassungsfähig und widerspenstig zeigte[18], aber eine rigide Kirchenfeindlichkeit gab es nicht, und das Volk verstand seine religiösen Vorstellungen und Praktiken nie als heidnisch. Man bekommt den Eindruck, dass die Neuheiden unserer Tage diese sozusagen überspringen und das «reine» Heidentum vertreten wollen. Eben dieses ist für sie Bekenntnis und Programm.

Eine Revitalisierung der vorchristlichen Religion sehen die Neuheiden im Stellenwert, den sie den sogenannten Kraftorten zuschreiben. Die Bedeutung heiliger Stätten in der Volksreligiosität ist kaum in Frage zu stellen, ebensowenig das Faktum, dass die Kirche an früheren vorchristlichen Kultorten Kirchen, Kapellen und Schreine errichtete, um sie zu «taufen» oder zu «christianisieren». Es gibt auch viele Beispiele dafür, dass frühere Gottheiten durch Heilige mit den gleichen oder ähnlichen Funktionen ersetzt wurden und dass es an diesen heiligen Orten Praktiken gab, die offensichtlich nicht mit jenen der Kirche übereinstimmten. Auch im Falle solcher heiliger Orte ist aber festzuhalten, dass das Volk diese nicht als heidnisch verstanden und nicht mit heidnischen Gottheiten in Beziehung gesetzt hat.

9 Gisela Graichen: Das Kultplatzbuch. Ein Führer zu den alten Opferplätzen, Heiligtümern und Kultstätten in Deutschland. München 1991. Die Autorin arbeitete auch massgeblich an einem informativen zweiteiligen Dokumentarfilm des ZDF (1990) mit: «Höhlen, Hexen, Heiligtümer. Eine Entdeckungsreise in Deutschland». – Stefan Brönnle: Landschaften der Seele. Von mystischen Orten, heiligen Stätten und uralten Kulten. München 1994. – Pirmin Meier: Schweiz. Geheimnisvolle Welt im Schatten der Alpen (Reihe «Magisch reisen»). München 1993. – Klaus-Josef Notz: Revitalisierungsversuche heiliger Stätten aus den vorgeschichtlichen Religionen Europas; in: Udo Tworuschka (Hg.), Heilige Stätten. Darmstadt 1994, 219–228.

10 Richard van Dülmen: Volksfrömmigkeit und konfessionelles Christentum im 16. und 17. Jahrhundert; in: Wolfgang Schieder (Hg.), Volksreligiosität in der modernen Sozialgeschichte. Göttingen 1986, 18.

11 Jean-Claude Schmitt: Der Mediävist und die Volkskultur; in: Peter Dinzelbacher / Dieter R. Bauer (Hg.), Volksreligion im hohen und späten Mittelalter. Paderborn 1990, 30.

12 Vgl. Jean Delumeau: Le catholicisme entre Luther et Voltaire. Paris 1971, 243–248. Michael P. Carroll: Rethinking Popular Catholicism in Pre-Famine Ireland; in: Journal for the Scientific Study of Religion 34 (1995) 354–365. Für reiche Literaturhinweise siehe Peter Dinzelbacher: Zur Erforschung der Geschichte der Volksreligion. Einführung und Bibliographie; in: Peter Dinzelbacher / Dieter R. Bauer (Hg.), Volksreligion im hohen und späten Mittelalter. Paderborn 1990, 9–27.

13 Cf. Claudius Sieber-Lehmann: Ein neuer Blick auf allzu Vertrautes. Mentalitätsgeschichte in der deutschschweizerischen Geschichtsforschung; in: Geschichtsforschung in der Schweiz. Bilanz und Perspektiven – 1991. Basel 1992, 200–213.

14 Delumeau, a. a. O. 243–246.

15 Philippe Boutry; Les mutations des croyances; in: Jacques Le Goff / René Rémond (Hg.), Histoire de la France religieuse 3. Paris 1991, 465–510.

16 Richard van Dülmen, a. a. O. 19.

17 Richard van Dülmen: Kultur und Alltag in der Frühen Neuzeit, Band 3: Religion; Magie, Aufklärung 16.–18. Jahrhundert. München 1994, 57.

18 Diesen Aspekt betont Philippe Ariès: Zur Geschichte populärer Religion; in: Michael N. Ebertz / Franz Schultheis (Hg.), Volksfrömmigkeit in Europa. Beiträge zur Soziologie popularer Religiosität aus 14 Ländern. München 1986, 204–211.

Die Kraftorte der Neuheiden und die heiligen Orte des Volkes sind oft tatsächlich dieselben, aber der Umgang mit diesen ist doch sehr verschieden.

Meist in Verbindung mit Orten der Kraft werden von neuheidnischen Gruppen zu jenen Zeitpunkten des Jahres Riten ausgeführt, die in vorchristlicher Zeit den Jahreszyklus prägten.[19] Die an diesen Tagen von den Neukelten, Neugermanen und Wiccas durchgeführten Riten mit den sie begründenden Mythen sind allerdings nicht einheitlich. Immer kreisen sie um die Elemente Wasser, Feuer, Luft und Erde; sie sollen das Leben mit den schöpferischen Kräften in Übereinstimmung bringen, welche das Leben der einzelnen Menschen und alles Leben auf der Erde durchdringen.[20] In einer Art Repaganisierung der Zeit erleben «die alten keltischen und germanischen Feste eine wahre Renaissance»[21]. An erster Stelle stehen die Sonnenwenden und die zwei Daten der Tag- und Nachtgleiche, also die Wendepunkte des Jahres gemäss dem Sonnenkalender. Gefeiert werden aber auch die Perchtennacht am 5. Januar (Perchta – Frau Holle – gilt als einer der Namen der das Leben neu begründenden Erdmutter) und Lichtmess (2. Februar) als uraltes Lichterfest und Feiertag der Bridget (Brighid), der irischen Göttin der heiligen Quelle und der heiligen Flamme, der Dichtung und Heilung. Ostern als der Tag der Erdgöttin Ostara und als das Fest der Auferstehung und Erneuerung des Lebens ist das wichtigste neuheidnische Fest gemäss dem lunaren Kalender. Deutsche Neuheiden haben auch begonnen, Pfingsten als das heidnische Sommerfest zu feiern. Eine besondere Bedeutung für die neuheidnischen Hexen haben die Walpurgisnacht und Frühlingsrituale um den 1. Mai. Nicht die Vertreibung der Hexen wird von den Neuheiden gefeiert, sondern das Erscheinen der Mutter-Gottheit und die «Heilige Hochzeit» mit dem Sonnen-Aar. Die Feier der Walpurgisnacht am Pfäffikersee in der Schweiz hat schon Tradition.[22] Samhain am 1. November wird als das Fest der Toten und der Kommunikation mit der Unterwelt gefeiert.

Es besteht kein Zweifel, dass die Sonnenwenden und die Tag- und Nachtgleiche sowie viele andere Tage im Europa der vorchristlichen Zeit rituell bedeutsam waren und dass die Kirche diesen Tagen eine christlich-heilsgeschichtliche Interpretation und Bedeutung gab. An ihnen entfaltete sich ein reiches religiöses Brauchtum, das sich teilweise bis heute erhalten hat. Die von den Neuheiden an diesen Tagen ausgeführten Riten werden von diesen als die ursprünglichen, echt heidnischen angesehen. Dieser Anspruch muss aus religionsgeschichtlicher Sicht wegen der fehlenden Quellen als fragwürdig bezeichnet werden.[23] Solche Kritik erschüttert den Anspruch der Neuheiden allerdings kaum.

Zusammenfassend lässt sich sagen, dass der Religion des Neuheidentums und der Volksfrömmigkeit zwar die heiligen Orte und Zeiten gemeinsam sind und dass beide auch die Distanz zur offiziellen Lehre und Praxis der Kirche und gar ein Protest gegen die Vereinnahmung durch die Kirche auszeichnet. Es scheint aber, dass die Unterschiede zwischen Neuheidentum und Volksfrömmigkeit schwerer wiegen. Die Menschen, welche volksreligiöse Riten ausführen, verstehen sich nicht als Heiden oder als Menschen, welche eine vom Christentum verschiedene Religion praktizieren. Ihre gelebte Religiosität ist nicht die der Neuheiden und kann nicht, oder nur sehr eingeschränkt, als wirkliches Bindeglied zu den vorchristlichen Religionen Europas angesehen werden. Das Neuheidentum in seinen verschiedenen Formen und die Volksfrömmigkeit haben zwar Berührungspunkte, aber sie sind aus religionsgeschichtlicher Sicht zwei verschiedene Phänomene.

19 Vgl. Nigel Pennick, a. a. O. – Pauline Campanelli: Ancient Ways. Reclaiming Pagan Traditions. St. Paul 1993. – Stefan Ulbrich: Die Feste der Erde; in: Spuren Nr. 23 (Frühling 1992), 13.

20 Pauline Campanelli, a. a. O. XV.

21 Harald Braem, a. a. O. 284.

22 Martin Frischknecht: Trommeln im Ried; in: Spuren Nr. 20 (Sommer 1991) 10–11.

23 Was das Wissen über die keltischen Riten und die Religion der Kelten überhaupt angeht, ist zu bedenken, dass uns kein solches aus der Hand der zuständigen Druiden oder aus ihrer Umgebung zugänglich ist. Die Texte wurden erst geschrieben, als das druidische Heidentum schon lange nicht mehr die Religion des Landes (Irland) war. Vgl.: Proinsias MacCana: Celtic Religion and Mythology; in: The Celts. Milano 1991, 596–604.

Roland J. Campiche

Jugendreligiosität in den achtziger Jahren

Der vorliegende Aufsatz befasst sich mit der jungen Generation der achtziger Jahre, genauer gesagt, mit der Generation der damals 19- bis 29jährigen. Im kollektiven Gedächtnis figurieren die achtziger Jahre als das Jahrzehnt des schnellen Geldes – schnell verdient, schnell ausgegeben. Doch es sind auch die Jahre der grossen Wende, des Einbruchs aller Wertvorstellungen – unerwartete Folge des Falls der Berliner Mauer. Und nicht zuletzt die Jahre einer neuen Immunkrankheit – Aids. Der Traum vom langen, ja ewigen Leben in Freiheit ist ausgeträumt. Der Tod nimmt seinen Platz auf der Bühne des Lebens wieder ein. In einer Zeit sozialer Verunsicherung erfährt das Individuum das Leben erneut als hinfällig und bedroht.

Zwei Merkmale kennzeichnen diese Epoche: Überfluss und Verunsicherung. Vor diesem Hintergrund erstaunt es weiter nicht, wenn die Untersuchungen zur Jugendreligion von zwei kontrastierenden Ansätzen ausgehen. Der eine Ansatz orientiert sich an der Hypothese, das Konsumverhalten der Jugend sei Ersatz für Transzendenz (Zeugin 1991); der andere wiederum unterstellt, die Jugendreligion sei die Religion des «Vielleicht» (Champion, Lambert 1992, 65 ff.). Doch bevor wir die Religiosität der jungen Generation genauer zu beschreiben versuchen, wenden wir uns jenen beiden Parametern zu, die uns geeignet erscheinen, das Phänomen einsichtig zu machen. Als Leitplanke dienen dabei die folgenden beiden Fragen: Welche Werte hat diese Jugend aus dem religiösen Erbe übernommen? In welchem soziokulturellen Umfeld bewegt sie sich?

Das religiöse Erbe

Wer die These vertritt, die Mentalität der Jugend der achtziger Jahre sei das Produkt einer Elterngeneration ohne religiöse Tradition, ja ohne Religion, der setzt sich in Widerspruch zu Beobachtungen, wie sie nicht nur in Europa (Davie, Hervieu-Léger 1996), sondern in der westlichen Welt (Roof, Carroll, Roozen 1995) überhaupt gemacht worden sind. Gemeinsam ist den in den sechziger oder in den achtziger Jahren volljährig gewordenen Jugendlichen, dass sie in einer Zeit tiefgreifenden religiösen Wandels herangewachsen sind. Die Nachkriegsgeneration, also die Generation der «Baby-Boomers» respektive der «Achtundsechziger», hat aus einem vorhandenen religiösen Fundus heraus eine Religion oder, vielleicht eher, eine den eigenen Vorstellungen entsprechende Spiritualität entwickelt. Sie war demnach durchaus imstande, die Glaubenssätze der etablierten Religionen zu kritisieren.

Die Nachkriegsgeneration hat das religiöse Erbe ihrer Eltern nicht bedingungslos übernommen; zudem hat sie es sich, in Übereinstimmung mit ihrem Ideal der Selbstbestimmung der Person, aus Respekt vor dem freien Willen ihrer Kinder «versagt», die eigene religiöse Erfahrung zu tradieren. Diese knappen Überlegungen sind ersichtlich eher programmatischer Natur denn unmittelbar wirklichkeitsbezogen; sie beschreiben jedoch anschaulich, in welchem Klima religiöse Überlieferung am Ende dieses Jahrhunderts stattfindet. Sie zwingen auch dazu, sich genauer mit der religiösen Praxis der implizierten Eltern zu befassen.

Die Generation der «Baby-Boomers» hat die Ära der nicht-institutionellen Religion eingeläutet – die Ära der Spiritualität, die es erlaubt, ohne Kirche zu glauben. Nicht von ungefähr hat denn auch das Wort Spiritualität die Begriffe Religion respektive Glauben abgelöst, und zwar sowohl im allgemeinen Wortgebrauch als auch im kirchlichen Vokabular. Eine keineswegs harmlose Verschiebung, bezeichnet doch Spiritualität eine Form von persönlicher Religiosität, für die Erfahren und Fühlen dominant sind. Spiritualität wird gelebt als Alternative zu einem auf Dogmen und Überlieferung gestützten religiösen System (Roof 1993, 30, 64, 78, 130).

Die Selbstverwirklichung, eines der wichtigsten Postulate der Nachkriegsgeneration, stellt im Verein mit Erfahrung und Nutzen – nur ein nutzbringender Glaubensinhalt wird übernommen – eine neue religiöse Konfiguration dar. Für diesen Ansatz bezeichnend ist das lockere Verhältnis zur Tradition: übernommen werden Aspekte, die mit der persönlichen oder kollektiven Erfahrung übereinstimmen; modifiziert wiederum andere, um sie mit gewissen modernen Forderungen, etwa jener nach Geschlechtergleichheit, in Einklang zu bringen. Man denke dabei an die Anrufung Gottes als Vater oder Mutter oder auch an die Feminisierung der Gottheit. Als weiteres Beispiel diene die Relektüre der Gründungstexte unter gleichzeitiger Bezugnahme auf die innere Erfahrung des Autors und die aktuelle Erfahrung der Leser und Leserinnen.

Die Distanznahme von der religiösen Institution, eine überall in Europa feststellbare Absetzbewegung, ist Ausdruck der in sämtlichen Lebensbereichen akuten Krise der Autorität. Hinter der Infragestellung der Hierarchie und ihres Klerikalismus steht indes keineswegs die bilderstürmerische Absicht, die kirchlichen Organisationen zu zerstören. Wohl werden sie weniger in Anspruch genommen, dennoch ist ihre Präsenz erforderlich, bleiben doch ihre Kompetenzen immer dann anerkannt, wenn es um Sinngebung und ethische Reflexion, aber auch um das Feiern von Übergangsriten geht. Angesichts der Ausfaltung einer Religion «à la carte» profilieren sich die Kirchen als «Tankstellen», deren Dienstleistungen gerade deshalb in Anspruch genommen werden, weil sie nicht Pflicht sind.

Auf dem Hintergrund dieses soziokulturellen Wandels, der sowohl den Status der religiösen Institutionen wie die Rolle der Religion innerhalb der westlichen Gesellschaften betrifft, zeichnet sich eine komplexe und pluralistische religiöse Landschaft ab. Neben den «exklusiven Christen», die sich auf das traditionelle Glaubensbekenntnis berufen, treten «allgemein-religiöse Christen» in Erscheinung, die, für sie widerspruchsfrei, Aussagen aus verschiedenen religiösen Traditionen in ihr Glaubenssystem einbauen. Zu glauben – das ist entscheidend, selbst wenn die religiöse Überlieferung der Väter abgelehnt wird. Stark präsent in unseren westlichen Gesellschaften ist auch die Kategorie der «nichtchristlichen Glaubenden». Zum Atheismus hingegen bekennt sich bloss eine kleine Minderheit, die diesen zudem eher als religiösen Relativismus auffasst denn als antireligiösen Militantismus praktiziert (Campiche 1993).

Die individuelle und kollektive religiöse Erfahrung faltet sich in verschiedenen Entwürfen aus, deren Einheit und Regulierung im ungewissen bleibt. So wird nochmals, aber in anderer Weise, deutlich, wie schwer es den religiösen Grossorganisationen fällt, jene Zugehörigkeitsmodalitäten und -formen unter Kontrolle zu halten, die eine gemeinsame religiöse Identität zum Ausdruck bringen. Religion kann sich nun wie folgt realisieren

- als identitätsbildender Entwurf, der sich auf Symbole, Riten und Praktiken bezieht, die dann auf lokaler Ebene als Unterscheidungskriterien dienen zwischen denjenigen, die dazugehören, und denjenigen, die nicht dazugehören;
- als ethischer Entwurf, der unter Anerkennung gemeinsamer Werte zu universalen Verhaltensnormen führt, und zwar über die Privilegierung des persönlichen Gewissens des Glaubenden und nicht der gruppenspezifischen Identität;
- als kultureller Entwurf, der jenen Erkenntnissen und Lehren entspricht, von denen die Gruppe ihre Weltsicht und ihr Geschichtsbild herleitet;
- als emotionaler Entwurf, der eine Gemeinschaft mit ihren gelebten, praktizierten und gefühlsgestützten Erfahrungen zu einem momentanen «Uns» zusammenschweisst, das nicht den Anspruch erhebt, am Gedächtnis des Glaubensschatzes weiterzuschreiben, also sich in eine Tradition zu stellen (Hervieu-Léger 1996, 21).

Diese Hinweise erlauben ein besseres Verständnis jener Verwerfungen, welche sich in der fraglichen Zeitspanne im religiösen Bereich ereignet haben und welche die Generation der «Baby-Boomers» aktiv ausgelöst oder passiv begleitet hat. Wenn es nun darum geht, den für diese Jahrzehnte charakteristischen Wandel zu beschreiben, dann wird häufig auf Säkularisierung als Erklärungsmodell zurückgegriffen. Säkularisierung hier freilich nicht verstanden als Verschwinden oder Verlust von Religion, sondern als Umbesetzung der individuellen und kollektiven Glaubensmodalitäten. Diese Prozesse sind Ausdruck des Ungenügens der Moderne, «ihrer Unfähigkeit, die von ihr hervorgerufenen Erwartungen einzulösen, einer

Moderne, deren Habitus von jener Ungewissheit zeugt, die aus der unabschliessbaren Suche nach den Mitteln zur Befriedigung eben dieser Erwartungen entstanden ist» (ibid. 19).

Die Individualisierung des Glaubens – hier als das Paradigma der Gesamtheit der beschriebenen Phänomene verstanden – bezeugt den tiefgreifenden Wandel der Religion. Relativiert wurden im Zuge dieser Entwicklung sowohl die Autorität, welche die Kohärenz gewährleistete, als auch die Verbindlichkeiten (etwa Sonntagsgottesdienstbesuch), welche die Heranbildung einer sittlichen Gemeinschaft förderten (Martin 1996, 29). Die Pluralität der Glaubensmöglichkeiten wie der ethischen Orientierungen hat zwar das Angebot erweitert, zugleich aber die Bildung einer religiösen Identität schwieriger und instabiler gemacht. Der ungewisse soziokulturelle Status hat die Religion an Attraktivität einbüssen, zugleich aber die mit ihrem Monopolanspruch verbundenen Vorurteile abschwächen lassen.

So stellt sich das religiöse Erbe der achtziger Generation dar.

Experiment, Jugendkulturen und sozialer Wandel

Mit dem Einbruch der bislang geregelten Übergänge ins Erwachsenenalter ging eine Transformation der Referenzmodelle einher. So ist das auf Vermittlungsmechanismen in Familie, Beruf und Gesellschaft gründende Identifikationsmodell abgelöst worden durch ein Experimentier- und Erfahrungsmodell. Dieses korreliert mit dem für die zeitgenössische Gesellschaft charakteristischen Individualisierungsprozess (vgl. unten). Status, Rollen und Werte werden nicht mehr einfach übernommen, sondern selbst ausprobiert. Vom Bildungsweg bis zur Paarbeziehung – überall ist Experiment und nicht Reproduktion von Überlieferung angesagt, auch wenn der vorhandene Handlungsspielraum geringer ist, als es den Anschein hat. Zu dieser Entwicklung haben verschiedene Faktoren beigetragen: verlängerter Bildungsweg, gesteigerte Ansprüche an soziale Mobilität, frühere Sexualbeziehungen, Cliquenbildung, erschwerter Zugang zu stabilen Arbeitsverhältnissen ...

Die Lebensbereiche werden zunehmend segmentiert und die Lebensformen liberalisiert; damit klaffen Herkunftsgruppe, insbesondere die Familie, und Lebenswelt immer weiter auseinander. Die Rolle der Ingroup und der massiv mediengeprägten soziokulturellen Lebenswelt verstärkt sich. Beeinträchtigt werden dadurch jene Sozialisierungsmechanismen, die durch Vermittlung und Identifikation an eine Familientradition rückkoppeln.

Im Erfahrungs- und Experimentiermodell werden Identität und Status des Subjekts anhand von affektiven, kulturellen und sozialen Erfahrungen aufgebaut. Ziel des von gescheiterten und erfolgreichen Experimenten geprägten Suchprozesses ist es, zu einem für das Subjekt befriedigenden und in den Augen der Gesellschaft glaubwürdigen Selbstverständnis zu gelangen.

Erwachsen werden und so schnell wie möglich die entsprechenden Rollen übernehmen – dieses Modell dominierte noch zu Beginn der sechziger Jahre. Inzwischen ist an seine Stelle ein komplexerer und diffuserer Prozess getreten, was auch darauf zurückzuführen ist, dass es nicht mehr darum geht, möglichst schnell erwachsen zu werden, sondern möglichst lang jung zu bleiben. Mit anderen Worten: «Gesellschaftlich gesehen bleibt man je länger je älter jung» (Hudon 1994, 38).

Allem Anschein zum Trotz stellt die Jugend kein homogenes Bevölkerungssegment dar. In diesem Sinn gibt es keine Jugendkultur, sondern Jugendkulturen. Doch alle jungen Erwachsenen befinden sich in einer vergleichbaren Lage: ihr sozialer Status ist ein vorläufiger. Dieser genügt nicht, ihnen eine starke Identität zu vermitteln, enthält aber eine Anzahl von Gemeinsamkeiten, die relevant sind für unser Vorhaben, nämlich die religiösen Einstellungen und Verhaltensweisen der zehn zwischen 19 und 29 Jahren liegenden Altersklassen zu erfassen.

Die erste Gemeinsamkeit betrifft die Freizeit. Dazu schreibt O. Galland: «Spezifisch für die Jugend ist die überdurchschnittliche Häufigkeit von sechs Freizeitaktivitäten: Ausgehen, Sport, Lesen (selbst wenn in diesem Bereich der Einbruch gerade bei der Jugend am spektakulärsten ist), Fernsehen und Video (in den letzten Jahren sind in diesem Alterssegment die höchsten Zuschauerraten zu verzeichnen), Musizieren und Musikhören und schliesslich schriftstellerische und künstlerische Liebhabereien» (1993, 37).

Die zweite Gemeinsamkeit betrifft die Vergemeinschaftung. Wichtig sind Begegnungen in der Ingroup; diese stellt eine quasi-autonome Sozialisierungsinstanz dar (ibid. 1993, 38; Cremer, Wahler 1993, 62; Dubsky 1993, 176).

Die dritte Gemeinsamkeit ist das Fehlen eines Generationenkonflikts; diese Aussage findet ihre Bestätigung in einer kürzlich erfolgten Umfrage unter Meinungsmachern und Jugendlichen in der Schweiz (vgl. Miauton, Reymond 1996, 11). Der Aufbau einer Identität geschieht nicht im Widerstand gegen die Eltern, sondern findet anderswo statt (vgl. zweite Gemeinsamkeit). In einigen Bereichen etwa der Informatik hat sich das Abhängigkeitsverhältnis sogar umgekehrt, was zu bisher unbekannten Spannungen führt (vgl. Boëthius 1995, 49; Reimer 1995, 68).[1]

Die vierte Gemeinsamkeit betrifft die Werte Hedonismus und Solidarität, zwischen denen die jungen Erwachsenen, ohne dass echte Widersprüche bestünden, hin- und hergerissen sind. Ihre Neigung zu «Fun» schliesst indes die Sorge um den anderen nicht aus (vgl. Reimer 1995, 140).

Die fünfte Gemeinsamkeit wirft uns auf den sozialen Kontext zurück, worin sich diese Altersklassen bewegen. Letztlich ist der junge Erwachsene sich selbst überlassen, wenn es darum geht, die eigene Identität aufzubau-

1 Sind diese Spannungen als Vorboten eines neuen Typus von Generationenkonflikt zu lesen? Die Hypothese ist durchaus plausibel

en, diese zu schaffen. Er zimmert sich seinen eigenen Lebensstil (vgl. Ganetz 1995, 74–77). Verstärkt wird diese Entwicklung noch dadurch, dass die Eltern mit weniger Forderungen an ihn herantreten.

In Anlehnung an den Schriftsteller Paul Chamberland (1989, 14)[2], der von einem «glücklichen und schlafwandelnden Werbevolk» gesprochen hat, könnte man die achtziger Generation als die «Werbe-Generation» bezeichnen. Eine Generation, welche die zum Konsum animierende Werbebotschaft, insbesondere in Form von TV-Werbespots, völlig in den Alltag integriert hat. Hinzu kommt, dass für die jungen Erwachsenen grossmehrheitlich der Konsum vor der Produktion kommt, ja dass er für eine Anzahl von ihnen, nämlich die Arbeitslosen, das einzige Band zur Wirtschaft ist.

Einschlägig in diesem Zusammenhang ist der Aufsatz von Hillevi Ganetz (1995, 72 f.). Unter Bezug auf Nava (1992, 167) wird beschrieben, wie die schwedische Jugend ihren eigenen Stil kreiert. Unterstrichen wird die Rolle des Konsums beim Aufbau der Identität: «Konsum ist mehr als eine bloss wirtschaftliche Tätigkeit: er ist auch Traum und Trost, Kommunikation und Konfrontation, Spiegel und Identität.» Das Verhältnis zum Konsum ist von Individuum zu Individuum anders.

Der Konsum, das hat bereits Baudrillard in seiner brillanten Analyse gezeigt, erlaubt es dem Subjekt, sich innerhalb einer vereinheitlichenden Massengesellschaft abzusetzen und zu unterscheiden. Diese Feststellung wirft uns auf eine andere bedeutsame Entwicklung oder Charakteristik der modernen Gesellschaft zurück: die Individualisierung – nicht zu verwechseln mit dem Individualismus, der heute weitgehend mit Egoismus und Rückzug auf sich selbst konnotiert und gleichgesetzt wird. Als Individualisierung wird jener Absetzungsprozess von einer einzigen normativen Instanz bezeichnet, den die Fragmentierung unserer Gesellschaften und die Autonomisierung der Tätigkeitsbereiche erzeugt hat. Der Begriff impliziert, jedes Individuum handhabe autonom die unterschiedlichen Verhaltensregeln, mit denen es in den verschiedenen Bereichen seiner Existenz konfrontiert ist. Genauso wie es an ihm liege, einen Ausgleich zu finden zwischen seinen Pflichten und Rechten als Bürger und den Zwängen der Marktwirtschaft, die zur Wahrung des eigenen Vorteils drängt. Wahrnehmung und Wertschätzung der Individualität stellen einen Grundzug unserer Gesellschaften dar. Sie schlagen sich in den Sozialisierungsmodi nieder, wie wir weiter oben gesehen haben, und bilden folglich einen wichtigen Schlüssel zum Verständnis und zur Interpretation dieser Zeit des Experimentierens junger Erwachsener.

Noch einer weiteren bedeutsamen Entwicklung gilt unser besonderes Augenmerk: dem Geschlechterverhältnis. Mit der Deklaration der Geschlechtergleichheit in allen Ländern Europas sind nicht plötzlich, wie von einem Zauberstab berührt, alle unterschiedlichen Vorstellungen über die Rolle von Mann und Frau weggewischt und mehrere Jahrhunderte asymmetrischer Beziehungen getilgt worden.

Wie die jungen Frauen mit dem Gefälle zwischen der Egalitätsnorm und der Alltagsrealität umgehen, ist ein wichtiger Parameter des Aufbaus weiblicher Identität. Dieser Aufbau erweist sich als ein heterogener und komplexer, von verschiedenen Faktoren abhängiger Prozess. Dass die Mütter dieser jungen Frauen, vornehmlich wegen eigener Berufstätigkeit, ihre Töchter weniger überwachen oder von ihnen weniger Mitarbeit im Haushalt verlangen, hat zwar deren Autonomie ausgeweitet und weitgehend an diejenige der Söhne angeglichen. Doch der Wandel der Sozialisierungsmodi hat die der Geschlechterrolle inhärenten Zwänge nicht grundlegend verändert (vgl. Holstein-Beck 1995, 107). So sieht sich etwa eine junge Schwedin heute mit vier widersprüchlichen Anforderungen konfrontiert, die den Aufbau ihrer Erwachsenenidentität erschweren:

- Geschlechtergleichheit auf ideologischer und Segregation auf praktischer Ebene;
- Spannung zwischen Beruf und Mutterschaft;
- Notwendigkeit der Selbstbestätigung nach männlichem Vorbild ohne Verlust von Weiblichkeit;
- Pflicht zur Entfaltung persönlicher Autonomie bei gleichzeitiger Kultivierung gemeinschaftlich kodierter Weiblichkeit (vgl. ibid. 114 f.).

Massenkonsum und Produktion, Individualisierung von Verhaltensweisen und Einstellungen, unterschiedlicher Aufbau der Geschlechteridentität: drei Entwicklungen, die das Umfeld des sozialen Wandels abstecken, innerhalb welchem sich die zehn Altersklassen bewegen, und die das synchrone Nebeneinander von Ähnlichkeit und Heterogenität beim Eintritt ins Erwachsenenalter erklären. Nun bleibt zu untersuchen, wie sich, im Zusammenspiel von vermitteltem religiösem Erbe und wirksam gewordenem sozialem Wandel, die Jugendreligion in ihren grossen Zügen darstellt.

Religiöse Sozialisierung und konfessionelle Identifikation[3]

Bestand für die jungen Erwachsenen der achtziger Jahre die Möglichkeit der Identifikation mit einer konfessionellen Tradition? Bereits ein flüchtiger Blick auf die Herkunftsfamilie zeigt, dass die Eltern in der Regel der gleichen Konfession angehörten. Beobachtet man den Gottesdienstbesuch der Eltern gleicher Konfession, dann zeigt sich, dass nur bei den Katholiken die Mehrheit regelmässig zur Messe ging, als die Kinder zwischen 12 und 15 Jahre alt waren. Bei den Protestanten hingegen betrug dieser Anteil nur ein Fünftel. Diese Information deckt sich mit der Vorstellung der Befragten über das einstige religiöse Verhalten ihrer Eltern, sie liefert aber

2 Zit. in Lemieux 1992, 215.

gleichzeitig einen Hinweis auf die Bindung der Elterngeneration an die religiösen Institutionen. Diese Bindung ist auch daran abzulesen, dass die überwiegende Mehrheit der «jungen» Generation getauft und gefirmt oder konfirmiert ist. Dass diese «junge» Generation in einer konfessionellen Tradition sozialisiert worden ist, lässt sich auch anhand des Verhaltens der Befragten selbst verifizieren. Die Teilnahme am Gottesdienst der 12- bis 15jährigen ist in der Tat hoch.

Generell ist demnach davon auszugehen, dass die achtziger Generation, insbesondere die Gruppe der Katholiken, in einer religiösen Tradition sozialisiert worden ist. Bemerkenswert ist in diesem Zusammenhang, dass ein Drittel dieser Generation an Aktivitäten von religiösen Jugendbewegungen teilgenommen hat (in dieser Hinsicht ist das Gefälle zwischen Katholiken und Protestanten viel geringer als in bezug auf den Besuch des Sonntagsgottesdiensts: 35,8 % resp. 31,1 %).

Folglich wäre zu erwarten, dass die Vertreter dieser Generation ihre konfessionelle Eigenart bekräftigen und die Unterschiede zwischen den verschiedenen religiösen Traditionen kennen.

Die Wahrnehmung des anderen

Doch die eben formulierte Hypothese hält einer genaueren Analyse nicht stand. Auf kognitiver Ebene wird die individuelle Besonderheit der Konfessionen kaum wahrgenommen. Die dogmatischen Unterschiede zwischen Protestanten und Katholiken gehen in der Welle der Toleranz unter. Was bleibt, ist ein stark familial und affektiv geprägter Rest konfessioneller Identifikation. Doch dazu nun die Fakten.

Eine Mehrheit der Bevölkerung spielt die dogmatischen Unterschiede zwischen Katholiken und Protestanten herunter. Diese Einstellung ist Ausdruck des gegenwärtigen Stands des vornehmlich durch die Familie, die religiösen Institutionen, die Medien und die Schule vermittelten religiösen Wissens. Sie wirft auch ein Schlaglicht darauf, welche Auswirkungen die Meinungspluralität innerhalb der religiösen Institutionen hat – erinnert sei insbesondere an die ökumenische Bewegung, die nach Mitteln und Wegen zu einer Annäherung der Konfessionen sucht. Schliesslich widerspiegelt die-

3 Zur Darstellung der Religiosität der 19- bis 29jährigen in den achtziger Jahren stützen wir uns in den folgenden Abschnitten auf die Daten einer 1988 und 1989 in der Schweiz durchgeführten Umfrage (Dubach, Campiche 1993). Befragt wurden insgesamt 1315 Personen, darunter 300 Personen der achtziger Generation mit folgender Konfessionszugehörigkeit: 151 Katholiken, 132 Protestanten und 17 Befragte mit anderer oder keiner Konfession; diese Aufteilung spiegelt die konfessionellen Verhältnisse in der Schweiz mit einer relativen Mehrheit von Katholiken. Die nun folgenden Überlegungen stützen sich ausschliesslich auf jene 283 Befragten, die sich zumindest nominell zum Protestantismus oder Katholizismus bekennen.

Gottesdienstbesuch der achtziger Generation im Alter von 12 bis 15 Jahren nach Konfession

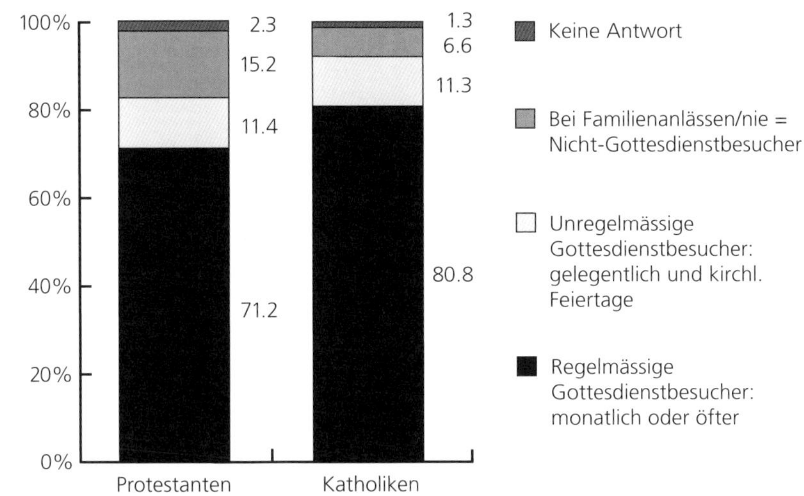

Von der achtziger Generation wahrgenommene dogmatische Unterschiede nach Konfession

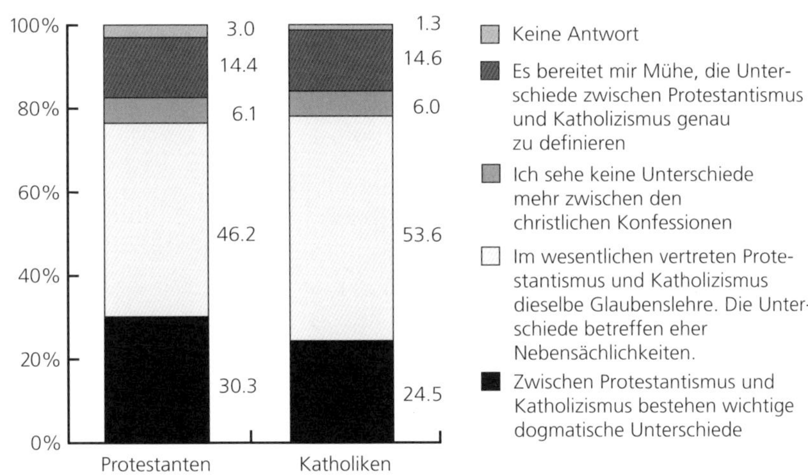

se Einstellung die eher geringe Profilierung der in der Schweiz anerkannten religiösen Institutionen mit ihrem weitgehend zurückhaltenden Wettstreit.

Auffallend ist zudem, dass die jungen Protestanten das Ausmass der dogmatischen Unterschiede zwischen Katholizismus und Protestantismus weniger wahrnehmen als ihre Eltern; ein Zeichen zunehmender Toleranz innerhalb dieser konfessionellen Gruppe. Diese Entwicklung lässt sich auch unter einem anderen Gesichtspunkt verifizieren: der Beurteilung der verschiedenen christlichen Traditionen durch die Jugend.

Eine relative Mehrheit der jungen Erwachsenen vertritt die konfessionelle Gleichwertigkeit. Bemerkenswert ist, dass jene, die diese Antwort nicht wählen, sich insofern von den Vertretern der älteren Generation unterscheiden, als sie häufiger für eine Ansicht optieren, die sich auf die Gewohnheit und nicht so sehr auf die affektive Bindung an eine bestimmte religiöse Tradition stützt. Das lässt auf eine Beschleunigung des Distanzierungs- oder Ablösungsprozesses von einer konfessionellen Tradition schliessen. Hat diese Distanznahme eine Annäherung der zwei in der Schweiz dominanten christlichen Konfessionen zur Folge? Nicht unbedingt. Auf katholischer Seite formuliert eine Mehrheit diesen Wunsch, während bei der achtziger Generation mehr als die Hälfte mit der Option «ich zögere» ihre Ratlosigkeit zum Ausdruck bringt. Diese Position ist zwar nicht dominant, aber durchaus charakteristisch für die Ansicht vieler junger Erwachsener in religiösen Dingen. Gemeint ist damit, sie hätten entweder ihre Wahl noch nicht getroffen oder sie würden angesichts des zunehmend komplexen religiösen Bereichs unentschieden bleiben, wobei diese Komplexität nicht bloss auf den in der Gesellschaft vorhandenen kulturellen Pluralismus, sondern auch auf den innerhalb der religiösen Institutionen selbst herrschenden Pluralismus zurückzuführen ist.

Werte und Generationszugehörigkeit

Junge Katholiken und junge Protestanten spielen Sinn und Wichtigkeit der konfessionellen Bindungen herunter. Ihre Einstellung spiegelt die im Katholizismus und in geringerem Mass auch im Protestantismus wirksame Tendenz, die konfessionellen Grenzen zu relativieren. Gleichwohl bezeichnen sie sich weiterhin als Protestanten oder Katholiken. Dass sie das tun, gibt Anlass zur Frage, ob diese Gewohnheit sich im Bereich der Wertvorstellungen, der religiösen Orientierungen und der Praxis differenzierend auswirkt.

Wenden wir uns zuerst den Wertvorstellungen zu. Hier zeigt sich, dass in der Art und Weise, wie Katholiken und Protestanten die Lebensbereiche und deren Bedeutung gewichten, kein Unterschied festzustellen ist.

An erster Stelle steht die Familie, das heisst, das Paar und die Kinder, mit ganz ähnlichen Anteilen an zustimmenden Meinungen für beide Konfessionen (etwa zwei Drittel).

Ansichten der achtziger Generation über die christlichen Konfessionen nach Konfession

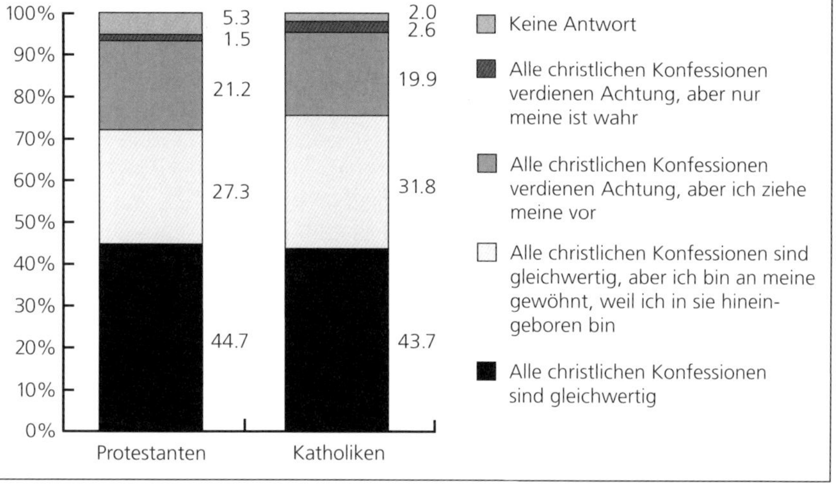

Zustimmende Äusserungen (vollkommen einverstanden) zu einigen gesellschaftlichen Fragenkomplexen nach Alter und Konfession

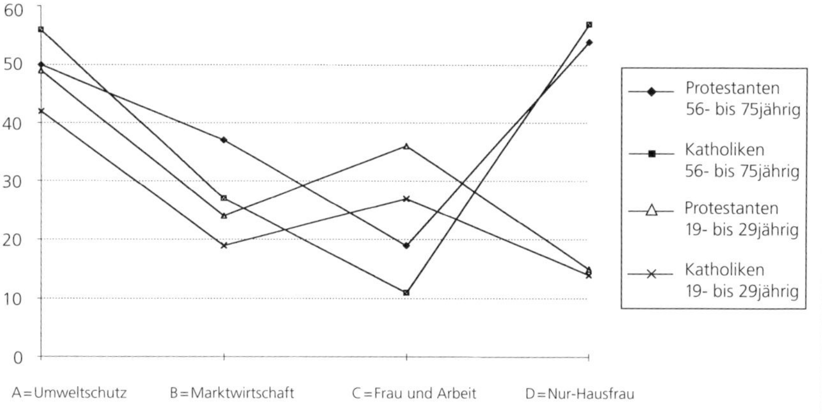

Legende zu den Kategorien

A = Wenn wir unsere Umwelt vor der Zerstörung bewahren wollen, müssen wir unseren Lebensstil radikal ändern und unsere materiellen Ansprüche einschränken.
B = Der Staat darf die Freiheit der Wirtschaft nicht einschränken.
C = Die Verwirklichung im Beruf ist für die Frau mindestens so wichtig wie Kinder zu haben.
D = In einer Ehe/Partnerschaft ist es für alle Beteiligten besser, wenn der Mann einem Beruf nachgeht und die Frau zu Hause bleibt, um sich um die Kinder zu kümmern.

Weiter hinten rangieren Freizeit und Erholung mit praktisch identischen Anteilen für Katholiken und Protestanten (46 %); Arbeit hingegen wird von mehr jungen Protestanten als jungen Katholiken positiv bewertet (33,1 % resp. 27,2 %).

Aufgrund dieser Daten die Aussage erhärten zu wollen, die Jugend sei Träger einer anderen Kultur als die übrige Bevölkerung, wäre übertrieben. Die Abweichungen von dem anhand einer Wichtigkeitsskala von 1 bis 7 berechneten Mittel sind in der Tat gering. Hingegen sind die jungen Erwachsenen Zeugen eines in der zweiten Hälfte des Jahrhunderts erfolgten Mentalitätswandels. Das zeigt sich insbesondere im Hinblick auf den Wert «Arbeit». Hier ist die unterschiedliche Einstellung der Generation der 56- bis 75jährigen und der hier behandelten Generation besonders spektakulär, bezeichnet doch mehr als die Hälfte der 56- bis 75jährigen die Arbeit als «sehr wichtig» (55 %).

Was die Wertvorstellungen betrifft, so zeigen die jungen Erwachsenen, in welche Richtung der Wandel erfolgt ist, etwa anhand der Relativierung des Wertes «Arbeit» und der verstärkten Bedeutung des Wertes «Freizeit». Das soll indes den Einfluss des Faktors Zeit nicht ausblenden. Gewisse Einstellungen werden nämlich durch das Alter der Befragten in keiner Weise beeinflusst. Anhand der nun folgenden drei Beispiele soll diese letzte Bemerkung erläutert werden.

Die Zugehörigkeit zur «jungen» Generation beeinflusst ganz klar die Vorstellung über die Rolle der Frau in der Gesellschaft. Das Gefälle in bezug auf die Geschlechterrolle zwischen dem Alterssegment der Grosseltern und jenem der Enkel ist besonders bei den Katholiken aussagekräftig. Die ideologische Kluft zwischen Links und Rechts betreffend die Rolle des Staates in der Wirtschaft zieht sich hingegen durch alle Generationen hindurch. Augenfälliger ist der Faktor Zeit, wenn es um die Einstellung zur Umwelt geht. Das ökologische Gewissen ist ein gesellschaftliches Phänomen. Das käme noch eindeutiger zum Ausdruck, würden auch die ebenfalls positiven, aber nuancierten Äusserungen vom Typus «eher einverstanden» mit einbezogen. Anhand solcher Überlegungen stossen wir auf jene Variablen, mit denen Meinungsschwankungen in bezug auf die Wertvorstellungen verbunden sind. Gerade auf dieser Ebene aber spielt die Variable Konfession eine untergeordnete, wenn nicht gar keine Rolle. Gilt das auch bei einer Fokussierung auf den eigentlich religiösen Bereich? Doch zuerst ein Blick auf die religiösen Orientierungen.

Die Daten zu den religiösen Orientierungen machen deutlich, dass die Konfessionszugehörigkeit nicht unbedingt unterschiedliche Einstellungen bei Katholiken und Protestanten generiert. Wenden wir uns zuerst den zustimmenden Äusserungen zu. In Anbetracht des sehr hohen Gottesdienstbesuchs der jungen Katholiken in der Kindheit wäre zu erwarten gewesen, dass sie häufiger als die Protestanten christlichen Glaubenssätzen zustimmen. Es stellt sich aber heraus, dass in diesem Punkt das Gefälle zwi-

Religiöse Orientierungen nach Alter und Konfession (Antworten: völlig einverstanden)

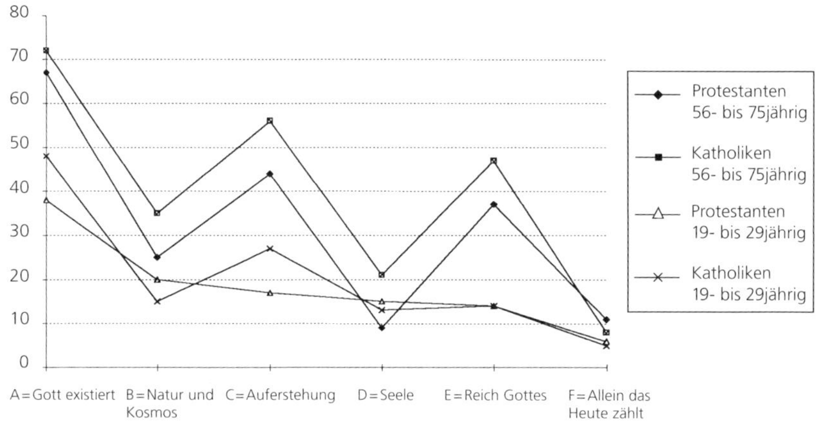

Legende zu den Kategorien

A = Gott existiert, er hat sich in der Person Jesu Christi geoffenbart.
B = Die höhere Macht – das ist jener ewige Kreislauf, der Mensch, Natur und Kosmos vereint.
C = Die Auferstehung Jesu Christi gibt meinem Tod Sinn.
D = Es gibt eine Reinkarnation (Wiedergeburt) der Seele in einem anderen Leben.
E = Das von Jesus Christus verkündete Reich Gottes ist die Zukunft der Menschheit.
F = Allein das Heute zählt.

schen Protestanten und Katholiken der jungen Generation sich innerhalb derselben Bandbreite bewegt wie bei Protestanten und Katholiken der älteren Generation. Bemerkenswert ist hingegen der praktisch übereinstimmende Antwortanteil der jungen Generation bezüglich der Themen Reinkarnation und Zukunft. Die jungen Katholiken scheinen also weniger als ihre Grosseltern bereit, in ihr traditionell christliches Glaubenssystem – von einigen als traditionelle Volksreligiosität bezeichnet (vgl. Krüggeler 1993, 118) – heterodoxe Aussagen aufzunehmen.

Wenden wir uns nun jenen Daten zu, die eine Ablehnung religiöser Orientierungen ausdrücken. Hier zeigt sich, dass die Antwortanteile entweder identisch sind oder dass die Protestanten sich häufiger von religiösen Orientierungen distanzieren, die von der christlichen Tradition abweichen. Mit anderen Worten, die Protestanten vertreten nuanciertere Positionen als die Katholiken, haben aber weder mit der christlichen Tradition gebrochen noch in höherem Mass für eine andere religiöse Tradition optiert. Bemerkenswert ist in beiden konfessionellen Gruppen der geringe Anteil derjenigen, die ihr Nichteinverständnis mit den verschiedenen, vornehmlich aber mit den christlich kodierten religiösen Orientierungen ausdrücken.

Vergleicht man die Aussagen der jungen und der älteren Generation zu den religiösen Orientierungen, dann ergibt sich das gleiche Bild wie bei den Wertvorstellungen. Auch hier neigt die junge Generation eher dazu, ihrem Zögern oder ihrer Unwissenheit Ausdruck zu geben. Für die Antwort «ich zögere» oder «ich weiss nicht» optieren bei der achtziger Generation je nach Frage wenige oder bis zu zwei Fünftel der Befragten. Ein Teil der jungen Generation nimmt also eine abwartende Haltung ein; aber diese Religion des «Vielleicht» bleibt minoritär.

Die nicht übereinstimmenden Einstellungen von Katholiken und Protestanten könnten durch einen unterschiedlichen Zugang der Befragten zum Bildungssystem bedingt sein. Doch das trifft nicht zu. Junge Protestanten und junge Katholiken verteilen sich in praktisch identischer Weise auf die verschiedenen Ebenen des Bildungssystems. Hingegen beeinflusst die Position innerhalb des Bildungssystems die Auswahl der Wertvorstellungen und der religiösen Orientierungen. Lehrlinge etwa erweisen sich als konservativer als Studierende, wenn es um den Status der Frau und den Eingriff des Staates in die Wirtschaft geht. Ein höherer Anteil von Lehrlingen als von Studierenden bekennt sich zudem vorbehaltlos zu den christlichen Glaubenssätzen. Zahlreicher, aber nicht mehrheitlich übernehmen sie auch die nicht-christlichen Aussagen über Tod und Zukunft.

Diese Hinweise unterstreichen die Tragweite der Interaktion von Religion und Kultur, wenn es darum geht, die Umbesetzung des Religiösen zu begreifen.

Verlassen wir nun das Feld der vergleichenden Analyse der einzelnen religiösen Orientierungen, wenden uns dem Glaubensprofil der 19- bis 29jährigen zu und konfrontieren es mit den Aussagen der älteren Generation. Dabei zeigt sich, dass heute eine Polarisierungstendenz in Richtung eindeutigere Positionen herrscht. Während die Nachkriegsgeneration (vgl. oben «Das religiöse Erbe») vielfach jenem Typus «allgemein-religiöser Christen» zugeordnet werden kann, der neben christlichen Glaubenssätzen auch religiöse Orientierungen anderer Traditionen zulässt, neigt die achtziger Generation weniger häufig zu dieser Option; sie entscheidet sich entweder für eine exklusiv christliche Position oder für ein aus anderen Traditionen gespeistes religiöses Ensemble oder aber für den Agnostizismus. Das veranschaulicht die nebenstehende Grafik.

Religion und Gesellschaft

Welches Bild macht sich die achtziger Generation vom Verhältnis zwischen Kirche und Gesellschaft oder, genauer, von der Rolle der Kirchen in der Schweiz? Um Genaueres darüber zu erfahren, wurde den Befragten ein Katastrophen-Szenario vorgelegt; anhand dieses Szenarios sollten sie die sozialen, politischen, wirtschaftlichen und religiösen Auswirkungen des

Typen religiöser Orientierung nach Generationszugehörigkeit[1]

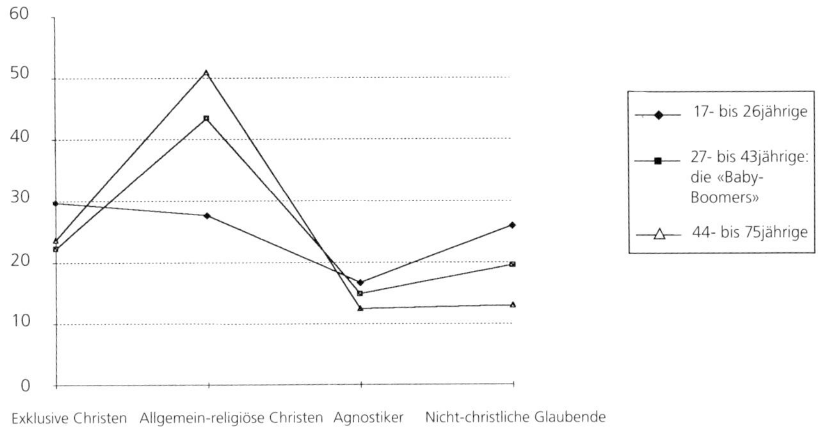

[1] Anders als die übrigen Grafiken dieses Textes orientiert sich die Einteilung nicht in erster Linie an der achtziger Generation, sondern berücksichtigt auch die Generation der «Baby-Boomers» (27- bis 43jährige).

Verschwindens der katholischen und der protestantischen Kirche abschätzen. Meine Ausführungen beschränken sich hier auf jene gesellschaftlichen Funktionen der Kirchen, über die ein Konsens herrscht. Wie werden diese Funktionen von der jungen Generation wahrgenommen? (Vgl. Abb. S. 162)

Den Befragten aller Alterssegmente wurde eine die Komplexität des Sozialen weitgehend erschöpfende Liste der möglichen Folgen des Verschwindens der Kirchen vorgelegt. Bei den Stellungnahmen finden vier Funktionen besondere Berücksichtigung: karitative Funktion, ideologische Funktion, Funktion der Korrektur von Ungleichheiten, integrative Funktion. Den Kirchen wird eine globale Funktion, nämlich die Funktion des das gesamte gesellschaftliche Leben überdeckenden «sakralen Baldachins» (*sacred canopy*), gerade nicht zugeschrieben. Hingegen werden ihnen Teilfunktionen zuerkannt. Damit wird die institutionelle Rolle der Kirchen und zugleich der Begriff der Säkularisierung präzisiert.

Die achtziger Generation stimmt den ersten drei Funktionen zu, zeigt sich aber der vierten gegenüber skeptischer. Ist dieser Vorbehalt dem Alter zuzuschreiben, also einem Mangel an sozialer Erfahrung? Eine schwache Hypothese, die aufgrund des Anteils an Zögernden keine Bestätigung findet. Man könnte auch postulieren, die Einstellung zur integrativen Funktion sei Beleg für die kontinuierliche Erosion der gesellschaftlichen Stellung der religiösen Institutionen. Letztere würden mehr und mehr auf eine Teilrolle begrenzt mit den beiden Polen Wohltätigkeit und Ethik. Eine wahrscheinliche Hypothese.

Gesellschaftspolitische Rolle der Kirchen nach
Alter und Konfession

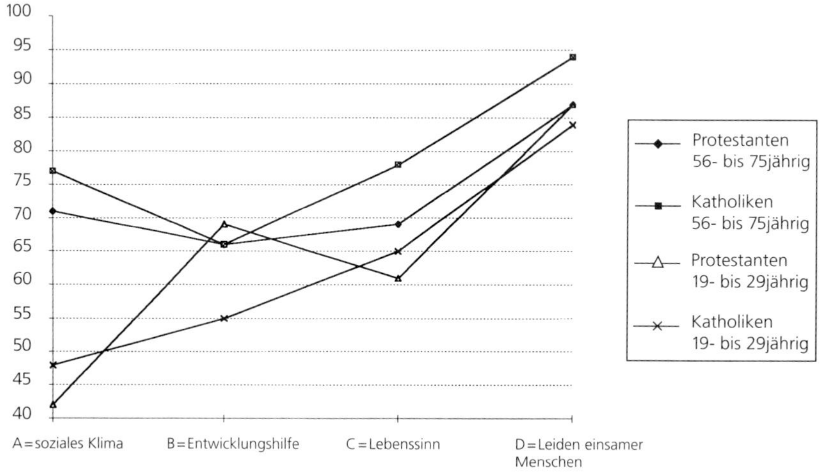

Legende zu den Kategorien

Wenn es die protestantische und die katholische Kirche nicht mehr gäbe:

A = ...würde sich das soziale Klima verhärten;
B = ...würde im Bereich Entwicklungshilfe weniger getan;
C = ...wüssten viele Menschen nicht mehr, welchen Sinn ihr Leben hat;
D = ...würden einsame Menschen (Behinderte, Betagte)
unter ihrer Situation noch mehr leiden.

Wie dem auch sei, die Identifikation mit einer Konfession begründet noch keine Differenzierung von Einstellungen. Besonders deutlich wird das bei einem Vergleich der Einstellungen der Befragten aus den beiden berücksichtigten Generationen. Die junge Generation scheint dem Faktor Zeit ihren Tribut zu zollen. Die religiösen Institutionen sind weiterhin anerkannt, aber diese Anerkennung ist weder bedingungs- noch grenzenlos.

Relativierung der christlichen Tradition und Umbesetzung der Religion

In der achtziger Generation begründet die Selbstbezeichnung als Protestant oder Katholik weder eine spezifisch konfessionelle Religiosität noch ein spezifisches Ethos. Obwohl sich im Bereich der Religiosität keine klare Alternative abzeichnet, ist die Anziehungskraft nicht-christlicher Religionen nicht zu unterschätzen. Die bereits oben erwähnte Polarisierung (vgl. Abschnitt «Werte und Generationszugehörigkeit) könnte das Ende der

Sonntagsgottesdienstbesuch im Vergleich nach Alter und Konfession (Differenz zu 100% bedingt durch unvollständige Daten)

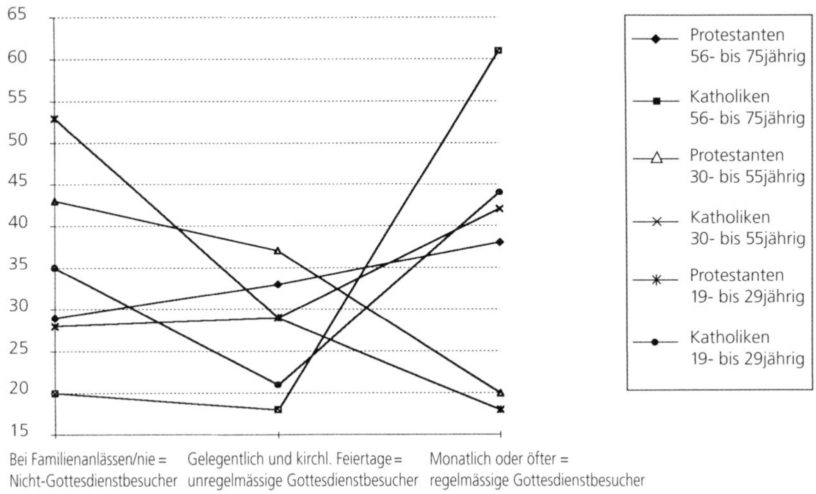

christlichen Dominanz im religiösen Bereich bedeuten, aber auch die Verstärkung eines Pluralismus, der nicht bloss die Relativierung der religiösen Orientierungen begünstigt, sondern auch den Status der etablierten religiösen Institutionen erschüttert.

Alles in allem sind die religiösen Verhaltensweisen und Einstellungen der achtziger Generation in erster Linie Indikatoren für den Zerfall institutioneller Religiosität. Die Vertreter dieser Generation erweisen sich nicht als die privilegierten Akteure einer Transformation dieser Religiosität. Ein Sachverhalt, der sich anhand des Vergleichs des Sonntagsgottesdienstbesuchs der verschiedenen Generationen verdeutlichen lässt.

Anhand von drei Kategorien lässt sich die allmähliche Auflösung jenes sozialen Bands nachzeichnen, als welches der Gottesdienstbesuch fungiert. Die erste Kategorie betrifft den regelmässigen Gottesdienstbesuch. Dieser durchläuft in beiden Konfessionen dieselbe Entwicklung; ein Vergleich der Generation der 19- bis 29jährigen mit der Generation ihrer Grosseltern zeigt hier eine Abnahme von 16,4%. Werden die Daten aller drei Generationen einbezogen, wird deutlich, dass der entscheidende Bruch zwischen der mittleren Generation (Eltern) und der älteren Generation (Grosseltern) stattgefunden hat. Es ist deshalb von einer relativen Stabilisierung des regelmässigen Gottesdienstbesuchs auszugehen.

Die zweite Kategorie betrifft den gelegentlichen Gottesdienstbesuch. Nach einer schwachen Zunahme ist erneut eine tendenzielle Abnahme zu beobachten: Anzeichen einer gewissen Polarisierung religiöser Verhaltensweisen.

Die dritte Kategorie – hier geht es um die Nicht-Gottesdienstbesucher – macht deutlich, dass die soziale Bindung an die religiöse Institution bei den Protestanten nachhaltiger geschwächt ist als bei den Katholiken. Der Vergleich der Verhaltensweisen der katholischen achtziger Generation mit der älteren Generation erlaubt die Hypothese, der Wandel finde ungleichzeitig statt. Der Bruch mit der Institution, angezeigt durch den Nicht-Gottesdienstbesuch, ist im Katholizismus zwar weniger weit fortgeschritten, erfolgt aber in einem schnelleren Rhythmus als im Protestantismus.

Allgemein ist festzustellen, dass die jeweiligen Anteile von Gottesdienstbesuchern oder Nicht-Gottesdienstbesuchern Ausdruck des Einbruchs der institutionellen Religiosität, nicht aber des Glaubens überhaupt sind. Dass nur ein äusserst geringer Prozentsatz die religiösen Orientierungen, handle es sich um Transzendenz, Tod oder Zukunft, überhaupt verwirft, macht auf ein Charakteristikum zeitgenössischer Religiosität aufmerksam. Zu glauben – das scheint wichtiger zu sein als die Glaubensinhalte. Anders gesagt: innerhalb der modernen Gesellschaft stellt der religiöse Glauben weiterhin eine Möglichkeit dar, der um sich greifenden Verunsicherung zu begegnen; dabei handelt es sich freilich um einen Glauben «von Fall zu Fall», einen Glauben, der kein System bildet – hat er das je getan? –, sondern sich als zusammengesetzt erweist. Einer bestimmten Frage entspricht eine vom Individuum aus einem breiten Antwortspektrum ausgewählte religiöse Antwort.

Der Relativierungsprozess des traditionalen Glaubens ist demnach im Gang, aber nicht zu Ende. Dass die junge Generation in einem christlichen Milieu religiös sozialisiert wird, mag als Erklärung für diese Tatsache dienen. Im Hinblick auf die Zukunft hingegen ist alles offen. Die – tolerante und konsumorientierte – junge Generation erweist sich als wenig geneigt, eine spezifische religiöse Tradition aufzunehmen. Einen religiösen Habitus: ja; eine konfessionelle Tradition: nein. Kommt es nicht zu einer radikalen Kehrtwende, wird sich die religiöse Szene pluralistisch ausgestalten, was zu einer Transformation des gesellschaftlichen Status der etablierten Kirchen führen wird.

Übersetzung: Elisabeth Mainberger-Ruh (Zürich)

Literatur

Boëthius, Ulf: Youth, the Media and Moral Panics. In: Fornäs/Bolin 1995, 39–57.

Campiche, Roland J.: Individualisation du croire et recomposition de la religion. In: Archives de sciences sociales des religions 81 (1993) 117–131.

Campiche, Roland J. (Hg.): Cultures jeunes et religions en Europe. Paris 1997.

Cavalli, Alessandro/Galland, Olivier (Hg.): L'allongement de la jeunesse. Observatoire du changement social en Europe occidentale. Poitiers 1993.

Chamberland, Paul: Un livre de morale. Montreal 1989.

Champion, Françoise/Lambert, Yves: Les «12–15 ans» et la religion. In: Lambert, Yves/Michelat, Guy (Hg.): Crépuscule des religions chez les jeunes? Collection Logiques sociales. Paris 1992, 65–92.

Cremer, Günter/Wahler, Peter: Grandir dans deux mondes: être jeune en Allemagne aujourd'hui. In: Cavalli/Galland 1993, 57–70.

Davie, Grace/Hervieu-Léger, Danièle (Hg.): Identités religieuses en Europe. Paris 1996.

Dubach, Alfred/Campiche, Roland J. (Hg.): Jede(r) ein Sonderfall? Religion in der Schweiz. Zürich – Basel 1993.

Dubsky, Vladimir: La jeunesse face aux transformations de la société tchèque. In: Cavalli/Galland 1993, 165–180.

Fornäs, Johan/Bolin, Göran (Hg.): Youth Culture in Late Modernity. London 1995.

Galland, Olivier: La jeunesse en France, un nouvel âge de la vie. In: Cavalli/Galland 1993, 19–39.

Ganetz, Hillevi: The Shop, the Home and Feminity as a Masquerade. In: Fornäs/Bolin 1995, 72–99.

Hervieu-Léger, Danièle: La religion des Européens: modernité, religion, sécularisation. In: Davie/Hervieu-Léger 1996, 9–23.

Holstein-Beck, Sabina: Consistency and Change in the Lifeworld of Young Women. In: Fornäs/Bolin 1995, 100–119.

Hudon, Raymond/Fournier, Bernard (Hg.): Jeunesses et politique: conceptions de la politique en Amérique du Nord et en Europe. Sainte-Foy – Paris 1994.

Krüggeler, Michael: Inseln der Seligen: Religiöse Orientierungen in der Schweiz. In: Dubach/Campiche 1993, 93–132.

Lemieux, Raymond: Histoires de vie et postmodernité religieuse. In: Lemieux, Raymond/Milot, Micheline (Hg.): Les croyances des Québecois. Les cahiers de la recherche en sciences de la religion, Bd. 11. Québec 1992, 187–234.

Martin, David: Remise en question de la théorie de la sécularisation. In: Davie/Hervieu-Léger 1996, 25–42.

Miauton, Marie-Hélène/ Reymond, Antoinette: La Jeunesse en Suisse vue par les leaders et les jeunes. M.I.S. Trend – Institut pour l'étude des marchés et les sondages d'opinion. Lausanne 1996.

Nava, Mica: Changing Cultures. Feminism, Youth and Consumerism. London 1992.

Reimer, Bo: The Media in Public and Private Spheres. In: Fornäs/Bolin 1995, 58–71.

Reimer, Bo: Youth and Modern Lifestyles. In: Fornäs/Bolin 1995, 120–144.

Roof Wade, Clark: A Generation of Seekers. New York 1993.

Roof Wade, Clark/Carroll, Jackson W./Roozen, David A. (Hg.): The Post-War Generation and Establishment Religion: Cross-Cultural Perspectives. Boulder – San Francisco – Oxford 1995.

Zeugin, Peter/Gros, Dominique: Jugendkultur in der Schweiz. Nationales Forschungsprogramm 21: Kulturelle Vielfalt und nationale Identität. Kurzfassungen der Projekte. Nationalfonds. Basel 1991.

Bergfest auf dem Passo San Lucio

Auf dem Pass zwischen dem tessinischen Val Colla und dem italienischen Val Cavargna, einem alten, früher oft von Schmugglern benutzten Übergang, steht direkt neben der Grenzmarke das alte Heiligtum zu Ehren des Älplerpatrons San Lucio (eigentlich Uguzo). An seinem Ehrentag, dem 16. August, finden sich auf der Passhöhe stets einige tausend Gläubige aus den beiden Talschaften ein. Zur Erreichung des Ziels werden dabei auch modernste Transportmittel benutzt. An den feierlichen Gottesdienst schliesst sich immer ein ländliches Fest, wo sich die Bewohner der Grenzregion bei Essen und Trinken vergnügen und sich an diesem abgelegenen Ort etwas näher kommen. D. W.

air grischa

O SACRO CONVITO 6
Ritornello:
O sacro convito di Gesù Cristo ci nutri:
sei viva memoria della Sua passione;
all'anime nostre dona la vita divina
e il pegno della gloria futura
Benedirò il Signore in ogni tempo:
sulla mia bocca sempre la sua lode
Nel Signore si glorierà l'anima mia:
l'umile ascolti e si rallegri.
8
Qui presso a Te
Qui presso a Te, Signor restar vogl'io!
Il grido del mio cuor ascolta, o Dio!
La sera scende oscura sul cuor che s'impaura;
mi tenga ognor la fè, qui presso a Te.
Qui presso a Te, Signor, restar vogl'io!
Niun vede il mio dolore; Tu 'l vedi, o Dio!
O vivo Pan verace, sol Tu puoi darmi pace;
e pace v'ha per me, lontan da Te.
9

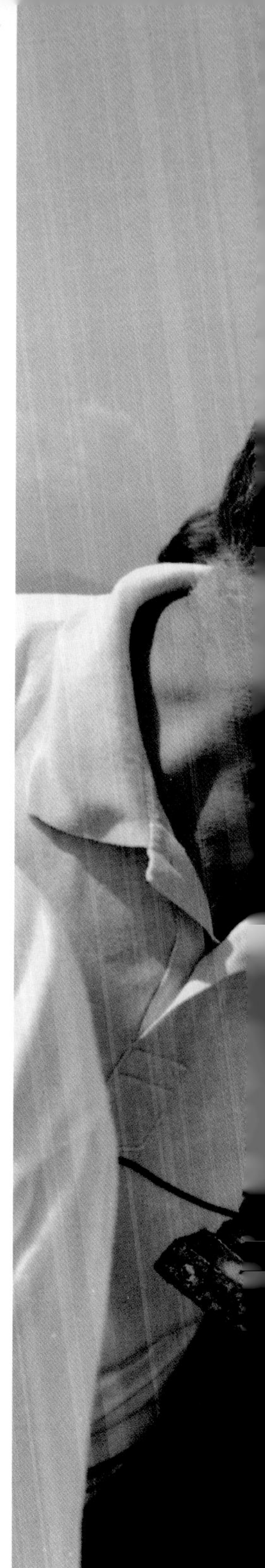

BAR GELATERIA
VISCONTI
TENNY PORLEZZA

per un
più

III. Volksfrömmigkeit in der räumlichen Konkretisierung

Klaus Welker

Stätten der Andacht und Sakrallandschaft

Vom Wegkreuz zur Wallfahrtskirche*

* Dem Herrn Erzbischof von Freiburg i. Br.,
Dr. Oskar Saier, zugeeignet.

Regional und überregional, europäisch und weltweit bieten sich heilige Orte in ihrem Charakter als Elemente frömmigkeitsgeschichtlich strukturierter, vergangener und gegenwärtiger Kulturlandschaft (= Sakrallandschaft) dar. In ihnen spiegeln sich Leben und Erleben des Gläubigen und der religiösen Gemeinschaft verschiedener Epochen ebenso wider wie die Vielfalt der Regionen und Religionen – in unseren Bereichen vornehmlich der christlichen Glaubensbekenntnisse.

In einer knappen Übersicht sollen nachfolgend einzelne kultgeographische Phänomene und Grundelemente von Sakrallandschaft in einen grösseren Zusammenhang gestellt werden. Dabei kann es sich lediglich um Hinweise handeln, zumal an anderer Stelle auf die konkreten Gegebenheiten im Detail eingegangen wird.

Wir wollen kurz umreissen:

I. Das sich dem Betrachter bietende «Bild» der Sakrallandschaft in ihrer facettenreichen Vielfalt regionaler und religiös-differenzierter Gestaltung.

II. Die Wege *der*, die Wege *in der* und *zur* Sakrallandschaft; spezifischer Einfluss einzelner Epochen.

III. Die Strukturierung von Sakrallandschaft: Anlass und Intention frommer Stiftungen; Stifter (einzelner, weltliche und geistliche Gemeinschaft); Schutzpatronate und Ikonographie (Christus, Maria, Heilige).

Das Bild der Sakrallandschaft

Wer sich heute – vor allem nach der Öffnung gen Osten – darum bemüht, die durchaus unterschiedlichen und vielfältigen Ausfächerungen von Sakrallandschaft zu erfahren und zu verstehen, fühlt sich gehalten, auf Ursprünge und Anfänge in der Gestaltung menschlicher Kult- und Kulturlandschaft zurückzublicken.

Religionsgeschichtlich gesehen ist das Totengedenken, das Sich-Erinnern an die Verstorbenen und den Tod, ein wesentliches und zentrales Moment religiösen Lebens und Erlebens. Darin eingeschlossen ist das *memento mori* im Hinblick auf die eigene Vergänglichkeit, das gegebenenfalls in «Vorsorgemassnahmen» konkreten Ausdruck finden kann.

Hierbei kann *Religion* definiert werden als Begegnung mit dem Heiligen und antwortendes Handeln des Menschen, des Gläubigen auf die Erfahrung des «Numinosen» (R. Otto).

Diese Begegnung mit dem Heiligen manifestiert sich seit frühesten Zeiten auch an und in der Landschaft selber, vor allem an herausragenden, exponierten oder besonders bedeutungsträchtig erscheinenden Stellen, Plätzen oder (Klein-) Regionen.

Zunächst also denke man an die Aufrichtung von Malen des Ahnen- und Totenkultes. Beginnend mit Alt- und Jungsteinzeit, sind allenthalben neben Begräbnisstätten (Gräberfelder, Nekropolen) auch Einzelgrabstätten (Megalith- bzw. Hünengräber in Form von Dolmen, Menhiren u. a.) nachzuweisen. Dieses Totengedenken führt dann im Bild der Sakrallandschaft über die Errichtung von Pyramiden bis hin zu den unterschiedlichst gestalteten Mausoleen und Grablegen bedeutenderer Persönlichkeiten.

Die Erfahrung des «Numinosen», das Erlebnis «heiliger Nähe» dokumentiert sich in allen Religionen und Regionen oft in besonderer Weise an naturgegebenen, geheiligten, sakralisierten Orten, die so zu «heiligen Stätten», «Stätten der Andacht», ja «*frommer* Andacht» werden.

Was nun meinen *Andacht* und *Frömmigkeit?*

Andacht bedeutet zunächst durchaus nicht «Andächtelei» oder «Gefühlsstimmung», sondern – nach Ausweis des Grimmschen Wörterbuches – «Sammlung der Gedanken auf einen Gegenstand, inniges Andenken», in unserem Falle also «das Lenken der Gedanken auf ein Ziel hin», seit dem 12. Jahrhundert eingeengt auf den religiösen Sprachgebrauch. Denken an etwas, Aufmerksamkeit, Hingabe werden so zu Denken an Gott, zur innigen religiösen Hingabe.

Frömmigkeit als religiös-gestaltendes Handeln wird hervorgerufen durch die Begegnung mit dem Heiligen; sie ist somit gekennzeichnet durch ihren besonderen Antwortcharakter. In welcher Einzelreligion auch immer: sie «ver»äussert sich in gläubiger, gemeinschafts- und eigenbezogener Gestaltung menschlicher Kult- und Kulturlandschaft.

Im Streben nach übernatürlichem «Heilsgewinn» bieten sich von seiten der Naturphänomene und des natürlichen Raumes als sakralisierungsfähige Gegebenheiten z. B. an:

Bäume, Quellen, Höhlen, Hügel und Berge; Täler und Flussläufe; Inseln und Halbinseln; Meere und Seen; Furten und Gebirgspässe; Strassen- und Wegkreuzungen.

«Heilige Orte» stellen also stets die Voraussetzung dar für die Strukturierung von Sakrallandschaft. Darauf basierend, ist auch deren christliche Ausformung mit all ihren Einzelerscheinungen zu sehen, wenn auch zumeist ohne nachweisbare Kultkontinuitäten aus vorchristlichen religiösen Gegebenheiten; oft handelt es sich um allgemein-menschliche Grundparallelen.

Gültig ist das Gesagte in der Regel von einfachen Feld- und Weg-/Flurkreuzen bis hin zu Wallfahrtskirchen und -kapellen. Letzteren kommt im Rahmen der Heiligenverehrung besondere Bedeutung zu, da sie in volksfrommer Auffassung Ort und Stätte der «sonderlichen» Begegnung mit dem Helferheiligen sind – wobei oftmals in der Tat dem Gnaden*ort* an sich grössere Bedeutung zuzukommen scheint als dem durch ein Gnadenbild repräsentierten Heiligen. Das wird beispielsweise an der Wallfahrtskapelle Buschberg bei Wittnau im Fricktal deutlich: Die Kapelle wurde aufgrund josefinischer Erlasse abgebrochen, doch die Verehrung konnte dadurch nicht aufgehoben werden. Eine neue Kapelle entstand bald nach 1800 am selben Ort.

Unbeschadet einer vornehmlich christlich geprägten Einordnung in phänomenologische und grössere kultgeographische Zusammenhänge ist hier nur der Versuch zu machen, einen grossen Überblick derjenigen Elemente zu geben, die in Sakralregionen auftreten bzw. zur Gestaltung von Sakrallandschaft beitragen können.

Zunächst: Wie stellte und stellt sich letztere dem Menschen dar? Dem Gläubigen, welcher religiösen Herkunft auch immer, ganz anders als dem Unbeteiligten, der lediglich zur Kenntnis nimmt; dem modernen Menschen mit Sicherheit anders als beispielsweise dem mittelalterlichen Händler, Pilger, Wallfahrer, Fussreisenden, Reiter. Dazu kommt die Komponente der geographischen Erschlossenheit der Landschaft, der jeweils möglichen Verkehrsmittel und der mit deren Benutzung verbundenen Strapazen. Sichtweise und Blickwinkel variieren verständlicherweise dadurch sehr stark.

St. Nepomuk auf der Schweizer Seite der Rheinbrücke von Laufenburg.
Foto: Hermann Althaus, Kirchzarten.

Wege *der* und *zur* Sakrallandschaft – Wege *in der* Sakrallandschaft

Leitlinien der Kultgeographie sind im naturräumlichen Zusammenhang u. a. Wege und Strassen, ausser Meeren und Seen besonders auch Flüsse und grosse Ströme (mit ihren Ufern und Furten), Täler und Gebirgspässe.

Kult- und Kultur«strassen», die auf solchen geographischen Gegebenheiten basieren und sich aus diesen je unterschiedlich herleiten und entwickelt haben, beinhalten auch zahlreiche historische wie machtpolitische und religiös-volkskundliche, durchaus komplexe Komponenten. Die Wege *der* Sakrallandschaft – bis in die heutige Zeit – als Ergebnis historischer und kulturräumlicher Entwicklung sollten gesehen werden in ihrem Charakter als geförderte und in der Regel stets auch gepflegte Wallfahrtswege und Pilgerstrassen, die *zur* Sakrallandschaft und damit durch sie führen und *in ihr* den Gläubigen geleiten.

Die Erkenntnis von Differenzierungen nach Regionen und Epochen, zudem die Mobilität, ermöglichen uns Heutigen eine «globale» Sichtweise und übersichtlicheres Schauen, was auch für den Pilger und Wallfahrer gilt.

Zahlreiche erhaltene Zeugnisse sprechen eine deutliche Sprache und sind beeindruckend zu erleben. So haben wir in jüngster Zeit die Möglichkeit erhalten, die «Strasse der *Romanik*» in Sachsen-Anhalt (seit etwa 1990) zu begehen (bzw. zu «befahren»). Die Kultobjekte entstanden im Zusammenhang mit der Slavenmission entlang und nahe der Elbe. Seit einigen Jahren bemüht man sich zunehmend um deren Restaurierung. Für die Schweiz sei an die romanischen Zeugnisse der Thunersee-Kirchen und die entsprechende Kultlandschaft der Suisse romande erinnert. Auch die apulische und sizilische Romanik in Italien ist in ihrer normannisch-staufischen Struktur von hoher kultgeographischer Bedeutung.

In einem grösseren zeitlichen Sprung sei hingewiesen auf die Epoche der Gegenreformation und der katholischen Reform. Die «Schwäbische *Barockstrasse*» (Oberschwaben/Allgäu) beispielsweise ist ein bedeutender Ausdruck für die Frömmigkeit jener Zeit, die alle katholischen Schichten durchzog – und gleichzeitig durchaus Wallfahrtspropaganda war. Wobei zu berücksichtigen bleibt, dass die Hintersassen (und Leibeigenen) grosser Klöster durch die Fürstäbte in umfangreichem Ausmasse zur Verwirklichung ihrer repräsentativen Bauvorhaben beigezogen wurden.

In besonderer Weise nun symbolisiert der mittelalterliche *Jakobsweg* europäische Frömmigkeitsgeschichte. Zurzeit werden die Jakobswege in ihrer diesbezüglichen Bedeutsamkeit grundlegend erforscht. In der Schweiz wird im Rahmen der nationalen Inventarisierung historischer Verkehrswege (IVS) der Zusammenhang mit den Jakobswegen deutlich erkannt und durch entsprechende Veröffentlichungen vorgestellt.

Jakobswege durch die Schweiz

Im Forschungsprojekt «Jakobswege durch die Schweiz» hat das Inventar historischer Verkehrswege der Schweiz (IVS, Universität Bern) ein Weg- und Schiffahrtsnetz erschlossen, das, bereits bestehende Handels- und Verkehrsrouten nutzend, von Norden und Nordosten in vier Strängen und zusätzlich von Chur her die heutige Schweiz durchquerte, sich allmählich bündelte und ab Lausanne als eine einzige Route zu Land oder zu Wasser nach Genf und Frankreich resp. Santiago de Compostela in Galizien weiterführte.

Es ist zu bedenken, dass man bei den prekären Wegverhältnissen des Mittelalters und der frühen und mittleren Neuzeit dem Schiff den Vorzug gab, zumindest dann, wenn man die Fahrt zu bezahlen vermochte oder nicht das Gelübde einer Fusswallfahrt getan hatte. Auf der Karte sind die möglichen Schiffahrtsrouten auf Seen und Flüssen, z.B. der Aare, punktiert, die Landwege durchgezogen.

Die Karte basiert auf einer schematischen Wegskizze des IVS, die dem Wanderbuch Jakobswege durch die Schweiz, Thun 1998, entnommen, auf eine normale Karte der Schweiz übertragen und mit zusätzlichen Informationen ergänzt wurde. Der Herausgeber dankt den Mitarbeitern am IVS für die freundliche Erlaubnis zur Benützung ihrer Unterlage. E.H.

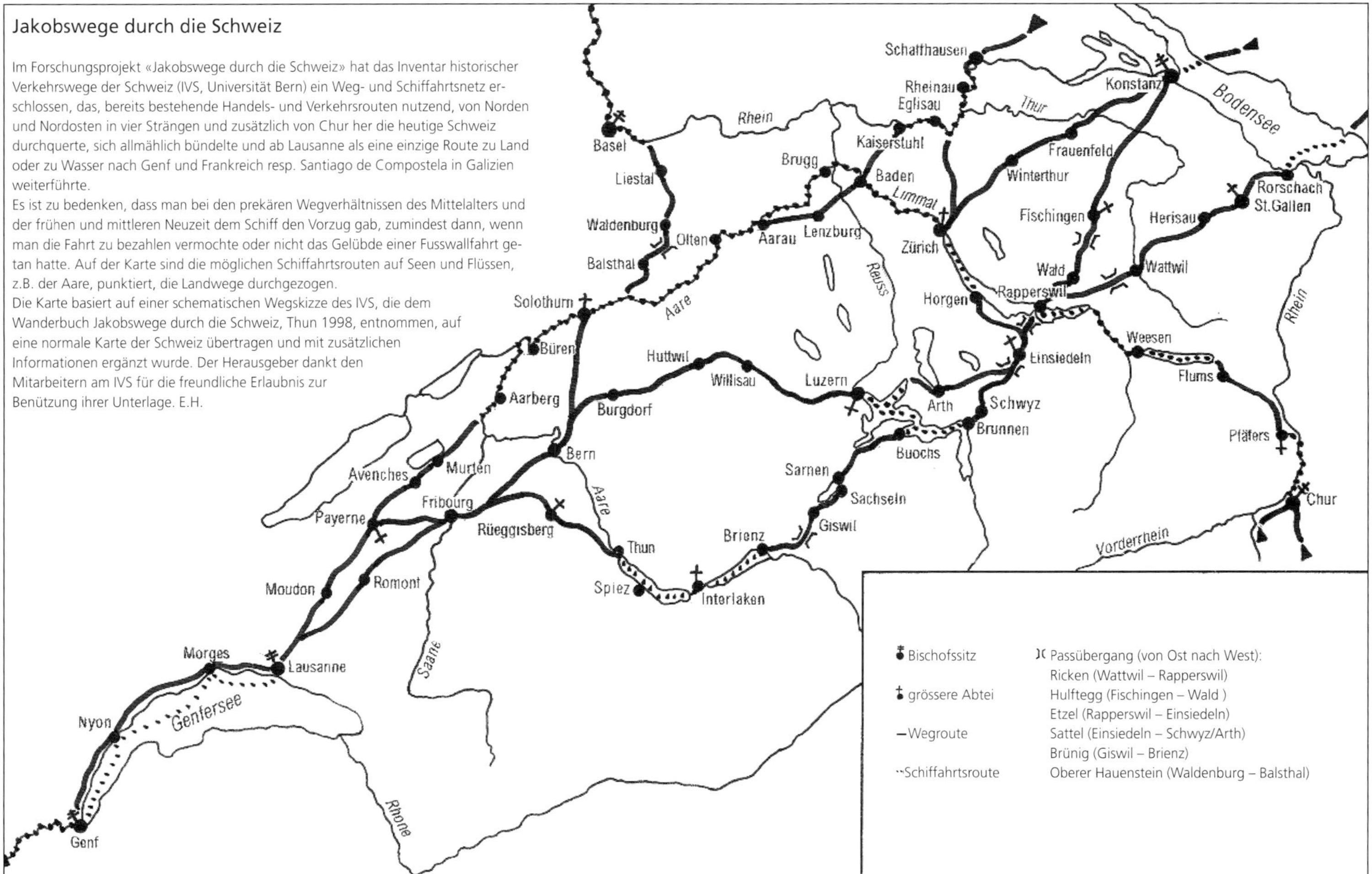

Neben diesen Aktivitäten auf dem Gebiet der Revitalisierung von «Sakralrouten» mit Tourismus-Komponenten sei ebenfalls auf kleinräumigere Bemühungen verwiesen. In der Schweiz sind Teilstücke des Jakobus-Weges als Fernwanderwege ausgeschildert. In Baden-Württemberg befindet sich ein vergleichbares Unternehmen in Planung und ist zum Teil auch bereits verwirklicht.

Auch die grossen Ströme Europas werden als Kult- und Kulturträger, d. h. ebenfalls als «Zeugen» der Frömmigkeitsgeschichte und deren Hineinreichen in die Gegenwart des öfteren in bedeutsamen Ausstellungen in Erinnerung gerufen (1992/93 die Elbe/Labe, 1994 die Donau). – Die Pflege der Sakrallandschaft wird ebenfalls im Bereich jüdischer Kult- und Glaubenszeugnisse wahrgenommen. Es sei erinnert an die jüdischen Friedhöfe in der Nordschweiz (Endingen-Lengnau und Zwingen), in Südbaden (z. B. Sulzburg und Lörrach) und im Elsass (z. B. Hegenheim direkt an der Landesgrenze), also in der oberrheinischen «Regio».

Intentionen, Anlässe und Anliegen

Die Frage nach den frömmigkeitsgeschichtlich greifbaren, d. h. nachgewiesenen und nachweisbaren Intentionen der Stiftungen behandeln wir in der Reihenfolge:

1. Anlass: *Warum* wird gestiftet?
2. Setzung: *Wer* stiftet das konkrete Einzelobjekt?
3. Schutzpatronat: *Wem* (Gott, Dreifaltigkeit, Christus, Einzelheiligen) wird das Anliegen des Gläubigen (für sich oder für andere) vorgetragen?
4. Gattung und Standort: *Was* wird gestiftet (Form- und Gestaltungstypen) und *wo* wird die Andachtsstätte errichtet (kultgeographische Zusammenhänge)?

Vorab ist die Bezeichnung «freistehendes religiöses Mal» zu erläutern. Es handelt sich hierbei um Formtypen vom Bildbaum (natürlicher Baum mit daran befestigten bildlichen Devotionalien) über Bildstock, Bildhäuschen und Altarbildstock, Statuen(gruppe), Wegkreuz und Kreuzigungsgruppe bis hin zur offenen Wegkapelle und zum Stationenweg. In den Bereich der religiösen Male kann man zum Teil auch Wegweiser, Brunnen, Umzäunungen (Weinbergmauern mit möglicherweise eingemauerten religiösen Darstellungen) einordnen.

Die hierbei aufscheinenden bildlichen und ikonographischen Motive greifen des öfteren in andere Aufstellungs- oder Gattungsarten über. So begegnen uns beispielsweise Kreuzschlepper, die jedoch vom ikonographischen Typ her auch als Teil einer Kirchenausstattung vorkommen können, als «figurale Bildstöcke». Gruppen von anderen Kleindenkmalen wie Rechts-

Sühnekreuze von Ebringen am Kaiserstuhl, Südbaden; die heute in die Wand einer Wegkapelle vermauerten Kreuze gehen auf eine blutige Auseinandersetzung von Ebringern mit Freiburger Bürgern im Jahre 1495 zurück.
Foto: Hermann Althaus, Kirchzarten.

male (Grenzsteine z. B.), weite Bereiche der Steinkreuzformen, Gedenk- und Erinnerungsmale können profane Bedeutung haben.

Wir versuchen, das freistehende religiöse Mal, ob als Flurdenkmal oder im Ortsinneren aufgestellt, nicht isoliert zu betrachten, sondern es im Gesamten der Sakrallandschaft und ihrer Kultbauten (Kapelle, Wallfahrtskirche) zu sehen.

Anlässe und Intentionen

Als Anlass zur Setzung einfacher Feld- bzw. Flursteinkreuze ergeben sich beispielsweise im südwestdeutschen Raum folgende *Grundmotive* – was sich vor allem den vielfach vorhandenen Sagen um ein Mal entnehmen lässt: Mord oder Totschlag; Kriegergrab (häufig sind sogenannte «Schwedenkreuze», «Russenkreuze» etc.); Unglücksfall.

Bezüglich der Funktion dieser Gruppe der Steinkreuze ist festzuhalten, dass sie als Sühnezeichen («Seelgerät») bei Mord und Totschlag – also als Rechtszeichen/-denkmal – oder aber als Erinnerungsmal bzw. Totengedenkzeichen («Marterl») unabhängig vom Grabstein am Ort des Geschehens dienen können.

Über den genannten Sühnecharakter hinaus sind weitere Funktionen der meist unbeschrifteten, oft nur mit Symbolen versehenen Steinkreuze bekannt: Grenzzeichen, Wegweiser, Markkreuz und Rechtsgrenze, Kennzeichnung von Gerichts- oder Ding-/Thingstätten; Pestkreuze; Denkmale früherer Kriege und Notzeiten und allgemeine religiöse Male. Dies sind jedoch *Deutungs*möglichkeiten, die mangels eigener Aussagekraft der Feldsteinkreuze aus den archivalischen Quellen nur schwer zu verifizieren sind.

Flurnamenuntersuchungen haben ergeben, dass die Bezeichnungen «Bild» und «Bildstock» im volkstümlichen Sprachgebrauch verwendet werden für folgende Male:

1. Bildstock im eigentlichen Sinn (besonders Tabernakelbildstock),
2. Feld-, Wegkreuz, Kruzifix,
3. Sühnekreuz,
4. Feld-, Wegkapelle, Heiligenhäuschen, Kapellenbildstock,
5. Stationenbild,
6. Grenz- oder Bannstein.

Dem grösseren Formenreichtum der Bildstöcke entspricht deren intensivere Mitteilungskraft bezüglich der ihnen zugrundeliegenden Stiftungsintentionen und -anlässe. Aussagen hierüber bieten sowohl die Inschriften als auch ihre ikonographische Thematik, wobei Ergänzungsaussagen aus archivalischen Quellen ebenfalls möglich sind.

Die Inventarisation von Bildstockformen und Flurkapellen ergibt beispielsweise folgende Grossgruppen von Anlässen, wenn man den Inschriften folgt: Lob und Preis (Gottes, Christi, der Heiligen); Anheimstellung des Votanten in besonderen Anliegen (dauernde Hinwendung zu bestimmten Schutzpatronen); Verlöbnis aufgrund einer Votivsituation (Krankheit, Unglück usw.); Dank für Hilfe in Notsituationen; Aufforderung zur Andacht; Totengedenken.

Schutzfunktionen als Anlass von Setzungen und Stiftungen sind nachweisbar in der Bezogenheit auf den einzelnen und die Gemeinschaft, die Umwelt, die «Habe» usw. Ausserdem kann Gott, Christus, einem oder mehreren Heiligen vorbeugend für Lebende die Bitte um konkreten Schutz bzw. fürbittweises Eintreten vorgetragen werden.

Zu den Stiftungsanlässen sind Auskünfte über die Erstellungsursachen zumeist aus dem Sakralobjekt selbst

Bildstock «San Niccolò di Flue» oberhalb Cimalmotto, Campo Vallemaggia TI.
Foto: Dominik Wunderlin, Basel, 1998.

Das Prankenkreuz von Grod am Lindenberg oberhalb Brunnwil AG, 1763. Wetterkreuz in exponierter Lage; vom Heiland nur die genagelten Hände und Füsse, Gesicht nach dem Schweisstuch der Veronika. Inschriften: «HSA bf uns» (Heiliger Sankt Antonius bitt für uns) und «Dises Creuz erhalten Beinwil Winterschwil Brunwil Grüth und Grod / das Iesus sie bewahre vor aller Noth».

Foto: Ernst Halter, Aristau AG, 1999.

nicht zu erhalten. Wiederum müssen nach Möglichkeit archivalische Quellen herangezogen werden. Inschriften sind es jedoch, die Aufschluss geben können über die zugrundeliegenden Intentionen.

Als Ausgangspunkt von Wegkreuzerrichtungen kommt in manchen Inschriften ihre ausgesprochen *christozentrische* Bezogenheit zum Ausdruck: «Wir beten Holz und Stein nicht an, sonder[n] der für uns gestorben dran» (1776 u. 1792/ Nordbaden). Das Heilshandeln Gottes in Jesus Christus und dessen Bedeutung für das Leben jedes einzelnen Gläubigen – gewissermassen als Erbauungsaufforderung im besten Sinne – wird so hervorgehoben.

Wegkreuze wie auch Bildstöcke setzt man zur Erinnerung an und zum Gebetsgedenken für Verunglückte bzw. stiftet Kapellen. Grössere Unglücksfälle, z. B. Eisenbahnkatastrophen, finden ebenfalls ihren Niederschlag. Zum eigenen Seelenheil können von Lebenden Wegkreuze, Bildstöcke oder Kapellen gestiftet werden.

Sühnesetzungen z. B. sind wie bei einfachen Steinkreuzen auch bei Wegkreuzen möglich. Der Erinnerung an Notzeiten sind Kreuze und Kreuzgruppen gewidmet. Um kriegerische Ereignisse geht es beispielsweise bei den «Schwedenkreuzen», die man verschiedentlich in Südbaden und in der Nordschweiz findet («Schächerkreuz» auf der Insel Mainau u. a.).

Als *Mahnzeichen* nach Kriegs- und Notzeiten sind Friedenskreuze und Schlachtkapellen anzusehen (z. B. bei Sempach oder in Morgarten). Die Quartierkirche San Nicolao della Flue in Lugano-Besso hat ihren Ursprung in einem Gelübde des bischöflichen Administrators Angelo Jelmini, der am 18. Juni 1940 einen Kirchenbau versprach im Fall, dass die Schweiz und das Tessin vor dem Krieg verschont blieben. Als «Tempio votivo diocesano» wurde die Kirche 1950 eingeweiht und unter den Schutz des Patrons der Schweiz gestellt.

An Kriegszeiten erinnern auch schweizerische Wehrmannsdenkmäler und Soldatengräber. Solche können auch der Soldaten gedenken, die als Internierte in der Schweiz verstorben sind. An überstandene Pest- und Kriegszeiten mahnen die «Pestkreuze», so z. B. die berühmte Holzkreuzgruppe bei Emmingen ab Egg/Baden (um 1629). Diese Kreuzgruppen (einschliesslich einiger Bildstöcke mit der Inschrift «Wanderer flieh, hier herrscht die Pest») sollten Vorübergehende warnen und möglicherweise die Seuche fernhalten.

Eine solche *Schutzfunktion* hat in volksgläubiger Auffassung – ebenso wie bei manchen Bildstocksetzungen – auch der Stiftung und Errichtung von Wegkreuzen und Kapellen in vielen Fällen zugrunde gelegen. Dabei geht es um Haus und Hof, Dorf, Flur und Landschaft. Beispielhaft seien Gipfel- und Wanderkreuze erwähnt, vergleichbar den Christophorus-Darstellungen an der Aussenfront von Kirchen und Kapellen, vor allem im Gebirge (Alpen, Karpaten usw.).

Vergleichbares ist auch ausserhalb Europas bekannt: In Tibet und in der Mongolei wurden z. B. besonders an wichtigen Passübergängen im Gebirge Kultmale in Form von Steinhaufen errichtet, in welchen Stangen mit Wimpeln, bisweilen auch mit Schaf-Schulterblättern, stecken. Diese (*o'bo* genannt) sollen – bis heute – den Vorübergehenden zum Gebet anhalten.

Stifter

Die vorgestellten Anlässe und Anliegen lassen als frömmigkeitsgeschichtliche Tatsache deutlich werden, dass Steinkreuz- und Bildstocksetzungen in Europa von Anbeginn an trotz anderweitiger Funktionen, z. B. als Rechtsmal, die sie innehaben können, Denkmäler der Frömmigkeit sind und dass damit deren Stiftungen primär religiöse Akte darstellen, so wie es auch für Kapellen und Wallfahrtskirchen gilt.

Die einfachen Flur-Steinkreuze nennen, selbst wenn sie Inschriften tragen, gewöhnlich keine Stifter. Unter den Steinkreuzzeichen nehmen – vom Kreuz abgesehen – die Berufs- und Standeszeichen einen breiten Raum ein, wobei es zweifelhaft bleibt, ob und inwieweit es sich um Handwerksgeräte (Rebmesser, Pflugschar, Hammer, Weberschiffchen usw.) oder vielleicht um Mordgeräte handelt.

Bei den Bildstöcken fällt auf, dass selten alleinstehende Stifter genannt sind. Dem Namen wird in der Regel der Familienstand (ledig z. B.) beigefügt. Meist geht es um den Stifter und dessen «eheliche Hausfrau» oder um Familien. Dies gilt auch für Wegkreuze und Kapellen, ebenso wie die Tatsache, dass dörfliche Amtsträger als Stifter fungieren können.

Modernes Flurkreuz bei Kirchzarten (gestiftet von der Familie Meder, Steinmetz Rudolf Kleiner, wohl Ende der 1970er Jahre): «Was will das Kreuz, das am Wege steht + Will dem Wanderer, der hier vorübergeht / das grosse Wort des Trostes sagen + Das Kreuz hat deine Schuld getragen.»
Foto: Hermann Althaus, Kirchzarten.

Kreuz mit den *arma Christi*, Zarten, Südbaden.
Foto: Hermann Althaus, Kirchzarten.

Die Stände sind gelegentlich durch ihre Symbole (Standes-, Berufs-, Handwerksembleme) gekennzeichnet, auch Wappen können auftreten. Ebenso sind Geistliche und kirchliche Institutionen und Gemeinschaften (Orden, Klöster, Bruderschaften etc.) als Stifter belegt.

Zum Verhältnis von privater Stiftung und Stiftergemeinschaft ist zu sagen, dass zwischen Gemeinschaftssetzungen und Stiftungen mehrerer Personen unterschieden werden muss. Ebenso wie von dörflichen Amtsträgern werden Bildstöcke, Wegkreuze und Kapellen manches Mal auch ausdrücklich als Stiftungen politischer Gemeinden ausgewiesen.

Ikonographisch gesehen erscheinen die Stifter gelegentlich auch als kniende Stifterfiguren; so als Ehepaar, zuweilen mit Kindern (Epitaph, Stiftergemälde, Votivbild, Glasgemälde).

Schutzpatronate

Wem und wie trägt der Gläubige, der ein religiöses Mal bzw. eine Kapelle stiftet, nun seine Anliegen vor? Entweder erwähnt er den angerufenen Schutzpatron ausdrücklich, zum Beispiel inschriftlich, oder aber er lässt ihn bildlich darstellen. Dazu kommen archivalische und sonstige schriftliche Hinweise, die bei der Flurdenkmalerfassung und Kapellenforschung zu ermitteln sind.

Zum Aussagespektrum der Bildwahl wie auch der ikonographischen Themen und Motive kann folgende Phänomenologie festgehalten werden: Das *neutestamentliche Heilsgeschehen* nimmt nicht nur auf den Bildstöcken, sondern vor allem auch bei den Wegkreuzen breiten Raum ein. Der trinitarischen Thematik sind zum Beispiel barocke Dreifaltigkeitssäulen mit Gnadenstuhlmotiv gewidmet. Trinitätsdarstellungen treten bei Bildstöcken ebenfalls auf. Die Geburt Christi finden wir interessanterweise in einer Komposition mit Gott Vater und Heiligem Geist als Bildstockrelief, wie auch die hl. Familie unter Gott Vater und Heilig-Geist-Taube. Aus dem

Umkreis des Geburtsgeschehens sei nochmals auf einen Dreikönigsbildstock verwiesen, der zum Schutz von Acker, Flur und Früchten gesetzt wurde. Christologische Darstellungen im Umkreis von Kreuz und Passion sind als Grundbestand bei Bildstock- und Wegkreuzerrichtungen fast immer gegeben. Entweder tritt in vielen Fällen ein einfaches Kreuz als Bekrönung von Bildstöcken auf, oder aber sie weisen neben anderen Motiven, jedoch an zentraler Stelle der Gesamtkomposition, Passionsdarstellungen und -szenen auf bis hin zur oft bildstockartigen Darstellung von Kreuzwegstationen.

Nicht zu vergessen sind die Kalvarienberge, wie wir sie eindrucksvoll in Ungarn und der Bretagne antreffen, ebenso die *sacri monti* beispielsweise im Tessin und in Norditalien.

Der Bezug zum Glaubensleben des einzelnen und seinen Glaubensanliegen ergibt sich sowohl in der Auswahl der Bibelstellen, die in den Inschriften auftreten, als auch in der *christologischen Emblematik,* z. B. der Arma-Christi-Kreuze und der Fünf-Wunden-Kreuze. Parallel zur bekannten Darstellung der «Madonna im Rosenhag» kann bei Wegkreuzen auch das Motiv «Christus im Rosenhag» auftreten. Die Kreuzigung Christi nimmt sowohl im Bildstock als auch beim Weg- und Flurkreuz eine zentrale Stellung ein. Beigegeben sind im Bildstockrelief in der Regel die üblichen Assistenzfiguren, beim Wegkreuz als Statuetten am Fuss des Crucifixus oder aber im Wegkreuzsockel eingearbeitet. Dem Wegkreuz ist in vielen Fällen Maria allein als Statuette am Fuss des Kreuzes beigegeben, was der Passionsthematik entspricht. Die Assistenzfiguren (Maria und Johannes – Deesis – die beiden Marien) können in ihrer Zusammenstellung regionalen Bedürfnissen entsprechend wechseln, vor allem im Hinblick auf besonders verehrte Schutz-, Orts- oder Kirchenpatrone.

Helferheiligen – einschliesslich der Gottesmutter Maria – werden seit urchristlicher Zeit Kultstätten und Altäre geweiht, wie sie in unterschiedlichster Weise bis in die Gegenwart hinein Sakralregionen in Ost und West bestimmen und gestalten.

Zunächst bieten sich vornehmlich Kultbauten über den Gräbern der vom Volk verehrten Märtyrer, zumeist ausserhalb der Siedlungen auf Friedhöfen, dar oder über Gräberfeldern gelegen und berührt von vorüberführenden Pilgerwegen (Egeria/Pilgerbericht). Sodann kommen vornehmlich hinzu Kultorte und -stätten (von der frühchristlichen Basilika bis hin zur Wallfahrtskapelle bzw. -kirche) volkstümlich verehrter Bekenner («Confessores»), deren erster der hl. Martin von Tours gewesen sein dürfte mit seiner europäischen Ausstrahlung (vgl. die Mosaiken in Ravenna, S. Apollinare Nuovo von 526, gestiftet für die Arianer durch König Theoderich).

Die Vielfalt religiöser Traditionen und deren Wurzeln im kulturellen Erbe der Menschheit sollten wir nicht nur gelten lassen, sondern durch vertiefendes Verstehen zu deren Erhaltung und innovatorischer Bewahrung beitragen.

Es geht um «Heutigung», um «aggiornamento» (Papst Johannes XXIII.), oder – wie es das Vatikanum II für die katholische Kirche zu sehen ermutigt – nicht nur auf den Gottesdienst, sondern ebenso auch auf das Traditionell-Brauchtümliche bezogen: «In den Dingen, die den Glauben oder das Allgemeinwohl nicht betreffen, wünscht die Kirche nicht eine starre Einheitlichkeit der Form zur Pflicht zu machen . . .; im Gegenteil pflegt und fördert sie das glanzvolle geistige Erbe der verschiedenen Stämme und Völker; was im Brauchtum der Völker nicht unlöslich mit Aberglauben und Irrtum verflochten ist, das wägt sie . . . ab, und . . . sucht . . . es voll und ganz zu erhalten» (Liturgiekonstitution Art. 37).

Literatur

Bearbeitet von Claudius Heitz und Klaus Welker

Die Bibliographie ergänzt den Text im Hinblick auf hierin Erwähntes und auf zusätzlich weiterführende Literatur, Handbücher, Standardwerke, Inventarisationen etc. Nicht aufgenommen werden Werke, deren Kenntnis als Grundlage für Forschungen auf dem Gebiet der Frömmigkeits- und regionalen Sakralgeschichte vorauszusetzen ist.
Zusätzlich sind Hinweise auf Beigaben angefügt, wie vorhandenes Abbildungs-, Quellen-, Kartenmaterial, weiterführende Bibliographien u.a.
Die Auswahl bezieht sich vor allem auf die Schweiz, Südwestdeutschland und das Elsass, beinhaltet aber auch Titel zur Entstehung von Kult- und Verehrungsstätten als Element weiterer Sakrallandschaften im europäischen Raum.

Allgemeines / Grundlegendes

Bausinger, Hermann (u.a./Hgg.): Reisekultur. Von der Pilgerfahrt zum modernen Tourismus. München 1991.
Brown, Peter: Die Entstehung des christlichen Europa. (Europa bauen.) München 1996.
Gockerell, Nina: Bilder und Zeichen der Frömmigkeit. Sammlung Rudolf Kriss. München 1995.
Graichen, Gisela: Das Kultplatzbuch. Ein Führer zu den alten Opferplätzen, Heiligtümern und Kultstätten in Deutschland. Hamburg 1988.
Hartmann, Karl: Zwanzig Jahrhunderte Kirchengeschichte [...] Lahr 1992.
Hutter, Manfred (u.a.): Art. 'Heilige Stätten'. In: LThK3 IV (1995) 1283-1286.
James, Edwin Oliver: Religionen der Vorzeit. (DuMont Dokumente: Kultur und Geschichte.) Köln 1957.
Kapfhammer, Günther: Brauchtum in den Alpenländern. Ein lexikalischer Führer durch den Jahreslauf. München 1977.
Kriss-Rettenbeck, Lenz: Bilder und Zeichen religiösen Volksglaubens. Rudolf Kriss zum 60. Geburtstag. München 21971.
Ohler, Norbert: Reisen im Mittelalter. München 1986.
Otto, Rudolf: Das Heilige. Über das Irrationale in der Idee des Göttlichen und sein Verhältnis zum Rationalen. München 26-281947.
Tworuschka, Udo (Hg.): Heilige Stätten. Darmstadt 1994.
Vischer, Lukas u.a. (Hgg.): Ökumenische Kirchengeschichte der Schweiz. Freiburg/Schw. u. Basel 1994.
Welker, Klaus u. Claudius Heitz: Volksfrömmigkeit im Erzbistum Freiburg in ausgewählten Beispielen. (Bistümer: Das Erzbistum Freiburg, [8].) Strasbourg 1998.
Ziegelbauer, Max: Der Kirche auf der Spur. Reise durch die geistliche Landschaft Deutschlands. I-II. Augsburg 1971-1973.

Einzelphänomene (nach Stichworten)

Barock

Himmelein, Volker (u.a.): Barock in Baden-Württemberg. Stuttgart 1981.

Müller, Wolfgang: Katholische Volksfrömmigkeit in der Barockzeit. In: barock in baden-württemberg [...]. Ausstellung des Landes Baden-Württemberg, Badisches Landesmuseum. - Schloß Bruchsal [...] 1981. Bd. II, Karlsruhe 1981, 399-408. [Abb.-Lit.]

Bildstöcke

Baur-Heinold, M.: Art. 'Bildstöcke (Martersäulen, Martern, Marterln, Betsäulen)'. In: ML I (1988) 483-485. [Lit.]

Dünninger, Josef u. Bernhard Schemmel: Bildstöcke und Martern in Franken. Würzburg 1970. [Abb.-Lit.]

Schemmel, Bernhard: Das heilich stöcklein gegen Franckenbron betreffentt. Zum Verhältnis von Bildstock und Kapelle. In: WDGBll 32 (1970) 171-180.

Schmidt, Leopold: Bildstöcke im Bild. Ein Überblick über die bildkünstlerische Darstellung von Bildstöcken vom 15. bis zum 19. Jahrhundert. In: ÖZV 81 (1978) 1-16. [Bildnachw.-Lit.]

Denkmalpflege / Inventarisation

Hermann, Max-Otto: Handbuch Tempel-, Kult- und Ruinenstätten der Welt. Archäologische Stätten, Heiligtümer, Antike Ortsnamen, Nekropolen. Wiesbaden 1997.

Inventarisation von Denkmälern und Kunstgütern als kirchliche Aufgabe. Dokumentation einer Fachtagung vom [...] Februar 1991 in Bensberg. Hg. v. Sekretariat d. Dt. Bischofskonferenz. (Arbeitshilfen, 88.) Bonn 1991.

Mayr, Vincent: Denkmalinventarisation ausserhalb Deutschlands. In: Inventarisation 50–65.

Einsiedler / Eremitagen

Eggersdorfer, Franz Xaver: Art. 'Eremitenschulen'. In: LThK2 III (1959) 977. [Lit.]

Güttenberger, Heinrich: Die Einsiedler in Geschichte und Sage. (Kl. Hist. Monographien, 11/12.) Wien 1928. [Abb.-Planskz.]

Rahner, Hugo: Art. 'Einsiedler'. In: LThK2 III (1959) 767-769. [Lit.]

Flurdenkmale

Brandt-Förster, Bettina: Das irische Hochkreuz. Ursprung - Entwicklung - Gestalt. Stuttgart 1978. [Abb.-Bibl.-Reg.-Kt.]

Gsänger, Hans: Die irischen Hochkreuze - ihre Geschichte, ihre Verbreitung und ihre Formgeheimnisse. Freiburg i. Br. 21982. [Abb.-Kt.]

Heimberger, Heiner: Das gefeite Dorf. Wegkreuze im Gebiet zwischen Neckar und Main. In: Mainfränk. Jahrb. f. Gesch. u. Kunst 4 (1952) 263-307.

Lantos, Mária I.: Interethnische Charakteristiken der behauenen Steindenkmäler der Ungarndeutschen. In: Beiträge zur Volkskunde der Ungarndeutschen 7 (1988) 128-143. [Abb.-Lit.]

Losch, Bernhard: Steinkreuze in Südwestdeutschland. Gestalt, Verbreitung, Geschichte und Bedeutung im volkstümlichen Leben. (Volksleben, 19.) Tübingen 1968. [Abb.-Lit.-Ktn]

Ders.: Sühne und Gedenken. Steinkreuze in Baden-Württemberg. Ein Inventar. (Landesstelle f. Vkde Stuttgart; Wttbg. Landesmus. Stgt: Forschungen u. Berichte z. Vkde in B.-Wttbg, 4.) Stuttgart 1981. [Abb.-Bibl.-Reg.]

Oser, Kurt; Grosse Kreisstadt Bühl: Geschichte des Bühler Friedenskreuzes in Zusammenhang mit dem Beginn der deutsch-französischen Versöhnung und der Entstehung der Pax-Christi-Bewegung. Dargestellt [...] anläßlich der 700-Jahr-Feier der Stadt Bühl. Bühl 1983. [Lit.]

Tüskés, Gábor: Steinerne Weg- und Friedhofskruzifixe in Ungarn. In: ÖZV 82 (1979) 267-281. [Abb.]

Welker, Klaus u. Lothar Strüber: Bildstock - Wallfahrt - Sakrallandschaft. Überlegungen zur Phänomenologie religiöser Flurdenkmale in der Erzdiözese Freiburg. In: Freib. Diöz.-Archiv 100 (1980) 542-566. - Gleichzeitig: kirche am oberrhein. FS für Wolfgang Müller. Freiburg i. Br. 1980. [Bildnachw.-Bibl.]

Allgemeines
Anderes, Bernhard - Albert Hauser - Norbert Lehmann (u.a.): AllerHeiligen. Namens- und Kirchenpatrone, Schutzheilige, Nothelfer. Pfäffikon SZ 1998. [Ausstellungskat./Abb.-Lit.]
Angenendt, Arnold: Heilige und Reliquien. Die Geschichte ihres Kultes vom frühen Christentum bis zur Gegenwart. München 21997. [Abb.-Bibl.-Reg.]
Legner, Anton: Reliquien in Kunst und Kult. Zwischen Antike und Aufklärung. Darmstadt 1995. [Abb.-Lit.]
Mitterauer, Michael: Ahnen und Heilige. Namengebung in der europäischen Geschichte. München 1993. [Abb.-Skzz.-Lit.-Regg.]
Petersohn, Jürgen (Hg.): Politik und Heiligenverehrung im Hochmittelalter. (Vorträge und Forschungen / Konstanzer Arbeitskr. f. Mittelalterl. Geschichte, 42.) Sigmaringen 1994. [Lit.-Reg.]

Marianisches
Handbuch der Marienkunde. Hgg. v. Wolfgang Beinert u. Heinrich Petri. Regensburg 1984; I-II. Regensburg 21994. [Abb.-Bibl.-Regg.]
Schenker, Lukas: Art. 'Schweiz'. In: ML VI (1994) 106-109. [Lit.]
Signori, Gabriela: Maria zwischen Kult und Kathedrale, Kloster und Welt. Sigmaringen 1995. [Bibl.-Reg.-Ktn]
Welker, Klaus: Maria als Schutzpatronin. Gedanken zu einer regionalen, marianischen Wall fahrtsphänomenologie - Baden/Hohenzollern/'Regio' am Oberrhein. In: von der suche nach gott. FS Helmut Riedlinger. Hgg. v. Margot Schmidt u. Fernando Domínguez Reboiras. (Mystik in Geschichte u. Gegenwart, I.15.) Stuttgart-Bad Canstatt 1998, 599-608. [Lit.]

Christophorus
Benker, Gertrud: Christophorus. Patron der Schiffer, Fuhrleute und Kraftfahrer. Legende, Verehrung, Symbol. München 1975. [Abb.-Lit.-Reg.]
Hahn-Woernle, Birgit: Christophorus in der Schweiz. Seine Verehrung in bildlichen und kulti schen Zeugnissen. Basel 1972. [Zugl. Diss. Zürich 1972.]
Ryser, Hans-Peter: Der heilige Christophorus im Berner Oberland. Spiez 1991. [Abb.-Kt.]
Werner, Friederike: Art. 'Christophorus'. In: LCI V (1973) 496-508. [Bildnachw.-QQ-Lit.]

Vierzehn Nothelfer
Dünninger, Josef: Art. 'Vierzehn Nothelfer'. In: LCI VIII (1976) 546-550. [Bildnachw.-Lit.]
Lutz, Dominik: Nothelfer heute. Bild-Zeugnisse unserer Zeit. Staffelstein 1998. [Abb.-Lit.-Reg.]
Schreiber, Georg (u.a.): Die Vierzehn Nothelfer in Volksfrömmigkeit und Sakralkultur. (Schlern-Schriften, 168.) Innsbruck 1959. [Abb.-Lit.]

Jakobuskult
Jakobus-Studien. Im Auftrag der Dt. Jak.-Ges. hgg. v. Klaus Herbers u. Robert Plötz. I ff. Tübingen 1988 ff.
Bottineau, Yves: Les chemins de St-Jacques. Paris 1964; dt.: Der Weg der Jakobspilger. 1992.
Graf, Bernhard: Oberdeutsche Jakobsliteratur. Eine Studie über den Jakobuskult in Bayern, Österreich und Südtirol. (Kulturgeschichtl. Forschungen, 14.) München 1991. [Zugl. Diss. München 1990/Abb.-QQ-Lit.-Regg.-zahlr., aufgeschlüsselte Ktn.]
Herbers, Klaus: Der Jakobuskult des 12. Jahrhunderts und der "Liber Sancti Jacobi". Studien über das Verhältnis zwischen Religion und Gesellschaft im Hohen Mittelalter. (Histor. Forschungen i. Auftr. d. hist. Komm. d. Akad. d. Wiss. u. Lit., 7.) Wiesbaden 1984. [Abb.-Kt.]
Ders. (Hg.): Der Jakobuskult in Süddeutschland. Kultgeschichte in regionaler und europäischer Perspektive. (Jak.-Stud., 7.) Tübingen 1995.
Der Jakobsweg. Mit einem mittelalterlichen Pilgerführer unterwegs nach Santiago de Compo stela. Ausgew., eingel., übers. u. komm. v. Klaus Herbers. Tübingen 61998.
Kimpel, Sabine: Art. 'Jakobus der Ältere [...]'. In: LCI VII (1974) 23-39. [Bildnachw.-QQ-Lit.]
Klein, Kurt: Kinzigtäler Jakobusweg [...]. Waldkirch 1994.

Kniffki, Klaus D. (Hg.): Jakobus in Franken. Unterwegs im Zeichen der Muschel. Würzburg 1992. [Abb.-Reg.-Kt.]

Mandach, André v.: Neues zum "Pilgerführer der Jakobswege". In: Plötz, Europäische Wege 41-57. [Lit.-Skz.]

Schmidt, Leopold: Die Volksverehrung des hl. Jacobus major als Pilgerpatron mit besonderer Berücksichtigung Österreichs. In: ÖZV 80 (1977) 69-99. [Abb.-Lit.]

Schneider, H. P.: Das Inventar historischer Verkehrswege der Schweiz (IVS) und dessen Zusam menhang mit den Jakobswegen. In: Plötz, Europäische Wege 143-155. [Abb.-Ktn]

Jüdisches Leben

Antmann, S. Michal u. Monika Preuß: Das Projekt zur Erforschung jüdischer Grabsteine in Baden-Württemberg. In: Denkmalpflege in Baden-Württemberg 25 (1996) 231-243.

Assal, Paul: Juden im Elsass. Bühl-Moos 1984. [Abb.-Lit.]

Hahn, Joachim: Erinnerungen und Zeugnisse jüdischer Geschichte in Baden-Württemberg. [...] Stuttgart 1988. [Abb.-Lit.-Reg.]

Hundsnurscher, Franz u. Gerhard Taddey: Die jüdischen Gemeinden in Baden. (Veröffentlichun gen der staatlichen Archivverwaltung Baden-Württemberg, 19.) Stuttgart 1968. [Abb.-Lit.]

Mentgen, Gerd: Studien zur Geschichte der Juden im mittelalterlichen Elsass. (Forschungen zur Geschichte der Juden, A.2.) Hannover 1995. [Zugl. Diss. Trier 1993.]

Sauer, Paul: Die jüdischen Gemeinden in Württemberg und Hohenzollern. Denkmale, Geschich te, Schicksale. Mit einem Beitr. v. Julius Wissmann [...]. (Veröffentlichungen der staatlichen Archivverwaltung Baden-Württemberg, 18.) Stuttgart 1966.

Kalvarienberge / Kreuzwege / sacri monti / hll. Berge

Bosl, Karl (Hg.), Odilo Lechner (u.a.): Andechs. Der Heilige Berg von der Frühzeit bis zur Gegen wart. München 1993. [Abb.-Bibl.-Reg.]

Bröer, L.: Art. 'Berge. II. Frömmigkeitsgeschichte'. In: ML I (1988) 436-438. [Lit.]

Goldhardt, Paul: Die heiligen Berge Varallo, Orta und Varese. (Diss. Dr. ing. Wien.) Wien 1908. [Planskz.]

Heilfurth, Gerhard: Art. 'Bergbau und Religiosität'. In: LThK3 (1994) 248. [Lit.]

Iconografia del Sacro Monte di Varallo [...]. Hg. v. Michaela Cometti Valle. Varallo 1984. [Abb.-Lit.]

Roth, Elisabeth: Der volkreiche Kalvarienberg in Literatur und Kunst des Spätmittelalters. (Philol. Studien u. Quellen.) Berlin 1958. [Bibl.]

Dies.: Art. 'Kalvarienberg'. In: LCI II (1970) 489-491. [Bildnachw.-Lit.]

Sacri Monti: Devozione, arte e cultura della controriforma. A cura di Luciano Vaccaro e Francesca Ricardi. (Ediz. Univ. Jaca, 88.) Milano 1992.

Sacri Monti. Itinerari di devozione tra architettura, figurativa e paesaggio. - Wege der Andacht zwischen Architektur, figurativer Kunst und Landschaft. A cura di Federico Fontana e Paolo Sorrent. O.O. (ca. 1980).

Szilágyi, István: Architektur der ungarischen Kalvarien. In: Acta Technica Acad. Scient. Hungar. 88 (1979) 185-205. [Abb.-Skz.-Ktn]

Ders.: Kálváriá. Budapest 1980. [Abb.-Kt.]

Tillet, Louise-Marie: Reisewege durch die Bretagne. Calvaires und romanische Kirchen. Würz burg 1989. [Abb.-Reg.-Ktn]

Kirchen / Klöster / Orden

Badstübner, Ernst: Kirchen der Mönche. Die Baukunst der Reformorden im Mittelalter. Berlin u. Leipzig 21992. [Abb.-Reg.-Lit.]

Benedictus. Eine Kulturgeschichte des Abendlandes. Darmstadt u. Stuttgart 1997 (Neuausg. d. Ed. v. 1980.) [Abb.]

Borst, Arno: Mönche am Bodensee 610-1525. (Bodensee-Bibl., 5.) Sigmaringen 1978. [Abb.-Lit.]

Braunfels, Wolfgang: Abendländische Klosterbaukunst. (DuMont Dokumente: Kunstgesch./Wiss.) Köln 51985. [Abb.-Bibl.-QQTexte-Planskz.-Regg.-Ktn]

Grütter, Max: Tausendjährige Kirchen am Thuner- und Brienzersee. (Berner Heimatbücher, 66.) Bern 21966. [Abb.-Lit.]
Kinder, Terryl N.: Die Welt der Zisterzienser. Darmstadt u. Würzburg 1997. [Abb.]
Pfister, Peter (Hg.) u.a.: Klosterführer aller Zisterzienserklöster im deutschsprachigen Raum. Strasbourg 21998 (Auslief.: Lindenberg, Vlg. Fink). [Zum 900-jähr. Jubil. d. Zist.-Ordens/Abb.-Lit.-Regg.-Ktn u. Planskz.]
Speich, Klaus u. Hans R. Schlüpfer: Kirchen und Klöster in der Schweiz. München 1978. [Abb.-Lit.-Ktn]
Widder, Erich: Kirchenkunst im europäischen Osten. Eichstätt 1987. [Abb.-Reg.]

Kirchenburgen / Wehrkirchen / Ordensburgen
Fabini, Hermann u. Aleida: Kirchenburgen in Siebenbürgen. Abbild und Darstellung siebenbür gisch-sächsischer Dorfgemeinschaften. Leipzig 21991.
Holst, Nils v.: Der Deutsche Ritterorden und seine Bauten. Von Jerusalem bis Sevilla - von Thorn bis Narva. Berlin 1981. [Abb.-Lit.-Regg.-Ktn]
Kerny, Terézia (u.a.): Gottes feste Burgen. Sächsische Wehrkirchen des Mittelalters in Sieben bürgen. O.O. 1990. [Abb.]
Kolb, Karl: Wehrkirchen und Kirchenburgen in Franken. Würzburg 1977. [Abb.-Bibl.-Reg.-Skz.-Ktn]
Ders.: Wehrkirchen in Europa. Eine Bilddokumentation. Würzburg 1983. [Abb.-Lit.-Reg.-Kt.]

Loretokult
Flögel, Evelyn: Die Loretokapellen in Baden-Württemberg, Bayern und der Republik Österreich. (Diss. phil. München 1984.) München 1984.
Pötzl, Walter (u.a.): Art. 'Loreto'/'Loretokapellen'. In: ML IV (1992) 151-155. [Lit.]
Passionskult / Kreuzverehrung
Wagner, Georg: Barockzeitlicher Passionskult in Westfalen. (Forschungen z. Vkde, 42/43.) Münster 1967. [Abb.-Lit.-Regg.-Kt.]
Ders.: Volksfromme Kreuzverehrung in Westfalen [...]. (Schriften d. Vkdl. Komm. d. Land schaftsverbandes Westfalen-Lippe, 11.) Münster 1960. [Abb.-Bibl.-Ktn-Regg.]

Pilger / Pilgerfahrt / Pilgerschaft
Donner, Herbert: Pilgerfahrt ins Heilige Land. Die ältesten Berichte christlicher Palästinapilger (4.-7. Jh.). Stuttgart 1979. [QQ-Lit.-Reg.-Ktn]
Dünninger, Hans: Processio peregrinationis. In: WDGBll 23 (1961) 53-176 u. ebd. 24 (1962) 52-188.
Enss, Elisabet: Art. 'Egeria (Aetheria)'. In: LThK3 III (1995) 464. [Lit.]
Herbers, Klaus: Art. 'Pilgerführer'. In: Lex.MA VI (1993) 2156. [Lit.]
Ders.: Via peregrinalis. In: Plötz, Europäische Wege (2.19.5) 1-25. [Lit.-Ktn]
Kötting, Bernhard: Peregrinatio religiosa. Wallfahrten in der Antike und das Pilgerwesen in der alten Kirche. (Forschungen z. Vkde, 33/35.) Münster 1950. [Lit.]
Ohler, Norbert: Pilgerleben im Mittelalter. Zwischen Andacht und Abenteuer. Freiburg i. Br. u.a.O. 1994.
Restle, M.: Art. 'Pilgerandenken, -zeichen'. In: Lex.MA VI (1993) 2154-2156. [Lit.]
Schmugge, L. (u.a.): Art. 'Pilger'. In: ebd. 2148-2154. [Lit.]

Routen / Strassen / Wege
Kellenbenz, Hermann: Das Strassensystem in Mitteleuropa, besonders während des Mittelalters und der frühen Neuzeit. In: Plötz, Europäische Wege 27-39. [Lit.-Kt.]
Lozza, D. u. H. Sander (Red.): Kirchen und Kapellen an der Julier-Route. Chur 1984. [Abb.]
Plötz, Robert (Hg.): Europäische Wege der Santiago-Pilgerfahrt. (Jak.-Stud., 2.) Tübingen 1990. [Abb.-Lit.-Reg.-Ktn]
Röckelein, Hedwig u. Gottfried Wendling: Wege und Spuren der Santiago-Pilger im Oberrhein-tal. In: Plötz, Europäische Wege 83-118. [Abb.-Lit.-Kt.]

Sakralregionen
Fata, Márta (Hg.): Die schwäbische Türkei. Lebensformen der Ethnien in Südungarn. (Schriften reihe d. Inst. f. donauschwäb. Gesch. und Landeskunde, 5.) Sigmaringen 1997. [Abb.-Lit.-Tabb.]
Glaser, Franz: Frühes Christentum im Alpenraum. Regensburg u. Darmstadt 1997.
Kolb, Karl: Heiliges Franken. Würzburg 1973. [Abb.-Bibl.-Regg.-Ktn]
Lantos, Mária I.: Überlieferungen und interethnische Züge der Volksreligiosität in der Diözese Pécs (Fünfkirchen). In: Acta Ethnographica Hungarica 39 (1994) 295-316. [Abb.-Lit.]
Petersohn, Jürgen: Der südliche Ostseeraum im kirchlich-politischen Kräftespiel des Reichs, Polens und Dänemarks vom 10. bis 13. Jahrhundert. Mission - Kirchenorganisation - Kult-politik. (Ostmitteleuropa in Vergangenheit u. Gegenwart, 17.) Köln u. Wien 1979. [Abb.-Bibl.-Regg.-Ktn]
Schmidt-Abels, Georg: Geheimnisvoller Breisgau. Wege zu magischen Hügeln. Waldkirch 1995. [Abb.-Lit.]
Ders.: Geheimnisvolle Plätze in der Ortenau. Waldkirch 1997. [Abb.-Lit.]
Seibt, Ferdinand (Hg.): Bohemia Sacra. Das Christentum in Böhmen 973-1973. Düsseldorf 1974. [Abb.-Bibl.-Reg.-Skz.-Kt.]
Zender, Matthias: Räume und Schichten mittelalterlicher Heiligenverehrung in ihrer Bedeutung für die Volkskunde. Düsseldorf 1995. [Abb.-Bibl.-Reg.-Ktn]
Zimmermann, Gerd: Patrozinienwahl und Frömmigkeitswandel im Mittelalter, dargestellt an Beispielen aus dem alten Bistum Würzburg. In: WDGBll 20 (1958) 24-126 u. ebd. 21 (1959) 5-124. [Bibl.-Reg.]

Spiritualität
Angenendt, Arnold: Geschichte der Religiosität im Mittelalter. Darmstadt 1997. [Abb.-Lit.]
Herbers, Klaus u. Robert Plötz (Hgg.): Spiritualität des Pilgerns. Kontinuität und Wandel. (Jakob.-Stud., 5.) Tübingen 1993. [Lit.]
Munter, Leo: Ein Besinnungsweg. Unterwegs zum Auferstandenen in Gemeinschaft mit europäischen Heiligen (von Brixen nach St. Cyrill). Brixen 1993. [Abb.-Ktn]

Wallfahrer / Wallfahrt / Wallfahrten

Allgemeines
Brückner, Wolfgang (Hg.): Wallfahrt. Pilgerzeichen. Andachtsbild. (Veröffentlichungen z. Vkde u. Kulturgesch., 14.) Würzburg 1982. [Abb.-Lit.]
Schroubek, Georg R.: Wallfahrt und Heimatverlust. Ein Beitrag zur religiösen Volkskunde der Gegenwart. (Schriften d. Komm. f. ostdt. Vkde in der Dt. Ges. f. Vkde, 5.) Marburg/L. 1968. [Bibl.-Reg.]
Welker, Klaus: Art. 'Wallfahrt'. In: ML VI (1994) 684-685. [Lit.]

Dänemark
Daxelmüller, Christoph u. Marie-Louise Thomsen: Mittelalterliches Wallfahrtswesen in Däne mark. Mit einem Kultstättenkatalog. In: Jb. f. Vkde NF 1 (1978) 155-204.

Freiburg im Breisgau: Erzbistum
Brommer, Hermann (Hg.), Rolf Metten u. Klaus Welker: Wallfahrten im Erzbistum Freiburg. München u. Zürich 1990. [Abb.-QQ-Lit.-Regg.-Ktn]
Brückner, Wolfgang: Die Verehrung des Hl. Blutes in Walldürn. [...] Aschaffenburg 1958. [Abb.-Lit.]
Kern, Franz: Das Dreisamtal mit seinen Kapellen und Wallfahrten. Freiburg i. Br. 41997. [Abb.-Lit.]
Leibbrand, Jürgen: Wallfahrten und Wallfahrtsbrauchtum in der Erzdiözese Freiburg. (Material dienst d. Rel.-Päd. Arb.-Stelle i. d. Erzdiözese Freiburg, 15: Teil I/II.) Reute 1975. [Lit.-Tabb.-Skzz.]

Schweiz

Burgener, Laurenz: Wallfahrtsorte der katholischen Schweiz. I/II (in 1 Bd.). Zürich 1867.

Eder-Matt, Katharina und Dominik Wunderlin: geheilt! Votivgaben als Zeichen geistiger Gene sung. In: Cyrill Häring (Hg.), Wohl & Sein. Basel 1996. [Abb.-Lit.-Kt.]

Henggeler, Rudolf: Helvetia Sancta. Heilige Stätten des Schweizerlandes. Einsiedeln 1968.

Hugger, Paul: Die Wallfahrt v. Hornussen nach Todtmoos. Basel 1975. [Abb.-Lit.]

Ringholz, Odilo: Wallfahrtsgeschichte Unserer Lieben Frau von Einsiedeln. Freiburg i. Br. 1896. [Abb.-Lit.-Regg.]

Wunderlin, Dominik: Zeugen zugerischer Wallfahrtsfrömmigkeit. In: Zuger Neujahrsblatt 1996, S. 44-51. [Abb.-Lit.]

Santiago de Compostela

Lipp, Wolfgang: Der Weg nach Santiago. Jakobuswege in Süddeutschland. Ulm 21997. [Abb.-Reg.]

Oursel, Raymond u. Claude Jean-Nesmy: Pilgerwege nach Santiago de Compostela durch Frankreich und Spanien. Würzburg 1990. [Abb.-Ktn]

Plötz, Robert: Pilger und Pilgerfahrt gestern und heute am Beispiel Santiago de Compostela. In: Plötz, Europäische Wege 171-216. [Abb.-Lit.]

Santiago de Compostela. Pilgerwege. Hg. v. Paolo Caucci v. Saucken. Augsburg 1996. [Abb.-Bibl.-Ktn]

Ungarn

Barna, Gábor: Wallfahrtsregionen und interethnische Beziehungen in Ungarn. In: Müveltség és Hagyomány 22 (1985) 173-184.

Thoemmes, Elisabeth: Die Wallfahrten der Ungarn an den Rhein. Aachen 1937.

Vierzehnheiligen

Lutz, Dominik: Wallfahrt nach Vierzehnheiligen. Staffelstein 1989. [Abb.-Wallf.-Routen lt. topogr. Herkunft - Kt.]

Pölnitz, Sigmund v.: Vierzehnheiligen. Eine Wallfahrt in Franken. Weißenhorn 1971. [Abb.-Lit.-Regg.]

Westfalen

Besselmann, Karl F.: Stätten des Heiles - Westfälische Wallfahrten des Mittelalters. Münster 1998.

Abkürzungen

LCI	Lexikon der Christlichen Ikonographie. I-VIII. Freiburg i. Br. u.a.O. 1968-1976 (Sonderausgabe/Nachdruck: Freiburg i. Br. 1990).
Lex.MA	Lexikon des Mittelalters. I ff. München u. Zürich 1980 ff.
LThK2	Lexikon für Theologie und Kirche. I-X. Freiburg i. Br. 21957-1965.
LThK3	Lexikon für Theologie und Kirche. I ff. Freiburg i. Br. u.a.O. 31993 ff.
ML	Marienlexikon. I-VI. St. Ottilien 1988-1994.
QQ	Quellen
ÖZV	Österreichische Zeitschrift für Volkskunde.
WDGBll	Würzburger Diözesangeschichtsblätter.

Paul Hugger

Pilgerschaft und Wallfahrt

Über Jahrhunderte war das Wallfahren ein fester Bestandteil katholischer Alltagskultur. Es gehörte zu den immer wiederkehrenden Ereignissen im Jahres- und Lebenslauf. Die entsprechenden Erfahrungen und Erinnerungen prägten sowohl den geistigen, den emotionalen wie auch den materiellen Horizont des Daseins. Das hat sich erst in den letzten Jahrzehnten grundlegend geändert, wenn man auch da und dort von einem Wiederaufleben des Wallfahrens sprechen kann.

Wallfahrt nicht gleich Pilgerfahrt?

Zum Begrifflichen

In neuerer Zeit hat sich eine intensive theoretische Diskussion um das Wesen der Wallfahrt ergeben. Im Brennpunkt stand die Frage, was Wallfahrt – peregrinatio – eigentlich sei.[1] Man versuchte, vor allem aus historischer Sicht Wallfahrt und Pilgerfahrt inhaltlich zu trennen. Danach wäre die Pilgerfahrt eine religiöse Reise, die von vornherein auf eine lange Dauer ausgerichtet ist.[2] Sie dient der Selbstfindung und kann eine Umwandlung des ganzen Lebens und Wesens des Menschen bewirken. Die Pilgerfahrt wird zum Symbol der Lebensreise. So sucht der Pilger unterwegs viele heilige Stätten auf, vergleichbar den Stationen eines Lebenswegs. Die Wallfahrt – von wallen, ziehen – führt dagegen zu einem bestimmten, räumlich nicht zu entfernten Ziel. Sie erfolgt meist in Gruppen und oft prozessionsweise. Sie dient einem besonderen Anliegen (Abwendung von Krankheit, Dürre, Dank für erhaltene Gnaden usw.) und bedeutet nicht zum vornherein eine grundliegende Zäsur im Leben.

Solche prinzipielle Unterscheidungen haben allerdings in jüngster Zeit an Kredit verloren, da sich die Phänomene in der Wirklichkeit überlappen und sich nicht immer genau trennen lassen. Zudem beruhen Wallfahrt und Pilgerschaft auf den gleichen Voraussetzungen, nämlich dem Bestreben, über die räumliche Mobilität in Beziehung zu Übersinnlichem zu

1 *Rudolf Kriss:* Zur Begriffsbestimmung des Ausdruckes «Wallfahrt», in: Oest. ZS. für Vkde 66. 1963. 101–107; *Wolfgang Brückner:* Zur Phänomenologie und Nomenklatur des Wallfahrtswesens und seiner Erforschung. Worte und Sachen in systematisch-semantischem Zusammenhang; in: Volkskultur und Geschichte. Festgabe für Josef Dünninger zum 65. Geburtstag. Berlin 1970. 384–424; *Iso Baumer:* Wallfahrt als Handlungsspiel. Ein Beitrag zum Verständnis religiösen Handelns. Bern 1977.

2 *Walter Hartinger:* Religion und Brauch. Darmstadt 1992. 99–122.

treten. Man hat sich deshalb in den letzten Jahren wieder vermehrt empirischen Studien zugewandt, Untersuchungen also zu einzelnen Gnadenorten, an denen sich die Geschichte und die Veränderung des Wallfahrens exemplarisch ablesen lassen.[3]

Einen anderen theoretischen Ansatz, der auf dem Strukturalismus basiert, wählt Iso Baumer. Nach ihm ist die Wallfahrt ein Handlungsspiel, das einen festen, streng strukturierten Ablauf kennt.

Geschichtlicher Abriss

Im Frühmittelalter waren Pilgerfahrten meist Fernreisen zu den Stätten, wo Christus gelebt hatte, oder zu den Apostelgräbern. Jerusalem, Rom und Santiago de Compostela bildeten die wichtigsten Ziele. Schon seit dem 3. Jahrhundert wissen wir von Pilgerfahrten der Römer nach Jerusalem. Früh setzte der Reliquienkult ein, vor allem im Zusammenhang mit den Katakomben-Märtyrern. Aber eigentlich zentral wird er erst im Hochmittelalter, als sich in der Folge der Kreuzzüge und des einsetzenden Reliquien-Transfers aus dem Morgenland und aus Byzanz die heiligen Orte über Europa verbreiteten und damit auch erreichbarer wurden. Sie verlagerten sich so aus dem Mittelmeerraum nach Norden. Nun setzte jenes Wallen, jenes Ziehen zu den heiligen Stätten ein, welches wir als Wallfahrt im Nahbereich kennen, zu Orten, deren Besuch seit dem 13. Jahrhundert meist mit einem Ablass verbunden war. «Die sich an der Reliquienverehrung entzündende Pilgerbewegung erfasste die Menschen aller Gesellschaftsschichten, Männer, Frauen und Kinder. Hand in Hand damit ging der Ausbau einer spezifischen Infrastruktur: Hospitalgründungen entlang der Pilgerstrassen Italiens, Frankreichs und Spaniens, nicht zuletzt an neuralgischen Punkten wie auf Pässen und an Flüssen ...»[4]

Stand ursprünglich bei der Motivation der Wunsch nach Heilung von Krankheit und Gebrechen im Vordergrund, werden im Spätmittelalter die Busse, die Bitte um Sündenvergebung und vor allem der Ablass von zeitlichen Strafen zu einem zentralen Motiv. Dass auch die Lust auf Abenteuer, die Neugierde, die Suche nach Anerkennung und Prestige Triebkräfte des Wallens waren, gehört zum komplexen Erscheinungsbild eines so vielschichtigen Phänomens. Die Wallfahrt stillt die «Reisesehnsucht im religiösen Gewand». Schmugge rückt die mittelalterliche Wallfahrt in die Nähe des modernen Urlaubreisens: «‹Peregrinatio› bedeutete eben auch Ausbruch aus dem harten, bedrückenden Alltag des mittelalterlichen Menschen mit seinem täglichen Einerlei durch die temporäre Migration einer Wallfahrt, Ausbruch aus den Schranken der Zeit und in gewisser Weise auch aus den Bindungen seines Standes, wenigstens für die Dauer der Reise.» (a. O. 280).

Von der kirchlichen Hierarchie unterschiedlich gefördert, wird das Wallfahrtswesen vor allem in der Gegenreformation als Ausdruck katholischer Frömmigkeit betont. Nun rückt die bereits im Mittelalter aufgekommene Marienwallfahrt ins Zentrum. «Das Volk in seiner Frömmigkeit sucht (und findet) in Maria das Frauliche und Mütterliche; dazu gehört sicherlich auch das Festmachen unmittelbarer Sorgen wie Kindbettgefahr, Unfruchtbarkeit und Schmerz an die Muttergottes.»[5]

Dieses barocke Wallfahren ist stark mit volkskulturellen Elementen durchsetzt, es wird von den «einfachen» Leuten mitgestaltet und mitgetragen. Überschwang und Exzesse auch in weltlichen Freuden gehören dazu, was im 18. Jahrhundert der kirchlichen Obrigkeit im Zuge der religiösen Aufklärung mehr und mehr missfällt. Sie versucht, das Wallfahren einzuschränken, zu versittlichen, Orden und Klöster werden aufgehoben und das volksreligiöse Brauchtum beschnitten. Da aber schon immer die Laien beim Wallfahren eine wichtige Rolle spielten, erwächst erfolgreicher Widerstand. Im 19. Jahrhundert ist die Wallfahrt noch vermehrt eine Sache der Laien, der Pilgerführer wird zu einer zentralen Gestalt. Im 19. und frühen 20. Jahrhundert entsteht eine Reihe neuer Wallfahrtsorte und -typen, die europäische Ausstrahlung erlangen. Es sind alles Marienorte: La Salette, südöstlich von Grenoble (1846), Lourdes (1858), Fatima (1917). Ihr Entstehen – in abgelegenen ländlichen und armen Gebieten – deutet man heute als Reaktion einer bäuerlichen Bevölkerung auf die Industrialisierung und Verstädterung, auf eine seelische und ökonomische Überforderung, die eine moderne, rationalisierte Wirtschafts- und Gesellschaftsordnung für viele darstellte. Diese Wallfahrten, erwachsen aus übersinnlichen Erfahrungen schlichter Menschen, vorzugsweise Kinder, konnten sich nur allmählich gegen den Widerstand kirchlicher Obrigkeiten durchsetzen, wobei die Unterstützung durch das gläubige Volk meist entscheidend war. Die Volksfrömmigkeit geht im 19. und 20. Jahrhundert oft andere Wege als die offizielle Kirche. Die aufgezeichnete Entwicklung setzt sich in der Moderne in einer Reihe kirchlich nicht approbierter Wallfahrten fort, oft sind es eigentliche Protestwallfahrten, die ebenfalls Marienerscheinungen betreffen: Heroldsbach (1949)[6], dann San Damiano mit Mamma Rosa (1963)[7] und neuerdings Medjugorje.

3 *Daniel Drascek:* «Homo Peregrinus». Der Mensch als Fremder in dieser Welt. Die Wallfahrt nach Oberelchingen. München 1987; *Rebekka Habermas:* Wallfahrt und Aufruhr: Zur Geschichte des Wunderglaubens in der frühen Neuzeit. Frankfurt am Main – New York 1991.

4 *Ludwig Schmugge:* Kollektive und individuelle Motivstrukturen im mittelalterlichen Pilgerwesen, in: Gerhard Jaritz, Albert Müller (Hg.): Migration in der Feudalgesellschaft. Frankfurt/New York 1988. 263–289. Zitat 265.

5 *Wilhelm Hengstler, Karl Stocker* et al.: Wallfahrt. Wege zur Kraft. Graz 1994. 183.

6 *Walter Heim:* Heroldsbach und die Schweiz, in: Bayerisches Jb. f. Vkde. 45 (1955) 41 ff.

Die grundlegenden Sequenzen einer Wallfahrt

Jede Wallfahrt lässt sich in Strukturelemente zerlegen, vor allem in ihrem zeitlichen und räumlichen Ablauf. Diese Abfolge macht die Wallfahrt zum Erlebnis, sie bringt sie in Analogie zur Lebensreise. Eine echte Wallfahrt hat dramaturgische Qualitäten, sie steigert sich zu Höhepunkten, welche die erwarteten psychischen und vielfach auch physischen Satisfaktionen erbringen. Eigeninitiative und Angebot von aussen, von den vorgegebenen Möglichkeiten her, wirken dabei zusammen.

In geraffter Weise seien hier die wesentlichen Phasen oder Sequenzen einer Wallfahrt vorgeführt:

1. Der Entschluss zur Wallfahrt

Eine Wallfahrt erwächst entweder aus einem Gelübde, einem Versprechen, das aus Dank für erhaltene Hilfe oder in der Hoffnung auf zu

Bidogno im Valcolla TI, gepflasterter Stationenweg (Via crucis) zur Wallfahrtskapelle Santa Maria delle Grazie oder Maestà mit Bildstöcken aus dem 18. Jahrhundert.
Foto: Dominik Wunderlin, Basel.

«Gruss aus Mariastein» mit Brieftaube und Bitte um Gebet. Postkarte.
Foto & Verlag Gebr. Frey, Basel. Museum der Kulturen, Basel.

erlangende Gnaden abgelegt wird. Oder die Wallfahrt – und dies trifft vor allem für die Nahwallfahrten der Moderne zu – gehört zu den jährlich oder noch häufiger wiederkehrenden Gewohnheiten, die ohne besonderen Anlass zum festen Lebensrhythmus geworden sind.

2. Der Aufbruch

War der Weggang zu einer Wallfahrt oder Pilgerreise früher ein feierlicher Augenblick, bei dem man von den Seinen Abschied nahm und Ungewissheit über eine glückliche Rückkehr herrschte, ist dies heut meist anders. Der Aufbruch hat seine Feierlichkeit eingebüsst und gleicht den vielen anderen Weggängen, welche heute eine mobile Bevölkerung pflegt: Berufs- und Ferienreisen etwa.

3. Unterwegs

Wallfahrer folgten früher auf ihren Fusswanderungen traditionellen Strecken, die seit Jahrhunderten festgelegt waren und, gleich Ameisenstrassen, immer wieder begangen wurden. Solche Wege waren mit Hospizen, Gasthäusern, Bittstätten und Kapellen besetzt, welche die Route streckenweise zur *via sacra* machten. Eindrücklich lässt sich das im Umkreis von Einsiedeln zeigen, etwa am Weg von Süddeutschland über Fischingen, die Hulftegg und das Tösstal, schliesslich den Etzel, oder an der Wallfahrtsstrecke von Luzern und der Westschweiz über den Katzenstrick.[8] Aber auch anderswo sind solche Pilgerwege mit Heiligtümern, Sagen und frommen Legenden gekennzeichnet, so etwa bei Mariastein im Solothurner Jura. Der oft entbehrungsreiche Gang zur Wallfahrtsstätte war Teil einer psychischen und physischen Läuterung, er steigerte die Erwartungshaltung und die Bereitschaft, am heiligen Ort Übersinnliches zu erfahren. Heute fällt dieser Aspekt meist weg, weil die Pilger im Zug, Bus, Flugzeug oder Privatwagen anreisen. Dabei werden zwar unterwegs zuweilen Andachten gehalten, aber

7 Vgl. dazu auch: *Doris Groscurth:* Das Wunder von Eisenberg. Europäische Wallfahrten zu modernen Marienerscheinungs- und Wunderorten. Diss. Zürich 1988. 80–83.
8 *Odilo Ringholz:* Wallfahrtsgeschichte Unserer Lieben Frau von Einsiedeln. Freiburg im Breisgau 1896. 240–243.

es fehlt das Element der körperlichen Askese und Anstrengung. Allerdings haben Individualisten den Sinn für solche Fusswallfahrten wieder entdeckt, etwa im Gang nach Ziteil oder bei der Wallfahrt von Hornussen nach Todtmoos.

4. Ankunft

Der Adventus, die Ankunft am Gnadenort, war bei Gruppenwallfahrten früher feierlich ausgestaltet. Kurz vor dem Ort wurden mitgebrachte Fahnen und Kreuze hervorgeholt, der Zug formierte sich neu; die Glocken des Heiligtums kündeten das Erscheinen an, und oft zog der Wallfahrtspriester mit Ministranten der Pilgerschar entgegen. Ein feierlicher Akt, der bei den Ermüdeten Hochstimmung auslöste und viele für die Mühsal unterwegs entschädigte.

5. Aufenthalt am Wallfahrtsort

Er folgte meist einem besonderen Programm, welches die Leute gewissenhaft einhielten, um die entsprechenden Gnaden zu erlangen: Besuch des Gnadenbildes, Gottesdienste, Empfang der Sakramente, Durchführung bestimmter ortsbezogener Rituale wie etwa der Gang zu sekundären Kultstätten, zu den Kreuzwegstationen usw. Jeder Gnadenort entwickelte besondere und originelle Szenarien, so etwa, wenn Quellen und Brunnen in den heiligen Bezirk einbezogen waren, aus denen zu trinken war oder an denen man sich wusch. Zum Aufenthalt am Gnadenort gehörte aber auch das Niederlegen allfälliger Votivgaben. Eine nicht zu unterschätzende Bedeutung hatten das gemeinsame Mahl am Zielort, das Zusammensein mit den anderen Pilgern, der kommunikative Charakter der Wallfahrt.

6. Rückkehr

Dort, wo heute noch zu Fuss gewallfahrtet wird, erfolgt die Rückkehr oft mit modernen Transportmitteln. So oder so hat die Rückkehr einen ganz anderen Charakter, sie geschieht entspannter, die grosse Erwartung ist weg, im Menschen hat sich etwas verändert. Es muss eventuell auch die Enttäuschung, nicht erhört worden zu sein, verarbeitet werden. Die Pilger beginnen sich wieder auf den Alltag zu Hause einzustellen.

Ex voto – oder die klassische Bilderwelt des Volkes

Bis heute werden an Wallfahrtsorten, sei es für erhaltene oder erhoffte Gnaden, Geschenke niedergelegt. Vielfach bestehen sie gegenwärtig aus einem Geldopfer. Jahrhundertelang aber waren es Gegenstände, entsprechend der ursprünglichen Naturalwirtschaft. Mit der Zeit entwickelten sich besondere Votivgaben, Gegenstände z. B., die durch ihre Form oder ihre Bildhaftigkeit auf die Natur der Anliegen hinweisen: Herzen, Augen, Füsse

Links: Ermitage de Longeborgne, Wand der Marienkapelle mit Ex votos; früherer Zustand.
Foto: Jean Marc Biner, Bramois.

Oben: Ermitage de Longeborgne: Himmlisches und Irdisches unter einem Dach, Ex voto aus dem Jahre 1698. Eine Frau im Himmelbett dankt für die Geburt ihres Kindes, auf dem Tisch dahinter der tote Christus in den Armen der Muttergottes.
Foto: Jean Marc Biner, Bramois.

in Silber, in Wachs, Tierfiguren usw. Votivgaben sind äusserst vielfältig. Sie stellen öffentliche Zeichen eines religiösen Rechtsaktes dar, wonach sich zwei Partner, der oder die Heilige und der Mensch, gegenseitig in Pflicht nehmen. Dabei sind besonders die Votivtafeln zum Ausdruck der Volksfrömmigkeit geworden. Sie gelten als klassische Objekte der Volkskunst und wurden schon früh von Museen und Privaten gesammelt. Sie haben einer ausgedehnten Spezialliteratur gerufen.[9] Die landesweite Bestandesaufnahme, wie sie in den vierziger Jahren durch die Schweizerische Gesellschaft für Volkskunde angelegt wurde, ist nie über das Registrieren hinaus gediehen.[10] Dies ist um so bedauerlicher, weil unterdessen viele Votivtafeln aus den Kirchen entfernt worden sind, im Zuge der Restauration, einer Rationalisie-

9 z. B. *Lenz Kriss-Rettenbeck:* Ex voto. Zeichen, Bild und Abbild im christlichen Votivbrauch. Zürich 1972; *René Creux:* Die Bilderwelt des Volkes. Brauchtum und Glaube. Frauenfeld 1980.

10 *Ernst Baumann:* Die Bestandesaufnahme der Votivbilder und Votivgaben der Schweiz, in: SAVk 47. 1957. 17–27.

rung der Raumausstattung, aus Vorsicht, um Diebstählen vorzubeugen, oder einfach als Raub gieriger Sammler und Händler. Die Votivbilder sprechen eine direkte, oft aber auch symbolbeladene Sprache, sie sind Ausdruck des Empfindens, des Hoffens und Leidens des Volkes und geben mit ihren Details Einblicke in die Lebenswelt von früher. Heute werden noch immer Ex voto niedergelegt; meist sind es aber, entsprechend dem Zeitgeist, geschriebene kurze Texte, stereotyp in den Äusserungen.

Wallfahrtsandenken

Es ist einfühlbar, dass die Wallfahrer von ihrer weiten Reise auch etwas heimbringen wollten, ein Geschenk, ein Andenken. Die Wallfahrer sind die ersten Souvenir-Käufer der abendländischen Geschichte. Noch heute sieht man auf französischen Friedhöfen kleine Metallschilder auf Marmorplättchen mit der Beteuerung an die Toten: «Wir waren in Lourdes und haben für dich gebetet.» Erinnerung im doppelten Sinn: Man erinnert sich selbst und vergewissert die anderen, dass man am Wallfahrtsort war; solche Andenken konnte man ja früher nur an Ort und Stelle kaufen. Anderseits erinnern diese die Schutzpatronin oder den Schutzpatron in mystischer Übertragung daran, dass man zu seinem Gnadenort gepilgert ist und dass der Heilige eigentlich eine fortdauernde Schutzverpflichtung übernommen hat.

Die Objekte, welche man am Gnadenort kaufte, wurden anfänglich in den Klöstern selber hergestellt. Die Nachfrage befruchtete das örtliche Handwerk und den Handel, und bald entwickelte sich ein lokales Sakralgewerbe. Nicht umsonst befand sich der grösste Schweizer Produzent sakraler Volkskunst (in Massenherstellung) in Einsiedeln, nämlich die Gebrüder Benziger & Co. Sie lieferten weithin Statuen und Statuetten aus Gips, Sainterien, wie die Franzosen sie nennen, aber auch Gebetbücher, Heiligenbildchen, Kalender usw. Die Frage, ob solche Gegenstände, wie sie an

Seite mit «Statuen für Kirchen- und Hausaltäre» in Kunststein; aus dem Verlagsverzeichnis «Rosenkränze, Devotionalien, Wallfahrtsartikel» von Benziger & Co., Einsiedeln, Waldshut, Köln a. Rh. 1897.
Sammlung Paul Hugger, Chardonne VD.

den Kiosken, auf den Vorplätzen der Wallfahrtskirchen angeboten wurden und noch werden, zur Kunst oder zum Kitsch gehören, ist obsolet. Entscheidend sind die Rezeption, die Funktion für die Betroffenen; solche Gegenstände entsprechen ganz offensichtlich auch deren Kunstgeschmack.

Was hat man nicht alles heimgebracht aus Einsiedeln. Josef Zihlmann hat darüber berichtet[11]: Medaillen, ursprünglich als Erkennungsmarken, die der Pilger offen trug, damit man sein Herkommen sah, oder die man in die Kleider einnähte, im Geldsäckel verwahrte als Schutz gegen Unglück, Überfälle, Naturgewalten. Dann Rosenkränze mit Perlen von billigem Glas bis zur feinen silbernen Filigranarbeit, Statuetten der Muttergottes aus Ton, in Einsiedeln die sogenannten Schabmadonnen, Nachbildungen des Gnadenbildes, die man in kleinster Ausführung auf sich trug und von denen man bei Krankheit ein Stück abschabte und in ein Getränk gab. Kerzen waren beliebt, vor allem als Wachsrödel, als Knäuel kunstvoll gewickelter Wachsschnüre, die man bei Unwetter, Krankheit, Todesfällen entzündete. Andachtsbilder und Gebetsbücher in den verschiedensten Ausführungen, spitzenverziert und farbig illuminiert. Dann aber auch Essbares, die Schafböcke in Einsiedeln, vielleicht als Anspielung auf das Agnus Dei, ein Honiggebäck, welches die nötige Härte für die weite Reise hatte.

Wallfahren als Beruf

Es gab «professionelle» Wallfahrer, vor allem Wallfahrerinnen. Solche Frauen und Männer übernahmen stellvertretend die Gebetsanliegen von Leuten, die verhindert waren. Mehrmals im Jahr machten sie die Fussreise nach den Gnadenstätten, fungierten so als Botinnen und Vermittler und erhielten dafür ein entsprechendes Handgeld. Pater Matthäus Keust spricht in seinen Erinnerungen vom sogenannten Luzerner Mareili, einer kleinen, älteren Person, die das ganze Jahr für andere Leute wallfahren ging.[12] Ein solches Handeln entsprach dem Gemeinschaftsdenken von einst, der Vorstellung des Corpus mysticum, wonach jeder Teil stellvertretend für den andern einstehen kann.

Wallfahrten in der Moderne?

Es wird auch heute noch gepilgert, weniger in geschlossenen Scharen, individueller. Man kann in einem gewissen Sinn sogar von einer Renaissance der Wallfahrt sprechen. Vielfach sind es die von der Kirche nicht approbierten Erscheinungsorte, zu denen Hilfesuchende mit besonderer In-

11 Was sie von Einsiedeln heimbrachten. Religiös-Volkskundliches über Wallfahrtsandenken. In: Der Hinterländer. Heimatkundliche Beilage des Willisauer Boten. 14. 1976. S. 33–37.

nigkeit und Gebetsfreude ziehen, oder die physisch anspruchsvollen, den Menschen herausfordernden Strecken und Unternehmungen, wie etwa die Wallfahrtswege nach Santiago de Compostela. Es gibt die nationalen Lourdes-Wallfahrten, per Bahn oder im Flugzeug, es gibt Regionalwallfahrten nach Einsiedeln usw. Es bestehen aber heute auch andere Wallfahrten, laisierte, wie etwa das Pilgern zu Kunstdenkmälern, einmaligen Ausstellungen, Happenings. Unlängst sprach Gregor Wedekind angesichts der Massenströme, die zum verhüllten Reichstagsgebäude in Berlin zogen, von Parallelen zum mittelalterlichen Pilgerwesen. «Pilgerströme ergiessen sich. Prozessionen wandeln. Massenhaft erwirbt das Volk Pilgerzeichen in Form von Büchern und Drucken. An die Stelle der Wallfahrtsbildchen sind Postkarten getreten. Und wo im Mittelalter Stoffstreifen in Heiligengräber hinabgelassen wurden, um die Ressourcenknappheit von Reliquien mit diesen sogenannten Berührungsreliquien zu überbrücken, verteilt die Christo GmbH eine Million Läppchen ihres silbrigen Polypropylens: Fetische zur haptischen Exaltation.»[13] Aber – und auch darauf weist Wedekind hin – nicht mehr eine übersinnliche Wahrheit steht hier konkretisiert im Mittelpunkt, sondern die weltbezogene Triumphalität der Kunst. Doch sind auch dies Aspekte einer Volksfrömmigkeit, die in der Moderne eben andere Wege geht.

Einige typische Wallfahrtsorte der Schweiz

Die nachfolgenden Beispiele, die aus den verschiedenen Landesteilen und Sprachregionen ausgewählt sind, sollen die Vielfalt der schweizerischen Wallfahrtsszene dokumentieren:

Die Wallfahrt von Hornussen nach Todtmoos

Alljährlich wallfahren die Hornusser am Montag und Dienstag vor Pfingsten über die Landesgrenze hinaus nach dem Marienheiligtum Todtmoos im südlichen Schwarzwald. Der Ursprung der Todtmooser Wallfahrt geht auf eine Marienerscheinung im Jahre 1255 zurück. Die grosse Zeit war das 17. und 18. Jahrhundert, wo der Ort überregionale Bedeutung erhielt. Heute bestehen noch wenige Fusswallfahrten, von denen die Hornusser die bedeutendste ist. Wie lange die Hornusser bereits nach Todtmoos wallfahren, ist nicht geklärt. Die Belege reichen bis ins 16. Jahrhundert zurück; die Hornusser sprechen von einem Gelöbnis wegen einer Viehseuche oder der Pest. Sicher geht so die Wallfahrt in eine Zeit zurück, wo das Fricktal mit dem rechtsrheinischen Hotzenwald eine politische Einheit bildete und zum habsburgischen Vorderösterreich gehörte.

Die Wallfahrt dauert zwei anstrengende Tage, denn die Strecke, die marschiert wird, zieht sich über 40 km hin. Jedes Jahr sind es mehr Leute, die sich daran beteiligen. 1993 waren es 271, in den 70er Jahren lag die Zahl noch unter 100. Was verlockt auch Auswärtige, sich an der Hornusserfahrt zu beteiligen: die tiefe Gebetsfrömmigkeit des Anlasses, der sportliche Aspekt, einmal dabei gewesen zu sein, der gesellige Charakter, denn es gibt auch die fröhlichen Momente der Gemeinschaft, etwa zu den Essenszeiten? Wahrscheinlich wirken viele Motive zusammen.

Die Todtmooser Wallfahrt zerfällt in zwei Etappen: Die erste, kürzere von Hornussen über die Jurahöhen nach Laufenburg wird in der Morgenfrühe von einer Kerngruppe begangen, welche die ganze Strecke zu Fuss zurücklegt. Vor Laufenburg löst sich die Prozession auf, und man überschreitet die Grenze einzeln. Hier drückt ein historisches Verhaltensschema durch. Zu Beginn des 19. Jahrhunderts versuchte die Aargauer Regierung, ähnlich wie es vorher die josephinische getan hatte, das Wallfahrtswesen zu unterbinden. Damit sollte das Ziehen über die Landesgrenze verhindert werden. Die Brücke in Laufenburg diente als Zollsperre. Einen Kilometer weiter, auf deutschem Gebiet, formiert sich der Zug wieder, vergrössert durch die neu Angekommenen. Nun zieht man den Hotzenwald hinauf, auf durch die Tradition genau vorgegebenen Wegen und Strassen. Dabei wird innig und laut gebetet, der Rosenkranz vor allem. 41 Rosenkränze waren es früher bis nach Todtmoos, heute sind es einige weniger, weil Schweigestrecken eingeschaltet werden. Die Wallfahrt liegt immer noch fest in den Händen der Laien. Der Pilgerführer trägt die Verantwortung, er sorgt auch für die nötige Gebetsdisziplin. Die Ortsgeistlichen nahmen bis vor wenigen Jahren nicht teil, auch dies ein Nachwirken der Geschichte, weil den kirchlichen Amtsträgern eine Beteiligung im 19. Jahrhundert untersagt war. Dafür trafen sie jeweils auf andern Wegen abends in Todtmoos ein.

Wenn am späteren Nachmittag die Pilgerkolonne oben am Waldrand vor Todtmoos erscheint, beginnen in der Kirche die Glocken zu läuten. Der Wallfahrtspriester zieht mit Ministranten, Kreuz und Fahne den Pilgern entgegen. Das ist ein hoher Moment für die vom Marsch Ermüdeten. Die Hornusser sind die letzten, die noch diese Ehrung erfahren.[14]

Madonna del Sasso, Locarno

Auf einer Felskuppe nördlich der Altstadt gelegen, bietet Madonna del Sasso das typische Erscheinungsbild des Sacro Monte im norditalienischen Kulturkreis, einer gewachsenen Kultlandschaft mit vielfältigen, sinnbeladenen architektonischen Einzelelementen. Der Aufstieg zum Heiligtum entlang der Via crucis bildet eine etappenweise Initiation und entführt den gläubigen Menschen der geschäftigen Welt des Bisherigen. Madonna del Sasso ist der «nationale» Wallfahrtsort des Tessins. Er geht auf eine Marienerscheinung am 15. 8. 1480 zurück. Dabei beauftragte Maria Pater Barto-

12 *Paul Hugger:* Der schöne Augenblick. Schweizer Photographen des Alltags. Zürich 1982. 55 f; vgl. auch Ringholz (wie Anm. 8) 109 f.
13 Neue Zürcher Zeitung 26. Juni 1995.145.17.
14 Paul Hugger: Die Wallfahrt von Hornussen nach Todtmoos. Basel 1975.

lomäus Piatti von Ivrea, aus dem Franziskanerkloster Locarno, oben auf dem Felsen ein Kirchlein zu bauen. Ein erster Kapellenbau erfolgte 1481, eine Erweiterung 1485. Ein Konvent wurde errichtet, ein weiteres Franziskanerkloster, das von 1490 bis 1848 bestand. Die Klosteraufhebungen im Tessin in der Folge des Sonderbundskrieges brachten auch das Ende der Franziskanergemeinschaft auf Madonna del Sasso. Das Vermögen wurde der notleidenden Staatskasse einverleibt. An ihrer Stelle übernahmen Kapuziner die Betreuung der Wallfahrt. In den grossen Auseinandersetzungen zwischen Konservativen und Radikalen, die das Tessin in der 2. Jahrhunderthälfte spaltete, spielte Madonna del Sasso eine wichtige Rolle. Einzelne Wallfahrten wurden zur Manifestation politischer Gesinnung. Die Bedeutung des Wallfahrtsortes in diesem Jahrhundert blieb ungeschmälert. Vom 3. 3. bis 3. 7. 1949 wurde das Gnadenbild als Madonna Pellegrina auf einer triumphalen Fahrt durch alle Pfarrkirchen des Tessins geführt, von Morbio Inferiore bis Airolo.[15]

Notre Dame du Scex, Saint Maurice

Hoch in den Felsbänken, welche Saint Maurice und die alte Abtei überragen, liegt das Marienheiligtum «Die Muttergottes vom Felsen» (Scex = Saxum, Felsen), und es scheint vom Talgrund kein Weg dorthin zu führen, so entrückt wirkt die Lage. Und doch ist Notre Dame du Scex neben Longeborne der heute meistbesuchte Wallfahrtsort im Wallis. Die historischen Wurzeln reichen tief ins 1. Jahrtausend zurück. Der Legende nach war die natürliche Grotte anfangs des 7. Jahrhunderts von einem Mönch Aimé als Ort der Stille gewählt worden, damit er hier in der Einsamkeit ganz Gott leben könnte. Archäologische Funde belegen, dass sich dort schon zu karolingischen Zeiten Steinbauten befanden, eine Kapelle oder eine Eremitage. Seit 1317 ist eine der Gottesmutter geweihte Kapelle aktenkundig. Für das 15. Jahrhundert wissen wir von zahlreichen Wallfahrten. Nach verschiedenen Wechselfällen – eine Zeitlang scheint die Eremitage verlassen gewesen zu sein – bringt das 17. Jahrhundert mit dem allgemeinen Aufschwung der Marienverehrung eine neue Blüte. 1764 wird die Kapelle teilweise neu gebaut und erweitert, 1948 erfolgt eine umfassende Restauration und Neugestaltung.[16] Das Heiligtum gehört der Abtei St. Maurice. Gegenwärtig (1996) lebt dort ein junger Walliser als freier «Eremit». Die Kapelle wird häufig von Gläubigen aufgesucht, sie kommen einzeln oder in Gruppen, nicht nur aus dem Wallis. Zweimal während der Woche und jeweils am Sonntag liest ein Chorherr die Messe. Am 14./15. August, am Fest Maria Himmelfahrt, findet eine Nachtwache statt. Zahlreiche Votivtafeln weisen auf Gebetserhörungen hin. Im Winterhalbjahr

15 La grande visita della Madonna Pellegrina. (Alfredo Leber). Lugano 1980; *Giovanni Pozzi* (Hg).: La Madonna del Sasso fra storia e leggenda. Locarno 1980.

16 Vgl. *Cathérine Santschi:* Les Ermites du Valais, in: Vallesia. XLIII 1988. 1–103, spez. 6–10.

St-Maurice, Kapelle Notre-Dame du Scex; der heutige Bau stammt aus dem Jahre 1683.
Foto: Jean-Marc Biner, Bramois.

werden keine Messen gelesen, damit man die Gläubigen nicht der Gefahr von Steinschlägen, Eisbrüchen usw. aussetzt.

Ziteil, Oberhalbstein, Graubünden

Ziteil, auf 2433 m unterhalb der Gipfelpartie des Piz Curvèr, bildet den höchstgelegenen Wallfahrtsort der Schweiz. Der Besuch dieser Gnadenstätte verlangt eine besondere körperliche Anstrengung. So reiht sich Ziteil ein in jene europäischen Höhenheiligtümer, die sich im ganzen Alpengebiet finden, aber auch in Irland oder in den Pyrenäen.

Die Wallfahrt geht auf eine Marienerscheinung vom 6. Juli 1580 zurück, als eine weissgekleidete Frau einem 18jährigen Mädchen erschien und es beauftragte, die Dorfbewohner zu Gebet und Busse aufzufordern. Das Mädchen scheute sich, dieser Weisung nachzukommen, und erst nach wiederholten Erscheinungen wurde der Vorfall in der Öffentlichkeit bekannt. Parallelen zur späteren Bernadette von Lourdes sind unverkennbar. Einige Zeit später erschien Maria auch einem 16jährigen Knaben in der gleichen Berggegend. Der Wallfahrtsort entwickelte sich in verschiedenen baulichen Etappen: Um 1700 entstand neben der Kapelle ein erstes kleines Pilgerhaus; 1848 errichtete man einen neuen Bau mit einer Männer- und einer Frauenstube und mit kleinen Schlafzimmern für die Geistlichen. «So sassen die Pilger am Tisch und versuchten mit dem Kopf auf verschränkten Armen zu schlafen. Ab und zu gingen sie in die kalte Kirche, um zu beten und zu singen. Dann kamen sie trotz der dicken Luft wieder in die Stube und wärmten sich am Ofen, bis die Morgendämmerung durch die angelaufenen Fensterscheiben schimmerte. Da man vor der Messe nichts essen und trinken durfte, war man froh, wenn das Glöcklein mit der rasselnden Eisenkette zur 5-Uhr-Messe rief. Während der Nacht hatte man gebeichtet und ging nun zur Kommunion. Schon damals war der Hauptgottesdienst mit Predigt um 8 Uhr, damit die Pilger zur Mittagszeit wieder im Tal seien.»[17] 1949/1950

Maria Erscheinung in Ziteil, 1766, Ölgemälde in der Pfarrkirche Paspels. Maria in Bedeutungsgrösse segnet einen vor ihr knienden Hirten, dahinter Kühe; im Mittelgrund Pilger mit Hut und Stab, dann Jagdszene (Jäger schiesst eine Gemse); am oberen Bildrand drei Blitze.
Kantonale Denkmalpflege Graubünden, Inv.-Nr. 107.001.040; Foto-Nr. K 4397.62.

baute man ein neues Pilgerhaus. Seit 1955 bestehen Massenlager. Man stockte 1977 auf, so dass heute rund 150 Pilger ein Nachtlager bekommen können. Bis 1949 betreuten Kapuzinerpatres als Seelsorger von Salouf auch den Wallfahrtsort, seither geschieht es durch den Pfarrer dieser Gemeinde.

Ziteil wird nur während des kurzen Bergsommers aufgesucht, einzeln und vor allem in Gruppen. Der Aufstieg von Salouf dauert $3^{1}/_{2}$ Stunden, man kann allerdings heute mit dem Auto bis zur Waldgrenze fahren, von da sind es immer noch $1^{1}/_{2}$ Stunden Marsch. Es seien schon Leute unterwegs gestorben, bemerkt der Wallfahrtspriester. So hat denn diese Wallfahrt ihren besonderen Charakter als physische Herausforderung, als körperliche Mühsal, besonders wenn man bedenkt, dass die Leute oft noch einen langen Anfahrtsweg bis nach Salouf zu bewältigen haben. Denn die Pilger kommen von fern, nicht nur aus Graubünden, sondern aus dem St. Gallischen, aus Zürich bis hinab ins Fricktal. Der Wallfahrtsort ist in den Monaten Juli bis September nur über das Wochenende geöffnet, die meisten Pilger treffen schon am Vorabend ein. Um 22.00 Uhr ist jeweils Abendandacht, dann herrscht Ruhe bis 6 Uhr. Die Verpflegung muss mitgebracht werden. In Ziteil sind Kaffee, Tee und Suppe erhältlich. An gewissen Sonntagen weilen so über 500 Personen auf dem Berg.

Der Wallfahrtsort Ziteil verfügt über kein eigentliches Gnadenbild, auch sind keine spektakulären Wunder bekannt. Man besucht ihn wegen der einmaligen Lage, der Höhe, der meditativen Ruhe der Bergwelt, die Pilger fühlen sich näher dem Überirdischen.

Das jurassische Nationalheiligtum – die Vorburg bei Delsberg

Seit Mitte des 12. Jahrhunderts befindet sich bei der Klus nördlich von Delsberg auf hohem Felsen eine Kapelle. Sie wurde später ein beliebtes Sujet der Kleinmeister. Der Bau gehörte zu einer Burganlage, die heute zerfallen ist. Die Kapelle selber wurde öfters zerstört, dann wieder aufgebaut und renoviert. Noch im 16. Jahrhundert war die Vorburg der Hauswallfahrtsort von Delsberg, zu dessen Territorium sie gehört. Die Bevölkerung zog am Ostermontag jeweils zu den dort verehrten Heiligen St. Immer und St. Othmar. 1674 gelangte eine Marienstatue dorthin, und jetzt setzte die Marienverehrung ein. Aber erst die politischen Ereignisse des 19. Jahrhunderts machten die Vorburg zum regionalen Wallfahrtszentrum und gaben ihr den ersten Rang unter den vielen jurassischen Zufluchtsstätten. Das bewirkte vor allem der Kulturkampf, der auch die Vertreibung der romtreuen Geistlichen durch Bern brachte. Jetzt wird die Vorburg zum Symbol des Widerstandes gegen das protestantische Regime, zum Ausdruck einer sich formenden jurassischen Identität. Am 12. September 1869 krönte Bischof Eugène Lachat, der selber ein Opfer des Kulturkampfes wurde, die Statue unter grosser Beteiligung der Bevölkerung. Noch heute erinnert die Semai-

17 *Duri Loza:* Die Wallfahrt nach Ziteil. Salouf. o. J. 18.

ne de Vorbourg, die «Vorburg-Woche», im September an dieses Ereignis. Dann ziehen täglich andere Pfarreien zur Kapelle, wo am Nachmittag oder Abend ein feierliches Hochamt abgehalten wird. Daneben zieht die Vorburg viele Einzel- und Gruppenwallfahrer an. Iso Baumer stellt in seiner Monographie über die Vorburg fest, dass vor allem junge Leute die Wallfahrt nach der Vorburg prägen. Allerdings ist ihre besondere Fusswallfahrt im Oktober, die im Anschluss an die Suezkrise in den siebziger Jahren entstanden war, heute eingegangen. Ganz allgemein war ja die Bildung des Kantons Jura durch eine euphorische Beteiligung der Jugend geprägt. Seither hat sich manches abgekühlt. Dieser Entwicklung mag auch der Sternmarsch zum Opfer gefallen sein. Die Vorburg ist heute eine beliebte Hochzeitskirche. Das Einzugsgebiet erstreckt sich über den ganzen Jura in die Kantone Solothurn, Aargau, Luzern und Basel hinein sowie in das benachbarte Elsass. Seit 1995 betreuen wieder drei Mönche aus dem Benediktiner-Priorat Le Bouveret (Wallis) die Wallfahrt, wie sie dies schon 1949 bis 1984 getan hatten.[18]

Maria Lourdes, Zürich-Seebach, ein Wallfahrtsort in der Stadt

Entgegen der landläufigen Meinung haben sich auch in den Grossstädten des 19. und 20. Jahrhunderts Wallfahrtszentren herausgebildet, wie etwa Beispiele in Paris und Wien belegen. Zürich hat seine Wallfahrtsstätte, sie liegt im ehemaligen Arbeiteraussenquartier Seebach. Die Katholiken dieses Quartiers gehörten bis 1935 pastoral zu Oerlikon, dann wurde die neue Kirche Maria Lourdes als religiöses Zentrum eingeweiht. Die Kirche, eine Pionierleistung im Eisenbetonbau, ist ein Werk des Oerliker Architekten Fritz Metzger und wurde 1982 unter regionalen Denkmalschutz gestellt. Die Lourdes-Grotte, in einer Seitenkapelle an die Kirche angebaut, geht auf ein Gelöbnis des Churer Bischofs Georgius Schmid zurück. «Dieser soll 1928 in Lourdes versprochen haben, im Falle der Erhörung seiner Anliegen in Zürich ein Marienheiligtum errichten zu lassen.»[19]

Die Lourdes-Grotte von Seebach reiht sich ein in ein ganzes Netz ähnlicher Bauten in der Schweiz. Im Anschluss an die Erscheinungen in der Massabielle-Grotte in Lourdes breitete sich die Verehrung der Lourdes-Madonna europaweit rasch aus. Bald kam der Wunsch auf, eine Nachbildung des Heiligtums in der Nähe zu haben, eine Grotte also, die für Kranke und wenig mobile Beter leichter erreichbar wäre. Beter auch, die sich eine Wallfahrt aus materiellen oder zeitlichen Gründen nicht leisten konnten. Solche Filialstätten der Wallfahrt haben ihre Vorbilder in den Loretokapellen, Einsiedlermadonnen usw. Die Initiative kam teils von Laien, teils auch vom Ortsklerus. Die Geschichte der Lourdes-Grotten in der Schweiz ist nicht geschrieben. Die reizvollen und in der formalen Ausbildung immer wieder unterschiedlichen Heiligtümer gehören zu den schützenswerten Kultstätten genauso wie Kirchen und Kapellen. In der Zeitschrift «Ave», dem Organ des Vereins der interdiözesanen Lourdes-Wallfahrt Olten, sind seit 1982 16 kleine Monographien solcher Grotten erschienen. Diese Zahl ist längst nicht vollständig, niemand kann genau sagen, wie viele Lourdes-Grotten in der Schweiz bestehen. Zu den ältesten gehören Maria Bildstein 1884, Teil einer geplanten «Sacro Monte»-Anlage, Libingen 1887, Ingenbohl 1888, Lungern ca. 1887, und die letzte im Datum scheint die von Chur 1987 zu sein.

Die Kirche von Seebach liegt mitten im belebten Stadtquartier, umgeben von drei befahrenen Strassen. Sie ist mit Bahn, Tram oder Auto leicht erreichbar. Darin erfüllt sie vor allem für ältere Wallfahrer aus dem städtischen Umkreis ihre Funktion. Die Grotte in der Seitenkapelle wird als Insel der Stille aufgesucht, für vielseitige Gebetsanliegen. Die beiden Seitenwände der Kapelle sind völlig mit Votivtafeln bedeckt. Sie zeugen von Gebetserhörungen, auch wenn eigentliche Wunder nicht bekannt sind. Bestimmte Wallfahrtstermine gibt es nicht. Jeden Donnerstag- und Sonntagnachmittag um 16.00 Uhr findet ein Pilgergottesdienst mit Beichtgelegenheit, Predigt und eucharistischem Segen statt. Vor diesen Messen beten die Pilger in der Grotte von 14.30 Uhr bis 15.30 Uhr den Rosenkranz. Am 1. Monatssonntag wird der Pilgergottesdienst mit der Krankensegnung verbunden. Diese Gottesdienste «bestechen die BesucherInnen durch ihre Festlichkeit und die Nähe zum eucharistischen Geschehen in Lourdes, wenn mit der Monstranz der Krankensegen erteilt wird. Unter den Gläubigen finden sich immer auch einige Gehbehinderte in Rollstühlen und an Krücken. Häufig sind bei der Erteilung des Krankensegens auch Eltern mit ihren geistig behinderten Kindern anzutreffen.»[20]

Maria Lourdes Seebach wird vor allem von Einzelpilgern aufgesucht, weniger von Gruppen. Zwei Formen der Einzelwallfahrten unterscheidet Helen Arnet: «Den spontanen, in alltäglicher Verrichtung integrierten Grottenbesuch und den feierlichen, von den Wallfahrenden als Gegensatz zum Alltag empfundenen Gottesdienstbesuch mit einem Aufenthalt in der Grotte. Der erste Typus bietet sich auch zur Weitergabe religiösen Wissens von Eltern und Grosseltern an Kinder und Enkelkinder an.» (a. O. 96). So entspricht der städtische Wallfahrtsort Maria Lourdes Seebach den individualisierten Bedürfnissen des urbanen Menschen in besonderer Weise. Dass es vor allem ältere Menschen sind, auch Leute aus bescheidenen wirtschaftlichen Verhältnissen, dürfte zum Charakter des letztlich unspektakulären Heiligtums passen.

18 *Iso Baumer:* Pélerinages jurassiens: Le Vorbourg près de Delémont (Suisse). Histoire d'une chappelle et de ses pélerinages du moyen âge au XXe siècle. Une étude de tradition religieuse. Porrentruy 1976.

19 *Helen Arnet:* Maria Lourdes Seebach «Das kleine Lourdes» in Zürich. Eine qualitative Untersuchung zu Alltagsreligiosität der Gegenwart im städtischen Raum. Liz.-Arbeit. Zürich 1995. 15; *Walter Heim:* Maria Lourdes Seebach. Wallfahrtsort in einem städtischen Quartier in: SAVk 82 (1986) 23–29.

20 Arnet, a. O. 23.

Franz-Toni Schallberger OSsR

Maria

Eine religionspsychologische Betrachtung

Pfarrkirche Maria im Hag, Meltingen SO, Gnadenaltar nach der Restaurierung 1968.

Foto: Ernst Rass (1968/69).
Kantonale Denkmalpflege Solothurn.

An Maria scheiden sich die Geister

Blicken wir auf das weite Gebiet der marianischen Volksfrömmigkeit in der Schweiz, dann scheint es unmöglich zu sein, in diesem beschränkten Rahmen der gestellten Aufgabe gerecht zu werden. Deshalb gehe ich nicht flächendeckend vor, sondern anhand einzelner Beispiele versuche ich in die Marienfrömmigkeit einzuführen, so wie sie in unserer Geschichte und in unserem Land gelebt wird.

Einige Stichwörter mögen zeigen, in welche Zusammenhänge wir uns mit der marianischen Volksfrömmigkeit begeben und wie unterschiedlich sich die Gläubigen Maria gegenüber ausdrücken: Das Rosenkranzgebet – das früher häufig gesprochene Gebet «Der Engel des Herrn», «Angelus» genannt – das Entzünden von Opferlichtlein – die vielen Bildstöcke – die Marienlieder – die individuelle oder für Gruppen organisierte Wallfahrt innerhalb der Schweiz und ins Ausland, vor allem nach Lourdes, Fatima und Medjugorje – die einzelnen Wallfahrtsorte als Kraftorte – die Weihe an Maria – die schwarze Madonna – die Beziehung zwischen Maria und dem Mond, Maria und der Erde, der Materie, dem Baum (z. B. Eiche, Ahorn, Linde), dem Stein, dem Wasser, dem Wald, der Dunkelheit der Erde – die (lauretanische) Litanei zu Maria – die Pietà (die Leidensmutter mit dem toten Sohn in ihrem Schoss) – die Begegnung Jesu mit seiner Mutter auf dem Kreuzweg (4. Station) und Jesus im Schoss seiner Mutter (13. Station) – das im Dialekt gesprochene Kraftwort: «Jesus – Maria» – die Ikone der «Mutter von der Immerwährenden Hilfe».

Wie Maria zum religiösen Vollzug gehört, so scheiden sich an ihr auch die Geister. Viele Menschen haben in ihrem Glaubensleben keine Beziehung mehr zu Maria. Vielen ist sie zu süss, für andere ist sie zu sehr in die Nähe Gottes gehoben, wieder andere können nicht unterscheiden zwischen «Maria anbeten» und «zu Maria beten». Wiederum andere entdecken Maria durch ihre Auseinandersetzung mit der Göttin Artemis. Viele haben Mühe mit Maria als Magd und Dienerin, sie distanzieren sich deshalb von ihr, weil sie sich vordergründig durch sie nicht zu einem gesunden Selbstbewusstsein aufgerufen fühlen. Deshalb suchen sie zuerst andere Frauen in der Bibel, z. B. Ruth und Noemie, Esther und Judith, Mirjam, die tanzende Schwester des Mose, Maria Magdalena, die «Apostelin der Apostel». Es gibt auch Menschen, denen Maria ein unerreichbares Ideal ist, zu weit weg, entrückt, so dass die Beziehung von ihnen zu ihr nicht hergestellt werden kann.

Maria verkörpert die Seele des einzelnen Christen und den Leib der Kirche

Was ist der theologische Kern marianischer Volksfrömmigkeit? Damit Gottes Geist in der geschaffenen Welt wirken kann, braucht er einen Einstieg. Gott steigt durch die Materie in die Materie ein. Im Wort Materie ist das Wort Mater enthalten. Mater heisst Mutter. Die Materie, die Erde, ist Mutter für das Leben, das uns unaufhörlich durch sie geschenkt wird. Sie trägt und ernährt uns.

Will Gott Mensch werden, braucht er also eine Mutter, die ihn empfängt, trägt, gebiert, in schweren Stunden zu ihm steht und in deren Schoss er noch im Tod getragen wird, damit er von neuem aus dem Schoss seiner Mutter und dem Schoss der Mutter Erde geboren werden kann – in seinem Auferstehungsleib. Nach Christi Himmelfahrt verbinden sich die Jünger Jesu und die Frauen mit Maria. Diese Kerngruppe, die will, dass es mit Jesus nicht zu Ende sei, sondern dass er durch sie weiterwirken könne, bildet mit Maria in ihrer Mitte einen gemeinsamen «Mutterschoss». In ihm empfangen sie den Geist Jesu Christi. Ein Zweifaches geschieht dadurch:

Zusammen mit Maria bilden die Frauen und die Jünger den Leib von Christus. Er will sich durch seinen Geist in ihnen verkörpern. Sie werden also in seinen Leib verwandelt, bilden seine Kirche, sein Volk.

Das Zweite: Unaufhörlich wird durch die, die an Christus glauben und in deren Mitte wie an Pfingsten Maria steht, Christus in diese Welt hin-

Basilika Mariastein, Metzerlen SO, Gnadenkapelle, alter Zustand. Postkarte, Foto & Verlag Gebr.Frey, Basel.
Museum der Kulturen, Basel.

Maria mit Jesuskind, Bildstock auf gewachsenem Fels in Rovio TI.
Foto: Dominik Wunderlin, Basel.

eingeboren. Wie Maria und mit Maria gebiert heute das «Volk Gottes» – so definiert das Zweite Vatikanische Konzil die Kirche – als Mutter Kirche Christus. In Maria finden sich auch alle Christus-Gläubigen. Sie ist das Bild des Volkes Gottes, der Kirche. Zugleich ist sie das Bild der glaubenden Seele des einzelnen Menschen. In Maria findet sich die Seele. Die Seele erkennt sich in Maria. Deshalb pilgern die Menschen als einzelne, aber auch gemeinsam als Pfarrei, als Diözese, als Kranke, als Familie zu Maria.

Die marianische Volksfrömmigkeit hat intuitiv die beiden angesprochenen Elemente verbunden: die Materie, die Mutter Erde, und Maria, die Mutter Gottes. An Wallfahrtsorten ist Maria immer in Elemente der Natur miteinbezogen. Sie leuchtet auf im Baum, ist verbunden mit einer Quelle, zeigt sich an einem Ort besonderer Kraft, an dem ihre Leucht- und «Erscheinungskraft» aufstrahlt, damit durch sie Christus seine volle Wirkkraft entfalten kann.

Die einzelnen Wallfahrtsorte und ihre Elemente

Wir nehmen nun einzelne Wallfahrtsorte, in denen Elementarisches zum Ausdruck kommt, in den Blick:

Viele Schweizer pilgern nach *Lourdes*, wo Maria in einer Felsnische erschienen ist. Die heilige Bernadette musste in der Erde graben, und dem Grund entsprang eine Quelle, deren Wasser heilende Wirkung hat. Lourdes gilt als einer der stärksten Kraftorte. In Lourdes ist die Wirkkraft von Christus durch die vielen Heilungen offensichtlich.

In der Schweiz kommt das Element Stein im Zusammenhang mit Marienwallfahrtsorten in allen Landesgegenden zum Ausdruck: *Madonna del Sasso* in Locarno (Tessin), *Notre Dame du Scex* (von Saxum = Felsen) oberhalb von Saint-Maurice (Wallis) und vor allem *Mariastein* in der Nähe von Basel, nach Einsiedeln der zweitgrösste Marienwallfahrtsort in der Schweiz. In Mariastein fällt auf, dass das Gnadenbild nicht in einen Altar eingeordnet ist, sondern sich nur ein Tuch zwischen Fels und Gnadenbild befindet. Es ist also in «Tuchfühlung» mit dem Stein. Die «Mutter Erde» in

Gestalt des Steines und die Mutter Gottes sind unmittelbar miteinander in Tuchfühlung.

Wasser ist das Element, über dem die allermeisten Gnadenorte – viele sagen heute Kraftorte – errichtet sind. Der Altar steht meistens über einer Quelle. Darin drückt sich das mittelalterliche Axiom aus: «Die Gnade setzt die Natur voraus»! Das bezieht sich auf die Natur und die Schöpfung im allgemeinen. Vor allem aber gilt es für den Menschen. In *Einsiedeln* steht in der Mitte des riesigen Vorplatzes eine Marienstatue unter einer Krone, die von sieben Säulen getragen wird; rundherum aus vierzehn Röhren – wohl in Anlehnung an die vierzehn Nothelfer – fliesst Wasser.

Maria Dreibrunnen bei Wil SG, vor allem aber *Maria Heilbronn* in Luthern Bad LU, bezeugen die Verbindung Marias mit dem Wasser. Im Jahre 1581 erschien dem schwer gichtkranken Bauern Jakob Minder Maria im Traum und befahl: «Geh hinter dein Haus gegen das Tobel, wo das Kreuz steht, und grabe die Erde auf. Du wirst allda ein Wasser finden, in diesem wasche dich und du wirst gesund werden. Versprich aber, dass du dein Leben lang jeden Morgen und Abend beim Betglockenläuten drei Vaterunser, Ave-Maria und den Glauben beten willst» (Lüthold 1979, S. 167). Was Minder träumte, wurde Wirklichkeit. So entstand die Wallfahrt nach *Maria Heilbronn* in Luthern Bad, am Fuss des Napfs.

Marienwallfahrtsorte lassen Elemente früherer Naturreligionen erahnen, die im Christentum oft mit Maria in Zusammenhang gebracht werden. Die Geomantie – wörtlich «Erdorakel» – beschäftigt sich mit der Wechselbeziehung zwischen dem Menschen und seiner natürlichen Umwelt. Dieses «Gespür für die Erde» tritt heute wieder stärker ins Bewusstsein. Die frei fliessende Energie der Erde ist schon immer in Heiligtümern, Kirchen und Wallfahrtsorten gebündelt worden. Durch die Kräfte, die in der Erde – in Felsen, unbearbeiteten Steinen, in Höhlen, Hügeln, Bergen, Bäumen, Quellen und Flüssen – vorhanden und wirksam sind, manifestiert sich die Mutter Erde (Pennick 1982, S. 19). Lage, Begrenzung, Platzwahl, Orientierung

Maria Heilbronn, Luthernbad LU; das Gnadenbild über dem zweiröhrigen Quellbrunnen ist nur durch ein Vordach vor dem Wetter geschützt.
Foto: Ernst Halter, Aristau AG, 1999.

Maria mit Jesuskind, Bildstock über Brunnen in Rovio TI.
Foto: Dominik Wunderlin, Basel.

und Proportion einer Kirche oder eines Heiligtums sind demnach spirituell bedeutsam. Es wird auch von Beziehungen zwischen einzelnen Wallfahrtsorten oder Heiligtümern gesprochen (Pennick 1982, S. 41). Wenn Gedanken und Gebete sich auf einen anderen Menschen auswirken und Menschen miteinander verbinden, können auch heilende Kräfte an verschiedenen «heiligen Orten» miteinander kommunizieren und sich gegenseitig verstärken. Die Anwesenheit betender Menschen an einem Wallfahrtsort z. B. kann die geistig-spirituelle Ausstrahlungskraft dieses Ortes verstärken.

Viele Wallfahrtsorte stehen unter dem Zeichen eines Baumes

Am Beginn der Wallfahrt nach *Maria-Rickenbach* NW steht die Legende vom Hirtenjungen, der das Gnadenbild im Jahre 1528, zur Zeit der Reformation, aus dem Berner Oberland nach Rickenbach getragen haben soll, um es vor den Bilderstürmern und dem Feuer zu bewahren. Im kommenden Frühjahr nahm er die Holzfigur auf die Alp, stellte sie in einen hohlen Ahornstamm und betete vor ihr. «Im Herbst wollte er das Bild wieder mit sich zu Tale tragen, aber als er versuchte, es sorgsam aus dem Ahorn zu heben, liess es sich auch mit der grössten Kraft nicht mehr von der Stelle bewegen. Erst als man an gleicher Stelle einen Bildstock und später eine Kapelle baute, liess sich das Bild dahin übertragen» (von Matt 1976, S. 49). Und schon begann die Wallfahrt auf den Berg. Die Geschichte erzählt von vielen Landeswallfahrten, die in Zeiten der Not abgehalten wurden, und von vielen Erhörungen.

Auffallend ist: die Statue kann nicht vom Ahorn getrennt werden. *Die Materie, die Mutter Erde, und Maria, die Mutter Gottes, können nicht voneinander getrennt werden.* Der Ahorn ist «Sinnbild für eine gegebene Ganzheit des Universums, eines Universums mit einer allumfassenden Anwesenheit Gottes. Sein dreiteiliges Blatt bedeutet die Trinität» (Huwiler 1989, S. 46). Wie Maria wird auch der Ahorn mit der Himmelsleiter in Verbindung gebracht.

In *Kehrsiten* NW steht die Wallfahrtskapelle *Maria in Linden.* Den Ursprung der Wallfahrt bezeugt eine Inschrift auf einem alten Gemälde in der Gnadenkapelle: «Laut sicherer Tradition sahen anno 1612 zwey Fischer mit Namen Max Baggenstos und Gotthard Engelberger auf diesem Platz die göttliche Mutter Maria auf zwey Linden stehend. Ersterer verehrte diesen Platz zu Erbauung einer Kapelle und der zweyte aber erbaute die erste Kapelle zum Andenken dieser Erscheinung, welche hernach (1758) vergrössert worden» (Lüthold 1979, S. 101). Aus dem Lindenholz wurde das Gnadenbild geschnitzt. Die Lindenblätter, die mit den Füssen von Maria in Berührung kamen, wurden als Heilmittel auf Wunden aufgelegt.

Noch heute steht hinter der Kapelle die Linde, die damals gepflanzt wurde. Die Linde «gibt alles, was sie hat: Wegweisung an den Fragenden, Gerechtigkeit für die unter ihr abgehaltenen Gerichte, Heilkraft den Kranken, Friede und Freude dem Gesprächspartner, sie besiegelt Liebesversprechen und halbiert das Leid der Trauernden. Die Linde bedeutet Hoffnung auf ewigen Frühling im Paradies. Ihr Holz ist geduldig und anpassungsfähig, aus ihm lassen sich Madonnen schnitzen» (Huwiler 1989, S. 36). Im ältesten Marienhymnus der Ostkirche wird Maria so gegrüsst:

> «Sei gegrüsst, herrlich fruchtender Baum, der die Gläubigen labt.
> Sei gegrüsst, schützendes Laubdach, darunter viele sich bergen.
> Sei gegrüsst, Du jungfräuliche Mutter.»

Richten wir nun unseren Blick auf das grosse Mittelfenster im *Fraumünster in Zürich.* Marc Chagall hat die fünf Fenster im Chor geschaffen. Das grüne Mittelfenster zeigt im unteren Teil Maria mit dem Christuskind im Baum des Lebens und wohl auch *als* den Baum des neuerstehenden Lebens. Und in seiner Fortsetzung erstrahlt im oberen Fensterteil Christus am Kreuzesbau. *Die echte marianische Volksfrömmigkeit nimmt Maria in den Blick und wächst zugleich über sie hinaus: die Frucht ihres Leibes, die tiefste Frucht des neuerrichteten «Lebensbaumes Maria» ist Christus.* Das gläubige Volk grüsst Maria so:

> «Gegrüsst seist Du, Maria, voll der Gnade, der Herr ist mit Dir. Du bist gebenedeit unter den Frauen und gebenedeit ist die Frucht Deines Leibes, Jesus!»

Im ostungarischen Dorf Pócs, nordöstlich von Debrecen (heute Máriapócs), hing seit 1675 in der griechisch-unierten Kirche ein Muttergottesbild. In der Zeit der Türkenkriege wurde vor dem Bild inständig gebetet. «Auf einmal sahen die Dorfbewohner und anwesenden Soldaten, wie blutige Tränen aus den Augen der Gottesmutter des auf Holz gemalten Bildes flossen» (Lüthold 1979, S. 88). Das wiederholte sich mehrmals. Das Gnadenbild wurde dann in den Stephansdom von Wien übertragen. Eine Kopie kehrte nach Pócs in Ungarn zurück, und eine der weiteren Nachbildungen kam durch Schweizer, die im Türkenkrieg als Söldner dienten, nach Kerns.

Die Blutweinende Muttergottes von Siebeneich bei Kerns OW lässt uns noch einmal an die Verbindung «Baum – Maria» denken. Sieben Eichen: die Eiche ist Symbol der Unsterblichkeit, da ihr Holz in Antike und Mittelalter für unverweslich galt. Die Zahl sieben weist auf die Mittel hin, durch die wir heil werden (sieben Sakramente). Wer ins Heil gefunden hat, lebt und erfährt, dass ihn letztlich nichts töten kann, nicht einmal der Tod.

1954 entdeckten ungarische Flüchtlinge ihr geliebtes Gnadenbild in Kerns. In der Folge fanden sich immer wieder viele Ungarn in Siebeneich ein. Als Fremdlinge in der «Verbannung» riefen sie Maria zu: «Zu Dir rufen wir verbannten Kinder Evas» (vgl. «Salve Regina»).

In Siebeneich spricht Maria vor allem Mütter in Angst und Not an und zeigt sich als Helferin der Schwangeren. Sie wirkt mit der Urkraft einer Ikone. Auf einem alten Votivtäfelchen in Siebeneich werden Maria die folgenden Worte in den Mund gelegt:

«Ich weine auch für dich sogar, zu retten dich von der Gefahr.»

Wenn Maria weint, dann hilft sie auch uns zu weinen. Ungeweinte Tränen, die endlich fliessen können, werden zu erlösenden Tränen. Durch Tränen kommen auch blockierte Lebensenergien in Fluss. Ein Gebet zur Mutter von Siebeneich lautet:

«Weine, wenn Du kannst, doch klage nicht,
Weine, wenn du kannst, doch verzage nicht.

Du hast ja gesagt, als du gefragt wurdest.
Du hast Ihn auf den Armen getragen
lebendig und tot.

Du hast Ihn aus den Händen gegeben
und das Alleluja weinend gesungen.

Tränen der Trauer: Er wird sie trocknen.
Tränen der Hoffnung: Er wird sie geben.
Tränen der Freude, die ich Ihm danke.»

Maria – Mutter der Passion

Das wichtigste «Mittel», um zum Leben und zum Heil zu gelangen, ist das Leiden. *Leiden ist der Weg vom unerlösten zum erlösten Dasein.* Es geht darum, alles Unerlöste zu durchleiden, damit wir ins unauslöschbare Leben hineinfinden. In diesem Zusammenhang steht das Schlussgebet des «Angelus»:

> «Wir bitten Dich, Gott, giesse Deine Gnade in unsere Herzen ein. Durch die Botschaft des Engels haben wir die Menschwerdung Christi, Deines Sohnes, erkannt. Führe uns durch sein Leiden und Kreuz zur Herrlichkeit der Auferstehung!»

Die vierzehn Kreuzwegstationen können als eine tiefenpsychologische Auslegung des Leidensweges von Christus betrachtet werden. In zwei der vierzehn Stationen tritt Maria auf. Zwar steht davon in der Bibel nichts, doch kommen diese zwei Stationen einem tiefen seelischen Bedürfnis entgegen. Nach seinem ersten Fall begegnet Jesus bei der vierten Station seiner Mutter. Mitten im Fallen und Leiden sucht der Mensch eine mütterliche Gegenwart. Der leidende Mensch will mütterlich angenommen werden. Er will erfahren, dass er im Leiden nicht allein gelassen wird. Er will sich aufrichten lassen.

Maria steht zu uns, sie steht uns bei. Mehr noch: sie fängt uns auf in Leiden und Tod. Der tote Jesus wird in den Schoss seiner Mutter gelegt, bevor der Schoss der Erde sein Grab wird. Der Name Maria heisst übersetzt: Das Bittere der Zeit tragen! Das Bitterste ist Leiden und Tod. Maria wird ihrem Namen gerecht. Die 13. Kreuzwegstation bedeutet: Wie Mariens Schoss, so möchte auch der Schoss unserer Seele «Totes» empfangen, es tragen und als neues Leben gebären. Bis zuletzt soll das Leben, auch wenn es uns «bitter» oder tot erscheint, eine Chance haben.

Wenn das «tote Leben» in den Schoss zurückkehrt, aus dem es Leben empfangen hat, wird es neu belebt, von neuem geboren. Was wir liebend in den Schoss hineinnehmen, kann verwandelt werden. So werden wir dem Tod, den Toten und auch allem Toten in uns zum Mutterschoss für neues Leben. Marias Schoss ist Jesu erstes Grab, aus dem er auferstehen wird.

Maria mit Schleier und Christuskind, 1768, Ölgemälde in der Pfarrkirche Paspels. Die ikonenhaft wirkende Kopie des Mariahilf-Bildes von Lucas Cranach in der Stadtpfarrkirche in Innsbruck (nach 1537) erinnert an die engen Beziehungen zwischen dem habsburgischen Tirol und katholisch Bünden.

Kantonale Denkmalpflege Graubünden, Inv.Nr. 107.001.039, Foto-Nr. K 4397.61.

Christus als Weizenkorn fällt in Marias Schosserde. Dadurch geht sie wie ein zweites Mal mit ihm schwanger und wird ihn als den Auferstandenen «gebären». Die Frucht ihres Leibes ist das Leben selber, Christus, der «Erstgeborene der Toten» (Kol 1,18).

Vom «toten Punkt» aus kann neues Leben werden. Deshalb werden viele Gläubige zu Pietà-Darstellungen (der tote Christus in Mariens Schoss) hingezogen. Wo sich in einer Kirche eine Pietà – oder eine Darstellung der *Sieben Schmerzen Mariens* – befindet, da stehen oder knien oft Hilfesuchende. Ähnlich ist es bei der *Ikone von der Immerwährenden Hilfe*, auch *Mutter der Passion* genannt. In unzähligen Kirchen und Kapellen in der Schweiz ist sie zu finden. Wahrscheinlich ist die «Immerwährende Hilfe» weltweit das meistverbreitete Marienbild.

«Die beiden Erzengel Gabriel und Michael mit den Leidenswerkzeugen prägen die Ikone der ‹Immerwährenden Hilfe›. Gabriel hält Christus das Kreuz entgegen und Michael den Kelch mit der herzdurchbohrenden Lanze und dem Schwamm auf einem Stab. Christus, verängstigt durch die Engel, dreht den Kopf zum Engel Gabriel und nimmt das Kreuz in den Blick, wendet sich aber in seinem ganzen Leib seitlich seiner Mutter zu und schmiegt sich an sie. Seine Hände legt er in die offene rechte Hand seiner Mutter. Marias rechte Hand weist auf Christus hin und schenkt ihm zugleich Schutz. Christus ängstigt sich. Dabei verliert er die Sandale seines rechten Fusses, den er deshalb etwas hochzieht und ihn zur Aussenseite seines linken Fusses führt, der unverändert bleibt» (Schallberger 1996, S. 9–10).

Die Opferlichter

Vor Mariendarstellungen, bei denen es um Leiden und Tod geht, zünden die Gläubigen mit Vorliebe Opferlichter an. Es drängt den Menschen, seine Anliegen, Sorgen und Nöte, seine Ängste und Verluste, seine Sehnsucht und sein Gebet über die Zeit seiner körperlichen Anwesenheit hinaus in einem Opferlicht zu vergegenwärtigen und weiter «brennen» zu lassen. In einer Kirche fand ich beim Anzünden eines Opferlichtes das folgende Gebet:

«Heilige Maria, ich bringe dir dieses Opferlicht
dar als Sinnbild meiner Liebe zu dir.
Gleich wie das Opferlicht möchte ich brennen
und mich verzehren im Dienste des Herrn
und meiner Brüder und Schwestern.
Gib, dass ich in Wort und Beispiel, der
Lehre Jesu folgend, ‹Licht der Welt› sei.
Erflehe mir dazu die Kraft von deinem
göttlichen Sohn Jesus Christus. Amen.»

Heilige Namen – «Schrecknamen» – «Herzensnamen»

Das Licht, das vor einem Gnadenbild brennt, kann ein Symbol dafür sein, dass die Namen Jesus und Maria in den Herzen der Menschen «brennen». Wenn wir erschrecken, kommen uns jene Worte auf die Lippen, die wir im Herzen tragen. Wir alle kennen den Ausruf «Jessesmaria!», sei's als Kraftwort, sei's im Erschrecken. Eine mögliche Erklärung:

Die beiden heiligen Namen «Jesus und Maria» dienten dem Volk als Gebetslitanei ähnlich dem Rosenkranz, verloren aber als wiederholendes Gebet zunehmend an Gewicht, bis sie als Gebetsform mit der Zeit in Vergessenheit gerieten. Als Schreck-, Kraft- oder Fluchwort tauchen sie aber in Grenzsituationen immer wieder auf. Heute nun wird das Sprechen des Namens «Jesus Christus» oder der Namen «Maria – Jesus Christus» als Gebetsform neu entdeckt. Vorerst geschieht das eher in Gruppen mit meditativ-kontemplativem Interesse.

Dieses *Herzensgebet* kann zum gläubigen Volk zurückfinden, bei dem es einst gepflegt wurde. Es ist ein einfaches und wiederholbares Gebet, einfacher als das Rosenkranzgebet. Was bis in die seelischen Tiefenbereiche wirksam werden will, muss nach Karlfried Graf Dürckheim zwei Bedingungen erfüllen: es muss einfach und es muss wiederholbar sein. Wer mit ganzem Herzen die Namen «Maria – Jesus Christus» spricht, wächst zunehmend in die Erfahrung hinein, dass sein Herz betet und zur Wohnung derer wird, deren Namen er mit dem Herzen spricht. Die Wirkungen des wiederholenden Gebetes sind sowohl aus dem christlichen Bereich, zum Beispiel von den Mönchen des Berges Athos, als auch aus anderen Religionen bekannt.

Maria als Muttergöttin: die Tamilen

Die Hindus finden in Maria ihre Muttergöttin und in den grossen Marienwallfahrtskirchen ihre Tempel wieder. Nicht nur die christlichen Tamilen, sondern auch viele Hindu-Tamilen wallfahren nach Mariastein,

Basilika Mariastein, Metzerlen SO, Gnadenbild in der Gnadenkapelle im Fels, Zustand nach der Restaurierung 1991.
Foto: Jürg Stauffer, Solothurn (1992). Kantonale Denkmalpflege Solothurn.

Einsiedeln und Lourdes. Sie entzünden Kerzen, beten still, kommen immer wieder, regelmässig. Beeindruckend ist, den Tamilen in der «Felsengrotte», der Gnadenkapelle, in Mariastein zu begegnen. Immer zahlreicher kommen sie, einzeln, in Gruppen oder als Familie. Sie fühlen sich daheim. Für viele schmelzen hier die Unterschiede zwischen den Religionen. Es geht ihnen um den religiösen Vollzug und nicht um dogmatische Unterschiede. Sie kommen, um zu beten und bewegen sich in allen Gottesdiensträumen, wie sie sich in ihren eigenen Tempeln bewegen. Die Statuen erinnern sie an ihre Tempel. Ein Heimatgefühl taucht auf.

Die Schwarze Madonna

In *Stans* finden sich die Betenden nicht in der grossen, hellen Kirche zum persönlichen Gebet ein, sondern in der unter ihr im Halbdunkel liegenden Kapelle *Maria unter dem Herd* (Herd = Erde). Es zieht den Menschen immer wieder zum Tiefen- und Dunkelbereich hin, zur «Mutter Erde», um durch sie zur Mutter Gottes, zum Schöpfergott und so zum eigenen Werden zu finden. Wenn Menschen ihre Anliegen und Sorgen zur Erd-Maria, zu «Maria unter dem Herd», bringen, möchten sie nicht nur erhört, sondern von innen her neu geschaffen werden.

> «Denn du hast mein Inneres geschaffen, mich gewoben im Schoss meiner Mutter... Als ich geformt wurde im Dunkeln, kunstvoll gewirkt in den Tiefen der Erde, waren meine Glieder dir nicht verborgen» (Psalm 139,13.15).

Die Schwarze Madonna von *Einsiedeln* steht im Zusammenhang mit dem Dunkel der Erde. Durch das heute wachsende Interesse an der Schwarzen Madonna wird ein wesentliches Element marianischer Volksfrömmigkeit ins Bewusstsein gehoben. Über 400 Mariendarstellungen auf der Welt (Afrika nicht eingerechnet) sind schwarz. Warum? Es geht dabei um das Geheimnis des Erdinnern, der Mutterkraft des Lebens. Aus ihr wird Leben geboren, im Dunkel der Erdkräfte regeneriert sich das Leben. Im Dunkel der Seelenkräfte gilt es, deren brachliegendes Potential zu entdecken. Der Mutterschoss liegt im Dunkel. «Die Mutter» liegt im Dunkel der Erde und in der «Erdmitte des Menschen». Es scheint, als ob die «Mutter Erde», die «Erdmutter», die Mutter der Lebendigen – Eva – und vor allem die Mutter des Neuen Lebens und der Neuschöpfung – die Gottesmutter Maria – aus dem Dunkel der Erde erstehen würden. Auch heute: damit das Leben selber – Christus – auferstehe!

Man könnte von zwei verschiedenen Wegen sprechen, durch die sich Maria manifestiert. Der eine führt vom lichtvollen Himmel nach unten und der andere von der dunklen, «schwarzen» Erde nach oben.

Die Menschen zieht es dorthin, wo Maria erscheint. Zeigt sich Maria vom Himmel her als die lichtvolle Gestalt wie zum Beispiel in Lourdes, dann sprechen wir von einer «Erscheinung». Und eine Statue weist auf die Erscheinung hin.

Zeigt sich Maria von der Erde her in dunkler Gestalt wie in Einsiedeln, Altötting, Chartres, Notre-Dame-du-Puy, Montserrat, Czestochowa (Tschenstochau) usw., tritt sie aus dem Dunkel der Erde und des Unbewussten ins Licht der Welt und des Bewusstseins. Und eine Statue weist auf diese Tatsache hin.

Die Religionsethnologin Cornelia Vogelsanger schreibt: «Im alchemistischen Prozess beginnt alles bei der *schwarzen Materie*; sie ist der *Ausgangspunkt* der *Verwandlung.* Die materia prima ist schwarz, schwer, zerbrechlich. Sie ist weiblich. Sie steht allen zur Verfügung, aber das Geheimnis muss ich zuerst finden. Niemand sagt mir, wie die Verwandlung vor sich geht. Nur eines ist gewiss: Sie geschieht im Dunkeln, an einem Ort, wo Leben und Tod zusammenfallen und wo ich nichts mehr zu sagen habe.»

Als Toter fällt Christus in den dunklen Schoss seiner Mutter, um dann im Schoss der Erde zu ruhen. Als Lebender wird er aus dem «Mutterschoss der Erde» neu geboren. Die Auferstehung geschieht in der Nacht, im Dunkel des Erdgeheimnisses. Kein Mensch ist Zeuge der Auferstehung von Christus, wir sind Zeugen des auferstandenen Christus. Allein das Dunkel der Nacht und der Erde weiss um das Geheimnis des Neuen Lebens. Und dieses Geheimnis erscheint uns in der Schwarzen Madonna.

In seinem Buch *The Black Madonna* macht sich Fred Gustafson fünf grundlegende Gedanken zur Schwarzen Madonna von Einsiedeln: Die Schwarze Madonna hat eine über 1100jährige Geschichte, die auch archetypisch gelesen werden muss. *Der Finsterwald,* in den Meinrad, ausgehend von der Reichenau und nach Zwischenstationen, im Jahre 835 an den Ort der heutigen Gnadenkapelle gezogen war, bildet *gleichsam die Erstgestalt der Schwarzen Madonna.*

Der Finsterwald ist die Erstmaterie für die Weiterentwicklung der Schwarzen Madonna, er verwandelt. Der Finsterwald ist Ausdruck der Einsamkeit, welche die Voraussetzung für tiefere Selbstfindung ist und die den Menschen auf die innere Reise schickt. Er ist finster und Symbol für das Unbewusste, für die dunkle weibliche Seite im Menschen und zugleich für die nährende und umarmende Mutter. Der Wald schützt und nährt die Natur – denken wir, wie Menschen auf das Waldsterben reagieren. Etwas Mütterliches, das Leben ermöglicht, stirbt, wenn der Wald stirbt. Der Wald hat eine Majestät wie eine Kathedrale und kann ein Gefühl für die Gegenwart Gottes vermitteln, ob er nun geheimnisvoll und dunkel ist oder Schutz gewährt. Das dunkle Weibliche und der Wald sind eng miteinander verbunden.

Dabei geht es auch um die Auseinandersetzung zwischen dem Habicht, den Werten des Bewussten, und dem Raben, den Werten des Unbewussten. Meinrad rettet die Raben vor dem Habicht, das Unbewusste vor dem Zugriff des Bewussten. *Zwei Raben*, die Meinrad von jung an gezähmt hatte, seine treuen Begleiter, sind Ausdruck dafür, dass er «das Schwarze» bejaht und zähmt, das Dunkle und auch seinen Tod annimmt und so die Voraussetzung zur Verwandlung schafft. Damit Verwandlung geschehen kann, muss die alte Persönlichkeit sterben. Meinrads Eintritt in den Finsterwald und die «Rettung der Raben» bilden den Ausgangspunkt des Marienkultes.

Der zweite Gedanke: *Durch wiederholte Zerstörung der heiligen Stätte und deren Wiederaufbau verfeinern sich im Lauf der Geschichte,* ausgehend vom Bau der Meinradszelle bis zum Bau des heutigen Klosters (1704), *die Meinradslegende, der Marienkult und deren Statue.* Dabei weist Gustafson darauf hin, *dass das Grundempfinden der Menschen reif war für diesen tiefen seelischen Ausdruck.* Die Weihe der ersten Kapelle fand in der Nacht statt. In der *Nacht* bricht das göttliche Licht auf. Der *Mond* ist die «Mutter der Sonne», denn in der Nacht werden das Licht und der Tag geboren. Das Unbewusste geht schwanger mit dem Bewussten und gebiert es. Der Mond wird Maria zugeordnet, denn sie gebiert die Sonne und das Licht des Lebens – Christus! Doch auch Er ist schwarz. Wie Maria Christus in sich trägt, trägt Er Maria in sich, den Bezug zu seinem Werden, zum Dunkel der Erde. Die Schwarze Madonna ist ein religiöser Ausdruck der Nachtseite Gottes und auch eine vitale Erweiterung des menschlichen Selbst mit seiner dunklen, unbewussten und geheimnisvollen Natur.

Und der dritte Gedanke: Das dunkle Bild verwandelt! *Mutter und Kind sind schwarz.* Die archetypische Beziehung zwischen Mutter und Sohn tritt in Weltreligionen stark in Erscheinung. Auf der höheren Ebene des Weiblichen ist die Mutter nicht einfach «Mutter», sondern *«Die Mutter»*, die in jeder Hinsicht verwandelt ist. Die Madonna von Einsiedeln hat einen höchst entwickelten Verwandlungsprozess durchlaufen, weit über den Rohzustand hinaus, der im Finsterwald symbolisiert ist. *Die Madonna trägt ihren Sohn, ihre «eigene Schöpfung» und zugleich ihren Schöpfer. Sie ist Mutter des Lebens, dem auch sie sich verdankt, und Trägerin des Lichtes, das sie gebiert und das sie zugleich als Voraussetzung für die Geburt des Lichtes immerwährend empfängt.*

Das Kind ist der Ausdruck der spirituellen Natur des Weiblichen. Christus ist nicht nur Sohn Gottes, Sohn des Vaters, des himmlischen Lichtes, des höchsten Bewusstseins; Er ist zugleich immer auch Sohn der «Erde», Sohn der Mutter, Sohn Mariens, der unbewussten dunklen Seite des Lebens. Deshalb ist die Annahme der dunklen, lebenspendenden Kraft auf allen Ebenen bis in die Seele hinein, in der wir Gott empfangen, wichtig. Ohne sie würden wir uns von der eigenen lebenspendenden Quelle abschneiden und in der Marienfrömmigkeit in Sentimentalität abgleiten. Die Schwarze Madonna ist Quelle eines neuen Bewusstseins und Quell der Kreativität. *Die Schwarze Madonna ist von Gold umgeben, das vergraben in der schwarzen Erde liegt und darauf wartet, durch geduldige und sorgfältige Arbeit entdeckt zu werden.*

Im vierten Gedanken weist Gustafson auf die auffallende *Ähnlichkeit von Maria mit den vorchristlichen Göttinnen der Dunkelheit* hin, mit Artemis, Aphrodite, Luna, Kali von Indien, Isis mit dem Horusknaben im spätrömischen Reich. Letztere ist eine direkte Vorbildung der Marienstatue mit dem Christuskind. Auch Maria hat den Mond unter ihren Füssen. Der Mond als weibliches Symbol beleuchtet das Unbewusste, die Instinkte und die innere intuitive Welt des Wachstums und der Heilung.

Zuletzt weist Gustafson auf *die dunkle Mutter als Bild der Erde und der psychischen Ganzheit* hin. Teilhard de Chardins Konfrontation mit der Materie (im Hymnus an das Universum) und Meinrads Begegnung mit dem Finsterwald entsprechen sich. Hinter der Unterdrückung der Frau, des dunklen Weiblichen, liegt die Angst vor der Erde selbst. Die Erde ist symbolisch die Mutter, die alles Leben gebiert und zu gegebener Zeit alles in sich zurücknimmt. Je machtbesessener der Mensch ist, um so mehr wird die Erde gefürchtet und muss deshalb bezwungen werden. Nie zuvor in der Geschichte hatten wir es so nötig, uns wieder mit der Erde zu verbinden, wie heute. *Das dunkle Weibliche verbindet uns mit der Erde, verhindert psychische Spaltungen und lässt uns ganz werden.*

Die spätgotische Schwarze Madonna von Einsiedeln stammt aus dem 15. Jahrhundert. Da während der Französischen Revolution viele schwarze Madonnen zerstört worden waren, entschloss man sich, die Einsiedler Madonna während der Zeit der Wirren zu vergraben. Als sie 1799 ans Licht geholt und renoviert wurde, stellte sich heraus, dass sie ursprünglich farbig bemalt gewesen war wie die meisten ihrer schwarzen Schwestern. Gegen den Willen des Restaurators, der die Polychromie wiederherstellen wollte, wünschten die Gläubigen, dass ihre Madonna schwarz bleibe. Im Zusammenhang mit der Blüte der schwarzen Madonna im Mittelalter weist die Historikerin Magdalen Bless in einem Radiointerview darauf hin, dass Schwarz offenbar eine innerseelische Qualität symbolisiert, die in ihrer Dunkelheit nunmehr bejaht wird.

Die Schwarze Madonna verbindet und verbündet uns mit Erde und Himmel und schenkt uns in Christus das Heil. Nur durch die Erde kann der Himmel aufleuchten. Nur durch die dunkle Tiefe kann uns das Licht des Himmels aufgehen. Nur aus dem dunklen Schoss Mariens kann Christus als das Heil der Welt geboren werden. *Die marianische Volksfrömmigkeit verbindet intuitiv die Mutter Erde mit der Mutter Gottes, mit Maria.*

Jeden Nachmittag schreiten die Einsiedler Mönche zur Schwarzen Madonna in der Gnadenkapelle aus schwarzem Marmor. Allein schon durch dieses langsame Schreiten wird die Kraft innerer Erneuerung geweckt. Was geschieht in den vielen Besuchern, wenn die Mönche anschliessend mehrstimmig das «Salve Regina» singen?

«Sei gegrüsst, o Königin, Mutter der Barmherzigkeit,
unser Leben, unsere Wonne und unsere Hoffnung, sei gegrüsst!
Zu dir rufen wir verbannte Kinder Evas,
zu dir seufzen wir trauernd und weinend in diesem Tal der Tränen.
Wohlan denn, unsere Fürsprecherin,
wende deine barmherzigen Augen uns zu
und nach diesem Elend zeige uns Jesus,
die gebenedeite Frucht deines Leibes!
O gütige, o milde, o süsse Jungfrau Maria.»

Literatur

Begg, Ean: Die unheilige Jungfrau. Das Rätsel der Schwarzen Madonna. Bad Münstereifel 1989.

Beinert, Wolfgang, u. a.: Maria, eine ökumenische Herausforderung. Regensburg 1979.

Gustafson, Fred: The black Madonna. Boston 1990.

Handbuch der Marienkunde. Hg. v. Wolfgang Beinert u. Heinrich Petri. Regensburg 1984; I-II Regensburg [2]1994.

Huwiler, Frida: Lebensbäume, Begleiter im Werden, Sein und Vergehen. Olten 1989.

Lüthold-Minder, Ida: Helvetia Mariana. Stein am Rhein 1979.

Marienlexikon. Hg. v. Remigius Bäumer u. Leo Scheffczyk. St. Ottilien 1993.

von Matt, Hans: Votivkunst in Nidwalden. Stans 1976.

Pennick, Nigel: Die alte Wissenschaft der Geomantie. Der Mensch im Einklang mit der Erde. München 1982.

Schallberger, Franz-Toni: Maria bewirkt, dass Jesus wirkt. Freiburg 1996.

Schenker, Lukas: Artikel «Schweiz»; in: ML VI (1994) 106–109.

Signori, Gabriela: Maria zwischen Kult und Kathedrale, Kloster und Welt. Sigmaringen 1995.

Welker, Klaus: Maria als Schutzpatronin. Gedanken zu einer regionalen, marianischen Wallfahrtsphänomenologie – Baden/Hohenzollern/«Regio» am Oberrhein. In: Von der Suche nach Gott. Festschrift Helmut Riedlinger, hg. v. Margot Schmidt u. Fernando Domínguez Reboiras. (Mystik in Geschichte u. Gegenwart,1.15). Stuttgart – Bad Cannstatt 1998, 599–608.

Paul Hugger

Der Eremit

Eine Leitfigur in der katholischen Volksfrömmigkeit

Magdalena-Einsiedelei, Düdingen-Räsch. Kinder aus der Nachbarschaft bringen dem Einsiedler milde Gaben.
In Sepia aquarellierte Bleistiftzeichnung um 1820/1830, Künstler unbekannt.
Sammlung Paul Hugger, Chardonne VD.

Der Eremit, Einsiedler[1], Waldbruder – wie immer man ihn auch benannt hat – steht dem Herzen des einfachen Volkes nahe. Cathérine Santschi, der wir eine ausgezeichnete Studie über die Eremiten des Wallis verdanken, schreibt: *«Le petit peuple des campagnes les aime, les nourrit, les entretient, et s'en remet à eux pour certaines fonctions.»*[2] Diese Männer unterschiedlichsten Herkommens und Standes, welche ein Leben der Abgeschiedenheit, der Einsamkeit wählen, um zu beten und Askese zu üben – so wenigstens will es die ideale Vorstellung –, beschäftigen die Phantasie der Menschen, sie strahlen aus ihrer Einsamkeit auf die Gemeinschaft zurück, die sie durch Almosen, durch Naturalgaben und Geld ernährt. Der Eremit erbringt Gegenleistungen; durch sein Tun bewirkt er Segen, wendet durch das Angelus-Läuten Wetterunbill ab, oft weiss er Rat, er erweist sich auch bewandert in Heilkräutern und Wundertränken, spielt, zu einer Zeit, als der Psychiater noch keine medizinische Spezialität war und gleich um die Ecke wohnte, in manchen Fällen die Rolle des seelischen Therapeuten. Legenden und Wundermären ranken sich um seine Gestalt, und das Volk hatte einzelne schon längst kanonisiert, bevor die Kirche daran ging, den langen Weg einer Heiligsprechung zu erwägen.[3] Frühe Eremiten (auch Frauen waren darunter) gehören dazu, etwa die legendären Beatus am Thunersee, Verena von Zurzach, Meinrad in Einsiedeln oder Manfredo Settala, der um 1200 auf dem Monte San Giorgio – dem Tessiner Berg der Eremiten – als Abkömmling eines Mailänder Patriziergeschlechts lebte und in Riva San Vitale begraben liegt. Er war ein Wundertäter an den Menschen der Umgebung, heilte Kranke, erbarmte sich der Hungernden, und nach seinem Tod zog ihn ein Ochsengespann, dem man im Streite die Entscheidung des Begräbnisplatzes überliess, hinunter zur Kirche von San Vitale. Heute noch verteilt dort am 27. Januar die Bürgerschaft zur Erinnerung Brot an alle Anwesenden.[4]

1 Einsiedlerinnen sind seltener, aber es gibt sie: die Beginen des Hochmittelalters, die Inklusin Wiborada in St. Gallen, 926 von den Ungarn erschlagen usw. Aber in einer patriarchalen Gesellschaft wird die Frau als Einsiedlerin weniger toleriert. Vgl. dazu auch: *Serge Bonnel* und *Bernard Gouley:* Gelebte Einsamkeit. Die Eremiten heute. Die Eremiten von Frankreich. Freiburg – Basel – Wien 1982.

2 Les ermites du Valais: In: Vallesia Bd. XLIII. 1988. 3.

3 Ein sprechendes Beispiel für eine Heiligsprechung durch das Volk ohne amtskirchliche Billigung ist Sainte Hélène (Hélène Soutade, gest. 48jährig 1885) auf dem Stadtfriedhof Salonique von Toulouse. Hélène war aus Pibrac, einem Dorf in der Nähe von Toulouse, gebürtig. Von ihrem Leben ist kaum mehr bekannt, als dass sie offenbar Lehrerin war und später einem Orden beitrat. *Elisabeth Blanc:* Héléna, la sainte du cimetière. In: La fabrication des saints. Terrain 24. Carnets du patrimoine ethnologique. Mars 1995. 33–42.

Aber das Volk wusste auch um andere Seiten des Eremitendaseins, um das Licht und Dunkel, das sich um solche Gestalten legte. In der Volkssage ist die Rede von Hexerei, die Eremiten ausübten, wie etwa in Spiringen (Uri), wo es im 18. Jahrhundert eine Reihe von Waldbrüdern gab. Der letzte Eremit soll nach der Sage weggewiesen worden sein, weil er Kindern magische Praktiken beibrachte. Auch der letzte Waldbruder von Seedorf, ebenfalls in Uri, genoss keinen guten Ruf. Er soll nächtlich auf Diebestouren gegangen sein, vor seiner Entdeckung aber das Weite gesucht haben (19. Jahrhundert). Andere Eremiten in Uri allerdings besassen einen guten Leumund.[5] Auch im Val d'Anniviers geistert der Eremit in der Volkserzählung als unheimlicher Mann herum, er zieht bettelnd durch die Gegend und bewirkt als Gegengabe Unheil.[6]

Diese Ambivalenz macht den Einsiedler erst zur populären Figur, zum Faszinosum. Sein Leben in der Einsamkeit, am Rande des Oikos, des bewohnten und bewirtschafteten Bezirks, bedingt solche Gefährnisse. Der Eremit kennt die Versuchungen des Dämons schon im alten Ägypten, wo wir den Anachoreten als seine Urform finden (Antonius den Einsiedler, «Säutoni»). Die bildende Kunst hat diese Versuchungen gerne dargestellt (etwa Hieronymus Bosch). Und dann liegt auch die Verlockung nahe, mehr zu wollen, als einem einfachen Waldbruder zukommt; es sind Allmachtsphantasien, die jeder, der im Sakralen wurzelt, mehr oder weniger kennt. Einen weiteren, wesentlichen Zug der Anachorese hat der französische Historiker Jacques Le Goff herausgearbeitet: Der Eremit stellt durch seine Lebensform einen ständigen Protest gegen eine säkularisierte, verweltlichte, dem Reichtum verfallene Kirche dar.[7]

Wen erstaunt es, dass die Kirche durch all die Jahrhunderte hin versucht, den Wildwuchs des Eremitendaseins zu beschneiden. Die Eremiten erwecken das Misstrauen der Amtskirche. Denn der Eremit steht für das Anarchische der Volksfrömmigkeit, jenes Element des Unberechenbaren, des Aufmüpfigen und Unorthodoxen, welches der Hierarchie eh und je Sorge bereitet hat. Im Eremiten begegnen sich so zwei konträre, millenare Einstellungen, oft konfliktreich, aber notwendig aufeinander bezogen: die Volksfrömmigkeit, wie sie von der Basis her verstanden und gelebt wird und sich der theoretischen Weisung entschlägt, und die «offizielle» Kirche, das Amtschristentum, die theologische Doktrin. Dass der Eremit näher beim Volke lebt, braucht nicht besonders erwähnt zu werden.

Seit dem Frühchristentum, seit den Wüstenheiligen in Ägypten, die ab Mitte des 3. Jahrhunderts belegt sind, kennen wir Bestrebungen der Kirche, ein Einzeldasein des Mönches zu unterbinden und das Zönobitentum, die klösterliche Gemeinschaft, zu fördern. In der orthodoxen Kirche hält sich der Eremit als Idealfigur länger, nicht nur in Griechenland, auf den Bergen Athos und Ithomi, sondern auch in Russland. Die lateinische Kirche erlaubt lange Zeit den Eremitenstand nur erprobten Mönchen. Aber die irischen Glaubensboten bringen ihre vorbenediktinische Einsiedlertradition auf das Festland. Seit dem 11. Jahrhundert versucht die Kirche, diese Heiligungsformen, die offenbar nicht ganz zu unterdrücken sind, wenigstens in Kongregationen zusammenzufassen. In dieser Form wird das Eremitenwesen zum Keimboden verschiedener Mönchsorden (Karthäuser, Karmeliter usw.). Daneben hält sich bis in die Moderne ein ungeordnetes Laien-Eremitentum, vor allem in Süddeutschland und in der Schweiz.

Im 18. Jahrhundert bestehen auf dem Gebiet der alten Eidgenossenschaft drei Eremitenprovinzen, Frucht kirchlichen Ordnungswillens: die Orientalische (Ostschweiz), die Okzidentalische (Freiburg, Solothurn, Pruntrut) und die Zentralische Provinz (Zentralschweiz inkl. Glarus, Freiamt, Baden). An der Spitze jeder Provinz steht der Altvater. Die acht Regionen der Zentralischen Provinz werden Zipfel oder Zöpfe genannt. Jeder Zipfel hat einen Custos, auch Waldguardian genannt. Zwei Zipfel zusammen stellen einen Definitor. Alle gemeinsam haben einen Vikar, der den Provinzial auf Reisen begleitet, einen Büchsenmeister, der das allgemeine Almosenopfer verwaltet, vier Novizenmeister und einen Waldboten, einen meist jüngeren Bruder, der die Anweisungen und Nachrichten des Altvaters überbringt. Das Provinzkapitel findet jeweils am 23. März, am Vortag des Musegger-Umgangs, im grossen Spital zu Luzern statt. Es nimmt Wahlen und Aufnahmen vor. 1761 umfasste die Kongregation 28 Brüder in fast ebensovielen Klausen; darunter waren 6 Ausländer.

1815 wurde eine Reorganisation nötig, vorgenommen von Franz Bernhard Göldlin von Tiefenau, Probst zu Beromünster und päpstlicher Generalvikar. Offenbar hatte sich die Provinzorganisation in den Wirren der Revolutionszeit aufgelöst. Jetzt wurde den Brüdern ein Pfarrer als geistlicher Rat und Direktor beigegeben. Die Pflichten der Eremiten werden in der entsprechenden Satzung aufgeführt: Ehrerbietung und Gehorsam dem Ortspfarrer gegenüber, Verbot, sich ohne Erlaubnis mehrere Tage von der Eremitage zu entfernen, Besuch der Sonntagsgottesdienste. Zu meiden sind der Aufenthalt im Wirtshaus, das Kartenspiel, unmässiges Trinken, Umgang mit dem weiblichen Geschlecht und alles müssige Herumziehen im Lande.[8] Der Eremit soll Bart und Kutte tragen. Gegen die Jahrhundertmitte wurde die Einsiedelei von Luthernbad im Napfgebiet zum Mutterhaus der Kongregation Waldstätte. Hier wohnten Altvater, Novizenmeister und Novizen bis 1906. Dann konstituierte sich die Kongregation zu einer Gruppe der Krankenbrüder. 1922 schloss sie sich den «Barmherzigen Brüdern von Trier» an. Heute entsprechen noch zwei Einsiedeleien dem traditionellen

4 *Don Agostino Robertino:* Il Beato Manfredo Settala. In: Schweiz. Archiv für Volkskunde 43. 1946. 307–326.

5 *Josef Müller:* Sagen aus Uri. Schweiz. Archiv für Volkskunde 16. 1912. 25 f.

6 *J. Jegerlehner:* Sagen aus dem Val d'Anniviers. Schweiz. Archiv für Volkskunde 5. 1901. 299 f.

7 La Civilisation de l'Occident médiéval. Paris 1964. 236–40.

8 Dies gemäss *Josef Bütler:* Die Restauration des Eremitenstandes in den V Orten anno 1815. In: Der Geschichtsfreund 112. 1959. 123–129.

Erscheinungsbild, St.Verena in Solothurn und das Tschütschi in Schwyz.[9] Hier hausen noch Laien oder Mönche in selbstgewählter Einsamkeit.[10] Die andern Eremitagen sind verlassen, oder sie werden von einem religiösen Orden betreut (Longeborgne im Wallis).

Drei aussergewöhnliche schweizerische Eremitagen

1. St.Verena bei Solothurn

Die St.-Verena-Einsiedelei ist wohl die bekannteste schweizerische Eremitage. Die Kleinmeister haben sie auf zahlreichen Stichen dargestellt. Die Nähe zur Ambassadorenstadt macht sie bis heute zu einem beliebten Ausflugsziel auch für Stadtsolothurner, die malerische Lage in der schattigen Waldschlucht liegt mit dem munter dahineilenden Bach romantischen Vorstellungen von Einsiedlertum recht nahe. Der Kunstführer durch die Schweiz nennt sie einen Ort, *«wo Natur, Legende und Menschenwerk eine einzigartige Verbindung eingegangen sind»*.[11] Nachrichten darüber liegen bereits aus dem frühen 15. Jahrhundert vor; u.a. wird 1442 das «Knusperhäuschen» als Klause des Waldbruders erwähnt. Vier bauliche Elemente prägen das Erscheinungsbild: die freistehende St.Martinskapelle mit romanischen Bauteilen, die St.-Verena-Kapelle, in eine Felsenwand gebaut, die Grotten mit dem Heiligen Grab, wo viele Lichter brennen, und der Ölbergdarstellung sowie der hl. Magdalena und das bereits erwähnte Wohnhaus des Waldbruders. Legenden ranken sich um den Ort, überhöhen die natürliche

Einsiedelei St.Verena, Solothurn, mit Einsiedel vor dem sog. Bruderhäuschen. Farbige Postkarte, abgestempelt am 31. Mai 1915.
Sammlung Paul Hugger, Chardonne VD.

und bauliche Topographie mit einem mythischen Orientierungsmuster. Dazu gehört jene Öffnung im Felsen auf dem Weg zur Einsiedelei, von der Laurenz Burgener schreibt: «*Nach einer alten frommen Sage soll einst die heil. Verena bei einer Versuchung hier am Felsen sich festgehalten haben, und so dieser Handgriff entstanden sein. Sicheres liegt darüber nicht vor, aber wahr ist, dass schon viele, die gläubig ihre kranken Hände in die Öffnung legten, geheilt wurden.*»[12]

Lang ist die Liste der Waldbrüder (27), die seit dem 15. Jahrhundert die Verenaklause bewohnt haben, und vielseitig waren ihre angestammten Berufe: Schuster, Buchbinder, Messerschmied, Schneider, aber auch Amtsschreiber (19. Jahrhundert). In den letzten Jahrzehnten des 20. Jahrhunderts übten teilweise Ordensbrüder das besoldete Amt des Waldbruders im Auftrag der Eigentümerin, der Burgergemeinde, aus, das vor allem in der Wartung der einmaligen Kultlandschaft besteht. Sie dienen letztlich auch touristischen Zielen. Seit 1984 amtet dort Bruder Johannes Leutenegger (*1931 in Bichelsee) als Einsiedler. Er gehört der Gesellschaft der Herz-Jesu-Missionare (M.S.C.) mit Sitz in Issoudun (Frankreich) an, ein leutseliger Mann, der in seinen Mussestunden Holzspielzeug herstellt und offenbar oft um Rat aufgesucht wird. Er beschränkt aber die Einzelaussprachen auf drei in der Woche.

2. Longeborgne/VS

ist wohl die berühmteste Eremitage des Wallis. Zum erstenmal werden hier 1522 Franziskaner als Einsiedler erwähnt, sie liessen sich mit der Erlaubnis der Bürgerschaft von Sion nieder. Seit dem 17. Jahrhundert wird Longeborgne von Eremiten bewohnt, bis 1908 die Kapuziner, 1932 die Benediktiner einziehen. In dieser Zeit ist Longeborgne zu einem Marienwallfahrtsort geworden. Hingeklebt an den Felsen, stets bedroht durch Gesteinsabbrüche, ist die Einsiedelei Symbol des gefährlichen Lebens des Eremiten. Mehrmals zerstörten Steinschläge Teile der Bauten und gefährdeten das Leben der Eremiten, es gab Todesfälle. Deshalb wurde Longeborgne immer besser ausgebaut, vor allem im 20. Jahrhundert. Es bildet heute eine kleine Klosteranlage, mit vielfältigen Baugruppen.

Das Wallis mit seinen tiefen Gebirgstälern kannte viele Eremiten von unterschiedlichstem Wesen und Charakter. Würdige und Unwürdige, tief-

9 Die Erst-Erwähnung als Eremitage führt in die Mitte des XIV. Jahrhunderts zurück. Seit 1554 sind die Namen der Eremiten bekannt. *Markus Bammert* et al.: Tschütschi. Die 700jährige Geschichte der letzten Einsiedelei im Kanton Schwyz. Schwyzer Hefte 42. Schwyz 1987. 18. Vgl. *Beatrice Eichmann-Leutenegger* und *Ueli Hiltpold:* Der Stille Ozean der eigenen Einsamkeit. Einige Anmerkungen zu Einsiedlern. In: Wochenende. NZZ 88. 1995. 73–75.

10 Im Tschütschi seit 1988 der Kapuziner Pankraz Kilian.

11 Band III. 5. Auflage. Wabern 1982. 954.

12 Die Wallfahrtsorte der katholischen Schweiz. Aus den bewährtesten Quellen gesammelt. I. Bd. Ingenbohl 1864. 214. Vgl. auch *Paul L. Feser:* Führer durch die Einsiedelei St. Verena und die Kirche zu Kreuzen bei Solothurn. Solothurn 1989.

Ermitage de Longeborgne, Lithographie von Laurent Ritz, 1839, basierend auf einem Ausschnitt aus der grossen lithographierten Ansicht von Sion des St.Galler Fotografen und Lithographen Johann Jakob Isenring aus dem Jahre 1831.

Reopro: Jean-Marc Biner, Bramois VS aus: C. Santschi, G. Cassina, B. Wyder: L'ermitage de Longeborgne. Sion 1979 (Frontispiz).

Ermitage de Longeborgne, Gesamtansicht; die Gebäude stammen zum grossen Teil aus dem späten 17. Jahrhundert; im Fels darüber die sog. *grotte des poupons* (Grotte der Neugeborenen) aus dem Jahre 1948.
Foto: Jean-Marc Biner, Bramois VS.

Oben: Magdalena-Einsiedelei, Düdingen-Räsch, Gesamtansicht und Grundriss. Aquatinta von Mahly & Schabelitz, Basel, um 1830.
Redaktion Kunstdenkmäler Freiburg/ Inventaire du patrimoine artistique Fribourg.

Unten: Magdalena-Einsiedelei, Düdingen-Räsch, der Einsiedler im grossen Saal. Postkarte, abgestempelt am 25. September 1924.
Editeurs: Paul Savigny et Cie, Fribourg (Suisse).
Redaktion Kunstdenkmäler Freiburg / Inventaire du patrimoine artistique Fribourg.

gläubige Menschen und Betrüger waren darunter. Sie waren in keiner Eremitenkongregation zusammengefasst, so dass auch Einsiedler der deutschen Schweiz, die dort aus der Vereinigung ausgeschlossen worden waren, im Wallis eine Bleibe fanden. Die Walliser Eremiten galten als Kinderbringer, bevor sich auch hier der Storch in dieser Funktion durchsetzte.[13] Rose Claire Schüle bringt das Phänomen in Verbindung mit der Verehrung der Jungfrau als Schutzpatronin der Ehe und der Fruchtbarkeit. Tatsächlich sind die Eremitagen, welche im Wallis zu diesem Zweck aufgesucht werden, zugleich Muttergottes-Wallfahrtsorte.[14] Longeborgne gehörte dazu, heisst doch die obere Grotte «Grotte des poupons». Dort soll der Eremit jeweils die Neugeborenen geholt haben.

3. St.-Magdalena-Einsiedelei in Räsch bei Düdingen

Eindrücklich in eine steile Sandsteinfelswand gebaut, dominiert die Einsiedelei St. Magdalena das Tal der Saane unweit Fribourg. Sie ist eine der grössten Anlagen dieser Art in der Schweiz; sie besteht aus einem ganzen System von in die weichen Sandsteinfelsen gehauenen Räumen: Kapelle, Küche, Speisesaal, Wohngemach, Nebenräume usw. Die gesamte innere Länge beträgt 120 m. Steile, bis 30 m hohe Kamine führen durch die Felswand hinauf und erlaubten den Betrieb von Öfen. Aus den Fenster- und Türöffnungen schweift der Blick hinunter zum Schiffenensee, der 40 bis 50 m tiefer liegt; noch anfangs des Jahrhunderts floss hier die Saane in wilder Strömung dahin, umgeben von Flussauen. Die St.-Magdalena-Einsiedelei ist nicht aufgrund einer von der Natur vorgebildeten Grotte entstanden; hier scheint alles Menschenwerk zu sein, dem Willen der seinerzeitigen Schöpfer entsprungen. Schon 1488 soll hier ein Einsiedler gelebt haben, 1536 wird ein «Bruderhus» erwähnt; wahrscheinlich besorgte damals der Eremit auch den Fährdienst über die Saane. Der eigentliche Höhlenbau der Einsiedelei entstand gegen Ende des 17. Jahrhunderts. Er ist das Werk vornehmlich von Johann Baptist de Prato von Gumefens, einem Mann, der eine bewegte Vergangenheit u.a. auch als Söldner hatte. Noch jung zog er sich hier mit einem Gefährten namens Licht zurück und höhlte während 22 Jahren den Felsen aus. 1691 wurde die Kirche mit drei Altären eingeweiht. In der Folge stand die Einsiedelei als touristische Sehenswürdigkeit auf dem Besuchsprogramm vieler Schweizerreisen. Schlagzeilen machte sie, als am 27. Dezember 1906 der beliebte, 75jährige Eremit Josef Neuhaus von Plaffeyen in der Werkstätte ermordet wurde.[15] Bis 1927 wohnten hier Einsied-

13 Vgl. dazu *Schweiz. Atlas für Volkskunde.* Karte 204.

14 *Rose-Claire-Schule:* De l'ermite à la cigogne... L'origine des enfants en Vallée d'Aoste. In: Le Monde alpin et Rhodanien. 1977. 363–372.

15 *Bernhard Rappo:* St.-Magdalenen-Einsiedelei in Räsch bei Düdingen. Separatdruck aus «Beiträge zur Heimatkunde». V. Jahrgang, hrsg. vom Verein für Heimatkunde des Sensebezirks und der benachbarten interessierten Landschaften, o. J. 1–20. *Heribert Raab*: Die Einsiedelei bei Freiburg im Jahre 1793 nach einer Beschreibung des Dichters Friedrich von Matthisson. Zs. f. Schweiz. Kirchengeschichte 74. 1980. 161–166.

Oben: Magdalena-Einsiedelei, Düdingen-Räsch, Haupteingang und Sakristei.
Foto: Yves Eigenmann 1997.
Redaktion Kunstdenkmäler Freiburg/ Inventaire du patrimoine artistique Fribourg, Inv.-Nr. 1997-23.

Unten: Magdalena-Einsiedelei, Düdingen-Räsch.
Foto: Yves Eigenmann 1997.
Redaktion Kunstdenkmäler Freiburg/ Inventaire du patrimoine artistique Fribourg, Inv.-Nr. 1997-25.

ler; dann verliess sie der letzte, ein Stengele aus Rohrdorf. Camille Egger, der heute hochbetagt in Räsch lebt, wohnte dort als «Halb-Eremit» von 1941 bis 1967 und hält der Eremitage bis auf den heutigen Tag als «Hüter» die Treue.

Begegnungen mit dem Eremiten

Zwei autobiographische Textstellen sollen zeigen, wie junge Menschen früher die Begegnung mit Eremiten erlebten. Beide Texte stammen aus dem 19. Jahrhundert.

Der Gang in die Verenaschlucht

Hans Jecker (1870–1946), Stadtammann von Solothurn und Oberst, berichtet in seinen Lebenserinnerungen, wie er mit dem Vater und dem Schwesterchen in die nahegelegene St.-Verena-Schlucht wanderte:

«Je mehr wir in die Tiefen dieser bezaubernden Waldschlucht vordrangen und je wilder sie wurde, desto mehr drängte es uns Kinder, Schneewittchen zu finden. – Auf einmal weitete sich der Durchgang, und vor uns lag, von einem kleinen, gut gepflegten Gärtchen umgeben und vom Verenabach bespült, ein niedliches Häuschen. Ein leichter Rauch entstieg dem Kamin. Die Fenster, die kleinen, funkelten im Zwielicht des Waldes, und eine stattliche Schaar Hühner spazierte vor dem Häuschen. In einem kleinen Springbrunnen tummelten sich Goldfische. Nebenan stand eine kleine Kapelle, rings von hohen Tannen umgeben, als hielten sie Wache vor dem Heiligtum. – Das Reich der Zwerge! – Nein. Unter der offenen Türe des Häuschens stand ein alter Mann mit weissen Haaren, angetan mit einer schwarzen Kutte und einem blendend weissen Strick um die Hüfte. – ‹Da wohnt Waldbruder Johannes›, sagte unser Vater, ‹der allen armen Leuten ein guter Freund ist. Geht hin zu ihm und reicht ihm die Hand.›[16] – Die Überraschung war nicht kleiner, als wenn Schneewittchen uns gegrüsst hätte. Freundlich lächelnd kam uns der fromme Bruder entgegen, und da wir so artig waren, so durften wir eintreten in sein peinlich sauberes Stübchen. Christuskreuze und Bilder hingen an den Wänden. Blumentöpfe standen am Fenster, und im Stübchen war alles fein aufgeräumt. Es entspann sich ein kleines Gespräch zwischen unserem Vater und dem frommen Bruder, worauf sich dieser entfernte und nach einem Augenblicke uns sechs der schönsten Eier brachte, die wir mit auf unsere Reise nahmen. – Während der Handel sich noch abspielte, stand mein Schwesterchen in einer Ecke der Klausnerwohnung, und mitten im Gespräch der Grossen ertönte ein silberhelles Stimmchen:

16 Johannes Hegi (1811–1897), aus Pfaffnau, seit 1857 Einsiedler zu St. Verena in Solothurn. Frdl. Hinweis von Hans Rindlisbacher, Solothurn.

‹Waldbrueder im Hüttli
hett s Stübeli gwüscht,
hett s Bäseli lo falle und
s Jümpferli küsst!›

Schalkhaft sprang die Kleine zum Vater, umschlang dessen rechtes Bein und sah mit hell leuchtenden Augen zu ihm auf. Mit erhobenem Zeigefinger strafte er den Vorwitz. Doch der fromme Waldbruder hatte seine helle Freude an der Art, wie der Wildfang das ihm wohlbekannte Verslein vortrug, langte in seine Kapuze nach seinem Gebetbuche und schenkte meinem Schwesterchen ein schönes Heiligenbildchen ...»[17]

Geträumte Romantik oder gelebte Wirklichkeit?

Die Vorarlbergerin Regina Lampert (1854–1941), die 1927 einen eindrucksvollen Bericht über ihre schwere Jugend schrieb, diente u. a. als Magd in einem Ausflugsgasthaus oberhalb Feldkirch, unweit einer Klause, die von einem Kapuzinerpater bewohnt war. Fast magisch angezogen von dem geheimnisvollen Ort, besuchte das Mädchen während der Feldarbeit oft heimlich den Bruder, und es entspann sich eine Freundschaft, die erotische Komponenten enthielt, dem Mädchen weniger bewusst, wohl aber dem feinfühligen, künstlerisch begabten Klausner. Einmal kommt Regina, begleitet vom Bruder und einer älteren Freundin, zur Klause, bringt, wie gewohnt, eine Flasche Wein aus dem Gasthof und trifft dort auch den lustigen Pater Paul, einen befreundeten Kapuziner, an.

«Der Bruder steht an die Harfe hin, nach einigen Minuten fing er an, ein Lied zu singen, ich hatte es schon einmal von ihm gehört. Schön, wunderbar, die schöne, helle und sanfte Stimme! Kein Wort wurde gesprochen, selbst Pater Paul horchte andächtig. Als der Bruder aufhörte, musste ich in die Hände klatschen, Nanne und Paul klatschten mit. Mir rannen die Tränen herunter, konnte nichts sagen, der Nanne gings nicht besser. Nach dem ersten Lied gab der Bruder auch Pater Paul ein Notenblatt hin. Paul nahm die Geige zur Hand, zuerst spielten, dann aber sangen beide zusammen. Der alte Pater Paul sang auch so schön, es war eine Freud, die zwei Kapuziner singen und musizieren zu hören. Nanne vergass die Arbeit. Pater Paul setzte sich wieder zu uns an Tisch. ‹Dös Singen macht aber Durst.› Bruder Friederich schenkte ein, es wurde wieder angestossen, gelacht und geplaudert und immer ein wenig getrunken. Wieder sangen und musizierten die Kapuziner, es war eine Freude für Nanne und mich. Nanne flüsterte mir ins Ohr: ‹Du, Reginele, heut arbeiten wir nichts mehr, gelt.› Diesmal spielten die Kapuziner lang hintereinander, schöne und lustige Lieder, dann aber auf einmal sagt Bruder Paul: ‹Jetzt mog i nimma musiziere, lieber noch e bissel schwatzen.› Der Bruder schenkte immer ein wenig ein, schon hatte er die dritte Flasche geöffnet, wir wurden immer lustiger, sogar Nanne konnte sich gut unterhalten mit Pater Paul. Schon rief die Kuckucksuhr sechsmal. Aber jetzt ist Zeit, schnell wurde Abschied genommen. Schon waren Paul

und Nanne draussen und gingen dem Wald zu. Der Bruder blieb noch zurück, ich ging nochmals in die Klause. ‹Wart ein wenig, gleich komm i mit, zuerst aber gibst Du mir e Bussel›, und bevor ich etwas erwidern konnte, war's geschehen. Es war wie ein süsser, schöner Traum, so innig lieb und schön. Nach einigen Minuten verliess ich die Klause, der Bruder folgte mir. Langsam gingen wir, wie schon öfter, Hand in Hand durch den Wald, sprechen konnte ich nichts. Pater Paul und Nanne sassen vor dem Eingang im Wald auf einer Bank. Bevor wir zur Bank kamen, sagt der Bruder: ‹Warum sagst nix, Kleine, bist Du bös auf mich? Geh, sei doch wieder gut, liabs Madl, und versprich mir, morgen wieder zu kommen. Schau mich doch an›, bat er dringlich. ‹Ich weiss nicht, ob ich morgen wieder kommen darf, obs Nanne erlaubt.› ‹Oh, dös macht mir nid Kummer, die werd i scho fragen.› Als wir zur Bank kamen, waren die zwei so übermütig lustig und guter Laune ...»[18]

17 *Hans Jecker:* «Glück und Tücken der Menschheit». Erinnerungen eines solothurnischen Offiziers, Politikers und Unternehmers. Hg. v. Hans Rindlisbacher. Das volkskundliche Taschenbuch 4. Basel 1995. 62 f.

18 *Regina Lampert:* Die Schwabengängerin. Erinnerungen einer jungen Magd aus Vorarlberg 1864–1874. Hg. von Bernhard Tschofen. Das volkskundliche Taschenbuch 9. Zürich 1996. 338 f.

Pirmin Meier

Schweizer Dorfheilige in der Verehrung des Volkes

Vier Beispiele

Zum religiösen Volksleben der Schweiz gehört die erstaunlich hohe Dichte an Dorfheiligen, die je nachdem historische Gestalten sind wie der Père Blanchard, begraben im jurassischen Soyhières, oder als sagenhafte Figuren nachwirken wie der heilige Einsiedler Fromont in Bonfol, unweit der Landesgrenze, dessen Waldeinsiedelei nach wie vor Ziel einer dörflichen Prozession ist, und zwar jeweils am Freitag nach Auffahrt. Dass dieser Dorfheilige aus dem Jura auch mit einer speziellen segensreichen Quelle in Zusammenhang gebracht, ausserdem in der Pfarrkirche mit einer sehr schönen Statue und zum Teil originellen Ex votos gewürdigt wird, ist nicht alles. In der Zeit des Rinderwahnsinns betrachtet man den einst belächelten Brauch des Grassegnens nicht mehr ohne weiteres als antiquiert und abergläubisch. Wie auch immer, obwohl manches bei der Darstellung von Fromont (deutsch: Fromund) an den heiligen Wendelin erinnert sowie an die Geschichte des heiligen Meinrad, berührt es sympathisch, wie das Dorf im äussersten Zipfel des Kantons Jura an seinem eigenen, etwas dickköpfigen Heiligen festhält. Nachdem das Brauchtum um St. Fromont eine Zeitlang eingeschlafen war, erfuhr es in den neunziger Jahren einen neuen Aufschwung. Bonfol ist in dem Sinn nicht nur das Dorf, aus dessen Auswanderergenerationen der Name Chevrolet stammt, sondern auch ein Beispiel für ländlich-jurassische Spiritualität. Über diese hat Pierre-Olivier Walzer ein Standardwerk von 530 Seiten geschrieben: *Vie des Saints du Jura* (1979), bei welchem nicht zufällig ein Exvoto-Bild des heiligen Fromont mit Sack und Pilgerstab auf dem Titelblatt prangt.

Der Jura, ein schweizerisches Irland im kleinen, stellt eine der denkwürdigsten und auch besuchenswertesten Sakrallandschaften der Schweiz dar. Ohne die heiligen Einsiedler, Missionare, Dorfpfarrer, Nonnen, Bekenner und Bekennerinnen als integrierenden Bestandteil des Landes anzuerkennen, wird man diesen Teil der Schweiz wohl auch in seinem politischen Willen zur Eigenständigkeit nie voll verstehen.

Jean-Pierre Blanchard, ein jurassischer «Pfarrer von Ars»

Einer der berühmtesten Dorfheiligen in der kultischen Tradition der katholischen Weltkirche ist der Pfarrer von Ars, Jean-Baptiste-Marie Vianney (1786 bis 1859), welcher sich in der Zeit nach der Französischen Revolution als volksnaher Bekenner des christlichen Glaubens, als Beichtiger der Heimgesuchten und Zweifler, bewährt hat. Für den Jura ist es charakteristisch, dass diese Landschaft ungefähr gleichzeitig ihren eigenen «Pfarrer von Ars» hervorgebracht hat, nämlich Jean-Pierre Blanchard, geboren in Undervelier am 7. Dezember 1762; gestorben «im Geruch der Heiligkeit», wie auf der Grabstätte geschrieben steht, in Soyhières in der Nähe von Delsberg am 22. November 1824. Aufgewachsen ist der Bauernsohn bei Undervelier, in der Umgebung der Grotte de Sainte-Colombe, wo er oft im Gebet verweilte. Im Gymnasium und im Seminar von Pruntrut war er einer der geistig regsamsten Schüler, holte sich für seine guten Leistungen Preise in Mathematik, Geschichte und Philosophie. In der Zeit der Revolution, da der Fürstbischof sein Heil in der Flucht suchte, soll der junge Priester tapfer standgehalten haben, bis die Sansculotten ihn schliesslich ins Gefängnis warfen. Auf die Fürsprache der aufgebrachten Bevölkerung, die Père Blanchard vertraute, liessen ihn die Emissäre der Revolution wieder frei. Blanchard musste dann jedoch nach Mühlheim an der Donau ins Exil. Daraufhin wirkte er in Kolbingen (Württemberg) mehr als fünfzehn Jahre als beliebter Pfarrer, beim Volk wegen seiner schweizerischen Herkunft *Blankardli* genannt. Das Exil überstand er vor allem dank seinem Zutrauen zur Madonna von Welschenberg, die er als seinen «Bischof» verehrte. Auch das Heiligtum zur Ruhe Christi bei Rottweil schätzte er sehr. Dank seiner Beherztheit und der Beredtheit in französischer Sprache konnte er der Verwüstung seines Pfarrdorfes durch napoleonische Truppen wehren, woran die Lokalgeschiche von Kolbingen sich heute noch dankbar erinnert. 1816, kurz nach Beginn der bernischen Herrschaft über den Jura, kehrte er in seine Heimat zurück. In Röschenz (Laufental) wirkte er zunächst drei Jahre lang als Vikar. In Soyhières, zwischen dem Laufental und Pruntrut, erwarb er sich nach 1819 endgültig den Ruf eines heiligmässigen Pfarrers. Sein Stellen- antritt erfolgte fast zum gleichen Zeitpunkt, da Vianney Pfarrer von Ars wurde.

Bekannt war Blanchard für seine franziskanisch einfache Lebensführung. Er verzichtete auf eine Pfarrhaushälterin und schlief, wie erst nach seinem Tode herauskam, auf einem Strohsack. Nachts betete oder las er oft, schlief dabei gelegentlich ein, weshalb die Gläubigen ihn fragten, warum denn bei ihm die ganze Nacht über das Licht brenne. «Pour voir clair», gab er schalkhaft zur Antwort. Alles, was er besass, teilte er mit den Armen, und vorbeireisenden Pilgern, sogar Landstreichern, gewährte er seine Hilfe. Wenn er in Delsberg seinen bescheidenen Lohn abholen ging, lauerten ihm die Armen auf dem Heimweg auf, und so war dann manchmal das Geld bis zum Eintreffen im Pfarrhaus schon weggegeben. Der einzige «Luxus», den er sich leistete, war seine für einen Landpfarrer überdurchschnittliche Belesenheit. Erhalten ist von ihm eine wunderschöne Bettags-Predigt 1821 zum Thema *Les merveilles du grain de blé*. Da es in Soyhières, unweit der Sprachgrenze, eine deutschsprachige Minderheit gibt, fügte er seiner ohnehin sehr langsam gesprochenen französischen Predigt eine noch langsamere deutsche Ergänzung hinzu. Am Altar wurde Pfarrer Blanchard gelegentlich in ekstatische Zustände versetzt, die nachzuvollziehen den Gläubigen Mühe machte. In diesem Fall leerte sich die Kirche lange vor Ende der Messfeier. Überhaupt war die Länge seiner Gottesdienste aus der Sicht der Gläubigen seine Hauptschwäche, auch Gegenstand von Gemeinderatsverhandlungen, und selbst dem Sakristan wurde es einmal zu bunt. Der Pfarrer solle nach dem Segen die Sakristei selber abschliessen, flüsterte er und machte Anstalten zu gehen, zumal nur eine einzige Frau dem nicht endenwollenden Gottesdienst beiwohnte. Der heilige Mann stellte darauf seinen Sakristan zur Rede: «Würdest du, wenn du nur ein einziges Lämmlein besässest, diesem kein Futter geben?» Auf Kritik aus dem Kreis der Dorfbehörden erklärte er, in der Kirche seien die Forschen und Vorschnellen zu ermahnen, nicht jedoch die Beschaulichen und die Langsamen. Sein Lieblingsheiligtum im Jura war die *Notre-Dame du Vorbourg*, zu welcher er gerne pilgerte und deren Kult er förderte. In Delsberg soll er sich einmal bei einer vor dem Hause sitzenden Frau nach der Werkstätte eines Messerschmieds erkundigt haben. Da sie ihm den Weg umständlich erklärte, bat er sie, ihn zu begleiten. Sie könne nicht gehen, da sie gelähmt sei, erwiderte die Frau. Sie solle nur vertrauen und es versuchen, sagte darauf der Priester, worauf die Invalide aufstand und ihm vorausging. Sie musste ihm darauf versprechen, bis zu seinem Tode davon niemandem ein Sterbenswörtchen zu sagen. Ihre Tochter, Cathérine Buchwalder, erzählte diese wundersame Geschichte 1874 dem Monsignore Vautrey, dem Biographen von Père Blanchard.

Um die Gesundheit des Dieners Gottes war es schlecht bestellt. Er muss an Magen- und Darmbeschwerden gelitten haben und konnte deshalb kaum essen. Da er offensichtlich auch von einem Rückenleiden heimgesucht war, hat niemand in Soyhières ihn jemals sitzen gesehen. Oft aber traf man ihn ohne Strümpfe und Schuhe betend in seiner Kirche. Wenig auf seine angeschlagene Gesundheit achtend, verschied er im Spätherbst 1824 nach kurzer Krankheit. Der Arzt, Doktor Moschard, wunderte sich, dass ein so magerer Mensch überhaupt noch leben konnte: *C'est un cadavre, qui parle,* sagte er über den frommen Mann, welcher seine letzte Stunde

Grabplatte für Père Blanchard in der Krypta der Pfarrkirche von Soyhières.
Office du patrimoine historique, Porrentruy JU; Foto 1986.

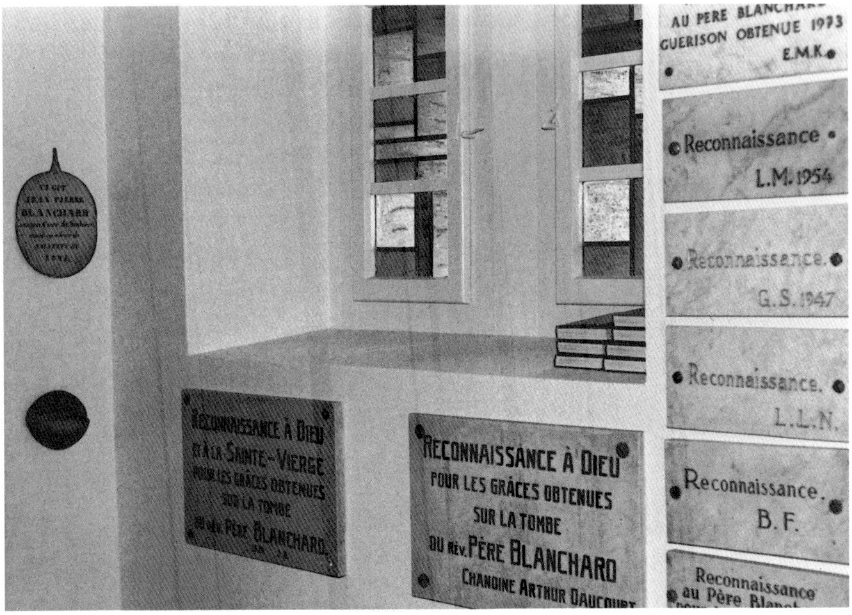

Moderne Ex votos, eingelassen in eine Wand der Krypta in der Pfarrkirche von Soyhières.
Office du patrimoine historique, Porrentruy JU; Foto 1998.

dankbar über sich ergehen liess. Der Ruf der Heiligkeit verbreitete sich schnell, und wunderbare Zeichen an seinem Grabe liessen nicht auf sich warten. Viel zu reden gab die *affaire de Grandfontaine*, die Heilung von Marianne Neppez, welche an einer langwierigen, rätselhaften Krankheit litt.

Eindrucksvoll an Père Blanchard ist sein Lebensstil, welcher an das Wort von Paracelsus erinnert: «Pfründner schütteln keine Schuhe.» Der heiligmässige Priester, dem das Volk vor und nach der Revolution bei allen närrischen Anekdoten letztlich zutiefst vertraute (was im letzten Grund den Gehalt der Legenden um ihn ausmacht), steht mit seiner unbeschuhten Spiritualität wie auch seinem bewegten Leben in der Nähe des Pilgerheiligen Joseph Benedikt Labre, dessen Andenken noch in zahlreichen Pfarreien der Schweiz gepflegt wird, unter anderem in der Magdalenenkapelle im Kloster Maria Einsiedeln. Wie auch immer, Pfarrer Blanchard stellt mit seiner Askese, seinem Mut, seiner unpopulären Frömmigkeit, trotzdem verbunden mit Glaubwürdigkeit beim Volk, das Gegenteil eines verfetteten und verbürgerlichten Klerikers dar, einen Heiligen im Priesterrock, der etwas an Franz Kafkas «Beter» erinnert; man lese einmal die frühe Novelle «Gespräch mit dem Beter». Die Krypta von Soyhières mit dem Grabmal von Jean-Pierre Blanchard, ein «vernachlässigtes Heiligtum» (Pierre-Olivier Walzer), wird täglich von Gläubigen besucht und ist doch eine der unauffälligsten und darum bedeutendsten Stätten innerhalb der Kirche Schweiz, ein katakombenhaftes Mahnmal der bekennenden, betenden Kirche im Gegensatz zu einer anpasserischen Kirche des zeitgeisthörigen freien Marktes. Für die stillen Anliegen der Gläubigen scheint Père Blanchard, ein heiliger Mann reinsten Wassers, ein bewegender Fürbitter. Dass sich um sein Andenken keine integristischen Zirkel gebildet haben, bestätigt nur die Schlichtheit des Typus, den dieser Priester mit seinem Leben, Sterben und Nachleben bezeugt. Einer der grössten Heiligen der Schweiz, dessen lautloser Glanz auf eine Kanonisierung nicht angewiesen ist. Bemühungen um seine Seligsprechung wurden 1924, zur Jahrhundert-Gedenkfeier seines Todes, eingeleitet. Die Krypta mit seinem Grabmal, wo Kerzen angezündet werden können und ein Buch für die Anliegen der Pilger aufliegt, ist ständig geöffnet, weil sich an diesem Ort nichts befindet, was zu stehlen sich lohnt.

Das Burkertsbrünneli in Beinwil/Freiamt und der Balken in der Langenmatt

Unter den Dorfheiligen in der deutschsprachigen Schweiz ist der heilige Burkart von Beinwil, ein Zeitgenosse von Franz von Assisi, eine der volkstümlichsten Figuren, dem im aargauischen Freiamt und Umgebung nach wie vor die unverbrüchliche Anhänglichkeit vieler gilt. Als Seelsorger und Heiler, dem man nachsagt, er habe sogar die Sprache der Tiere verstanden, ist er so etwas wie der gute Geist des Lindenbergs. Wie sehr in früheren Zeiten dem Priester noch magische Kräfte zugesprochen wurden, bezeugen die Überlieferungen um Burkart von Beinwil wie sonst nur Walliser Volkserzählungen und Berichte über geisterbeschwörende Kapuziner. Seinen guten Ruf beim Volk verdankt der Heilige wohl vor allem der Tatsache, dass er ein einheimischer Priester war, der sich im Gegensatz zum Normalfall des mittelalterlichen Pfründners mit ganzem Herzen noch selber der Seelsorge widmete und als Helfer und Heiler auf dem ganzen Lindenberg präsent war. Ins Gewicht fällt auch, dass er, der Überlieferung gemäss, seine Pfründe, ein Bauerngut, mit seinen Verwandten selber bewirtschaftete, also Priester und Bauer in einer Person war.

Frömmigkeit, einfache Lebensart, Mutterwitz, seelsorgerlicher Eifer und, wenn möglich, einheimische Herkunft waren und sind die Anforderungen, die man auf dem Lindenberg an einen guten Seelsorger stellt. Wieweit dies bei Burkart von Beinwil zutrifft, als dessen Sterbedatum der Luzerner Stiftspropst Franz Alfred Herzog in seiner Lebensbeschreibung des Heiligen aufgrund eines Jahrzeitenbuches von Kappel am Albis den 18. Mai 1192 annimmt, kann historisch schwerlich ausgemacht werden. Um so heimeliger aber muten die Geschichten um sein Leben an, worüber eine Reihe von Exvoto-Tafeln in der Wallfahrtskirche Auskunft geben, ferner ein alter, verpflöckter Balken aus seinem Geburtshof Langenmatt oberhalb Muri und das beliebte, wenn auch spärlich rinnende Burkertsbrünneli hin-

Beinwil / Freiamt, Burkardus-Krypta der Pfarrkirche St. Peter und Paul, Wand mit Ex votos.

Foto: Georg Germann, 1964.

Denkmalpflege des Kantons Aargau, Fotosammlung, 1964, Neg.-Nr.8292.

Beinwil / Freiamt, Pfarrhaus, Lünettenbild von 1718 aus der Burkardus-Krypta mit Szenen aus der Vita des Heiligen (während der Reinigung und Instandstellung), 167.5 x 245.5 cm mit Rahmen.
Foto: Georg Germann, 1964. Denkmalpflege des Kantons Aargau, Fotosammlung, Neg.-Nr. 8275.

ter der prächtigen Dorfkirche Beinwil in Richtung Friedhof. Um diese Kirche und darin gibt es, ohne die Ex votos, rund ein halbes Dutzend Darstellungen des heiligen Burkart, wobei sein Emblem, die sprechende Dohle, niemals fehlen darf.

Geboren ist der heilige Burkart in einem Schweighof (Sennerei) des Klosters Muri, nach F. A. Herzog um 1108. Im heutigen Nachfolgebau auf der Langenmatt wird noch ein Balken aus alten Zeiten aufbewahrt, mit einer Verpflöckung und einem sogenannten Toggeligitter, einer dämonenbeschwörenden Grafik, welche an den heiligen Burkart erinnern soll. Dazu die heutige Hausbesitzerin Susanne Ineichen: «Diesen Balken würden wir um alles in der Welt nicht hergeben. Man sagt nämlich, er hänge mit dem Glück in der Langenmatt zusammen.» Auf die Rückfrage, ob sie im Ernst daran glaube, dass das Glück mit diesem Holz zu tun habe, gibt die kluge Frau unerschrocken zur Antwort: «Mit dem Holz nicht, aber mit der Ausstrahlung des Hauses, der Überlieferung auch aller Geschichten, besonders derjenigen um den heiligen Burkart. Das hat einen Einfluss auf das Denken von einem selber, und es ist für das Glück, ein ‹Heimet› zu haben, nicht nebensächlich, ob man sich in solchen Zusammenhängen empfinden kann oder nicht.» Einen Hof wie die Langenmatt kann man, im Sinn eines Besitzes, «haben»; es kommt aber darauf an, in diesem «Eigen» auch zu «sein».

Dafür ist die Anverwandlung der häuslichen Tradition nicht das Wichtigste, aber doch ein nicht zu unterschätzender Bestandteil ländlich-spiritueller Lebensqualität. Das Wichtigste am Burkarts-Balken bleibt, dass er an das Geburtshaus eines Heiligen erinnert. Im Vergleich zu Gespensterhäusern, an denen es im Freiamt nicht mangelt, ist dies ein gesegneter Befund. Der Gedanke, es hätte in einem alten Haus früher ein Heiliger gewohnt, scheint im Sinn der Gemeinschaft der Heiligen nicht abwegig. Er könnte, in Verbindung mit einer angemessenen Geisteshaltung, zu einem erweiterten Verständnis der Sakramentalien beitragen.

Eine ähnliche Segensbewandtnis hat es mit dem Burkertsbrünneli, welches Zürichs Stadtarzt Johann Jacob Wagner 1680 mit folgenden Worten rühmt: «Die Sankt Burkhardsquelle in den Freien Ämtern, in der Pfarrei Beinwil, wird hochgeschätzt gegen Fieber und andere Krankheiten.» Auch Scheuchzer erwähnt den Brunnen in seiner «Hydrographia Helvetica». Zum Beleg für seine Kraft und Wirkung braucht man nicht eigens auf die Beschreibung von Pfarrer Rudolph Anton Gangyner von 1825 zurückzugreifen, die zum Beispiel auch über Hilfe bei Augenleiden berichtet. Sakristanin Manuela Angst 1995: «Von nah und fern kommen die Leute, Burkertswasser zu holen, aus Beromünster, aus dem Baselbiet, den Kantonen Zürich und Zug und natürlich vom ganzen Lindenberg und Umgebung. Kürzlich wollten die Eltern eines kleinen Mädchens ihr Kind mit einem Apothekenmittel gegen eine Dornwarze behandeln. Da sagte das Mädchen, es wolle es lieber mit Burkertswasser machen, kam selber hierher, um es zu holen. Es strich sich das Wasser über die Warze, und siehe da, schon nach kurzer Zeit war sie weg!» Der Brauch, in Beinwil Burkertswasser in Flaschen abzufüllen, was ziemlich Geduld braucht, ist noch weit verbreitet, zum Beispiel bei Gläubigen aus Beromünster, welche Milchkesselchen und zum Teil grosse Coca-Cola-Flaschen unter das tröpfelnde Rinnsal halten. Auf die Frage, welches ihre eigene Beziehung zum heiligen Burkart sei, bekennt Frau Angst: «Für mich ist er eine Art Schutzengel, ich vertraue sehr auf den heiligen Burkart.» Nachdem die Pfarrei Beinwil/Freiamt über keinen eigenen Priester mehr verfügt, scheint der Dorfheilige noch zusätzliche Bedeutung für die Seelsorge zu gewinnen.

Die Verehrung des heiligen Burkart, die nach der Erhebung der Gebeine 1784 durch Abt Gerold II. Meyer von Muri und ein päpstliches Breve von 1817 einen offiziösen, wenn auch nur lokalen Charakter hat, ist auf eine sehr alte Tradition zurückzuführen. Schon unter dem Datum vom 17. Mai 1228 steht in einem alten Jahrzeitenbuch geschrieben: «Hartmann Viseler, ritter, vogt diss gotzhus, hatt gen ein acker, genannt Zwyacher, an sant Burkarts liecht.» Der Acker, dessen Name heute erloschen ist, lag in der Nähe der Kirche, wo am Burkartsgrabe ein ewiges Licht unterhalten wurde. Die Bezeichnung «sant» aber beweist einwandfrei, dass vor 770 Jahren Burkart bereits öffentlich als Heiliger verehrt wurde. In einer Ablassbulle von Papst Clemens XII. vom 4. Juni 1735 wird Burkart ausdrücklich als

«Sanctus», Heiliger, genannt, obwohl er nie selig- oder heiliggesprochen wurde. Dies gilt darum, weil er seit unvordenklichen Zeiten so genannt und immer als Heiliger verehrt wurde. Nach der Erhebung der Gebeine, welche unter dem Beisein eines Chirurgen erfolgte (1784), wurde auch der Wohlgeruch derselben geschätzt, ihm eine gleichsam therapeutische Rolle zuerkannt. Zu dieser Zeit wurde auf die ältere Kirche, die nun als Krypta für das Grab des Heiligen diente, die neue, grössere kunstvoll angelegt. Die Krypta im Renaissance-Stil ist nach dem Vierstützenschema erstellt und birgt im Zentrum die Grabtumba des Heiligen mit einer schönen lateinischen Inschrift. An der Westwand hängt eine Tafel mit der Legendengeschichte Burkarts. Hier vernehmen wir einiges vom wüsten Treiben seiner Verwandten auf dem Bauernhof, den er bewirtschaftete, wovon ihm in seiner Abwesenheit eine Dohle Bericht erstattete. Deshalb wurde sie dann von einem bösen Knecht umgebracht. Der heilige Burkart erweckte sie wieder zum Leben, eine Geschichte, die eine Parallele in der isländischen Sage hat, wo der Held Seldan ebenfalls einen Vogel wieder zum Leben erweckt. Dohle, Krähe, Rabe und Kranich (letztere Versionen kommen in der Burkartslegende auch vor) gelten in der älteren Mythologie als Totenvögel, Anzeiger von Mord und anderen grossen Verbrechen, was unter anderem die Legende vom heiligen Meinrad bezeugt. Insofern scheint die Geschichte von Burkarts Dohle noch auf Schlimmeres hinzudeuten als auf alkoholisierte Familienangehörige und Knechte. Zum Mythos des Lindenbergs gehört eine Blaubart-Geschichte, die Moritat von der Ermordung zahlreicher Jungfrauen im Bereich des Guggibades. Wieweit die Lichtgestalt des heiligen Burkart deren Kontrapunkt bildet, lässt sich nicht genau ausmachen, doch liegt es nahe, den fatalen Schatten und das grösste Licht im Denken des Volkes nahe beieinander zu sehen, obwohl die Geschichten zeitlich auseinanderliegen.

In Beinwil gibt es seit 1586 eine Burkarts-Bruderschaft, die ihre Blütezeiten im 18. und 19. Jahrhundert hatte. Nach den Satzungen sind jeweils am Montagabend fünf Vaterunser, Avemaria und das Glaubensbekenntnis zu beten. Nach 1817, als Burkart in einem päpstlichen Schreiben abermals als *Sanctus* bezeichnet wurde, hatte die Bruderschaft auch die Aufgabe, für das Gedeihen der Heiligen Allianz zu beten, was immerhin bedeutete, den Sinn über die Gemarkungen des Lindenbergs hinausschweifen zu lassen. Als Tag des heiligen Burkart, nach dem im Freiamt und im Seetal lange Zeit recht viele Knaben getauft wurden, galt ursprünglich der 20. August, in der Tradition der Burkarts-Bruderschaft aber bis heute der Montag nach Christi Himmelfahrt. Jeweils am Dienstag nach Pfingsten ist der Bittgang der Pfarrgemeinde Muri zum heiligen Burkart nach Beinwil angesetzt. Auch die Gemeinde Auw, die Heimat von Mutter Maria Bernarda Bütler, pflegt seit je ihre besondere Beziehung zum heiligen Burkart.

Der heilige Bischof ohne Namen und der geplagte Bauer Jakob Minder im Lutherntal

Ein dank seiner Volkstümlichkeit mit dem heiligen Burkart teilweise vergleichbarer Dorfheiliger, der nicht weit von Beinwil, im zugerischen Cham, in der prächtigen St.-Jakobs-Kirche, begraben liegt, ist der *heilige Bischof ohne Namen.* Nach der Überlieferung soll es sich um einen durchreisenden Prälaten handeln, der in Cham vom Tod überrascht wurde. Die neuere Forschung nimmt eher die Grabstätte eines Geistlichen aus der Frühzeit der Pfarrei an, aus welchem dann im Verlauf der Überlieferung ein Bischof wurde. Beim «heiligen Bischof ohne Namen» bleibt es ausgeschlossen, dass über ihn je etwas Enttäuschendes, dem Ruf der Heiligkeit Abträgliches verbreitet werden könnte. Entsprechend dem Kult des heiligen Nikolaus von Myra und des ursprünglich nicht minder beliebten heiligen Ulrich von Augsburg gilt der heilige Bischof ohne Namen in Cham als grosser Kinderfreund. Entsprechend hat man auf seine Grabstätte, einen mittelalterlichen Sarkophag auf der Evangelienseite der Kirche St. Jakob in Cham, regelmässig «Schlüttli» und andere Kinderkleider hingelegt, verbunden mit entsprechenden Anliegen für das leibliche und seelische Wohl der Kinder. Seit einigen Jahren sind es nicht mehr «Schlüttli», sondern Fotos von Kleinkindern, manchmal auch grösseren Kindern. Im Andenken an heilige Priester wie Burkart von Beinwil oder den Bischof ohne Namen verkörpern sich ganz bestimmte Sehnsüchte im Volk, eine «behütende» Seelsorge betreffend, für die heute erst recht ein Bedarf besteht.

Einer der merkwürdigsten Dorfheiligen der Schweiz ist der *Bauer Jakob Minder*, auf den das ländliche Wallfahrtsheiligtum Luthernbad zurückgeht, im Luzerner Hinterland so etwas wie das Einsiedeln des kleinen Mannes. Dem gichtbrüchigen Jakob Minder erschien um 1580 im Traum die Madonna von Einsiedeln, verhiess ihm Heilung, kündigte jedoch an, seine sechs Kinder in nächster Zeit zu sich zu nehmen. Zur Bestätigung hiess sie ihn an einem Waldbord nach einer Quelle graben, welche dann an der Stätte der heutigen Wallfahrtskapelle prompt zum Vorschein kam. Innerhalb eines halben Jahres starben daraufhin die sechs Kinder der Familie Minder. Eine makabre Geschichte ländlicher Spiritualität, die mit dem Sichschicken ins Unvermeidliche zu tun hat. Der Tod vieler Kinder in kurzer Zeit musste, etwa bei Seuchenzügen, von vielen hingenommen werden, und trotz allem galt es, das bedingungslose Gottvertrauen zu bewahren. Dafür steht der Luthermer Dorfheilige Jakob Minder, in dessen Wallfahrtskapelle neben dem heiligen Brünnlein an einem schönen Sommersonntagabend oft mehr als zehn Dutzend Weihekerzen brennen. Religion als Praxis der Bewältigung von Kontingenz, das heisst von dem, was uns auf unbegreifliche und anders nicht zu bewältigende Art und Weise in unserer kleinen Existenz zugemutet wird. Auch dafür steht der Kult der Dorfheiligen, welchen die ländliche Bevölkerung, zumal bei abnehmender priesterlicher

Seelsorge und verringerter Glaubwürdigkeit der kirchlichen Hierarchie, ein beeindruckendes Vertrauen entgegenbringt. So behält Religion auf dem Lande in traditionell katholischen Gegenden ein Stück Bodenhaftung.

Literatur

Brandstetter, Renward: Renward Cysat, 1545–1614. Der Begründer der schweizerischen Volkskunde. Luzern 1909.

Burgener, Laurenz: Leben und Wirken der heiligen, seligen und frommen Personen des Schweizerlandes. Einsiedeln 1860.

Gangyner, Rudolph Anton: Lebens- und Wunder-Geschichte des hochseligen Priesters Burkhardus. Zug 1825.

Herzog, Franz Alfred: Der heilige Pfarrer Burkard. Luzern 1953.

Käppeli, Arnold: Sankt Burkard von Beinwil. Sein Leben und seine Verehrung. Immensee 1949.

Murer, Heinrich: Helvetia Sancta. Das ist Schwytzerisch und Eydgnössisch Heyligenbuch. Luzern 1648.

Vautrey, Louis: Le serviteur de Dieu Jean-Pierre Blanchard. Fribourg 1879.

Walzer, Pierre-Olivier: Vie des Saints du Jura. Réclère 1979.

Pirmin Meier

Bruder Klaus von Flüe

Landesvater, Helfer in den letzten Dingen

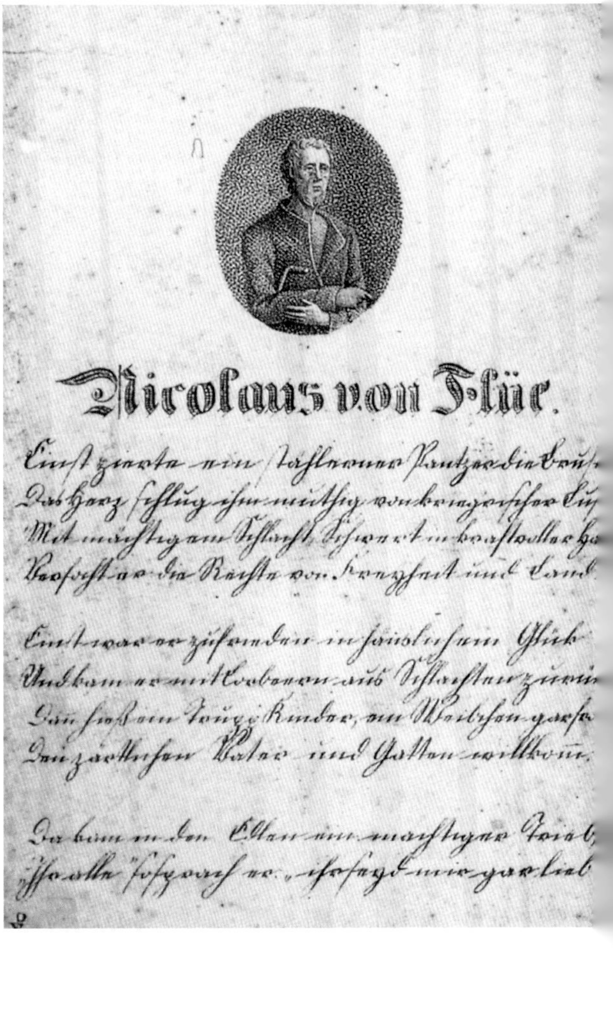

Andachtsbild mit patriotischem Gedicht und Portrait Nicolaus von Flüe. Lithographierter Text in Schreibschrift. Xaver Pfyffer, Freyenhof, Luzern, 19. Jahrhundert.

Museum der Kulturen, Basel, Inv.-Nr. VI 16840.

Neunzehneinhalb Jahre, vom Spätherbst 1467 bis zu seinem Tod am 21. März 1487 lebte der Bauer, eidgenössische Krieger und Ratsherr Klaus von Flüe im Flüeli-Ranft oberhalb von Sachseln in fast unmittelbarer Nähe seiner Familie als Einsiedler. Damit erfüllte er für die letzte Zeit seines Lebens das spätmittelalterliche Ideal des Gottesfreundes, wie es vor ihm in Strassburg schon der Kaufmann Rulman Merswin angestrebt hatte, verheiratet mit Gattin Margret, welche ihrerseits ein mystisches Leben führte, oder der Ritter Johannes von Aarwangen, der Gründer der Eremitenkolonie Wytenbach (Heiligkreuz) im Entlebuch, Gatte der Verena Senn von Münsingen, einer Frau aus dem bernischen Landadel. Der heilige Eremit Nikolaus von Flüe, Gatte der Dorothea Wyss, im Volk schon zu Lebzeiten *Bruder Claus* genannt, von seinen Besuchern gern als *lieber Vater* angesprochen, verkörpert in der Schweiz und im umliegenden Alpenraum den Heiligen schlechthin. Vom *lebenden Heyligen* im Ruf der Nahrungslosigkeit war schon zu Beginn seines Einsiedlerlebens die Rede, und nach seinem Tod machte man sich im Stift Beromünster daran, in sozusagen vorauseilendem Gehorsam, auf ihn ein sangbares Officium zu komponieren. Desgleichen gibt es von ihm schon ab 1492 bildliche Darstellungen in der Pfarrkirche seiner Heimatpfarrei Sachseln, lässt der Abt von Muri um 1500 das Konterfei des Eremiten auf einen Altarflügel malen, und im 16. Jahrhundert, lange vor irgendeiner kirchlichen Approbation seines Kultes, gibt es Darstellungen des Hochverehrten in Chorgestühlen und an Kirchenwänden, ganz zu schweigen von den unzähligen Exvoto-Bildern und den Bruder- Klaus-Porträts im politischen und kirchlich-polemischen Schrifttum ab der Frühzeit des Reformationszeitalters.

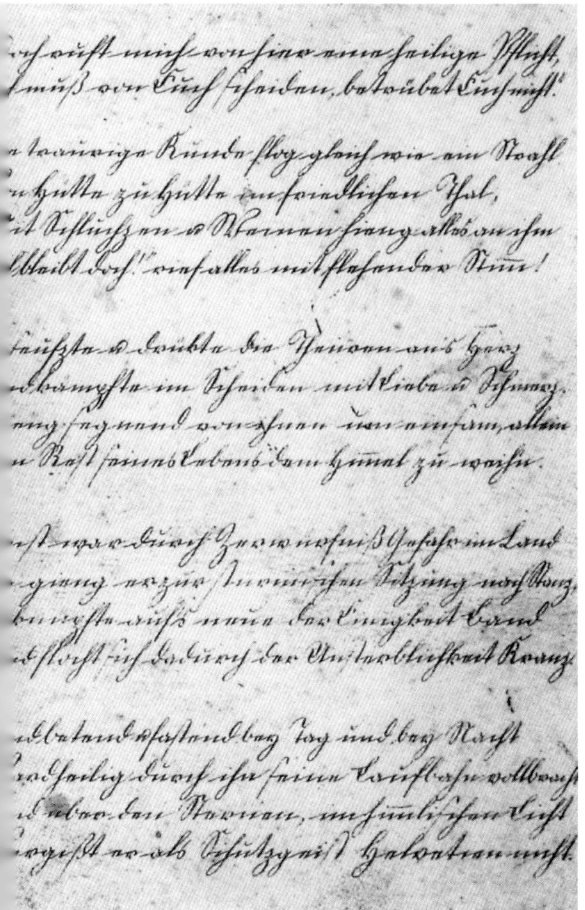

«Vater des Vaterlandes» steht auf seinem Sarkophag in Sachseln geschrieben. Keinem Eidgenossen kommt dieser Titel in vergleichbarer Weise zu. Von ihm gilt, was Jeremias Gotthelf im Anschluss an den Historiker Johannes von Müller im *Evangelischen Kalender auf das Jahr 1851* über ihn bekennt: «Wenn je einer, ein heiliger Mann». Im Vergleich zu allen anderen mittelalterlichen und neuzeitlichen Heiligen im mitteleuropäischen Raum hat Klaus von Flüe im Hinblick auf seinen Ruf eine Heiligsprechung eigentlich nie nötig gehabt, galt er doch für jedermann, der ihn noch persönlich gekannt hatte, als Heiliger. Kein zweiter Eidgenosse hat einen vergleichbaren Ruf der Integrität genossen. Ihn als Heiligen zu betrachten, oder zumindest als vorbildlich frommen und friedfertigen Mann, galt während Generationen als selbstverständlich, wenigstens so lange, als man für den mystisch abgeschiedenen Lebensstil der sogenannten Gottesfreunde noch Verständnis aufbrachte.

Die formelle Selig- und Heiligsprechung war indes während über vierhundertfünfzig Jahren ein dringendes Anliegen der katholischen Schweiz und hatte mehr mit deren Selbstachtung zu tun als mit der Feststellung der Heiligkeit des Eremiten. Die katholischen Kantone pochten Rom gegenüber seit jeher auf ihren Sonderfall in kirchlichen Angelegenheiten, auf die berühmt-berüchtigten IURA HELVETIORUM CIRCA SACRA, die Sonderrechte der Schweizer in Sachen Mitbestimmung in geistlichen Angelegenheiten. Dass sie sich de facto solche selbst in Fragen der Selig- und Heiligsprechung ihres Landesvaters anmassten, zumindest immer wieder so taten, als seien in diesem Falle die üblichen Formalitäten von nebensächlicher Bedeutung, hat nach Aussage zum Beispiel von Kardinal Robert Bellarmin, selber ein Bruder-Klaus-Verehrer, dem Fortgang des Prozesses nur geschadet. Die eigenwillige unbeschränkte Heilighaltung von Bruder Klaus durch das Volk und den einheimischen Klerus war, nebst kirchlichen und staatskirchenrechtlichen Konflikten wie dem Adligenswiler Handel von 1734, mit ein Grund, warum die Heiligsprechung von Bruder Klaus so lange auf sich warten liess, nämlich bis zum Himmelfahrtstag (15. Mai) 1947. Es gibt in der neueren Kirchengeschichte kaum einen vergleichbaren Fall eines Heiligen, der wie Bruder Klaus beim ganzen Volk in einem einzigartigen Ansehen steht, obwohl bei ihm im Verlauf der Generationen vieles fragwürdig und zum Teil unverständlich geworden ist. Der *heilige Klaus*, wie ihn der reformierte Theologe Karl Barth nennt, verkörpert nicht nur ein katholisches Modell von Heiligkeit, sondern in hohem Grade das, was die Reformatoren unter einem vorbildlichen Glied in der Gemeinschaft der Heiligen verstanden haben. Dies ist durch den modernen Bruder-Klaus-Kult weitgehend in den Hintergrund verdrängt worden.

Hauptrichtungen der Bruder-Klaus-Rezeption

Darum ist man sich zum Beispiel kaum mehr bewusst, dass die Appenzeller Gemeinden in ihrer Mehrzahl ohne die Berufung auf Bruder Klaus wohl kaum das reformierte Bekenntnis angenommen hätten, so wie Zwingli selber, ein Schüler des Bruder-Klaus-Biographen Heinrich Wölflin, mit seiner Haltung zusammen mit Heinrich Bullinger und dem Sankt Galler Reformator Joachim von Watt, genannt Vadian, einen authentischen Hauptstrang der Bruder-Klaus-Rezeption verkörpert. Nicht ein neues Bekenntnis sei das Anliegen der Reformation, betonte man gegenüber den Berglern, sondern es gehe lediglich darum, den «Eigennutz» in der Kirche abzustellen, «wie Bruder Klaus auch gesagt». Mit dieser Formel vermochten Ulrich Zwingli und Jakob Schurtanner, der Pfarrer von Teufen, die Appenzeller für ihr Anliegen zu gewinnen. Die Bruder-Klaus-Rezeption, welche keineswegs nur in der katholischen Welt von Bedeutung ist (unter anderem spielt sie im deutschen Pietismus eine überraschende Rolle), zerfällt in insgesamt vier Hauptrichtungen: erstens die Berufung auf den «sittlichen» Bruder Klaus, den Mahner gegen Käuflichkeit und Eigennutz; zweitens den «mystischen» Heiligen, den Freund der Abgeschiedenheit im Sinn von Meister Eckhart; drittens den «eucharistisch» orientierten Asketen, der für sich in Anspruch nimmt, ohne die Betrachtung der Hostie könne er nicht überleben; viertens den Ratgeber in schweren und schwersten Lebensentscheidungen, den «eschatologischen» Heiligen, den Helfer in Krisen und Beistand in den letzten Dingen, seien es nun Pest oder Krieg, Versuchungen aller Art oder auch die Gefahr, dass es mit der Eidgenossenschaft ein für allemal aus sei. Der letztere Gesichtspunkt, ein Heiliger für die letzten Dinge zu sein, die Schweiz betreffend oder Europa oder gleich die ganze Welt, ist bei Bruder Klaus von Anfang an von Bedeutung. Als einer der letzten berühmten Vertreter der Gottesfreunde-Bewegung aus dem Spätmittelalter verkörpert er selber sehr viel von einer endzeitbezogenen Frömmigkeit, wie sie auch in seinen Visionen, zum Beispiel der Schreckensvorstellung vom einstürzenden Pilatus, zum Ausdruck kommt. Dieses Visionsleben, verbunden mit einer einfachen Art des Meditierens und einem auf beeindruckende Art durchgehaltenen Beten ohne Unterlass, macht ihn zu einem der markantesten Vertreter der westeuropäischen Mystik überhaupt. Bei aller Volkstümlichkeit bleibt vieles an Bruder Klaus fremd und missverständlich. Dessen war sich vor einigen Generationen Heinrich Federer (1866 bis 1928) bewusst, der Priester und Schriftsteller, der sich wie wenige dieses Heiligen angenommen hat. In einem Brief an Pfarrhelfer Joseph Maria Rohrer von Sachseln aus dem Jahre 1893 hält er fest:

«Mit Freuden behandelte ich nun den seligen Bruder Klaus in drei Predigten. Du glaubst kaum, mit welchem ernsthaftem Sinn die Zuhörer das Bild in sich aufnahmen. Ich bekam hierauf die Überzeugung, einmal, dass der Selige hier noch beinahe gar nicht bekannt war, sodann, dass er das packendste populäre Heiligenbild der Schweizer sein könnte. Welche Mystik dabei für den Theologen vorliegt, ist kaum zu sagen.» 1917 hat er dann dieses Heiligenbild in Form einer bedeutenden, jedoch nur fragmentarischen Biographie vorgelegt. Dem evangelischen Pfarrer Hermann Kutter schreibt er am 21. Februar 1923: «Kennen Sie das Gebetlein von Bruder Klaus? Das lieb ich sehr. Es ist eines der tiefsten, grossartigsten, aber auch einschneidendsten. Ich glaube noch nicht, dass ich es richtig bete, mit der vollen, frohen Übernahme der Konsequenzen. Aber ich möchte dazu gelangen:

Mein Herr und mein Gott, gib alles mir, was mich fördert zu Dir.
Mein Herr und mein Gott, nimm alles von mir, was mich hindert zu Dir.
Mein Herr und mein Gott, nimm mich mir und gib mich ganz zu eigen Dir.»

Dieses «Nachtsprüchlein des Mannes vom Ranft» enthält, wie die Forschung mittlerweile dargetan hat (u. a. Heinrich Stirnimann 1981), als tägliches Bittgebet von seltener Einfachheit, Klarheit und Reinheit eine auch für das Volk nachvollziehbare Grundsubstanz mystischen Lebens. Damit ist mit Bruder Klaus die Gottesfreunde-Bewegung, die ihren Ausgangspunkt am Oberrhein genommen hat, mit Strassburg, Basel, Schaffhausen und Konstanz als beachtlichen Zentren, sogar in das religiöse Innenleben eines analphabetischen Landmannes eingegangen, was für die deutschsprachige Geistesgeschichte am Vorabend der Reformation nicht zu unterschätzen ist.

Am Rande des noch Lebensmöglichen

An den unablässigen Beter Bruder Klaus hat das Volk, ob es ihn nun verstanden habe oder nicht, schlechthin alle Anliegen delegiert. Neben dem bekannten Gebetlein pflegte er mit Vorliebe das Vaterunser, das Ave Maria und vor allem die atmende Betrachtung des Namens Jesu, den sogenannten Hesychasmus. Dass man ihm nachsagt, er habe als Pilger zwischen Liestal und Sachseln ein einziges Vaterunser gebetet, desgleichen jeweils auch auf dem Kirchweg vom Flüeli nach Sachseln, spricht für eine Art Frömmigkeit, die sich im Vergleich zur herkömmlichen katholischen Gebetspraxis, bei welcher die Zahl der aufzuopfernden Vaterunser und Avemaria eine beträchtliche Rolle spielt, stark abhebt zugunsten einer mehr qualitativen, bekennenden, «protestantischen» Frömmigkeit im Sinne ihrer Profilierung durch Luther, bei welcher der einzelne sich direkt Gott aussetzt. Klaus von Flüe ist als eine betende und betrachtende Existenz zu würdigen, am Rande des gerade noch Lebensmöglichen. Wenn allerdings behauptet wird, er hätte dies auf Kosten seiner Familie getan, dann kennt man weder seine Lebensgeschichte noch die seiner Familie und schon gar nicht das Pilgerwesen, die Mystik und die anerkannte Praxis der spätmittelalterlichen verheirateten Eremiten, unter denen Klaus von Flüe bekanntlich keinen Einzelfall darstellt. Im Gegensatz aber zu anderen einsiedlerischen Familienvätern, etwa Johann von Aarwangen (im 14. Jahrhundert Eremit in Heiligkreuz) und Bruder-Klaus-Enkel Konrad Scheuber in Nidwalden, lebt Klaus von Flüe jedoch immer in fast grösstmöglicher Nähe zu seiner Familie, die in der Zeit seines Lebens im Ranft einen einmaligen Aufstieg erfährt und ihren Vater immer unter Kontrolle hat. Der Ranft, für die Pilger eine Art Kraftplatz, ist für die Familie, die mehr als ein Dutzend Landammänner hervorgebracht hat, beinahe von Anfang an ein Machtzentrum geworden. Dabei war Klaus von Flüe nach einer gescheiterten Pilgerfahrt vom Oktober 1467 (welche für spätmittelalterliche Verhältnisse in keiner Weise ein Imstichlassen der Familie darstellte) für ein Familienleben im herkömmlichen Sinn nicht mehr tragbar, weil er sich nach einer Phase von Schlaflosigkeit, schweren Ohnmachten, ekstatischen Zuständen und Depression von der Tischgemeinschaft vollständig ausschloss. Im Zustand seines «Abbruchs», wie es seine Biographen nennen, war das Zusammenleben in einem eher kleinen Haus mit über einem Dutzend Bewohner für beide Seiten unzumutbar, was anfänglich aber die Gattin Dorothea schmerzlich berührte.

Die grosse Krise des gescheiterten Pilgers, der dann eher aus Verlegenheit zum Eremiten wurde, ist zwischen 1465 und 1467 anzusetzen. Die Hauptverantwortung für den Hof lag zu dieser Zeit bereits beim Sohn Hans von Flüe, dem späteren Landammann, dessen Aufgabe es nach dem Sachsler Kirchenbuch war, «dem Vieh Rat zu tun», während Vater Nikolaus lediglich noch die Wiese vom Dorngestrüpp säuberte, ein Vorgang, der im übrigen sehr dem inneren Bedürfnis nach Reinigung entsprach. Hans von Flüe, jung verheiratet mit der Landammannstochter Elsbeth von Einwil, kommt die Lösung mit dem Vater als Eremiten sicher nicht ungelegen, im Gegensatz zu Gattin Dorothea, die bekanntlich, nach dem Zeugnis Wölflins, nur zögernd ihre Einwilligung gegeben hat. Nach damaliger Praxis, worüber ein Gutachten von Peter von Numagen (1483) Rechenschaft gibt, war diese Einwilligung der Gattin für die Tolerierung des Eremitenlebens eines Verheirateten unbedingt erforderlich. Diese Zustimmung mit einem heiligmässigen, heroischen Tugendakt zu verwechseln scheint fraglich. Ab Herbst 1467 war Klaus von Flüe mutmasslich nicht mehr arbeitsfähig und unter keinen Umständen mehr willens und in der Lage, die familiäre Tischgemeinschaft fortzusetzen. Dies schliesst jedoch nicht aus, dass er, wie die Besucher mit Nachdruck betonen, als Zuhörer und Gesprächspartner einen klaren Verstand behielt.

In der gut dokumentierten Geschichte der alpinen Einsiedeleien stellt die Geschichte von Klaus von Flüe in mehrfacher Hinsicht einen Ausnahmefall dar. Im Gegensatz zu dem, was kirchenrechtlich geboten gewesen wäre, auch zur Praxis etwa von Bruder Johannes Wagner in Hergiswald (ab 1489), konnte Klaus von Flüe die bischöfliche Bewilligung für die Wahl seiner Lebensform nicht mehr abwarten, sondern hat sehr zum Missvergnügen von Bischof Heinrich von Hewen von 1467 bis 1469 sozusagen eine Wildform des Einsiedlers verkörpert. Dies wohl deshalb, weil es für ihn keine andere Überlebensmöglichkeit mehr gab. Dabei war er, wie bei seinen schweren, epilepsieähnlichen Absenzen, zutiefst der Überzeugung, dass Gott es eben so haben wolle. Bei diesem Vorhaben unterstützten ihn jedoch Pfarrer Oswald Isner aus Kerns, sein Beichtvater, sein Bruder Peter von Flüe sowie die Obwaldner Behörden, darunter Landesseckelmeister Erny an der Halten und andere einflussreiche Einheimische.. Zum frühen Sympathisantenkreis des Klausners gehört auch der Berner Ritter und mehrfache Schultheiss Adrian von Bubenberg. Dieser hatte sich 1465, in einer ebenfalls schweren Lebenskrise, mit einer Pilgerfahrt ins Heilige Land zu helfen gewusst.

Da die Einsiedelei von Klaus von Flüe bischöflich zunächst nicht approbiert war, jedoch das Misstrauen von dieser Seite aus den Quellen mit Händen zu greifen ist, wurde bei der Prüfung des Einsiedlers durch Weihbischof Thomas Weldner Militär aufgeboten. Die anfängliche Weigerung von Bruder Klaus, auf Befehl des Prälaten Brot zu essen, ist nach den Indizien für die Hexerei, wie sie 1487 im «Hexenhammer» festgehalten werden, ein teuflisches Zeichen. Deshalb musste der Eremit zur Empörung seiner Freunde, wie eine Münchner Handschrift (erstmals publiziert in Pater Rupert Amschwands Ergänzungsband zu Durrers Quellenwerk) festhält, mit grössten Beschwerden drei Bissen Brot hinunterwürgen: «Und beim dritten Bissen sagten die Schweizer zu dem Bischof von Konstanz: Gnädiger Herr, fügt es sich, dass Ihr den Bruder Nikolaus mit solcher Speis um sein Leben bringt, kommen Eure Gnaden seinetwegen ebenfalls zu einer Verkürzung Eures Lebens.» Eine massive Drohung! Dem Bischof, der in Bruder Klaus ansonsten einen braven Mann erkennt, bleibt nichts anderes übrig, als die Einsiedelei zu approbieren. Im Gegensatz aber zu anderen Einsiedlern, etwa dem ehemaligen Salinenunternehmer Johannes Frankfurter im Tirol, für den der Kardinal Nikolaus von Cues vor 1464 eine Regel verfasste, lebte Klaus von Flüe ohne Eremitenregel, die unter anderem auch einige Stunden täglicher Arbeit vorgesehen hätte. Bruder Klaus hat im Gegensatz zu den meisten anderen Eremiten nie gearbeitet, so wie er nach der übereinstimmenden Überzeugung seiner Zeitgenossen nichts gegessen hat. Dass die Einsiedelei trotz dieser Abnormität, hinter welcher der Bischof ursprünglich den Teufel vermutete, die kirchliche Approbation erhielt, wurde dann in der Eidgenossenschaft faktisch als Anerkennung des «lebenden Heiligen» ausgelegt. So war das aber kirchlicherseits nicht gemeint. Entsprechend war die Erhebung zum Seligen und Heiligen mit vielen Komplikationen und hohen Kosten verbunden. 1669 erlaubte Papst Clemens IX. endlich die Verehrung von Bruder Klaus in Sachseln, Clemens X. dehnte diese Erlaubnis dann 1671 auf das Gebiet des Bistums Konstanz und der Schweiz aus. Die Auswirkungen dieser Entscheide auf die Volksfrömmigkeit sind bis heute sichtbar. Der grösste Teil der Bruder-Klaus-Pilger kommt aus dem süddeutschen Raum, soweit dieser bis 1815 dem grossen Bistum Konstanz unterstand.

Die Via Dolorosa zur Heiligsprechung

1732, nach der Erhebung der Gebeine in Sachseln, wären die Voraussetzungen auch für die Heiligsprechung gegeben gewesen. Insbesondere waren die drei verlangten Wunder dokumentiert, darunter die Rettung der 42jährigen Anna Maria Nauer aus Hägglingen im aargauischen Freiamt, die nach einem Sturz von einem 30 Fuss hohen Kirschbaum rettungslos verloren schien, sich aber nach Anrufung von Bruder Klaus in kürzester Zeit wieder erholte. Hägglingen mit seiner gern aufgesuchten Bruder-Klaus-Kapelle gehört heute noch zu den nicht wenigen Kleinzentren der Bruder-Klaus-Frömmigkeit, wie sie über die ganze Schweiz und den süddeutschen Raum verstreut sind. Die drei von hochgestellten Geistlichen beeidigten Wunder blieben für die Heiligsprechung deshalb nutzlos, weil mit dem Adligenswiler Handel von 1734 das Verhältnis zwischen den Eidgenossen, zumal Luzern, und dem Nuntius einen Tiefpunkt erreichte und für Jahre vergiftet blieb. Es dauerte rund zwei Jahrhunderte, bis für den Heiligsprechungsprozess endlich entscheidende Fortschritte erzielt wurden. Wesentlich ist in diesem Zusammenhang der Schweizer Katholikentag in Freiburg vom 2. September 1935. Deprimierend war dabei, dass die Wunder der vergangenen Jahrhunderte aus römischer Sicht samt und sonders als für die Heiligsprechung untauglich erklärt wurden, weil die Beteiligten samt Zeugen nicht mehr am Leben waren. Vizepostulator Victor Schwaller aus Freiburg wie auch Pfarrer Huber von Sachseln liessen sich indes durch diesen Befund nicht entmutigen.

Nach jahrhundertelangen vergeblichen Bemühungen, bei denen sich die Klöster Einsiedeln, Muri, Wettingen, das Stift Beromünster und vor allem das Land Obwalden finanziell stark engagiert hatten, war man nicht gewillt, abermals hundert Jahre und länger auf ein positives Resultat zu warten. Monsignore Paul Krieg, der Kaplan der Schweizergarde und Postulator für die Heiligsprechung in

Der selige Bruder Klaus. «Helgen» vom Ende der dreissiger Jahre, dessen unten links aufgenähtes Kreuz mit einer Reliquie des zukünftigen Heiligen in Berührung gebracht worden war. Holzschnitt von Pater Michelangelus nach Anton Stockmann.
Sammlung Dominik Wunderlin, Basel.

«Helgen» vom Ende der dreissiger Jahre; abgedruckt ist die 3.Zeile des mystischen Bittgebets von Niklaus von Flüe.
Sammlung Dominik Wunderlin, Basel.

Rom, rief in seiner Rede am Katholikentag ausser zu unablässigem Gebet zu einer umfassenden Kampagne auf: Es seien mehr Kirchen mit Bildern des Seligen zu schmücken, und man «müsste auch das katholische Volk förmlich ‹überschwemmen› mit Bildchen des Heiligen und mit leichtfasslichen Broschüren über dessen Leben». In den Frauenklöstern sei ein «Gebetssturm» zu entfachen, wie das aus vergleichbarem Anlass ein spanischer Jesuitenpater in den Frauenklöstern Hollands veranlasst habe, «und die Wirkung blieb nicht aus: das Wunder erfolgte». Monsignore Kriegs Rezept für die Beschleunigung der Wunder:

«In jedem Krankenhaus, in jedem Asyl, an jedem Leidenslager sollen Priester und Pflegerin das Vertrauen der Kranken auf den seligen Nikolaus von der Flüe wecken, sollten Reliquien auflegen, Novenen halten um Heilung. Beim Gebet um Genesung sollte man aber darauf achten, nicht gleichzeitig einen zweiten himmlischen Fürbitter um Hilfe im selben Anliegen anzugehen. Denn bei allfällig eintretender Heilung wüsste man sonst nicht, wer geholfen hat, und die Heilung würde für den Prozess von Bruder Klaus unbrauchbar.» Abschliessend empfahl der Prälat, «die Wallfahrt zum Grabe des Seligen (...) gemeinde-, tal- oder kantonsweise mehr zu fördern».

Diese Mobilisierung der gläubigen Volksmassen unterstrich Pfarrer Huber aus Sachseln mit eindrucksvollen Zahlen über die Arbeit des Bruder-Klausen-Bundes: «Der Bund ist in den letzten Jahren durch unermüdliche Propaganda gewachsen bis zu 5250 Mitgliedern, die alljährlich durch ihr Gebet und ihren Beitrag an der Verbreitung und Vertiefung der Bruder-Klausenverehrung mitarbeiten. Zur Förderung der Verehrung verteilte der Bruder-Klausenbund bis heute: 10 000 Kommunionandenken, (...) 30 000 Bruder Klausenlitaneien, 493 000 Bildchen verschiedener Darstellungen aus dem Leben des Seligen, die alle berührt wurden mit den Reliquien von Bruder Klaus. (...) Im weiteren wurden 2000 Messing-Bronzemedaillons von Goldschmied Arnold Stockmann beschafft. An Gebeten und Novenen wurden 28 640 verbreitet.» Es folgt ein Überblick über Bruder-Klaus-Broschüren und -Bücher mit ebenfalls eindrucksvollen Zahlen. Eine Biographie aus der Feder des Sarner Benediktinerpaters Dr. Hugo Müller habe eine Auflage von über 100 000 Exemplaren erreicht. Eine Broschüre von Flüeli-Kaplan Alois Stockmann unter dem Titel «Durfte Bruder Klaus seine Familie verlassen?» wurde ebenfalls in 15 000 Exemplaren verbreitet, und monatliche Bogen, betreffend Gebetserhörungen, kämen jeweils in einer Auflage von 50 000 Stück unter das Volk.

Unter diesen Bedingungen einer volksfrommen «levée en masse» wird dann die Spontanheilung der am Arm gelähmten und kränklichen Ida Jeker durch Berührung des Gewandes von Klaus von Flüe schon im Sommer 1937 kaum verwundern. Die Beglaubigung dieser Heilung als Wunder dürfte mit der Abneigung Roms gegen Mesmers Theorie über Heilungen dieser Art zusammenhängen. Da die Heilungen, welche Franz Anton Mesmer in der Tradition des Paracelsus mit dem sogenannten Animalischen Magnetismus erklärt, naturwissenschaftlich kaum zu verstehen sind, können sie von mehr schulmedizinisch orientierten Vatikan-Experten dann problemlos als «Wunder» deklariert werden. 1939 wurde Berta Schürmann aus Egerkingen geheilt, und 1940, im Sturm des Weltkrieges, zeigte Papst Pius XII. ein Einsehen und «dispensierte» Bruder Klaus förmlich vom dritten Wunder. Dieses wurde jedoch dann am Tag der Heiligsprechung, in Kärnten, durch Anna Melchior «nachgeliefert».

Bei allem Respekt vor diesen Fällen von Heilung auf spiritueller Grundlage, welche einem materialistischen Weltbild Hohn sprechen, berührt der massenpsychologische Gesichtspunkt dieser Ereignisse peinlich. Klaus von Flüe, einer der grössten Beter der westlichen Welt und nachweisbar ein aufs äusserste leidender Mensch, von dessen Integrität jeder, der ihn kannte, zutiefst überzeugt war, hätte die Farce massenpsychologisch arrangierter Wunder nicht nötig gehabt. Seine Visionen, sein Gebetsleben, die unübertreffliche Schlichtheit seines Geistes, gepaart mit gesundem Menschenverstand, sein Gerechtigkeitssinn, über alles aber seine Beziehung zu Gott und eine Existenz, an der fast jeder andere zerbrochen wäre, lassen alle Bemühungen propagandistischer Vereinnahmung anrüchig erscheinen. Das gilt für politische Beanspruchungen erst recht, die es schon zu seinen Lebzeiten, in der Epoche der Reformation, in der Zeit von Krieg und Revolutionen sowie auch in den letzten Jahrzehnten des zwanzigsten Jahrhunderts gegeben hat. Dabei darf die zeichenhafte Existenz des heiligen Klaus von Flüe durchaus als ein Denkanstoss aufgefasst werden, auch für Politiker, Bischöfe, Theologen, Schriftsteller. Sofern man sich bemüht, auf ihn zu hören, nicht einfach ihn für die eigene Sache zu verwenden, ist es nicht anstössig, wenn sich Prediger oder andere öffentliche Redner auf ihn berufen. Wahrscheinlich hat Walter Nigg, der evangelische Kirchenhistoriker, Bruder Klaus am besten getroffen, als er ihn mit einem «Starzen», einem frommen Volksweisen im Sinn der russischen Tradition, verglich.

Was bedeutet Bruder Klaus für die Volksfrömmigkeit in der Schweiz?

Klaus von Flüe, geboren 1417 im Flüeli ob Sachseln als Sohn des Bauern und geschworenen Ratsherrn Heini von Flüe und der Hemma Ruobert aus Wolfenschiessen, gehört zu den Menschen, die in ihrer Epoche mit dem jeweiligen Kulturwandel eine enorme Mühe bekunden, diesen aber dann auf ihre Weise spirituell bewältigt haben. Für Klaus von Flüe hatte es, wie später etwa für Vater Wolf von Rippertschwand, Vorrang, an seiner Seele keinen Schaden zu nehmen, als alle Welt oder auch nur die ganze Schweiz zu gewinnen. Das politische Leben lag Klaus von Flüe so lange am Herzen, als es darum ging, um Weiderechte zu verhandeln oder eine an sich legale Kirchensteuer zu bekämpfen und bei dieser Gelegenheit mit gutem Gewissen einen unerwünschten ausländischen Pfarrer aus dem Dorf zu verjagen. Mehr Mühe machten ihm der rasante Wandel in der Landwirtschaft und, damit verbunden, die aufkommende Geldwirtschaft und die zunehmenden Verwicklungen seiner Landsleute in allerlei Versuchungen, die mit dem wirtschaftlichen Wandel zusammenhängen. Diese unausweichliche Entwicklung zum Frühkapitalismus, an der Landammänner seiner Generation und auch sein eigener Sohn kräftig Anteil nahmen, denunzierte er als «Eigennutz», sah darin eine teuflische Versuchung, der er sich nach Möglichkeit zu entziehen versuchte. Andererseits war er weit davon entfernt, die Menschen, die diesen weltlich gebotenen Weg gingen, zu verurteilen, betete für jedes Anliegen seiner Besucher und oft vielleicht auch für das Gegenteil des Gewünschten. Da er selber meistens schwieg und seine Besucher reden liess, waren diese gerne der Ansicht, der Eremit sei gleicher Meinung wie sie. So wurde es möglich, dass er bei allen, auch solchen, die untereinander höchst uneins waren, als Bezugs- und Autoritätsperson galt. Auf diese Weise wurde er bald das Gewissen der Schweiz, ein Ruf, der ihm bis heute anhaftet. Mit Vorliebe wurde und wird er in Gewissenskonflikten und Streitigkeiten um Hilfe angerufen, was aber schon zu Lebzeiten nicht konkreten Rat, sondern Fürbitte bedeutete. Soweit er einen politischen Ratschlag gab, lief dieser auf «Frieden» hinaus, was nichts Theologisches oder Philosophisches bedeutet, sondern schlicht Frieden bieten und den Frieden annehmen im Sinn der alten alemannischen Tradition. Eine seiner wichtigsten Empfehlungen für die Demokratie, als Ratschlag an die Stadt Bern ausgesprochen, lautet: *Darum sollt ihr schauen, dass ihr einander gehorsam seid.* Darunter sind einvernehmliche Lösungen zu verstehen, nach Möglichkeit unter Umgehung von Prozessen oder Kampfabstimmungen mit Mehrheit und Minderheit. Politische Lösungen mit Siegern und Verlierern nennt er, wenn sie legal sind, das «böseste Recht». Dieses ist für ihn aber in jedem Fall besser als Gewalt. Das Wort vom «bösesten Recht» hat noch 1984 Papst Johannes Paul II. als das «beste Recht» missverstanden. Die spirituellen Grundlagen der Schweizer Demokratie bleiben, wie zu vermuten steht, im Vatikan ebenso unverständlich wie in Brüssel.

Klaus von Flüe stellt, noch vor Paracelsus oder der Mystikerin Mechthild von Stans, die schlechthin geheimnisvolle Figur in der Geschichte der Spiritualität im Alpenraum dar. Dabei ist sein Andenken mit vielen Tabus umrankt, zumal im Kanton Obwalden. Bei aller Rätselhaftigkeit fühlt sich indes das Volk seit Generationen mit ihm verbunden. Was aber an seinem Fasten «dran» ist, konnte auch ein Paracelsus nur andeuten. Dass der heilige Eremit das schwierige Gedankengut der deutschen Mystik und der Gottesfreundebewegung nicht als *Lesemeister* referiert, sondern als *Lebemeister* durch seine Existenz verwirklicht, können Hunderttausende von Ranftpilgern durchaus realisieren, sofern sie nicht einfach ihre eigenen Vorstellungen (zum Beispiel von Familie, Frömmigkeit, Landwirtschaft, Schweiz, Kirche usw.) dorthin tragen. Auf Blitzesdauer wird im Ranft etwas von der Radikalität der abendländischen Mystik spürbar, das Verstummen und Schweigen in der totalen Abgeschiedenheit, wie Meister Eckhart es skizziert hat. In diesem Bereich wird eine politische, systemsprengende Dimension der Mystik deutlich. Es deutet sich damit die Bereitschaft an, im Vergleich zum jeweils herrschenden Zeitgeist radikal andere Prioritäten zu setzen.

Die Ranftkapelle, eingeweiht am 27. April 1469, nachdem der Einsiedler knapp einem Inquisitionsprozess entronnen war, musste 1693 wegen Erdbebenschäden von Grund auf neu gebaut werden. Insofern ist der Ranft heute ein teilweise verschüttetes Heiligtum. Von der wichtigsten Leitfigur für Bruder Klaus, Maria Magdalena, die noch beim Besuch von Hans von Waltheym 1474 den bewegendsten Gesprächsgegenstand bildete, ist keine Spur mehr sichtbar, dafür wird, in bezug auf die untere Ranftkapelle, eine Marienvision behauptet, für die es im dokumentierten Visionsleben des Eremiten keinen Beleg gibt. Die Ranftseelsorge neigt seit Jahren dazu, aus dem Flüeli-Ranft ein Familienheiligtum mit Bruder Klaus und Dorothea zu machen. Damit wird aus den von Flües eine heilige Familie, was eher dem Bedürfnis vieler Pilger und frommer Familienideologen entspricht als dem Gedanken der Gottesfreundschaft, welcher im neutestamentlichen Sinne tatsächlich eine Relativierung von Ehe und Familie darstellt. Die Bemühungen um ein kanonisiertes «heiliges Ehepaar» hängen zusammen mit der Abwehr längst obsoleter Geschichten um eine angeblich verlassene Familie. Dorothea selber, eine starke Frau, die Klaus von Flüe als seine Gattin stets heilig gehalten hat – das heisst, er liess ihr nichts vorwerfen! –, hat unter den bekanntgewordenen Eremitengattinnen ein privilegiertes Leben gehabt, mit vornehmen Besuchen, Geschenken, Teilnahme an den Ranft-Gottesdiensten. Zugleich versorgte sie den Miteremiten von Bruder Klaus, Bruder Ulrich aus Memmingen, mit Speis und Trank. Die anderen Frauen von Obwalden aus dieser Zeit – das Leben einiger von ihnen ist dokumentiert – müssen durchwegs mehr Zumutungen von ihren Männern erleiden als Dorothea, die schon zu Lebzeiten mehr gerühmt wurde als jede andere Frau aus der Urschweiz. Sie hätte allerdings mit einem Nein ihrem Gatten beträchtliche persönliche und vor allem kirchenrechtliche Schwierigkeiten bereiten können. Aber hatte sie von dem Zeitpunkt an, da ihr Mann nicht mehr essen mochte, noch eine andere Wahl? Eine tragbare Alternative gab es nicht. Eine Fortsetzung des bisherigen Daseins hätte für Klaus von Flüe vielleicht den Tod oder, wie für Schultheiss Heinrich von Hunwil von Luzern in einer ähnlichen Lebenskrise 1471, den Verlust des Verstandes bedeuten müssen. Hunwil, für den es keinen gnadenhaften Ausweg gab, nahm sich im Verfolgungswahn das Leben, obwohl er zeitlebens ein gerechter Schultheiss und bei den Eidgenossen, wie Klaus von Flüe, ein Mann des Friedens war. Seine Frau hatte es unverhältnismässig schwerer als Dorothea, wie auch übrigens die Landammanns- und Ratsherrengattinnen aus Obwalden, von denen wir Kunde haben. Im erhaltenen Testament eines zeitgenössischen Landammanns wird von einer kinderlosen Gattin die Tolerierung unehelicher Kinder ausdrücklich verlangt.

Mit der Frau von Bruder Klaus vergleichbar ist Verena Senn von Münsingen, die Gattin des Eremiten Johannes von Aarwangen. Diese lebte jedoch über sechzig Kilometer entfernt von der Einsiedelei ihres Mannes, für welche sie dann aber nach dessen Tod Vergabungen machte. Dorothea bleibt nach dem spärlichen Zeugnis der Quellen eine bewundernswerte Frau. Sie hat mit den Besuchern nachweislich weniger Mühe gehabt als Klaus von Flüe, der sich ihnen gegenüber manchmal in Verlegenheit befand, mehrmals bewusstlos vor seiner Zelle aufgefunden wurde. Wer mehr wissen wollte, den schickte er zu seinem gebildeten Miteremiten Bruder Ulrich aus Memmingen.

Wieweit seine Familie Klaus von Flüe verstehen konnte, muss dahingestellt bleiben. Dass sie aber, wie keine zweite Bauernfamilie der damaligen Zeit, aus der Existenz ihres Vaters Nutzen und Gewinn gezogen hat und dank dessen Ruf zu einem Herrengeschlecht im Freistaat Obwalden aufgestiegen ist, ist eine historische Tatsache. Für die Ranft-Seelsorge wünschbar wäre anstelle einer fragwürdigen und historisch schiefen Opfer-Ideologie um die tapfere Dorothea die Wiederherstellung der Erinnerung an Maria Magdalena. Deren erhabenes Andenken ist prachtvoll gepflegt in der Kapelle auf der Bettelrüti oberhalb Wolfenschiessen, wo im 16. Jahrhundert Bruder Konrad Scheuber, der Enkel des Heiligen, Stunden entfernt von seiner Frau Margrith Roth als Einsiedler gewirkt hat. Insofern steht diese Kapelle dem ursprünglichen Geist des Ranft näher als das, was die Wallfahrtsseelsorge in letzter Zeit aus diesem Heiligtum gemacht hat. Ohne Magdalena, der ersten Zeugin der Auferstehung des Herrn Jesus Christus, dem Urbild der «nackten» Seele und der radikalen Gestalt unter den Aposteln («Apostolin» nennt sie Bruder-Klaus-Besucher Hans von Waltheym), ist weder die Bewegung der Gottesfreunde noch im speziellen das Vermächtnis von Bruder Klaus zu würdigen. Es würde dann klar, dass es sich beim Eremiten vom Ranft viel eher um einen österlichen Heiligen handelt, weit weniger um ein missbrauchbares nationales Emblem, einen währschaften Bauernpatron oder gar einen Garanten für die christliche Familie. Frau

Dorothea wäre die Farce der Heiligsprechung zu ersparen, so wie die grösste Mystikerin Unterwaldens, Mechthild von Stans, mit Visionen, die mit denen von Klaus von Flüe teilweise vergleichbar sind, auch ohne die Ehre der Altäre eine Heilige ist, wie sie seit Thérèse von Lisieux kirchlicherseits nicht mehr gewürdigt wurde. Klaus von Flüe ist ein nachgerade ungemütlicher, in manchem erschreckender Heiliger, der sich nicht nur aus Bescheidenheit bewusst war, dass er für niemanden ein Vorbild sein konnte. In seinem abgeschiedenen Gebetsleben und seinen herausfordernden Visionen, ohne welche das Tiefste an der Eidgenossenschaft vielleicht nicht verstanden wird, ist er der grösste Heilige im Alpenraum, hat er das, was in Eckharts Traktat von der Abgeschiedenheit die Spitze der abendländischen Mystik darstellt, in letzter Konsequenz gelebt. Im Vergleich aber zu Franz von Assisi, auf den Federer im Zusammenhang mit Bruder Klaus grossen Wert legte, fehlte ihm jedoch alles Eifernde und überhaupt jeder missionarische Zug. Um den Ranft wieder zu seiner vollen Ausstrahlung gelangen zu lassen, wäre auf politische und religiöse Propaganda konsequent zu verzichten. Auch steht Bruder Klaus kaum etwas so fern wie der moderne Verbandskatholizismus, wie er zur Zeit der Heiligsprechung und später noch in Blüte stand. Damit ist jedoch nichts gesagt gegen die Organisation von Fusswallfahrten, wie sie seit Ende der siebziger Jahre zum Beispiel von der Landvolkbewegung des Bistums Augsburg unternommen werden. Wesentlich scheint, dass eine Stätte der Mystik auf die einzelne Seele hin ausgerichtet bleibt und nicht auf den Menschen als Glied eines Standes oder einer Körperschaft.

Wie sehr indes das Vertrauen zu Bruder Klaus gleichsam in das kollektive Unbewusste des Schweizervolkes eingegangen ist, mit Weiterungen zumal auf den ganzen Alpenraum und teilweise darüber hinaus, zeigt nicht nur die Wallfahrtsgeschichte. Als Wallfahrtsort blieb nämlich Sachseln, zumal in der Zeit vor der Heiligsprechung, im Vergleich zu Maria Einsiedeln klar im Hintertreffen. Bruder Klaus blieb aber auch für diejenigen, die nicht zu ihm wallfahrten, der Landesvater und Beschützer zumal in schweren Zeiten. Als Helfer für einen guten Tod wurde er schon 1518 angerufen, so wie man sein Bild in der Ostschweiz, in der Zentralschweiz sowie in den Kantonen Freiburg und Solothurn häufig auf Grabsteinen findet:

Hiermit wend wir sy (Maria) rüeffen an,
Und bruder Claus den seligen man.
Ds sy uns wellend gnad erwerben,
Uff das wir nit in sünden sterben. (1518)

Zahlreich sind in der ganzen katholischen Schweiz, aber auch im Allgäu, die Bruder-Klaus-Kapellen und Bruder-Klaus-Bildstöcke, welche nicht erst in der Kampagne um die Heiligsprechung nach dem Ersten Weltkrieg errichtet wurden. Ein schönes Beispiel ist die mittlerweile versetzte Bruder-

Klaus-Kapelle in Ragnatsch auf dem Weg Walenstadt – Flums – Mels – Ragaz, welche aus mündlicher Überlieferung an den Feldzug der Eidgenossen im Zusammenhang mit der Schlacht bei Ragaz (6. März 1446) erinnert. Daran hat Klaus von Flüe als Hauptmann (nicht Rottmeister, welchen Grad es damals noch gar nicht gab) teilgenommen. Benedikt Bochsler, Fürstabt von Pfäfers, weihte die Kapelle am 5. November 1775 feierlich ein. Als «Ragnatscher Sonntag» gilt jeweils der erste Sonntag nach dem Weissen Sonntag. An den übrigen Sonntagen wird jeweils in der Kapelle ein Rosenkranz gebetet, und vierzehntäglich gibt es an Donnerstagen auch eine heilige Messe. Ausserdem werden hier Mai-Andachten und gelegentlich Trauungsgottesdienste abgehalten. Aus dem Gebet zum Bruder Klaus in Ragnatsch:

Heiliger Bruder Klaus, du grosser Freund des Volkes, bewahre uns vor Krieg, Hunger und jeglicher Not. Sichere deinem Vaterland gesegneten Bestand in Frieden und Wohlfahrt. Erflehe der geistlichen und weltlichen Regierung Weisheit und Stärke im Geiste des Glaubens. (...) Erhalte unserem Bauernstand die Liebe zur heimatlichen Scholle, die Freude an christlicher Einfachheit, Sparsamkeit und Opferwilligkeit. Erfülle die Dienstherren und Arbeiter mit christlicher Liebe und Gerechtigkeit, mit Zufriedenheit und Demut. Gib, dass wir alle eins werden in Glaube, Hoffnung und Liebe, um hier Gottes Ehr' zu mehren und dort die Heimat des ewigen Glückes zu finden. Heiliger Landesvater bitte für uns! AMEN.

Zuflucht in Kriegs- und Krisenzeiten

Die Anrufung in «Krieg, Hunger und jeglicher Not» hat in der Volksfrömmigkeit um Bruder Klaus ohne Zweifel die absolute Priorität. Seit dem sechzehnten Jahrhundert, auch in der Zeit des dreissigjährigen Krieges, in der Franzosenzeit und in den Auseinandersetzungen vor 1848, erst recht im Umfeld der beiden Weltkriege, war Bruder Klaus für viele in brennender Sorge die letzte Zuflucht. In den jeweiligen Krisenzeiten, nicht zufällig auch wieder in den neunziger Jahren unseres Jahrhunderts, tauchen stets wieder die berühmt-berüchtigten Bruder-Klaus-Prophezeiungen auf, wie im Kanton Luzern im 17. und 18. Jahrhundert die lange fortwirkenden des Rigeli-Thomme, Thomas Wandeler von Fontannen/Entlebuch, in welchen die Umwandlung von Kirchen und Kapellen in Rossställe angekündigt wird zum Zeichen eines bevorstehenden grossen Abfalls. Damit ist die Atmosphäre getroffen, in welcher Vater Niklaus Wolf von Rippertschwand (1756 bis 1832) gewirkt hat. Die Verschonung vor einem grossen europäischen Krieg dank der Fürsprache von Bruder Klaus gehört seit spätestens 1917, da zum 500. Geburtstag des Landesvaters alle Glocken im Lande läuteten, zu den Grundüberzeugungen vieler gläubiger Eidgenossen. In der Zwischenkriegszeit wurde dann durch Denis de Rougemont oder die Bundesräte Schulthess, Etter und Motta wieder sehr stark der politische Bruder

Klaus betont. Die Rede von Philipp Etter am 16. Dezember 1934 in der Grabeskirche zu Sachseln stellt eine deutliche Distanzierung von Nationalsozialismus, Faschismus und Kommunismus dar mit Berufung auf Bruder Klaus.

Zu den eindrucksvollsten Episoden der Bruder-Klaus-Rezeption gehören die Berichte von der schützenden Hand am Himmel, welche die Schweiz vor einer Invasion durch Hitlerdeutschland bewahrt haben soll. Dabei handelt es sich nicht um eine propagandistische Legende von Geistlichen und Politikern, sondern um Erfahrungen, welche tatsächlich von vielen einfachen Menschen gemacht worden sind, Männern und Frauen, Katholiken, Protestanten und Christkatholiken. Die entsprechenden Erzählungen sind mit den Mitteln der Volkskunde dokumentiert. Einige Zeugen leben noch, etwa Martha Brogli-Delz aus Möhlin.

Auf Wunsch meiner Tochter Vreni möchte ich (...) mein Erlebnis mit der Erscheinung des hl. Bruder Klaus aufzeichnen.
Ich wurde am 14. Jan. 1924 in einem Bauernhaus an der unteren Bahnhofstrasse in Möhlin geboren und wuchs mit meinen zwei Brüdern auf. Da meine Mutter viel krank war, musste ich auf dem Bauernbetrieb tüchtig mithelfen. Während dem Krieg war der Vater auch oft im Militärdienst, sodass fast alle Arbeit auf uns Kindern lag. – So begab ich mich an einem schönen Sommerabend (das Datum weiss ich nicht mehr, doch es war vor 1941) wie immer zu Fuss mit der Milch in die Käserei, welche etwa 1 km. an der oberen Bahnhofstrasse lag. Ich weiss noch ganz gut, dass ich etwas ärgerlich war, weil der Nachbar, dessen Milch ich auch noch mitnehmen musste, wieder einmal nicht fertig gemolken hatte. Also machte ich mich endlich auf den Weg. Als ich etwa 200 m gegangen war, schaute ich auf den Himmel, welcher im Abendlicht so klar und wolkenrein war. Da sah ich in östlich-südöstlicher Richtung ein einziges Wölkchen. Zuerst glaubte ich, es sei der Heiland, so deutlich konnte ich eine menschliche Gestalt erkennen. Doch je länger je mehr glich sie der langen, schmalen Gestalt von Bruder Klaus, welcher eine Hand schützend ausstreckte. Ich sehe das heute noch so deutlich, als sei es eben jetzt. (Nach handschriftlicher Aufzeichnung von Frau Martha Brogli-Delz)

So sehr Bedrohung auch als massenpsychologisches Phänomen zu würdigen ist, bleibt von der Summe der Aufzeichnungen betreffend die Hand am Himmel als Bilanz festzuhalten:

– Erstens: Die Menschen, welche die Hand von Bruder Klaus gesehen haben, gehören durchwegs zu denjenigen, welche aus innerstem Gefühl eine Bedrohung realisiert haben, wie es sie in ihrer Generation noch nie gab. Das waren Menschen, welche ihre religiösen, politischen und menschlichen Werte aufs höchste in Frage gestellt sahen. Für die Gefühle weitester Teile des Volkes, die Bedrohung durch Hitlerdeutschland betreffend, sind diese Menschen durchaus repräsentativ. Sofern die Geschichte des Innenlebens der Schweizerinnen und Schweizer ebenfalls einen relevanten Teil der Geschichtsschreibung ausmacht, gehören auch die genannten Episoden zur «Aufarbeitung» der Geschichte des Landes.

– Zweitens: «Was innen nicht ist, ist aussen auch nicht» (Paracelsus). Die Hand von Bruder Klaus am Himmel sieht nur, wer sie auch in seinem Herzen sieht. Dies schliesst mit den Augen sichtbare Erscheinungen nicht aus.

– Drittens: Die Episode zeigt, wie sehr das Andenken an Bruder Klaus bei vielen Menschen mit ihrem innersten Wertgefühl verknüpft ist. Insofern kann man von einer Erfahrung sprechen, die mit der Vergegenwärtigung eines Grundwertes zu tun hat. Max Scheler nennt ihn «das Heilige», neben den übrigen transzendentalen Grundwerten des «Guten», «Wahren» und «Schönen».

– Viertens: Der heilige Bruder Klaus von Flüe bedeutet für viele Schweizerinnen und Schweizer eine letzte Zuflucht, er ist der Landesvater und der Helfer in den letzten Dingen. Das macht ihn zum prädestinierten Heiligen in Zeiten des Kulturwandels.

In Zeiten der Verunsicherung und der Orientierungskrise kann es nicht verwundern, dass der Rückbezug auf diesen Heiligen sich wieder stärker bemerkbar macht. In den neunziger Jahren sind zahlreiche Kapellen, Bildstöcke und auch Kunstwerke zu Ehren von Bruder Klaus eingeweiht worden, in besonderer Dichte zum Beispiel im Kanton Schwyz, im östlichen Zürichseeraum und im St. Galler Rheintal. Es wäre übrigens falsch, den Rückbezug auf Bruder Klaus mit politisch-reaktionärer oder religiös-fundamentalistischer Gesinnung gleichzusetzen, mit einer Art innerschweizerischer «Zaun»-Mentalität, welche sich gern auf die bei Hans Salat (1536) aufgeschriebene Aussage «Machet den Zaun nicht zu weit» beruft. Ein Gegenbeispiel dafür ist die hohe Verehrung, die dieser Heilige im Kanton Jura erfährt. Die geistige Nabelschnur dieser Region zur Urschweiz hat kaum mit Tell und Winkelried zu tun, dafür um so mehr mit Bruder Klaus und Einsiedeln. Der Jura, ein einstiges Eremitenparadies (mit St. Imier, St. Ursanne, St. Fromont und anderen), ist eher spirituell als politisch mit der Zentralschweiz verbunden. Dies bestätigen nicht so sehr die Landeswallfahrten in den Ranft als die zahlreichen Bruder-Klaus-Statuen und entsprechenden Kirchenfenster sowie die tatsächliche Popularität von Bruder Klaus im Jura. Diese ist zwar dort nicht mehr so gross wie einst, aber immer noch jederzeit höher als diejenige des eidgenössischen Bundesrates.

Literatur

Durrer, Robert: Bruder Klaus. Die ältesten Quellen über den seligen Niklaus von Flüe, sein Leben und seinen Einfluss. Sarnen 1917 – 1921. 2 Bände. Nachdruck Sarnen 1981.

Amschwand, Rupert: Bruder Klaus. Ergänzungsband zum Quellenwerk von Robert Durrer. Sarnen 1987.

Federer, Heinrich: Briefe, hg. von Sigisbert Frick. Luzern 1966.

Graf, Matthias: «Der Name Jesu sei Euer Gruss». Einsiedeln 1993.

Heim, Walter: Die Bruder-Klaus-Verehrung seit der Heiligsprechung von 1947; in: Der Geschichtsfreund 140 (1987), S. 81–100.

Huber, Werner T.: Dorothea. Die Ehefrau des hl. Niklaus von Flüe. Freiburg i. Ue. 1995.

Gröbli, Roland: Die Sehnsucht nach dem «einig Wesen». Leben und Lehre des Bruder Klaus von Flüe. Zürich 1990.

Meier, Pirmin: Ich Bruder Klaus von Flüe. Eine Geschichte aus der inneren Schweiz. Zürich 1997 (mit ausführlichen Literaturangaben).

Stirnimann, Heinrich: Der Gottesgelehrte Nikolaus von Flüe. Freiburg i. Ue. 1981.

Walder, Ernst: Das Stanser Verkommnis. Ein Kapitel eidgenössischer Geschichte. Stans 1994.

Züfle, Manfred: Ranft. Zürich 1998.

Pirmin Meier

Vater Niklaus Wolf von Rippertschwand

Katholischer Pietist und Luzerner Volksheiliger

Niklaus Wolf, der charismatische Bauer und Familienvater auf dem Hof Rippertschwand bei Neuenkirch im Kanton Luzern, geboren am 1. Mai 1756, im Geburtsjahr von Mozart, gestorben am 18. September 1832, unterscheidet sich auf den ersten Blick wenig von den Schweizer Dorfheiligen. Im Gegensatz zu Père Blanchard und Burkart von Beinwil, in Übereinstimmung aber mit Jakob Minder und namentlich Bruder Klaus, war Niklaus Wolf von Rippertschwand ein charismatischer Laie, der aber anders als diese beiden von Leiden geprägten Bauernheiligen als Heiler und Beter gewissermassen in die Offensive gegangen ist. Zuweilen kämpferisch hat er sich dem Zeitgeist gestellt, und im Gegensatz zu Bruder Klaus wäre eine Vermittlungsautorität zwischen den zerstrittenen Eidgenossen seine Sache nicht gewesen. Er blieb, wenn auch in einem eher überpolitischen Sinn, durchaus Parteimann, mit einem orientierungsstarken und volksnahen antimodernen Feindbild. Niklaus Wolf, im Luzerner Volk bis heute als «Vater Wolf» verehrt, steht für einen die Epochen überdauernden ländlich-katholischen Konservativismus. Für diesen ist er, zusammen mit seinem Gesin-

Glaubensfest für Niklaus Wolf von Rippertschwand in Neuenkirch; Prozession zur Messe vor der Pfarrkirche St.Ulrich.
Foto: Stephan Kölliker, Ruswil LU, 1998.

nungsgenossen Joseph Leu von Ebersol (1800–1845) eine Symbolfigur. Dies gilt für katholisch-konservative Kreise im Kanton Luzern noch im zwanzigsten Jahrhundert, was dann auch besonders in den dreissiger, fünfziger und sechziger Jahren mit gewaltigen Volksaufmärschen zum Glaubensfest jeweils anfangs September und weiteren Veranstaltungen in Neuenkirch verbunden war, zum Beispiel bei der Umbettung seiner Gebeine im Jahre 1952. Diese stellte in der Zentralschweiz einen politisch-religiösen Grossanlass dar, wie man ihn seit den Feierlichkeiten zur Heiligsprechung von Bruder Klaus im Jahre 1947 nicht mehr gesehen hatte.

In den siebziger, achtziger und neunziger Jahren sammeln sich am Grab von Vater Wolf nebst dem hier stets vertretenen bäuerlich-konservativen Substrat katholische Christen, denen wie Vater Wolf eine Frömmigkeit auf sicheren Grundlagen näher am Herzen liegt als theologisches Räsonieren und lautes Politisieren. Im Vordergrund steht die sakramental orientierte Gläubigkeit einschliesslich Rosenkranzgebet und Sakramentalien. Den Betern von Neuenkirch gibt es in der Regel auf dieser Welt schon Wandel genug, in Landwirtschaft, Ökonomie und Politik, so dass in religiösen Belangen aus um so tieferer Überzeugung auf Stabilität und Tradition gesetzt wird. Wer jeweils am ersten Montag im Monat am Vater-Wolf-Abend in der Kirche von Neuenkirch teilnimmt und anschliessend noch eine Kerze am Grabe dieses Mannes anzündet, tut dies im Bewusstsein, sich nach dem Ein-

Der Diener Gottes Niklaus Wolf

geboren am 1. Mai 1756 auf Unterlindig, Neuenkirch LU, lebte seit 1768 auf dem Hof Rippertschwand. Hier gründete er 1779 seine Familie. Der vorbildliche Gatte, Vater und Bauer wurde 1803 in den großen Rat gewählt. Durch sein Gebet im NAMEN JESU wurde er zum Helfer des leidenden Volkes, das oft in Krankheiten und andern Nöten wunderbare Heilung erfuhr. In großer Sorge um die Kirche sammelte er Männer um sich, betete mit ihnen in den Bauernstuben. So entstand die Gebetsgemeinschaft zur Bewahrung und Belebung des Glaubens, die ihr Fest jährlich am 1. Sonntag im September begeht. Der kirchlichen Prüfung seiner Heiltätigkeit unterzog er sich in vollkommenem Gehorsam. Er starb am 18. September 1832. Seit 1952 ist sein Ehrengrab in der Unterkirche in Neuenkirch. Sein Seligsprechungsprozeß ist auf besten Wegen. Noch heute erfahren viele die Kraft seiner Fürbitte.

GEBET

Allmächtiger, ewiger Gott, Du hast dem Diener Gottes Niklaus Wolf ein großes Vertrauen auf Deine Vorsehung geschenkt und ihn durch das vertrauensvolle Gebet im Namen Jesu vielen Kranken Heilung bringen lassen Wir bitten Dich, laß ihn zur Ehre der Altäre gelangen, damit wir mit neuem Vertrauen auf seine Fürbitte hoffen und seinem Eifer nachfolgen. Amen.

Gebetserhörungen melde man an:
Kath. Pfarramt,
CH - 6206 Neuenkirch LU

Im Namen Jesu

Mit kirchlicher Druckerlaubnis

Gebetszettel mit Portrait von Niklaus Wolf von Rippertschwand, Kurzbiographie und der Bitte, Vater Wolf «zur Ehre der Altäre gelangen» zu lassen, 1982; die Stelle unten rechts ist mit den Gebeinen des «Dieners Gottes» in Berührung gebracht worden.
Sammlung Dominik Wunderlin, Basel.

Glaubensfest zu Ehren von Niklaus Wolf jeweils am 1. Septembersonntag in Neuenkirch LU. Vor der Pfarrkirche St.Ulrich finden sich Tausende von Pilgern ein.
Foto: Stephan Kölliker, Ruswil LU, 1998.

fachen und alten Wahren zu orientieren, an welchem der Volksheilige von Rippertschwand, einem Weiler bei Neuenkirch, wohin Prozessionen stattfinden, ebenfalls schon seinen Halt gefunden hat. Mit der Nachfolgerin der einstigen Konservativen um Ratsherr Joseph Leu von Ebersol, der CVP, können sich längst nicht mehr alle Neuenkirch-Pilger identifizieren, auch wenn man hier den einen oder anderen alt Regierungsrat oder alt Grossrat dieser Partei antrifft. Die Zeit des Parteiheiligen ist insoweit abgelaufen. Charakteristisch scheint, dass als Postulator für die Seligsprechung von Vater Wolf in Rom ursprünglich Gardekaplan Monsignore Krieg wirkte, der bei der Heiligsprechung von Bruder Klaus eine recht forsche Rolle spielte; in den neunziger Jahren aber, bis im Mai 1998, hatte Oberstleutnant Alois Estermann aus Beromünster, der unmittelbar vor seiner Ermordung zum Kommandanten der päpstlichen Schweizergarde ernannt wurde, dieses Amt inne. In dem Sinn steht die Verehrung von Niklaus Wolf von Rippertschwand nicht zuletzt im Zeichen der papsttreuen Katholiken in der Schweiz. Das ist alles andere als ein Missbrauch seines Andenkens. Wolf, aufgewachsen im Landgut Unterlindig bei Neuenkirch, hat im heiligen Jahr 1775 durch seine damalige Rom-Wallfahrt unter Papst Pius VI. eine bleibende Prägung erhalten, welche er durch alle Stürme des Revolutionszeitalters durchhielt. Insbesondere weigerte er sich ein Leben lang, sich den Glauben seiner Jugend durch aufgeklärte Geistliche im Umfeld der Wessenbergschen Reformen, in deren Auswirkungen er den Teufel am Werk sah, auch nur um ein Jota beeinträchtigen zu lassen. Das war bei ihm nicht nur mit dogmatischen Glaubensangelegenheiten verbunden. Kirchliche und klösterliche Zehnten, die 1798 abgeschafft waren, zahlte der reiche Bauer, dessen Vater viel für die Verbesserung des Grasanbaus getan hatte, dickköpfig weiter. In jedem Versuch liberal-politischer Kreise, Einfluss auf den religiös-kirchlichen Bereich zu gewinnen, sah er eine Attacke auf sein innerstes Glaubensleben, einen Anschlag des Satans auf das Heiligste des Volkes. Dabei lernte er in den Jahren nach 1798, dass der Gläubige sich nicht mehr einfach auf die Geistlichkeit verlassen kann, sondern seine Glaubensgewissheit als Laie auch gegen den herrschenden Trend mutig bezeugen muss. Von Klerikern liess sich Wolf nur bestätigen, was er ohnehin glaubte, Jesus Christus, die Jungfrau Maria, die Heiligen in ihrer sinnfälligen Wirkung über die Sakramentalien, also Segen, Weihwasser, die Nennung des Namens Jesu und das betrachtende Gebetsleben, wie es besonders in der Drittordensbewegung aus franziskanischer Tradition auf dem Lande geläufig war. Diese spielte, als bäuerliche Laienbewegung, ab dem 18. Jahrhundert zum Beispiel im Raum Ruswil eine beachtliche Rolle. Es katalysierte sich darin ein Glaubensbedürfnis, wie es sich in protestantischen Gegenden vor allem im Pietismus auslebte. Gegenüber jeder Art theologischer Aufklärung, die über die genannten Grundlagen hinausging, verhielt sich Niklaus Wolf zeitlebens resistent.

Typisch für die Wolfsche Frömmigkeit sind der tägliche Besuch des heiligen Messopfers, die Pflege häuslicher Andachten für die Familie und das Hausgesinde, die Ablehnung des Wirtshauswesens wie auch der öffentlichen Schule (zugunsten der Selbstunterrichtung der Kinder, die er praktizierte). Zentral ist für ihn die heilerische Dimension des christlichen Glaubens, die er als Laie, so weit es nur irgendwie erlaubt oder wenigstens nicht verboten war, in die Praxis umsetzte. Es zeichnet sich bei ihm ein Denken ab, bei welchem nicht mehr von der bedingungslosen Durchdringung des öffentlichen Lebens durch christliche Werte und Grundsätze ausgegangen wird, wo demnach also wieder vermehrt Wert auf das persönliche Bekenntnis gelegt werden muss. Das ist auch heute für katholisch-konservative Laienbewegungen, etwa Pro Ecclesia im Umfeld des Liechtensteiner Prälaten Erzbischof Wolfgang Haas, bei aller Neigung zum Traditionalismus charakteristisch. Radikalkonservative katholische Bewegungen tragen, obwohl diese Entwicklung in ihren Kreisen durchaus umstritten ist, das Ihre zur Privatisierung beziehungsweise Entstaatlichung des kirchlichen Christentums bei. Damit befinden sie sich, ob gewollt oder nicht, in einer gewissen Parallele zum evangelisch-protestantischen Pietismus.

Niklaus Wolf von Rippertschwand, der «Vater des Glaubenslebens und Glaubenslichtes für den ganzen Kanton Luzern», wie er nach seinem Tode gerühmt wurde, erblickte im gleichen Jahr das Licht der Welt (1756) wie Karl Philipp Moritz, dessen leidgeprüfter Sinn für spirituell-pietistische Innerlichkeit im Roman *Anton Reiser* ein Denkmal gefunden hat. Dies gibt, als zeitgenössische Folie, in manchem auch für die Frömmigkeit dieses Luzerner Beters Hinweise, wenigstens im Hinblick auf den Geist, wie er im 18. Jahrhundert die sogenannten Stillen im Lande prägte. Gestorben ist Vater Wolf am 18. September 1832, also im Todesjahr Goethes, des «dezidierten Nichtchristen», mit dem der fromme Bauer die prägende Erfahrung einer Romreise gemeinsam hat. Im übrigen hat Niklaus Wolf nie in seinem Leben ein Gedicht oder eine Schrift von Goethe gelesen, sondern ausschliesslich fromme Traktate franziskanisch-kapuzinischer oder jesuitischer Herkunft, auch nicht die Heilige Schrift. Deren eigenbrötlerische Lektüre und Auslegung musste ein Vorgänger Wolfs, der katholische Pietist Jakob Schmidig, genannt Sulzig-Joggeli, wohnhaft wenige Wegstunden von Neuenkirch, 1747 als letzter Schweizer Ketzer mit dem Leben bezahlen. Eingedenk dieser Erfahrung, auch aus Ehrfurcht und Gehorsam gegenüber der Kirche, nicht zuletzt wohl aus Furcht vor Glaubenszweifeln, hat Wolf die Lektüre und Auslegung der Bibel immer der zuständigen Pfarrgeistlichkeit überlassen, obwohl er aus seiner geistlichen Lektüre eine grosse Zahl von Bibelstellen auswendig kannte. Seine religiöse Kraft und Radikalität hat er zumal aus der Tiefe des Volksglaubens geschöpft, und auch die oben genannten Traktate, etwa das Sakramentalienbuch von Edilbert Menne, eignete er sich lediglich als Fundierung und Verstärkung des im Volksglauben schon Vorgegebenen an. *Mit dem Altertum und frommen Gewohnheiten – halte ich's, o Gott!* lautet ein Gesätzlein der Bekenntnislitanei von Vater Wolf. Wenn dann um 1807 im Kanton Luzern dem Volk viele Feiertage weggenommen und sogar die heiligen Bäume auf obrigkeitlichen Befehl gefällt wurden, sah der aus dem Grossen Rat aus tiefem Widerwillen zurückgetretene Vater Wolf die Kohorten Satans am Werk. Diese volksfernen Massnahmen gehen auf den Konstanzer Bistumsverweser Ignaz Heinrich von Wessenberg und dessen Kommissar, den Luzerner Pfarrer Thaddä Müller, zurück. Sie stehen für das Erbe der Aufklärung: Moralismus, Entmythisierung, Entsakralisierung, vor allem aber Intellektualisierung von Glauben und Religion. All das lag dem ehemaligen Romwallfahrer, Ratsherrn und widerwilligen Abgeordneten der Helvetischen Nationalversammlung um Welten fern. Schon um 1799 wehrte er sich für die Erhaltung von Bittgängen und Prozessionen. Der charismatische Bauer mit einerseits voraufklärerischer, andererseits romantischer Geisteshaltung (weshalb er dann bei Clemens Brentano erstaunliche Wertschätzung erfuhr) steht in der Schweizer spirituellen Landschaft da als frühes Beispiel eines Laien, welcher sich aus tiefem Misstrauen gegenüber kritischer Theologie und jakobinischer Aufklärung bis an die Grenze der Selbstbornierung auf den Volksglauben zurückzieht und sich auf diese Weise gegen moderne Ideologien immunisiert. Als Repräsentant desselben ziert er seit 1837 zusammen mit Bruder Klaus das Titelblatt des

Erste Ikonisierung von Vater Wolf von Rippertschwand, fünf Jahre nach seinem Tod. Lithographie im grossen Christlichen Hauskalender, Titelblatt für das Jahr 1837.
Stiftung Dr. h. c. Edmund Müller, Beromünster LU.

Die fünf betenden Eidgenossen; v.l.n.r.: Joseph Leu von Ebersol, Niklaus Wolf von Rippertschwand, Niklaus von Flüe, Konrad Scheuber, Johann Wagner. Lithographie kurz nach 1845.

volkstümlichen *Christlichen Hauskalenders.* Wenig später wurde er zusammen mit Klaus von Flüe, Johannes Wagner, Konrad Scheuber und Joseph Leu in einem Quintett *betender Eidgenossen* bildlich dargestellt, die dann zur Zeit des Sonderbundskrieges als konservative Galionsfiguren benützt wurden.

Das Ansehen von Vater Wolf beruht im Grunde aber nicht auf einem politischen Charisma, sondern auf seinem schon zu Lebzeiten legendären Ruf als Heiler, über den sich die zeitgenössischen Ärzte, darunter auch der Arzt-Philosoph Ignaz Paul Vital Troxler (1780–1866), überdurchschnittlich aufgeregt haben. Das Volk bevorzugte im Zweifelsfall nämlich fast stets die Methode von Vater Wolf, zumal dieser aus grundsätzlichen Erwägungen unentgeltlich praktizierte. Seine Heilmethode beruhte in der Tradition des Vorarlberger Exorzisten Josef Johann Gassner (1727–1779) auf der Anwendung des Namens Jesu und Segensformeln am Rande dessen, was einem katholischen Laien erlaubt sein kann. 1815 erhielt Wolf deswegen vom Beromünsterer Propst und letzten Generalvikar des Bistums Konstanz, Franz Bernhard Göldlin von Tiefenau, ein einjähriges Heilerverbot, einen Gehorsamstest sozusagen, dem dann die förmliche Erlaubnis zur spirituell orientierten Heilpraxis folgte. Göldlin, im Gegensatz zu Wessenberg ein Mann der Restauration, scheint das Wirken von Vater Wolf mit grossem Wohlwollen und nicht wenig unterschwelliger moralischer Unterstützung verfolgt zu haben. Der Bauer und Familienvater Niklaus Wolf von Rippertschwand war verheiratet mit der um einige Jahre älteren Witwe Barbara Müller und Vater von insgesamt neun Kindern, von denen etwelche früh starben, insgesamt drei Töchter ins Kloster gingen, ein Sohn aber schon frühzeitig den Hof übernahm. Vater Wolf gründete als Ausdruck seiner spirituellen Entwicklung Gebetsgruppen, welche über eine grosse Ausstrahlung verfügten. Das hatte bei ihm gegenüber dem Politisieren eindeutig den Vorrang. Er starb an den Folgen eines Schlaganfalls, nachdem er in St. Urban noch ein letztes Mal erfolgreich als Heiler praktiziert hatte, am 18. September 1832. Bei seiner Beisetzung kündigte es sich schon an, dass ein heiligmässiger Mann, eine Vatergestalt für das Volk, dahingegangen war. Die erste Biographie, geschrieben von Pfarrer Joseph Rudolph Ackermann aus Ballwil, erschien schon wenige Wochen nach seinem Tode. 1833 folgte die zweite, 1834 schon die dritte, verbesserte Auflage.

Die Nachwirkung des Vielverehrten manifestierte sich im Fortleben seiner Gebetsbruderschaft, die sich 1835 als *Bruderschaft zur Bewahrung und Belebung des Glaubens* formierte und am 18. Mai 1842 von Papst Gregor XVI. kanonisch anerkannt wurde. Diese Bruderschaft umfasste um die Mitte des vorigen Jahrhunderts, zur Zeit von Joseph Leu und der Jesuitenberufung in Luzern, die Vater Wolf befürwortet haben soll, um die 50 000 Mitglieder. Es war insofern die grösste restaurative Massenbewegung in der Schweiz zu einer Zeit, da sich der Bundesstaat vorbereitete. Gerade weil diese konservative Bewegung gemeinhin zu den Verlierern der Geschichte gezählt wird, gilt es, ihre Substanz nicht zu unterschätzen. In der Geschichte des politischen Katholizismus in der Schweiz ist es weitgehend in Vergessenheit geraten, dass ihre Vorläuferschaft nicht auf einer politischen Theorie, sondern auf einer fundamentalistisch-charismatischen Landvolkbewegung beruht, die im frühen 19. Jahrhundert ausgesprochen unter Sektenverdacht stand. Doch ist diese Bewegung ab 1841 im Kanton Luzern mehrheitsfähig geworden, und dies keineswegs nur unter politisch reaktionären Auspizien. Die romantisch-populistische konservative Bewegung, aus einem neuen Selbstbewusstsein von frommen, aber wenig gebildeten Laien entstanden, verwendete das demokratische Prinzip dazu, einem volksfremden und gefühlsmässig nicht nachvollziehbaren Fortschritt eine kraftvolle Bremse zu setzen. Die Mobilisierung von Mehrheiten gegen obrigkeitliches Regieren, auch solches, das sich dem Fortschritt verschrieben hat, ist eine demokratische Errungenschaft derjenigen Kräfte, welche sich einer aufklärerischen Gesellschaftspolitik und dem liberalen Bundesstaat entgegensetzten. Die Kraft ihres Widerstandes schöpften sie aus dem schlichten Glauben und frommen Traditionen, auch aus dem Gedanken der Gemeindeautonomie. Trotz Niederlage der Konservativen im Bruderkrieg von 1847 ist dieser Aspekt für die eidgenössische innenpolitische Ordnung auf Dauer nicht verlorengegangen, sondern hat längerfristig zu der für die Schweiz typischen Entwicklung der direkten Demokratie beigetragen, innerhalb welcher noch heute ähnliche, nur kompliziertere Prozesse ablaufen wie in den 1840er Jahren. Vielleicht gehört es zur historischen Aufgabe der konservativen und retardierenden Kräfte in der Schweiz, zu einem Fortschritt beizutragen, bei welchem das Volk seine Seele, die innersten Gefühle, nicht preisgeben muss. Auseinandersetzungen dieser Art finden offensichtlich auch beim Ringen um die Stellung der Schweiz in Europa statt.

Beim üblicherweise gut besuchten Glaubensfest am ersten Septembersonntag in Neuenkirch, zu dem gewöhnlich ein prominenter Festprediger eingeladen wird, steht die Politik ebensowenig im Vordergrund wie an den monatlichen Vater-Wolf-Abenden, bei welchen die Gebets-Montage des Charismatikers neu aufleben. Dass gelegentlich sogar der Nuntius oder der Bischof am Glaubensfest predigen, ist ein Akt der Integration, eine Geste gegenüber den traditionsverbundenen Katholiken innerhalb einer Vielfalt von katholischen Subkulturen, bei welchen die von Vater Wolf heiliggehaltenen Traditionen oftmals nicht einmal mehr am Rande eine Rolle spielen. Ohne die Fortexistenz der Glaubensbewegung um Vater Wolf wäre für fromme und schlichte Katholiken, die in einer kompliziert gewordenen Welt einfache Formen und eine klare spirituelle Orientierung schätzen, das Bedürfnis nach Geborgenheit in sektenartigen Organisationen noch grösser, als es ohnehin schon ist. Wieweit eine Kanonisierung von Niklaus Wolf von Rippertschwand, dessen Lebensbild komplexer ist, als es hier wiederzugeben möglich war, die anstehenden Probleme zu lösen helfen würde, muss dahingestellt bleiben. Äusserst verdienstvoll ist indes die Dokumentationsarbeit von Vizepostulator Max Syfrig aus Menziken über Leben und Fortwirkung von Niklaus Wolf von Rippertschwand. Als Quellenwerk zur Frühgeschichte des Bundesstaates, zur Geschichte der Spiritualität im 19. Jahrhundert wie auch zur Geschichte des Katholizismus in den letzten beiden Jahrhunderten ist diese Arbeit, die erst im Manuskript vorliegt (mit Ausnahme einer Studie über Leu von Ebersol), mit der Grundlagenarbeit von Robert Durrer über Leben und Wirken von Bruder Klaus vergleichbar.

Literatur

Ackermann, Josef Rudolf: Niklaus Wolf von Rippertschwand. Luzern 1983.

Kaiser, Lothar E., und Syfrig, Max: Pfarrkirche St. Ulrich Neuenkirch. Neuenkirch 1998.

Keel, Anselm: Niklaus Wolf von Rippertschwand. Der senkrechte Querdenker. Freiburg i. Ue. 1996.

Sigrist, Anton: Niklaus Wolf von Rippertschwand. Luzern 1952.

Syfrig, Max: Ratsherr Joseph Leu von Ebersol (1800–1845). Dargestellt nach den Zeugnissen seiner Zeitgenossen. Hochdorf 1995.

Syfrig, Max: Positio zum Seligsprechungsprozess von Niklaus Wolf von Rippertschwand (unveröffentlicht).

Peter Kern

Das Heiliggrab in der Ostschweiz

Heiliggrabengel in Wil SG mit Schweisstuch, 1609.
Stadtmuseum Wil SG.

Bis in die Mitte des 20. Jahrhunderts gehörte es zu den Pflichten des Sakristans, zusammen mit fachkundigen Helfern am Hohen Donnerstag in der Kirche das Heiliggrab (auch Karwochen- oder Ostergrab genannt[1]) aufzubauen. Dann fiel in vielen Pfarreien diese Arbeit weg, und das Heiliggrab blieb im Kirchturm gelagert. Seither sind ungefähr vierzig Jahre verflossen, Gerüst und Kulissen wurden verfeuert, verstaubten oder vermoderten, und mit ihnen geriet ein einstmals weitverbreiteter paraliturgischer Brauch in Vergessenheit. Nur in Nischen vermochte er sich zu halten; im Appenzellischen und in wenigen kleinen Pfarreien des Toggenburgs und des Sarganserlandes verzögerte sich das Erlöschen um Jahre. Doch die Erinnerung blieb und mit ihr die Hoffnung auf eine Wiederbelebung.

Im folgenden möchte ich die Geschichte des Brauches rekapitulieren, seine wesentliche Aufgabe innerhalb der Karwochenliturgie erläutern, sein Ende betrachten und endlich die Chancen der in den letzten Jahren einsetzenden Wiederbelebung darlegen.[2]

Die Geschichte des Heiliggrab-Brauchtums ist lang. Auch in der Ostschweiz, von der hier beispielhaft auch für andere Regionen berichtet wird, datiert der Brauch ins Mittelalter zurück (10. Jahrhundert). Von religiösen Zentren wie Bischofssitzen (Konstanz, Chur) und Klöstern (St.Gallen, Disentis, Fischingen u. a.) strahlte er in das Land hinaus. Die erste schriftliche Erwähnung eines Heiliggrabes stammt aus dem Jahre 1414 (St.Nikolauskirche in Wil). In der Folge reissen die Zeugnisse zwar nicht mehr ab, doch sind sie zunächst noch spärlich. Dies gilt insbesondere für das 16. Jahrhundert. Neben Wil und Appenzell, worüber schriftliche Hinweise vorliegen, haben offensichtlich auch Rapperswil und Quarten Heiliggrab-Anlagen besessen, wie zwei spätgotische hölzerne Grabfiguren aus der ersten Hälfte des 16. Jahrhunderts belegen. Im folgenden Jahrhundert treten zu den bereits erwähnten Standorten die Kirchen von Thal und Jona. Gegen Ende dieses Zeitraums setzt jedoch eine für das Überleben und die weitere Entwicklung des Brauches entscheidende Wende ein: die Ablösung der schlichten spätmittelalterlichen Depositionsgräber durch die imposanten barocken Expositionsgräber.[3] Bestanden jene im wesentlichen aus Grabnische, Grabchristus und Auferstehungsfigur, so wiesen diese ein durch Engel, Grabwächter

1 Die Bezeichnung Karwochengrab legt ursprünglich das Gewicht auf die Grabesruhe an Karfreitag und Karsamstag, während das Ostergrab die Auferstehung betont.

2 Vgl. Peter Kern: Heiliggräber im Bistum St.Gallen. Eine Dokumentation. Basel 1993. Wo ich nicht ausdrücklich auf andere Quellen verweise, stütze ich mich auf diese Arbeit. Hier auch weiterführende Literatur.

und Passionsdarstellungen erweitertes Bildprogramm auf. Mit der üblichen zeitlichen Verzögerung tauchten auch in der Ostschweiz die ersten neuartigen Grabanlagen auf. War in Luzern bereits 1589 ein Expositionsgrab[4] aufgebaut worden, stammt im St.Gallischen der erste zweifelsfreie Beleg aus dem Jahre 1683. Das im Werkvertrag bis in die Einzelheiten beschriebene neue Heiliggrab von Wil ist ein in der Ostschweiz frühes und eindrückliches Beispiel für ein Expositionsgrab. Grosszügig in den Dimensionen, reichhaltig in der Ikonographie, ausgeklügelt in der Konstruktion und faszinierend in der Lichtsymbolik, beeindruckte die neue Heiliggrab-Form. Die mit barocker Scheinarchitektur und mit auf Holz gemalten und ausgesägten Figuren ausgestattete Bühnenkonstruktion demonstrierte nunmehr die eucharistische Gegenwart Christi. Darum stand in ihrem Zentrum die zu einem barocken Aussetzungsthron[5] gestaltete Expositionsnische. Obwohl – in den Anfängen zumindest – Elitekunst, nicht vom Volk und aus dem Volk, sondern für das Volk geschaffen, setzte der theaterwirksame Brauch sich durch, wohl nicht zuletzt, weil diese Gräber neben der Darstellung der Eucharistie noch zwei weitere Funktionen erfüllten: Sie erzählten zum einen die Passion Christi und waren zum andern Bühne in der realistischen Inszenierung der Grablegung und Auferstehung.

In der 1732 verfassten Beschreibung des «neuen hl. Grabes im Gotshaus St.Gallen» erhalten wir einen Eindruck von der «Erzählleistung» einer solchen Anlage. In insgesamt 46 Bildern berichtete dieses imposante Werk vom Leiden und Sterben Christi, von Präfigurationen des Erlösers im Alten Testament wie Jesaja, David «mit Goliathes Haubt under den Füssen», Joab, Jeremias, Jonas mit dem Wal, Hiob, wie er «vom Teufel geschlagen» wird und auf dem Misthaufen dahinsiecht, Isaak, dem Opfer Abrahams, von Moses. Weiter waren zu sehen die vier Evangelisten, Nikodemus, Joseph von Arimathäa, Maria Magdalena, anbetende Engel mit den Leidenswerkzeugen, die «Altvätter» in der Vorhölle und das Fegefeuer. Im Zentrum stand das Grab, worin «liget der Fron-Leichnam Christi, iedoch also ein wenig auswerths auf der Seite, dass man die hl 5 Wunden allentalben wohl sehen kan». Auf dem Grabe standen beidseits drei korinthische Säulen und dazwischen ein «verguldete Glory, von welchen Engels-Häubter und Strahlen, in dero Mitten das hochwürdige Gut stehet». Über dieser Expositionsnische mit Strahlenkranz und Putten das Lamm Gottes, darüber schwebend die Geisttaube «mit dem Oehl Zweiglein, als dem Zeichen des Friedens in dem Schnäbelin. Ob diesem ist in dem Gewühlch Gott der Vatter zwischen 2 fliegenden Engeln». In der Osternacht «wird die gantze Passion hinderen gethan, wie auch Christus aus dem Grab, hergegen sitzen auf dem Grabstein innerhalb der Säulen zwey schöne Engel und das Hochwürdige von der Glory abgenommen ... wird die Auferstehung Christi darauf gestellt, und gar dergestalten an sein orth aufgezogen, als wen Christus aus dem Grab auferstünde. Wenn nun das Christ ist erstanden gesungen, kan man die Procession anstellen». Dieses grossartige Heiliggrab ist nicht erhalten.[6]

Heiliggrab mit totem Christus in Appenzell
von Carl Anton Eugster, 1770/1780.
Foto: Giorgio Mascello, Lenggenwil SG.

Das 1721 geschaffene frühbarocke Karwochengrab von Rapperswil hingegen kann dank zweier kostspieliger Restaurierungen noch heute bewundert werden. Es ist das älteste noch erhaltene Expositionsgrab in der Ostschweiz. Neben der Rapperswiler sind noch drei weitere barocke Grabanlagen bis in unsere Gegenwart vollständig geblieben, nämlich die von Carl Anton Eugster geschaffenen in Appenzell und Oberegg und dasjenige von Sargans. Alle drei sind zwischen 1770 und 1780 entstanden, zu einer Zeit, als die Expositionsgräber ihre eigentliche Hochblüte erlebten. Wenn sie auch an Inhaltsreichtum und Grösse das oben erwähnte Ostergrab im St.Galler Dom nicht erreichen, beeindrucken sie dennoch mit ihrem ikonographischen Programm. Sie vertreten eine ganze Reihe nicht mehr vorhandener gleichwertiger Anlagen aus dem 18. Jahrhundert. So bezeugen zwei auf Holz gemalte und ausgesägte Grabwächter in Thal, ein ebenfalls ausgesägter Auferstehungschristus und drei hölzerne Bildtafeln, den Judaskuss und die trauernden Frauen darstellend, in der ehemaligen Klosterkirche von Neu St.Johann und eine Auferstehungsfigur in Rüti ein Karwo-

3 Zu den Expositionsgräbern vgl. Peter Jezler: Bildwerke im Dienste der dramatischen Ausgestaltung der Osterliturgie – Befürworter und Gegner. In: Von der Macht der Bilder. Hg. v. Ernst Ullmann. Leipzig 1983, S. 236–249.

4 Zur Geschichte der Expositionsgräber vgl. Rudolf Berliner. Die Weihnachtskrippe. München 1955.

5 Die Altarbauer des Barocks gestalteten die Aussetzungsnische für das Sanctissimum oft als reichgeschmückten Thron.

6 Stiftsarchiv St.Gallen: Acta monasterii B 328, S. 1–5.

chengrab. Das Kloster Maria der Engel in Wattwil, die St.Nikolauskirche in Wil und die Pfarrkirche im benachbarten Zuzwil besassen Expositionsgräber, die von Jakob Josef Müller, einem renommierten Maler aus Wil, geschaffen waren. Kirchberg erwarb zur gleichen Zeit, um 1770, ein 22 Schuh hohes, 28 Schuh breites und mit neun Bogen versehenes Heiliggrab, geschaffen vom Mosnanger Fridolin Anton Grob. Auch Alt St.Johann und Walenstadt kauften barocke Grabanlagen, gleich wie Brülisau, Gonten und Gähwil. Selbst das 1754 in Libingen gegründete Benediktinerinnenkloster verfügte von Beginn weg über ein Expositionsgrab.

Oft war der Erwerb einer Grabanlage kostspielig, die kleine, im hügeligen Toggenburger Hinterland gelegene Pfarrei Gähwil beispielsweise erwarb ihre Grabanlage in Raten. Im «Bericht und Unterricht von der Beschaffenheit des Heiligen Grabs zu Gäwyl» lesen wir: «Weillen so dann nichts nambhaftes anfänglich zugegen war; als hat Mann auch nicht vill von erstem hermachen lassen, sodass das nur nach und nach etwas anderes darzu gekommen, und mittlerwyl erst vergrössert worden ist.» Deshalb, so fährt der Bericht fort, sei es auch nicht verwunderlich, wenn nicht alles so genau aufeinander abgestimmt sei. Denn «an einem so abgelegenen, und armseligen Orth, wie das hiesige ist, auch so villes nicht zu erwarten stehet, indem Niemand zugegen von Künstlern und geschickten Proffessionisten, und also alles durch frembde muss gerüstt werden».[7]

Das Heiliggrab blieb weiterhin hochgeschätzt. Die Form allerdings änderte sich allmählich. Barockes Formengut klang in manchen Anlagen bis weit ins 19. Jahrhundert nach. Ein schönes Beispiel ist das noch erhaltene Ostergrab von Thal, erworben 1851. Das fast gleich alte Marbacher Heiliggrab erinnert in seiner neubarocken Form und seinem Bildprogramm an die Eugster-Anlagen von Appenzell und Oberegg. Die barocke Tradition lebte auch im 1843 erworbenen Heiliggrab von Bütschwil fort, ja sie wirkte noch in den Anlagen des Klosters St.Gallusberg auf Glattburg und der Pfarrei Bichwil nach, die beide aus dem letzten Drittel des vorigen Jahrhunderts stammen. Auch das 1877 der kleinen Bergpfarrei Walde geschenkte Heiliggrab gehörte zu dieser Gruppe.

Ein wesentlich anderer Typus – bei vorgegebener ikonographischer und formaler Tradition – er-

Heiliggrab mit auferstandenem Christus in Oberegg I. Rh. von Carl Anton Eugster, 1770/1780.
Foto: Giorgio Mascello, Lenggenwil SG.

Heiliggrab mit totem Christus in Mels SG,
Werkstatt der Gebrüder Kraft, Freising, 1893.
Kirchgemeinde Mels SG.

schien im grossflächigen Ostergrab im Dom zu St.Gallen. Dieses in der 2. Hälfte des 19. Jahrhunderts entstandene Werk mit floraler und landschaftlicher Dekoration stellte ein Felsengrab inmitten eines orientalischen Gartens dar. Mit ihm typologisch verwandt waren das Rebsteiner (1901 erworben), Kaltbrunner (1911), diejenigen von St.Gallenkappel (1913), Muolen, Benken, Berneck (1915), Bad Ragaz und Mühlrüti (1924). In St.Gallen war die Expositionsnische noch ein barock anmutender Aussetzungsthron, andernorts übernahm der Tabernakel deren Funk-tion. Die Grabnische dagegen wurde grösser und bestimmender.

Neue Stilrichtungen wie Klassizismus und Neugotik machten sich auch in der formalen Entwicklung der Heiliggräber bemerkbar. Ein auffälliges Beispiel war das leider nicht mehr vollständig verfügbare Karwochengrab von Berschis. Es entsprach ganz dem neugotischen Stil des 1878–80 erbauten Gotteshauses und stellte eine Heiliggrab-Kirche dar. Die guterhaltene Grabanlage von Eggersriet hingegen trägt neuklassizistische Züge.

Gegen Ende des 19. Jahrhunderts entstanden Ostergräber, deren formale Zuordnung schwerfällt. Denn teils halten sie sich in ihrer Bogen- und Säulenstruktur an barocke Vorbilder, teils erinnern sie mit ihrer floralen Dekoration an den realistischen Typus. Dies ist der Fall insbesondere bei den Heiliggräbern von Vilters und Grub.

7 Stiftsarchiv St.Gallen: Rubrik XCIII, Fasz. I.

Ähnlich verhielt es sich bei den Anlagen aus der Altarbauerwerkstatt der Gebrüder Müller in Wil. Da das 1862 von der Kirchgemeinde Wattwil gekaufte Heiliggrab mit «geschnitzten Bildern» nicht mehr vorhanden ist, wissen wir über seine Gestaltung nur dank zweier Entwürfe zu Grabanlagen in Gossau und Arbon Bescheid. Die beiden Zeichnungen zeigen ein von reichem Pflanzenwerk umranktes Felsengrab.

Im letzten Drittel des 19. Jahrhunderts entwickelte sich ein dritter Heiliggrab-Typ, der in Walenstadt (1887 erworben), in Wangs (1885), im Kapuzinerkloster Mels (1893), in Neu St.Johann (1894), in Niederbüren (1894) und wahrscheinlich auch in Kobelwald vertreten war. Es handelte sich dabei um Grabanlagen, die alle aus der Werkstatt der Gebrüder Kraft aus dem oberbayrischen Freising, später aus Oberwil im Kanton Zug stammten. Offensichtlich waren diese Heiliggräber äusserst beliebt, wie uns ein Werbeschreiben samt einer beigefügten Referenzliste zeigt. Das «Heilig Grab Nr. 9» war in zwei Grössen auf Lager und präsentierte sich laut Prospekt «sehr effektvoll und zur Andacht stimmend und in alle Raumverhältnisse passend». Auch arme Pfarreien im Bündnerland wie Lenz und Untervaz liessen sich für einen Kauf gewinnen. Allerdings waren die Kraft-Heiliggräber nicht unumstritten. Insbesondere die Dominanz der Grabhöhle und das Zurücktreten der Monstranznische stiessen auf Kritik. Die Karwochengräber von Haslen, Brülisau, in Teilen auch Goldingen, Henau, Rieden und selbst noch Mogelsberg (1929) erinnern an die Kraftschen Anlagen.

Schliesslich kündigte sich in einem vierten Typus eine modernere Auffassung an. Das 1936 in der Werkstatt Karl Haaga in Rorschach entstandene Karwochengrab von Mels zeigte die neue Richtung. Der ikonographische Inhalt war auf Grablege- und Auferstehungschristus und anbetende Engel reduziert. Elektrisches Licht ersetzte die Wasserkugeln[8], und die Expositionsnische wich dem geschlossenen Tabernakel. Die Felsen- und Gartenlandschaft war nurmehr angedeutet und stark stilisiert. Vorläufer waren bereits die Anlagen von Rorschach und Goldach aus dem Jahre 1889. Auch Eschenbach und Montlingen besassen derart gestaltete Heiliggräber.

Die Heiliggräber waren einerseits Andachtsbilder, anderseits – und dies fiel schwerer ins Gewicht – dienten sie als Requisit im Bereich der kirchlichen «Spectacula theatralia». Sie erfüllten demnach eine paraliturgische Aufgabe, die in einem engen Zusammenhang mit vier liturgischen Akten innerhalb der Karfreitags- und Osterzeremonien zu sehen ist. Am Karfreitag verehrte man das Kreuz (adoratio crucis), und begrub es anschliessend im Heiliggrab (depositio crucis). In der Osternacht feierte man die Graberhebung des Kreuzes (elevatio crucis) und schliesslich gedachte man am Ostermorgen des Besuches der drei Frauen am leeren Grab (visitatio sepulchri). Bereits im frühen Mittelalter und vollends im 13./14. Jahrhundert flossen mehr und mehr populäre Formen in diese liturgischen Zeremonien mit ein. Nicht zuletzt darum wurde das Kreuz – oder andernorts die Hostie – als Grablege ersetzt durch realistische Grablege- und Auferstehungsfigu-

Heiliggrab mit auferstandenem Christus in Neu St.Johann SG, Werkstatt der Gebrüder Kraft, Freising, 1894.
Foto: Giorgio Mascello, Lenggenwil SG.

ren. Grablegung und vor allem die Erhebung aus dem Grabe wurden immer beliebter. Hinweise aus dem 17. Jahrhundert bezeugen, dass in Appenzell und Wil sich diese Andacht zu einer eigentlichen Volksandacht gewandelt hatte. Deren Höhepunkt bestand im muttersprachlichen Lied «Christ ist erstanden», nachdem der Auferstehungschristus «gar dergestalt an sein orth aufgezogen, als wen Christus aus dem Grab auferstünde». War das Jubellied verklungen, begann die Prozession durch die Kirche. Doch nicht nur auf den Verlauf der Feier nahm das Volk immer stärker Einfluss, sondern auch auf deren Zeitpunkt, der sich weg von der Osternacht hin zum Abend des Karsamstags verschob.[9]

Wir können uns heute die paraliturgische Aufgabe des Heiliggrabes nur vorstellen, wenn wir zurückblicken auf die Liturgie und insbesondere auf die Volksandachten der Karwoche, wie sie vor der Liturgieerneuerung begangen wurden. Die Prozession am Palmsonntag eröffnete diese an religiösen Übungen intensive «Heilige Woche». Nachdem an diesem Tag ein erstes Mal die Passion nach Matthäus gelesen worden war, kam in der Messfeier vom Dienstag die Leidensgeschichte nach Markus und am darauffolgenden Tag diejenige nach Lukas an die Reihe, so dass zusammen mit der am Karfreitag feierlich verlesenen oder gesungenen Passion nach Johannes alle vier Berichte vom Leiden und Sterben Christi verkündet wurden. Am Mittwochabend fanden sich die Gläubigen zur ersten «Trauer- oder Dunkelmette» in der Kirche ein. Nach einer Volksandacht, meistens die «Sieben-Worte-Andacht», in welcher der sieben letzten Worte Jesu am Kreuz gedacht wurde, erklangen die sogenannten Lamentationen, die Klagelieder des Propheten Jeremias, welche dieser angesichts des zerstörten und entvölkerten Jerusalem angestimmt hatte. In der Regel sangen der Pfarrer, ein Lehrer und ein weiterer Sänger diese Lamentationen. Obschon in lateinischer Sprache gesungen und wohl nur von wenigen Anwesenden verstanden, ging vom Klagegesang eine eigenartige Faszination aus.

8 Hintergestellte Öl- oder Talglichter erleuchteten bunte, mit Wasser gefüllte Glaskugeln.

9 Zu den liturgischen Aspekten vgl. Kolumban Gschwend: Die Depositio und Elevatio Crucis im Raum der alten Diözese Brixen. Ein Beitrag zur Geschichte der Grablegung am Karfreitag und der Auferstehungsfeier am Ostersonntag. Diss. Sarnen 1965.

Am Gründonnerstag verstummten nach dem Gloria sämtliche Glocken und die Orgel. Hölzerne Ratschen und Klappern erinnerten mit ihrem stumpfen, düsteren Ton an die Verlassenheit Christi. Mit zur eindrücklichen Symbolik dieses Gottesdienstes gehörten (und gehören) ferner die Übertragung des Allerheiligsten in eine Nebenkapelle oder in die Sakristei und die Entblössung der Altäre. Nach diesem Morgengottesdienst gingen in allen Pfarreien die Mesmer mit ihren Gehilfen an den Aufbau der Heiliggräber. Wenn in ländlichen Gebieten um halb acht Uhr abends die Ratschen vom Kirchturm oder der Kirchhofmauer herunter die Gläubigen zur zweiten Trauermette riefen, betraten diese eine nur spärlich beleuchtete Kirche. Vorne im Chor erhob sich im Dämmerlicht hoch und dunkel, vorläufig noch unbeleuchtet und leer, das Heiliggrab.

Nachdem die «Fünf-Wunden-Andacht» oder der Kreuzweg gebetet war, ertönten in die Dunkelheit hinein voller Schwermut und Trauer die Klagelieder und beeindruckten zum zweiten Mal. Wenn schliesslich im Verlaufe der Dunkelmette die letzte der vierzehn gelben Kerzen auf dem «Lamentationsständer» gelöscht war und nur noch die oberste, weisse Kerze leise flackerte, erreichte die Trauerstimmung ihren Höhepunkt. Der Sakristan verliess mit der brennenden Kerze, die den von allen Jüngern im Stich gelassenen Christus symbolisierte, den Chor und trug sie hinter das Heiliggrab. Wieder rätschten und klapperten dumpf die Holzinstrumente.

Der Karfreitag war geprägt durch die Anbetung des im Heiliggrab ausgesetzten Sanctissimum. Die Rosenkranzgebete wurden zuweilen durch die Kreuzwegandacht, die «Sieben-Worte-» oder die «Fünf-Wunden-Andacht» – waren doch die fünf Wundmale am Grabchristus oft beleuchtet und so zur Anschauung gebracht – unterbrochen. Spät abends beendete die dritte Trauermette mit den Lamentationen und einer Volksandacht den Tag. An vielen Orten schloss sich an die Mette noch eine Grabwache an. Diese Nachtwache in der dunklen Kirche vor dem Heiliggrab, von dem im leicht flackernden Licht der Wasserkugeln und Kerzen eigentlich nur die Grabkammer mit dem Leichnam und darüber die hell strahlende Expositionsnische deutlich sichtbar, die Kulissen aber nur schemenhaft erkennbar waren, muss trotz schmerzenden Knien und einem beinahe übermächtigen Schlafbedürfnis nachhaltigen Eindruck hinterlassen haben.

Der Gottesdienst am Karsamstagmorgen fand ohne grosse Beteiligung des Kirchenvolkes statt. Den Höhepunkt der «Grossen Woche» brachte schliesslich der Samstagabend mit der äusserst beliebten Auferstehungsfeier. In der zum Bersten gefüllten Kirche zog das Heiliggrab alle Blicke auf sich. Noch ruhte zu Beginn der Leichnam Christi im Grabe, und Psalmen stimmten die Gläubigen ein. Dann schritt der Priester zum Heiliggrab, enthüllte die Monstranz, wandte sich zum Volk und zeigte diesem den in der Eucharistie gegenwärtigen Sieger über den Tod. Gleichzeitig stimmte er den jahrhundertealten Jubelgesang «Christ ist erstanden» an, die Orgel setzte ein, das Volk folgte, Licht erstrahlte, die Verhüllungen fielen, der Auferstandene erschien hell strahlend im gleissenden Licht – und die Grabkammer war leer. Unter Jubelklängen zog die Prozession anschliessend durch die Kirche. Über die Ostertage blieb das Heiliggrab mit der Auferstehungsfigur über dem leeren Grab in vielen Kirchen noch stehen, bis es schliesslich wieder für ein Jahr im Estrich verschwand.

Das Ende des theatralisch wirksamen, viele Gläubige jedes Jahr neu erschütternden und stärkenden Brauchs überraschte in seiner Plötzlichkeit auch jene, die um die anstehende liturgische Erneuerung der Karwochen- und Osterliturgie wussten. Mit dem Dekret «Maximae redemptionis nostrae» vom 15. November 1955 kam das Ende des Heiliggrab-Brauchtums. In der erneuerten Liturgie fand die allseits geschätzte Auferstehungsfeier keinen Platz mehr. Sie musste der vom Samstagmorgen auf den Abend verlegten liturgischen Ostervigil weichen.[10] Weil aber das Heiliggrab mit der Volksandacht im Laufe der Jahrhunderte so zusammengewachsen war, dass das eine ohne das andere schwerlich weiterexistieren konnte, verschwand es ebenfalls. Vergeblich bemühten sich brauchfreundliche Theologen um eine Weiterverwendung als blosses Andachtsbild. Doch es gab auch noch andere Gründe. Eine verbreitete Brauchmüdigkeit und die Skepsis des Klerus gegenüber materiellen Bildern beeinflussten die Entscheidung zur Abschaffung der Heiliggräber fast ebenso stark.

Dass die in den letzten Jahren hier und dort festgestellte Wiederbelebung der Heiliggräber auch in der Ostschweiz Fuss gefasst hat, erstaunt in Anbetracht der langen Tradition nicht. Eine Reanimierung ist und bleibt jedoch eine Gratwanderung, denn das Abgleiten in eine Darbietung ohne innere Bindung droht immer wieder.[11] Allerdings hat das Heiliggrab-Brauchtum in seiner langen Geschichte schon manche «Ernüchterungsphasen» (Reformation, Aufklärung) überlebt. Warum sollte es nicht auch die (vorläufig) letzte überstehen?[12]

10 Mit dem Dekret suchte die Kirche wieder an die alte, urchristliche Überlieferung anzuknüpfen, wonach der Zeitraum vom Palmsonntag bis zum Ostertag als Einheit gegolten hatte. Diese Tage schliessen sowohl das Leiden und Sterben als auch die Auferstehung Christi ein. Die letzten drei Tage dieser Heiligen Woche (von Gründonnerstagnacht bis zur Osternacht) nennt man das Triduum Paschae. Dieses ursprüngliche Oster-Triduum wurde in der Spätgotik aufgespalten in das Triduum mortis Christi (den dreitägigen Zeitraum des Todes Christi von Gründonnerstag bis Karsamstag) und in das Triduum Paschae (den dreitägigen Zeitabschnitt der Auferstehung Christi von Ostersonntag bis Dienstag). Diese Aufspaltung wurde nun aufgehoben und das alte Oster-Triduum wieder hergestellt. Damit verschob sich die Ostervigil sinngemäss wieder auf den späten Karsamstagabend und verdrängte so die populäre Auferstehungsfeier.

11 Vgl. dazu Herlinde Menardi: Die Heiliggräber in Tirol und ihr Wiedererstehen in den achtziger Jahren. In: Volksfrömmigkeit. Hg. v. Helmut Eberhart, Edith Hörandner u. Burkhard Pottier. Wien 1990, S.159–166.

12 Walter Hartinger: Religion und Brauch. Darmstadt 1992, S. 200.

Les Pleureuses in Romont

Fast ausschliesslich in den romanischen Ländern haben sich bis heute Passionsprozessionen erhalten. Eine der eindrücklichsten findet im freiburgischen Romont statt. Die Prozession der «Pleureuses» ist aus einem spätmittelalterlichen Passionsspiel herausgewachsen. Ihr Beginn wird durch Knaben angezeigt, welche mit ihren «créscelles» (Raffeln) anstelle der an diesem Tage schweigenden Kirchenglocken lärmen. Die in altertümliche Trauerkleidung gehüllten Frauen tragen die biblischen Leidenswerkzeuge mit und machen auf ihrem Kreuzweg an 14 Stationen Halt. D. W.

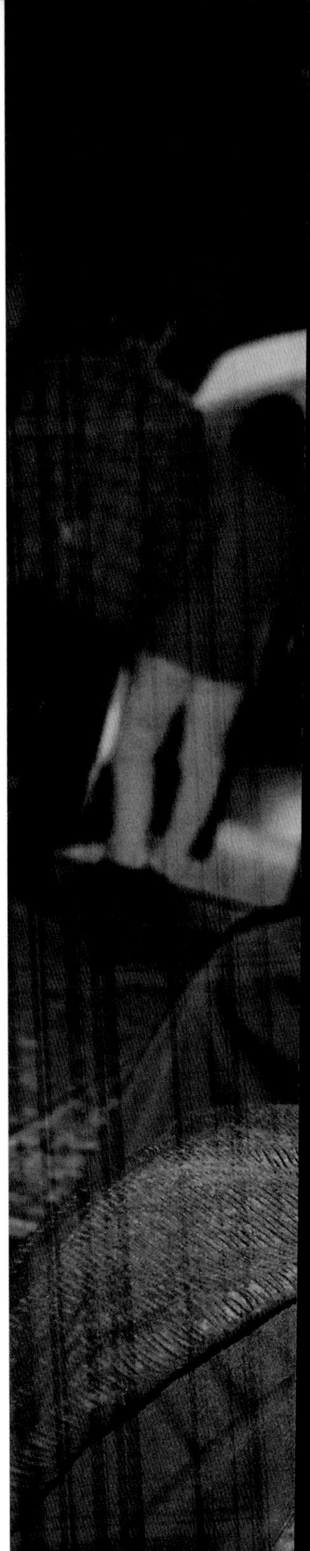

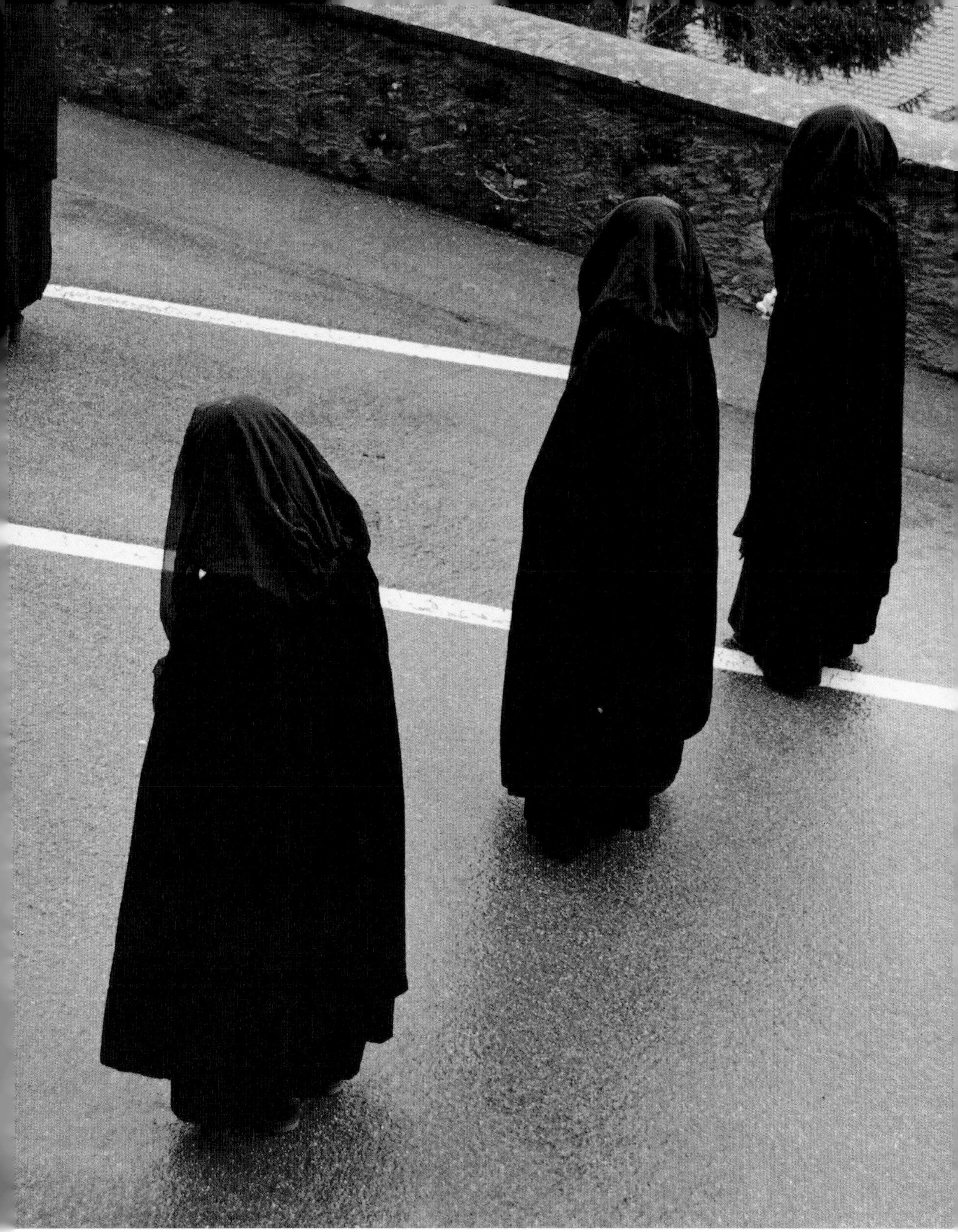

Vendredi des
12.00 heures

IV. Volksfrömmigkeit im Jahres- und Lebenslauf

Karl Imfeld

Formen der Volksfrömmigkeit im Jahreslauf

Für Brauchtum, bei dem es sich um Rituale und Zeichen handelt, die für anderes, dahinter Gemeintes stehen, darf generell ein religiöser Ursprung angenommen werden. Es ist ein Urbedürfnis des Menschen, eine geglaubte oder erfahrene, unsichtbare Wirklichkeit in Zeichen sichtbar und in Ritualen wiedererfahrbar zu machen. Dies geschieht in der praktizierten Religion, sei das nun eine ausserchristliche oder bei uns eine vorchristliche oder die christliche Religion.

Der Absolutheitsanspruch jeder Religion – anders könnte sie keine innere Sicherheit bieten – weist vorerst einmal alles von aussen Kommende ab. Diese Intoleranz ist für das frühe Christentum schon in den Paulus-Briefen bezeugt und richtet sich sowohl gegen die Traditionen des Judentums[1], aus dem die christliche Religion eben erst hervorgegangen, ja zum Teil noch nicht einmal entwachsen war, wie auch gegen das «Heidentum»[2] jeder Herkunft. Daraus erklärt sich, warum die christlichen Kirchen sich gegenüber dem religiösen Brauchtum, soweit es sich ihrer Kontrolle entzieht, ablehnend verhalten. Die katholische Kirche stellt sich vorerst mindestens verbal gegen alles, was «heidnischen» Ursprungs und mit ihrem Sakraments-, das heisst Zeichenverständnis, nicht vereinbar ist. Die Kirchen aus der Reformation müssen dies schon aus der alleinigen Verpflichtung dem Wort gegenüber grundsätzlich tun.

Religiöses Brauchtum ist nicht ohne weiteres mit kirchlichem Brauchtum gleichzusetzen. Im Gegenteil. Besonders im Bereich von Segnungen, von Bannen und Lösen bewegt sich vieles ausserhalb der kirchlichen Praxis und gilt dennoch selbst bei praktizierenden Gläubigen als religiös. Träger gewisser Bräuche berufen sich in den Entstehungslegenden gerne auf deren «heidnischen» Ursprung, wobei dieser eher in einem urmenschlichen Empfinden und Handeln anzusiedeln wäre.

Auch kirchliches Brauchtum ist nicht frei von «heidnischen» Elementen. Die iro-schottischen Mönche, die Ende des 6., anfangs des 7. Jahrhunderts den süddeutschen Raum missionierten, gelten geradezu als die Meister der Integration alemannischer Kultur in das Christentum. Sie liessen zwar im Taufversprechen[3] und im Beichtkatalog allen heidnischen Gottheiten und Praktiken abschwören, übernahmen aber eine ganze Reihe von

1 Z. B. gegen das «Gesetz» (Tora) Rö 6,14; 7,4. 6; gegen Rituale wie die Beschneidung Gal 5,2.11 und direkt polemisch Gal 5,12.

2 Z. B. Eph 2,11–13; ferner 1Petr 4,3.

3 Baesecke, Georg: Kleinere Schriften zur althochdeutschen Sprache und Literatur. Bern und München 1966, S. 325 ff.

beliebten Segnungen samt dem vertrauten Schema der germanischen Segenssprüche (Imfeld 1994:125), die sie lediglich christlich umredigierten oder uminterpretierten. Sie finden sich in den Segensbüchern der katholischen Kirche in grosser Zahl wieder.

Sieht die katholische Kirche in den Segnungen eine Aktionserweiterung ihrer sieben Sakramente[4], so haben sich schon sehr früh teils in der Liturgie selbst, z. B. Palmsonntagseinzug, teils in ihrem unmittelbaren Umfeld als mystische Gegenwärtigsetzung der gefeierten Heilsereignisse szenische Darstellungen angesiedelt wie Passions- und Osterspiele. Je weiter sich der Gottesdienst als lateinische Klerikerliturgie vom Volk entfernte, desto grösser wurde das Bedürfnis des einfachen Volkes, mitfeiern zu können, und das Bedürfnis der Seelsorge, das Gefeierte verständlich zu vermitteln. Von der Darstellung biblischer Szenen bis zur Nachgestaltung von Mirakelgeschichten der Heiligen und ähnlichem war es nur ein kleiner Schritt. Es lag nahe, an im Volk schon vorhandene Elemente anzuknüpfen oder sie zu übernehmen. Dadurch können, wie in den unten darzustellenden St.-Nikolaus-Bräuchen, christliche und sogenannt «heidnische» Bräuche ineinander verschmelzen.

Es wäre einseitig, Bräuche im Verlauf des Kirchenjahres nur bei der katholischen Kirche zu suchen. So sind etwa Adventskranz und Adventskalender im pietistisch-protestantischen Raum entstanden. Katholischerseits ist mit der Liturgiereform des Zweiten Vatikanischen Konzils, welche die Muttersprache in die Liturgie brachte, nach 1966 manches Brauchtum nicht einfach abgeschafft, sondern tatsächlich als Verdoppelung überflüssig geworden. Die Reform begünstigte von Anfang an auch neue Formen, die oft von jungen Menschen geschaffen werden und sich rasch weiterentwickeln und ausbreiten.[5] Konservative Kreise reden trotzdem von einem unwiederbringlichen Verlust. Sie verurteilen die neue Liturgie und neue Bräuche als unkatholisch und wollen in zum Teil innerkirchlichen Restgruppen mit alter Liturgie und früheren Bräuchen religiöse Heimat bieten.

Im folgenden Aufsatz soll eine exemplarische Übersicht der aktuellen religiösen Volksbräuche im Gebiet der deutschen Schweiz, ohne das Wallis, das von Thomas Antonietti eigens behandelt wird, zusammengestellt werden. Dies kann weder in der ganzen Vielfalt des Brauchtums noch mit lokaler Vollständigkeit geschehen. In jüngerer Zeit erloschene Bräuche werden erwähnt, soweit sie zum Verständnis neuerer Formen beitragen. Dem interessierten Leser helfen die Literaturangaben weiter. Wenn Bräuche der

4 Katholischer Katechismus für das Bistum Chur. Chur 1953, S. 173 f.

5 Die neuere Entwicklung des kirchlichen Volksbrauchs lässt sich trefflich durch den Vergleich der folgenden beiden Werke sichtbar machen: Curti, P. Notker: Volkstum der Schweiz. Basel 1947, und Heim, Walter: Volksbrauch im Kirchenjahr heute. Basel 1983.

6 Wimmer 1966:392 f. – Torsy 1975:305 f. nimmt lediglich an, dass es sich um diesen Nikolaus handle, der in der ersten Hälfte des 4. Jhdts. Bischof von Myra war.

7 Mitteilung der St. Niklausenzunft, Zürich.

Innerschweiz da und dort stärker zum Zug kommen, beruht das darauf, dass sie dem Autor vertraut sind und als Interpretationsbeispiele auch für andere Gegenden dienen können.

St. Nikolaus

Wo man hinsieht, ist St. Nikolaus die beherrschende Figur der Vorweihnachts- und Weihnachtszeit; sei es in katholischen Gebieten als *Bischof Nikolaus,* sei es als *Weihnachtsmann* in reformierten Gegenden bis hinein in die rein säkulare Geschäftswelt. Hinter beiden Erscheinungsformen steckt der legendenumwobene Bischof Nikolaus von Myra. Er war nach der Überlieferung im Jahr 325 Teilnehmer am Konzil von Nicäa[6] und dürfte um das Jahr 350 gestorben sein. Die hauptsächliche Erscheinungsform des St. Nikolaus als Freund der Kinder und als Überbringer von Gaben und Geschenken hat ihren Ursprung in zwei Nikolauslegenden (Tschizewskij 1957:24;68; Legenda 1963:29 ff.) Die eine erzählt, wie er schon in frühestem Kindesalter in die Schule aufgenommen wurde, wo er sich gleich als der Beste erwies. Die andere berichtet von einer nächtlichen Geldspende, die er drei armen Töchtern heimlich durchs Fenster ins Zimmer warf, um sie vor dem Verkauf in ein Bordell zu bewahren.

Eine ganze Reihe von Seemannslegenden liess Nikolaus zum Patron der Schiffsleute werden, als der er einst entlang aller schiffbaren Gewässer hoch verehrt wurde. Heute ist er bei uns in dieser Funktion weitgehend in Vergessenheit geraten. Die *St. Niklausenzunft* in Zürich führt ihren Namen lediglich auf das alte Kirchenpatronat des Quartiers zurück.[7]

Nikolaus wurde schon im Mittelalter als *Patron der Schüler* verehrt. Der Nikolaustag war der eigentliche Schulfeiertag, an dem so mancher sonst strenge Lehrer zur mit Schabernack gespickten Hausfeier nicht nur gute Miene machte, sondern als Musiker, Schnitzelbankdichter und Theaterregisseur selber seinen Beitrag leistete. Die Klosterschulen pflegten diese Tradition bis in neueste Zeit. Die Mittelschüler der Benediktiner in Sarnen führten bis um 1950 am Nachmittag in ihrem eigenen Theater ein Lustspiel auf und liessen am Abend auf phantasievolle Weise den heiligen Nikolaus jedes Jahr in ei-

Gebäckmodel mit Nikolaus, Esel und Gaben; 1. Hälfte des 19. Jahrhunderts; Ostschweiz oder Süddeutschland.
Museum der Kulturen, Basel. Inv.-Nr. VI 16931.

Gebäckmodel mit Nikolaus von Myra mit spitzem Hut, Gabenkörben, Bäumchen und Esel; Schweiz.
Museum der Kulturen, Basel. Inv.-Nr. VI 16939.

nem neuen Aufzug hoch vom Himmel her die Bühne betreten und Lehrer und Schüler auf die Schippe nehmen. In Obwalden ist der St.-Nikolaus-Tag noch heute schulfrei.

Dem Auftreten des St. Nikolaus haftete immer etwas Koboldhaftes, Geheimnisvolles an. Man wusste nicht recht, woher er kam. In der Vorstellung der einen hauste er auf dem Dachboden, wo er sich auch bemerkbar machte, wenn die Kinder abends gar zu laut oder ungehorsam waren. Für andere und besonders nach Auskünften einschlägiger Kinderbücher wohnte er zusammen mit seinem Knecht[8] im Wald, wohl auch deshalb, weil ihn die Aufklebebilder auf den Lebkuchen als Weihnachtsmann mit einem Christbäumchen in der einen Hand zeigen.

Wie heute noch in Holland, bekamen die Kinder den Nikolaus nicht zu sehen.[9] Die Kinder stellten vor dem Schlafengehen einen Teller vor die Zimmertür. Während sie schliefen, brachte Nikolaus den *Schläik* oder die *Schläiketä:* Nüsse, rote Äpfel, Lebkuchen, *Griitibänz* (Brotmännchen aus Semmelteig), Dörrobst und allerlei Kleingebäck. Nicht selten liess er auch gleich seinen Sack mit allen Resten zurück. Dazu je nach Möglichkeit der Eltern die Geschenke: neue Socken, eine Kappe, Schuhe. Es waren in der Regel Dinge, welche die Kinder ohnehin dringend brauchten.[10] Den besonderen Wert erhielt der Schläik durch einfache Spielsachen, welche meistens die Grosseltern, Onkel oder Tanten selbst hergestellt hatten. Obligat war die Rute, Anlass für die Eltern, besonders in Sachen Gehorsam und täglicher Mithilfe Lob und Ermahnungen abzugeben. Grössere Kinder, die bereits draufgekommen waren, wer der Nikolaus ist, neckten die kleineren: *«Samiglais, Riischäbänz, Vatter und Muäter gänds.»*[11] Wenn die Kinder in der Schlafkammer zu lange keine Ruhe gaben, mussten sie damit rechnen, dass der Nikolaus plötzlich mit seinem Stecken an die Hauswand polterte oder mehr als deutlich mit schweren Schuhen die ersten Tritte der Stiege heraufkam. Für die Erwachsenen hat sich der Brauch erhalten, den St.-Nikolaus-Abend mit Jassen bei *Niidlä* (geschlagener Rahm), Lebkuchen und *Schwarzes* (leichter Kaffee mit Zucker und Schnaps) zu feiern.

Historisch betrachtet haben die Kinder in katholischen Gebieten den St. Nikolaus erst zu Gesicht bekommen, als er in reformierten Gegenden als Samichlaus[12] in der heute allgemein bekannten Aufmachung des Weihnachtsmanns schon längst eingebürgert war. Seine Kleidung mit Mantel oder weitem Schulterkragen entspricht einer säkularisierten Form der katholischen Bischofstracht. Die Mitra wurde zur Zipfelmütze. In Zürich haben die Samichläuse als Attribut auch den Nachfahren eines Bischofsstabs.

Die katholischen Geistlichen wurden aus der Kenntnis heraus, dass St. Nikolaus ein Bischof war, der als Heiliger verehrt wird, nicht müde, gegen diesen säkularisierten Samichlaus zu predigen. Die Orthodoxen, derzeit die drittgrösste christliche Kirchengemeinschaft in der Schweiz, empfinden diesen Samichlaus als eine Verunglimpfung des heiligen Nikolaus, der in der

8 In Obwalden heisst der Knecht *Schmutzli.* Er trat schon früher in unterschiedlicher Aufmachung auf, russgeschwärzt, nicht selten an einer Kette, eine Kette nachziehend (Hinweis auf Legenden, die von Nikolaus als Teufelsaustreiber erzählen. Tschizewskji 1957:76) oder mit umgehängtem Pferdegeröll oder als alter, launischer Mann mit einem Hanfbart, der fast das ganze Gesicht bedeckte, immer mit Sack und Rute. Der Knecht, der während der Mahnrede des Nikolaus bedrohlich knurrte, trug eine schwarze Pelerine mit tief in die Stirne gezogener Kapuze. Neuerdings trägt er eine Art braunes oder graues Wams mit Kapuze, das eher an einen Zwerg denken lässt und ihm das Schreckhafte nehmen soll. – In Obwalden hatte der Schmutzli bis etwa 1950, in Kerns noch nach 1960, neben dem St. Nikolaus eine gewisse Eigenständigkeit. Dies könnte darauf hinweisen, dass der Schmutzli als «schwarzer Mann» nicht allein auf die Legende des Dämonenbändigers Nikolaus zurückzuführen ist. Er dürfte in unseren Breitengraden eine jener bösen Wintergestalten sein, deren Vertreibung die Lärmbräuche des Vorwinters gelten. Schwarze Schmutzli zogen einzeln oder zu zweit bis zu dritt um den St. Nikolaustag nachts umher und tauchten unversehens in den Häusern auf. Sie erschreckten, selbst in Anwesenheit und nicht selten im Einverständnis der Eltern, die Kinder und drohten, wenn sie nicht ernste Besserung versprächen, sie im Sack mitzunehmen. *Andreeslä* (Fest des Apostels Andreas am 30.11.) hat man das genannt. Zu unserer Kinderzeit, um 1940, war es selbstverständlich, dass jeder Bub während der Nikolauszeit ein Taschenmesser mit sich trug, um einem solchen Schicksal entfliehen zu können.

9 Darstellungen zeigen den Nikolaus Ende des 18. Jahrhunderts als eine Art Weihnachtsmann, der mit einem weiten Umhang, zylinderartiger Kopfbedeckung und mit einem langen Stock in der Stube auftritt. Abbildung in: Deutsche Weihnacht. Bayreuth 1982[2], S. 67: Weihnachtsmann in der guten Stube, Frau mit fünf Kindern und Kindsmagd, im Hintergrund eine Truhe mit von vielen Kerzchen erleuchtetem Weihnachtsbaum.

10 «Der Samiglais hend miär niä gsee. Är hed, so lang ich wäis, gschläikt, halt das, woo mä eppä glych pruicht hätt.» (mündliche Mitteilung von Josef Ettlin-Röthlin, Uechtern, Kerns, *1884 –†1985)

11 D. h.: St. Nikolaus ist eine vorbeihuschende Gestalt (aus: mhd.: rischen = huschen, eilen; und mundartl.: Bänz, m., = ungepflegte Person. Vgl. dazu: Griiti*bänz* = gebackenes Teigmännchen zur St. Nikolauszeit). Vater und Mutter sind es, die (die Sachen) geben.

12 Der Name Samichlaus ist eine Wortverschleifung aus Sankt Niklaus.

Orthodoxie nach Maria und Johannes dem Täufer als der höchstrangige Heilige gilt. Ebenso unverständlich ist für sie, dass St. Nikolaus etwas mit einem Mahngericht für die Kinder zu tun haben soll.[13] Die orthodoxen Ostkirchen feiern sein Fest nach Julianischem Kalender am 18. Dezember.

In der katholischen Innerschweiz tauchte St. Nikolaus erst anfangs der 1930er Jahre vereinzelt in *Bischofsgestalt* als Besucher bei den Familien auf.[14] Der *Schmutzli* war von Anfang an sein Begleiter. Nun brachte St. Nikolaus persönlich Lob und Tadel vor. Es ging bei den Kindern kaum ohne Bangen oder Tränen ab. Für kurze Zeit blieb er noch Überbringer der Geschenke. Bald war er nur noch für den essbaren Schläik und die Mahnrede zuständig. Mit dem zunehmenden Brauch, an Weihnachten zu Hause Christbäume herzurichten, brachte das Christkind die Geschenke.

Der neue St. Nikolaus brauchte eine Ausrüstung, die zu beschaffen es sich für nur einen, zwei Besuche nicht lohnte. Ortsvereine erkannten, dass da ein Bedarf und eine Einnahmequelle für ihre Kasse war. Bald boten Turnvereine, Männerchöre, Jodlerclubs und die Katholischen Arbeitervereine St.-Nikolaus-Besuche an. Nach dem Niedergang der katholischen Standesvereine nach 1960 übernahmen vielerorts die Pfarreien die Organisation.[15] An einzelnen Orten gibt es eigene St.-Nikolaus-Vereine oder -Gesellschaften[16], die sich dieser Aufgabe widmen. Der St. Nikolaus besucht längst nicht nur mehr Familien, sondern auch Kindergärten, Schulen, Betagte, Heime, Feiern von Vereinen und – oft zu beachtlichen Tarifen – vorweihnachtliche Feiern von Firmen und Belegschaften.

In Luzern beginnt der St. Nikolaus zusammen mit einem Gefolge von Diakonen und Ministranten seine Familienbesuche mit einem feierlichen *Auszug aus der Hofkirche,* wo ihn Hunderte von Kindern und Zuschauern auf der grossen Freitreppe erwarten.

Samiglaistrinklä und Lichterumzüge als Begleitbräuche zu St. Nikolaus

Samiglaistrinklä

Schon mit seinem finsteren Knecht, dem Schmutzli, gesellt sich zum St. Nikolaus ein wohl viel älteres Element, das in den zunehmend längeren Nächten seinen Platz hat. St. Nikolaus und Schmutzli verkörpern archetypisch Hell und Dunkel, den guten Weisen und den bösen schwarzen Mann. In Ob- und Nidwalden, ohne Engelberg, verbindet sich mit dem St. Nikolaus der Lärmbrauch des *Samiglaistrinklä / Samichlaistriichlä,* das durch die Schüler schon Tage vorher beginnt. Der Brauch, zwischen Winteranfang und Frühlingsanbruch mit dem Lärm von Kuhschellen und Treicheln umherzuziehen, ist im ganzen Alpengebiet verbreitet.[17] Eine Gruppe von Schülern begleitet den Samiglais und seine Dienerschaft[18] mit den *Trinkeln* (blechernen Kuhschellen) von Haus zu Haus. Der Samiglais bietet an der Haustür kleine Lebkuchen, die *Chräpfli,* an. Ein Diener nimmt eine freiwillige Gabe entgegen. Früher kam der Ertrag in die *Rütlikasse,* die von den Lehrern verwaltet wurde und die jedem Schulkind einmal die Teilnahme an der Fahrt aller Obwaldner Schulkinder aufs Rütli ermöglichte. Jetzt ist er für die Schulreisekasse bestimmt. In Kerns hat sich bis heute der Brauch erhalten, dass beim Schülertrinkeln Samiglais und Diener in jenen Häusern, wo im Verlauf des letzten Jahres jemand gestorben ist, in die Stube eintreten und dort *dä armä Seelä z Hilf und z Troscht* ein Vaterunser beten.

Dieser Schülerbrauch hängt weitgehend von der Gunst und dem Interesse der Lehrerschaft ab. Während er in einzelnen Gemeinden am Erlöschen ist, haben ihn z. B. in Kerns Lehrer und örtliche Schulpflege in das Schulprogramm des letzten Schultages vor St. Nikolaus integriert. Von den 800 Schulkindern[19] kann sich längst nicht mehr jedes bei einem Bauer eine Kuhtreichel ausleihen. Während die Trinkler die Runde machen, stellen die andern Schüler in der Klasse mit Hammer und Bolzen aus Grosskonservendosen, welche ihnen Bäcker und Gasthäuser überlassen, Laternen mit reichen Lochmustern für den gemeinsamen Nikolauseinzug am Abend her. Lichter, Trinkler und St. Nikolaus verbinden sich zu einem kompakten Schaubrauch.

13 Mündliche Mitteilung von Drasko Todorović, Bischöflicher Vikar der Serbisch-Orthodoxen Kirche in der Schweiz.

14 Auffallend oft waren es Frauen, die sich unter dem Bischofsgewand verbargen. Die Buben hatten das rasch herausgefunden und machten sich aus dem Samiglais Stäikä (Klausjagd) einen derben Spass. Ein St. Nikolaus, ob Mann oder Frau, der zu Fuss von Haus zu Haus gehen muss, tut heute noch gut daran, als Schmutzli einen Mann mitzunehmen. – Siehe auch: Heim 1985:65 ff.

15 In Kerns, mit 1500 Haushalten, waren 1995 von der Pfarrei ca. 80 Besuche zu organisieren. Nicht nur Katholiken nehmen diesen Dienst in Anspruch. Die Tendenz ist zunehmend.

16 Z. B. St.Nikolausgesellschaft in Zürich, gegr. 1947; St. Niklaus-Komitee in Kägiswil OW; St. Niklausbruderschaft in Gersau. In Morschach ist Pfarrer Aloys von Euw zum Inbegriff des St. Nikolaus geworden. Er hält für seinen Ehrendienst nicht nur ganzjährig einen Esel, sondern gibt in vielen Gemeinden Instruktionskurse für St. Nikolausbesuche.

17 Chalandamarz im Engadin, Silvesterkläuse in Urnäsch, Perchtenlauf in Bayern und Tirol, Anklöckeln im Tirol, Schemenlauf in Imst,Tirol, u.v.a.

18 Den Schülern der 6. Primarklasse steht die Wahl der «Beamten» zu, das sind für jeden Weiler der Gemeinde: der Samiglais; zwei Chräpfliträger als Begleiter des Samiglais; zwei Wildi oder Harligingg (Schmutzli; in Nidwalden werden die Wilden Butzi genannt), die mit einem Grotzli (Tännchen, das bis auf die obersten Astkränze entastet ist) vorne und hinten den Zug der Trinkler begleiten, die Richtung und den Takt angeben und bei Gelegenheit besonders die Mädchen verscheuchen. In den Aussenweilern hat der Samiglais die Trinklergruppe am Mittag zu Hause zu verpflegen. Bestechung der Wählerschaft und Versprechungen von Mutters besonderen Kochkünsten sind üblich.

19 Herkömmlich war das Trinkeln ausschliesslich den Buben vorbehalten. 1978 duldeten sie in Kerns erstmals, dass ein Mädchen (Edith von Deschwanden) mitmachte, das bei allen Bubenstreichen anerkannt war. 1986 sind Mädchen auch in die Chargen der «Beamten» und 1993 bis zum Samiglais aufgestiegen.

Neben den *Buäbätrinklern* gab es eh und je bis spät in die Nacht hinein das *Trinkeln der Grossen,* der Burschen. In immer mehr Gemeinden bilden sich neuerdings unter der Ägide der organisierten Landjugend (Bauernjugend) Trinklervereine[20], die fünfzig und mehr Trinkler mit grossen *Fahrtrinkeln* stellen, wie sie die Bauern beim Alpaufzug den Leitkühen umhängen. Erst die hohen Einkommen der letzten Jahrzehnte erlaubten die Anschaffung dieser geschmiedeten und teuren Kuhglocken fast ausschliesslich zu diesem Gebrauch. Die Trinklergruppen formieren sich an einem Abend um den 6. Dezember zu den St.-Nikolaus-Umzügen, an denen die Gestalt des St. Nikolaus mitgehen kann, es aber nicht unbedingt muss. In Sarnen reitet seit den 1930er Jahren beim Umzug der Grossen *St. Nikolaus zu Pferd* mit. Seit etwa fünfzehn Jahren begleitet ihn ein ganzer Tross des Kavallerievereins. Um möglichst viele auswärtige Trinklervereine einladen zu können, werden die Umzüge in den Gemeinden zunehmend auf unterschiedliche Daten angesetzt. So waren z. B. am 3. Dezember 1995 in Kerns an die 30 Gruppen und Trinklervereine mit gegen 400 Trinklern vertreten, die von Fackelträgern begleitet wurden. Der Aufschwung des Samiglaistrinklä scheint noch kein Ende zu haben.

Klausjagen, Lichterumzüge

Neben den Lärmbräuchen[21] haben sich auch die Lichter der langen Nächte mit dem St. Nikolaus verbündet. Beim *Klausjagen* in Küssnacht am Rigi (Klausjagen 1988) beherrscht das Licht der überdimensionierten *Iffelen* (Infuln = Bischofsmützen) neben dem Lärm den Eindruck des Brauches. Der Name Klausjagen bezieht sich auf die Entstehung aus einem älteren, ungestümen Brauch der Burschenschaft, welcher durch einen behördlichen Bussebescheid schon 1732 belegt ist und der ursprünglich eher der wilden Jagd des Türst oder des Wuotisheeres[22] zuzurechnen ist und mit St. Nikolaus keinen Zusammenhang hatte. Die St.-Niklaus-Gesellschaft selber deutet das tänzelnde Vor- und Rückwärtsgehen der Iffelenträger als ritualisierte Form des früheren wilden Jagens. Daneben finden sich Anklänge an alte Baum- und Feldfruchtbarkeitsrituale[23] wieder.

Der Brauch in seiner heutigen Form geht auf eine gelungene Reform aus dem Jahr 1927 zurück. 1933 schlossen sich 33 Mitwirkende zur St.-Niklaus-Gesellschaft zusammen, die mittlerweile um die 1500 aktive Mitglieder zählt. Die Gesellschaft koordiniert und regelt den Ablauf des in seiner Art einmaligen Umzugs. Schon vor Beginn halten die *Geissleklöpfer* mit ihren bis drei Meter langen Geisseln den Platz frei. Genau um 20.15 Uhr erlöschen alle Strassenbeleuchtungen. Der Spuk beginnt. Die Iffelen, erstmals zu Beginn des 20. Jahrhunderts bezeugt, eröffnen den schier endlosen Zug. Den Hauptharst bilden Hunderte von *Triichlern.* Ihnen folgt, von Fackelträgern begleitet, St. Nikolaus mit den wilden Schmutzli. Die Bläser (Trompeten, Posaunen) schliessen sich mit dem *Bodäfridimänz*[24], einem Marsch im Dreiklang, an, der erstmals 1912 aufkam und seither zu einem

Charakteristikum des Küssnachter Klausjagens geworden ist. Den Abschluss bildet eine Nachhut von Bläsern mit Kuh- und Ochsenhörnern. Nach Ende des Umzugs dauert der Lärm mehr oder weniger die ganze Nacht bis zur letzten Runde des *Sächsizügli*, das am Morgen um sechs Uhr feierlich abmarschiert.

Ähnlich wie beim Samiglaistrinklä in Ob- und Nidwalden gibt es in Küssnacht das *Klausjagen der Schüler*. Früher fing es mit dem Advent an, heute ist es noch an zwei Tagen offiziell gestattet. Es beginnt schlag vier Uhr in der Morgenfrühe und dauert bis zum unbarmherzigen Schulbeginn um acht Uhr.

1953 entstand in Kägiswil OW mit dem *St.-Nikolaus-Einzug*[25] ein Folgebrauch, der sich stark an das Küssnachter Klausjagen anlehnt, der aber die Restelemente einer wilden Jagd abgelegt hat. Die Trinkler künden den St. Nikolaus an, der unter einem grossen, beleuchteten Baldachin mit seinem Gefolge, Schmutzli, Esel, Engeln und Fackelträgern, daherschreitet. Die Iffelen gleichen denjenigen in Küssnacht. Sie werden aber anders als dort in ruhigen Drehungen dem Zuschauer präsentiert. Der Brauch wird vom St.-Nikolaus-Komitee organisiert. In Kägiswil wie in Küssnacht pflegen die Trägerschaften die Hausbesuche des St. Nikolaus mit Bescherung bedürftiger Familien. Die Kägiswiler richten seit 1961 auch einen *St.-Niklaus-Altersnachmittag* aus.

20 Erster bekannter Trinklerclub in Obwalden: Kerns, gegr. 1987. Tracht der Burschen, auch auswärtiger Gruppen: weisses Hirtenhemd mit Kapuze oder blaues Arbeitsüberhemd der Bauern mit Hut. 1994 waren bei den Trinklerclubs von Kerns und Alpnach (Landjugend) die ersten Mädchen aktiv dabei. Die Mädchen tragen Burschentracht. Zum Zeichen der Männlichkeit rauchen viele Burschen im Mundwinkel einen Stumpen (Billigzigarre) oder eine *Brissago* (typische dünne, lange Marylandzigarre der Tabakfabrik in Brissago TI). 1995 demonstrierte auch ein Mädchen, dass es scharfen Tabak ertragen kann.

21 Ausser dem beschriebenen Trinkeln sei auf das Gäislächlöpfä um Luzern und Schwyz hingewiesen, das nicht nur integriert in Umzüge (wie Klausjagen in Küssnacht), sondern auch als eigenständiger Brauch (z. B. in Kriens) gepflegt wird.

22 Lütolf, Alois: Sagen, Bräuche und Legenden aus den fünf Orten Luzern, Uri, Schwyz, Unterwalden und Zug. Luzern 1862 und Reprint Hildesheim und New York 1976, S. 28, 446 und bes. 460 ff.; siehe dort auch im Register unter «Guotisheer», «Wuotins Hör». – Röllin Werner, Kontaktebenen zwischen Brauch und Sport, dargestellt am Nikolausbrauch der
Innerschweiz, in: SVK 73, 1983, S. 65 ff.

23 Noch bis zum Ersten Weltkrieg umschritten die Triichler die Kirschbäume und schlugen mit den Triicheln an die Stämme und knallten auf dem Feld mit den Peitschen. SVK 73, 1983, S. 69. – Klausjagen 1988:5.

24 Der Marsch hört sich an wie: «Mänz, Mänz, Mänz, Bodäfridimänz» und soll ein Spott auf den Bezirksammann Klemenz Ulrich (*1875–†1950), genannt Bodäfridimänz, sein, der als Verantwortlicher des Polizeiwesens ein Störefried des Klausjagens war.

25 In der Regel am Abend des Samstags vor dem 1. Adventssonntag.

Advent, besinnliche Zeit

In der volkstümlichen, allegorischen Auslegung der kirchlichen Festzeiten bis zur Liturgiereform des Zweiten Vatikanischen Konzils (1962 bis 1966) galten die vier Adventswochen, genauer vier Adventssonntage, als Gedenkzeit der 4000 Jahre, welche nach jüdischem Kalender von der Erschaffung der Welt bis zur Geburt Christi zu errechnen sind. Der Advent wurde von zwei Gruppen von Bräuchen geprägt. Die eine verband sich mit besonders volkstümlichen Heiligen wie Andreas (30.11.), Barbara (4.12.), Nikolaus (6.12.), Mariä Empfängnis (8.12.), die andere mit der religiösen Vorbereitung auf die Geburt Christi, die besonders in Frauenklöstern gepflegt wurde und die über die Lehrschwestern in Volksschulen Eingang fand (Brülisauer / Tobler 1988).

St. Barbara, Barbarazweige

Oft mehr vom Hörensagen als vom geübten Brauch her ist der *Barbarazweig* bekannt, der am Barbaratag geschnitten, in Wasser eingestellt und bis Weihnachten in der warmen Stube zum Blühen gebracht wird. In früherer Zeit, als die Stuben nur leicht erwärmt waren – der Autor ist in Obwalden noch Werten von 14 bis 16° C begegnet –, wurden die Zweige als *Martinszweige* schon am 11. November geschnitten (Grauwiller 1992:8 ff.). Empfohlen wird, wohl der besonders zarten Blüte wegen, ein Kirschenzweig. Ein Zweig des vielerorts leichter zugänglichen Birnbaums, der Forsythia oder notfalls eines andern blühenden Gartenstrauchs erbringt dasselbe kleine Wunder. Der Brauch lehnt sich an die Prophetie des Jesaia (Jes 11,1) und an das Weihnachtslied «Es ist ein Ros' entsprungen» an, wo gesagt wird, dass der Wurzelstock Isais einen neuen Trieb hervorbringt, der auf Christus hin gedeutet wird.

Aufgrund der Legende, dass Barbara ihrer Jungfräulichkeit wegen in einen Turm eingemauert worden sein soll, der sich selber sprengte, um sie zu befreien, ist sie die *Patronin der Artilleristen und der Bergleute geworden.* Durch den Tunnel- und Stollenbau ist ihr Fest in den letzten Jahrzehnten als Feiertag der Bergarbeiter, nicht unbedingt mit religiösem Charakter, wieder aktuell geworden. In Luzern feiert der Artillerieverein in der St.-Peters-Kapelle eine kirchliche Jahrzeit für seine lebenden und verstorbenen Mitglieder und einen gemütlichen *Barbaraabend. Barbaraschiessen* von Artillerievereinen mit Beteiligung aus der ganzen Schweiz finden in Balsthal, Liestal, Basel und St. Gallen statt (Heim 1983:24).

Mariä Empfängnis

Mariä Empfängnis (8.12.) war bis um 1960 das Hochfest der *Marianischen Kongregationen,* die in praktisch allen katholischen Pfarreien als Vereinigungen mit karitativen Tätigkeiten und religiöser Bildung tätig waren und denen nicht selten die Mehrheit der Frauen und, wo es Männerkongregationen gab, auch der Männer angehörten. In den sogenannten katholischen Kantonen ist der 8. Dezember als *Muttergottestag* noch immer kirchlicher und staatlicher Feiertag. Seine Bedeutung im Pfarreileben war früher eng mit den Marianischen Kongregationen verknüpft. Als nach 1960 die Marianischen Kongregationen ihren religiösen Stellenwert allmählich verloren, ist der 8. Dezember mehr und mehr zum Tag des Einkaufbummels in die Zentren der benachbarten reformierten Kantone geworden. Marianische Kongregationen haben sich nur noch in einzelnen Pfarreien mit einem grossen Altmitgliederbestand gehalten.

Roratemessen

Roratemessen, Rorategottesdienste zu früher Morgenstunde, 6 Uhr oder noch früher[26], waren einst besonders im ehemaligen Gebiet des Bistums Konstanz verbreitet. Sie konnten an jedem Adventstag ohne eigenes liturgisches Fest oder Namenstag eines Heiligen gefeiert werden. Ihren Namen haben sie vom Eingangsvers der Marienmesse im Advent «Rorate coeli» (= Tauet Himmel). Fast in Vergessenheit geraten, wird der Brauch von jungen Leuten wieder aufgenommen. Die ungewohnte Aufstehenszeit, die Feier bei Kerzenlicht, das nachher oft von der Kirche zum gemeinsamen Frühstück im Pfarreisaal und auf den Heimweg oder gar auf den Weg zur Arbeit mitgenommen wird, üben eine eigene Anziehung aus.

Herbergesuchen

Auf Initiative des Katholischen Frauen- und Müttervereins wurde 1944 in Kerns OW nach tirolischem Vorbild der Brauch des *Herbergesuchens* eingeführt. Eine Marienstatue wird jeden Abend von Nachbarhaus zu Nachbarhaus weiterbegleitet und bekommt dort für einen Tag einen Ehrenplatz in der Stube. Vereinzelt wird in Obwalden noch ein anderer, alter *Herbergebrauch* gepflegt: Während die Familie zur Weihnachtsmette geht, lässt man in der Stube das Licht brennen, damit die Heilige Familie sieht, dass sie hier willkommen ist.

Ranfttreffen der Jugendlichen

Das ganz grosse Adventserlebnis für jeweils etwa 3000 Jugendliche ist das *Ranfttreffen* in Flüeli-Ranft ob Sachseln in der Nacht auf den dritten Adventssonntag. Es wurde seit 1977 von der Schweizerischen Kirchlichen Jugendbewegung respektive von der Jungen Gemeinde organisiert. Nachdem sich diese 1997 aufgelöst hat, übernehmen Jungwacht und Blauring die Verantwortung für die Durchführung. Die Jugendlichen, die oft kaum noch eine andere Verbindung zum gottesdienstlichen Leben der Kirche haben, reisen aus der ganzen Schweiz mit der Bahn an und gehen von Stans, Sarnen und Sachseln aus zu Fuss in den Ranft, wo in der Nacht um 2 Uhr beim Kerzenlicht der Teilnehmer ein Gottesdienst gefeiert wird. Unterwegs sind

26 Haas, Margarethe: Obwaldner Red und Bruich. Sarnen 1967, S. 67 f.

Treffpunkte für Meditation und Gespräch organisiert. Viele Teilnehmer gehören anderen als der katholischen oder keiner Kirche an, vereinzelte auch nichtchristlichen Religionen.

Adventssingen, Adventskonzerte

Ebenfalls dem gemeinsamen Erleben und der Vorfreude auf Weihnachten dienen *Adventssingen, offene Singen* und *Adventskonzerte* von örtlichen Chören und Orchestern. Ein Adventssingen, bei dem Schüler an den Sonntagabenden mit farbigen Laternen durchs Dorf ziehen, hat in Thusis Tradition. An vielen Orten ziehen kostümierte Gruppen, die *lebende Bilder zur Weihnachtsgeschichte* darstellen, zu einem vorweihnachtlichen *Sternsingen* von Platz zu Platz. Besonders bekannt ist dieses Sternsingen von Luzern, Wettingen und Rapperswil.

Adventskranz

Der *Adventskranz* wurde erstmals um 1840 vom Leiter des evangelischen Kinderheims «Rauhes Haus» in Hamburg hergerichtet. Er hatte für jeden Tag des Advent eine Kerze, die am Abend zu einer Besinnung angezündet wurde. Später wurden die Kerzen auf vier reduziert, was dem Brauch den Eingang in die Familien ermöglichte. Das neue Benedictionale (Segnungsbuch) der katholischen Bistümer des deutschen Sprachgebietes von 1979 enthält einen eigenen Ritus zur Segnung der Adventskränze, den es für den Vorabend- oder einen Familiengottesdienst am ersten Adventssonntag empfiehlt. In Anlehnung an die Wurzel Isais bei Jesaia (Jes 11,1) findet in neuerer Zeit vor allem auf dem Land, wo die Beziehung zum Wald gegeben ist, an Stelle des Adventskranzes eine mit vier Kerzen besteckte Baumwurzel Verbreitung. Der Adventskranz gehört seit etwa vierzig Jahren – vielerorts statt seiner neu die Wurzel – zum festen Bestand der Adventsdekora-tion in den Kirchen.

Adventskalender

Vorläufer der Adventskalender waren die *Adventsuhren*, deren Zeiger jeden Tag auf einen neuen Bibelspruch gestellt wurde. Gebastelte Adventsuhren waren schon im 19. Jahrhundert bekannt; die erste gedruckte Adventsuhr erschien 1902 in Hamburg. Der *Adventskalender* mit anfänglich 24 Aufklebekästchen,

Weihnachtsuhr für Kinder.
Der erste gedruckte Adventskalender. Hamburg 1902.
Slg. Dominik Wunderlin, Basel.

Adventskalender mit um einen Adventskranz gruppierten, musizierenden Engeln. Deutschland, um 1930.
Slg. Dominik Wunderlin, Basel.

dann Fenstern, wurde 1903 vom Lithographen Gerhard Lang erfunden. Er kam in städtischen Gebieten der Schweiz um 1925, in ländlichen Gebieten etwa zehn Jahre später in den Handel. Hinter jedem Fenster des Kalenders verbarg sich das Bild eines beliebten Spielzeugs und hinter dem des 24. Dezember die Darstellung der Krippe.[27] Um 1950 schaffte die Firma Herder in Freiburg/i. Br. zu den eher säkular verstandenen Kalendern ein religiöses Gegengewicht mit *Adventslaternen* und von innen beleuchteten *Adventshäusern*, die vom 1. Adventssonntag bis zur Erscheinung des Herrn (6.1.) je ein Bibelbild freigeben. Abdeckbare, biblische *Transparente* für fast jede Fenstergrösse mit entsprechenden Begleitheften suchen ebenfalls dem Advent, der je länger desto mehr im grossen Weihnachtsgeschäft unterzugehen droht, den christlichen Gehalt zu bewahren. Seit 1979 ziert in der Pfarrkirche Kerns analog zu den früheren Hungertüchern der Fastenzeit ein grosser, künstlerischer *Adventsbehang* mit Bildern der Heilsgeschichte des Alten und des Neuen Testamentes den Hochaltar. Er entstand auf Wunsch und Anregung der Schulkinder.

Seit Jahren geben Frauen- und Familienzeitschriften Bastelanleitungen zu reinen *Naschkalendern* mit versteckten Süssigkeiten und ähnlichem. Die Firma Heliomalt, Herstellerin von Schokoladezugaben zu Milchgetränken, gestaltete bis 1993 die Dosenumschläge als Adventslaterne mit Märchenmotiven.[28] In Luzern sind die Fenster zweier Geschäftshäuser am Weinmarkt und an der Reussbrücke zu übergrossen Adventskalendern gestaltet. In Buch am Irchel dekoriert jeden Tag eine andere Familie an ihrem Haus ein *Adventsfenster*, das man am Abend in einem Rundgang gemein-

27 Hauptlieferantin war damals die Firma Berlinger, St.Gallen, deren Vertreter den Papeteristen grosse Kollektionen vorlegten. (Mündliche Mitteilung, 1981, von Max Spichtig sen., Papeterist, Sarnen.) – Siehe auch: Wunderlin Dominik: Der Adventskalender. In: SVK 72, 1982, S. 81ff.

28 Adventskalender mit Märchenmotiven gab es schon früh. Je mehr der religiöse Gehalt von Weihnachten verloren geht, desto deutlicher wird die Säkularisation des Advent zu einer Märchenzeit. Stadttheater und Puppentheater führen Märchenspiele auf.

sam anschauen geht. Solche *begehbaren Adventskalender* sind seit etwa 1980 bekannt. Sie breiten sich vom Aargau allmählich in alle Landesteile aus.

Krippenaufbau, Vorweihnachtsdekoration zu Hause

Lehrschwestern leiteten die Schulkinder an, für jede gute Tat im Advent dem Christkind einen Strohhalm in ein Krippchen zu legen. Neueren Datums ist das *Krippeaufbauen* im Advent. In der Familie wird Tag für Tag die Weihnachtskrippe auf- und ausgebaut und werden Figuren dazugestellt, bis am Heiligabend noch das Christkind einzubetten ist. Diesem schrittweisen Zugehen auf Weihnachten ist verwandt das *Basteln von Stroh- und Papiersternen*, die zur *Dekoration an der Wohnungstüre und an den Fenstern* angebracht und erweitert werden. Sie erinnern die Kenner auch an einen früheren Brauch, wo vor Weihnachten zwischen Fenster und Vorfenster die *Spielsachen ausgestellt* wurden, welche das Christkind letztes Jahr gebracht hatte, um zu zeigen, wie die Kinder dazu Sorge getragen haben. Letzteres ist ein Beispiel, wie ein Brauch durch verschiedene äussere Umstände erlöschen oder sich wandeln kann. Zum Verschwinden des Brauchs trugen bei: 1. dass das Geheimnis ums «Christkind» aufgegeben wurde; 2. dass Weihnachtsgeschenke nicht mehr vom Wohlverhalten der Kinder abhängen; 3. dass Spielsachen für fast jedes Kind zum Überflussartikel geworden sind; 4. dass die moderne Doppel- und Isolierverglasung der Fenster eine solche Ausstellung verunmöglichen. Den neuen Fensterbrauch begünstigen dafür die grossflächigen, modernen Fenster, die reiche Dekorationen z. B. auch mit abwaschbaren Fensterfarben erlauben. Zu den stillen Adventsbräuchen ist auch das *Kerzenziehen* zu zählen, das über Jugendgruppen[29] Verbreitung gefunden hat.

Adventsbeleuchtung

Es gibt kaum mehr ein grösseres Dorf ohne *Adventsbeleuchtung* auf den Strassen. Konnten sich früher elektrische Christbaumkerzen nur Kirchen und Geschäfte leisten, so sind sie heute wohlfeil für jedermann erstehbar und machen zur Adventszeit bis etwa Drei Königen (6.1.) Nadelbäumchen und selbst grössere Tannen in Hausgärten zu Christbäumen. Billige Lichterlitzen fernöstlicher Produktion verwandeln kahle Bäume und ganze Alleen in einen Lichterzauber. Im engen Sinn kann hier kaum mehr

29 Z.B. Frei-Zyt-Lade der kirchlichen Jugendverbände, St.Karliquai 12, Luzern.

30 1. ... Jesus, den du, Jungfrau, vom Heiligen Geist empfangen hast; 2 ... zu Elisabeth getragen hast; 3. ... geboren hast; 4. ... im Tempel aufgeopfert hast; 5. ... im Tempel wiedergefunden hast; 6. ... Jesus, der für uns Blut geschwitzt hat; 7. ... der für uns gegeisselt wurde; 8. ... der für uns mit Dornen gekrönt wurde; 9. ... der das schwere Kreuz getragen hat; 10. ... der für uns gekreuzigt wurde; 11. ... der von den Toten auferstanden ist; 12. ... der uns den Heiligen Geist gesandt hat; 13. ... der dich, Jungfrau, in den Himmel aufgenommen hat; 15. ... der dich, Jungfrau, im Himmel gekrönt hat.

31 Vgl. Anm. 53 zu: Paschamahl kirchlicher Gruppen.

von religiösem Brauch die Rede sein. Dennoch: sind Freude, Hoffnung, Wärme, Geborgenheit und was dieses Licht den Menschen immer bedeuten mag, nicht auch Inhalt jener frohen Botschaft, welche das Geburtsfest Christi mit sich bringen will? Es lässt an das Prophetenwort des Jesaia denken: «Das Volk, das im Dunkeln sitzt, schaut ein grosses Licht» (Jes 9,1).

Gebet

Nicht ganz der Vergessenheit anheimgestellt werden darf das Gebet im Advent. Es hatte in katholischen Gegenden bis nach dem Zweiten Weltkrieg als abendliches *Familiengebet* und als kirchliche *Volksandachten* am Sonntagabend eine grosse Bedeutung. Durch Geistliche und Lehrschwestern wurden die Kinder angeleitet, auf dem Schulweg zu beten. Die Vaterunser wurden von den Kindern mit dem Taschenmesser auf einem Kerbholz, dem *Reckli/Röckli* (Diminuitiv: von Rocken = Stab) markiert. *Recklibeten* nannte man das. Das Reckli wurde dem St. Nikolaus und vor Weihnachten dem Christkind vors Fenster gestellt. In vielen Familien wurde der sogenannte *kurze Rosenkranz* gebetet, je ein Ave Maria zu jedem der fünfzehn Rosenkranzgeheimnisse.[30] 1981 regte Bischof Vonderach in der Diözese Chur das sogenannte *Hausgebet im Advent* nach österreichischem Vorbild an. Mittlerweile hat es sich gesamtschweizerisch ausgebreitet. Dazu erscheint jedes Jahr eine Gebets- und Gestaltungsanleitung.

Bibelabende

Advent und Fastenzeit laden dazu ein, die kommenden Hochfeste biblisch fundiert vorzubereiten. *Bibelkurse*, die von den Pfarreien angeboten werden, sind gut besucht. Solche Kurse werden oft durch ein *«biblisches» Mahl* abgeschlossen, bei dem Speisen aufgetragen werden, die in den einschlägigen Texten vorkamen. Auf einer Menükarte werden die Speisen nicht direkt genannt, sondern nach Art der Bibelzitationen aufgeführt und die entsprechenden Stellen vor dem Servieren in der Bibel nachgeschlagen und vorgelesen.[31]

Weihnachten

«Chlausezüg» aus Appenzell; die Lebkuchen sind mit Bildern geschmückt; das aufgesetzte Christbäumchen ist neueren Datums und zeigt den Übergang zum Weihnachtsbaum.
Museum der Kulturen, Basel. Inv.-Nr. VI 16211.

Christbaum

Weihnachten ohne Christbaum? Heute kaum denkbar. Ob Weihnachten christlich oder wie immer verstanden wird, der *Christbaum* gehört so sehr dazu, dass er zum Hauptsymbol von Weihnachten geworden ist. Belegt ist er anfangs des 17. Jahrhunderts in Strassburg als Tannenbaum in einem viereckigen Ständer, behangen mit Rosen aus farbigem Papier, Äpfeln, Oblaten und Flittergold. 1737 ist er in Dresden als Lichterbaum bezeugt. Im 19. Jahrhundert wurde er zum Symbol deutscher Weihnachten, das im Nationalsozialismus (Soldaten-, Frontweihnachten) als «das deutscheste aller Feste»[32] bezeichnet wurde. Inzwischen hat sich der Christbaum – und wär's ein Kunstbaum –, die Welt erobert. Er entspricht einer Vorstellung vom Paradies- oder Lebensbaum.

Bei uns hat er Ende des 18. Jahrhunderts, wie viele Abbildungen zeigen, zuerst in grossbürgerlichen Häusern Eingang gefunden.[33] Noch anfangs des 20. Jahrhunderts galt er in katholischer Sicht als typisch protestantisches Zeichen. Nach 1930 zierte er allmählich, ohne Konfessionsunterschied, auch die Stuben der einfachen Leute. Viel dürften die Waren- und Versandhäuser dazu beigetragen haben, die billigen Christbaumschmuck aus Glas anboten. Die hauchdünnen farbigen Kugeln sind eine Entwicklung thüringischer Glasbläser. Ich erinnere mich, dass derselbe Schmuck – Christbaumkugeln, Kugelgirlanden, Vögel und andere Glasfiguren wie Nikolaus und Engelchen, Engelhaar (Glaswatte) – in den örtlichen Geschäften erheblich teurer war. Bald gehörten Christbäume auch zur Weihnachtsdekoration in den Kirchen. Hier imponierten zwar die grossen Bäume, deren einziger Schmuck die vielen elektrischen Kerzen waren. Unbeleuchtet boten sie aber bei Tag, gegenüber den mit farbigen Kugeln behangenen Bäumchen zu Hause, einen kahlen Anblick.

32 dazu: Spamer, Adolf: Sitte und Brauch. In: Pessler, Wilhelm: Handbuch der Deutschen Volkskunde. Potsdam o. J., Band II. S. 129 ff.
33 Siehe Anmerkung 9.

Seit etwa 1970 verleihen ihnen Strohsterne, die sich in beliebiger Grösse kunstvoll zusammenstecken lassen, einen festlichen Schmuck.

Im Appenzellerland kennt man zu Hause statt des Christbaums den älteren *Chlausezüüg*, eine Art Pyramide, die mit Schaulebkuchen verkleidet wird, welche in Zucker- oder Marzipanverzierungen Szenen aus dem Volks- und Brauchtumsleben zeigen. Oft wird der Chlausezüüg von einem kleinen Christbäumchen bekrönt.

Weihnachtskrippen

Die gotischen Altarretabeln mit ihren drehbaren Flügeln stellten nebst andern Heilsbildern fast immer auch Weihnachten dar. Sicher seit der Barockzeit gehören in katholischen Kirchen *Weihnachtskrippen* zum festen Bestand. Mit der Entwicklung der Farbdruck- und Stanztechnik fanden für den Hausbedarf farbige *Papierkrippen* zum Ausschneiden oder als *Aufklappkrippen*, die sich jedermann leisten konnte, Verbreitung. Die Warenhäuser boten dann um 1930 billige Krippenfiguren jeder Grösse aus Gips oder Papiermasse an, zu denen der Stall selber gebaut wurde. Vorreiter waren wie bei anderen religiösen Bräuchen wieder Jugendgruppen, katholische Arbeitervereine und oft auch Lehrpersonen. Da und dort entstanden *Krippenbauvereine*. Ähnlich wie Adventskranz und Christbaum fand in den letzten Jahrzehnten auch die Weihnachtskrippe über die Konfessionsgrenzen hinweg in Kirchen und Familien Eingang.

Oben:
Weihnachtskrippe in der Pfarrkirche St.Ulrich, Luthern LU; die Krippenfiguren stammen aus dem Schnitzerdorf St.Ulrich (Ortisei) im Grödental, Südtirol.
Foto: Ernst Halter, Aristau AG, 1999.

Unten:
Weihnachtskrippe in der Pfarrkirche Johannes der Täufer, Hergiswil LU; Krippenfiguren: Beat Gasser, Lungern, vermutlich dreissiger Jahre.
Foto: Ernst Halter, Aristau AG, 1999.

Christmette und Feier der Weihnachtstage

Die Geburt Christi gilt nach alter christlicher Tradition als Zenit der Zeit, der seit dem 9. Jahrhundert zur Mitternachtsstunde mit einem Festgottesdienst, der *Christmette*, gefeiert wird. Bis 1951 war Mitternacht für eine Messe die früheste erlaubte Tageszeit. Die Bezeichnung *Mette* stammt von der Matutin, dem nächtlichen Chorgebet der Mönche. Mit der allgemeinen Erlaubnis zu Vorabendmessen 1968 und in einem gewissen Trend, fixe Daten und Zeiten bequemeren Bedürfnissen anzupassen, wurde die Christmette da und dort bis in den früheren Abend vorverlegt. Sie gehört zu den am meisten besuchten Gottesdiensten des Jahres. Viele protestantische Gemeinden haben diesen nächtlichen oder vorabendlichen Weihnachtsgottesdienst übernommen. In Zürich engagieren katholische Pfarreien für ihre Weihnachtsgottesdienste, die sie auch in den grossen Tageszeitungen mit Inseraten anzeigen, ganze Orchester, Ensembles oder Chöre. In Ski- und Touristengebieten sind im Zug zur Idylle einfache Dorfweihnachten in den oft viel zu kleinen Kirchen gefragt. Durch Fernsehsendungen wurde aus Deutschland, wo sie in reformierten Gegenden ihre Hauptverbreitung hat, die *Turmmusik* bekannt, die seit 1970 vielerorts vor der Mette zu hören ist.

Viele Pfarreien bieten deutschen Vorbildern folgend bereits am frühen Abend des 24. Dezember sogenannte *Kindermetten* an, die wie andere Kindergottesdienste auch von älteren Leuten gerne besucht werden.

Die Tage nach Weihnachten sind die Zeit der *Verwandtenbesuche.* Dazu gehört auf dem Land an den frühen Abenden das *Chrischtbaum- und Chrippli-Aluege* der Kinder in der Nachbarschaft. An St. Stephan (26.12.) wird nach der Messe roter, an St. Johannes (27.12.) *weisser Wein gesegnet.*[34] Am *Chliichindlitag* (28.12.) kommen die Mütter am Nachmittag mit ihren Kleinkindern zur *Kindersegnung* mit einer Weihnachtsfeier in die Kirche. In der ganzen Weihnachtszeit beliebt sind *Krippenfeiern*, die von Schülern oder Jugendlichen in der Kirche gestaltet werden.

34 Der gesegnete Wein wurde früher mit dem Spruch: «Trinke die Minne des heiligen Johannes (respektive: des heiligen Stephan)» vom Priester nach der Messe ausgeteilt. Wein, den die Leute selber zur Segnung mitgebracht hatten, wurde zu Hause aufbewahrt, Kranken zu trinken oder mit einem Ei aufgeklopft als Stärkung gegeben. Beim Hochzeitsessen wurde er als erster Trunk angeboten. Man nannte den Brauch «die Minne trinken».

35 Pessler (o.a. Anm. 31) Bd. 2, S. 129 ff. – 1962 begegnete der Autor am 24.12. einer Weihnachtsfeier englischer Feriengäste, die mit Tischbomben und Knallfeuerwerk nach unserem Empfinden einem feuchtfröhlichen Fest glich.

36 In Sarnen kamen die Sternsinger nach dem Rundgang in der Rathaushalle zur Niessung (von: geniessen) zusammen, um die essbaren Gaben zu verzehren. Die Obrigkeit bestimmte die Rathaushalle, um sicher zu sein, dass dabei «keine brannte Wasser noch Win old (oder) Most» abgegeben wurden.

Sebastianisingen und Nünichlingler

Das *Sebastianisingen* am 24. Dezember um 23 Uhr und an Silvester um 21 Uhr in Rheinfelden stellt zwar mit den Liedern einen Bezug zu Weihnachten her, hat seinen Ursprung aber in einer Brunnenprozession aus der Pestzeit.

Noch im Mittelalter war Weihnachten weniger durch christliche Festbräuche als durch die lärmige Feier des *Jul*[35] und der *Rauhnächte* oder *Rauchnächte* zwischen Weihnachten und 6. Januar bestimmt. Die *Nünichlingler* von Ziefen BL, die an Heiligabend schlag neun Uhr mit Schellen und einem Russbesen durchs Dorf ziehen, gehen, ohne dass dies jemandem bewusst wäre, darauf zurück.

Neujahr, Drei Könige

In vielen Kirchen wird versucht, mit *Dankgottesdiensten*, die recht gut besucht sind, dem Silvesterrummel, der den Reichen abgeschaut und durch die Fernsehsendungen zum Ritual geworden ist, ein wenig Besinnlichkeit entgegenzusetzen. Vielerorts wird vor Mitternacht das *alte Jahr ausgeläutet* und überall um zwölf Uhr *das neue Jahr eingeläutet.*

Zu Festzeiten waren die Leute schon immer spendefreudig. Günstigste Voraussetzung für Heischebräuche. *Neujahrssingen, Sternsingen, Dreikönigssingen* gehören seit dem Mittelalter dazu und unterlagen zum Teil obrigkeitlichen Bestimmungen wie in Obwalden, wo der Brauch Privileg der Schulmeister war, denen dafür noch im 19. Jahrhundert der Sammelertrag als ein Drittel ihres Jahresgehaltes angerechnet wurde.[36] Heute wird der Brauch weitgehend durch Pfarreien organisiert und gepflegt. Die beachtlichen Spendenergebnisse kommen etwa den Missionen oder sozial-karitativen Zwecken zugute. An vielen Orten ist der Besuch der *Sternsinger* oder der *Drei Könige* mit einer *Häusersegnung* verbunden, sei es, dass ein Priester mitgeht oder dass wenigstens mit gesegneter Kreide die bekannte Segensinschrift «19 C + M + B 99»[37] mit der neuen Jahreszahl über der Haus- oder der Wohnungstür angebracht wird.

VI 14722

Der heil. Dreykönigzettel oder Gebeth, so zu Cölln am Rhein in der Dom-Kirche mit goldenen Buchstaben geschrieben und aufbewahret wird.

Gebeth.

Im Namen JESU stehe ich heute auf, und neige mich dem Tag, in dem Namen, den ich in der heiligen Tauf empfangen, der erste ist Gott Va†ter, der andere Gott So†hn, und der dritte Gott heiliger Ge†ist. Dieser Name behüte mein Fleisch, Blut, Seele, Leib und Leben, welches mir Je†sus, der Sohn Got†tes gegeben. Also will ich gesegnet seyn, wie der heilige Kelch und Wein, so der Priester auf dem Altar verwandelt, und wie das wahre Himmels-Brod, so Jesus seinen zwölf Jüngern hat gegeben. Ich trete über das Thür-Geschwell: Jesus † Maria † Joseph † die drey heiligen Könige, Caspar † Melchior † Balthasar † seyen meine Weggesellen: der Himmel ist mein Hut, die Erde meine Schuh, der Stern der drey Könige führe mich auf die rechte wahre Buß-Strassen. Diese sechs heil. Personen sind meine Gefährten im Hin- und Hergehen; welche mir begegnen, die haben mich lieb und werth, dazu helfe mir Gott Vater † der mich erschaffen, Gott Sohn † der mich erlöset, Gott der heil. Geist †, der mich geheiliget hat Je†sus, Ma†ria, Jo†seph, Ca†spar, Mel†chior, Bal†thasar, steht mir bey in allen meinem Thun und Lassen, Handel und Wandel, Gehen und Stehen es sey auf dem Wasser, oder Land, die wollen mich vor Kugel Feuer, Wasser, und alles, was dem Leib und der Seele schädlich ist, allzeit behüten und bewahren, im Leben und Sterben, mit ihrer starken und mächtigen Gnad. Gott dem Va†ter ergeb ich mich, Gott dem So†hn empfehle ich mich, Gott dem heil. Ge†ist versenke ich mich, die H. H. Dreyfaltigkeit † sey ober mir, Jesus † Ma†ria Jo†seph, vor mir, Caspar, Melchior Balthasar † hinter mir, diese bewahren mich, (mein Haus und alles, was ich hab) jetzt und allzeit bis ich komm zu der ewigen Glückseligkeit. Im Namen GOtt des Vaters †, Sohns †, und des heiligen Geistes † Amen.

C † M † B †

Heiligen 3 Könige, Caspar †, Melchior †, Balthasar †, bittet für uns jetzt und in der Stunde unsers Absterbens.

Dreikönigszettel, vermutlich 19. Jahrhundert.
Museum der Kulturen, Basel. Inv.-Nr. VI 14722.

Weltgebetswoche für die Einheit der Christen und Weltgebetstag der Frauen

Auf Initiative protestantischer Missionare, welche die Missionierung sich konkurrenzierender Kirchen und Gruppen je länger je mehr als Hindernis und Ärgernis empfanden, entstand anfangs des 20. Jahrhunderts die *Gebetswoche für die Einheit der Christen* (18. bis 25.1.).[38] Sie hat längst auch in die Direktorien der katholischen Bistümer Eingang gefunden. Ökumenische Gottesdienste oder Kanzeltausch sind in vielen Gemeinden Tradition. – Der Ökumenische *Weltgebetstag der Frauen*[39] am ersten Freitag im März, in katholischen Pfarreien vorerst zögernd aufgenommen, ist durch die kirchlichen Frauenvereine in den letzten zehn Jahren in immer mehr Gemeinden zu einem festen Bestand geworden. Den Gottesdienst gestalten jedes Jahr Frauen eines andern Landes und stellen die Unterlagen weltweit zur Verfügung.

Volkspatrone und Segnungen am Beginn des Jahres

Die katholische Kirche verehrt Heilige als Mitchristen, welche die Widerwärtigkeiten und Gefahren dieser Welt überwunden und nach ihrem Tod bei Gott die Vollendung gefunden haben. Der Mensch erfährt seine Ohnmacht und Grenzen und verbündet sich mit ihnen als Patronen. Für die vielen Patrone (Wimmer 1966³:606 ff.), deren Gedenktag im kirchlichen Kalender in der Regel ihr Todestag ist, sollen nur einige der volkstümlichsten erwähnt sein. Zu Beginn des Jahres steht gleich eine ganze Gruppe solcher Heiliger im Kalender.

Antonius der Einsiedler (Säulitoni), Tiersegnungen

Das Fest des hl. Antonius des Einsiedlers (17.1.), – die Bauern nennen ihren Patron liebevoll *Säulitoni*, – wird von den Bauern als Halbfeiertag mit Gottesdienst und Fürbitte für das Vieh gefeiert. Zu seinem Schwein und anderm Vieh ist der Heilige nicht als Landwirt gekommen, sondern dadurch, dass das Borstenvieh und allerlei gehörnte Tiere auf Bildern seine Versuchungen gegen die Keuschheit darstellen sollten. Ganz drastisch geschieht das auf dem berühmten Isenheimer-Altar von Mathias Grünewald, heute im Unterlindenmuseum zu Colmar.

Bauern haben früher vor allem die Kapuziner zur *Segnung von Stall und Tieren* bestellt. Heute werden die Ortsgeistlichen noch oft darum gebeten. Neuerdings finden *Tiersegnungen*, in Basel gar ein *Gottesdienst mit Tieren*, auch am Tag des hl. Franz von Assisi (4.10.) statt. Der moderne Mensch hat weitgehend die Beziehung zu den Heiligen, nicht aber den Bedarf nach Schutz verloren und ist neu auf der Suche nach der Beziehung zum Tier. So organisieren Reitsportvereine meistens unabhängig von einem bestimmten

Heiligentag *Reitergottesdienste* und *Pferdesegnungen*. Die alten Pferdepatrone Eligius (1.12.), Leonhard (6.11.), Georg (23. 4.) und Martin (11.11.) sind den neuen Pferdebesitzern kaum vertraut.

Mariä Lichtmess

An *Mariä Lichtmess* (2. 2.), eigentlich Fest der Darstellung Jesu im Tempel (Lk 2,21–40), werden die Kerzen, die während des Jahres in der Kirche gebraucht werden, auch *Kerzen und Wachslichter* der Gläubigen, gesegnet. Gesegnete Kerzen wurden früher auch als *Wetterkerzen* bei Gewittern angezündet. Heute haben Kerzen noch Bedeutung als Geschenke, Andachtskerzen oder am Sterbebett und an der Totenbahre. Rote Wachslichter werden oft als *Armenseelenlicht* zum Gedenken an einen lieben Verstorbenen zu Hause oder zunehmend als *Grablichter* angezündet.

Blasiussegen

Am 3. Februar werden Kerzen gesegnet zum besondern Gebrauch des Priesters beim *Blasiussegen*. Es handelt sich um einen *Halssegen*, der noch weit verbreitet ist. Der hl. Bischof Blasius von Sebaste († um 316) soll mit seinem Segen einen Buben, der eine Fischgräte im Hals stecken hatte, vor dem Ersticken errettet haben. Die beiden Kerzen werden vom Priester beim Segen zwischen den Fingern zu einem Andreaskreuz übereinander gehalten. Diese Segensgeste ist in der Westkirche einmalig und dürfte den östlichen Ikonen abgeschaut sein. Wir haben hier ein schönes Beispiel, wie nach religiöser Vorstellung Wunderkräfte durch genaues Nachahmen revitalisiert werden sollen. Ähnliches gilt auch von Gnadenbildern weit entfernter Wallfahrtsorte, die detailgetreu nachgebildet als *«Wahre Abbildung»* wie z. B. Loreto-Kapellen, Lourdes-Grotten an anderen Orten eine Art identische Wallfahrt begründen können (Imfeld 1980).

37 Monogrammen und Zahlen wurden schon immer magische Bedeutung und Wirkung zugeschrieben, erst recht der Kombination von beiden. Über die Deutung dieser Inschrift bestehen verschiedene Meinungen. Entscheidend dürfte sein, was die Benutzer darunter verstehen. Die wahrscheinlichste dürfte die Abkürzung des lateinischen Segensspruchs Christus Mansionem Benedicat, Christus segne diese Wohnung, sein. Im 6. Jahrhundert entstand die Legende, die Sterndeuter aus dem Osten, die nach dem Jesuskind suchten (Mt 2,2), seien drei Könige gewesen. Im 9. Jahrhundert und erst recht mit der Überführung ihrer angeblichen Reliquien 1164 nach Köln wurden ihre Namen Caspar, Melchior und Balthasar volkstümlich. Die drei Buchstaben werden als ihr Monogramm ausgelegt.– Wo Sternsinger umziehen, werden sie von diesen angebracht. In Pfarreien ohne Sternsinger werden beim Gottesdienst vielerorts Kreide und Weihrauchkörner gesegnet und den Leuten mit einer Anleitung in kleinen Briefchen mit nach Hause gegeben.

38 Erstmals 1908 von einigen anglikanischen und katholischen Gemeinden in den USA gehalten, verbreitete sich die Weltgebetswoche rasch auf der ganzen Welt. Als Begründer gilt der anglikanische Geistliche Paul J. Francis Wattson (1863–1940). (Lexikon für Theologie und Kirche. Freiburg i. Br. 1965, Spalte 1033.)

39 Der Weltgebetstag der Frauen ging 1922 von Kanada aus.

St. Agatha

Besonderer Beliebtheit erfreuen sich die *St.-Agatha-Brote*, die am 5. Februar teils in den Kirchen, teils gleich in den Bäckerein gesegnet werden. Sie gelten als Abwehr von Blitzschlag und Feuer, in die Fremde mitgenommen als Hilfe gegen Heimweh, werden vor dem Alpaufzug dem Vieh gegeben als Segen gegen Absturz in den Bergen und gegen Galtheit (Abstellen der Milch). Die Bedeutungen, die den Agatha-Broten zugeschrieben werden, sind vorchristlich. Den genannten Übeln liegt ursprünglich die Vorstellung zugrunde, sie seien durch schwarze Magie bewirkt, der mit Brot oder Salz begegnet werden könne. An vielen Orten werden am selben Tag auch *Mehl und Salz gesegnet*. Die christianisierte Erklärung lehnt sich an die Agatha-Legende (Legenda 1963:214–219) an. Das Brot als Mittel gegen Heimweh dürfte ursprünglich eine Beziehung zum Herd respekive Ofen als Ort der eigenen Heimstatt und Herkunft herstellen, also gleichsam ein Stück intimste Heimstatt im Reisegepäck sein. – In der Innerschweiz ist Agatha die *Patronin der Feuerwehren*, die nicht selten ursprünglich *Agathabruderschaften* waren. In Kerns z. B. existiert die Bruderschaft noch. Sie begeht die Agathajahrzeit mit Messe und Predigt. In Sarnen macht die Feuerwehr seit dem Dorfbrand von 1468 eine *Agathaprozession* durch das Dorf.

Eisprozession über den Bodensee

Nicht an ein Patronat gebunden, aber dennoch hier zu erwähnen ist die *Eisprozession über den Bodensee*, die nur bei einer *Seegfröörni* (totalen, tragfähigen Eisdecke) möglich ist. Dabei wird eine spätgotische Statue des hl. Johannes des Evangelisten abwechslungsweise auf der deutschen Seite in Hagnau oder auf Schweizerseite in Münsterlingen durch eine Prozession abgeholt. Darauf bleibt sie bis zur nächsten Prozession am neuen Ort. Die letzten zwei Prozessionen lagen 97 Jahre auseinander. Seit dem 8. Februar 1967 befindet sich die Statue in Münsterlingen.

St. Josef

Die Verehrung des hl. Josef als Nährvater Christi erlebte im 19. Jahrhundert ihren Höhepunkt. In katholischen Gebieten war Josef mit seinen Abwandlungen wie Josepp (eigentlich von der alten Schreibweise Joseph), Sepp, Bepp, Seffi bis um 1950 der häufigste männliche Vorname, der auch in der weiblichen Form als Josefine, Fiini, Seppi, Seppeli, weit verbreitet war. 1930 wurden in Kerns elf Buben auf den Namen Josef getauft. In den zwan-

40 In Bayern gibt es als Kuriosität die «Königlich Bayerische Josefspartei», die sich am Josefstag (19. 3.) zur Parteiversammlung mit Gottesdienst in einer Stadthalle trifft und als Zweck die Wiedereinführung des Feiertags hat (Fernsehsendung von Bayern 3 am 19. 3. 1996).

41 Das heisst: Fasnacht nach Julianischem Kalender, nach dem sich noch heute die Basler Fasnacht richtet und der in reformierten Gebieten z.T. erst im 19. Jahrhundert auf den Gregorianischen (1582 von Papst Gregor XIII. erneuerten) Kalender umgestellt wurde.

zig Jahren von 1975 bis 1995 sind es, bei durchschnittlich gleichgebliebener Kinderzahl, insgesamt nur noch neun.

Der Tod des hl. Josef wird in der Bibel nicht erzählt. Die Vorstellung, dass er im Beisein von Jesus und Maria gestorben sei, machte ihn zum *Patron der Sterbenden* und führte zur Verbreitung der *Josefsbruderschaften*, deren Anliegen es war, einen guten Tod zu erbitten. In einzelnen Kantonen ist der Josefstag (19. 3.) noch Feiertag.[40] Dort gilt er seit Jahren weniger der Verehrung des heiligen Josef. Er ist – auch ein Abstieg – vielmehr ein geschenkter freier Tag, der gerne zu einem Ausflug benützt wird. In Luzern *Seepitag* genannt, liefert er regelmässig der Regionalzeitung Gelegenheit zu einem Bericht über einen idyllischen Frühlingstag, an dem die nicht mehr so fromme katholische Urschweizer Christenheit am Alpenquai die Sonne geniesst. Einzelne Wirtschaften bieten jedem Seppi gratis einen Kaffee Träscht (leichter Kaffee mit Schnaps) an. Die Rigi lädt zum *Seppitreffen*, wo man Gelegenheit hat, berühmte oder prominente Zeitgenossen namens Sepp auf kürzere Distanz zu bewundern oder gar zu sprechen.

Fastenzeit

Das kirchliche Fasten hatte bis ins 19. Jahrhundert gegen Ende des Winters, wenn die Nahrungsvorräte zur Neige gingen, einen wichtigen Stellenwert. Die Kargheit erhielt einen religiösen Sinn (Hugger 1992:267 f.). Obwohl der Katechismus Fasten als strenge Reduktion der Nahrungsmenge und Verzicht auf alle Fleischspeisen umschrieb, was von Klöstern so gehalten wird, wurde es in unseren Gegenden vom Volk nie so praktiziert. Ähnlich wie in der Orthodoxie begnügte man sich seit Menschengedenken mit einem qualitativen Fasten, das heisst, mit dem Verzicht auf Fleisch ohne weiteren Nahrungsabbruch. Derzeit sind nur noch Aschermittwoch und Karfreitag kirchlich gebotene Fasttage. In der Öffentlichkeit galt dagegen bis um 1960 selbst von Gesetzes wegen strenger Ernst: Musik, Tanz und alle lauten Vergnügen waren streng untersagt. Selbst fürs Heiraten waren die Fastenzeit und der Advent kirchlich geschlossene Zeiten, das heisst, kirchliche Hochzeit war nicht möglich. Schon am ersten Fastensonntag sorgte in katholischen Gegenden die nicht ganz vergessene *alte Fasnacht*[41] oder, je nach Gegend, *Herren-* resp. *Bauernfasnacht* wenigstens zu Hause für eine Abwechslung mit Küchlein und dezenter Musik. Am vierten Fastensonntag lädt der Eingangsvers der Messe *Laetare* (d. h. Freue dich) wieder zu einem lockereren Gang ein.

Eine *Busszeit*, wie sie früher verstanden wurde, ist die Fastenzeit nur mehr bedingt. Die kalendarische Zeiteinteilung wird nicht mehr kirchlich, sondern weit mehr durch wiederkehrende Grossereignisse bestimmt, die vor allem im Fernsehen präsent sind. Im landläufigen Empfinden beginnt die Fastenzeit erst nach der Basler Fasnacht, die von Basler Moderatoren in Radio und Fernsehen wie ein quasireligiöses Ritual präsentiert wird. So hat der *Aschermittwoch* in den letzten Jahrzehnten viel von seiner Bedeutung als markanter Beginn der Fastenzeit verloren. Am ehesten sind noch Abendgottesdienste besucht, in denen die *geweihte Asche* – daher der Name Aschermittwoch – mit dem Mahnspruch ausgeteilt wird: «Gedenke, Mensch, dass du Staub bist und zum Staub zurückkehrst.»

Fastenpredigten als religiöse Volksbildung und Besinnung haben im Dom zu St. Gallen, wo sie der Bischof wöchentlich zweimal vor voller Kirche hält, und an Wallfahrtsorten ihre besondere Bedeutung bewahren können. In den Pfarreien wurden sie weitgehend durch religiöse *Bildungszyklen* und thematische Abende ersetzt, zu denen das Fastenopfer Unterlagen zur Verfügung stellt.

Fastenaktionen

1961 hatten die katholischen Jugendverbände der Schweiz für die Fastenzeit ein *Missionsjahr* ausgerufen. Was durch Verzicht und Einsparungen in der Fastenzeit zusammenkam, wurde unter die Schweizer Missionare in der Dritten Welt gleichmässig verteilt. Die Fastenzeit hatte für den einzelnen Christen und für die Pfarrgemeinden einen neuen, aktuellen Sinn bekommen, der gleich im folgenden Jahr mit dem *Fastenopfer der Schweizer Katholiken* fortgesetzt wurde. Schrittweise folgten die reformierte Kirche mit *«Brot für alle»* und die christkatholische Kirche mit der Aktion *«Partner sein»*. Die Kirchen arbeiten nach Konfessionen getrennt, planen aber ihre Aktionen gemeinsam. Ihr *Fastenkalender*, der in Form eines Aufstell- und Abreisskalenders in Deutsch, Französisch und Italienisch in einer Gesamtauflage von über zwei Millionen erscheint, hat inzwischen auch im Ausland Schule gemacht. Er wird möglichst in alle Haushalte verteilt. Die Fastenaktion der Kirchen ist das grösste Hilfswerk der Schweiz, das derzeit jährlich zusammen etwa 35 Millionen Franken an freiwilligen Spenden sammelt und vorwiegend für Projekte in der Dritten Welt bereitstellt.

Auf dem Land schaffen Sportvereine in der ruhigen Fastenzeit mit Lotto-Matchs eine Art weltliches Gegengewicht zu den Fastenaktionen und erzielen am Ort nicht selten mindestens ebenso hohe Umsätze wie diese.

42 Hungertuch in der christ-katholischen Stadtkirche St.Martin, Rheinfelden; Klosterkirche Münsterlingen, ganzjährig links im Chor ausgestellt; Hungertuch von 1612 mit 24 Passionsbildern in Bendern FL. – Ein gotisches Hungertuch in der Art der Holzschnitte, das auf zwei Rollen Woche für Woche weitergedreht wurde, befindet sich im Museum Schloss Bruck zu Lienz, Osttirol. Im Heimatmuseum Sarnen befindet sich das letzte Hungertuch von Obwalden, das Sebastian Gysig 1615 für die Pfarrkirche Kerns gemalt hatte und das 1752, als die Vorschrift für Fastentücher fiel, «abgeschafft» wurde. (Küchler, Anton: Chronik von Kerns.
Sarnen, 1886, S. 129 und 168.) – Der Ausdruck Am Hungertuch nagen ist eine Missdeutung des alten Ausdrucks «an dem hungertuch näjen» (= nähen), was bedeutete, sich auf die Fastenzeit, auf schmale Kost einrichten.

Fastenspeisen

Die Fastenaktionen rufen zu einer bescheidenen Lebenshaltung auf und bitten, die Einsparungen der Aktion als Spende zu schenken. *Suppentage* haben dabei einen wichtigen Stellenwert und werden auch von Kirchgemeinden mit gemeinsamen Suppenmahlzeiten organisiert, an denen oft bis zu 200 Personen teilnehmen. Die am Ende der Fasnacht bekannte *Mehlsuppe* ebenso wie die Basler *Ziibelewääje* gehören zu den alten *Fastenspeisen.* Gastwirte machen durch Fastenspezialitäten auf sich aufmerksam. In Sachseln wird am Aschermittwoch und an allen Fastenfreitagen im Gasthaus Löwen seit Generationen *Stockfisch* serviert.

Hungertuch

Die alte, strenge Fastendisziplin erstreckte sich auch auf die Augenfreuden. Die *Hungertücher* hatten seit der Spätgotik zuerst den Zweck, die prachtvollen, goldverzierten Altarretabeln zu verhüllen. In diesem strengen Sinn existieren sie noch in der Pfarrkirche von Domat-Ems, wo mit violetten Tüchern und Tuchstreifen minutiös alle Bilder und vergoldeten Teile des Altars abgedeckt werden. Im Bistum Konstanz, zu dem die deutschsprachige Schweiz bis zur Aare gehörte, waren Hungertücher mit Passionsbildern bis zum 18. Jahrhundert an allen Altären üblich, deren Bilder nicht das Leiden Christi darstellten. Das eindrücklichste Exemplar (10 2 10 m) aus dem Jahr 1458 mit 98 Bildern aus dem Alten und Neuen Testament befindet sich im Dom zu Gurk, Kärnten.[42] Fastenopfer und «Brot für alle» haben die Idee des Hungertuchs von der Deutschen Fastenaktion Misereor übernommen und geben für Kirchen regelmässig ein neues *Fastentuch* in Grossformat heraus (200 2 280 cm), das verkleinert auch in den Familien Verbreitung gefunden hat. Eine besondere Tradition haben die Pfarrkirchen Stans und Wolfenschiessen, wo den Altarbildern je ein

Das Kernser Hunger- oder Fastentuch (240 x 200 cm), gemalt 1619 von Sebastian Gysig vermutlich nach einer Vorlage des Kupferstechers Raphael Sadeler, wurde während der Fastenzeit vor den Hochaltar gehängt, da dieser keine Abbildung des Gekreuzigten zeigte; 1752 wurde der Brauch aufgegeben und das Tuch anderweitig, u.a. als Heutuch, benutzt; es entging damit der Zerstörung; seit 1887 wird es im Heimatmuseum Sarnen aufbewahrt, Restauration 1996.

Foto: Heimatmuseum Sarnen. Heimatmuseum Sarnen.

gerahmtes *Fastenbild* mit einer Szene aus der Leidensgeschichte Christi vorgehängt wird. In Unterägeri wurde ein dreihundert Jahre altes Hungertuch wieder in Gebrauch genommen. Ein neues, eigenes Hungertuch (360 2 260 cm) hängt seit 1981 am Hochaltar der Pfarrkirche Kerns.

Mittefastenfeuer

Die *Mittefastenfeuer*[43] am vierten Fastensonntag, die eigentlich alte *Sonnenwendefeuer* waren, gibt es noch oder wieder im Freiamt und im Schwarzbubenland. In der Innerschweiz sind sie während des Zweiten Weltkrieges fast vollständig verschwunden. Da und dort versuchen Vereine, sie wiederzubeleben. In Sarnen wird in Blechdosen Altöl entzündet und damit eine *Lichterreihe* auf der Umfassungsmauer des Landenberg aufgestellt. Sie soll an die alten Fastenfeuer erinnern. *Lichterschwemmen* an Mittefasten, wobei auf Holzklötzen oder Holzgestellen brennende Kerzen den Dorfbach hinuntergelassen werden, sind in Unterengstringen, Islikon und Ellikon bekannt. Ungefähr um dieselbe Zeit, am Fridolinstag (6. 3.), findet das Schwemmen des *Fridlilichtes* in Ermensee und Bilten statt, das daran erinnern soll, dass der hl. Fridolin das Licht des Glaubens aus Irland übers Meer zu uns gebracht hat. Der Brauch des Lichterschwemmens zur Frühlingszeit ist auch im süddeutschen Raum, in Frankreich und Belgien heimisch, was darauf hinweist, dass es eigentlich ein Frühlingsbrauch anderen Ursprungs sein dürfte.

Karwoche und Ostern

Karwoche – auch *Hohe Woche* oder *Heilige Woche* genannt – und Ostern, im besondern das *Ostertriduum* (Karfreitag, Karsamstag und Ostern) sind als Gedächtnisfeier des Leidens, des Todes und der Auferstehung Christi der Höhepunkt des Kirchenjahres. Die Liturgie selber versteht sich als Feier, nicht aber als Darstellung der Heilsereignisse. Dennoch hat keine andere Zeit ein so reiches darstellendes Brauchtum entfaltet. Man denke etwa an die *Osterspiele*[44], die in früheren Jahrhunderten weitverbreitet waren und sich, wie in Luzern, oft über Tage dahinzogen. Die Karwoche gibt immer wieder Anregung zu neuen Entwicklungen (Heim 1983). Sie können hier unmöglich alle dargestellt werden.

Das Gedenken des Leidens Christi wird am fünften Fastensonntag durch das *Verhüllen der Altarkreuze* mit einem violetten Tuch angezeigt. Die Reform der Karwochenliturgie, 1956 als verpflichtend erklärt, beabsichtigte, die Feier der Erlösung wieder an das Volk heranzubringen. Gleichzeitig wurde in wissenschaftlichem Übereifer die Liturgie aller Elemente szenischer Darstellung entledigt. Die theologische Feier des Christusmysteriums sollte allein im Mittelpunkt stehen. Erschwerend kam hinzu, dass damals noch Latein die Sprache im Gottesdienst war. Die Liturgie (griechisch: Feier des Volkes) wurde jedoch mit einem solchen Anspruch schwergewichtig wieder zur Feier der Theologen, der Kleriker. Die Reform entleerte vorerst die Kirchen merklich. Nachdem z. B. die dramatischen Auferstehungsfeiern mit den *Heiliggräbern* am Karsamstagabend abgeschafft waren, bei denen im Heiliggrab unter Orgelgebraus und Glockengeläute ein von hinten beleuchtetes Bild des Auferstandenen aufgezogen oder eingeschoben wurde, fand sich an vielen Orten zur neuen liturgischen Feier der Osternacht nur noch eine Handvoll Leute ein. Die Reform konnte im Leben der Gemeinden erst mit der Einführung der Muttersprache gelingen und als der Liturgie auch als heiligem Spiel Schritt für Schritt wieder Rechnung getragen wurde, indem volksnahe Elemente miteinbezogen wurden. Inzwischen gehören die grossen Feiern der Karwoche wieder zu den meistbesuchten Gottesdiensten des Jahres.

Palmsonntag

Seit dem 8. Jahrhundert erinnert die *Palmprozession* an den Einzug Christi in Jerusalem. Wenn möglich versammelt sich die Gottesdienstgemeinde ausserhalb der Kirche auf einem Platz, wo die Zweige an die Leute ausgeteilt und gesegnet werden. Darauf zieht die Prozession zum Gottesdienst in die Kirche ein. Je nach den Möglichkeiten des Ortes ist der Gestaltung der Prozession keine Grenze gesetzt. Oft marschiert die Blasmusik in festlichem Zug mit. Im Kanton Luzern, in der Nordschweiz und im St.Gallischen wetteifern die Buben, wer den höchsten und schönsten *Palmbaum* mitbringt (Zihlmann 1982:61ff.). Als Palmen dienen in der Regel einheimische, immergrüne Zweige wie Föhre, Sefi (Juniperus sabina L., Sadebaum), Stechpalme, Wacholder, Buchs, die oft von den Forstverwaltungen gratis geliefert werden.[45] In Ob- und Nidwalden kannte oder kennt man die *Palme*, gemeint ist ein Palmbusch, als *Siebnerlei*[46], im Luzernbiet und in

43 Haushohe Fastenfeuer gibt es noch am «Funkensonntag» (1. Fastensonntag) in Liechtenstein, Vorarlberg und im vordern Allgäu.

44 Z.B. Osterspiel von Muri, um 1250, zugleich ältestes bekanntes Schauspiel in deutscher Sprache. Text bei: Ranke, Friedrich: Das Osterspiel von Muri. Nach alten und neuen Fragmenten. Aarau 1944. Aufgeführt: im mittelhochdeutschen Originaltext, sporadisch im Hof vor der Klosterkirche Muri; 1985 in Obwaldner Mundartübertragung von Karl Imfeld: in Stalden OW.

45 Am Beschaffen und Verteilen der «Palmen» sind oft Jugendgruppen beteiligt. In Buochs bitten sie über das Pfarreiblatt, dem Pfarramt zu melden, wer für sie Zweige aus dem Garten liefern könne.

46 Zweige von sieben immergrünen Baumarten: Stechpalme, Föhre, Tanne, Wacholder, Buchs, Efeu und Eibe, gebunden um eine Haselrute. Die altgermanische Vorstellung schreibt diesen Pflanzen Abwehrkräfte gegen Zauberei zu. – In St.Niklausen OW werden zu den Palmen auch Haselruten gelegt, mit denen eine Kette gelöst werden könne, in der auf gespenstische Weise zwei Stück Vieh am Hals im Stall eingebunden sein sollen. Die Haselrute, durch ein beliebiges Kettenglied gestossen, soll die Kette sofort lösen. Obwohl sich die Sage der bis zum Ersticken zusammengebundenen Tiere hartnäckig hält, ist dem Autor in den 34 Jahren, da er Pfarrer in Kerns war, nie ein solcher Fall bekannt geworden.

Mettau AG als *Neunerlei*. Die gesegneten Zweige werden nach dem Gottesdienst nach Hause mitgenommen und in Wohnung und Stall als Segenszeichen hinter das Kreuz respektive hinter einen Balken gesteckt.[47] Den Palmen wird blitzabwehrende Kraft zugeschrieben. Palmbäume werden nach dem Gottesdienst vor dem Haus oder im Garten aufgestellt.

Bis zur Aufklärung wurde an vielen Orten ein geschnitzter *Palmesel*, auf dem eine Christusfigur sass, bei der Palmprozession auf einem Wägelchen mitgezogen. Solche Palmesel sind in Museen erhalten geblieben.[48] Die Hitzkircher führen wieder einen nach historischem Vorbild angefertigten Palmesel mit. In Kerns begleitet ein lebender Esel die Palmprozession.

Unter evangelischen Gemeinden des Kantons Bern breitet sich seit einigen Jahren der Brauch aus, am Palmsonntag, fünfzig Jahre nach der ersten, die *Goldene Konfirmation* zu feiern.[49] Der Brauch knüpft nicht an das eigentliche Thema des Palmsonntags, das Gedächtnis des Einzugs Jesu in Jerusalem, an. Er steht in Zusammenhang mit der sekundären Bedeutung des Palmsonntags als traditionellem Konfirmationstag.

Die Kartage

Lange Tradition haben die *Karwochenpredigten* in Luzern, welche von bekannten Predigern oder Theologen gehalten werden. In der Karwoche, oft schon die Woche vorher, werden fast überall in der Deutschschweiz *Bussfeiern* mit gemeinsamer Lossprechung gehalten, die an Stelle der früheren Osterbeichte getreten sind.[50] In grösseren Pfarreien werden sie sogar mehrmals angesetzt. Daran nehmen nicht nur die sogenannten praktizierenden Katholiken teil, sondern auch viele, die den Gottesdiensten sonst fernstehen.

Rätsche und Chlefele

Die *Rätschä* oder *Rafflä*, ein hölzernes Lärminstrument mit einer Reihe Hämmer, die auf einer Resonanzkiste mit einer Kurbel bewegt werden, ist das akustische Charakteristikum der Kartage. Gegen den heutigen Verkehrslärm, der kaum mehr bewusst wahrgenommen wird, haben die Rätschen wenig Durchsetzungsvermögen. In Kerns haben die Realschüler diesem Mangel abgeholfen und zur schon bestehenden gleich vier neue, grosse Rätschen gebaut, die an den Schallfenstern des Kirchturms postiert sind. Die Rätschen werden vom Gloria des Abendmahlsgottes-

Bau einer Karfreitagsrätsche.
Foto: Franz Enderli, Kerns. Slg. Karl Imfeld, Kerns.

dienstes am Hohen Donnerstag bis zum Gloria in der Osternacht statt der Kirchenglocken eingesetzt.[51] Sie sind ein Zeichen der Trauer und sollen an das Erdbeben beim Tod Christi erinnern, bei dem Tote als Vorboten der Auferstehung Christi auferweckt wurden (Mt 27,51f.). Da und dort werden während dieser Tage auch im Gottesdienst noch von den Ministranten statt der Altarglöckchen hölzerne Klappern verwendet.

Nicht nur in der Urschweiz, vorwiegend in Schwyz, wetteifern auf Schulhausplatz und Strasse die Buben in der Kunst des *Chlefele*[52]. Zwei kleine Holzbrettchen, aus einem Scheit gespalten und zurechtgeschnitten und mit einer Einschiebekerbe versehen, werden zwischen Zeige-, Mittel und Ringfinger gesteckt und durch Schütteln der Hand zum Klappern gebracht.

Hoher Donnerstag

Die erneuerte Karwochenliturgie sieht für den Abendmahlsgottesdienst am Hohen Donnerstag die Möglichkeit der *Fusswaschung* vor, die in Erinnerung an die zwölf Apostel an zwölf Personen vorgenommen wird. In Stifts- und Klosterkirchen war sie schon früher üblich. Liturgiker werben in Fachzeitschriften mit wenig Erfolg immer wieder für diesen Ritus, der dem hiesigen Empfinden eher fremd ist. Nach dem Gedächtnisgottesdienst des Abendmahls Christi werden die *Altäre entkleidet* und das Eucharistische Brot an einen Nebenaltar oder in eine Nebenkapelle übertragen. In vielen Kirchen werden dort bis Mitternacht *Ölbergstunden* als gemeinsame oder private Anbetung gehalten. Solche Gebetsstunden sind auch in Ölbergkapellen üblich. Pfarreiliche Bibelgruppen feiern das biblische *Paschamahl* in neutestamentlichem Bezug zum Abendmahl Christi.[53]

47 Familien italienischer Herkunft pflegen die Tradition des Olivenzweigs, der in den Italienergottesdiensten gesegnet und in einer Plastikhülle mit aufgedrucktem Segenswunsch der Italienermission abgegeben wird. – Als Mitbringsel vom Ostertourismus nach Italien sind auch in vielen einheimischen Stuben grosse gesegnete Olivenzweige anzutreffen.

48 Schöne Beispiele von Palmeseln im Landesmuseum Zürich, Burgmuseum Zug und im Historischen Museum Basel. – Vehementer Gegner aller volkstümlichen Zutaten in der Liturgie war der Konstanzer Generalvikar Ignaz Heinrich von Wessenberg (im Amt 1802–1814). Dafür strebte er zur grösseren Volksnähe die deutsche Sprache in der Liturgie an.

49 KIPA-Meldung 12.3.1996/11.

50 Am Aschermittwoch 1980 erlebte der Autor im «grossen Michel», der evangelischen Hauptkirche von Hamburg, eine ebensolche Bussfeier, an der über 500 Personen teilnahmen.

51 Den Kindern erzählte man, die Glocken seien nach Rom gereist. – In Sarnen stand bis zur Restauration 1969 auf dem Frontgiebel der Pfarrkirche eine 3 Meter hohe Statue des hl. Petrus. Den Kindern erzählte man, dass dieser Petrus, wenn am Karfreitag die Mittagsglocke läute, zum Pfarrhofbrunnen hinuntersteige, um Wasser zu trinken.

52 In Schwyz gibt es einen Chlefelerwettbewerb. Die Chlefele ist ebenso im süddeutschen Raum und im Tirol verbreitet.

53 Soweit bekannt, wurde erstmals ein solches Paschamahl von einer kirchlichen Jugendgruppe unter Anleitung der Vikare Leo Meier und Karl Imfeld 1961 in Chur gefeiert. Über Osterkurse der Katholischen Frauen- und Müttergemeinschaft in Schwarzenberg LU in den 1960er Jahren und über Katechetenkurse breitet es sich allmählich aus.

Heiliggrab mit Beweinung Christi im Kloster St. Gallusberg, Glattburg, Oberbüren SG, letztes Drittel des 19.Jahrhunderts.
Foto: Pirmin Lüthi, Bettwiesen TG.

Heiliggräber

Am Abend des Hohen Donnerstag wurde bis zur fakultativen Einführung der erneuerten Karwochenliturgie 1951 respektive definitiv 1956 in den Kirchen das *Heiliggrab* aufgerichtet, eine Kulisse, die den ganzen Chorraum abdeckte. Beim Heiliggrab wurde am Karfreitag der Gottesdienst und am Karsamstagabend die Auferstehung Christi gefeiert. Mit der Reform der Karwochenliturgie 1956 sind die Heiliggräber als überholtes Requisit verschwunden und grösstenteils vernichtet worden. Im Kanton St. Gallen sind die noch erhaltenen Heiliggräber inventarisiert mit dem Bestreben, sie womöglich wieder aufzubauen (Kern 1993). In der Wallfahrtskirche Melchtal befindet sich als Variante zu den Heiliggräbern ein Kalvarienaltar mit einem leeren Glassarg als Darstellung des *leeren Grabes Christi*.[54]

Römern in Obwalden

Seit einigen Jahrhunderten existiert in Obwalden das *Römern*, ein Bussgang, der in der Nacht des Gründonnerstags in kleinen Gruppen betend zu den Kirchen St. Maria am Sonnenberg in Stalden, St. Niklausen am Schattenberg ob Kerns und St. Jakob in Ennetmoos gemacht wird.[55] Auf dem Weg von Kirche zu Kirche und in jeder Kirche wird ein *Psalter*[56], das sind drei Rosenkränze, gebetet. Bis 1956, als der Karfreitagsgottesdienst auf den Nachmittag verlegt wurde, bildete der morgendliche Karfreitagsgottesdienst in der eigenen Pfarrkirche den Abschluss des Römerweges. Die Römer hatten nach dem Nachtmarsch stehend am Gottesdienst teilzunehmen. Das Römern soll so verdienstvoll sein wie eine Fusswallfahrt nach Rom. In St. Niklausen liegt das *Römerbuch* auf, in das sich die Römer eintragen. In den letzten zwanzig Jahren schwankte die Zahl zwischen 41 1989 (schlechtes Wetter!) und 153 1979. Seit 1972 organisieren die Jugendseelsorger von

Obwalden einen kürzeren Römergang, der mit einem Gottesdienst in der Kollegikirche Sarnen beginnt und nachher über St. Niklausen nach Kerns führt, wo es eine Suppe gibt. Das Verschwinden des alten Römerns ist damit voraussehbar, weil bald nur noch ältere Leute den traditionellen Weg kennen werden.

Karfreitag

Die Frage um die *Arbeitsruhe am Karfreitag* hat besonders in gemischtkonfessionellen Gebieten immer wieder zu Missverständnissen geführt. Der Werktag der Katholiken und die meistens durch lokale Tradition und bäuerlichen Brauch für diesen Tag bestimmten Arbeiten wurden von Protestanten als Affront und Ärgernis empfunden.[57] In Italien und in der Südschweiz ist der Karfreitag noch immer kein Feiertag. Während er in reformierten Gegenden der Schweiz um 1860 Feiertag wurde, zogen katholische Kantone später nach. In Obwalden ist die Redensart geläufig *«langwiiliger als am Karfriitig»*. Aller Lärm, sogar Ballspielen, war verpönt. Selbst im Haus wurden ausser Kochen keine Arbeiten verrichtet. Neuerdings werden am Karfreitag die Ostereier gefärbt. Nach dem Gottesdienst ging man in Sarnen mit der Familie zum Besuch der Heiliggräber *um Chilä und Chleeschter*. In anderen Gemeinden hat sich ein Spaziergang mit Besuch der umliegenden Kapellen erhalten. Ministrantengruppen schätzen die Abwechslung, welche die Proben für die Ostergottesdienste bringen. Kirchliche Jugendgruppen führen vom Karfreitag bis Ostermontag *Ostertreffen* durch mit Besinnung, Vorbereitung und Gestaltung liturgischer Feiern und praktischer Bildung in Gruppenarbeit.

Die protestantischen Gemeinden feiern am Karfreitag das Abendmahl. Die katholische Liturgie dagegen kennt an diesem Tag keine Messe, sondern wie in der Ostkirche die *Liturgie der vorgeheiligten Gaben*. Dabei ist der Kommunionempfang ausser dem Priester und Sterbenden erst seit 1956

54 Ein sehenswertes gotisches leeres Grab Christi befindet sich in der Krypta des Konstanzer Münsters. Als Besonderheit sei das gotische Heilige Grab von Garamszentbenedek im Christlichen Museum von Esztergom, Ungarn, erwähnt. Es ist mit Rädern versehen und wurde bei der Ostprozession mitgezogen.

55 Nach Joachim Eichhorn, Kaplan in St. Niklausen 1614–1617, sollen dies die drei ältesten Gotteshäuser Unterwaldens sein, was zwar historisch nicht stimmt, sich aber in der Volksmeinung eingeprägt hat.

56 Ein Rosenkranz umfasst fünf, der «Psalter» 15 Zehnerreihen von Ave Maria, wobei dem Ave Maria in einem Relativsatz ein «Geheimnis» aus dem Leben Jesu oder Marias angefügt wird (vgl. Anm. 30). Jede Zehnerreihe wird durch ein Ehre sei dem Vater, dem Sohn und dem Heiligen Geist und ein Vaterunser eröffnet. Den Abschluss bildet das Apostolische Glaubensbekenntnis. Ein Psalter dauert ca. eine Stunde.

57 Zu beachten ist, dass die konfessionellen Grenzen sehr oft auch mit denjenigen von bäuerlichem und industriell-städtischem Gebiet zusammenfielen, also zugleich Grenzen einer andern Arbeitskultur waren. Der Karfreitag ist für Bauern ein sogenannter Lostag, d.h., er bestimmt in der Tradition einen weiteren Verlauf von Arbeit und Natur. Was die eher urbanen Protestanten als Ärgernis empfanden, war letztlich nicht gegen ihre Überzeugung gerichtet, sondern entzog sich ihrem Verständnis.

allen Gläubigen erlaubt. Neuerdings streiten sich Theologen und Liturgiker wieder, ob die Karfreitagsliturgie ohne Eucharistie nicht richtiger wäre.

Karfreitagsspiel

Am Abend des Karfreitags führen in der Pfarrkirche Kerns OW Jugendliche und Erwachsene seit 1990 ein *Karfreitagsspiel* auf, das sie jedes Jahr anhand eines Exposés, in dem biblische und aktuelle Elemente miteinander verknüpft sind, neu erarbeiten (Hugger 1992:538). Die Kirche mit 860 Sitzplätzen ist allemal bis zum letzten Platz gefüllt. Nach dem Spiel trifft man sich bei Tee zum Gespräch im Pfarreisaal.

Karfreitagsprozession

Am Karfreitagabend findet in Domat-Ems von der Pfarrkirche aus die feierliche *Grablegungsprozession* statt, bei der eine gotische Christusfigur auf einer Bahre mitgetragen und zusammen mit den Marien in der Krypta der alten Kirche Sogn Gion auf dem Hügel zur Verehrung ausgestellt wird. Grosse Teilnahme hat auch die *Karfreitagsprozession* der Bruderschaft der Barmherzigen Brüder in Altdorf, bei der ein einfaches Holzkreuz mit der Dornenkrone mitgetragen wird. Seit 1995 gehen um 12 Uhr Christen verschiedener Konfessionen in Zürich von der christkatholischen Augustinerkirche über den Paradeplatz und den Hirschenplatz zur katholischen Liebfrauenkirche einen *ökumenischen Kreuzweg*. Unterwegs werden zu Lesungen, Gebet und zum Gedenken des Leidens Christi und der Leidenden in aller Welt Zwischenhalte eingeschaltet.[58]

Karfreitagsspeisen

Als *Fasttag* hat der Karfreitag auch den Speisezettel geprägt. *Fische* sind unabhängig von Konfessionsgrenzen das verbreitetste *Karfreitagsessen*. Sie fielen, zusammen mit allem Fleisch wechselwarmer Tiere[59] wie

Karfreitagsprozession der Barmherzigen Brüder in Altdorf; diese Bestattungsbruderschaft gab den arm oder einsam Verstorbenen ein würdiges Grabgeleite. Bei der Prozession wird, wie das Bild von Richard Aschwanden aus dem Jahre 1956 zeigt, die Schmerzensmutter mitgetragen.

Foto Aschwanden AG, Altdorf; Reg.Nr. 7534-4.

Schnecken, Muscheln, Froschschenkel, nie unter das kirchliche Fasten- und Abstinenzgebot. Andere Karfreitagsspeisen sind durch regionale oder familiäre Tradition geprägt: in Obwalden *Käsesuppe*, das ist eine breiartige Brotsuppe mit Reibkäse; *Hafermus und Eier* im Luzerner Hinterland; in der Ostschweiz *Stiereneier* mit Weinsosse, das ist ein hartgekochtes Ei, wiederholt in einem Spätzleteig gewendet und jedesmal kurz in kochendem Wasser überwallt.

Den *Karfreitagseiern* (am Karfreitag gelegte Hühnereier) wird nachgesagt, dass sie niemals faul werden, sondern eintrocknen. Die alte Volksmagie benutzte sie als sogenannte Signatur d. h., «heile» Dinge werden auf eine kranke Körperstelle gebunden und sollen der Krankheit oder Wunde das Heilungsziel anzeigen. Eingetrocknete Karfreitagseier wurden bei schwer heilenden, nässenden Wunden verwendet.

Karsamstag

Als Tag der Grabesruhe Christi ist der Karsamstag ein Tag ohne Gemeindeliturgie. Für katholische Sakristane war und ist er zum Teil immer noch ein Tag der *Tempelreinigung*. Während Frauen die Kirche reinigen und festlich schmücken, werden vom Sakristan unter Mithilfe der Ministranten alle Kerzenstöcke und liturgischen Geräte auf Hochglanz poliert.

Osternachtfeier

Höhepunkt des katholischen Kirchenjahres ist die *Feier der Osternacht*, die wahlweise am späten Abend des Karsamstags oder vor Tagesanbruch an Ostern beginnt. Wo Elemente der Volksfrömmigkeit und des Volksbrauchs in der Liturgie beibehalten oder wieder aufgenommen wurden und die Dauer nicht überzogen wird, füllen die Osternachtfeiern die Kirchen. Die Feier besteht aus vier grossen Teilen: 1. Ausserhalb der Kirche, möglichst an einem eigenen Platz, Entzünden und Weihe des *Osterfeuers* und Einzug mit der *Osterkerze* in die dunkle Kirche, wo das neu entzündete Osterlicht mit Kerzen weitergereicht wird. Danach wird das grosse Osterlob (Exultet) gesungen. 2. Wortgottesdienst mit Lesungen aus dem Alten und dem Neuen Testament. 3. Taufwasserweihe und wenn möglich Taufe. 4. Eucharistiefeier. An vielen Orten trifft man sich nach der Feier im Pfarreisaal zu einem *Umtrunk*, zum *Eiertütschen* und frohen Zusammensein. Viele nach 1960 gebaute Kirchen haben als dauernden Hinweis auf die Osternacht auf dem Vorplatz eigens angelegte Feuerstellen.

58 KIPA-Meldung 12.3.1996/11.

59 Die volkstümliche Erklärung dafür, die auch von Geistlichen abgegeben wurde, war, dass der Fisch seit dem Urchristentum ein Symbol für Christus ist. Die Buchstaben des griechischen Wortes für Fisch (IXQYS) ergeben die Anfangsbuchstaben für die Bezeichnung Iesus Christus Gottes Sohn Erlöser. Der eigentliche Grund dürfte im Eiweissbedarf zu suchen sein, der bei den früheren Fastengeboten, die jegliche Nahrung tierischer Herkunft verboten, mit den wenigen verfügbaren Lebensmitteln nicht mehr gewährleistet war.

Verschiedene Elemente der erneuerten katholischen Karwochenliturgie wurden auch von protestantischen Gemeinden übernommen oder führten wie z. B. in Greifensee in der Osternacht zu gemeinsamen, *ökumenischen Feiern*, die zum Ereignis werden. In Zürich-Witikon eröffnen seit 1982 Katholiken und Protestanten bei der alten Kirche gemeinsam den Osternachtgottesdienst mit dem Osterfeuer. Die katholische Gemeinde schenkt der reformierten eine Osterkerze. Nach dem liturgischen Ruf «Licht Christi» zieht jede Gemeinde mit der Osterkerze zum Gottesdienst in ihre Kirche.

Das Osterlicht wird mit *Heimosterkerzen*, die der grossen Kerze in der Kirche nachgebildet sind, nach der Feier nach Hause genommen. Sinn der Heimosterkerze ist, dass sie jeweils am Sonntag als dem Tag des wöchentlichen Ostergedenkens in der Familie wieder angezündet wird. Als Zeichen der Auferstehungsbotschaft werden in einzelnen Pfarreien am Schluss der Osternachtfeier Kerzchen am Osterlicht entzündet und auf die Gräber gebracht.[60] Noch vor fünfzig Jahren waren geronnene Wachstropfen von der Osterkerze begehrt. Sie wurden als Signatur (vgl. oben: Karfreitagseier) auf *Äissen* (Furunkeln) aufgelegt. Das reine, weisse Wachs sollte dem entzündeten *Äiterbalg* (Eitergeschwür) zeigen, wie er sich reinigen und heilen soll. In ländlichen Gegenden werden *Kohlen vom Osterfeuer* nach Hause genommen und dort in den Herd oder Ofen gelegt.[61] In Lungern gehen Buben nach der Feier mit einem *Zundel* (getrockneter Hausschwamm), den sie am Osterfeuer angeglüht haben und an einem Draht schwingen, in die Häuser *ga inäräikä* (einräuchern). Sie bekommen dafür ein kleines Trinkgeld. Der süsssäuerliche Rauch des Hausschwamms galt früher als Abwehrmittel gegen Unholderei. Mit nach Hause genommen wird auch das in der Osternacht geweihte Taufwasser, der *Ostertauf*, das während des Jahres zum persönlichen Gebrauch als Weihwasser[62] verwendet wird.

60 In Obwalden wurde der Brauch von Pfarrer Josef Wyrsch, Giswil, um 1965 angeregt und von den Pfarreien Kerns und Schwendi übernommen.

61 Caminada, Christian: Die verzauberten Täler. Olten und Freiburg/i. Br. 1961, S. 47 ff. berichtet zum Feuerkultus in Rätien, dass früher im Bündnerland am Karfreitagabend das Feuer im Herd gelöscht und am Karsamstag mit einer Kohle vom Osterfeuer neu entfacht wurde. Wem während des Jahres das Herdfeuer ausging, bat bei Nachbarn um eine glühende Kohle, um die Linie zum Osterfeuer nicht abzubrechen.

62 Weihwasser wird als Vorrat in einer schön verzierten Flasche und zum täglichen Gebrauch in einem kleinen Gefäss an der Wand, neben der Stuben- oder Schlafzimmertüre, aufbewahrt. Der Brauch, obwohl rückläufig, ist noch verbreitet, vor dem Verlassen des Hauses und vor dem Schlafengehen den Finger einzutauchen und so mit dem Weihwasser als Segensgestus von der Stirne zur Brust und von der linken zur rechten Schulter über sich «Im Namen des Vaters und des Sohnes und des Heiligen Geistes» das Kreuzzeichen zu machen. Eltern segnen mit einem kleinen Kreuzzeichen auf Stirne, Mund und Brust ihre Kinder. Weihwassergefässe sind auch am Eingang jeder katholischen Kirche und stehen an den Gräbern.

63 Zur neuen Bedeutung der Ostereier als Kunstwerke und Sammelobjekte vgl.: Oehler 1997.

Ostern

Der Ostertag ist bei Protestanten und Katholiken durch festliche Gottesdienste geprägt. Da bei den Katholiken die Hauptfeier in der Nacht schon stattgefunden hat, legen viele Pfarreien am Morgen oder späteren Vormittag das Hauptgewicht auf *Familiengottesdienste*. In älteren Kirchen ist es üblich, von Ostern bis Christi Himmelfahrt über dem Hochaltar eine *Statue des Auferstandenen* auszustellen. Bleibendes Zeichen von Ostern ist die grosse Osterkerze in der Kirche, die in deutschen lutherischen Kirchen weitherum schon Einzug gehalten hat und da und dort auch bei uns in protestantischen Kirchen anzutreffen ist.

Ostereier, Modelgebäcke, Zweige

Ostereier haben in der Ostkirche, anders als im Westen, als Sinnbild von Grab und Auferstehung eine grosse religiöse Bedeutung. Die Orthodoxen schmücken sie mit Christus- und Heiligenbildern. Seit einigen Jahren werden da und dort in der Kirche *Ostereier gesegnet*. Seit der Entstehung der *Ostereiermärkte*[63] – der erste war 1977 in Bern – haben künstlerisch *verzierte Ostereier*, meist ohne Bezug zum christlichen Osterfest, einen ungeahnten Aufschwung bekommen. In Nidwalden waren in einer Form gepresste *Osterlämmer aus Butter* üblich. Typische hiesige *Ostergebäcke* wie Osterlämmer, aus Bisquitteig in einer Form gebacken, sind fast in Vergessenheit geraten. Dafür werden von Bäckereien und Grossmärkten zunehmend bereits an Ostern die in Italien bekannten, panettoneartigen *Ostertauben* angeboten. Neu ist der Brauch, aus frisch geschnittenen Zweigen von Laubbäumen und Sträuchern *Osterzweige* oder *Osterbäumchen* herzurichten und mit ausgeblasenen, gefärbten Eiern zu behängen. Sie sind auch schon als Dekoration in Kirchen zu beobachten.

Säkularisierte Ostern

Heute ist den meisten Leuten der religiöse Inhalt von Ostern vermutlich kaum mehr vertraut. Über die Ostertage quält sich eine endlose Autoschlange über die Alpenübergänge nach Süden und ab Ostermontag wieder zurück. Ebenso haben *Ostermärsche* und auch *Pfingstmärsche* keinen religiösen Hintergrund. Sie sind als Protestmärsche gegen Atomkraftwerke oder Krieg eher die weltlichen Erben, welche die staatlich garantierten, ursprünglich kirchlichen Feiertage nutzen.

«Osterbaum der 2./3.Klassen Willisau-Stadt», 1996.
Foto: Dominik Wunderlin, Basel.

Weisser Sonntag

Der erste Sonntag nach Ostern ist traditionell der Tag der *Erstkommunionfeier*. Die Bezeichnung *Weisser Sonntag* rührt vom frühchristlichen lateinischen Namen *dominica in albis*, wörtlich: Sonntag in weissen Kleidern, her.[64] Ende des 19. Jahrhunderts kam der Brauch auf, dass die Mädchen an ihrem Erstkommuniontag ein weisses Kleid tragen. Um 1960 propagierte Josy Brunner, Zentralsekretärin der Katholischen Frauen- und Müttervereine, das sogenannte *Einheitskleid*, eine Art weisses Ministrantenkleid, für Buben und Mädchen. Diese Neuheit setzte sich sehr rasch durch. Inzwischen sind einzelne Pfarreien bereits von jeglicher Sonderkleidung der Erstkommunikanten abgekommen.

Die Erstkommunionfeier ist ein Festtag für die betreffenden Familien und für die ganze Gemeinde. Auch Eltern mit wenig Beziehung zur Kirche legen Wert darauf. Die Kinder werden mit acht, neun Jahren im Religionsunterricht auf die Eucharistiefeier vorbereitet. An Elternabenden und Vorbereitungsnachmittagen werden Eltern und Angehörige eingestimmt. Auf dem Land begleitet die Blasmusik die Kinder beim Einzug in die Kirche. Kindertümliche Gottesdienste, die z.T. von den Eltern vorbereitet und mitgestaltet werden, sind selbstverständlich. Am Abend oder an einem folgenden Sonntag findet vielerorts eine *Tauferinnerungsfeier* statt. Als Geschenk der Pfarrei wird den Kindern ein kleines Wandkreuz übergeben, das viele ein Leben lang begleitet. Im Handel erhältlich sind vorgestaltete Alben, die in der Familie gemeinsam ergänzt werden können. Die Pfarrei Kerns kennt seit 1933 einen Eigenbrauch. Beim Einzug der Erstkommunikanten vom Schulhaus her und an der Feier nehmen auch die *Erstkommunikantenjubilare* teil, die vor fünfzig Jahren ihren Erstkommuniontag hatten (Imfeld 1986).

64 In Rom erschienen in frühchristlicher Zeit die an Ostern neu Getauften am Oktavtag, dem achten Tag, zum Gottesdienst noch einmal im weissen Kleid, der *alba*, wie sie die Priester heute noch bei der Liturgie als Untergewand tragen. Dieser Name ist dem ersten Sonntag nach Ostern bis heute geblieben. – Obwohl er eigentlich mit den weissen Röcken, welche die Mädchen seit Ende des19. Jahrhunderts an ihrem Erstkommuniontag tragen, nichts zu tun hat, ist die Bezeichnung Weisser Sonntag allmählich auch zum Namen für den Tag der Erstkommunionfeier geworden. Z.B. «Wann habt Ihr in Luzern Weissen Sonntag?» Der älteste Fotobeleg in Kerns für dieses weisse Kleid stammt, soweit dem Autor bekannt, aus dem Jahr 1907.

65 Bann im Sinn von Grenze, Gemeindebann.

66 Die vier Evangelien sind die Grundpfeiler des christlichen Glaubens. So wurde symbolisch die Welt durch das Vorlesen der vier Evangelienanfänge nach den vier Himmelsrichtungen hin auf dieses Glaubensfundament gestellt. Ringprozession und Ringsegen machen die offene, nicht umfriedete (= umzäunte) Landschaft als Arbeitsfeld und Lebensgrundlage des Menschen zu einem gesegneten, geschützten Bezirk.

67 Nach einer späteren Legende soll Kaiserin Helena, die Mutter des Kaisers Constantin des Grossen, im Jahr 324 in Jerusalem das wahre Kreuz Jesu gefunden und es nach Rom gebracht haben. Die Kreuzpartikel wurden von Rom aus über die bischöflichen Kanzleien an die Kirchen weitervermittelt.

Auch Pfarreien feiern ihre Feste nicht mehr immer, wie sie fallen. Feste werden nach Wunsch verschoben (vgl. Tendenz zu einem fixen Ostertermin). So finden schon weitherum die Erstkommunionfeiern irgendwann zwischen Palmsonntag und Mai statt.

Bittwoche und Christi Himmelfahrt

Die *Bittgänge* und *Prozessionen* in der Woche von Christi Himmelfahrt werden durch das Wort Jesu «Bittet und ihr werdet empfangen» (Jo 16,24) begründet. Unmittelbar vor Christi Himmelfahrt wurden sie auch als Auftragsbitten an den zu Gottvater heimkehrenden Herrn verstanden. Sie dürften die christliche Interpretation alter *Flur- und Bannumgänge*[65] sein, die der Fruchtbarkeit der Felder galten und zugleich den Besitzanspruch dokumentierten. *Bittgänge* zu Feldkapellen oder Nachbarkirchen finden von Montag bis Mittwoch fast nur noch in stark bäuerlich geprägten Gebieten statt. Die Technisierung und die Industrialisierung der Landwirtschaft haben das Bewusstsein, von der Natur und ihrem Schöpfer abhängig zu sein, in den Hintergrund gedrängt. Mit der Niederlassungsfreiheit wurden Bittgänge wie anderes ländliches kirchliches Brauchtum von katholischen Zuzügern in die vorwiegend reformierten Städte mitgebracht und dort vorerst als ein Stück geistige Heimat von den Priestern, die selber fast ausschliesslich vom Land stammten, auf die neue Lebenssituation aktualisiert und weiter gepflegt. Die Bittgänge sind in den Städten verschwunden und werden sich auch auf dem Land kaum mehr lange halten können.

Am Abend des *Tellenfreitags* (Freitag nach Christi Himmelfahrt) machen die Urner ihre *Tellenfahrt* zur Kapelle auf der Tellsplatte bei Sisikon. Die Regierung nimmt in corpore teil und organisiert für diese Landeswallfahrt ab Flüelen ein Schiff, das auch die Teilnehmer der Seegemeinden abholt. Nach der Rückkehr offeriert die Regierung allen Teilnehmern in einem Gasthaus in Flüelen einen Umtrunk. Früher war die Wallfahrt am Morgen. Man ging den Hinweg zu Fuss. Auf der Rückfahrt mit dem Schiff gab es für alle als Znüni Wurst und Brot.

Christi Himmelfahrt (Auffahrt)

Der eigentliche Tag der *Flurprozession* mit Feldersegnung ist Christi Himmelfahrt. Es ist eine *Rundprozession*, die von der Pfarrkirche aus über die Wiesen und Felder wieder zur Kirche zurückführt. Früher wurden unterwegs, nicht selten an exponierten Blitzschlagstellen, vier Zwischenhalte eingeschaltet, bei denen jeweils der Anfang eines der vier Evangelien[66] gelesen und mit einer Kreuzreliquie[67], die praktisch jede Kirche hat, der *Wettersegen*[68] erteilt wurde. Da und dort hat sich der Brauch, zum Teil mit kärglicher Beteiligung der Bauernschaft, erhalten.

Beromünster kannte um 1420 einen *Bannritt*, den Pfarrer Heinrich Feer in Beromünster und Grosswangen und Pfarrer Hans Feer in Sempach und Ettiswil 1509 respektive 1510 mit der Flurprozession zusammenlegten (Heim 1983:103). Da seit Anfang des 20. Jahrhunderts der Ortspfarrer mit der Monstranz mitreitet, gleichen die *Auffahrtsritte* stark den Fronleichnamsprozessionen. In neuerer Zeit nimmt die Zahl der Pferde zu Sport und Freizeitvergnügen stetig zu. Die Auffahrtsritte, die es auch in Altishofen und Hitzkirch gibt, haben sich so zu grossen Schaubräuchen entwickelt, auf welche die Schweizer Verkehrszentrale regelmässig hinweist und denen auch das Interesse der Bildmedien gilt.

Im Stift Beromünster, in der Hofkirche Luzern, in den Pfarrkirchen von Hitzkirch und Schwyz wird die Himmelfahrt vor Augen geführt, indem durch eine Öffnung der Kirchendecke eine *Christusstatue* aufgezogen wird. Der Brauch war in der sinnenfreudigen Barockzeit weit verbreitet.

Wallfahrten

Vom Mai bis zum Vorsommer ist die Zeit der *Landes-, Dekanats- und Pfarreiwallfahrten.* Die Landeswallfahrten von Obwalden und Nidwalden nach Einsiedeln finden in der zweiten Woche im Mai statt. Sie haben eine mehr als fünfhundertjährige Tradition. Die Kantonsregierungen nehmen in corpore daran teil und werden zusammen mit den Geistlichen vom Abt von Einsiedeln offiziell empfangen und zum Mittagessen eingeladen. Besonders für die Erstkommunikanten, die mitfahren dürfen, ist diese Wallfahrt mit allen Sehenswürdigkeiten – schwarze Madonna, barocke Klosterkirche, feierlicher Gottesdienst, Panorama mit der Passionsdarstellung, Diorama mit einer der reichsten Krippendarstellungen Europas, Devotionalienstände, Klostergestüt – ein eindrückliches Erlebnis. Wallfahrten sind nicht nur von den besonderen Gebetsanliegen der Teilnehmer getragen, sondern schaffen eine Beziehung zu einem spirituellen Umfeld, das in den alltäglichen Erfahrungen zu kurz kommt.

Eine Wallfahrt nach Einsiedeln führen auch die Dekanate der Stadt Zürich (1. Samstag im Juli) und des inneren Kantonsteils von Schwyz und katholisch Zug durch.

In der ganzen Schweiz gibt es über 150 grössere regionale bis ganz kleine, lokale *marianische Wallfahrtsorte*, die in Gruppen oder viel öfter privat aufgesucht werden. Auch kleine Orte haben am Patronatstag oder am legendären Ursprungstag ihre Hauptwallfahrt, die auch als *Treffereignis* Bedeutung hat, welches das Vertrauen in diesen Ort und die Gruppenzugehörigkeit manifestiert. 1954 entdeckten erste ungarische Emigranten, dass das Altarbild in der kleinen Kapelle Siebeneich bei Kerns eine Kopie des Gnadenbildes ihres nationalen Wallfahrtsortes Máriapócs ist, dessen Original als «Pötscher Gnadenbild» im Stephansdom zu Wien verehrt wird.

2 1956

Jeweils am Pfingstmontag halten die Ungarn, inzwischen in der zweiten Generation, mit etwa 200 Teilnehmern ihre *Emigrantenwallfahrt* nach Siebeneich. Zum gemeinsamen Mittagessen gehören ungarische Volkstänze, Gesangsvorträge, Gedichte, Tischreden und ein geschichtlicher Vortrag. Mit der beginnenden Migration von Katholiken in reformierte Gebiete vermissten die Katholiken nahegelegene Wallfahrtsorte. So entstanden zu jener weniger mobilen Zeit als heute in erreichbarer Nähe typische *Diasporawallfahrtsorte* wie Maria Lourdes in Zürich (Arnet 1996)[69], St. Antonius in Egg ZH, St. Antonius im bündnerischen Mastrils und St. Josef in Pardisla.

Neuer Beliebtheit erfreuen sich Wallfahrten, die dem Pilger einiges abverlangen. So wird die *Fusswallfahrt* nach *Santiago de Compostela* wiederentdeckt. Dieses klassische europäische Wallfahrtsziel streben neuerdings viele aus teils religiösen, teils sportlichen Motiven mit dem Fahrrad an. An den Sonntagen der Monate Juli, August, September und besonders an den Hauptwallfahrtstagen (15. 8. und 8. 9) nehmen bis zu 300 Pilger vorwiegend aus dem «Unterland», d. h. den nichtbündnerischen Kantonen, den dreieinhalbstündigen Weg von Salouf (oder ab Parkplatz 1 1/2 Std.) nach *Nossadonna da Ziteil*, dem höchstgelegenen Wallfahrtsort Europas (2434 m ü. M.), unter die Füsse. Ein kleines Hospiz bietet Übernachtungsmöglichkeit, aber keine Verpflegung an.

Bedeutung haben nach wie vor die grossen europäischen Pilgerorte *Lourdes* und *Fatima*. Lourdes-Pilgervereine fördern, organisieren und betreuen Pilgerreisen für Gesunde und Kranke. Starken Zulauf hat seit Jahren der kirchlich nicht anerkannte Marienwallfahrtsort *Medjugorje* in Bosnien. Dort soll Maria jungen Sehern und Seherinnen heute noch täglich erscheinen und ihnen *himmlische Botschaften* offenbaren. Darin werden die Wallfahrer für ihr Gebet und ihre Treue gelobt und nach dem Muster der Botschaften von La Salette und Fatima aufgefordert, durch Gebet und Sühnetaten Maria zu helfen, die übrige böse Welt vor dem bevorstehenden Strafgericht Gottes zu retten. Diese Botschaften werden zusammen mit Wunderberichten in einer eigenen Zeitschrift verbreitet. Ein dichtes Netz von Kontaktgruppen, Reise- und Busunternehmen wirbt für wöchentliche Fahrten und Flugreisen nach Medjugorje.

68 Vom (früheren) Fest Kreuz Auffindung (3. 5.) bis Kreuz Erhöhung (14. 9.) wird nach der Messe mit der Kreuzreliquie der Wettersegen erteilt.

69 Arnet, Helen: Maria Lourdes Seebach – das «kleine Lourdes» in Zürich. Zürich 1996.

Pfingsten, Dreifaltigkeitssonntag, Fronleichnam

Pfingsten

Obwohl Pfingsten als Fest der Herabkunft des Heiligen Geistes und Abschluss der fünfzigtägigen Osterzeit ein kirchliches Hochfest ist, hat es wenig volkstümliches, religiöses Begleitgut aufzuweisen. Der Hauptakzent verlegt sich auf die gottesdienstliche Feier. Pfarreiliche Liturgiegruppen suchen nach Ansätzen und Gestaltungsmöglichkeiten, besonders für die gut besuchten Familiengottesdienste. Feste Elemente haben sich noch kaum herausgebildet. Die eigentlichen biblischen Zeichen von Pfingsten sind Wind, Feuerzungen und das Sprechen in fremden Sprachen. Schon die alten Meister haben auf Pfingstbildern neben Flammen öfter auch die Taube als bekannteres Symbol des Heiligen Geistes abgebildet. Nach dem Familiengottesdienst wird in Kerns bei der Kirche ein Schwarm *Brieftauben* fliegen gelassen. Pfarreiapéros erinnern da und dort an die früheren *Pfingstspenden.*

Dreifaltigkeitssonntag, Segnungen im Sommer

Am Dreifaltigkeitssonntag, dem ersten Sonntag nach Pfingsten, werden *Salz und Wasser gesegnet.* Das Salz wird, geschmückt mit eingesteckten Blumen, in Schüsseln, das Wasser oft in schön verzierten Flaschen zur Kirche gebracht. Bauern geben als Schutz- und Segenszeichen vor dem Alpaufzug und bei Tiergeburten[70] dem Vieh von diesem Salz zu lecken. Bei Gewittern wird *Dreifaltigkeitswasser* und oft auch gesegnetes Salz aus dem Fenster gesprengt oder ein Schüsselchen mit gesegnetem Salz vors Fenster gestellt.

An Mariä Himmelfahrt (15. 8.) werden in den Kirchen *Kräuter und Blumen gesegnet.*

Wettersegen und Wetterläuten

Von Kreuzauffindung (25. 4.) bis Kreuzerhöhung (14. 9.) wird nach der Messe mit dem Kreuzpartikel der *Wettersegen* erteilt. In ländlichen Gemeinden des ehemaligen schweizerischen Konstanzer Gebietes hat sich zum Teil der Brauch des täglichen *Frühbetenläutens* oder *Wetterläutens* am frühen Abend erhalten. Das grosse *Wetterläuten mit der Wetterglocke*[71] ist bei Gewittern oder unmittelbarer Gewittergefahr in Landgemeinden noch üblich. Die Wetterglocke wird in der Regel so lange geläutet, bis die Gefahr vorüber ist.

Flur- und Alpsegen

Viele Segnungen der katholischen Kirche gehen auf die lokale Agrar- und Viehwirtschaft zurück, mit der früher die Lebensgrundlage für die ganze Bevölkerung stand und fiel. Solche Segnungen haben sich in ländli-

Betruf von Lungern, Obwalden

Huoo!

Zio, Lobä, zio, Lobä! Nemet all Tritt, in Gotts Namä!
Zio, Lobä, zio, Lobä!. I iisä liäbä Frouwä Namä!
Zio, Lobä, zio, Lobä! I iisä liäbä Häiligä Namä!

Der häilig Sant Antoni und häilig Sant Wendel,
und der liäb häilig Brioder Chlois
wäind disi Nacht uf diser Alp iri Härbrig haltä.
Das ischt das Wort, das wäiss Gott wool.

Hiä um disi Alp gaad ä goldigä Ring.
Darin sitzt Maria mid irem allerhärzliäbschtä Chind.
Hiä und um disi Alp gaad ä goldigä Troon.
Druif sitzt Maria mid irem allerhärzliäbschtä Soon.
Hiä um disi Alp gaad ä goldigä Grabä.
Darin sind drii häiligi Chnabä:
Das erscht ischt Gott Vatter, das ander ischt Gott der Soon,
das dritt ischt Gott der Häilig Gäischt.
Sii wäind iis a Seel und Liib, a Eer und Giot bihiätän und biwaarä.

Ave! Ave! Ave, Maria!

Jesu! O mii liäber Herr Jesus Chrischt!
Bhiät Gott Vee, Seel, Liib, Eer und Giod
und alles, was uf diser Alp ischt und geheerä tiod.
So mengs Hoid Vee uf diser Alp ischt,
so mengä goitän Engel siig oi derbii.
So sell das Vee und diä Alp dem Schutz Gottes empfolä sii.
Im Namä der Hochhäiligschtä Driifaltigkäit:
Gott Vatter, Soon und Häilig Gäischt. Amä.

Juu-hu-hu-huu!

70 Nach magischem Denken ist die Geburt ein durch böse Mächte besonders gefährdeter Moment. Brot, Salz und Gewürze lähmen die schwarze Magie.

71 Nach altem Weiheritus wurde eigens eine Glocke als Wetterglocke geweiht. Vgl. zur Bestimmung der Glocke als Wetter- und Totenglocke den alten lateinischen Glockenspruch: Fulgura frango, mortuos plango (= Ich breche die Blitze, die Toten beklage ich), auf den auch Schiller im Lied von der Glocke anspielt.

chen Gegenden erhalten. Im Sommer sind es vor allem schwere Gewitter und die schwierigen Lebensbedingungen für Mensch und Vieh auf den Alpen, die zur Bitte um Gottes Hilfe mahnen. Dazu kommt noch eine alte, alemannische Rechtsvorstellung, wonach persönliches Eigentum eingezäunt, um*friedet*, wird. Dies wird sogar auf Dauercampingplätzen mit Miniaturdrahtzäunchen praktiziert. Damit wird nicht nur dem Nachbarn oder dem Fremden der Besitzanspruch, sondern auch jeder unholden, höheren Macht ein persönlicher Friedens- oder Schutzbezirk angezeigt, der nicht gestört werden darf.

Das Gemeineigentum wie Allmenden, Alpen, darf nicht umzäunt werden und bedarf nach dieser Vorstellung des direkten Schutzes der höheren göttlichen Macht. So legen die Bauern Wert darauf, dass schon im Frühjahr die *Allmenden und Voralpen* (Maiensässe) und im Sommer die *Alpen* vom Priester *gesegnet* werden (Imfeld 1994:125 ff.). Dem verantwortlichen Alpsenn obliegt im katholischen Alpengebiet von Obwalden bis Liechtenstein die Pflicht, jeden Abend als Alpsegen den *Betruf*[72] zu rufen. Er tut dies in der Regel beim Alpkreuz, das auf einer kleinen Anhöhe nahe der Hütte steht, und benützt als Schallverstärker die Folle (grosser hölzerner Milchtrichter). Der Text des Betrufs enthält eine Reihe Anrufungen von volkstümlichen Heiligen und die Bitte um den Schutz Gottes für die Nacht. Er variiert je nach Gegend.

Fronleichnam

Das Fronleichnamsfest (mittelhochdeutsch: *frôn* = Herr und *lîchnam* = Leib) ist aus dem katholischen Verständnis der realen Gegenwart des Leibes und Blutes Christi in der Eucharistie entstanden. Das Fest wurde 1246 in Lüttich eingeführt und schon 1279 in Köln mit einer Prozession gefeiert. Die *Fronleichnamsprozession* mit dem eucharistischen Brot in der Monstranz war immer zugleich Segensprozession und Glaubenskundgebung.

Fronleichnamsprozession in Appenzell um 1930. Postkarte.
Foto: Frei & Co., St. Gallen. Museum Appenzell, Inv.-Nr. 1562.

Seite aus einem Album aus dem heutigen Kanton Jura: einer von vier auf Plätzen und Gassen aufgestellten Fronleichnamsaltären.
Sammlung Paul Hugger, Chardonne VD.

Auf dem Land entspricht sie als *Rundprozession* demselben Gedanken, der schon bei den Flurprozessionen an Christi Himmelfahrt erwähnt ist. Gestaltung, Prozessionsweg, Dekoration von Häusern und Strassen, mitgeführte Attribute wie Fahnen, Heiligenstatuen, Vereins- und Bruderschaftszeichen und erst recht die Zugsordnung der Teilnehmer waren und sind zum Teil noch von örtlichen Traditionen je nach Stadt oder Landgegend geprägt. In Bauerndörfern wie z. B. Untervaz GR wird der Prozessionsweg mit frisch gemähtem Gras belegt, das nachher den Grund für den neuen Heustock bildet.

Für mehrheitlich katholische Städte ist die Fronleichnamsprozession das grosse Kirchenfest des Jahres, das noch stark an die frühere dominierende Stellung der Kirche und an die Stände- und Zunftordnung erinnert. So wird etwa in Luzern die Prozession durch Böllerschüsse der *Herrgottsgrenadiere* eröffnet und der Segen bei jedem der vier Altäre mit einer Salve der ganzen Stadt angezeigt. Das *Fronleichnamsschiessen* war einst in der Innerschweiz weitverbreitet. Die Schweizerische Liga gegen den Lärm hatte ihm an den meisten Orten um 1950 mit Zeitungsartikeln und Klagen – auch mit dem Hinweis auf den Geschützdonner des Zweiten Weltkriegs – erfolg-

72 Umfassende Darstellung des Betrufs im ganzen Vorkommensgebiet: Wirz, August: Der Betruf in den Schweizer Alpen. Dissertation (nur im Manuskript). Freiburg/i.Ü. o. J. (ca. 1944). – Die Alpsennen der Korporation Uri werden im Rathaus in Altdorf auf ihre Pflichten, u. a. jeden Abend den Betruf zu rufen, feierlich vereidigt.

reich den Kampf angesagt. Noch um 1960 genoss die katholische Kirche in protestantischen Städten keine öffentlich-rechtliche Anerkennung. Hier bedeuteten die Fronleichnamsprozessionen, die zum Teil nur unter Berufung auf das Demonstrationsrecht durchgeführt werden konnten, für die zugezogenen Katholiken ein Stück wiedererweckter oder mitgebrachter Heimat. Für viele Pfarrer hatten sie nicht selten einen demonstrativen Präsenzcharakter. – Einzigartig in der Schweiz ist die *Seeprozession* an Fronleichnam in Meggen.

Die theologische und liturgische Neubesinnung nach dem Zweiten Vatikanischen Konzil rückte, statt der seit dem 13. Jahrhundert überbetonten Verehrung, den Abendmahlscharakter der Eucharistie wieder in den Vordergrund, was sich sofort auf die eucharistische Prozession auswirkte. Sie konnte sich nur an sehr brauchtumsbewussten Orten unverändert halten. Nicht selten spielen dabei Interessen des Tourismus mit. Teils wird die Prozession vereinfacht im Anschluss an die Messe durchgeführt, teils durch *Eucharistiefeiern auf einem öffentlichen Platz oder sonst im Freien* ersetzt. Die Direktorien der Diözesen empfehlen die Prozession weiterhin. Eine allgemeingültige Grundgestaltung des Fronleichnamsfestes gibt es aber nicht mehr (Heim 1983:113). Versuche, die Prozession nachträglich in der früheren Form wiederherzustellen, haben selten zum vollen Erfolg geführt, weil sie ein kirchenhistorisch bedingtes Eucharistieverständnis voraussetzen, das sich gewandelt hat.

St. Christophorus und die Autofahrer

Als mehr legendär-volkstümlicher denn historisch belegbarer Heiliger war Christophorus 1969 der Vatikanischen Reform des Heiligenkalenders zum Opfer gefallen. Der moderne Verkehr hat ihn gerettet, so dass er bereits sechs Jahre später im Namenskalender der Liturgischen Institute Deutschlands, Österreichs und der Schweiz wieder aufgeführt ist. Christophorus ist seit alters *Wege- und Verkehrspatron*. Sein oft überdimensionales Bild grüsst an Kirchen entlang der Passstrassen; so in Lantsch/Lenz, Villa, Zillis.[73] Er ist, wie man es nimmt, als Schutzpatron oder als Talisman, auf Schlüsselanhängern und Medaillen bei Motorfahrern beliebt. Sein Name ist als Vorname häufig. Die MIVA (Missions-Verkehrsmittel-Aktion) stattet Missionsstationen in Entwicklungsländern vom Fahrrad bis zum Last- und Ambulanzwagen, Motorboot und Kleinflugzeug mit allen erdenklichen Verkehrsmitteln aus. Sie förderte die Idee der *Segnung von Motorfahrzeugen am Christophorussonntag* (nach dem 14. 7.) und trug viel zur Verbreitung der inzwischen fast allgegenwärtigen *Christophorusmedaillen* bei. Der Tag des Verkehrsheiligen liegt günstig am Beginn der touristischen Hauptsaison. Motorfahrer werden gebeten, über das *Christophorusopfer* oder einen Einzahlungsschein den sogenannten *Christophorusrappen*, einen Rappen pro unfallfrei gefahrenen Ferienkilometer, als Dank an die Aktion zu spenden. Die Aktion ist auch in Deutschland und Österreich[74] tätig und hat einen erstaunlichen Erfolg.

Volkstümliche Festgottesdienste

Während der Alpzeit finden auf zentral gelegenen Alpen, meistens an lokal fixen Sonntagen, in Kapellen oder im Freien *Alpgottesdienste* statt, mit denen eine *Kilbi* (Kapellweihfest), Schwingfest (z. B. Melchsee-Frutt OW, 15. 8.), Tanz und andere volkstümliche Veranstaltungen verbunden sind. Mit Alpkapellen sind oft alte *Patronate* verbunden. So wird in Lungern OW auf Alp Krummelbach die *Leenä* (St. Magdalena, 22. 7.) und auf Alp Breitenfeld *der Jakob* (Apostel Jakobus d. Ä., 25. 7.) gefeiert, wo zugleich die Beamteten für die Älplerkilbi im Herbst gewählt werden. Gross wird der Jakobitag auch begangen in: Vordere Höhe in Amden, auf dem Gersauer Käppeliberg, Seebodenalp ob Küssnacht SZ, Rigi Scheidegg, Timpel an der Rigi, Teufelmoos ob Hergiswil NW u. a. In Rigi-Klösterli ist an *Maria zum Schnee* (5. 8.) ein traditioneller Wallfahrtstag.

Folkloristische Feste wie Jodler- und Trachtenfeste werden gerne mit eigenen ökumenischen oder konfessionellen Gottesdiensten gefeiert wie zu Beginn der Alpzeit im Greyerzerland. Dabei erfreuen sich seit 1974 die *Jodlermessen*[75] von Jost Marty, Heinz Wilisegger, Thomas Wieland, Fredi Kaufmann und Dölf Mettler, die u. a. auch von reformierten Jodlerclubs, besonders des Emmentals, gesungen werden, bei Gemeindegottesdiensten und Hochzeiten grosser Beliebtheit.

73 Ebenfalls überdimensionale Darstellung im Innern der Stadtkirche Wil.

74 Vielleicht grösste Autosegnung in St. Christoph auf der Arlbergpasshöhe, wo der Bischof von Innsbruck am letzten Sonntag im Juli einen Gottesdienst im Freien hält und die oft weit über 1000 Autos von einem offenen Wagen aus segnet. Die mehrere hundert Jahre alte Christophorusbruderschaft vom Arlberg zählt vor allem Prominenz und Vertreter des ehemaligen österreichischen Adels, u. a. auch den Fürsten von Liechtenstein, zu ihren Mitgliedern und war früher mit ihrem Hospiz wie die Augustinerchorherren am Simplon und Grossen St. Bernhard um Wohl und Geleit der Passreisenden besorgt.

75 Anstoss zu Jodelmessen war 1972 ein Gemeindegottesdienst in Kerns anlässlich einer Volksmission, den Jugendliche mit Gospelliedern gestalteten. Der Jodlerclub erbat nachher beim Pfarrer gleiches «Recht». 1973 sang, wohl erstmals überhaupt während einer Messe, der Jodlerclub in Kerns. In Ermangelung von geistlichen Jodelliedern trug er einige sogen. Naturjodel (Jodelgesang ohne Text) vor. 1974 schrieb und komponierte Jost Marty-Schwerzmann die erste Jodelmesse mit Liedern, die auf die Messfeier abgestimmt sind, 1981 eine zweite. Bald folgten weitere Jodelmessen, so von Heinz Willisegger, Thomas Wieland u.a.

Schlachtjahrzeiten, Eidgenossenjahrzeiten

Die bekanntesten *Schlachtjahrzeiten*, die an die alteidgenössischen Freiheitskriege erinnern, sind jene von Morgarten (Gottesdienst und Gedenkschiessen), Sempach, Näfels und Stoss. In Obwaldner Gemeinden, so noch in Kerns (1. 8.), wird mit den *Eidgenossenjahrzeiten* (Gedenkmessen) der gefallenen Landsleute in historischen eigenen und fremden Diensten und der verstorbenen Wehrmänner der Aktivdienste während des Ersten und des Zweiten Weltkriegs gedacht.

Portiunkulafest in Dornach

Die Portiunkula ist eine kleine, heute mit der Kirche Sta. Maria degli Angeli umbaute Kapelle unterhalb von Assisi. Von hier nahmen 1211 die franziskanischen Orden ihren Ausgang. 1216 gewährte Papst Honorius III. den Besuchern dieser Kapelle einen Ablass, der 1480 für den 2. August auf alle Kirchen der franziskanischen Orden ausgedehnt wurde. Bedingung für den *Portiunkulaablass* sind heute noch die Beichte und der Besuch einer Franziskanerkirche. Durch die Kapuziner wurde dieser Ablass und damit das Portiunkulafest überall, wo sie Niederlassungen hatten, populär. In Dornach wird das Fest am Sonntag, der dem 2. August am nächsten ist, gefeiert. Es wird von Donnerstag bis Sonntag vom *Portiunkulamarkt* begleitet, der aus dem ganzen nördlichen Gebiet der Schweiz besucht wird.

Engelweihe in Einsiedeln

Das Fest der *Engelweihe* (14. 9.) geht auf die Legende zurück, Christus selber habe, von Engeln begleitet, am Fest Kreuz Erhöhung des Jahres 948 die Klosterkirche geweiht. Früher mit barocker Pracht gefeiert, ist das Fest heute noch ein Hauptwallfahrtstag. Jeweils am Montag nach Engelweihe ist die grosse *Krankenwallfahrt* mit Pontifikalamt des Abtes. Anschliessend wird durch alle anwesenden Priester das Sakrament der *Krankensalbung* gespendet.

Bruder Klaus in Sachseln, Flüeli-Ranft

Bereits zu Lebzeiten (1417–1487) stand der frühere Bauer und Politiker Niklaus von Flüe, der seine letzten zwanzig Jahre als Einsiedler *Bruder Klaus* in der Melchaaschlucht im Ranft lebte, in hohem Ansehen und im Ruf eines heiligmässigen Lebens als Gottsucher.[76] Seinem politischen Geschick und persönlichen Rat ist es zu verdanken, dass am 21. Dezember

1481, an der denkwürdigen Tagsatzung zu Stans, die damalige Eidgenossenschaft nicht auseinanderbrach und die Stände Freiburg und Solothurn in den Bund aufgenommen wurden. Sofort nach seinem Tod setzte die Wallfahrt zu seinem Grab bei der Kirche von Sachseln ein. Bei seiner Heiligsprechung 1947 wurde vor allem seine Bedeutung als Friedensstifter und als Schutzpatron des Schweizervolkes während des Zweiten Weltkriegs hervorgehoben. Katholische Kantone halten jährlich eigene Landeswallfahrten nach Sachseln. Nach der Heiligsprechung weitete sich das Einzugsgebiet der Wallfahrt rasch über die Schweizer Grenze hinaus besonders in den süddeutschen Raum aus.[77] Weltweit gibt es zurzeit über zweihundert Kirchen oder Altäre mit dem Namen des Heiligen. Ausländische Pilger verbinden oft einen Besuch in Flüeli-Ranft mit einer Wallfahrt nach Einsiedeln. Jährlich besuchen um die Hunderttausend das Grab von Bruder Klaus. Hauptwallfahrtstag ist das *Bruder-Klausen-Fest* (25. 9.).

Seit dem Besuch des Papstes 1984 in Sachseln bestehen Bestrebungen, auch Bruder Klausens Frau, Dorothea von Flüe-Wyss, heiligsprechen zu lassen. Die Wallfahrtsleitung in Sachseln fördert gezielt deren Verehrung. Wallfahrten überstehen nach aller Erfahrung bedeutende Eingriffe nur schwerlich unbeschadet.[78] Welche Folgen eine Heiligsprechung Dorotheas für die bestehende Wallfahrt hätte, ist nicht abzusehen.

Eidgenössischer Dank-, Buss- und Bettag

Der Eidgenössiche Dank-, Buss- und Bettag (3. Sonntag im September), kurz *Bettag* genannt, wurde 1832 durch die Eidgenössische Tagsatzung eingeführt und ist eigentlich eine Zusammenfassung von früheren Bettagen verschiedener reformierter und katholischer Kantone auf einen Tag. In der Westschweiz und im Tessin hat er nie recht Fuss gefasst. Einzelne Regierungen erlassen ein sogenanntes *Bettagsmandat*, in Appenzell Ausserrhoden *Bettagsproklamation* genannt. Es handelt sich um ein Mahn- und Besin-

76 Zum Leben des Bruder Klaus: Durrer, Robert: Bruder Klaus. Die ältesten Quellen über den seligen Nikolaus von Flüe, sein Leben und seinen Einfluss. 2 Bde. Sarnen 1917–1921, Reprint Sarnen 1981; und: Amschwand, Rupert: Bruder Klaus. Ergänzungsband zum Quellenwerk von Robert Durrer. Sarnen 1987. – Gröbli, Roland: Die Sehnsucht nach dem «einig Wesen». Leben und Lehre des Klaus von Flüe. Zürich 1990 (mit weiterführenden Literaturangaben). – Meier, Pirmin: Ich Bruder Klaus von Flüe. Zürich 1997.

77 Bruderklausen-Kaplan Werner Durrer (Wallfahrtskaplan in Sachseln 1935–1955) machte nach der Heiligsprechung von Bruder Klaus 1947 jeweils im Winter ausgedehnte Vortrags- und Werbereisen besonders im Rheinland und in Bayern. Seine Nachfolger setzten diese Tätigkeit fort. Die bayerische Vereinigung «Landvolk» macht jedes Jahr eine mehrtägige Fusswallfahrt von Kempten nach Sachseln.

78 Aus der religiösen Volkskunde ist bekannt, dass auch vorerst unscheinbare Eingriffe zur Desorientierung und zu Veränderungen einer Wallfahrt führen können bis hin zum Verlust des ursprünglichen Wallfahrtstitels. Zur ausführlichen Darstellung eines solchen Falls: Imfeld 1980.

nungsschreiben an die Bürger, in dem christliche politische Grundwerte dargelegt werden und das zum Teil auch in den Kirchen vorzulesen ist.[79] Bischöfe benützen den Anlass zu eigenen *Hirtenschreiben*. Früher durch strenge Verordnungen den Hochfeiertagen gleichgestellt, ist der Bettag in den letzten Jahren durch die fast vollständig säkularisierte, multikulturelle Gesellschaft in Frage gestellt. Das *zehnstündige* Gebet vom Frühgottesdienst am Morgen bis am Nachmittag, bei dem sich die Leute quartier- und stundenweise ablösen, wird nur noch an wenigen Orten gehalten. Wiederholte Initiativen aus umweltschützerischen und kirchlichen Kreisen für einen *autofreien Bettag* sind an den Interessen der Mobilität gescheitert.

Zur Siebenhundertjahrfeier der Eidgenossenschaft wurde 1991 auf dem Landenberg in Sarnen eine grosse, *interreligiöse Bettagsfeier* mit Teilnahme der verschiedenen christlichen Kirchen, der Juden und der Muslime aus der ganzen Schweiz gefeiert. Sie zeigte einen möglichen Neuansatz. Seither finden alljährlich auf dem Landenberg und auch andernorts *ökumenische Bettagsfeiern* statt. Christliche Parteien, z. B. die Christlichsoziale Partei Obwalden, und christliche Organisationen treffen sich zu programmatischen *Bettagsversammlungen*. Vielerorts haben *Bettagskonzerte* bereits Tradition.

Die *Bettagskollekte* erinnert an die interne kantonale Solidarität mit Benachteiligten und Bedürftigen.[80] Analog läuft am Bettag selber oder in der Bettagszeit die Sammlung der Schweizer Katholiken für die *Inländische Mission*, ein Hilfswerk für arme Diaspora- und Bergpfarreien.

Kilbizeit im Herbst

Kilbi, Chilbi, Chilwi stammt vom alemannisch-mittelhochdeutschen *kilchwîhe* = Kirchweihe. Neben der gottesdienstlichen Gedenkfeier war die Kilbi schon immer Anlass zu einem Volksfest und zu einem der sonst seltenen *Tanzanlässe*. Dem *Vesperläuten*, Sonntagseinläuten vor der Kilbi, sagt man in der Innerschweiz: *«Äs lüted am aarmä Ma usem Land»*, was soviel bedeutet wie Kilbi feiern kostet etwas. Bis ins 19. Jahrhundert fand reihum eine Kilbi nach der andern statt. Das *Kilbilaufen* von Gemeinde zu Gemeinde war zu Zeiten der Armut den Behörden und zu jeder Zeit den Pfarrern ein Dorn im Auge. 1778 verlegte deshalb der Bischof von Konstanz für das Vierwaldstätterkapitel alle Kirchweihgedenktage auf den zweiten Sonntag im Oktober. Die strengen Tanzgesetze taten den Rest. Erst in den letzten zwanzig Jahren fasst die Kilbi da und dort wieder Tritt, wie in Sarnen, wo Feldmusik und Pfadfinder ein Volksfest mit Budenbetrieb, oder in Kerns, wo am eigentlichen Kirchweihsonntag die Pfarrei ein gemeinsames Mittagessen und ein Spielfest für die Kinder auf dem Pfarrhofareal organisiert. Die Pfarrei Schwyz feiert die *Tschütschikilbi* (bei der Einsiedelei Tschtütschi ob Rickenbach) als Familienpicknick.

Kilbispeisen, Kilbigebäck

Den Geruch der Kilbi erkennt man an den je nach Gegend typischen *Kilbispeisen* und *Kilbigebäcken*. Zu den traditionellen Speisen gehört die warme *Fleischpastete*. Früher war dies ein hutgrosses, reich verziertes Gebilde aus Blätterteig, gefüllt mit verschiedenen kleingeschnittenen Fleischstückchen, die mit einer weissen Sauce serviert wurden. Das Kilbigebäck der Urschweizer ist die in der Pfanne gebackene *Zigerkrapfe* mit Zigerfüllung. Die dazugehörende Gewürzmischung ist die Spezialität der örtlichen Apotheker und Drogisten. In Obwalden sind es *Chrapfächerndli* (gemahlener Koriander), in Nidwalden gemahlener Zimt, Koriander und Anis, während für die Urner der *Maagäträässech,* eine Mischung aus Zimt, Vanillezucker, Ingwer, Nelken und Muskat, dem Ziger den wahren Kilbiduft verleiht. Ebenso beliebt ist die mit zerriebenen Dörrbirnen gefüllte *Ofenkrapfe* aus Blätterteig. Die Luzerner machen ihre mit Teig umhüllten *Zigerchugeli*; die Urner schwören neben Krapfen auf die *Kilbipastete* (dicker Blätterteigboden mit Rosinenauflage). Bäcker sind in den letzten Jahren dazu übergegangen, diese Spezialitäten fast das ganze Jahr anzubieten. Die Kilbi hat damit nochmals ein Stück Eigenart eingebüsst.

Kilbischiessen

Tradition haben die *Kilbischiessen* der Buben und neuerdings auch der Mädchen, die am Kilbimorgen nach dem Gottesdienst mit Trommel und Fahne und angesteckten Ehrenkarten um die Kirche ziehen und den ganzen Tag mit dem *Helg* (Sebastiansstatue mit Kasse) *z Verschiässä häischid.*[81] Der Ertrag wird beim *Absenden* am Kilbimontag als Prämien unter die junge Schützenschaft verteilt. Auch Schützenvereine pflegen ihre Kilbischiessen und feiern mit einem Nachtessen mit Musik und Tanz ihre *Schützenkilbi.*

Erntedank

Kirchliche Erntedankfeste sind in der Schweiz erst mit der sogenannten Anbauschlacht während des Zweiten Weltkriegs aufgekommen und galten schon damals eher als «deutscher» Brauch. Allgemeine Verbreitung haben sie nicht gefunden. Die überwiegende Gras- und Milchwirtschaft ist ihnen wenig förderlich. Auch auf grossen Landwirtschaftsbetrieben macht der Ackerbau nur einen Teil des Gesamtertrages aus. In den letzten Jahren wurden Erntedankfeste da und dort wiederbelebt. Sie gelten den

79 Das Bettagsmandat des Landammanns von Obwalden erscheint jeweils im Amtsblatt.

80 In Obwalden bestimmt die Regierung in Absprache mit dem Dekanat und den evangelisch-reformierten Kirchgemeinden den jeweiligen Zweck der Kollekte.

81 Heischespruch der Bubenschützen: «God griässä, God griässä, gäbid iis eppis zum Verschiässä.»

Umständen gemäss weniger der Getreideernte als dem herbstlichen Ertrag von Gemüsen und Früchten. Das stärkere Selbstbewusstein der Bauernfrauen macht sich in Dekorationen aus Gemüse und Früchten bei den Älplerkilbigottesdiensten bemerkbar; ein farbenprächtiger Einbruch des Gartenertrags der Frauen in die älplerische Festdomäne der Männer.

Älplerkilbi, Sennensonntag

Von Mitte Oktober bis Ende November ist die *Älplerchilbi* oder *Sennenchilbi* das grosse Dorf- und Volksfest der Urschweizer Landgemeinden (Imfeld in: Thalmann 1981:257 f). Wo in einer Gemeinde mehrere Alpgenossenschaften bestehen, ist es durchaus Brauch, dass jede Genossenschaft ihe eigene Älplerchilbi feiert. Organisatoren des Festes sind die Älplergesellschaften und vor allem *Älplerbruderschaften*, die zum Teil bis ins 16., 17. Jahrhundert zurückreichen. Innerthal SZ etwa rühmt sich seiner über 500-jährigen Älplerkilbitradition. Das Fest hat seinen Grund in einer religiösen Dankfeier und wird mit einem Gottesdienst eröffnet, an dem die gesamte Gemeinde teilnimmt. Die Älplerbruderschaften stellen einen eigenen *Ehrenprediger* (Festprediger) an, den sie mit einem Käse honorieren. Ortsgeistliche, Kapuziner und Behördemitglieder werden als Ehrengäste eingeladen.

Die Vorbereitungen beginnen schon im Sommer mit der Alpkilbi, dem Kapellweih- oder Patroziniumsfest auf den Hauptalpen. Hier wählt die Älplerversammlung die *Beamteten,*[82] welche die Älplerchilbi zu organisieren haben, und die *Senioren* (verdiente alte Älpler), die an der Älplerchilbi besonders geehrt werden.

In Ob- und Nidwalden spielen *Wildmann* und *Wildweib* – in Nidwalden werden sie *Butzi* genannt – für die Volksbelustigung die Hauptrolle. Sie sind mit Tannenflechten und anderem Grünzeug dekoriert und tragen Holzmasken. In *wilder Jagd* treiben sie die Schulkinder durchs Dorf und tragen in Obwalden auf dem Dorfplatz im «Ring» die Älplersprüche, eine aktuelle Schnitzelbank in Schüttelreimen, vor. Das Fest wird von Fahnenschwingen, Trachtentänzen und Neunermusik (Blaskapelle) begleitet und endet in der Regel nach einer Freinacht mit Tanz.

82 Beamtungen waren bisher streng nur Männern und Burschen vorbehalten. In Kerns wurden 1996 erstmals auch ledige Frauen als Beamtinnen gewählt.

83 Einen wesentlichen Einfluss, dass Allerheiligen in der volkstümlichen Vorstellung vom Gedanken des Totengedenkens überlagert ist, hatte der Allerseelenablass (Kirchenbesuch mit fürbittendem Gebet für die Verstorbenen), der von Allerheiligenmittag bis zum Abend von Allerseelen nur für Verstorbene gewonnen werden kann.

Allerheiligen, Allerseelen

Das Fest Allerheiligen (1.11.) als Gedenktag an all jene, die in Gott ihre Vollendung gefunden haben, wird im Westen seit dem 9. Jahrhundert gefeiert. Es ist aus den regionalen und diözesanen Allerheiligenfesten der Ostkirchen hervorgegangen und beruht auf einem Heiligenverständnis, das ursprünglich nicht von päpstlichen Heiligsprechungen, sondern von der Überzeugung geprägt war, dass jeder, der von seiner Gemeinde als vorbildlicher Christ anerkannt wird, nach dem Tod als Heiliger geehrt zu werden verdient. Allerheiligen ist als Fest all dieser Heiligen, die in keinem kirchlichen Kalender aufgeführt sind, im katholischen Bewusstsein mehr rational als emotional verankert.

Im 14. Jahrhundert ging der ursprünglich benediktinische Brauch, am 2. November aller verstorbenen Wohltäter und Freunde zu gedenken, als *Allerseelentag* in den allgemeinen liturgischen Kalender über. Durch die sogenannte Erste Vesper, die am Vorabend eines Festes gehalten wurde, griff der Allerseelentag bereits auf Allerheiligen über. Die Fegefeuervorstellung des Mittelalters überlagerte rasch den Grundcharakter des Allerheiligenfestes und prägte bereits den Feiertag zum Totengedenktag.[83] Die Liturgiereform nach dem Zweiten Vatikanischen Konzil vermochte dieses vorverlegte Totengedenken nur bedingt auf den eigentlichen Allerseelentag am 2. November zu verweisen. Fast überall, wo der 1. November Feiertag ist, finden am Nachmittag *Totengedenkfeiern* und *Friedhofprozessionen* statt. Refor-

Grabschmuck an Allerheiligen in Hünenberg ZG.
Foto: Dominik Wunderlin, Basel.

Grabschmuck aus gestanztem Eisenblech in Biasca.
Foto: Dominik Wunderlin, Basel.

mierte Gemeinden kennen mit dem *Totensonntag* im November eine Parallele von Allerseelen. Der Feuerbestattungsverein Luzern lädt an Allerheiligen die Angehörigen der im vergangenen Jahr Bestatteten zu einer Gedenkfeier ein, die von einem reformierten Pfarrer geleitet wird.

An Allerheiligen kommen auswärtige Verwandte zum Friedhofbesuch nach Hause. Das Fest wird so zu einem grossen *Besuchstag*, an dem sich Verwandte und Bekannte ganzer Gemeinden zahlreicher wieder treffen als an Weihnachten.

St. Hubertus und die Jäger

Die Jäger bilden unter sich eine gesellschaftliche Gruppe. In Gebieten der Revierjagd ist der Zugang eher ein Privileg, das durch Familientradition und gesellschaftliche Herkunft mitbestimmt wird. Die Patentjagd dagegen steht jedermann offen. Entsprechend umfasst ein Patentjägerverein Leute unterschiedlicher sozialer und gesellschaftlicher Herkunft vom ungelernten Arbeiter bis zum Bankier. Die Unterschiede werden durch die uniformähnliche Kleidung und gemeinsames Sonderwissen und Interesse ausgeglichen. Die Jagd als Insidervergnügen hat für die moderne Freizeitgesellschaft den Anreiz des Exklusiven. Auf religiöser Seite vermag die romantische Hubertuslegende unabhängig von der Konfessionszugehörigkeit eine gemeinsame Ausgangslage zu schaffen. Nach einer Wanderlegende, die auch von Eustachius und andern Heiligen erzählt wird, soll Hubertus auf der Jagd einen Hirsch verfolgt haben. Als er auf ihn schiessen wollte, schien zwischen dem Geweih ein leuchtendes Kreuz auf.

Hubertusmessen um den Gedenktag des Heiligen (3.11.), die möglichst im Wald gefeiert werden und bei denen Jagdhornbläser mitwirken, sind neueren Datums und besonders bei Jagdvereinen beliebt, die selber einen Geistlichen in ihren Reihen haben. Ihre Hauptverbreitung haben sie im baiuwarisch-tirolischen Gebiet.

St. Martin, Gänse, Zins und Lichter

Martini-Essen in Sarnen

Martini (11.11.) war bis in neueste Zeit *Zins- und Rechtstermin.* Dieser geht auf die Zehntabgaben von Naturalien zurück, die entsprechend den Ernteerträgen abzuliefern waren. Für die Gemeinden war am Sonntag nach Martini die ordentliche Herbst- und Rechnungsgemeindeversammlung. Am Montag nach Martini versammeln sich in Sarnen die Behörden, Geistlichen und Beamten zum *Gottesdienst* und anschliessend zum *Martini-Essen*, das sich früher gut und gerne bis weit in den späten Nachmittag dahinzog. Dabei handelt es sich nur sekundär um einen religiösen Brauch. Das Essen mit den Behörden war für die vielen ehrenamtlichen Rechnungsführer der Gemeinwesen, die sogenannten *Vögte*, die einzige Entlöhnung. Die traditionelle Speisenfolge sah vor: 1. Erbsensuppe. 2. Grünes (nicht geräuchertes) und dürres (geräuchertes), gesottenes Rindfleisch, geräucherter, durchzogener Speck und geräucherte Würste mit Räben (gelbe Speiserüben). 3. Gedämpfte Seeforellen mit Spinatkuchen. 4. Bratwürste mit Käsereis. 5. Bratkäse. Heute wird statt dessen ein normales Menu serviert. Modernes Essverhalten bringt die Leistungsfähigkeit des Magens und modernes Lohndenken die Zeit für solche Mähler nicht mehr auf. Ähnliche Martini-Mähler pflegen Zürcher Zünfte. – Zu Martini als Zinstag gehören auch der *Gansabhauet* in Sursee und die *Martini-Märkte* in Schwyz, Muri, Altdorf, Glarus, Burgdorf, Sargans, Weinfelden und vielen andern Orten.

Martinsumzug, Lichterumzüge

Die *Räbeliechtliumzüge* um die Zeit des *Martinstages*, die sich von Richterswil aus verbreitet haben, berufen sich nur vereinzelt und auch diese erst im nachhinein auf den hl. Martin von Tours. Die eigentlichen, grossen St.-Martins-Umzüge mit selbstgemachten Laternen sind im deutschen Rheinland beheimatet. Seit 1978 kennt die Pfarrei St. Franziskus, Riehen, einen ähnlichen *St.-Martins-Umzug* mit Laternen und *St.-Martins-Spiel.* 1991 hat der aus dem Rheinland stammende Pastoralassistent Dirk Günther den Brauch in Lungern OW eingeführt. Am Samstag, der dem St.-Martins-Tag am nächsten liegt, zieht *St. Martin* zu Ross mit dem Bettler, begleitet von der Neunermusik und dem Laternenzug der Schulkinder, durch die Hauptstrasse zur Kirche. Dort wird unter Teilnahme der ganzen Gemeinde während des Gottesdienstes die *Martinsszene* kurz nachgespielt.

St. Otmar in der Ostschweiz

St. Otmar ist der Gründerabt des Klosters St. Gallen und zweiter Patron des Bistums Chur. Die Legende erzählt, dass sein Leichnam, in einem Fass versteckt, von Mönchen in einer Sturmnacht von der Insel Werd über den Bodensee nach St. Gallen geflüchtet wurde. Seither sei in diesem Fass der Wein nie mehr ausgegangen. Mit seinem Festtag war früher das *Ötmerle*, die erste Probe des neuen Weins, verbunden.

Otmarimärkte gibt es in St. Gallen, Wil und Flawil. Die Flawiler kennen im Zusammenhang mit der Fasslegende am Markttag die *Lägelisnacht* (von: Lagel = Fass), die mit einem *Kürbis- und Räbenlichterumzug* der Schulkinder eröffnet wird und früher in eine fröhliche Zecherei überführte.

Die heilige Elisabeth und die Armen

Die hl. Elisabeth, Landgräfin von Thüringen (†1231), ist durch ihre Wohltätigkeit und ihr späteres, eigenes Armutsschicksal vor allem in Deutschland unvergessen. Sie wurde von ihrem Schwager ihres Erbes beraubt und von der Wartburg vertrieben. Sie wird als *Patronin der Armen, Witwen, Waisen und Verfolgten* verehrt. Ihr Gedenktag (19.11.) hat durch die neue Armut als Ansporn zu karitativer Hilfe an Bedeutung gewonnen. Der Schweizerische Katholische Frauenbund hat mit dem *Elisabethenopfer*, das von allen Pfarreien erbeten wird, ein Hilfswerk für die Hungernden in der Welt geschaffen.

St. Cäcilia und die Kirchenchöre

Die Kirchenchöre feiern die römische Katakombenheilige Cäcilia (22.11.) als Patronin mit feierlichen Gottesdiensten und *Kirchenkonzerten.*

Christkönig

Zur Zeit der grossen katholischen Vereinsbewegung von etwa 1930 bis 1960 war das Christkönigsfest, ursprünglich am letzten Sonntag im Oktober, jetzt am Sonntag vor dem Advent, für die kirchlichen Männervereine, besonders für den Schweizerischen Katholischen Jungmannschaftsverband mit mehreren zehntausend Mitgliedern, ein Hochfest, an dem die jungen Männer an den *Christkönigstagungen* wie zu einer Art Heerschau aufmarschierten. Inzwischen steht das Fest in einer betont demokratischen Gesellschaft eher einsam da. Der Evangelientext des Tages (Jo 18,33–37) berichtet vom Zeugnis Jesu vor Pilatus «Ja, ich bin ein König», aber «mein Reich ist nicht von dieser Welt». Er mahnt zugleich, die Bedeutung Christi abseits des Triumphalismus zu suchen. Bis vor wenigen Jahren kamen noch die Urner Christlichsozialen zu einer *Arbeitstagung* über soziale, politische Aufgaben zusammen.

Schlussbemerkungen

Die geraffte Übersicht und die lebendige Weiterentwicklung religiösen Brauchtums mögen aufgezeigt haben, dass die Menschen jeder Zeit und jeden Alters transzendentalen Werten gegenüber aufgeschlossen sind. Mit Hilfe des Brauchtums versuchen sie immer wieder neu, jenseitige Wirklichkeit für alle fünf Sinne ins Diesseits zu übersetzen. Im Unterschied zur touristisch aufgemachten und vermarkteten Folklore steht hinter dem vollzogenen Brauchtum weniger die Selbsttäuschung mit einer sogenannten heilen als die Sehnsucht nach einer geheilten Welt. Die Wiederholung der Bräuche im Jahreslauf zeigt, dass diese geheilte Welt noch nicht verwirklicht ist. Im weitesten religiösen und erst recht im christlichen Sinn geht es um die Heiligung der Zeit und der Welt, die im Sinn der augustinischen Hoffnung in einer Civitas Dei (Gottes Staat, Gottes Reich) ihre Vollendung finden soll.

Literatur (Auswahl)

Riten und Heilige

Benedictionale. Studienausgabe für die katholischen Bistümer des deutschen Sprachgebietes. Einsiedeln, Zürich, Freiburg, Wien 1978.

Legenda aurea des Jacobus de Voragine. Aus dem Lateinischen übersetzt von Richard Benz. Heidelberg 1963[4].

Melchers, Erna: Das Jahr der Heiligen. München 1965.

Schott-Messbuch (Handausgabe). 5 Bde. Freiburg i. Br., Basel, Wien 1984.

Torsy, Jakob, Hg.: Der grosse Namenstagskalender. Einsiedeln, Zürich, Freiburg, Wien 1975.

Wimmer, Otto: Handbuch der Namen und Heiligen. Innsbruck 1966[3].

Regionale Brauchbeschreibungen

Curti, Notker: Volkstum der Schweiz. Basel 1947.

Heim, Walter: Volksbrauch im Kirchenjahr heute. Basel 1983.

Heim, Walter: Heutiges Kirchenjahresbrauchtum im Bistum Basel. In: Schweizerisches Archiv für Volkskunde. 81, 1995, S. 24–46.

Heim, Walter / Perler, Thomas: Christliches Brauchtum gestern und heute. Freiburg 1985.

Hugger, Paul, Hg.: Handbuch der Schweizerischen Volkskultur. 3 Bde. Zürich, Basel 1992.

Strübin, Eduard: Jahresbrauch im Zeitenlauf. Kulturbilder aus der Landschaft Basel. Liestal 1991.

Schweizer Volkskunde. Korrespondenzblatt für Volkskunde. Basel 1910 ff. – Zitiert: SVK.

Thalmann, Rolf, Hg.: Das Jahr der Schweiz in Fest und Brauch. Zürich, München 1981.

Zihlmann, Josef: Sie rufen mich beim Namen. Menschen, Bräuche, Namen in der Luzerner Landschaft. Hitzkirch 1982.

Advent

Bausinger, Hermann: Adventskranz. Ein methodisches Beispiel. Ethnologia Bavaria. Würzburg / München. 4, 1977.

Beitl, Klaus: Das Klausenholz. Untersuchungen der Gebetshölzer im vorweihnachtlichen Kinderbrauch. In: Rheinisches Jahrbuch für Volkskunde 20, 1969, S. 7–92.

Heim, Walter: Nikolausbrauch mit Bischofsgestalt. In: SVK 76, 1986, S. 65–80.

Liebl, Elisabeth: Das Aufkommen des Adventskranzes in der Schweiz. In: SVK 48, 1958, S. 57–60.

Klausjagen in Küssnacht am Rigi. Küssnacht a. R. 1988.

Méchin, C.: Sankt Nikolaus. Feste und Brauchtum in Vergangenheit und Gegenwart. Saarbrücken 1982.

Meisen, Karl: Nikolauskult und Nikolausbrauch im Abendland. Düsseldorf 1931.

Müller, R. / Losse, N. H.: Sankt Nikolaus. Der Heilige der Ost- und Westkirche. Freiburg i. Br. 1982.

Tschizewskij, Dimitrij: Der heilige Nikolaus. Recklinghausen 1957.

Wunderlin, Dominik: Advent, Advent! Lichter- und Kalenderbräuche. Liestal 1989.

Weihnachten, Silvester, Dreikönige

Brülisauer, Josef: Weihnachtskrippen im Kanton Luzern; Tobler, Mathilde: Geistlicher Krippenbau. Beide in: Jahrbuch der Historischen Gesellschaft Luzern. Bd. 6. Luzern 1988.

Budde, R., Hg.: Die Heiligen Drei Könige. Darstellung und Verehrung. Köln 1982.

Escher, Walter: Dorfgemeinschaft und Silvestersingen in St. Antönien. Basel 1947.

Imfeld, Karl: Drei Könige in Kerns. In: Thalmann, Rolf: Das Jahr der Schweiz in Fest und Brauch. Zürich, München 1981, S. 61 ff.

Stille, Eva / Pfistermeister, Ursula: Christbaumschmuck. Nürnberg 1979.

Strübin, Eduard: Nünichlingler in Ziefen. In: Thalmann, Rolf: Das Jahr der Schweiz in Fest und Brauch. Zürich / München 1981, S. 43 f.

Währen, Max: Der Dreikönigskuchen und sein Fest. Ein uralter Brauch in Gegenwart und glanzvoller Vergangenheit. Bern 1958.

Weber-Kellermann, Ingeborg: Das Weihnachtsfest. Eine Kultur- und Sozialgeschichte der Weihnachtszeit. Luzern, Frankfurt 1978.
Wunderlin, Dominik: Silvester und Neujahr im Leben der Gemeinschaft. In: SVK 76, 1986, S. 81–94.

Osterzeit

Heim, Walter: Die Revitalisierung des Hungertuches. Ein alter Kirchenbrauch in neuer Bedeutung. Archiv für Liturgiewissenschaft. Regensburg. 23, 1981, Heft 1.
Imfeld, Karl: Erstkommunikantenjubilare in Kerns Obwalden. In: SVK 76, 1986, S. 53 f.
Kern, Peter: Heiliggräber im Bistum St.Gallen. Eine Dokumentation. Basel 1993.
Oehler, Felicitas: Ostereiermärkte – Orte der Begegnung. In: SVK 87, 1997, S. 6 ff;
und: dieselbe: Im Kleinen ganz gross. Ostereier, Scherenschnitte und naive Malerei in der Schweiz heute. Zürich 1997.
Scheidegger, Annerose: «Palmen» in den deutschsprachigen Dörfern an der schweizerisch-französischen Grenze. In: SVK 73, 1977, S. 205–215.

Frühling und Sommer

Anderegg, Klaus: Durch der Heiligen Gnad und Hilfe. Wallfahrt im Goms. Basel 1979.
Hahn-Woernle, Brigit: Christophorus in der Schweiz. Seine Verehrung in bildlichen und kultischen Zeugnissen. Basel 1972.
Imfeld, Karl: Wandel des intendierten Wallfahrtstitels an der Kapelle der Blutweinenden Muttergottes zu Siebeneich, Kerns. In: Schweizer Archiv für Volkskunde 76, 1980, S. 285 ff.
Imfeld, Karl: Alpine Bann- und Segensbräuche. In: Haid, Hans und Gerlinde, Hg.: Alpen bräuche. Riten und Traditionen in den Alpen. Bad Sauerbrunn 1994, S. 125 ff.

Herbst

Heim, Walter: Das Erntedankfest bei den Katholiken der deutschen Schweiz. Schweizerisches Archiv für Volkskunde 64, 1968, S. 115–134.
Imfeld, Karl: Älplerkilbi in Obwalden. in: Thalmann, Rolf: Das Jahr der Schweiz in Fest und Brauch. Zürich, München 1981, S. 257 f.
Meisen, Karl: St. Martin im volkstümlichen Glauben und Brauch. In: Rheinisches Jahrbuch für Volkskunde 19, 1969, S. 42–91.
Schaufelberger, Rosa: Die Geschichte des Eidgenössischen Bettags mit besonderer Berücksichtigung der reformierten Kirche Zürichs. Zürich 1920.
Weber-Kellermann, Ingeborg: Erntebrauch in der ländlichen Arbeitswelt des 19. Jahrhunderts. Marburg 1965.

Thomas Antonietti

Ein Heiliger fürs Hier und Jetzt

Das Patronatsfest des hl. Sebastian in Finhaut im Wallis

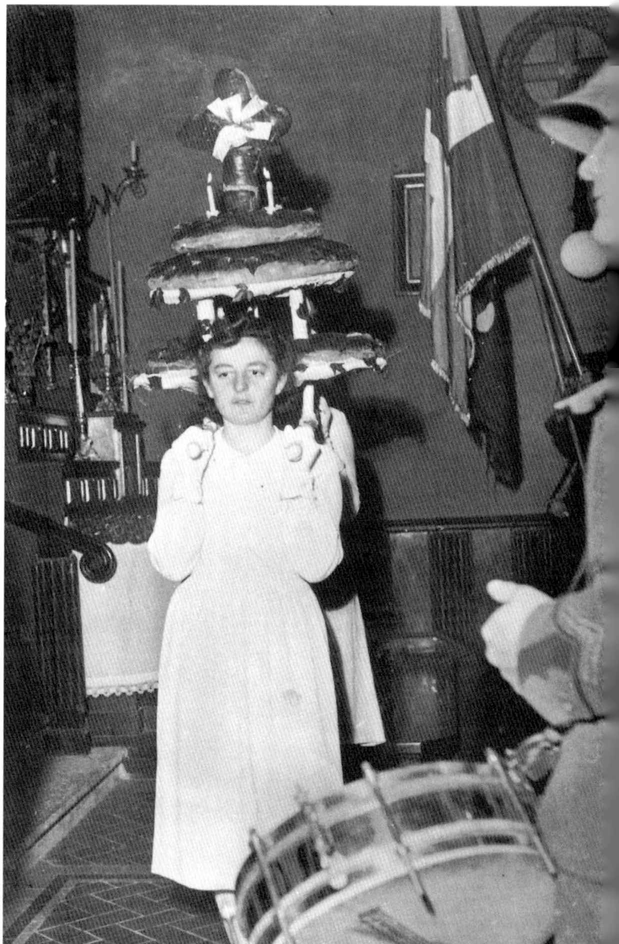

Patronatsfest la Saint-Sébastien in Finhaut 1942. Zwei junge Frauen tragen den mehrstöckigen, von einem Kreuz bekrönten Brotkuchen zum Altar, wo er gesegnet wird.
Foto: Denis Lugon-Moulin, Kulturgüterschutz Finhaut.

Wenn die Leute von Finhaut jeweils am 20. Januar in Prozession eine Reliquie des hl. Sebastian durchs Dorf geleiten, dann tun sie dies – so heisst es – in Erinnerung an ein Versprechen von 1649, als ihre Gemeinde von der Pest verschont geblieben war. Die Pfarrei Finhaut in der Vallée du Trient im Unterwallis feiert ihr Patronatsfest, *La Saint-Sébastien*, bis heute mit einem Formenreichtum, wie er andernorts selten geworden ist.

Soldaten und gesegnetes Brot

Die Einstimmung aufs Fest beginnt bereits am Tag zuvor mit der Aussetzung des Sebastiansreliquiars auf dem rechten Seitenaltar der Kirche. Dieser wird zu diesem Zweck mit zwei grossen, rot leuchtenden Pfeilen geschmückt, den Märtyrerinstrumenten des hl. Sebastian. Am gleichen Abend wird der mehrstöckige, bis zu 30 Kilo schwere Brotkuchen, der *gâteau de la Saint-Sébastien,* zubereitet und mit Stechpalmenblättern geschmückt. Traditionellerweise sind es die Ledigen aus einem der drei Dorfteile, welche für die Finanzierung des Brotes aufkommen. Aus dem brotspendenden Quartier stammen jeweils auch die *porteuses,* die Trägerinnen des Brotkuchens; in der Regel sind es die ältesten ledigen Frauen, die noch nie Trägerinnen waren.

Der eigentliche Feiertag beginnt um fünf Uhr in der Frühe mit der *diane*, der Tagwache, gestaltet von der lokalen Tambourensektion und von den *militaires*, den Soldaten als den wichtigsten Brauchträgern. Die Gruppe der rund 25 *Aufziehenden* marschiert unter Trommelwirbel durchs erwachende Dorf und wird dabei vom Gemeindepräsidenten, von Gemeinderäten und von *cafetiers* empfangen und bewirtet. Aufgetragen wird eine bunte Palette verschiedenster Imbisse, unverzichtbar sind jedoch *merveilles* (Fasnachtsküchlein) und Alkohol. Achtmal wird Einkehr gehalten, immer genau zwanzig Minuten lang. Und nach jedem Besuch formiert sich die Schar neu, um gutgelaunt das Kommando *section – en avant – marche!* abzuwarten. Mit dem anbrechenden Tageslicht geht der langgezogene Festauftakt der Männergruppe zu Ende. – Um acht Uhr liest der Ortspfarrer in der Kirche die *messe des militaires.* An diesem Gottesdienst nehmen nur die Soldaten, die Tambouren sowie die neu dazugestossenen Brotträgerinnen teil. Als Messdiener fungieren – mit aufgesetztem Helm – die beiden jüngsten Soldaten. Im Anschluss an die Messe wird noch kurz der Auftritt während des Hochamtes geübt, dann zieht sich der Militärverein zur

Patronatsfest la Saint-Sébastien in Finhaut 1942. Prozession nach der Zehnuhr-Messe durchs Dorf.
Foto: Denis Lugon-Moulin, Kulturgüterschutz Finhaut.

Generalversammlung zurück und trifft – hinter den Kulissen – die letzten Vorbereitungen für den bevorstehenden Hauptakt.

Punkt zehn Uhr beginnt mit der *grand-messe,* dem feierlichen Hochamt, die Phase mit der höchsten Ereignisdichte des Tages. Der Priester im roten Messgewand, begleitet von zwei Konzelebranten, der rhythmische Wechsel von Gebet und Chorgesang, die dichten Reihen der Gläubigen, der weihraucherfüllte Raum – ein heiliger Moment, der vermutlich auch im frommen Menschen von heute das Gefühl des «Aus-der-Welt-Seins» zu erzeugen vermag. Diese Stimmung erfährt nach dem Evangelium mit der feierlichen Brotsegnung eine zusätzliche Steigerung: Hinten geht das Portal auf; angeführt vom Kommandanten und zwei Tambouren treten die beiden Trägerinnen in Festtagstracht ins dunkle Kirchenschiff, den von Kerzen hell erleuchteten, mit weissen Bändern umwickelten und von einem Kreuz überhöhten Brotkuchen auf ihren Schultern tragend. Im schleppenden Rhythmus der schweren Trommelschläge nähern sie sich durch den Mittelgang dem Chorraum, eskortiert von vier Fahnenträgern und sechs Soldaten mit geschultertem Gewehr. Vor dem Altar kommt der kleine Zug zum Stehen, mit Weihwedel und Rauchfass segnet der Pfarrer das Brot. Erneut dröhnen die Trommeln, und die Trägerinnen – in Begleitung der Soldaten – verlassen mit dem *pain bénit,* dem gesegneten Brot, die Kirche. Während im Innern der Gottesdienst mit der Predigt fortgesetzt wird, schneiden draussen auf dem Kirchplatz Trägerinnen und Soldaten das Brot in 300 bis 400 kleine Würfel und legen es in fünf Körbe. Dazwischen treten zwei Tambouren in die Kirche, um der Wandlung als dem Höhepunkt der Messe mit einem kurzen *roulement* das geziemende akustische Gepräge zu verleihen. Nach der Kommunion, das heisst dem Spenden des Brotes der Eucharistie, bringen die beiden Trägerinnen sowie die drei jüngsten Soldaten die mit weissem Leinen ausgekleideten Brotkörbe in die Kirche. Bankreihe um Bankreihe verteilen sie das Brot an die Gläubigen, welche es unmittelbar – manche auch erst nach einem Kreuzzeichen – verzehren.

Nach Abschluss der Messe formiert sich im Innern der Kirche die Prozession. Dem Prozessionskreuz, begleitet von einer Kindergruppe, folgen der Tageskommandant, die Tambouren, die Brotträgerinnen mit Kerzenständern in Form von Engelsfiguren, die beiden ältesten Soldaten, auf deren Schultern das rote Tragbrett mit dem barocken Büstenreliquiar ruht, die von den vier jüngsten Soldaten getragenen Fahnen, die übrigen Soldaten, der Kirchenchor, die Priester, die Behörden sowie knapp die Hälfte der Leute, die am Gottesdienst teilgenommen hatten. Akustisch begleitet vom Geläute der Kirchenglocken, dem Spiel der Tambouren und dem Gesang des gemischten Chors schreitet der Prozessionszug praktisch ohne Publikum durchs Dorf, um nach einer halben Stunde zur Kirche zurückzukehren. Das Reliquiar wird an seinen Standort zurückgestellt, und nach dem gemeinsamen Singen des *Salve Regina* verlässt die Soldatensektion unter Trommelwirbel die Kirche. Mit dem *apéritif* tritt das Fest nun wieder in eine profane Phase. Gleich wie am frühen Morgen ziehen Tambouren und Soldaten – jetzt zusammen mit den beiden Brotträgerinnen – in Formation durchs Dorf und kehren wiederholt zu einem Umtrunk ein, derweil der Präsident des Militärvereins dem Pfarrer das Brotkreuz des Sebastianskuchens überbringt. Gegen ein Uhr nachmittags begeben sich die Leute nach Hause, um zusammen mit geladenen Gästen das Mittagessen einzunehmen. In den meisten Haushalten wird zum Nachtisch der *riz de Saint-Sébastien* aufgetragen, eine Art Milchreis mit Zimtaroma.

Mit der Nachmittagsandacht um halb vier gewinnt das Fest seinen öffentlichen Charakter allmählich zurück. Bei ausgesetzter Monstranz und brennenden Kerzen hallen monotone Wechselgesänge von Pfarrer und Chor durch den weihraucherfüllten Kirchenraum. Plötzlich, beim Singen des *Magnificat,* rüttelt eine vor dem Kirchenportal zum Gedenken an den Märtyrertod des Heiligen abgefeuerte Gewehrsalve die in sich versunkenen Gläubigen auf. Die Brotträgerinnen treten ein und verteilen erneut gesegnetes Brot an die spärlichen Anwesenden. – Erst jetzt, nach Beendigung der von den Leuten *vêpres* (Vesper) genannten Andacht, ist das Dorf wieder auf den Beinen. Auf dem Kirchplatz servieren Soldaten und Brotträgerinnen Wein, Roggenbrot und getrocknetes Fleisch. Unmittelbar steigt der Stimmungspegel, und mit der Versteigerung der vier Fahnen erfährt das Fest seinen letzten formellen Akt. Der Kommandant, die Tambouren und die vier Fahnenträger ersteigen die Kirchenterrasse, der Ausrufer geht mit der jeweils

Ein typisches Kirchenfest?

Wie charakteristisch das Patronatsfest von Finhaut für Kirchenfeste im Wallis ist, zeigt ein Blick auf andere Pfarreien und Anlässe. An den meisten Orten wird das Patronatsfest heute am darauffolgenden Sonntag begangen und findet in der Regel ohne grösseren Aufwand statt. Markante Ausnahmen bilden lediglich Chermignon (22. April), Lens (1. August) und St-Maurice (22. September). St. Jakob und St. Bartholomäus geben manchenorts Anlass zu Alp- und Schäferfesten. St. Agatha begehen zahlreiche Ortsfeuerwehren mit einer Feier. Ein gleiches tun die Mineure auf den verschiedenen Baustellen sowie die Belegschaft der Société Suisse des Explosifs in Gamsen (Brig-Glis) am Tag der hl. Barbara.

Häufig anzutreffen sind auch heute noch Brotspenden. In St-Maurice findet eine solche ebenfalls am Sebastiansfest statt, in Chermignon am Patronatsfest des hl. Georg, in Le Châble jeden Sonntag nach der Messe, in Hérémence, Savièse, Grimisuat und Ferden an Ostern, in Ayent am Pfingstsonntag, in Val d'Illiez an Fronleichnam, in Grimentz am Tag des hl. Antonius des Einsiedlers, in St. German / Raron anlässlich der Jahresversammlung der Antonius-Bruderschaft, in Zermatt am Fest der hl. Agatha, in Kippel an Allerseelen, in Chandolin am Dreikönigsfest usw. Manchmal ist das Brot von Käse und Wein begleitet.

Prozessionen sind an Patronatsfesten im Wallis eher selten geworden. Dagegen finden sie noch fast überall an Fronleichnam statt. Ein besonders festliches Gepräge weisen sie an jenen Orten auf, wo Soldaten in historischen Uniformen aufziehen, wie etwa in den vier Pfarreien des Lötschentals, in Visperterminen, St. Niklaus, Chermignon oder Savièse, neuerdings auch in Mund, Törbel, Bürchen, Leuk und Chippis. Äusserst selten geworden ist die Fahnenversteigerung anlässlich von Kirchenfesten. In Val d'Illiez findet eine solche noch immer an Fronleichnam nach der Prozession statt.

angepriesenen Fahne durch die Menge und fordert ausgewählte Anwesende – mit Vorliebe Unternehmer und Politiker – zum Steigern auf. Hat die letzte Fahne ihren symbolischen Besitzer gefunden, zerstreuen sich die Leute in die umliegenden *Bistros,* um sich am Abend in der Mehrzweckhalle bei Tanz, Tombola und Wein wiederzufinden. Für die Soldaten endet der Anlass offiziell mit einem gemeinsamen Nachtessen, der Entlassung durch den Gemeindepräsidenten und dem befohlenen Tenuewechsel.

Der hier skizzierte Festablauf bezieht sich auf *La Saint-Sébastien* des Jahres 1994. Versuchen wir nun, das Sebastiansfest von Finhaut innerhalb einer umfassenderen Brauchlandschaft zu verorten; dies mit der Absicht, katholisches Brauchtum auf Begriffe wie Einmaligkeit, Tradition oder Volksfrömmigkeit zu hinterfragen.

Wie einzigartig kann ein katholisches Fest sein?

Ins aktuelle Umfeld gestellt, steht das Sebastiansfest von Finhaut heute vielleicht einzigartig da. Doch entspricht es in Ablauf und Form mehr oder weniger genau Kirchenfesten, wie sie früher andernorts ebenfalls üblich waren. Ja für einzelne Pfarreien des Unterwallis finden sich gar Beschreibungen von Patronatsfesten mit quasi identischem Ablauf.[1] Und noch heute stellen Brauchformen wie Tagwache, Brotsegnung, Brotverteilung, Prozession oder Soldatenaufzug feste Bestandteile zahlreicher kirchlicher Feste im Wallis dar. Was das Beispiel Finhaut auszeichnet, ist das Überdauern von früher allgemein üblich gewesenen Brauchelementen in einer inzwischen selten gewordenen Vollständigkeit. Um die Frage nach der Einmaligkeit des Sebastiansfestes von Finhaut möglichst konkret zu erörtern, wollen wir in der Folge zwei seiner markantesten Merkmale etwas näher betrachten: das Brot als das wichtigste Symbol des Festes und das Militär als die eigentliche Trägergruppe des Brauchs.

Angesichts der zentralen Stellung des Brots in der christlichen Liturgie kann es nicht erstaunen, dass diesem auch im religiösen Brauchwesen eine eminente Bedeutung zukommt. Zu den häufigsten Handlungen gehört dabei das Segnen und Verteilen von Brot, wie es – vor allem im Rahmen von Spendbräuchen beziehungsweise Armenspenden – früher wohl in jeder Walliser Pfarrei praktiziert wurde. Allein die Brotspenden, die heute noch stattfinden, zeugen überdies von der starken Präsenz des Brotes während des ganzen liturgischen Jahres. Oft gehen die Spenden auf ein Gelübde zurück, haben also die Funktion einer Votivgabe. Über diesen Funktionszusammenhang hinaus findet sich jedoch das gesegnete Brot noch bei weiteren kirchlichen Anlässen. So soll im Aostatal der Brauch des *pain bénit* in allen Pfarreien bei jeder Hauptmesse am Sonntag, bei jeder Begräbnismesse sowie bei Patronats- und anderen kirchlichen Festen stattgefunden haben.[2] Auch formal steht übrigens das pyramidenförmige Brot von Finhaut bei weitem nicht allein da. Mehrstöckige, geschmückte Brote werden zum Beispiel auch an Patronatsfesten in der Region Bugey im französischen Departement Ain oder im Piemont herumgetragen, gesegnet und verteilt.[3]

1 So für *La Sainte-Marguerite* in Vérossaz im Rhonetal. Vgl. J.-B. Bertrand: «Légendes, contes, traits de moeurs de la région de Vérossaz»; in: *Cahiers Valaisans de Folklore*, Nr. 25, 1933, S. 25–27.

2 Albert-Marie Careggio: «Le Pain Bénit, un usage religieux a conserver»; in: Pagine della Valle d'Aosta, Nr. 1, 1994, S. 25–28.

Die Geographie des gesegneten Brotes weist also dieses als sehr verbreitete Brauchform aus. Der Grund dafür dürfte weniger in der Übernahme und Nachahmung des Brauchs liegen als vielmehr in dessen Verankerung in der katholischen Liturgie. Beim gesegneten Brot handelt es sich um ein Sakramentale, das heisst um eine Art Hilfssakrament. (Dies im Gegensatz zum Brot der Eucharistie, das – in der Form der Hostie – während der Messe in den Leib Christi verwandelt wird und als heiligstes Sakrament der katholischen Kirche gilt.) Sakramentalien sind bestimmte Gebete, liturgische Handlungen oder geweihte Objekte, denen segenbringende Wirkung zukommt. Zu den bekanntesten gehören das Weihwasser, gesegnete Kerzen oder die Weihe von Zweigen am Palmsonntag. Im Vergleich zu den Sakramenten lassen die Sakramentalien ein sehr weites Feld von Handlungen und Handelnden zu. Entsprechend war die Kirchenhierarchie stets darum bemüht, deren Gebrauch mit dem liturgischen Kanon in Einklang zu bringen. Heute dürfte den meisten Leuten die Bedeutung des gesegneten Brotes als Sakramentale nicht mehr bewusst sein. Dass der Brauch trotzdem weiterhin praktiziert wird, hat nicht nur mit Traditionsbewusstsein zu tun, sondern mindestens ebenso mit seinem aktuellen Gebrauchswert. Im Gegensatz zur Kommunion der Eucharistie sind bei der Verteilung des *pain bénit* alle Anwesenden zugelassen. Dadurch symbolisiert dieses in geradezu idealer Weise die nach wie vor starke integrative Funktion des Festes.

Wenden wir uns nun nach dem Brot als dem zentralen Symbol noch dem Militär als der wichtigsten Trägergruppe des Sebastiansfestes zu. Den *militaires* gehören alle Männer ab dem Rekrutierungsalter an, die am Patronatstag in Uniform *aufziehen*. Militärische Diensttauglichkeit ist dabei nicht erforderlich. Als Kostüm dient die heutige Militäruniform der Schweizer Armee. Ähnlich dem gesegneten Brot ist auch der Soldatenaufzug als gesamtkirchliches, europäisches Phänomen zu sehen.[4] Im Wallis spielen die aufziehenden Soldaten an Patronatsfesten, vor allem aber an Fronleichnamsprozessionen, bis heute eine zentrale Rolle. Dieses auffallende militärische Gepräge des kirchlichen Brauchtums erklärt sich einerseits durch die jahrhundertelange Orientierung des Wallis an den Vorbildern der europäischen Königshäuser über die fremden Kriegsdienste. Anderseits gäbe es für die enge Beziehung zwischen Militär und Kirche auch eine Reihe spezifisch regionaler Gründe zu nennen. Diese stehen jedoch alle in einem direkten oder indirekten Zusammenhang mit der historischen Zugehörigkeit des Wallis zum römisch-katholischen Einflussbereich.[5] So oder so ist das Fortdauern des militärischen Brauchgepräges – ähnlich wie beim gesegneten Brot – primär nicht in der Tradition zu suchen, sondern in der Bedürfnislage der heute Teilnehmenden.

Allein die Beispiele Brot und Militär machen klar, dass das Sebastiansfest von Finhaut von seinen Merkmalen wie von seiner Geschichte her kaum als einzigartig bezeichnet werden kann. Und auch sein Ablauf zeigt den typischen Rhythmus eines traditionellen Kirchenfestes mit Ereignissen von hoher Dichte und ruhigen Phasen von geringerer Intensität, mit dem steten Wechsel von sakralen und profanen Handlungen, von öffentlichem und privatem Raum, von starrem Ritual und spontanem Ausbruch. Dieses Bemühen um Gestalt und Ordnung[6] findet seinen Niederschlag nicht nur im Festablauf, sondern auch räumlich und organisatorisch. Die Kehrordnung bei der Zuteilung der verschiedenen Ämter oder die minutiöse Einhaltung gleich langer Einkehrzeiten bei den verschiedenen *tournées* durchs Dorf verraten ein Streben nach Ausgleich innerhalb der Gemeinde. Und mit der klaren Scheidung in Männer- und Frauenrollen, in Ledige und Verheiratete, in Junge und Alte werden noch einmal gesellschaftliche Ordnungsmuster des früheren Dorfes abgebildet. Doch während sich diese zunehmend verwischen, tritt in jüngster Zeit die ritualisierte Integration der Auswärtigen stärker hervor.

Die Vielfalt katholischer Kirchenfeste ist auf der Grundlage einer einheitlichen Liturgie zu sehen und beschränkt sich in der Regel auf formale Ausgestaltungen des gleichen vorgegebenen Rahmens. Was heute als einzigartig wahrgenommen wird, ist meist ein durch das Verschwinden analoger Brauchformen plötzlich isoliert dastehendes Relikt. Anderseits ist die oft konstatierte Einmaligkeit solcher Bräuche auch das Resultat innen- und aussengelenkter Entwicklungen. Lokale Konstellationen führten an vielen Orten dazu, dass ein bestimmter Brauch im Verlaufe der Zeit besondere Ausprägungen erfuhr. Der so entstandene Leitbrauch zog zunehmend die Aufmerksamkeit von Aussenstehenden auf sich und wurde über Rückläufe in Form von Reisebeschreibungen, Ethnographien, Medienberichten und touristischen Kontakten zusätzlich aufgewertet, bis er schliesslich zu jenem Typischen und Eigenen wurde, mit dem sich ein Kollektiv identifizieren kann.

Wie wandlungsbedürftig sind Traditionen?

Tatsächlich ist auch das Sebastiansfest zu einem Erkennungsmittel der Gemeinde Finhaut geworden, mit dem sich diese von andern Orten zu unterscheiden bemüht. Zur Erhaltung des Patronatsfestes dürfte dieser identitätsbildende Faktor indessen eher wenig beitragen. Eine bedeutsame-

3 André Julliard: «Amener la vigne au village. Matériaux pour une histoire des fêtes et dévotions à saint Vincent: l'exemple du Bugey (Ain)»; in: *Le monde alpin et rhodanien*, 1–2/1994, S. 107–145. – Gian Luigi Bravo: «Sacro e profano – Piemonte»; in: Alessandro Falassi (Hg.), *Le tradizioni popolari in Italia: La festa.* Mailand 1988, S. 38–47.

4 Josef Roland: *Escortes armées et marches folkloriques.* Bruxelles 1973.

5 Thomas Antonietti: «Die Handlanger des Krieges und ihre noblen Unternehmer. Eine ethnographische Betrachtung der Walliser Solddienste im 18. und 19. Jahrhundert»; in: *Valais d'émigration – Auswanderungsland Wallis.* Sion 1991, S. 27–74.

6 Vgl. Sylvia M. Schomburg-Scherff: *Grundzüge einer Ethnologie der Ästhetik.* Frankfurt am Main 1986.

re Rolle spielt demgegenüber die gemeinschaftsfördernde Dimension des Feiertages. Bereits seit Jahrzehnten ist er Anlass, verstreut lebende Familienmitglieder und Verwandte zusammenzuführen, ähnlich wie dies etwa an Allerseelen oder an Weihnachten der Fall ist.

Die kollektivitätsfördernde Kraft des Festes wirkt jedoch weit über den Kreis der Familie hinaus. Kehren wir zur Veranschaulichung dessen noch einmal an den Beginn des Tages zurück. Die Phase zwischen der Tagwache um fünf Uhr früh und dem feierlichen Hochamt um zehn Uhr verläuft praktisch unter Ausschluss der Öffentlichkeit; sie ist allein die Angelegenheit der Soldaten und Tambouren. Für diese ist der morgendliche Dorfrundgang äusserst bedeutsam und mit einem Gruppenerlebnis von hohem emotionalem Wert verbunden. Hier ist man unter sich, hier werden Männerfreundschaften geschmiedet und Erinnerungen für spätere Erzählstoffe gesammelt. Eine nicht zu unterschätzende Rolle spielt dabei der Alkohol beziehungsweise das Erlebnis des Miteinander-Trinkens.[7] Die religiösen und militärischen Aspekte des Festes spielen für die heute mitmachenden Soldaten kaum eine Rolle. Was zählt, ist das gemeinsame Erleben und Wiedererleben eines intensiven geselligen Momentes. Auf die Wichtigkeit des rekreativen und ästhetischen Elements bei der Religion verweist auch Emile Durkheim.[8] Die mit den Riten verbundenen Glaubensüberzeugungen bezeichnet er demgegenüber als nebensächlich und zufällig. Entscheidend ist nach Durkheim, dass die Leute sich rund um ein Ereignis versammeln und nicht, weshalb sie dies tun. Dies erklärt nach ihm auch, warum ein und derselbe Ritus vielfältige Wirkungen hervorzubringen vermag.

Doch zurück zu den Soldaten von Finhaut. Viele von ihnen sind Tages- oder Wochenpendler, manche wohnen überhaupt nicht mehr am Ort. Auswärts wohnende Soldaten mit verwandtschaftlichen Beziehungen zu Finhaut werden als Einheimische betrachtet. Zusammen mit den Dorfbe wohnern sind sie *ceux du village*. Nicht als Einheimische gelten demgegenüber diejenigen Soldaten, die mit dem Ort als langjährige Feriengäste und als Chaletbesitzer verbunden sind. Die meisten von ihnen kommen aus den Kantonen Waadt und Genf. Als *militaires* sind sie am Patronatsfest den Einheimischen gleichgestellt. So ist es in jüngster Zeit wiederholt vorgekommen, dass das Sebastiansreliquiar von einem oder zwei Protestanten durchs Dorf getragen wurde. Diese aktive Teilnahme am Fest gibt den Auswärtigen das Gefühl, dazuzugehören. Und dem Ferienort Finhaut bietet sich die Gelegenheit, Gäste an sich zu binden und ihnen Qualitäten wie Dörflichkeit, Tradition und Gastfreundschaft zu vermitteln. Diese Erweiterung der brauchtragenden Gruppe verlief nicht konfliktlos. Möglich wurde sie in dem Moment, als die religiöse Dimension des Festes gegenüber der profanen an Bedeutung zu verlieren begann. Die Mobilität, vielfach eher ein Grund für das Verschwinden von Traditionen, wurde hier zu einem brauchfördernden Faktor.

Das in einem bäuerlich-katholischen Umfeld entstandene Symbolsystem des Sebastiansfestes von Finhaut vermag also durchaus auch der Bedürfnislage einer urbanisierten Gesellschaft zu genügen. Trotzdem darf nicht übersehen werden, dass der Brauch auch in seinen formalen Ausgestaltungen einem permanenten Wandel unterworfen ist. Die spärlich vorhandenen Dokumente lassen zwar den Schluss zu, dass das Fest spätestens im 19. Jahrhundert in seinen grossen Zügen ähnlich abgelaufen ist wie heute. Eine genauere Betrachtung fördert jedoch eine ganze Reihe mehr oder weniger markanter Veränderungen zutage. Nennen wir lediglich ein paar Beispiele aus der Zeit der letzten vierzig Jahre: Trotz Aufrechterhaltung von erster Vesper und Abendbeichte reduzierte sich das Fest Mitte der fünfziger Jahre faktisch auf einen Tag, indem die Soldaten nun nicht mehr schon am vorangehenden Nachmittag aufzogen. (Noch früher bildete das Fest eine Trilogie mit dem Auftakt am Vortag, dem eigentlichen Feiertag und dem nachfolgenden Morgen mit der Totenmesse. Der Tag nach dem Patronatsfest wurde *Saint Crevard* genannt, das heisst Sankt Hungerleider.) Die Beichte, noch in den sechziger und siebziger Jahren ein quasi obligatorischer Bestandteil des Patronatsfestes, wird heute nur noch von wenigen praktiziert. Die Gebetsformel, welche früher dem Verzehr des gesegneten Brotes vorausging, kennen nurmehr die älteren Leute; gesprochen wird sie von niemandem mehr. Die Prozessionsfahnen sind bis auf eine verschwunden. Ebenso verschwunden ist bei der Prozession der weisse Schleier der Jungfrauenkongregation. In den vierziger und fünfziger Jahren fand bei der Kleidung der Brotträgerinnen ein ständiger Wechsel statt zwischen dem früher üblichen weissen Kleid als dem Symbol der Jungfräulichkeit und der neuen Tracht mit *Kreshut* als dem Zeichen der Tradition. Letztere setzte sich in den sechziger Jahren endgültig durch. 1964 erhielt die Pfarrei vom Vatikan eine Reliquie des hl. Sebastian, welche in der Folge markante Veränderungen des Festablaufs mit sich brachte. 1976 wurde in der Pfarrkirche eine spezielle Nische angebracht, in welche eine neuerworbene Statue des hl. Sebastian gestellt wurde. 1994 erhielten die teilnehmenden Soldaten erstmals ein schriftliches Programm. Trotzdem erfuhren religiöse Festteile wie Prozession und Vesper in den beiden darauffolgenden Jahren markante Änderungen. 1996 erfolgte eine Art Retraditionalisierung, indem die Tambouren nicht mehr ihre Vereinsuniform, sondern wieder die Militäruniform trugen. Ebenfalls 1996 musste eine junge Frau wegen der prekären demographischen Situation ihres Dorfteiles die Rolle der Brotträgerin – entgegen der Regel – ein zweites Mal übernehmen. Die Tradition muss also in Einzelbereichen immer wieder gebrochen und angepasst werden, damit sie als ganze erhalten werden kann.

7 Vgl. Max Matter: «‹Im Wein liegt Wahrheit› – Zur symbolischen Bedeutung gemeinsamen Trinkens», in: *Alkohol im Volksleben,* Hessische Blätter für Volks- und Kulturforschung, 1987, Band 20, S. 37–54. – Zur Kollektivität katholischen Brauchtums auch im weltlichen Sinn vgl.: Oliva Wiebel-Fanderl: *Religion als Heimat? Zur lebensgeschichtlichen Bedeutung katholischer Glaubenstraditionen.* Wien 1993.

8 Emile Durkheim: *Les formes élémentaires de la vie religieuse.* Paris 1912.

Nach dem Zweiten Weltkrieg, vor allem aber nach dem Zweiten Vatikanischen Konzil, büsste das katholische Brauchtum viel von seinem Formenreichtum ein. Diejenigen Bräuche jedoch, die überlebten, erfuhren in jüngster Zeit eine deutliche Aufwertung, indem sie als lokales oder regionales «Kulturgut» neue Bedeutungen erlangten. Wie das Beispiel Finhaut zeigt, überleben insbesondere jene Traditionen, die funktional und formal wandlungsfähig sind. Funktionsverschiebungen und zusätzliche Brauchträger haben das Sebastiansfest in der Welt von heute neu zu positionieren vermocht. Bedingt durch den Bedeutungsverlust der Kirche als der einst tragenden Institution des Brauchs und den damit einhergehenden Rückgang kollektiver Glaubenspraktiken, sucht der Anlass seinen Antrieb mehr und mehr in ausserreligiösen Bereichen.

Wer organisiert die Volksfrömmigkeit?

Religiöses Brauchtum war im Katholizismus immer auch kirchlich-institutionelles, das heisst von oben verordnetes und reguliertes Brauchtum. Volksfrömmigkeit ist deshalb weniger etwas Eigenständiges als vielmehr etwas Vermitteltes zwischen der Lebenswelt der Gläubigen einerseits und der Doktrin der offiziellen Kirche anderseits. Im Verlaufe der Jahrhunderte gelang es der Kirche zudem immer wieder, vor- und nichtchristliche Brauchelemente in ihr Glaubenssystem zu integrieren.[9] Die Kontrolle der Kirchenhierarchie über die populäre Festreligion schlug sich in zahllosen Verboten und Vorschriften nieder. Eine entscheidende Rolle bei der Organisation des religiösen Brauchtums spielten dabei die Ortsgeistlichen. Für das Patronatsfest von Finhaut lässt sich sogar sagen, dass die dem Zweiten Vatikanischen Konzil folgenden Liturgiereformen sich auf den Brauch weniger stark ausgewirkt haben als die vom Pfarrer initiierten Um- und Neugestaltungen. Wie der jeweilige Dorfpfarrer konkret auf den Brauch eingewirkt hat, sei anhand von wenigen Beispielen dargelegt. Ab den vierziger Jahren finden sich im Pfarrblatt regelmässig Appelle, die Tradition des Patronatsfestes aufrechtzuerhalten. Diese Art der Einflussnahme häuft sich ab den späten sechziger Jahren, als das Sakrale gegenüber dem Profanen zunehmend ins Hintertreffen gerät. «Das Sebastiansfest ist durch den Glauben entstanden und kann nur durch ihn weiterbestehen», ermahnt der Pfarrer 1972 seine Gemeinde. Wiederholt äussert er nun auch die Befürchtung, das Patronatsfest werde zu einer folkloristischen Veranstaltung.

In seiner Sorge um den Verlust der religiös-spirituellen Seite des Festes ordnete der Pfarrer auch mehrere Änderungen im Festablauf an. Mitte der sechziger Jahre verschob er die Brotverteilung, die bis anhin nach dem Credo stattgefunden hatte, auf den Zeitpunkt nach der Kommunion, um den Gottesdienst störungsfreier zu gestalten. Die Reliquie, welche seit 1965 das Fest um ein wichtiges Element bereichert, kam auf Initiative des damaligen Pfarrers nach Finhaut und wurde durch diesen persönlich in Rom erbeten. Ebenso wurden die zahlreichen mit der Reliquie verbundenen Brauchneuerungen ausschliesslich von ihm festgelegt. Derselbe Geistliche verfasste auch den Text zum Lied «A Saint Sébastien», welches vom Chor seit 1969 während des Amtes gesungen wird, entwarf eine neue Sebastiansfahne, schrieb mehrere Gebete zum hl. Sebastian und publizierte zahlreiche Beiträge über das Fest. Wohl gab es auch etliche Anliegen, mit denen sich der Pfarrer bei den Brauchhandelnden nicht durchzusetzen vermochte. Doch auch dies ist letztlich Beleg dafür, wie wenig das, was gemeinhin katholische Volksreligiosität genannt wird, spontaner Ausdruck einer frommen Gemeinschaft ist.

In der Umbruchsphase der sechziger Jahre war der Pfarrer von Finhaut zweifellos der wichtigste Gestalter des Patronatsfestes. Er wurde zum Brauchneuerer, weil er im Sebastiansfest ein Mittel zur Verkündigung der katholischen Glaubenslehre sah. Inzwischen findet der Anlass seine Anregungen zunehmend ausserhalb der Institution Kirche. Das Sebastiansfest von Finhaut bildet heute kaum mehr ein einheitliches religiöses Weltbild ab. Schon eher liesse sich von einem totalen gesellschaftlichen Phänomen[10] sprechen, bei dem gleichzeitig die verschiedensten Institutionen in Erscheinung treten und zusammenwirken.

Literatur

Die Liste enthält nur Titel, die auch jüngere Entwicklungen des religiösen Brauchwesens im Wallis behandeln.

Klaus Anderegg: *Durch der Heiligen Gnad und Hilf. Wallfahrt, Wallfahrtskapellen und Exvotos in den Oberwalliser Bezirken Goms und Östlich-Raron.* Schweizerische Gesellschaft für Volkskunde. Basel 1979.

Thomas Antonietti: «‹Für Gott und Vaterland – Streiflichter auf das kirchliche Brauchtum im Wallis›», in: G. u. H. Haid (Hg.), *Brauchtum in den Alpen – Riten, Traditionen, lebendige Kultur.* Bad Sauerbrunn 1995, S. 13–28.

Thomas Antonietti und Marcus Seeberger: *Die Herrgottsgrenadiere. Ursprung und Phänomen eines Brauchtums.* Lötschentaler Museum. Kippel 1988.

Bernard Crettaz: *De la terre à la foi. Recherches pour une exposition.* Musée d'ethnographie. Genève 1982.

Arnold Niederer (Hg.): *Die Osterspend von Ferden und andere Spendbräuche im Wallis.* Lötschentaler Museum. Kippel 1992.

Yvonne Preiswerk: *Le Repas de la Mort.* Sierre 1983.

Rose-Claire Schüle: «La Saint-Sébastien en Valais romand» und «Les distributions pascales de pain et de vin en Valais», in: R. Thalmann (Hg.), *Das Jahr der Schweiz in Fest und Brauch.* Zürich / München 1981, S. 92–93 und 150–151.

9 Vgl. z. B.: Vittorio Lanternari: «La politica culturale della Chiesa nelle campagne: la festa di S. Giovanni»; in: *Società,* XI/1, 1955, S. 64–95. – Werner Mezger: «Sankt Nikolaus zwischen Katechese, Klamauk und Kommerz – Zu den Metamorphosen eines populären Brauchkomplexes»; in: *Schweizerisches Archiv für Volkskunde,* 86/1990, S. 62–92, 178–201.

10 Marcel Mauss: *Essay sur le don.* Paris 1950.

Das Patronatsfest des hl. Sebastian in Finhaut VS

Bei verschiedenen kirchlichen Festen im Jahreslauf werden Speisen und insbesondere Brot gesegnet. In Finhaut geschieht dies am Sebastians-Fest (20. Januar), das seinen Ursprung im Pestjahr von 1649 hat. An diesem Feiertag von grosser lokaler Bedeutung nehmen auch alle Wehrpflichtigen in Uniform teil, während die Mädchen und Frauen in der Tracht erscheinen. Das besonders gestaltete «Sebastiansbrot» wiegt bis zu 25 Kilogramm Das Brot wird nach der Segnung an die Gläubigen ausgeteilt. Im Anschluss an das Hochamt zieht eine Prozession mit dem Reliquiar des heiligen Sebastian durch das Dorf. Das Kirchenfest klingt mit einem Fahnengruss am Nachmittag und mit Tanz am Abend aus. D. W.

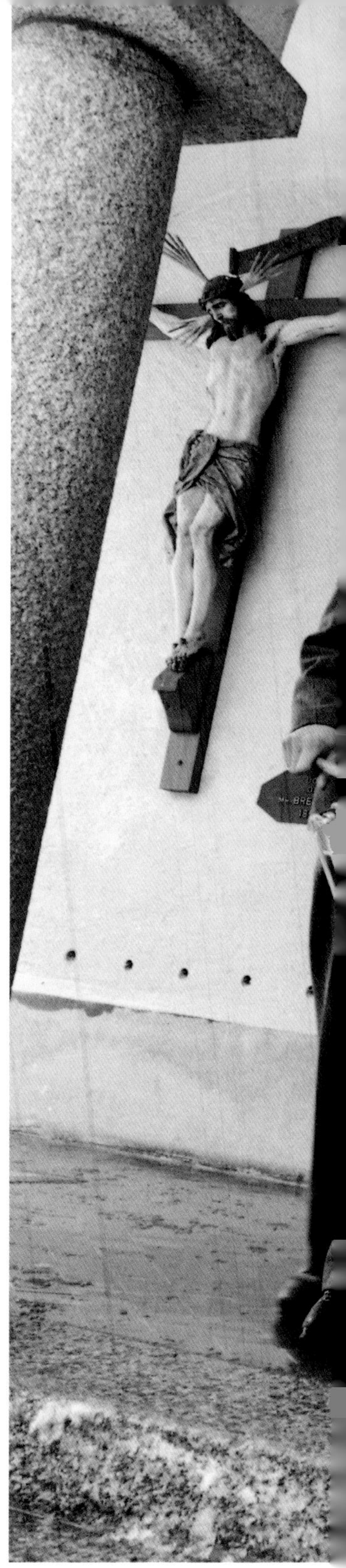

Ottavio Lurati

Die italienische Schweiz

Zwischen offizieller Religion und gelebter Frömmigkeit

Prozession in Sonogno, Val Verzasca, 1895. Wie damals üblich in der italienischen Schweiz, der Lombardei und im Piemont tragen die Frauen die bei kirchlichen Anlässen obligatorische *continenza*, das selbstgewobene «Tuch der Keuschheit» aus Leinen; der Brauch verschwand um 1925/1930.
Fotograf unbekannt, Glasnegativ. Sammlung Ottavio Lurati, Basel / Montagnola.

Beobachtungen aus der italienischen Schweiz

Eine Theorie der mannigfaltigen Beziehungen zwischen den gelebten Formen von Religion, die oft mit den Begriffen «Volksreligiosität» oder «Volksfrömmigkeit» gekennzeichnet werden, und der offiziellen, kirchlichen Religion aufstellen zu wollen, verursacht etliche und komplexe Probleme. Schwierigkeiten entstehen sowohl auf definitorischer Ebene als auch auf der Ebene der Anwendbarkeit des umstrittenen Begriffs der «Volksreligiosität»: er erscheint fragwürdig sowohl in anthropologischer und sprachlicher als auch in religiöser Hinsicht. Die Verwendung des Ausdrucks «Volksreligiosität» wirft Fragen auf, die nicht von der Hand zu weisen sind; doch davon an einer anderen Stelle. Prandi (1983) versucht zu vermitteln und gelangt zur Definition von «Volksreligiosität» als der Gesamtheit religiöser Verhaltensweisen, die im wesentlichen in den unteren sozialen Schichten verbreitet sind, die aber zeitweise auch von den oberen Schichten mitgetragen werden. Demnach könnte man etwa folgendermassen zusammenfassen:

a) Die Erscheinungsformen der Volksreligiosität sind verbreiteter in jenen Gemeinschaften, in denen eine religiöse Hierarchie elitären Charakters mit Priestern und entsprechenden Institutionen wirkt.

b) Die sogenannte Volksreligiosität wird zeitweilig als Antwort der Gläubigen auf die Initiativen der offiziellen Religion verstanden. Es sind dies Antworten, die sich synchron und diachron vielfältig überlagern. Es entstehen gewichtige Umgestaltungen der kirchlich sanktionierten Religionsformen teils durch Abwehrmechanismen, die in den unteren sozialen Schichten hervorgerufen werden, teils durch den Druck, den die Vertreter der offiziellen Religion ausüben, indem sie die Inhalte der religiös-symbolischen Werte regeln und definieren.

Einst wurde jeden Tag gebetet, und zwar in der Kirche wie zu Hause

Trotz der vielen theoretischen Schwierigkeiten, die der Begriff der «Volksreligiosität» bereitet, können wir doch einige ihrer Äusserungen beschreiben, die in der italienischen Schweiz von gestern Gültigkeit hatten, und andere, die im grundlegend veränderten anthropologischen Klima von heute ihre Bedeutung haben. Wir stellen hier nur wenige, dürftige

Elemente zusammen, die in eine noch zu leistende Forschung einzubauen wären; wobei unsere Hinweise nicht so sehr darauf angelegt sein sollen, eine systematische Typologie der religiösen Bräuche zu erarbeiten, sondern vielmehr die soziale Bedeutung dieser religiösen Einstellungen zu ermitteln.

Das religiöse Empfinden grosser Bevölkerungsteile hat sich in der Südschweiz in sehr differenzierter Weise entfaltet: in Andachten, Heiligenverehrungen, die nach geographischen und sozialen Parametern variierten, in Gebeten, in Gesängen, in der Rezeption erbaulicher Schriften und Vorbilder, im Gebrauch von religiösen Zeichen und Gegenständen (wie z. B. in Stoff eingenähte, geweihte Heiligenbilder, die, um den Hals gehängt, unter den Kleidern getragen wurden), Votivgaben, geweihte Brote und Blumensträusse. Es waren Bräuche, die den ganzen Lebenslauf von der Geburt bis zu den Begräbnisritualen umfassten. Heute sind viele dieser Brauchgewohnheiten im Schwinden begriffen, was zahlreiche Studien bestätigen. Man denke, um nur bei einem Beispiel zu verweilen, an das Kreuzeszeichen, das während Jahrhunderten unausbleiblich zum Alltag gehörte. Die verschiedenen Momente des Tagesablaufes wurden damit eröffnet und abgeschlossen. Eine Lehrerin aus dem inneren Calancatal (italienisch Bünden) berichtete z. B. im Jahre 1950:

«Man bekreuzigte sich vor und nach den Mahlzeiten, zum Angelus und zu Mittag, man zeichnete das Kreuz auf den Brotteig im Backtrog und auf die Brote, bevor sie in den Ofen geschoben wurden. Ebenso wurde das

Gründonnerstag-Prozession *(funziun de giüdee)* in Mendrisio; Würfelspieler («Darauf warfen sie das Los, um seine Kleider unter sich zu verteilen.» [Lukas 23,34]).
Foto: Fritz Franz Vogel, Wädenswil ZH, 1995.

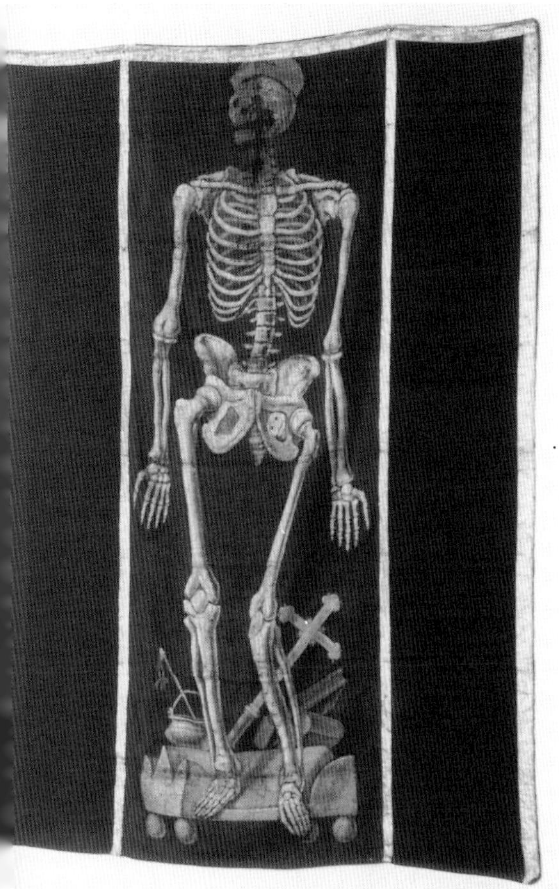

Bis etwa 1955 erinnerten in vielen Kirchen der italienischen Schweiz an Allerseelen und während des *Triduo dei morti* (3 Totengedenktage im November oder Dezember nach der Rückkehr der fern von zuhause arbeitenden Männer) schwarze Tücher mit Vergänglichkeitsdarstellungen an die Hinfälligkeit der menschlichen Existenz; alle Stände wurden ermahnt, im Bild – aus der Collegiata von Balerna TI – der geistliche Stand.
Foto: Ottavio Lurati, Basel/Montagnola.

Kreuz mit einem Messer ins Brot geritzt, ehe man davon zu essen begann, die frisch gemachte Butter wurde mit dem heiligen Zeichen versehen, ebenso die Kühe und die Türen der Ställe, nachdem der Bauer die Tiere gepflegt und gesäubert hatte. Mit dem Stiel des Spatens drückte er ein Kreuz in eine Ecke des Feldes, nachdem die Kartoffeln gesteckt waren. Weder liessen die Mütter die Kinder aus dem Hause, ohne sie mit dem Kreuzzeichen zu segnen, noch gingen die Erwachsenen nach dem Glockenläuten zu Ave Maria aus, ohne sich zu bekreuzigen; dies sollte sie vor Hexenzauber bewahren.»

Man erinnere sich zum Beispiel auch an die Landleute von Cozzera (oberes Bleniotal), die im Jahre 1851 nach einer zerstörerischen Rüfe, welche 23 Ghironesi ihr Leben kostete, oberhalb der Ortschaft ein Kreuz vergruben, um jegliche weiteren Erdrutsche aufzuhalten. Erwähnt sei die Geste einer Frau im Verzascatal, die im Jahre 1954 auf der Weide ihren Rosenkranz nach einem Wiesel warf, das nicht nur für schädlich galt, sondern als «teuflisch» gefürchtet war.

Zum Alltag gehörten auch die vielen Gebete der Frauen und der Männer. Hier einige Hinweise: In Comologno betete man vor dem Zubettgehen:

«A vagh a durmì cun quatordass éngial, düi da pii, düi da co, düi da la spala destra, düi da la spala sinistra, düi ch'a m desséda, düi ch'a m indurmenta, e düi ch'a m mena a la gloria del santu Paradiso» (Ich gehe zu Bett, behütet von vierzehn Engeln, zwei zu Füssen, zwei zu Häupten, zwei zur rechten, zwei zur linken Schulter, zwei, die mich wecken, zwei, die mich schlafen legen und zwei, die mich zur Seligkeit ins Paradies bringen.)

In den vierziger Jahren betete man im bündnerischen Roveredo am Abend folgenderweise:

«Signòr, Madòna e San Giusepp,
Curém de l dí e curém de nòcc,
Angel Custòde, ti te se l nòst tutor,
fam crèss bon, san e fòrt.
O car Signòr, om et prega pròpi fort,
dagh requie e pòss ai nòst pòri mòrt.»

(O Herr, Jungfrau Maria und heiliger Josef,
seid um mich besorgt, Tag und Nacht,
Schutzengel, der Du unser Behüter bist,
lass uns gut, gesund und stark werden.
O Herr, wir bitten Dich andächtigst,
gewähre Ruhe und Frieden unseren armen Verstorbenen.)

Anrufungen waren häufig. Wie unter anderen das *si quaeris miracula,* das hauptsächlich von Frauen an den heiligen Antonius von Padua gerichtet wurde. In der mündlichen Tradition wurden die Texte vielfach umgeformt. In Balerna haben wir 1970 folgende Version festgehalten:

Siquiris miraculà
morte ross calamitàs
demulebra fugium
egran surgiun sani.
Cedo marem vincolà
membra ressa perdità
petu nesant cipìum
iove nessés cani.
Pereom periculà
cessa te necessitas
naretivi qui sensiom
dicant Paduani
Gloria . . .[1]

(Wer Wunder sucht und Zeichen will,
bei St. Antonius findt er viel.
Der Tod, der Irrtum, Aussatz und Not,
der böse Feind mit seiner Rott
weicht ab von dannen gar geschwind,
wer Antonius' Fürbitt findt.
Die Kranken werden auch zur Stund
durch sein Verdienst frisch und gesund.

Das Meer wird still,
die Eisenband zerbrechen ohne Menschenhand.
Verlorenes Glied, verlorenes Gut
er vielen wieder bringen tut.

Die Gefahr hört auf, die Not vergeht,
nichts St.Antonius widersteht.
Zu Padua ist's wohlbekannt
und es bezeugens alle Land.

Ehr sei dem Vater und dem Sohn
samt dem Hl. Geist im höchsten Thron,
der woll uns durch den Diener sein
allzeit gnädig und barmherzig sein. Amen.)[2]

Dieses Gebet wird heute noch zitiert. Gegen Vipern und Nattern schützte man sich auf verschiedene Arten. In einigen Tälern hatte man noch um 1940, um sich sommersüber davor zu bewahren, auf eine Viper zu stossen, einen Schluck heiliges Wasser zu trinken – genau im Moment zwischen der Erhebung der Hostie und der Erhebung des Kelchs. In Cauco schleiften am Tag der Bekehrung des heiligen Paulus (am 25. Januar) die Frauen ihre Schürzen ein Stück weit über die Strasse. Wenn trotzdem eine Viper auftauchte, so sprachen sie folgendes Gebet: «*Super aspidem et basiliscum ambulavit et conculcabit, leonem et draconem.*» So gebannt, sollte sich die Viper nicht mehr bewegen und getötet werden können.

Es seien noch die in der Geschichte weit zurückführenden Bittgänge, die *rogazioni,* erwähnt. Die kleineren gehen auf das Jahr 470 zurück, die wichtigeren auf das Jahr 598. Es sind Bräuche, die jahrhundertelang in

Holzfigur des Erzengels Michael im Kampf mit dem Drachen, Schwert und Lanze abgebrochen; die Statue – in einer Kapelle im Val Pontirone oberhalb Biasca – wurde, wenn Dürre drohte, ins Wasser gelegt.
Foto: V. Vicari, Lugano. Sammlung Ottavio Lurati, Basel / Montagnola.

1 Der Aufsatz von G. Baggio, *Il latino della Chiesa nel basso Veneto;* in Lares 33, 183–184, stellt ebenfalls eine mündliche Variante des *si quaeris* aus dem Veneto vor, das *el secoeri* geworden ist. Es wurde u. a. gesprochen, um einen verlorengegangenen Gegenstand wieder zu finden.
2 Wie Herr Pfarrer P. H. Kleiber mitteilt, wird das Antoniusgebet seit Jahrhunderten im Kapuzinerinnen-Kloster Wattwil jede Woche gebetet.

grossen Teilen Italiens einschliesslich der Lombardei und der italienischen Schweiz lebendig waren.

Die Bittgänge wurden von der Kirche festgesetzt, um göttliche Hilfe für das Gedeihen der Ernte auf den Feldern zu erflehen. Im Tessin sind diese Prozessionen heute fast völlig verschwunden. Der Umzug setzte sich zum Gesang der Heiligenlitaneien in Bewegung, man ging *ai litaní*; in der Gegend von Como sprach man von *andá in cercamónd.* Noch im Jahre 1890 kam der agrarische Charakter der Zeremonie zum Ausdruck im Drachen, der in gewissen Dörfern des oberen Tessins und des Piemont den Umzug eröffnete. Dieser Drache am Anfang des Umzugs ist gut dokumentiert für die Provinz von Novara. Ebenso möchten wir, um weitere Bezüge zu geben, auf die spanische *tarasca* hinweisen, eine ungeheuerliche Schlange mit riesigem, bissbereitem Rachen, die vor der Prozession zu *Corpus Domini* (Fronleichnam) hergetragen wurde, um den Sieg Christi über den Tod darzustellen. Es sei noch erwähnt, dass auch in der italienischen Schweiz die *rogazioni* oft die Funktion hatten, die Grenzen der Gemeinden abzuschreiten, eine zivile Funktion, die z. B. im Veneto noch erhalten ist sowie im deutschschweizerischen Brauch des Bannumganges, in Beromünster und in zahlreichen anderen Gemeinden.

«Bei uns lebt und stirbt man im Namen Marias»

Diesen Ausspruch hörte man bis ungefähr 1980 öfters, und er bringt zum Ausdruck, wie wichtig die Rolle und die Verehrung der Madonna waren. Jahrhundertelang haben die Gläubigen ihre Hoffnungen und Erwartungen auf die Jungfrau Maria projiziert. Ein alter Kult, der von Carlo Borromeo im Rahmen der Gegenreform besonders gefördert wurde. Die Marienverehrung sollte bis weit ins 20. Jahrhundert hinein bestimmend bleiben. Viele Elemente beweisen dies, insbesondere die zahlreichen Kapellen, Bildstöcke, Kirchen und Altäre, die der Maria geweiht sind und die man in der ganzen italienischen Schweiz sowie in Italien findet.

Eine weniger bekannte Tatsache ist, dass einer der am häufigsten gelesenen Texte unter Geistlichen in den dreissiger und vierziger Jahren in Italien eine Abhandlung eines Tessiner Theologen war: Emilio Campana, *Maria nel culto cattolico. Il culto di Maria in sé e nelle sue manifestazioni liturgiche,* Torino / Roma 1933.

Die Kirche der Gegenreformation hob mit Nachdruck die Wunder der *Madonne del sangue* hervor, der weinenden oder blutenden Standbilder. Im späteren 15. Jahrhundert und vor allem im 16. Jahrhundert häuften sich die blutenden Madonnenfiguren. Es wirkte sich auch der Wille des Katholizismus aus, die Marienverehrung zu unterstützen und in einer Zeit, da sie von protestantischer Seite abgelehnt wurde, zu bekräftigen: «... die mittelalterliche Seele, die in Italien nur für kurze Zeit unterdrückt worden war,

Prozessionsschild aus dem frühen 19. Jahrhundert der Confraternità della Madonna del Carmelo in Coldrerio TI; in der von Pier Francesco Mola 1641 ausgemalten Marienkirche sind sämtliche Prozessionsschilder bis heute ausgestellt.
Foto: Ottavio Lurati, Basel/ Montagnola.

antwortete auf das Heidentum der Hochrenaissance mit dem Bedürfnis nach Blutwundern in der Nachfolge der berühmten Wundererscheinung von Bolsena» (Kerényi, 1996, 46).

Die Geschichte der *Madonna del sangue* von Re (im italienischen Vigezzotal, sehr nahe an der Schweizer Grenze) gehört zu diesem Ereignistyp, der sich zu Beginn des 16. Jahrhunderts im Piemont, in den Alpen der Lombardei und im Sopraceneri häuft. Am 29. April 1494 schlägt ein erboster Spieler, der einen Verlust hat einstecken müssen, das Marienbild von Re. Es blutet.

Nachdem sich diese Kultform zu Anfang des 16. Jahrhunderts verbreitet hatte, erfreute sie sich während Jahrhunderten einer enormen Beliebtheit. Wer zu Fuss in den Tälern des Tessin, des Misox und im Gebiet um Novara unterwegs ist, kann oft an Wegbiegungen einem Bildstock der

Eine der zahlreichen Darstellungen der blutenden Madonna von Re; mittleres Maggiatal.
Foto: Dominik Wunderlin, Basel.

Madonna di Re begegnen. Zu sehen ist das heilige Kind im Schoss der Maria, geschmückt mit einer Rolle mit der Inschrift: «*In gremio Matris sedet sapientia Patris*» (Auf dem Schosse der Muttergottes ruht die Weisheit des Vaters). Man bezog sich auf die Tatsache, dass Jesus Christus immer auf dem Schoss der Jungfrau Maria dargestellt wurde, eine Interpretation, die der *theologia mystica* entstammen mag. In fast jedem Dorf entdeckt das aufmerksame Auge auf den erbaulichen Fresken das Motiv der Rose, welche die Madonna in der Hand hält. Für viele Frauen der Gegend von Locarno war bis etwa 1955 die *Madonna di Re* während des ganzen Jahres Gegenstand der Andacht und Verehrung, jedoch war der besondere Höhepunkt die traditionelle Wallfahrt nach Re am 29. April.

Nicht nur innere Werte brachten die frommen Wallfahrerinnen nach Hause, sondern auch Andachtsschriften (wie zum Beispiel *Le massime Eterne*), Gebete, Heiligenbildchen, kleine Rosenkränze; auch die *binìs,* die Bonbons für die Kinder, durften nicht fehlen. Das Fest wurde sogar zur Wetterregel: «*Par la Madòna da Re, l'acqua no la manca, dananz o dadrè*». (Zum Fest der *Madonna di Re* bleibt der Regen nicht aus.) Solche Frömmigkeit begleitete selbst die Auswanderer. Die Madonna war immer da, spendete Trost und Hilfe in Gefahren fern von zu Hause. Diese Austauschbewegung vollzog sich auch in die andere Richtung: die Auswanderer brachten Andachtsgepflogenheiten der Orte, an denen sie arbeiteten, mit nach Hause.

Ein Beispiel dafür ist: «Il vero ritrato del imagine miracolosa di peaz (Pócs) del regno di Vngaria la quale l'anno 1696 nel mese di novembre lacrimò piv volte sangue edt aqua.» (Das wahrhafte Konterfei des wundertätigen Bildes von Pócs im Reiche von Ungarn, welches im Jahre 1696 im Monat November mehrere Male Blut und Tränen weinte.) Es ist heute noch auf einem Bildstock in Verdasio zu sehen (Kerényi 1996, 42–51). Es handelt sich nicht um einen einzelnen Fall. Die *Madonna della neve* (Maria zum Schnee) im *Oratorio delle Scalate* wurde – so die Tradition in Tegna – von Auswanderen nach der Toscana als Kultgegenstand mitgebracht. In ähnlicher Weise wurde die Verehrung der Madonna von Montenero von den Emigranten in Livorno nach den *Terre di Pedemonte* eingeführt.

Neben der *Madonna di Re* wurde auch die *Madonna del Sasso* verehrt, ein Heiligtum, dessen Anfänge ungefähr auf das Jahr 1470 zurückgehen. Heutzutage jedoch trifft der Besucher in den Tälern um Locarno herum häufig auf Bildstöcke der *Madonna di Re*, während diejenigen der *Madonna del Sasso* viel seltener sind. Ein Beispiel für die Verehrung der *Madonna del Sasso* bei den Emigranten ist der Fall eines Mannes aus dem Maggiatal, der, nach Mainz ausgewandert, sich am 20. Mai 1774 der heiligen Jungfrau empfiehlt. Das Heiligtum der *Madonna del Sasso*, das hoch über Locarno thront, spielte auch eine wichtige Rolle als *sacro monte* (heiliger Berg) und gehörte somit in die Reihe der Bollwerke des Glaubens, die die Gegenreformation im 16. und 17. Jahrhundert noch weiter fördern und unterstützen sollten. Im Sinne einer neuen *biblia pauperum*, nun in barockem Stil, entfalteten die «heiligen Berge» ihre Bilderpracht beim andachtsvollen Aufstieg der Gläubigen entlang den Stationen des Kreuzwegs, dessen Bilder und plastische Gestalten Künstler wie Fermo Stella, Sigismondo Betti, B. und G. C. Luini, Ravelli, N. Tabacchetti schufen. Die heiligen Berge zwischen dem Piemont und dem Veltlin stellten eine Art Stützpunkte dar. Diejenigen von Varallo (Baubeginn im 1491), von Oropa und von Varese waren sehr beliebt und sind heute noch bekannt. Es finden sich noch zahlreiche andere: in Arona, Orta, Valperga Canavese, Crea, Brissago sowie auch eben in Locarno, wo während langer Jahrzehnte die Gläubigen, auch von Novara her, zusammenströmten. Es galt der Brauch, während des Aufstiegs Münzen durch die Gitter der einzelnen Bildstöcke zu werfen[3].

Im Jahre 1949, als man nach italienischem Vorbild die *Madonna Pellegrina* einführte, die von Ort zu Ort wanderte, Fabriken, Werkstätten und Kasernen besuchte, griff man auf die *Madonna del Sasso*, das «Tessiner» Bistumsheiligtum, zurück. Der «Besuch der Madonna» stiess auf lebhafte Anteilnahme. Ein erbaulicher Bericht darüber findet sich zum Beispiel im Almanach *Ore in famiglia 1950* unter dem Titel: «La grande visita della Madonna Pellegrina» (Der grosse Besuch der Pilgermadonna). «Ein Zeichen, unter vielen anderen, des echten spirituellen Aufbruchs, das die Reisen der Pilgermadonna durch das Tessin belebte, war die Tatsache, dass diese Ereig-

3 Walter Heim: Münzenwerfen in Madonna del Sasso bei Locarno; in: Schweizer Volkskunde 50 (1960) 71–73.

nisse frei von jeglichen parteilichen oder politischen Interessen waren. Es war ein Ereignis rein religiöser Natur, das die Menschen in einer vom Materialismus gezeichneten und vom Kalten Krieg bedrohten Welt an die Werte des Geistes und an das Ideal des Friedens erinnerten» (Caldelari 1980, 64).

Die Wirkung dieser Vorgänge spiegelte sich unter anderem auch in einer scherzhaften Redensart, die damals aufkam: «È come la Madonna Pellegrina.» (Er ist wie die Pilgermadonna.) Man nannte so scherzhaft einen Politiker, der dauernd unterwegs war, um sich Stimmen, Ämter und Aufträge zu verschaffen. Von einem damals wichtigen Regierungsrat wurde scharfsinnigerweise gesagt, er sei die Pilgermadonna der Liberalen, da er beim Publikum starken Anklang fand. Um diese wenigen Hinweise zum Widerhall der Madonnenverehrung bei den Leuten etwas zu ergänzen, sei noch erwähnt, dass die Jungfrau in Alltagsgesprächen ständig im Munde geführt wurde. Auf sie wurden die unterschiedlichsten Tatsachen bezogen. Die Milchstrasse beindruckte durch ihre Weite: sie war *«la strada della Madonna»* (die Strasse der Madonna; Premana 1969). Es erschien ein Regenbogen; das hiess dann: *«A Madonna l'è andré a caezási»*, die Madonna kämmt sich die Haare (Busto Arsizio 1974). In den Dörfern um den Comersee war *«il vent de la Madòna»* der Wind, der von Südost nach Nordwest blies. War es der Wind, der von neun bis elf Uhr morgens blies, so erklärte man sich's so, dass es die Madonna sei, die zur Messe gehe: *«la Madonna che la va a messa»* (1974). Wenn ein Mädchen allzu neureich und vulgär herausgeputzt herumlief, so bezeichnete man es als *«la Madòna dal petròli»* (als ob die hochgeschmückte Madonna statt in der sanften Aura der brennenden Kerzen im blendenden und blakenden Licht einer Petrollampe stünde; Balerna 1975). Die letzten vierzehn Tage vor dem normalen Geburtstermin, während denen vor allem bei Erstgeburten die Kinder nicht selten zur Welt kamen (und noch kommen), wurden die fünfzehn Tage der Madonna genannt: *«i quindass dì da la Madòna»* (Mendrisiotto 1978).

Zur vorwiegend weiblich orientierten Muttergottesverehrung gehört als weiteres wichtiges Element das andere Marienheiligtum im Tessin, die *Madonna dei Miracoli* in Morbio Inferiore, wo die Madonna am 29. Juli 1594 erschien. Aber der Raum fehlt hier. Ganz zuletzt sei für Tessinfahrer aus der deutschen und der französischen Schweiz noch der Kult des *San Lucio* ins Gedächtnis gerufen. Luzius ist der Schutzherr der Käser. Die Ikonographie stellt ihn mit einem kleinen Käselaib in der Hand dar. Der Beruf des Käsers – einst sehr wichtig – wurde auch von *San Mamete* repräsentiert, der als Schutzherr der Bauern und Käser galt. Man findet sein Bild u. a. auf den Fresken in der prachtvollen Kirche von Mezzovico wie auch in Valsolda. Zur Besichtigung einer Darstellung von *San Lucio* empfiehlt sich der Besuch der alten Kirche von *San Fedele del Pedemonte* in Verscio. Das Gemälde des heiligen Luzius von Chur – ursprünglich nicht identisch mit unserem San Lucio –, ein Fresko aus dem 15. Jahrhundert von Antonio da Tradate, befindet sich in einer Ecke rechterhand und ist einzigartig in dieser Landkirche, die einst – wie die Ställe – ein rohes Holzdach hatte, das dann durch ein Gewölbe ersetzt wurde.

Von der Kirchweih zum heutigen Weihnachtsgeschäft

Das menschliche Leben entfaltet sich gleichzeitig auf verschiedenen Ebenen. Eine davon ist die transzendent-religiöse, eine andere das Werden und Vergehen in der Zeit. So lässt sich erahnen, welche Bedeutung den Kirchweihfesten zukam und noch zukommt. Es waren Feste zu Ehren des Kirchenpatrons der jeweiligen Pfarrei. Alberto Lepori bemerkt: «Auch wenn das Kreuz ein unverzichtbares Element des Christentums darstellt, ist letzteres trotzdem viel zu sehr als Religion des Verzichts und des Opfers gepredigt worden. Deshalb ist es interessant, zu sehen, wie sich die Leute an diesen Festtagen um die Kirchen herum versammeln und wie sie sich zu freuen wissen. Man befreit sich von der Banalität des Alltags und vom Leistungszwang, der den modernen Menschen bestimmt.» An den Kirchweihfesten erlebte und erlebt sich die Dorfbevölkerung als Gemeinschaft von Generationen, von Männern und Frauen und von Angehörigen unterschiedlicher sozialer Schichten. Sie alle teilen miteinander ein gemeinsames kulturelles und religiöses Erbe. Anlässlich der Kirchweih fand und findet das Dorf seinen nur ihm eigenen Ausdruck. Es war und ist kein liturgischer Akt, der mit der ganzen katholischen Welt geteilt wird, sondern ein individuelles, spezifisches Fest einer einzigen Gemeinde in einem bestimmten Moment, was stark zur Identitätsbildung der Gemeinde beiträgt. Zois dokumentiert ausführlich und systematisch diese Bräuche der *sagre*, der *Chilbi*, von einst und heute in der italienischen Schweiz, die das ganze Jahr hindurch praktiziert werden (dort auch das Vorwort von Lepori)[4].

Um ein Beispiel für heute geltende Bräuche zu geben, wollen wir den Monat Dezember betrachten, einen Monat, der heute fast völlig im Bann der Verkaufsförderung und des Konsums steht, denn die kommerzielle Manipulation hat sich auch den Nikolaustag, am 6. Dezember, einverleibt. *San Nicola* war schon seit dem Mittelalter der Beschützer der Kinder und der Jugendlichen. Es gilt, zwei Ebenen zu unterscheiden. Den Kern bildet der gelebte und erlebte Brauch des Festes, das die Jugendlichen organisierten. In parasitärer Art hat sich auf einer zweiten Ebene die kommerzielle Nutzung entwickelt, intensiv gefördert von den grossen Kaufhäusern und den Spielzeugfabrikanten seit dem Anfang des 20. Jahrhunderts. Die beiden Ebenen werden auch durch zwei verschiedene Namen gekennzeichnet: *San Nicola* nannte sich der gelebte Brauch, die moderne, kommerzielle Variante des

4 Weitere Dokumentation findet man in den Artikeln zu den verschiedenen Monaten im *Almanacco 1982–1993.*

Festes figuriert unter dem Namen *San Nicolao*. Die kommerziellen Interessen sollten bald einmal mächtiger werden und den echten, den erlebten Brauch überwuchern, indem sie den Bischof von Myra zum Verteiler von Spielzeug und Geschenken, welche die grossen Kaufhäuser verkauften, herabwürdigten. In einer nächsten Phase wurde dieser kommerzialisierte *San Nicolao*, der zu einer Art Laufbursche der Warenhäuser degeneriert war, über den Atlantik exportiert. Dort wurde er zum *Santa Claus* gemixt, weiterhin mit dem obligatorischen roten, das heisst bischöflichen Kleid, das sich auf die Figur bezieht, die am 6. Dezember zu erscheinen pflegte. In einem weiteren Schritt wurde dann dieser Homunkulus statt auf den 6. auf den 25. Dezember und die vorausgehenden Tage appliziert. Als Retourkutsche kehrte endlich der ehemalige San Nicola nach Europa zurück, wo er nun als *Babbo Natale* und *Père Noël* umgeht. Die Kommerzialisierung und Entwertung des Weihnachtsfestes ist heute jedermanns Erfahrung.

Wir wollen uns noch einen Moment dem Brauch des Weihnachtsbaums zuwenden. Der Zu- und Wechselfälle sind viele. An der Entstehung des Brauches ist unter anderen auch Martin Luther beteiligt, dem die Figur des St. Nikolaus als Verteiler der Geschenke missfiel. Der Reformator wollte den St. Nikolaus als Geschenkbringer durch das Christkind ersetzen, was sich in Deutschland weitgehend durchgesetzt hat: in den Gebieten deutscher Kultur ist der Weihnachtstag zum Tag der Geschenke geworden. In der Schweiz hingegen hatte Bullinger – der Nachfolger Zwinglis – nichts gegen den Samichlaus einzuwenden, nur wurden in der reformierten Schweiz die bischöflichen Kleider des ursprünglichen St. Nikolaus weggelassen.

Die Gepflogenheit, die Kinder an Weihnachten zu beschenken, beginnt in der Schweiz im 18. Jahrhundert und entwickelt sich weiter im 19. Jahrhundert, gefördert einerseits durch eine romantisch inspirierte Empfindsamkeit, andererseits durch die fortschreitende Industrialisierung. Für die Evangelischen in der Schweiz entsteht aus dieser Kreuzung der Weihnachtsmann, der wie St. Nikolaus Geschenke verteilt, aber auch die unartigen Kinder straft. In der französischen Schweiz erschien der *Père Fouettard*, der Papa mit der Rute. Auch der *Père Chalande* gehörte dazu. Während langer Zeit gab es in der Westschweiz auch eine weibliche Gestalt, *la Dame de Noël*.

Die Gewohnheit, einen Weihnachtsbaum aufzustellen, entstand im Zusammenhang mit den Geschenken, demzufolge war er ursprünglich nicht mit dem Weihnachtstag assoziiert. Was wir heute Weihnachtsbaum nennen, war in Wirklichkeit das Bäumlein des St. Nikolaus. In der Folge der Säkularisierung und Banalisierung der St.-Nikolaus-Bräuche wurde im deutschsprachigen Raum daraus der Weihnachtsbaum. Das einstige Attribut des St. Nikolaus gelangte von Deutschland her, wo es zum Beispiel um 1660 am Hannoveraner Hof gebräuchlich war, in die Deutschschweiz. In Basel wird das Samichlausbäumli zum ersten Mal im Jahre 1748 bezeugt. Weiter finden sich Hinweise im Jahr 1775, immer im Zusammenhang mit

Gebäckmodel mit Nikolaus von Myra, Tannenbaum, Büchertasche und Gabenkorb; Ostschweiz oder Süddeutschland.
Museum der Kulturen, Basel. Inv.-Nr. VI 16929.

dem 6. Dezember. Von Zürich und Basel ausgehend, verbreitete sich dann der Brauch im 19. Jahrhundert allmählich in der übrigen Deutschschweiz. Die katholischen Gebiete übernahmen diese Sitte erst nach langem Zögern.

Anfänglich gehörte das Bäumlein zu den Bräuchen der Aristokratie, schliesslich drang es auch ins bürgerliche Milieu, von wo es sich mit der Zeit auch in der bäuerlichen Schicht verbreitete. Während dieser Zeit vollzog sich auch die Verschiebung des Datums vom 6. zum 25. Dezember.

Im bürgerlichen Paris wird der Weihnachtsbaum zum ersten Mal um 1840 vereinzelt bezeugt. Gegen die Jahrhundertwende gehörte er bereits zu den Riten der bürgerlichen Familien des ganzen Landes.[5]

Von der Deutschschweiz aus verbreitete sich das Bäumlein in der französischen Schweiz und in italienisch Bünden, wo es lange vor dem Tessin Fuss fasste. In Poschiavo feierten die Reformierten schon um 1915 *la festa dell'alberino*, das Weihnachtsbaumfest. Zu Neujahr wurde das Fest wiederholt, wobei sich alle versammelten, und bei dieser Gelegenheit wurden die Geschenke ausgetauscht. Die Katholiken von Poschiavo blieben hingegen dem Weihnachtsbäumlein gegenüber lange Zeit skeptisch. Im Trentino (zur damaligen Zeit unter österreichischer Verwaltung) verbreitete sich der Brauch dank der Nähe zur deutschen Kultur ebenfalls rasch. In den herrschaftlichen Familien feierte man Weihnachten mit dem Weihnachtsbaum schon um 1870. Im Tessin findet man erste Hinweise in Lugano und Locarno um 1910 bis 1915. Von einer eigentlichen Verbreitung des Brauches kann man erst ab etwa 1935 sprechen. In gewisser Weise fügte sich der Weihnachtsbaum leicht in die Traditionen des Tessins ein: es gab den Brauch, zu Weihnachten das ganze Haus, die Türen und die polierten und glänzenden Kupferpfannen mit Lorbeerzweigen zu schmücken. An diese Zweige wurden dann Orangen, Mandarinen und in Stanniolpapier eingewickelte Nüsse gehängt. So vereinigten sich zwei

5 Ph. Ariès / G. Duby: *La vita privata nell'Ottocento.* Roma / Bari 1988, Photo 2.36.

verschiedene Traditionen – die eine lokal, die andere aus dem Norden kommend –, weil sie unter anderem von derselben Absicht getragen waren: nämlich das Haus zu verschönern und mit etwas Grünem zu schmücken. In beiden Fällen bediente man sich der immergrünen Pflanzen, die die Natur im Winter bietet. Die Verbreitung vollzog sich in zwei unterschiedlichen Phasen: zuerst gab es den öffentlichen Baum, der auf einem Platz errichtet wurde, erst danach fand er den Weg in die Stuben der Familien. Es gilt dies auch für Italien, wo bestätigt ist, dass im Jahr 1890 in Rom für die Armen ein Weihnachtsbaum im Freien errichtet wurde: «... un albero di Natale per i poveri eretto all'aperto a Roma». Der entsprechende Hinweis findet sich in der *Illustrazione Italiana* aus dem Jahr 1891, S. 24. Einige Jahre später (1897) führte die Königin Margherita di Savoia den Weihnachtsbaum im italienischen Königspalast, dem Quirinal, ein. Das Beispiel machte schnell Schule und fand Nachahmung in ganz Italien, vor allem bei den Damen in der höheren und mittleren Aristokratie. Von da aus findet die Sitte Eingang in den bürgerlichen Familien und schliesslich auch in den Häusern einfacherer Leute vorwiegend in den Städten.

Kehren wir in unsere heutige Zeit zurück. In der italienischen Schweiz sind die Einstellungen zur Religion verschieden. Es sei auf die Bibliographie in Lurati (1992) verwiesen. Wissenschaftliches Interesse hat vor allem die Jugend gefunden: Eine umfassende Studie ist von Laim (1985) verfasst worden. Offensichtlich scheint bei den Jungen die allgemeine Hoffnungslosigkeit weniger verbreitet, als z. B. Zavoli (1982, 60) behauptet hat. Ein einzigartiges Phänomen kollektiver Religiosität der letzten Dezennien betrifft Papst Johannes XIII. In ganz Italien und fast überall in der Südschweiz gab es kein Haus von Bauern und keine Wohnung von Arbeitern, in denen nicht das Bild des Reformpapstes Johannes seinen Platz gehabt hätte. Seine Beliebtheit ist ein unbezweifelbarer Bestandteil der modernen Volkskultur. Was die Verehrung und die Art betrifft, wie sie mitgeteilt wurde, sei auf den Essay von Pianta (1992) verwiesen. Er bemerkt, es sei verfehlt, die Verehrung von Papst Johannes nur durch seine Güte und sympathische Bescheidenheit erklären zu wollen. Man würde dabei das Problem lediglich verlagern und eine einzigartige Gelegenheit verpassen, einen Kult zu erforschen, der, nicht antik, unter unseren Augen, in unserer zeitgenössischen Kultur entstanden ist und sich entwickelt hat. Dessen Entwicklungsgesetze zu begreifen könnte dazu beitragen, Entwicklung und Verbreitung bestimmter kollektiver Verhaltensweisen zu erhellen.

Ein Aufsatz in *Azione* vom 10. Januar 1991 beschäftigt sich zum Beispiel aus Tessiner Perspektive mit dem Phänomen Medjugorje in Bosnien. Seit Jahrzehnten pilgern nunmehr gewisse Gruppen von Gläubigen aus der Lombardei, der deutschen und der italienischen Schweiz sowie aus Frankreich nach dem Wallfahrtsort. Dokumentationen zu den Erscheinungen, die sich in Scarpapè (oberhalb von Giubiasco) im Jahr 1987 und in den darauffolgenden Jahren ereignet haben sollen, sind unter anderen im *Eco di Locarno*, 18.–19. Oktober 1990 sowie 12.–14. Januar 1991, zu finden.

Zizola (1988, 247 ff.) und besonders Altermatt (1989, ital. Übersetzung mit einem neuen Kapitel über die Lage in der italienischen Schweiz) beschäftigen sich mit den Veränderungen, die sich innerhalb der katholischen Kirche in den letzten Jahrzehnten vollzogen haben. Sie sind u. a. geprägt von einer Privatisierung früher öffentlicher Bereiche. Im Zuge der Säkularisierung des Alltagslebens und der hochgradigen Arbeitsteiligkeit, die die gegenwärtige Gesellschaft charakterisieren, beschränkt sich religiöses Handeln für viele Personen auf wenige Hantierungen und besondere Tage. Eine das Leben von Tag zu Tag prägende Wirklichkeit ist es nicht mehr.

Übersetzung: Clelia Bally (Monteggio)

Literatur

Agnoletto, Attilio: La religione popolare. Istituto di Propaganda. Milano 1991.
Altermatt, Urs: Cattolicesimo e mondo moderno. Locarno 1996.
(Deutsch: Katholizismus und Moderne. Zürich 1989.)
Anesa, Marino: Le orazioni popolari. Percorsi tra memoria orale e fonti scritte; in: Archivio Storico Bergamasco 11 (1986), S. 273–309.
Caldelari, Callisto: Storia dell'eremo, sacro monte e santuario della Madonna del Sasso; in: Messaggero Madonna del Sasso. Locarno 1980, maggio–luglio.
Capriolo, Adriano / Rimoldi, Antonio / Vaccaro, Luciano (Hg.): Chiesa e società. Appunti per una storia delle diocesi lombarde. Brescia 1986.
Frigerio, Pierangelo, und Pisoni, Pier Giacomo: San Giulio e Giuliano e l'evangelizzazione delle terre verbanesi e cusiane; in: Verbanus 9 (1988), S. 215–277.
Kerényi, Karl: La Madonna ungherese di Verdasio. Locarno 1996.
Laim, Claudio: La religiosità dei giovani ticinesi. Roma 1985.
Le Goff, Jacques: Pour un autre Moyen Âge. Paris 1977.
Lurati, Ottavio: Lebensformen heute. Gedanken zur italienischen Schweiz; in: Handbuch der schweizerischen Volkskultur (Hg. Paul Hugger). Band 2, S. 721–747, Zürich 1992.
ders.: Superstizione e mito attorno alla figura del prete; in: Schweizerisches Archiv für Volkskunde 68–69, 1972–1973, S. 399–406.
ders.: Appunti sulla settimana Santa e la Pasqua nel Ticino; in: Folklore suisse – Folklore svizzero 58–59, 1968–1969, S. 5–11.
Mondada, Giuseppe: La disputa; in: Folklore suisse – Folklore svizzero 73, 1983, S. 37–38.
Panzera, Fabrizio: Les catholiques tessinois face au fascisme (1922–1940); in: Zeitschrift für Schweizerische Kirchengeschichte 84, 1990, S. 83–94.
Pianta, Bruno: Cultura popolare. Milano 1992.
Pozzi, Giovanni (Hg.): La Madonna del Sasso fra storia e leggenda. Locarno 1980.
Prandi, Carlo: La religione popolare tra potere e tradizione. Per una sociologia della tradizione religiosa. Milano 1983.
Schmid, Ernst: Heilige des Tessins in Geschichte, Legende und Kunst. Frauenfeld 1951.
Zavoli, Sergio: Socialista di Dio. Milano 1982.
Zizola, Giancarlo: Il modello cattolico in Italia; in: Ph. Ariès / G. Duby: La vita privata. Il Novecento. Roma / Bari 1988, S. 247–310.
Zois, Giuseppe: Feste e sagre del Ticino. Lugano 1983.

Sagra von Morbio Inferiore TI

Am 29. Juli, also mitten im Hochsommer, feiert das Mendrisiotto das Fest der Santa Maria dei Miracoli. Die Wallfahrt zum Heiligtum von Morbio Inferiore geht ins 16. Jahrhundert zurück und besitzt im Südtessin einen einzigartigen Stellenwert. Den Höhepunkt erreicht das Fest in den Abendstunden mit einer Prozession durch das Dorf. Dabei ziehen die betenden und singenden Teilnehmer an einer Reihe von lebenden Bildern vorbei, welche Szenen aus dem Leben von Maria zeigen. Nach dem Schlussegen auf dem Vorplatz der Kirche kehrt das Kirchenvolk gestärkt im Glauben nach Hause zurück.
D. W.

MOSCHINO
Fr. 10
Fr. 5.

MOMBELLI ENRICO
VINI - GRAPPA
5

Dominik Wunderlin

Kilbi und Kirchweih

Die anstrengende Passwallfahrt – zugleich Bergkilbi – nach der Kapelle von San Lucio ob Bogno auf 1540 m ü. M. zwischen dem Val Colla und dem italienischen Val Cavargna kann auch per Helikopter absolviert werden.
Foto: Giorgio von Arb, Zürich.

Chilbi, Chülbi, Kirmes, Kermesse, Kerb, Kerwa, Kertag oder wie es sonst noch je nach regionalem Sprachgebrauch heisst, hat vor allem in den Ohren der Kinder einen magischen Klang. Und auch wir Erwachsene verbinden manche Erinnerung mit diesem Wort. Es steht für einen Festtag, der zu den nicht-kalendaren gerechnet wird und darum an fast beliebiger Stelle im Jahreslauf stattfinden kann.

Jedes Kind merkt, wann es wieder Zeit für die Chilbi ist, denn da geht es in Haus und Dorf plötzlich geschäftiger zu als sonst.

Da wird noch eine Hausfassade frisch geweisselt und dort ein Gartenzaun neu gestrichen; durchs Haus ziehen besondere Düfte, denn in der Küche wird «geküchelt». Vielleicht hat sich auch der Störmetzger eingestellt, um ein Schwein oder ein Schaf zu schlachten und zu verarbeiten. Aber Betrieb herrscht auch in der Kirche; sie wird von der Sigristin und ihren Helferinnen gereinigt, der Chorraum und besonders auch die Altäre werden mit Blumen geschmückt, die Prozessionsfahnen bereit gemacht, und der Chor hält besondere Proben ab, während die Ministranten instruiert werden.

Und auf dem Dorfplatz oder auf einer Wiese am Dorfrand wird ein Karussell aufgestellt, vielleicht auch eine Schiffschaukel und eine «Auto-Scooter»-Bahn, ganz sicher aber kommen eine Schiessbude, eine Tombola, ein Spielzeugstand und einige Stände mit Schleckereien auf diesen kleinen Vergnügungspark zu stehen.

Chilbi – das ist für viele Leute in der heutigen Zeit schlicht und einfach ein Synonym für ein Dorffest, auch wenn es zugunsten einer Mehrzweckhalle veranstaltet wird, oder Synonym für einen Rummelplatz, der – wie es heute gewisse Schausteller tun – als «Lunapark» an einem Ferienort während der sonst eher flauen Sommerferienzeit eingerichtet wird.

Tatsächlich ist die Chilbi vielerorts das beliebteste weltliche Fest im Dorf und in der Kleinstadt. Und gerade das ist ja eigentlich paradox, denn eine Chilbi ist vom Worte und von der Institution her ein kirchliches Fest mit einem allerdings zu allermeist weltlichen Annex.

Das mundartliche Wort *Chilbi* ist eine Verkürzung des Wortes *Kirchweih.* Auf den kirchlichen Anlass weisen auch die Bezeichnungen ausserhalb des schweizerdeutschen Sprachbereiches.

So das bayrische *Kirchtag* oder mundartlich *Kirta,* dann die weitverbreitete *Kirmes* oder frz. *Kermesse,* die beide von einer Verkürzung des Wortes *Kirchweihmesse* kommen. Im Unterelsass spricht man von einer *Messti,* das dem hochdeutschen *Messtag* entspricht.

Auf das Kirchliche weisen auch die entprechenden Begriffe in den romanischen Sprachen hin: In der Westschweiz wird das Fest je nach Region *la bénichon* oder *la béniesson* (von bénir), *la dédicace* oder *St. Martin* genannt. Letztere beschränkt sich weitgehend auf die Ajoie im Kanton Jura und verweist auf das Datum der Abhaltung der Kirchweih, den 11. November. – Die Rätoromanen sprechen je nach Idiom von *pardonanza, pardunanza oder pardunaunza.* In der Südschweiz schliesslich kennt man die *sagra*; in der Leventina allerdings konnte man noch in der Mitte des 19. Jahrhunderts auch von der Kilbi reden hören – ein Sprachdenkmal aus der Zeit, als dieses Tessiner Tal noch urnerisches Untertanengebiet war!

Zum Begriff «Kirchweih»

Vorerst einmal bezeichnet man damit die liturgische Feier der Indienstnahme eines Kirchengebäudes für Gott (Konsekration; dedicatio ecclesiae, encaenia). Dieser Anlass wurde immer als sehr wichtig und bedeutungsvoll empfunden, weshalb auch ihr Jahrestag (anniversarium dedicationis ecclesiae) in festlicher Weise begangen wurde: primär wiederumliturgisch, dann aber auch weltlich.

Das zweite, ebenso bedeutende lokale Kirchenfest, dem ein dann als «Kilbi» bezeichneter weltlicher Teil folgen kann, ist der Gedenktag des Patrons eines Gotteshauses. Beide Feste können zeitlich zusammenfallen, falls die Kircheneinweihung tatsächlich an *jenem* Tag erfolgt ist, der ohnehin der Festtag des Patrons dieser Kirche ist. Gewöhnlich sind es aber zwei zeitlich sich nicht deckende Kirchenfeste, doch gewann im Laufe der Zeit eines dieser Feste den Vorrang und drängte das zweite zurück oder liess es schliesslich ganz verschwinden; denn nach dem Volksmund, der diese Entwicklung bewertet, wird nur einmal im Jahre *Kilbi* gefeiert. Dadurch aber wurde es möglich, dass die Bezeichnung «Kilbi» auf das Patronatsfest übertragen wurde. Oder es kam zu einer Vereinigung beider Feiern, wobei dann der stets präsente Kirchenpatron dem geschichtlich fernen Weihetag häufig den Vorrang ablief. Hierzu ist allerdings zu bemerken, dass kirchenrechtlich laut Dekret

Martini-Chilbi in Baar ZG.
Foto: Dominik Wunderlin, Basel.

Martini-Chilbi in Baar ZG.
Foto: Dominik Wunderlin, Basel.

von 1632 die Feier der Kirchweih bei Okkurrenz, d. h. Zusammenfallen mit dem Fest des Patrones, den Vorrang hat.

Die Übertragung der Bezeichnung *Kirchweih / Kilbi* beschränkt sich indes keinesfalls nur auf das Patronatsfest. Im Volksmund nämlich wird das Wort häufig verwendet für Lebensgewohnheiten und Dinge, die eine überalltägliche, festliche Note besitzen.

Einen Eindruck über die Bedeutungsbereiche fernab vom eben Genannten gibt etwa Grimms «Deutsches Wörterbuch» bei den einschlägigen Wörtern. Eine Zusammenstellung der Bedeutungsbereiche nach ihrem Charakteristikum vermittelt Karin Wagner in ihrer Dissertation *Kirchweih in Franken*, der ich hier folge:

a) Eine *ähnliche Art der Terminsetzung:* Wie die Kilbi und das Patronatsfest haben auch der Jahrmarkt und die Fastnacht im lokalen Festkalender feste Plätze, die in der Regel nur geringfügigen Schwankungen unterliegen. Als bevorzugte Berechnungshilfen dienen die Ausrichtung auf einen Heiligentag, ein bestimmter Sonntag im Monat oder die Sonntagsnummer im beweglichen Kirchenkalender.

b) Die *periodische Wiederkehr.* Es gibt sie nicht nur bei kalendaren und nicht-kalendaren Festen. So nennen etwa die Frauen im Bernbiet die Monatsregel «Chilbi», in Bayern «Kirta».

c) Der *Charakter des Lokalfestes:* Ganz im Gegensatz zu den allgemein zu feiernden Kirchenfesten wie Weihnachten, Ostern etc. oder auch im Gegensatz zu einem Nationalfeiertag wird das Kilbi genannte Fest nur lokal gefeiert.

d) *Übereinstimmung im Festablauf.* Hierzu gehören die weltliche Feier mit Festmahl, die Ähnlichkeit der kirchlichen Feier, der Besuch auswärtiger Gäste und Bekannten und/oder das Vorhandensein von Marktständen. Solche Elemente, die eine richtige Kilbi gemeinsam mit Anlässen im Jahres- und Lebenslauf hat, sind häufig. Dementsprechend zahlreich sind die im Volksmund mit Kilbi bezeichneten Feste. Sie brauchen wie ein Tauf- oder ein Schützenfest nicht einmal periodisch stattzufinden.

Doch eine Kilbi kann ferner auch Synonym für eine ganze Reihe von weiteren, meist überalltäglichen Sachen und Vorgängen sein, die aber gewöhnlich einen Bezug zum Wesen der Kilbi erlauben.

Nach Grimm ist das Wort auch die Umschreibung für «Jahrmarkt» (gerade auch in der Schweiz recht geläufig), für das Geschenk von der Kirchweih, vom Jahrmarkt (in der Schweiz eher «Chilbechrom», «Märtchrom»), für einen «Schmaus», für einen «ausgelassenen Scherz», für einen «derben Spass», für eine «Schlägerei» und sogar für die «Hölle und das jüngste Gericht». Im «Appenzellischen Sprachschatz» von Titus Tobler lesen wir die Wendung «Hescht e schöni Chilbe agschtellt» im Sinn von «das ist eine schöne Bescherung». Tobler gibt dazu folgende Erläuterung: «So sagt man von einem Jüngling, der Vater eines unehelichen Kindes wird (...). Die Figur kommt daher, weil es an einer Kirmes recht bunt und unordentlich zugeht.»

Wenden wir uns nun aber der liturgischen Bedeutung der Kirchweih zu. Diese ist in der katholischen Glaubenslehre von ungleich grösserer Wichtigkeit als in der evangelisch-reformierten. Nach der Liturgik bedeutet die Kirchweih erstens die Konsekration, also Einweihung einer Kirche, und zweitens den Jahrestag dieser Feier, also den Geburtstag einer Kirche.

Indikator für die Bedeutung, welche die katholische Kirche den genannten Feiern beimisst, ist die besondere Feierlichkeit, was vor allem für die Kircheneinweihung zutrifft. Hier wird zwischen der Konsekration und der Benediktion unterschieden.

Die Konsekration wird bei Dom-, Stifts-, Kloster- und Pfarrkirchen vorgenommen und ist einem Bischof vorbehalten. Eine blosse Benediktion, wie sie in der Regel bei Kapellen erfolgt, kann durch einen vom Bischof delegierten Priester vorgenommen werden. Ihr Ritus ist bei weitem einfacher. Trotz der im Stellenwert niedrigeren Benediktion können auch in Kapellen Messen gelesen werden, wenn wenigstens der Altar konsekriert ist. Zu den Voraussetzungen, dass eine Kirche geweiht werden kann, gehört, dass auch mindestens ein Altar geweiht wird. Ausserdem muss die Kirche aus Naturstein sein oder bei Betonkirchen zumindest die Pfosten des Tores und die zwölf Stellen der Apostelkreuze.

Wichtiger Bestandteil der Konsekration sind die Salbungen des Reliquiengrabes, der vier Ecken des Altars und der Kirchenwände. Eine Kirche verliert den Status der heiligen Stätte, wenn eine Exekration durch Zerstörung oder grössere Umbauten der Kirche geschehen oder eine Profanation des Sakralraumes erfolgt ist. In einem gegenüber der Konsekration einfacheren Ritus muss eine solche Kirche, um wieder den Gläubigen offen zu stehen, neu eingeweiht (rekonziliert) werden.

Erst seit Papst Paul V. (gest. 1621) ist es Vorschrift, dass ein Gotteshaus an einem Sonn- oder Festtag eingeweiht werden muss. Allerdings herrschte schon zuvor die verbreitete Ansicht, dass eigentlich nur der Sonntag

Fête und foire de St. Fromont, 17. und 18. Mai 1996, in Bonfol JU.
Foto: Dominik Wunderlin, Basel.

für einen derartigen feierlichen Akt in Frage komme. Für den Bereich des deutschen Reiches ist bezeugt, dass die zwischen 992 und 1052 im Beisein von deutschen Herrschern geweihten Kirchen meist an einem Sonntag oder an einem wichtigen Heiligentag konsekriert worden sind. Aus zahlreichen Gründen wertet das Volk eine Kircheneinweihung als höchst bedeutendes Ereignis, zumal sie nicht jede Generation erleben kann.

Im Prinzip wird das Kirchweihfest am wirklichen Jahrestag der Konsekration gefeiert, aber der weihende Bischof kann anlässlich des Weiheaktes einen anderen Tag bestimmen. Liturgisch hatte es früher den hohen Rang eines Voll-Festes 1. Klasse mit Oktav, das heisst, es war ein Fest mit achttägiger Feier, woran etwa die Jahrzeitfeiern der Bruderschaften am Chilbimontag und die Nachchilbenen am Sonntag darauf erinnern. Das Fest wurde als arbeitsfreier Tag und mit der Verpflichtung des Gottesdienstbesuchs begangen. Letzterer verlieh den Gläubigen zudem einen Ablass von 40 Tagen; eine Einweihung wurde sogar mit einem Jahr begnadigt! Die Gewährung von Ablässen bewirkte einen entsprechenden Zulauf, was dann wiederum seine Auswirkungen auf den profanen Teil haben konnte.

Nicht begangen wird der Jahrestag der Benediktion von Kapellen, hingegen derjenige von konsekrierten Kapellen, was es auch gibt. Bei einem Kapellweihfest findet übrigens häufig eine Prozession von der Dorfkirche zur Kapelle statt.

Weitaus geringer ist die Rolle, welche die Kircheneinweihung und auch die Feier des Jahrestages auf der reformierten Seite spielen. Der Glaubensauffassung entsprechend bedarf nämlich das Kirchengebäude keiner Dämonenreinigung und keiner Heilung für den Gottesdienst. Folglich lehnten die Reformatoren die Kirchenweihe gänzlich ab. So bezeichneten sie die «schmalkaldischen Artikel» als zugehörig «zu den närrischen und kindischen Artikeln, zu dem Gaukelsack des Papstes».

Doch die Reformatoren hatten nicht mit dem Volk gerechnet. Zu stark war der feierliche Eröffnungsakt im Volksleben verwurzelt gewesen, als dass sich die Gemeinde künftig nur noch mit einer schmucklosen, nüchternen Indienstnahme ihres Gotteshauses zufriedengeben konnte. Verlangt wurde nach einem Akt, der sich als solcher von den nachher folgenden regelmässigen Kultakten unterschied. Dies sah auch Martin Luther ein, der bereits bei der Eröffnung der Schlosskirche von Torgau, des ersten protestantischen Kirchenbaus von Deutschland, des Ereignisses der Einweihung in Predigt und Gebet gedachte.

Auch in der Schweiz konnte die reformierte Kircheneinweihung nicht ganz aus der Welt geschafft werden. In den einschlägigen Bibliotheken finden sich in reicher Zahl auch die gedruckten Predigten, welche zur Einweihung der Kirchen verfasst wurden. Entsprechend der feierlichen Grundsteinlegung bei katholischen Kirchen stösst man ausserdem zuweilen auf die Ecksteinpredigt bei reformierten Kirchen, welche zur Bibelstelle «Aber auch ich sage dir: Du bist Petrus, und auf diesem Felsen will ich meine Kirche bauen, und die Pforten des Totenreiches werden nicht fester sein als sie» (Matthäus 16, 18) gehalten wurden.

Liturgie- und Kirchengeschichtliches zum Kirchweihfest

Dem Brauch, eine Kirche einzuweihen, folgte schon im christlichen Altertum auch die Feier der jährlichen Wiederkehr des Tages. Hierzu gibt es ein alttestamentliches Vorbild: Judas Makkabäus verordnete 165 v. Chr. eine alljährliche Erinnerungsfeier an die Neueinweihung des Tempels von Jerusalem; es handelt sich um das bis heute im jüdischen Festkalender stehende Chanukka-Fest.

Auch die früheste Nachricht von einer christlichen Kirchweih-Erinnerungsfeier kommt aus Jerusalem: Die Pilgerin Aetheria erlebte gegen Ende des 4. Jahrhunderts das Jahresgedächtnis der dortigen Anastasia-Basilika.

Schon früher als bezeugt werden kann, muss das Kirchweih-Erinnerungsfest nach Rom und ins Abendland gelangt sein. Eine ganze Reihe von stadtrömischen Jahresgedächtnissen wandelte sich im Laufe der Zeit zu Hauptfesten gewisser Heiliger, die heute im allgemeinen Kirchenkalender stehen. Dazu gehört auch das Fest Allerheiligen, das an die 609 oder 610 erfolgte Weihe des Pantheons in Rom zur Kirche Sancta Maria ad Martyres erinnert. Diese Weihe erfolgte allerdings seinerzeit an einem 13. Mai. Unter Papst Gregor IV. wurde das Fest 835 auf den 1. November verschoben, wesentlich befördert durch den Umstand, dass zum Fest aller Märtyrer stets grosse Pilgerscharen in die Stadt Rom strömten, was aber wegen der zur Maienzeit knapp gewordenen Lebensmittel stets eine eher unpraktische Angelegenheit gewesen war.

Allgemein in der römisch-katholischen Kirche gefeiert werden bis heute die Weihefeste der Lateranbasilika (San Giovanni in Laterano) am 9.November und der Basiliken von Petrus und Paulus in Rom am 18. November. Diesen Feiern entspricht auf der Stufe der Diözese das Kirchweihfest der Kathedrale. Älter als die Kathedralkirchweih und das wichtigste für die einzelne Kirchgemeinde ist die lokale Erinnerungsfeier an die Kirchweih. Ein frühes Zeugnis dazu ist der Brief Papst Gregors des Grossen an den angelsächsischen Abt Mellitus um 600, worin Empfehlungen für die Feier der Kirchweih und der Märtyrerfeste stehen. Als gebotene kirchliche Feiertage werden der Jahrestag der Kirchweih und die Gedächtnistage der Märtyrer und Bekenner, deren Gebeine in der Diözese ruhen, erstmals an der Mainzer Synode 813 aufgezählt und verordnet. Etwa um die gleiche Zeit erscheinen die beiden Feste als Feiertage mit Sabbatruhe auch bereits in der Kirchenordnung des Basler Bischofs Hatto. Ab diesem Zeitpunkt begegnen wir der Kirchweih bald überall in den Festverzeichnissen. Hier dürfte wohl fixiert worden sein, was in den Gemeinden schon lange gebräuchlich war.

Der kirchliche Festkalender entwickelte sich ja aus den lokalen Märtyrerfesten, die dann später Bestandteil des allgemein verbindlichen römischen Kalendariums wurden. Dies geschah erst gegen Ende des 16. Jahrhunderts. Indes: Die daneben noch heute existierenden Diözesankalendarien beinhalten nicht wenig Lokalkolorit aus jener Zeit, als die Bischöfe noch das Recht hatten, Kirchenfeste einzuführen oder abzuschaffen. Dieses Recht hatte dazu geführt, dass in gewissen Bistümern im Spätmittelalter mehr als 100 Sonn- und Feiertage sowie Lokalfeste im Jahreskalender standen.

Da sie aber das Volk von der Arbeit abhielten und zur Verrohung der Sitten beitrugen, begannen schon im 15. Jahrhundert verschiedenenorts Bemühungen um eine Reduktion der Feiertage. Häufig liefen solche Anstrengungen parallel zu den Sittenmandaten, die ja bereits in vorreformatorischer Zeit wiederholt und zu verschiedenen Gegenständen erlassen wurden. Es sei hier nur der Titel eines Mandats genannt, das unser Thema berührt, nämlich das 1481 in Bern erlassene «Verbott dess spilens und der taentzen uff kilwinen».

Doch erst im tridentinischen Konzil wurde dann auf katholischer Seite die Feiertagsfrage tatsächlich ernsthaft und von oben angepackt. Aber es vergingen häufig noch viele Jahrzehnte, ja sogar Jahrhunderte, bis die Feiertagsfrage wirklich überall einigermassen gelöst war. Im Bistum Konstanz, das für einen grossen Teil der Deutschschweiz zuständig war, beschloss eine Diözesansynode im Jahre 1567 eine Feiertagsreduktion, die dem Reformentwurf des Legaten Campeggio entsprach. Die Kirchweih und das Patronatsfest jeder Pfarrei blieben als gebotene Feiertage bestehen, hingegen wurden einige weitere Feste zu Halbfeiertagen degradiert. Letzteres gefiel dem Volk wenig, so dass beispielsweise der Rat von Luzern schon 1586 an die neue Ordnung erinnern musste. Auch in Zug blieben ungeachtet der Diözesanstatuten von 1567 die lokalen Feiertage weiterhin im Kalender.

Auch in der Folge kommt die Feiertagsfrage nicht zur Ruhe. Nicht unschuldig daran waren aber auch die Kirchenobern selbst. So führte der Bischof von Konstanz 1652 den Josefstag ein, und 1654 wurde auf Anregung des apostolischen Nuntius der Tag des heiligen Karl Borromäus ins Kalendarium aufgenommen, während Zug ab 1674 den St. Magnustag dank bischöflicher Erlaubnis als Feiertag begehen durfte.

Die Kilbi und die Reformation

Während in Zürich trotz aller Mandate die Kilbenen in ländlichen Gegenden bis auf den heutigen Tag als profane Feste ihren Platz im Jahreslauf haben, gelang in Bern und Basel nach mühsamem Ringen ihre Ausrottung. In Basel wurde kurz nach 1540, als sich in Liestal Stadt und Land «in einer lustigen burgerlichen Külbi» näherkamen, das Kilbi-Wesen ein erstes Mal verboten. Doch noch 1636 wird in Münchenstein eine Kilbi abgehalten, und 1725 sieht sich der Rat zum wiederholten Male zu einem Verbot des Besuchs auswärtiger Kilbenen veranlasst.

Aber nicht nur auf reformierter Seite – und dies sei angemerkt – versuchte man gegen das Kilbi-Wesen anzukämpfen, wie Renward Cysats Eintrag von 1586 für Luzern illustriert: «Alle weltlichen ceremoniae oder fröwden, spil und tantzen uff kilch-wyhinen von nüwem gar abgstellt.»

Doch aus Deutschland wissen wir anderseits, dass in gewissen protestantischen Kirchenordnungen die Kirchweih als Kirchen- und Volksfest belassen wurde. Zuweilen kommt es zu einer bewussten Verbindung der Kirchweih mit dem Erntedankfest, namentlich dort, wo die Kilbi auf Michaeli, den traditionellen Erntedanktermin, fällt. Wo ein Pfarrer der Kilbi bei der inneren Feier einen neuen Sinn verleihen will, ist mit einer solchen Verbindung auch heute jederzeit zu rechnen.

Kirchenpatron und Patronatsfest

Unter einem *Kirchenpatron* kann zweierlei verstanden werden: zum einen die Rechtsperson, welche die Rechte und Pflichten über ein Gotteshaus innehat, zum andern aber ist der Kirchenpatron ein Heiliger, welchem der Schutz einer Kirche oder Kapelle anvertraut ist.

Nach mittelalterlicher Rechtsauffassung wird der Kirchenpatron in dieser zweiten Bedeutung, die uns zu interessieren hat, geradezu als Eigentümer von Kirche und Kirchengut betrachtet, was sich äusserlich auch in der Benennung der Kirche ausdrückt. Mit der Ausbreitung des Heiligenkultes im 4. Jahrhundert begann man dann, die Kirchen über den Märtyrergräbern nach den dort verehrten Leibern zu nennen. Später suchen auch die anderen Gemeinden an Orten ohne Märtyrergrab um den Schutz eines Heiligen nach und besorgen sich dazu auch Reliquien, die sie im Altar einschliessen. Das 2. Konzil von Nikäa 787 schreibt das Vorhandensein von Reliquien in jedem Altar geradewegs vor.

Für das Volk ist unerheblich, ob der von ihm verehrte Heilige von der offiziellen Kirche anerkannt ist oder nicht. So kam es denn in früheren Zeiten nicht selten zu sogenannten Volkskanonisationen, zur Heiligsprechung vom Volke her. Sie gilt als eine Vorstufe zur amtlich-kirchlichen Heiligsprechung, wie sie z. B. im Luzernbiet bei der grossen Verehrung von Vater Niklaus Wolf von Rippertschwand zu beobachten ist.

Der Brauch, alljährlich an einem bestimmten Tag seines Patrons oder auch weiterer wichtiger Heiliger in einer Feier zu gedenken, ist schon im 2. Jahrhundert bezeugt, als man am Jahrestag des Todes oder der Bestattung über den Gräbern der Märtyrer ein eucharistisches Mahl abhielt. An solchen Tagen strömte das Volk zu den Märtyrergräbern, später zu den darüber errichteten Kirchen oder in die nach erfolgter Translation zu ihren Ehren erbauten Gotteshäuser. Es wurde erwartet, dass der verklärte Märtyrer an seinem eigenen Festtage sicherer als sonst bei seinen Gebeinen anwesend sei, daher für Ehrungen empfänglicher, den Bitten zugänglicher und mit seiner Hilfe näher als zu irgendeiner anderen Zeit.

Indes strömte das Volk nicht nur wegen der gottesdienstlichen Feier an ein Märtyrerfest, sondern wollte auch auf ganz persönliche Art mit dem Verehrten in Kontakt treten, indem man das Grab zu berühren suchte, dort betete, ein Gelübde löste oder für eine Erhörung dankte. Letzteres erfolgte oft durch die Darbringung von Gaben. Die Kirchenleitung, die auch sonst

Chilbi anlässlich des Patronatsfestes in Courfaivre, Mitte August.
Foto: Dominik Wunderlin, Basel.

nicht alles unternahm, um Märtyrerfeste wirklich vollständig in kirchlichen Bahnen zu halten, stiess sich zwar an den Opfergaben, doch sie griff nicht zum harten Verbot. Vielmehr deutete sie den zugrundeliegenden Opfergedanken im christlichen Sinne um, indem die Kirchenlehrer den Gläubigen zum Bewusstsein brachten, dass die Märtyrer als himmlische Wesen keine irdischen Opfer brauchten, dass sie es aber als eine ihnen dargebrachte Ehrung empfänden, wenn man ihnen zuliebe die für sie bestimmten Gaben bedürftigen Menschen zukommen liesse.

Im Gegenzug tolerierte man, dass sich das Volk an solchen Festtagen an Gelagen erfreute, die nun aber ausserhalb des kirchlichen Bezirks stattfanden. Selbst strengste Bischöfe wie der Asket Ambrosius in Mailand beteiligten sich an diesen Festmählern. Doch trotz aller kirchlicher Taktik gelang es nicht so schnell, auch die Gelage in den Kirchen oder auf den Friedhöfen zum Verschwinden zu bringen. Noch um 1500 berichtete Maternus Berler von merkwürdigen Zuständen im Strassburger Münster während der Kirchweih:

«Nun wasz zu Straszburg eine solche gewonheit / das jerlich am abent der Kyrchweihung desz oberstenn tempels ein grosz volk usz allen flecken / weib und mann in dem tempel zusammen kam, do erhupt syech dan ein solche ungestumikeitt mitt schwetzen, lachen, suffen und fressen, und so eins ettwen entschlieff / so fandt man edlich bosz knaben, / die hefften der selbigen menttel oder kleyder mit negel uff die stiel und benck, edliche negten under weillen zwey ze sammen. Auch legt man ein fasz mitt wein in sanct Catherinen capell / und wem wein gebrast / der fand yn ze kouffan. Und geschach grosz hurry und bybery / darvon nit ze schriben.»

Doch blenden wir nochmals zurück in die Zeit der ersten christlichen Jahrhunderte und verfolgen das weltliche Treiben an den Märtyrerfesten. Eine grosse Ansammlung von Menschen an diesen Festen begünstigte die Abhaltung von Märkten. Vor allem am Nachmittag seien Händler und Kaufleute aus nah und fern vor den Märtyrerkirchen gestanden und hätten ihre Waren feilgeboten: Schmuckgegenstände, Honig, ja Pferde, Kälber und Esel. Der Schriftsteller Cassiodor berichtet nach 500 über den grossen Markt zu Leucothea in der süditalienischen Basilicata zu Ehren des heiligen Cyprianus, dass bei dieser Gelegenheit nicht nur Handel mit Kleidern und Tieren getrieben wurde, sondern auch Kinder verdingt wurden.

Schon lange vor Maternus Berlers Zeit boten Kirchenfeste auch Gelegenheit zu unsittlichem Tun. Es wurden nicht nur unanständige Lieder gesungen und Tänze aufgeführt, sondern wir vernehmen aus der Klage des koptischen Mönches Schenute († um 450), dass Christen sich an Märtyrerfesten eingefunden hätten, um dort in irgendeinem Grabmahl oder sonst einem geeigneten Versteck Unzucht zu treiben.

Doch wie wurden bei uns zu jener Zeit Kirchweih und Patrozinium gefeiert? Nach ersten spärlichen Hinweisen aus dem 14. Jahrhundert beginnen im letzten vorreformatorischen Jahrhundert die Quellen endlich reichlich zu sprudeln. Dass aber schon vorher auch hierzulande Kilbenen gefeiert wurden, bedarf wohl keiner langen Erklärungen, kennt der Mensch doch schon seit Jahrtausenden das Fest als Gegenentwurf zum Alltag. Bekannt ist auch, dass die Wurzeln vieler kalendarer und nichtkalendarer Feste im Jahreslauf in vorchristlichen Kulten zu suchen sind. Manches davon wurde verchristlicht und hat dem Christentum durch Konzession an Volksglauben und an die religiösen Bedürfnisse des Volkes zum recht raschen Sieg verholfen.

Schwierigkeiten macht uns aber die Frage, welche (wenn überhaupt) «heidnischen» Feste durch die Kilbi verdrängt worden seien. Es wäre zu einfach, die Kilbi schlicht als Herbstfest zu umschreiben, denn es gibt sie auch in allen anderen Jahreszeiten.

Richtet man allerdings die Optik lediglich auf die Spätsommer- und Herbstkilbenen, dann ist natürlich die Versuchung nahe, die profane Kilbi als verchristlichtes Erntefest zu deuten. Hiefür sprechen tatsächlich gewisse Brauchelemente, die an eine Überlagerung denken lassen. Doch denselben Brauchelementen können wir auch bei Kilbenen begegnen, die nicht in den Monaten zwischen August und Oktober stattfinden. So haben wir auch unter dem Vorbehalt, dass die heute fassbaren Kilbi-Termine nicht «uralt» sein müssen, meines Erachtens keinen richtigen Beweis für die verbreitete Auffassung, die Wurzeln des Kirchweihfestes lägen bei germanischen Herbst- und Erntefesten. Recht überzeugend klingt hingegen die Ansicht, dass die Massierung der Kirchweihen in der Herbstzeit das Resultat praktischer Erwägungen sei, unter denen vor allem die Ernte eine wichtige Rolle spielt. So sieht es Eduard Rühl, der ausserdem den Reichtum des Kirchweihbrauchtums daraus erklärte, «dass Bräuche früherer Festzeiten mitgewandert sind, so dass Elemente des Frühlingsbrauchtums und solche des Herbstes nebeneinander getreten sind». Karl-Sigismund Kramer nennt denn auch die Kirchweih ein «Sammelbecken der verschiedensten Brauchformen». Es ist vielleicht doch nicht ganz zufällig, dass wir damals wie heute grossen Gastmählern, Tanz und Markt bei der Kilbi begegnen.

Der Kilbitermin

Ausgehend vom heute bekannten Kilbi-Termin kann man versuchen, den Anlass zur Kilbi festzustellen. Es lassen sich meiner Ansicht nach vier Gruppen bilden:

1. Feier der Kilbi am richtigen Termin
2. Feier der Kilbi an einem durch eine kirchliche Instanz bestimmten Termin
3. Feier der Kilbi an einem durch Staat oder Gemeinde festgelegten Termin
4. Feier der Kilbi am Tag des Kirchenpatrons

Feier am richtigen Termin

Im Prinzip ist eine Kircheneinweihung nicht an einen besonderen Tag gebunden, doch hat man schon sehr früh die Sonntage für derartige feierliche Akte bevorzugt. Die Monate Januar und Februar wurden für Weihen fast vollständig gemieden und auch die Monate März, April und Dezember höchst selten gewählt. Dies lässt sich erklären durch die Belastung des Kalenders durch Fasten- und Adventszeit und durch die Winterkälte, in der Weg und Steg für einen weihenden Bischof schlecht waren. Zudem ist anzunehmen, dass eine im Laufe des Jahres fertig gebaute Kirche vorzugsweise noch vor dem Weihnachtsfest eingeweiht wurde. Neben der Rücksicht auf Wetter und Klima wurde aber gewiss auch auf den Stand der landwirtschaftlichen Arbeiten geachtet. Als letztlich günstigste Jahreszeit bot sich hier die Herbstzeit an, die denn am meisten für eine Weihung benutzt wurde. Da hatte das ganze Dorf Zeit, und die Vorratskammern waren gefüllt. Daran war auch die Geistlichkeit sehr interessiert, wartete doch auf sie nach der feierlichen Konsekration in der Regel ein grosses Festmahl.

Wie sehr sich lokale Kirchenfeste nach den wichtigsten Bauernarbeiten richten, zeigt auch Roger Lecotté in seiner Untersuchung über die Volksreligiosität in der französischen Diözese Meaux: Die meisten Wallfahrten finden im September statt. Eine weitere Spitze, aber nicht an den September heranreichend, findet sich im Mai vor Beginn der Heuernte. Karin Wagner kam bei ihrer Auswertung fränkischer Kirchweihtermine zum Schluss, dass ebenfalls der September die meisten Kirchweihfeste aufweist, gefolgt von den Monaten August, Oktober und November, während die Monate Dezember bis April gänzlich ausfallen.

Da es sich bei der Kircheneinweihung um einen wichtigen Akt handelt, sind wir bei sehr vielen Kirchen über das Weihedatum unterrichtet.

Bemerkenswert ist die Tatsache, dass zuweilen gerade bei Kilbi-Terminen Festtraditionen vorliegen, die weit ins Mittelalter zurückreichen, was wieder einmal zeigt, dass im allgemeinen Festtermine eine starke Tendenz

Gabenversteigerung anlässlich des lokalen Patronatsfestes in Morbio Superiore.
Foto: Dominik Wunderlin, Basel.

Fiera di San Provino in Agno TI, 10. März.
Foto: Dominik Wunderlin, Basel.

zur Beharrung zeigen. Selbstverständlich kann auch eine Neuweihe für den heutigen Kilbi-Termin verantwortlich sein, doch knüpfen erstaunlicherweise Neuweihen oft an ältere Festtradition an. So wurde z. B. die Pfarrkirche St. Nikolaus in Hofstetten SO nach den beiden Neubauten von 1616 und 1725 jeweils an einem 28. Oktober neugeweiht, der übrigens früher im Bistum Basel als Fest der Heiligen Simon und Judas ein Feiertag mit Arbeitsruhe war.

Der in diesem Abschnitt zu behandelnde Fall, dass das Jahresgedächtnis der Kircheneinweihung den Kilbi-Fäller darstellt, ist recht selten. Eindrücklich sind aber die nachfolgenden zwei Beispiele: Die Weihe des Klosters St.Georgen in Stein am Rhein am 1. November 1007 soll noch heute verantwortlich sein für den Termin der Steiner Kilbi mit Markt jeweils am letzten Oktober-Mittwoch und Kirchweih mit Markt am darauffolgenden Sonntag. Ebenfalls recht weit zurück scheint die Tradition der Kilbi («Chrut-Chilbi») in Oberägeri zu reichen; wohl eine Neuweihe der dortigen Peterskirche fand am 15. Oktober 1226 statt, und der heutige Kilbi-Termin ist der Sonntag vor Gallus (16. Oktober).

Feier an einem durch kirchliche Instanz bestimmten Termin

Der weihende Bischof hat die Möglichkeit, während der Konsekration das künftige Datum des Kirchweihgedächtnisses zu bestimmen. Gründe für einen derartigen Entscheid können sein: 1. ältere Festtradition, 2.

praktische Erwägungen (etwa seit dem 17. Jahrhundert Verlegung auf einen Sonntag zwecks Vermeidung eines neuen Feiertags) und 3. Rücksicht auf die bäuerliche Bevölkerung.

Bereits früher erwähnt wurde das Beispiel der Verlegung des Allerheiligenfestes wegen der im Mai knappen Lebensmittelvorräte. Ähnliche Beispiele könnte man aus der Schweiz zitieren, so für Wohlen, Biberist und Diessenhofen, die sich aber auf spätere Verlegungen beziehen.

Es ist eine in der volkskundlichen Forschung bekannte Erscheinung, dass oft die ordnende Hand von Behörden in den Ablauf volkstümlicher Feste eingriff. So auch bei den Kilbenen, bei welchen viele fremde Leute ins Dorf strömten und es zu einem volkstümlichen Treiben und vor allem zu nicht tolerierbaren Auswüchsen kommen konnte. Um den Zulauf fremder Leute einzudämmen, erprobte man schon früh die Konzentration der Kilbenen kleinerer oder grösserer Landschaftsbezirke auf ein und denselben Sonntag. Solches geschah schon 1298 im Einzugsgebiet einer Abtei im Erzbistum Köln, wo alle Kilbenen auf den Tag vor Christi Himmelfahrt gelegt wurden. Im Jahre 1536 erklärte das Erzbistum Köln den Sonntag nach Kosmas und Damian (27. Sept.), den Tag der Kölner Domweihe, zum einheitlichen Kirchweihtag. Ähnliche Schritte wurden seit dem 16. Jahrhundert auch im Trierer Land und in Luxemburg unternommen.

Der erste Versuch auf dem Gebiet der heutigen Schweiz datiert aus dem Jahr 1690 im Land Glarus, zunächst erfolglos. Ein neuer Anlauf erfolgte dann 1780: «Weilen der traurigen Erfahrung nach an denen Kirchweihen oder sogenannten Kilbenen vile Schlägereyen entstanden sind, auch sehr viel Geld unnützerweise durchgebracht worden, also haben die Herren Landleuth nach dem Landsvätterlichen Vorschlag einer wohlweisen Landsobrigkeit vor nutzlich und gut befunden, und so hiermit erkant, dass künftighin die Kilbenen im ganzen Land in allen unsern evangelischen Gemeinden auf einen gleichen Tag und zwar auf den ersten Sontag nach dem Creuzmarkt anständig und fridfertig abgehalten werden sollen.» Aber statt *einer* Kilbi wurde nun nebst der allgemeinen auch die alte weitergefeiert, so dass man bereits 1786 zum früheren Zustand zurückkehrte. Vielleicht gewitzt durch das Scheitern der Reformierten in dieser Angelegenheit, beschloss die katholische Landsgemeinde 1789, das Tanzen nur noch an zwei Fastnachtstagen und am Montag und Dienstag nach der Glarner und Näfelser Kilbi zu gestatten.

Im josephinischen Zeitalter waren ähnliche Bemühungen gang und gäbe. Denn noch vor Glarus verfügte auch Schwyz eine Einheits-Kilbi, die indes nur von kurzer Lebensdauer war. Bereits 1778 verfügte der Konstanzer Bischof für Luzern, dass die Kilbi für alle Kirchen auf den Sonntag nach Dionysius (9. Okt.) falle. Dieser Beschluss wurde von der Regierung geschützt. Trotz dieser «Gross-Chilbi» am 2. Oktobersonntag gibt es bis heute einige Orte im Kanton Luzern, die ihre Kilbi an einem andern Tag begehen.

Ebenfalls um 1780 erfolgten Verlegungen in der Gemeinen Herrschaft Thurgau («Landschilbi»), im untern Freiamt, in der Grafschaft Baden und im st.gallisch-äbtischen Gebiet. Bereits 1761 zudem im Jura catholique. 1786 folgte das noch kaiserlich-österreichische Fricktal, 1804 das Fryburgerland und 1806 ein grosser Teil des inzwischen entstandenen Kantons Aargau (nämlich der konstanzische Teil) und als Nachzügler schliesslich 1888 der Kanton Solothurn (nach einer Volksabstimmung).

Die Verlegung der Kilbenen auf einen einzigen Termin wurde nicht erst zur Zeit des reformfreudigen Kaisers Joseph II. mit Argumenten wie Verhütung der Geldverschwendung, des Sittenzerfalls und des Laufens auf fremde Kilbenen begründet. Allerdings gab es auch Stimmen, die sich gegen die «Allerweltskirchweih» wandten und ihre Nachteile hervorhoben. So wandte sich der Luxemburger Generalprokurator im Jahre 1743 gegen den Einheitstermin, indem er die soziale Bedeutung der Kilbi als Familienfest darzustellen versuchte. So habe die Erfahrung erwiesen, dass bei den Zusammenkünften und Besuchen von Verwandten und Freunden anlässlich der verschiedenen Kilbenen die Freundschaft erneuert und die Beziehungen untereinander gefestigt werden. Oft komme es dabei zur Aussöhnung; man lege Streitigkeiten bei und stifte Heiraten.

Feier an einem durch Staat oder Gemeinde festgelegten Termin

Soweit wir es überblicken können, führten jeweils praktische Gründe (Erntearbeiten oder Seelensonntag), zuweilen aber auch rein kommerzielle Gründe zu einer Festlegung resp. Verschiebung. So wissen wir aus der Sundgauer Gemeinde Franken, dass ein ungünstiger Termin keine Einnahmen in die Gemeindekasse brachte und deshalb 1838 eine Verschiebung beschlossen wurde. Und im Unterelsass wurde anfangs des 20. Jahrhunderts gleich zweimal verschoben; die erste Verlegung fiel nämlich mit einem hohen jüdischen Feiertag zusammen, worauf der jüdische Fleischlieferant bei den Ratsmitgliedern eine erneute Verlegung erwirken konnte.

Festa della Madonna d'Ongero bei Carona TI, Anfang September.
Foto: Dominik Wunderlin, Basel.

Festa della Madonna d'Ongero bei Carona TI, Anfang September.
Foto: Dominik Wunderlin, Basel.

Eine weitere Form der Verlegung ist schon recht alt, jene der Verlegung der profanen Kirchweihformen auf den Montag. Eigentlich handelt es sich hier nur beschränkt um eine Verlegung, da Kilbenen früher gewöhnlich mehrere Tage gedauert haben (innerhalb der Kirchweihoktav). Primär ging es bei diesen Verschiebungen auf den nachfolgenden Werktag darum, die Bedeutung des gottesdienstlichen Teiles der Kirchweih zu unterstreichen.

Feier am Tag des Kirchenpatrons

Da offensichtlich gewisse Jahreszeiten für Kilbenen bevorzugt werden, liegt die Frage in der Luft, ob man nicht absichtlich einen Heiligen als Patron einer Kirche oder Kapelle gewählt hat, der sich auch von seinem Festtag her als günstig erwies. Bekanntlich ist fast jeder Tag im Kalenderjahr der Gedenktag von mindestens einem, meist aber von mehreren Heiligen, von welchen jeder im Prinzip zum Kirchenpatron gewählt werden kann. Doch in der Praxis sind es jeweils nur einige Dutzend, die in einer bestimmten Region im Laufe der Jahrhunderte eine besondere Verehrung erfahren haben. Wichtig ist jedenfalls die kirchliche Entwicklung jeder Region. Es ist zu prüfen, wie alt eine Kirche ist, welche Patrone im Laufe der Zeit an ihr gehaftet haben (Patronatswechsel?), ob es sich um sogenannte Volkspatrone gehandelt hat, wie es um die übrigen Kultstätten (etwa Kapellen, Bildstöcke etc.) und um die Sonderpatrone steht. In Betracht zu ziehen wäre auch die Höhenlage einer Kirche und die Art der Landwirtschaft, was Rückschlüsse auf den Termin erlaubt, an welchem man vom Klima und von der Landwirtschaft her am besten und am liebsten ein Fest feiert. Ferner sollten aufgrund des jeweiligen Diözesankalenders auch der dort gebräuchliche Gedenktag eines Heiligen festgestellt und spätere Verschiebungen berücksichtigt werden.

Am Beispiel der Katakombenheiligen, die namentlich in der Barockzeit von Rom aus den Weg in Tausende von Pfarreien gefunden haben, lässt sich überprüfen, ob es bei der Translation, die in aller Regel zum Feiertag des Katakombenheiligen wurde, jahreszeitliche Unterschiede gab. Für eine Probe sei Hans-Jakob Achermanns Aufstellung in seinem Werk über die Katakombenheiligen herangezogen. Demnach fanden zwischen 1623 und 1796 im schweizerischen Quart des Bistums Konstanz 120 Translationen statt, bei denen das Datum bekannt ist. Eine Auszählung hat dabei ergeben, dass genau zwei Drittel aller Translationen in der zweiten Jahreshälfte durchgeführt wurden. Ausserdem haben im Verlaufe des 18. Jahrhunderts 25 von 32 Jubeltranslationen, das heisst Feiern zur 50. oder 100. Wiederkehr, ebenfalls in der zweiten Jahreshälfte stattgefunden.

Einer Analyse unterzogen wurden auch die Gedächtnistage der 14 Nothelfer, welche zu den volkstümlicheren Heiligen gehören und denen häufig gerade auch Kapellen und Bildstöcke, die besonderen Verehrungsstätten des Volkes, geweiht sind. Diese 14 Nothelfer, von denen zumeist nur einzelne, weniger die ganze Gruppe in einem Gotteshaus verehrt werden, sind: Blasius, Georg, Erasmus, Veit, Achatius, Margareta, Christophorus, Pantaleon, Cyriakus, Aegidius, Eustachius, Dionysius, Katharina und Barbara, ferner gelten folgende Heilige regional und gelegentlich als ebenfalls dazu gehörig: die Jungfrau Maria, Sebastian, Dorothea, Oswald, Rochus, Magnus, Wendelin und Wolfgang (diese sind vor allem in der Schweiz sehr verbreitet), ferner zuweilen auch Nikolaus von Myra, Leonhard, Hubertus und Antonius der Eremit.

Vierzehnheiligen-Wallfahrtsbildstock in Sommerach / Main von Hellmuth Grimm, Kleinrinderfeld, gestiftet 1992 von der Landfrauengruppe Sommerach; jährliche Pilgerfahrt seit 1879 zu der 2 m hohen, weinumrankten Säule, welche die Nothelfer mit ihren Attributen darstellt. Inschrift: «Ihr 14 Heiligen Nothelfer bittet für uns.»
Foto: Arno Nüsslein, Sommerach.

Grundsätzlich ist zu sagen, dass der zuerst genannte «Grundstock» von Heiligen sich ziemlich regelmässig über das ganze Jahr verteilt. In der Vegetationsperiode, in welcher viele Nothelfer aus den verschiedensten Gründen besonders hoch im Kurs stehen, liegen die Termine von elf der vierzehn Nothelfer (Schwergewicht Juni bis Sept: 8). Die vor allem in der Schweiz beliebten Nothelfer wie Rochus, Oswald und Wendelin sind nach dem Heiligenkalender fast ausschliesslich in den Monaten August, September und Oktober zu finden.

«Ein San Lucio für 6000» titelte am 17. August 1998 die katholische Tessiner Tageszeitung «Giornale del popolo» ihren ganzseitigen Bericht über das traditionelle Bergfest auf dem Passo San Lucio. Das Besondere an dieser Bergkilbi ist der Ort des Geschehens: Die Kapelle S. Lucio auf der gleichnamigen Passhöhe liegt direkt an der italienisch-schweizerischen Landesgrenze. Das Fest des lokal hochverehrten Patrons der Sennen und Käser, der eigentlich Sant'Uguzo heisst (und nicht zu verwechseln ist mit dem Churer Heiligen Luzius!), ist somit jeweils eine Begegnung der benachbarten Talschaften Val Colla (TI) und Val Cavargna (I), die nur über einen schlechten, früher aber vielbegangenen Passweg miteinander verbunden sind.

Jeweils am 16. August leeren sich die Dörfer der Umgebung, alles will am Fest des Heiligen teilnehmen. Es wird auf verschiedenste Art aufgesucht: zu Fuss, mit dem Mountainbike, zu Pferd, mit dem geländegängigen Auto

Passwallfahrt von San Lucio; im Vordergrund wird die Messe gefeiert, im Hintergrund, um die Bergkapelle, raucht es unter den Reis- und Fleischtöpfen der Kilbi hervor in den Augusthimmel.
Foto: Giorgio von Arb, Zürich.

und sogar auf dem Luftweg – dank den Taxifahrten zweier Helikopterfirmen. Nach dem feierlichen Gottesdienst am Vormittag geniesst das ganze Volk die von einer schwitzenden Mannschaft vorbereitete Polenta und die Grillspezialitäten, wobei auch etwas Wein nicht fehlen darf. Der Nachmittag klingt jeweils mit verschiedenen ländlichen Spielen und oft auch bei Liedern und Musik aus.

Das mittsommerliche Bergfest auf dem San-Lucio-Pass ist ein typisches Beispiel für die Durchdringung von Religiösem und Profanem, welche auch in der Gegenwart ein Charakteristikum vieler katholischer Feste und der Kilbi im besonderen ist – und alle reinigenden Strömungen überdauert hat.

Literatur (Auswahl)

Achermann, Hansjakob: Die Katakombenheiligen und ihre Translationen. Stans 1979 (= Beiträge zur Geschichte Nidwaldens, Heft 38).

Beissel, Stephan: Die Verehrung der Heiligen und ihrer Reliquien in Deutschland bis zum Beginne des 13. Jahrhunderts. Freiburg i. Br. 1890.

Bölsterli, Joseph: Geschichte der «Feiertage» im Kanton Luzern; in: Der Geschichtsfreund XXXII (1877), 221–256.

Curti, Notker: Volksbrauch und Volksfrömmigkeit im katholischen Kirchenjahr. Basel 1947.

Cysat, Renward: Collectanea Chronica und denkwürdige Sachen pro chronica Lucernensi et Helvetiae, bearb. von Josef Schmid; in: Quellen und Forschungen zur Kulturgeschichte von Luzern und der Innerschweiz, Bd. 4, 1 und 2. Luzern 1969.

Eisenhofer, Ludwig: Handbuch der katholischen Liturgik. 2 Bde. Freiburg i. Br. 1932.

Farner, Oskar: Die Kirchenpatrozinien des Kantons Graubünden; in: LIV. Jahresbericht der Historisch-antiquarischen Gesellschaft von Graubünden, Jg. 1924. Chur 1925, 1–192.

Hecker, Clemens: Die Kirchenpatrozinien des Archidiakonats Aargau im Mittelalter. Freiburg i. Ue. 1946.

Heim, Walter: Volksbrauch im Kirchenjahr heute. Basel 1983.

Kassel, August: Messti und Kirwe im Elsass. Strassburg 1908.

Kramer, Karl-Sigismund: Geschichtliche Nachrichten zur mittelfränkischen Kirchweih; in: Bayerisches Jahrbuch für Volkskunde 1959, 98–119.

Kyll, Nikolaus: Zur Geschichte der Kirmes und ihres Brauchtums im Trierer Lande und in Luxemburg; in: Rheinisches Jahrbuch für Volkskunde 20/1970.

Lecotté, Roger: Recherches sur les cultes populaires dans l'actuel diocèse de Meaux. Paris 1953.

Rühl, Eduard: Sonderformen fränkischer Kirchweihen; Ein Beitrag zur Volkskunde Ostfrankens, in: Bayerisches Jahrbuch für Volkskunde 1953, 115–117.

Schauerte, Heinrich: Die volkstümliche Heiligenverehrung. Münster i. W. 1943.

Stiefenhofer, Dionys: Die Geschichte der Kirchweihe vom 1.–7. Jahrhundert. München 1909.

Stückelberg, E. A.: San Lucio (S. Uguzo), der Sennenpatron; in: Schweizerisches Archiv für Volkskunde, 14./1910, 36–70.

Tobler, Titus: Appenzellischer Sprachschatz. Zürich 1837.

Tüchle, Hermann: Dedicationes Constantienses. Kirch- und Altarweihen im Bistum Konstanz bis zum Jahre 1250. Freiburg i. Br. 1949.

Wagner, Karin: Kirchweih in Franken, Studien zu den Terminen und deren Motivationen. Erlangen – Nürnberg 1971.

Zender, Matthias: Räume und Schichten mittelalterlicher Heiligenverehrung in ihrer Bedeutung für die Volkskunde. Düsseldorf 1959.

Ludwig Suter-Brun

Der Auffahrtsumritt Beromünster

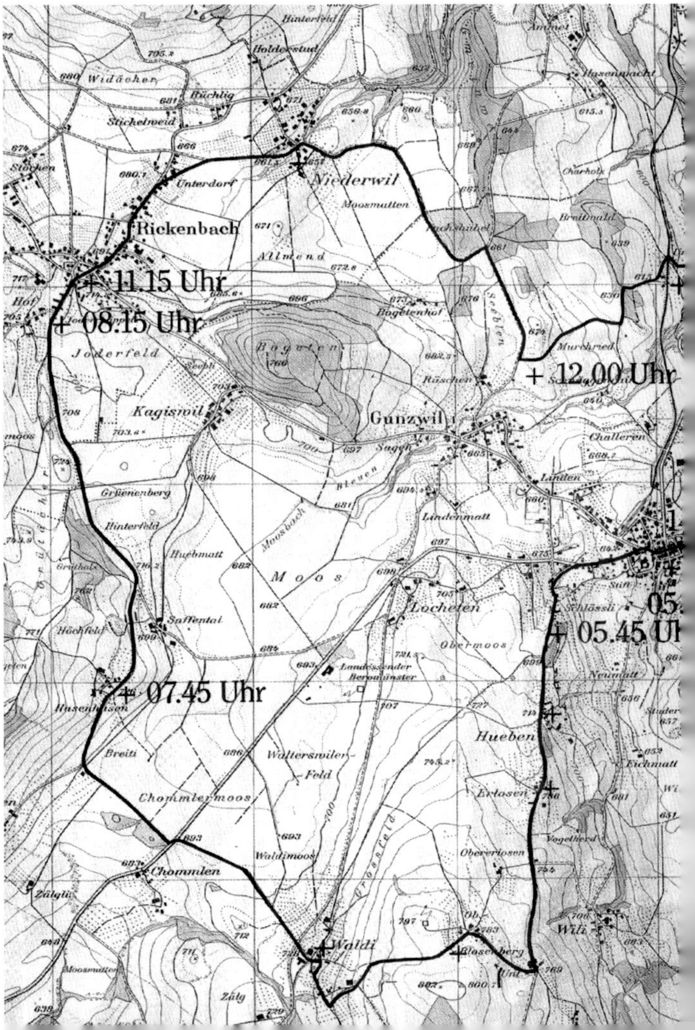

Weg des Auffahrtsumritts durch die Pfarreien von Beromünster und Gunzwil.
Reproduziert mit Bewilligung des Bundesamtes für Landestopographie vom 20. 11. 1998. Eintragung der Wegstrecke sowie der Ankunfts- und Abrittszeiten: Ludwig Suter-Brun.
Bundesamt für Landestopographie, Bern.

Es ist früher Morgen, kurz nach fünf. Die Dämmerung liegt über den Giebeln des Marktfleckens Beromünster. In den alten, städtisch wirkenden Gassen hallt das Aufsetzen der Pferdehufe, man hört Gescharr und Gewieher. Abseits, hinten in der Badgasse, bläst die Reitermusik einen Choral, zur Angewöhnung der Pferde, auch zur Einstimmung auf den heiligen Tag. Kurze Zeit später wird in der Hauptstrasse «aufgestellt». Eine spürbar steigende Nervosität, vermischt mit Pferdegeruch, liegt in der Luft. Noch sucht der Ehrenprediger verzweifelt sein verlorengegangenes Manuskript. Der Steigbügel eines Fahnenträgers muss verlängert werden, ein Kavallerist hilft einem betagten Priester aufs Pferd, und der Schimmel des Ministranten lässt sich schwer im Zügel halten. Er bäumt sich steil auf, und zwischen den Hufen sprühen Funken. Viel Volk ist unterwegs, angereist mit Autos und Cars, ausgerüstet mit bequemem Schuhwerk und oft auch mit Regenschutz. Der Leutpriester von St. Stephan tritt mit der Monstranz aus der Kirche und steigt als letzter aufs Pferd. Der Kommandant des Ordnungsdienstes meldet: «Zum Abritt bereit», und dann der hinterste Trompeter: «Mit Spiel beginnt.» Die Glocken beider Kirchen werden geläutet. Der Tross zieht los. Das ist eine erste stimmungsvolle Sequenz des Beromünsterer Umrittes. Die Entsorgung der morgendlichen Notdurft der Pferde auf Strassen und Trottoirs ist organisiert. Für den Einzug am Nachmittag will sich Beromünster wieder blitzblank und herausgeputzt präsentieren!

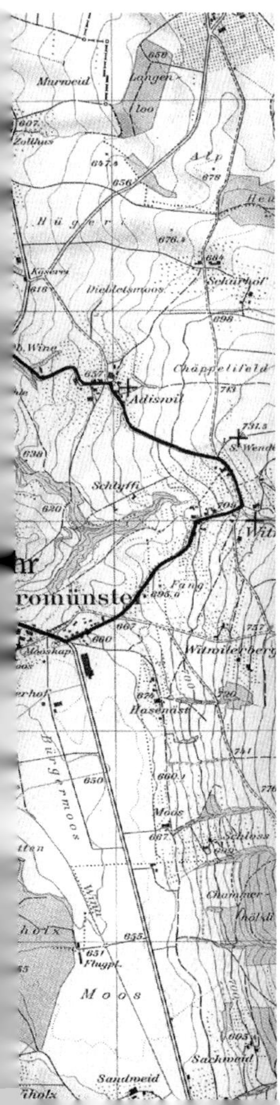

Stift und Flecken Beromünster sind reich an sakralem und profanem Brauchtum, das meist aus dem Mittelalter stammt. Leider ist im Laufe der Zeit vieles davon in Vergessenheit geraten. Aber es gibt noch das Sternsingen am Dreikönigstag, die Fusswaschung am Hohen Donnerstag, die Palmsonntags- und die Fronleichnamsprozession, den allmonatlichen Muttergottesumgang um die Stiftskirche, das Gregorifeuer, die Fasnacht und vieles mehr. An Eigenart und Glanz aber übertrifft der Auffahrtsumritt alles. «D'Uffert», wie die Einheimischen sagen, ist eine Prozession am Christi Himmelfahrtstag zu Fuss und zu Pferd. Sie ist für viele Leute der Höhepunkt im Jahreslauf. Sie ist nicht bloss ein alter Brauch, den man hier liebevoll pflegt, und ist nicht nur eine schöne Tradition, welche man mit grossem Aufwand weiterführt. Sie ist weit mehr als ein bunter Folkloreanlass, welcher Zuschauer in Scharen anzieht und zu begeistern vermag. «D'Möischterer Uffert» ist Ausdruck von tiefverwurzelter Volksfrömmigkeit.

Den Ursprung und die Anfänge dieses Umrittes kennen wir nicht. Vielleicht reichen sie zurück in alemannische Zeit, als man alljährlich sein

Territorium abschritt, damit der Verlauf der Grenzen stets in Erinnerung blieb. Schon diese heidnischen Vorfahren glaubten, durch Feldumritte im Frühjahr einen Schutzwall gegen die Missgunst des Bösen zu errichten. Im Jahre 1420 erwähnt erstmals ein Schriftstück einen Ritt am Christi Himmelfahrstag entlang der Münsterer Pfarreigrenze. Es waren damals nur wenige, der Priester mit kleinem Gefolge, die Gott um Segen über Menschen, Tiere und Felder baten. 1509 beschloss dann der damalige Stiftspropst Feer mit dem Gelöbnis der Bürger, dass alljährlich eine feierliche Prozession abzuhalten sei. Die heilige Eucharistie solle von einem Priester mitgetragen und für das Volk eine Predigt gehalten werden. So entstand in der Zeit der Nachreformation eine Manifestation zur Erhaltung und Stärkung des alten angestammten katholischen Glaubens. Die anfänglich bescheidene Wallfahrt wurde immer festlicher, es kamen immer mehr Leute, und im Barock entwickelte sich der Umgang zu einem eigentlichen Festzug.

Nebst Beromünster kennen noch fünf andere Gemeinden im Kanton Luzern ähnliche Umritte: Altishofen, Ettiswil, Grosswangen, Hitzkirch und Sempach. Einige hundert Reiter sind es insgesamt und noch viel mehr Pilger zu Fuss, die im Luzernbiet an diesem Frühlingstag betend über die Felder ziehen. Prozessionen zu Pferd gibt es aber nicht nur bei uns. In der Oberlausitz (Sachsen) ziehen an Ostern in neun verschiedenen Ortschaften Reiter mit Kreuz und Fahnen über die Fluren, ebenso in Schlesien. In Oberschwaben gibt es zu verschiedenen kirchlichen Anlässen noch zwei Dutzend Umritte. Weit verstreut über ganz Europa und Südamerika gibt oder gab es noch unzählige Reiterprozessionen, die meisten sind vor kurz oder lang abgeschafft oder in pferdesportliche Anlässe umgewandelt worden.

«D'Möischterer Uffert» ist für viele Angehörige der Pfarreien Beromünster/Gunzwil und Rickenbach mehr als nur ein einzelner hoher Festtag. Schon lange vorher werden «fieberhaft» Vorbereitungen getroffen, welche fast Rituale sind. Jede Familie und jedes Haus erlebt die Auffahrt nach eigenem Programm, jedes Gehöft und jeder Weiler kennt eigene Traditionen. Es sind Tätigkeiten, welche der auswärtige Zaungast kaum wahrnimmt. Um die Häuser und Scheunen entlang der Umrittsroute wird alles in Ordnung gebracht, die Gärten werden angepflanzt, der Rasen wird gemäht, das Unkraut ausgerissen und die Viehzäunung endlich geflickt. Die messingenen Beschläge an Türen werden poliert, die Vorhänge gewaschen, die Fenster geputzt und Geranien davorgestellt. In den Zimmern wird aufgeräumt, und die Stuben werden gelüftet. Gerüste an Fassaden werden abgebaut, weil der Maler endlich mit der Arbeit fertig geworden ist, da er unbedingt fertig werden musste! Dies wird alles getan, nicht nur für den lieben Gott – auch wegen der vielen vorbeiziehenden Pilger. So macht alles auch «wirtschaftlich» Sinn. Die hässliche Schweinescheune, der alte Wagenschopf oder zerfallene Mauern werden mit «Herrgottsästen» kaschiert Es sind dies etwa zwei Meter lange Buchenäste mit frischem Laub, welche an die Wände gelehnt oder in den Boden gesteckt sind. Noch manchenorts wird «gchüechlet», werden Eierzöpfe gebacken und die Stuben für die Gäste vorbereitet.

Eine schöne, aber aufwendige Dekoration entlang des Prozessionsweges bilden die vierzehn portalartigen Triumphbögen. Das Zuschneiden der Tannenäste, das Einbinden und das Aufstellen der hohen Holzkonstruktionen erfordert viel Arbeit und wird von den Anwohnern meist ohne Entgelt getan. Mit bunten Stoffbändern und Blumensträussen wird geschmückt. Inschrifttafeln mit religiösen Sprüchen und Fähnchen mit christlichen Symbolen, grosse Kelche aus Holz, goldbronzen gestrichen, oder kniende Engel, auf Blech gemalt, sind weitere Zierden. Ein Ölbild des zum Himmel fahrenden Christus zuoberst ist an mehreren Orten das eigentliche Prunkstück. Der Schmuck ist zu Beginn des 19. Jahrhunderts geschaffen worden. Mit diesen Auffahrtskränzen heissen die Bewohner die Prozession willkommen, und unter ihnen wird der Segen erteilt.

Am Sonntag vor Auffahrt probt die Musik auf der Strasse nach Waldi. Gut reiten können und zugleich ein guter Bläser sein, das allein genügt nicht, um hier mitzumachen. Es braucht auch eine gehörige Portion Eitelkeit, denn die Reitermusik Gunzwil in ihrer schmucken, bunten Uniform ist eine der ganz wenigen in der Schweiz und zweifelsohne das eigentliche kulturelle «Paradepferd» der Gemeinde. Traditionelle Märsche, aber auch Choräle und Kirchenlieder gehören zu ihrem Repertoire.

Früher waren es meist schwere Ackergäule oder «Eidgenossen» von Dragonern, die an der Auffahrt geritten wurden; heute sieht man vermehrt schöne Reit- oder gar Springpferde und am Prozessionsende – nicht zu aller Freude – auch Ponys.
Foto: Ludwig Suter-Brun, Beromünster LU.

Am Montag und Dienstag in der Bittwoche ziehen die Chorherren des Stiftes singend und betend um ihre Kirche, und am Mittwoch vor Auffahrt geht man in Beromünster mit Kreuz und Fahne, aber noch ohne Pferd über Land. Es ist ein Heraustreten aus dem sakralen Raum, ein Hinaus in die freie Natur, eine Wallfahrt, bittend um Gottes Segen.

Viele Familien, aber auch ganz spontan sich zusammenfindende Gruppen ziehen bereits am Vorabend los, um die achtzehn Kilometer lange Pilgerstrecke – oder auch nur einen Teil davon – laut betend oder versunken in stille Gedanken zu wandern. Doch in manchem Haus und mancher Scheune beginnt jetzt lebhaftes Treiben. Noch zu nachtschlafender Stunde fahren Pferdetransporter vor, die Tiere werden gefüttert und geputzt, das Sattelzeug wird aufgebunden und das Zaumzeug mit einem Blumenkränzchen geschmückt. In aller Herrgottsfrühe, um halb vier, läuten die Glocken der Pfarrkirche. Sie laden ein zur Reitermesse. Chorhemden und Radmäntel liegen über den Kirchenbänken, Kreuz, Laternen und Kirchenfahnen sind hier abholbereit. Viele Leute sitzen jetzt im Hirschen; dort wird bereits das Frühstück serviert.

Eine wichtige und würdige Person ist der Ehrenprediger, auch er zu Pferd. Es ist Aufgabe des Herrn Pfarrers, ihn auszuwählen, oft ist es ein Bischof oder Abt, meist ein befreundeter Priester oder ein Kapuzinerpater. Nach altem Brauch aber darf jeder nur einmal im Leben dieses ehrenvollen Amtes walten. Kaum ist die Prozession losgezogen und im Flecken vorerst wieder Ruhe eingekehrt, hält er beim Schlössliwäldli seine erste Predigt. Sie handelt vom Beten. Unzählige Gläubige hören ihm zu, viele aber sind schon weitergezogen in der Absicht, bei Verwandten oder Bekannten an der Pilgerstrecke einzukehren. Man riecht den feinen Milchkaffee. Frisches Brot, Butter und Konfitüre werden aufgetischt. Sämtliche im Haus vorhandenen Stühle sind belegt. Die Stuben und die Küche sind heute zu Gaststätten umfunktioniert. Man bleibt nicht lange, bedankt sich herzlich, wünscht «schöne Uffert» und reiht sich wieder ein in die noch immer vorbeiziehende Kolonne Betender.

Das Ende des langen Zuges bilden die Berittenen. Auf die ganze Länge verteilt sich der Ordnungsdienst. Es sind zwei Dutzend erfahrene Reiter in einstiger Kavallerieuniform, mit Helm und Säbel. Sie bilden die eigentliche Ehrengarde. Immer und überall sind sie hilfsbereit da. Hat ein ungeübter Reiter mit dem Pferd Mühe, eilt ihm einer von ihnen sofort helfend zur Seite. Diese Leute haben den Überblick, ihnen entgeht nichts. Sie tragen eine grosse Verantwortung. Dank ihrer Präsenz läuft alles in geordneten Bahnen, und dank ihrer Achtsamkeit ist noch nie ein schwerwiegender Unfall passiert.

Beim Aufstieg zum Blosenberg ist über der Erlosen auf der anderen Talseite die Sonne aufgegangen. Exakt beim Schachtdeckel nach der ehemaligen Käserei beginnt die Reitermusik mit der Hymne «Trittst im Morgenrot daher». Jedes Jahr, auch wenn dunkle Regenwolken aufziehen oder

Mit grossem Aufwand erstellen die Bewohner der Gehöfte und Weiler entlang der Prozessionsroute ihre Triumphbögen; unter diesen wird jeweils vom Leutpriester mit der Monstranz der Segen erteilt.
Foto: Ludwig Suter-Brun, Beromünster LU.

es gelegentlich gar schneit. Gebete, Choräle und Kirchenlieder, die Abfolge ist genau festgelegt und eingeordnet in den zeitlichen und räumlichen Ablauf der Prozession. Beim grossen, schräg über die Strasse hängenden «Theilersbirnbaum», den es zwar schon lange nicht mehr gibt, beginnt die Musik mit dem Marsch «San Carlo». Vor der Kurve ausgangs des Wäldchens singt der Chor: «Maria zu lieben ist allzeit mein Sinn», und dann, gleich anschliessend, folgt die Lauretanische Litanei.

Das Fussvolk betet zumeist den Rosenkranz. Er besteht aus einer Abfolge von 153 «Gegrüsst seist Du, Maria» und Betrachtungen über das Leben Jesu in dazwischengeschobenen kurzen Sätzen. Als Zählgerät dient das «Bätti». Es besteht aus «Chräuali», kleinen Kugeln aus Holz, Stein oder geschliffenem Glas, zusammengehalten von einer feinen Silberkette. Das Ende bildet oft ein Kreuz aus feinerm Filigran oder auf einer Medaille. «Bätti» gehören zum Bild der Auffahrt. Es sind geweihte Andenken, heimgebracht von Wallfahrten nach Einsiedeln, Mariastein, Sachseln oder gar Rom.

Entlang des Weges sind manche Fenster reich dekoriert. Da steht eine Herz-Jesu-Figur, dort eine Muttergottes aus Lourdes, oft auch ein Kreuz, zwei Kerzenstöcke und violetter Flieder in Kristallvasen. Kleine Decken in rotem Samt mit Goldborten oder in der Manier schöner Filetstickereien, Häkelarbeiten aus Frivolité (Schiffchenspitze) hängen über die Fensterbänke. Ähren, Reben, Kelch und das Lamm Gottes sind beliebte Motive. All dieser Schmuck ist nicht nur schöne Zierde, sondern sichtbares Zeichen lebendiger Frömmigkeit.

Eine alte Federzeichnung zeigt ein Mädchen vor einem Haus im Saffental. Es reicht auf einer Platte den vorbeiziehenden Reitern Butterbrotschnitten, eine alte, aber schon längst vergessene Sitte. Und heute – es ist keine Unsitte – verlässt die Reitermusik schon in Hasenhusen diskret die Prozession. Hinter der Scheune stehen für sie Sandwichs und Getränke bereit. Man verpflegt sich hier, ohne vom Pferd zu steigen. Nur die Ansprache des Pfarrers werde leider immer kürzer, meinen die einen, aber alle sind beim Abritt frisch gestärkt in der Kolonne wieder mit dabei.

Eine neue Monstranz gestaltete 1956 der Goldschmied Meinrad Burch. Sie hat die Form eines Schildes und ist, weithin sichtbar, leuchtend rot emailliert. Die Mitte birgt die gläserne Kapsel für die Hostie. Rundum zeigt die Zeichnung vier wilde Pferde. Sie illustrieren die geheime Offenbarung des hl. Johannes. Es sind Sinnbilder für die vier körperlichen Gefahren, welche uns Menschen bedrohen, Krieg, Aufruhr, Hungersnot und Tod. Die beiden Landwirte in Hasenhusen teilen sich die Ehre, hier beim Halt das Kränzchen, eine Goldschmiedearbeit mit vielen Bergkristallen, zu überreichen. Aufgesteckt, verleiht das Schmuckstück der Monstranz jenen Glanz, welcher die vier bösen Pferde teils überdeckt und überstrahlt.

Vom Rickenbacher Kirchturm schlägt die Uhr ein Viertel nach acht. Viele Pilger sitzen bereits im vollbesetzten Löwen oder Rössli bei Bratwurst und Bier. Beten gibt Hunger und Durst. Jetzt ziehen im Dorf auch die Reiter ein. Alle steigen mit feierlichem Zeremoniell vom Pferd. Priester in Chorhemden und Reitstiefeln betreten die von Gläubigen überfüllte Kirche. Ihnen folgen die Kirchenräte in blauen, die Sänger in schwarzen und die Vertreter des Stiftes in roten Radmänteln. Chor und Orchester stimmen das Kyrie an. Hier spricht der Ehrenprediger über das Altarsakrament. Das anderthalbstündige Amt endet eindrücklich. Sänger, Streicher, Bläser und der Paukist setzen zum Ausklang ein. Wenn das letzte Halleluja verhallt, kommt es zum begeisterten Applaus. Er gilt den Musikern, ist aber auch spontaner Ausdruck grosser Festfreude.

Die Hälfte des Prozessionsweges ist geschafft. Die Geistlichkeit ist zum Essen und zur Mittagsrast in den Pfarrhof geladen. Im ganzen Dorf verstreut sind Stallungen hergerichtet worden. Hafer gibt es für die Pferde der Musikanten in der Löwen-Scheune, während die eigentlichen Akteure oben im Saal den Braten geniessen. Verpflegt wird auch bei Verwandten und Bekannten. Um ein Viertel nach elf ist Abritt. Bei festlichem Glockengeläut und mit Musik verabschiedet sich die Prozession. Ein Ritt von mehr als vier Stunden steht noch bevor.

Um zum Weiler Maihusen zu gelangen, musste die Prozession früher protestantisches Gebiet im Aargau durchqueren. Ein Vorreiter hatte für das Öffnen des Gatters jeweils Wegzoll zu zahlen. Für die Bedürftigen warf er eine Handvoll Münzen aus, welche von den armen Kindern eingesammelt wurden. Das war bis zur Mitte des letzten Jahrhunderts so. Beim Fuchshübel aber warteten noch vor wenigen Jahren Blinde mit dunklen Hornbrillen, Gehörlose mit gelben Armbinden, Lahme in hölzernen Rollstühlen, Krüppel, abgestützt auf Stöcken und Krücken. Sie waren vom nahen Menziker Bürgerasyl heraufgestiegen und baten die Vorbeiziehenden um ein Almosen.

Wer als Zaungast die echte und eine eindrückliche Auffahrt sehen will, dem empfehle ich, um zwölf Uhr in der Seeblen zu sein. Presseleute und Fotografen haben hier Stellung bezogen. Kamerascheu darf der Herr Pfarrer nicht sein. Er ist sicher der meistfotografierte Priester weit und breit. Lautsprecherkabel werden jetzt ausgerollt. Laut betendes Volk zieht vorbei. Dem monoton singenden Dialekt nach kommt es aus dem Freiamt. Ich staune, wieviel Geistiges neben Weltlichem, wieviel moderne Technik neben alter Tradition, wieviel Sakrales neben Profanem, überhaupt wieviel Gegensätzliches am Auffahrtsfest ganz ungeniert und selbstverständlich nebeneinander Platz findet. Viele Zuschauer sind da. Hier dabeizusein ist auch für viele Protestanten aus dem benachbarten Aargau ein alljährliches Muss.

Plötzlich: «Sie kommen!» Man sieht sie weit hinten, beim Ausgang des Wäldchens. Zuerst die Reiterstandarte, dann der Stiftsweibel, Ministranten mit Kreuz und Fahnen, die Reitermusik, die Priester, die Sänger, die Kirchenräte und dann die vielen übrigen Reiter. «Hochgelobt und an-

Bereits haben die Pilger einen grossen Teil der Prozessionsroute hinter sich; unten im Tal liegen Stift und Flecken Beromünster; in Kürze werden die Reiter in den alten Gassen Einzug halten.
Foto: Ludwig Suter-Brun, Beromünster LU.

gebetet» tönt es, und immer näher und lauter dann die Musik. Es folgen eine kurze Andacht, einige besinnliche Worte und dann der Segen, diesmal besonders auch über die Pferde, und nach wenigen Minuten zieht der Tross gleich wieder los. Die Zuschauer zerstreuen sich. Der schöne Auffahrtskranz wird sogleich abgebaut, und übrig bleiben auf dem Weg nur noch Pferdeäpfel.

Die Prozession erreicht die Talsohle, überquert die Wyna, und dann beginnt der steile Aufstieg zum Witwiler Berg. Die Sonne brennt heiss. Der Schritt der Pilger hat sich merklich verlangsamt. «Man bittet die Fussgänger, vor den Pferden gut aufzuschliessen, um den flüssigen Gang der Prozession nicht zu behindern», heisst es alljährlich im Programm. Oben bei der hübschen Kapelle zu Ehren des hl. Wendelin wird aus dem Evangelium die Geschichte der wunderbaren Brotvermehrung vorgetragen. Den Grossteil des Weges haben die Pilger hinter sich. Unten im Tal, im dunstigem Schimmer, liegt Beromünster.

Es ist ein Viertel vor zwei. Viele Zuschauer warten in der Haupt- und Marktgasse des Fleckens. Noch nie sind sie gezählt worden, es mögen Tausende sein. Die Fensterplätze sind für Verwandte und gute Freunde reserviert. In entgegengesetzter Richtung durchreitet ein Bannerherr die Gasse. Er trägt die Standarte des Propstes. Stellvertretend für den einstigen «Herr zu Münster», dessen Machtbefugnisse bis zur Mooskapelle reichten, wird er die Reiter dort empfangen und sie an der Spitze durch den Flecken geleiten. Letzte Vorbereitungen für den Einzug werden getroffen. Dem Ross des Pfarrers wird eine gehäkelte Decke umgehängt, vier Reiter übernehmen den grossen Baldachin, und einem Pferd werden die Pauken umgebunden. Der Schluss und damit der Höhepunkt beginnt.

Es ist für jeden Reiter ein mächtiges Gefühl, hoch zu Ross durch die dichten Zuschauerreihen in Beromünster einzuziehen. Alle Jahre ist es dasselbe, nichts Spektakuläres ist dabei, und doch fasziniert es immer wieder. Die Prozession zieht vorerst hinauf zum Stift. Es folgt ein kurzer Halt: ein Gruss an die hier vor der Kirche versammelten Chorherren. Diese ziehen sich gleich anschliessend zum gemeinsamen Gebet ins Chorgestühl zurück. Unter dem Triumphbogen im Flecken spricht der Festprediger ein letztes Mal zu den Tausenden Gläubigen, und der Herr Pfarrer dankt all den vielen Helfern, allen Teilnehmern und den Besuchern. Nach dem gemeinsamen Vaterunser intoniert die Musik «Lasst uns tiefgebeugt verehren» und anschliessend einen Tusch. Der Sigrist gibt mit der uralten Schelle ein Zeichen, und für den Ordnungsdienst gilt das Kommando «Säbel hoch». Der Leutpriester hebt die Monstranz, erteilt den Segen, und zum Ausklang der religiösen Feierstunde ertönt – und alle singen mit – «Grosser Gott, wir loben Dich».

Der Pfarrer steigt vom Pferd und geht mit der Eucharistie die Stiege hinauf, hinein in die Kirche an den Altar. Der kirchliche Akt ist vorbei. Noch einmal ziehen die Offiziellen durch den Flecken vor das Hotel Hir-

Wo am Morgen früh feierlich die Prozession begann, findet sie nun zwischen dichten Zuschauerreihen ihren festlichen Abschluss.
Foto: Ludwig Suter-Brun, Beromünster LU.

schen. Der Ausschank des Bügeltrunkes ist seit Jahrhunderten Aufgabe des Stiftscustos. Froh und erleichtert, müde und mit verkrampften Beinen, mit etwas Schmerzen im Nacken oder auch anderswo hat man den Umritt ausgestanden. Ein wenig wehmütig denkt mancher zurück an den erlebnisreichen Tag. Ein Weihbischof schrieb in einem Brief: «...Mein schönster und eindrücklichster Tag in meinem Amt war der Beromünsterer Umritt. Ein herrlicher Tag in prachtvoller Landschaft, auf einem feinen Pferd, so durfte ich mit vielen lieben Mitmenschen Gottes Güte und Liebe feiern.»

«Magnificat anima mea Dominum.» Der Gesang eines Dutzend Chorherren hallt durch das Münster. Die Glocke in der Kuppel wird geläutet und das Weihrauchfass kräftig geschwungen. Viel Volk drängt sich jetzt ins Kirchenschiff, auf Zehenspitzen, die Hälse reckend. Man schaut gespannt, wie die hölzerne Christusfigur sich vom Sockel löst, umrahmt von brennenden Kerzen leibhaftig emporschwebt und sich durch die runde Öffnung in der Decke endlich den Blicken entzieht. Der Leib Christi am Seil ist ein alter und heute seltener Brauch. Jedoch haben nur wenige Beromünsterer dieses faszinierende Schauspiel schon gesehen. Sie sind in diesem Moment mit rationaleren Dingen beschäftigt: die Pferde wegzuführen, das Sattelzeug zu verladen – und ihre Gäste zu bewirten.

Paul Wicki

Schlachten-gedenkfeiern

Die Gedenkfeiern für die Schlachten der Alten Eidgenossen gehören, teils seit dem Mittelalter, vor allem aber seit dem 19. Jahrhundert, zum festen Inventar der Feiern im Jahreslauf. Ursprünglich noch rein religiösen Charakters, haben sie sich zu komplexen Festen gewandelt, die als religiöse Totengedenkfeiern, als politische bzw. militärische Manifestationen und zugleich als Volksfeste verschiedenste Weltanschauungen der Protagonisten und Motive der Besucher zu fokussieren vermögen. Dennoch sind sie heute vor allem dort, wo die frühere Schlichtheit verloren ging, umstritten: mahnende Aufforderungen zu ungebrochener Wehrbereitschaft den einen, überholte hurrapatriotische, die Igelmentalität fördernde Anlässe den andern.

Hier soll versucht werden, die Geschichte dieser Feiern nachzuzeichnen und den Wandel ihrer Struktur und Anziehungskraft, ihre Bedeutung für die Identitätsbildung des jungen, modernen Staates im 19. Jahrhundert sowie die gegenwärtige Situation zu skizzieren.

Struktur und Geschichte

Die Schlachtenfeiern[1] werden heute entweder mit Glockengeläut oder mit Kanonendonner eingeleitet – Zeichen ihrer religiös-weltlichen Doppelnatur. Zur Ehrbezeugung an die damals Gefallenen gehören, je nach Ort, eine Prozession (von Glarus nach Näfels, von Appenzell auf den Stoss), ein Umzug aufs Schlachtfeld (Murten, Sempach, Morgarten) oder schlicht eine Kranzniederlegung beim Denkmal (Dornach). Der Gedenkgottesdienst mit der Predigt, die im konfessionell geteilten Kanton Glarus alternierend von einem katholischen und einem protestantischen Pfarrer gehalten wird, ist wohl die älteste der wenigen Konstanten aller heutigen Feiern. Eine weitere ist die Festansprache eines Behördenvertreters (Landammann, Regierungsratspräsident, Bundesrat), gelegentlich eines hohen Militärs.[2] In den meisten Fällen wird zusätzlich ein Schlachtbericht verlesen, worin oft alle Gefallenen aus der Gegend, in Näfels z. B. sämtliche 51 gefallenen Innerschweizer, namentlich erwähnt werden. Musik und Gesangsdarbietungen umrahmen die einzelnen Teile und dienen als Überleitungen. Ein

1 Die Bezeichnungen der Feiern sind verschieden: zum Beispiel Näfelser Fahrt, Schlachtfeier (Morgarten), Sempacher Schlachtjahrzeit, Gedenkfeier (Dornach).

2 Vor allem bei Zentenarfeiern und während der Kriege pflegten Bundesräte aufzutreten, zur Zeit des Zweiten Weltkriegs auch General Guisan, z. B. in Basel und Sempach.

Bankett für die geladenen Gäste und ein abschliessendes Volksfest mit unterschiedlichsten Attraktionen leiten meist den Nachmittag ein. Die einzelnen Festelemente sind heute sehr verschieden ausgeformt und werden überall stark erweitert. Sind die einen von der Lokalgeschichte geprägt, so widerspiegeln andere die Geschichte der Feier oder die politische Haltung der Organisatoren. Wichtig ist der Einbezug der Jugend in Sempach, wo stets eine Schulklasse das Wort in freigewählter Art, z. B. in einer szenischen Lesung, an die Festgemeinde richten darf. Sofort fällt die manchmal scharfe Grundsatzkritik der Jugendlichen an Kriegen auf. Ob man deshalb immer jüngere Schüler reden lässt? Beim nachmittäglichen Hellebardenlauf messen sich die Heranwachsenden in eigenen Wettkämpfen. In Murten fällt die Feier mit einem Jugendfest zusammen.

Wichtigstes säkulares Element sind nebst dem Volksfest die Anfang Jahrhundert zahlreich eingeführten Schützenfeste (nicht aber z. B. am Stoss, in Näfels). Mit fast 3000 Teilnehmern ist das Schiessen in Morgarten viel bedeutender als die schlichte, von kaum 100 Leuten besuchte Feier. In Dornach wird nicht immer eine Gedenkrede gehalten, dafür oft eine Ansprache an die Schützengemeinde. Etliche Gedenkfeiern wurden bereits ein Jahr nach der Schlacht eingeführt (Sempach und Näfels) oder zumindest kurz danach (Stoss, Morgarten, Dornach, Murten). Als Folge der Reformationswirren unterblieb die Feier am Stoss im 16. Jahrhundert weitgehend. Erst nach der Kantonsteilung von 1597 führte sie das katholische Innerrhoden wieder ein, obwohl der Stoss zur ausserrhodischen Gemeinde Gais und nur die kleine Schlachtkapelle zu Innerrhoden gehört.[3] Für Morgarten fehlen Belege vor dem 16. Jahrhundert, doch dürfte auch dort sehr früh mindestens ein Gedenkgottesdienst gefeiert worden sein. Entsprechendes gilt für Murten, wo schon 1485, neun Jahre nach der Schlacht, auf der Walstatt eine Kapelle mit Beinhaus errichtet wurde. Eine von der Obrigkeit in Dornach wie in Solothurn angeordnete religiöse Jahrzeitfeier am Magdalenentag (22. Juli) erinnert an die Schlacht bei Dornach, welche den Schwabenkrieg 1499 zugunsten der Eidgenossen entschied.

Die Schlachtenfeiern dienten ursprünglich dem Andenken an die Toten und dem Dank an Gott, denn die Siege der wenigen gegen die vielen erschienen den Eidgenossen als Gottesurteile.[4]

Im Laufe der Jahrhunderte wurden allmählich weltliche Elemente angegliedert, bis diese im 19. Jahrhundert zu dominieren begannen. Ausserdem verwendete die staatliche Obrigkeit sie immer mehr zur Manifesta-

3 Vgl. Erich Schwabe: Feste und Traditionen in der Schweiz. Band II. Neuenburg 1985, S. 44. Auch bei den weiteren Ausführungen folge ich Schwabe.

4 Vgl. Guy P. Marchal: Die «Alten Eidgenossen» im Wandel der Zeiten. In: Innerschweiz und frühe Eidgenossenschaft. Hg.: Historischer Verein der Fünf Orte. Band 2, S. 309–406: 317.

5 Ich folge bei diesen Ausführungen Hansjörg Pfäffli: Die Sempacher Schlachtjahrzeitfeier. In: Die Schlacht von Sempach im Bild der Nachwelt. Katalog zur Ausstellung im Stadthaus und Ochsentor in Sempach 1986. Luzern 1986. Band 2, S. 171–173.

Winkelrieddenkmal in Stans.
Postkarte. Foto (vermutlich um die Jahrhundertwende): Arne Psille, Berlin.
Museum der Kulturen, Basel, Inv.-Nr. 3258.

tion, manchmal auch zur direkten politischen Beeinflussung. Der Säkularisationsprozess lässt sich besonders deutlich am Beispiel der Sempacher Schlachtjahrzeit ablesen.[5]

Schon 1387 verordnete der Luzerner Rat eine Feier in Luzern und in Sempach. Der Tag galt als Staatsfeiertag. Mit einer Messe und dem Verlesen der Namen der für Luzern Gefallenen gedachte man der Toten. Seit dem 16. Jahrhundert verliest man den Schlachtbrief. Dies sind noch heute die Kernelemente der Feier. Zur Zeit der Gegenreformation führte die Teilnahme der repräsentativen Öffentlichkeit zur Erweiterung des weltlichen Teils, insbesondere, als später die Regierung die Festteilnehmer zu verköstigen begann. Seit den 1780er Jahren sind vaterländisch geprägte Festpredigten üblich, später gesellte sich eine Ansprache der weltlichen Behörde dazu. Ende des 18. Jahrhunderts begann man in Luzern Stücke aufzuführen, welche die Schlacht zum Thema hatten. Gleichzeitig wurde auch eine Gedenkmedaille geprägt. 1867 entstand im Städtchen Sempach eine spezielle Festhütte. Die Entwicklung gipfelte in der 500-Jahr-Feier am 5. Juli 1886. Seit 1918 ist die Teilnahme des Militärs Pflicht. Noch heute finden militärische Akte wie Rapporte des höheren militärischen Kaders oder Fahnenübergaben häufig in Sempach statt.

Damit sind einige Stichworte gegeben, die eine genauere Darstellung der Verhältnisse im 19. Jahrhundert nahelegen.

Schlachtfeiern und nationale Identitätsbildung im 19. Jahrhundert

Zu den wichtigsten prägenden Faktoren des 19. Jahrhunderts gehören die politischen Erfahrungen der Helvetik, die Restaurations- und Regenerationswirren, der Sonderbundskrieg, die Bundesstaatsgründung 1848, eine dauernde latente militärische Bedrohung von aussen sowie die sozialen und wirtschaftlichen Umwälzungen, verbunden mit einem immer glühen-

«Sempacherlied», Postkarte (Chromolithographie) aus einer zwölfteiligen Werbeserie des Verlags von Chocolat Suchard in Neuchâtel, um 1905. Neudruck von 1981 zum 75jährigen Bestehen des Schweizerischen Volksliedarchivs in Basel.
Museum der Kulturen, Basel.

Festzug in Solothurn, 1891.
Museum der Kulturen, Basel, Inv.-Nr. VIa 5288.

deren Patriotismus, ja Nationalismus. Sie alle vermochten ganz spezifisch auf die Schlachtenfeiern einzuwirken, in deren Entwicklung der Wandel des 19. Jahrhunderts sich gleichsam spiegelte.

Bei der Herausbildung nationaler Identitätsvorstellungen konnte auf einen reichen Fundus von bereits am Anfang des Jahrhunderts zum kollektiven Eigentum gewordenen Bildern zurückgegriffen werden, in dem die Alpen und die «Alten Eidgenossen» besonders bedeutend waren.[6] Ihrer immer wieder beschworenen entschlossenen Wehrbereitschaft und Freiheitsliebe wurden im 19. Jahrhundert zunehmend Denkmäler gesetzt: 1824 in Basel, 1866 in Neuenegg, 1886 in Grauholz, 1895 in Altdorf (Telldenkmal), 1906 in Morgarten. 1844, 400 Jahre nach St. Jakob, schrieb die schweizerische Kunstgesellschaft einen Wettbewerb für die Errichtung eines schweizerischen Nationalmonuments aus. Es war dies eine Reaktion auf die 1842 errichtete deutsche «Walhalla». Zudem dienten die Denkmäler als äussere Zeichen eines im Laufe der zweiten Jahrhunderthälfte stark zunehmenden militärischen Patriotismus, die Antwort eines in friedlicher Neutralität verharrenden Kleinstaates auf die Siege des expandierenden Preussen gegen Dänemark (1864), Österreich (1866) und Frankreich (1870/71). Die Heimatkunde, ab Jahrhundertmitte allmählich als Schulfach eingeführt, popularisierte die Geschichte der Alten Eidgenossen und stiess auf grosse Begeisterung. Noch prägender waren Schillers «Wilhelm Tell» wie überhaupt die vielen vater-

6 Vgl. Guy P. Marchal: Die «Alten Eidgenossen» im Wandel der Zeiten. Wie Anm. 4, bes. S. 352–372. Jeremias Gotthelf hat anlässlich seiner Rede beim Eidgenössischen Schützenfest 1842 in Chur die Alpen metaphorisch benutzt, wenn er rief: «Fest, breit, einem Berge gleich erhob sich die Schweiz, und also stehet sie noch unter den Völkern Europas.» Zit. nach Jürg Stüssi-Lauterburg: Militärische Aspekte der Suche nach einer schweizerischen Identität. In: Auf dem Weg zu einer schweizerischen Identität 1848 bis 1914. Hg. von F. de Capitani und G. Gernmann. Freiburg i. Ü. 1987, S. 97. Gotthelf, der die Eidgenossen als auserwähltes Volk begriffen hat, erweist sich hier als Vorläufer der «geistigen Mobilmachung» und der Begründung des «Sonderfalls Schweiz».

ländischen Schauspiele und das patriotische Liedgut.[7] Gesangs-, Sport-, Schützenvereine und besonders das damals blühende Kadettenwesen erwiesen sich als «wahre Pflanzstätte des Patriotismus».[8]

Höhepunkte von Zentenar-Gedenkfeiern waren zweifellos die Festspiele 1886 in Sempach, 1899 in Dornach und 1905 am Stoss. Festspiele kamen auch anlässlich von Beitrittsjubiläen der Kantone und Gründungsjubiläen von Städten und des Bundes 1891 zur Aufführung.[9] Tausende haben jeweils mitgespielt, Zehntausende zugeschaut. Am Ende des Spiels in Sempach vermengten sich Akteure und Zuschauer. In der so entstandenen imaginären Aufhebung der zeitlichen Distanz zwischen Gedenkereignis und Gegenwart erlebten die Teilnehmer eine mythische Identifikation mit den verehrten Vorfahren und Vorbildern. Die grosse Feier in Sempach wirkte, nach durchgestandenem Sonderbund und Kulturkampf, als grosses nationales Versöhnungsfest und muss eine überwältigende Wirkung gehabt haben.

Festspiele waren episodische Bilderbogen. Fünf bis zehn Bilder stellten Merkpunkte der betreffenden Geschichte dar (Gründungsakt, Freiheitskämpfe usw.), waren aber nicht durch einheitliche Handlung verbunden, denn die «Hauptkeimzelle des historischen Festspiels war zweifellos der viel ältere und von ihm auch nie ganz verdrängte historische Umzug mit den bekannten ‹Gruppen› oder ‹Bildern›»[10]. So treten beim Umzug in Sempach noch heute historische (Historische Gruppe *Rote Schwyzer*) nebst zeitgenössischen Formationen (Regierungsrat des Kantons Luzern) auf. Dasselbe gilt für die Umzüge aller anderen Schlachtfeiern. «Die historischen Festspiele waren gleichsam auf eindrückliche Kurzszenen reduzierte Umzüge, die ihrem an einem Ort zusammengeballten Publikum ausgewählte Momente seiner Geschichte in Erinnerung rufen und zur Anschauung bringen sollten.»[11] So dürften die Festspiele in den einstigen Untertanenlanden (VD, TG, AG, TI) den Spielern wie der zuschauenden Bevölkerung auch die Möglichkeit geboten haben, z. B. in der Darstellung der erkämpften Unabhängigkeit die tradierten Ressentiments gegen die früheren Beherrscher abzubauen, deren Nachfahren sich ja oft unter den Zuschauern befanden.[12]

Eine andere Keimzelle stellen die Festkantaten dar, wie sie 1876 für Murten und 1869 im Gedenken an Winkelried komponiert und für die Sempacher Feier 1886 zum Festspiel erweitert wurden. Während professionelle Künstler Bühnenbild, Kostüme und Musik beisteuerten, haben nur selten Berufsschriftsteller die Texte verfasst.

Als Organisatoren traten stets ad hoc gebildete Komitees aus Vertretern der Vereine, der Behörden, des Offizierskorps usw. auf. Die Akteure waren immer Laien, grösstenteils Mitglieder der Vereine: Schützen, Sänger, Turner, Kadetten usw. Hier zeigt sich, dass der «noch vor dem Deutschen Reich erfolgte Zusammenschluss der Schützen-, Sänger-, Studenten-, Turnervereine und zahlreicher wichtiger Berufsverbände zu überkantonalen Organisationen als die Basis und Voraussetzung dieser Grossfestspiele betrachtet werden» kann.[13] Finanzielle Basis waren, ähnlich wie heute, Spenden, Lotterien, Subventionen, Platzkartenverkauf und Risikogarantien der veranstaltenden Gemeinden oder Kantone. Diese Grossfeste waren bürgerliche Anlässe. Aus Arbeiterkreisen erhob sich immer wieder Kritik, weil «die Arbeiter der Fabriken und Heimindustrie aus zeitlichen und finanziellen Gründen von den patriotischen ‹Volksfesten› weitgehend ausgeschlossen waren. Ausserdem betrachteten sie die grossen Feste als Täuschungsmanöver, mit denen von der sozialen Not im Lande abgelenkt werde solle».[14] So führte nicht zuletzt die geringe Integration der Arbeiterschaft zum Niedergang der Festspiele nach 1905. Erst ab den 1920er Jahren, eine Folge des Ersten Weltkriegs, bis in die Zeit des Zweiten Weltkriegs erlebten sie eine Renaissance.

Die St.-Jakobs-Feier als Spiegel der Geschichte Basels

Im Gegensatz zu den bisher besprochenen Gedenkfeiern war die Basler St.-Jakobs-Feier «eine für das europäische 19. Jahrhundert überaus typische ‹Erfindung von Tradition›».[15] Zwar gab es bereits im 18. Jahrhundert vereinzelte, von Intellektuellen veranstaltete Feiern mit dem expliziten Ziel, das vaterländische Bewusstsein zu stärken, doch fand die erste grosse Feier erst 1824, anlässlich der Einweihung des Denkmals, statt. Organisator war der Stadtrat, der Kanton stellte sich dagegen. Trotz Denkmal und behördlicher Mitorganisation etablierte sich in den folgenden Jahrzehnten keine richtige Festtradition, es gab nur kleine, halbprivate Feste. Lediglich historische Grossereignisse wie die Trennung von Stadt und Landschaft sowie die

7 Vgl. hiezu Paul Hugger: Nationale Identität im Spiegel schweizerischer Autobiographien des 19. Jahrhunderts. In: Auf dem Weg zu einer schweizerischen Identität 1848–1914. Hg. von F. de Capitani und G. Gernmann. Freiburg i. Ü.1987, S. 185–203.

8 Hugger, wie Anm. 7, S. 197.

9 Martin Stern: Das historische Festspiel – Integration um den Preis scheinhafter Identität. In: Auf dem Weg zu einer schweizerischen Identität. Wie Anm. 7, S. 309–333: 325. Stern spricht gar von einem Festspielboom zwischen 1885 und 1905.

10 Stern, wie Anm. 9, S. 312. Tatsächlich hat der Umzug heute viel grössere Verbreitung, vor allem weil er materiell, finanziell und zeitlich viel weniger aufwendig zu realisieren ist, aber auch, weil Gedenkfeiern heute nicht eben Konjunktur haben.

11 Stern, wie Anm. 9, S. 312.

12 Stern, wie Anm. 9, S. 325.

13 Stern, wie Anm. 9, S. 313.

14 Hildegard Gantner-Schlee: Tross und Nachhut an der Sempacher Schlachtfeier 1886. In: Die Schlacht von Sempach im Bild der Nachwelt. Wie Anm. 5, S. 40–47: 42. Gantner-Schlee stützt sich auf entsprechende zeitgenössische Zeitungsberichte. Als grosse Ausnahme durfte die Belegschaft einer Luzerner Fabrik Tross und Nachhut der Eidgenossen an der Feier 1886 darstellen.

15 Philipp Sarasin: «Ihr Tod war unser Leben.» Die St.-Jakobs-Feiern im 19. und frühen 20. Jahrhundert. In: Ereignis – Mythos – Deutung 1444–1994 St. Jakob an der Birs. Basel 1994. S. 83–125: 83. Der Begriff ‹Erfindung von Tradition› stammt von E. Hobsbawm. Ich folge bei meinen Ausführungen weitgehend Ph. Sarasin.

400-Jahr-Feier, gleichzeitig mit dem Eidgenössischen Schützenfest begangen, mobilisierten die Behörden. Deren nun verstärktes Engagement basierte allerdings auf der Befürchtung, die radikale Opposition könnte die Feier für ihre Zwecke missbrauchen. Das starke Wachstum der Bevölkerung und deren strukturelle Veränderung schufen ein neues Umfeld. 1860 wurde erstmals eine allgemein befürwortete gemeinsame Gedenkveranstaltung realisiert. Träger waren von nun an die städtischen Vereine, weshalb der Umzug ständig anwuchs. Lange Zeit lehnte die Linke die bürgerlich dominierten Feiern ab. 1906 organisierte sie sogar eine sozialdemokratische – allerdings erfolglose – Gegenfeier. Erst 1939, nach dem Bekenntnis der Linken zur bewaffneten Landesverteidigung, waren auch die Gewerkschaften mit dabei. Keine Schlachtfeier wurde von allen Partizipanten, von den Bauern bis zum General, derart stark instrumentalisiert wie jene in Basel.

Auch an der St.-Jakobs-Feier gelangten immer wieder Festspiele zur Aufführung, wobei die Bedrohung von aussen während des Zweiten Weltkriegs die publikumswirksame Möglichkeit bot, nicht nur die verklärte Vergangenheit, sondern auch die unmittelbare Gegenwart in einer Art Rahmenspiel darzustellen. Dies verdeutlicht auch die Bedeutung des Opfertodes der Eidgenossen an der Birs. «Die Armagnaken, die von Basel dreierlei wollten, nämlich ‹Mannschaft, Material und Moneten›, sind psychisch geschlagen vom Heldenmut der Eidgenossen und wenden sich beeindruckt vom ‹stolzen Basel› ab. Die Stadt ist frei.»[16] Die Botschaft an die potentiellen Feinde 1944 war klar: Der Eintrittspreis würde hoch sein.

Die Gedenkfeiern heute

Schlachtengedenkfeiern hatten Hochkonjunktur im 19. Jahrhundert und in Zeiten von äusserer Bedrohung. Seit dem Zweiten Weltkrieg, mit dem Wegfall von akuter Gefährdung und materieller Not, dem Aufschwung der Freizeitkultur mit einem gewaltigen Alternativangebot zu traditionellen Festen sowie der Abschwächung von religiösen Bindungen, haben die Gedenkfeiern zunehmend an Gewicht verloren. Als 1986 in Sempach wieder ein Festspiel aufgeführt werden sollte, schien es zunächst unmöglich, genügend Laienspieler zu finden. Die anfängliche Skepsis wich aber bald einer grossen Begeisterung – weniger für die Gedenkfeier an sich als vielmehr für das Spielen. Zahlreiche Szenen wurden nicht auswendig gelernt, sondern in intensiven Gesprächen und Proben improvisatorisch erarbeitet. Die Mitspieler lernten so, kritisch mit Helden und der Geschichte, aber auch mit sich und den Mitspielern umzugehen.[17]

Für die Politiker bleibt der Anlass als Möglichkeit der Kontaktpflege wichtig, sei es mit Vertretern anderer Kantone und sogar des Bundes, aber auch mit der Bevölkerung. Da ist viel Fingerspitzengefühl bei der Wahl eines Themas gefragt, aber auch rhetorische Kunst.[18] Waren früher die Reden geprägt von patriotischem Pathos, versuchen heute Redner und Prediger eher subtil einen Bezug zwischen Gedenkereignis und Gegenwart herzustellen und wagen es auch, den nationalen Rahmen zu übertreten.[19] Die Bevölkerung hat, zumal bei den alljährlichen Umzügen, viel Raum zur (Selbst-)Darstellung, die gerade wegen des speziellen Rahmens attraktiv bleibt. Daneben haben Schlachtfeiern heute auch Volksfestcharakter. Man trifft sich zum Essen und Trinken, zum Sehen und Gesehenwerden, schlendert über den Festplatz und geniesst den freien Tag.

16 Jakob Tanner: «Man tanzt nicht, wenn im Nachbarhaus der Tod umgeht.» Die 500-Jahr-Feier der Schlacht bei St. Jakob an der Birs 1944. In: Ereignis – Mythos – Deutung. Wie Anm. 15, S.179–218: 183 f. Binnenzitate aus dem Festspieltext.

17 Vgl. Jean Grädel: Die Erfahrung von ‹Sempach 1986›. In: Das Festspiel: Formen, Funktionen, Perspektiven. Hg. von B. Engler und G. Kreis. Willisau 1988, S. 246–250: 249. «Was hatten sie denn nun davon? Ich glaube, dass für die Spieler die Zeit der Erarbeitung, der Proben, das Gemeinschaftserlebnis überhaupt, die grössere Erfahrung und das tiefgreifendere Erlebnis waren als die Aufführung. ‹Können wir nicht weiterproben?› ‹Schade, dass wir nun spielen müssen›, waren häufige Äusserungen in der Endphase. Das spielerische Lernen über sich und seine Geschichte und das spielerische Umgehen mit Erkenntnissen, Erfahrungen, seinen Mitmenschen und sich selber gegenüber war für die Spieler sicher das Wichtigste.»

18 Das Publikum kann hart reagieren. Das musste ein Landammann erleben, der eine rhetorisch schwache Rede unter einem zu tief gestellten Regenschirm hielt: Man sah den Kopf nicht. Ein Zuhörer fragte seinen Begleiter: «Weisst du, weshalb er den Schirm so tief gestellt hat? – Er hatte Angst, das Gesicht zu verlieren.» So können aus unmittelbarem Anlass Witze entstehen.

19 So gedachte der Pfarrer bei der Morgartenfeier 1995 der kurz zuvor ermordeten nigerianischen Freiheitskämpfer und des ermordeten israelischen Ministerpräsidenten. Der Landammann fasste Unabhängigkeit nicht nur politisch auf. Es brauche eine Unabhängigkeit im Denken, das nicht in Klischees steckenbleiben dürfe, das wäre Populismus.

Die Näfelser Fahrt

In der Regel am ersten Donnerstag im April feiert das Glarnerland die bereits im Jahre 1389 gestiftete «Fahrt» zur Erinnerung an die Schlacht bei Näfels (9.April 1388). Diese Schlachtfeier vereinigt das katholische und das reformierte Landvolk zu einer eindrücklichen Manifestation mit religiösen und patriotischen Elementen. In Schneisingen, auf dem obersten Teil des Schlachtfeldes findet für alle die eigentliche Schlachtfeier statt, worauf die Katholiken eine Prozession beginnen, welche an jedem der elf Gedenksteine einen kurzen Halt macht und mit einem Hochamt in der Pfarrkirche von Näfels endet. Der Marsch über das Schlachtfeld wird zudem unterbrochen zur Anhörung der Festpredigt, die abwechselnd von einem Geistlichen der zwei Konfessionen gehalten wird. Der Festtag schliesst mit allerlei Lustbarkeiten und einem Dorfmarkt.
D. W.

brother.

ÜR GOTT + VATERLAND
ONE WAY

Paul Hugger

Volksfrömmigkeit im Lebenslauf

Schnee von gestern?

Volksreligiosität im Lebenslauf – die Thematik mag den heutigen Leser erstaunen. Ihm ist kaum bewusst, dass einst das Leben streng rhythmisiert war und dass die einzelnen Phasen, vor allem an ihren Übergängen, durch gesamtgesellschaftlich verbindliche Rituale akzentuiert wurden. Das Leben war im Grundton religiös geprägt; davon kann heute keine Rede mehr sein. In der gegenwärtigen multikulturellen Gesellschaft mit ihrer Tendenz zur Gruppenindividualität sind solche Phänomene viel diffuser geworden. Allgemein gültige Verhaltensnormen sind seltener, sie prägen den Alltag nicht mehr bis ins einzelne. Man kann sich zu recht fragen, inwieweit religiöse Phänomene das Leben überhaupt noch beeinflussen. Was die Volksfrömmigkeit früher subsidiär gegen die Unsicherheit und Hilflosigkeit des Daseins leistete, deckt heute das gläubige Vertrauen in die wissenschaftlichen Fortschritte, vor allem der Medizin, ab. Zudem ist religiöses brauchtümliches Verhalten, wo es noch praktiziert wird, freiwillig; jedermann kann sich das Gewünschte aussuchen. Demgegenüber waren frühere Gesellschaften unerbittlich; wer ihre Vorstellungen wenigstens nicht in der Öffentlichkeit teilte, wurde marginalisiert.

Ohne Zweifel entstehen auch heute, bei bestimmten Lebensabschnitten, neue, letztlich religiös abgestützte Verhaltensweisen. Sie sind aber gruppenspezifisch und damit schwer zu fassen. Ich orte solche Phänomene z. B. in feministischen Kreisen, wo Frauen kultische Formen im Zusammenhang mit Leben und Lebenslauf entwickeln, unter Bezug auf synkretistische Mythologien, auf matriarchale Heilsgestalten, kosmisches Einssein.[1] Auch esoterische Kulte unterstreichen solche Strukturen des Lebens, und eine neue Naturreligiosität, ein kosmisches Bewusstsein mit animistischen Bezügen, dem gerade zivilisationskritische Menschen zuneigen, entwickelt ebenfalls Rituale im Dienste der Daseinsbewältigung.

Die folgenden Ausführungen wollen vor allem den reichen Schatz einstiger volkskultureller Frömmigkeit im Lebenslauf aufzeigen, wie er sich im Rahmen der traditionellen Konfessionen entwickelt hat. An sich müssten dabei die Anschauungen und Praktiken des Volkes getrennt von der kirchlichen Lehre und der offiziellen Liturgie dargestellt werden. Aber eine solche Trennung kann nicht gelingen, weil sich beide Bereiche im Lebens-

1 Vgl. dazu die Ritualvorschläge von *Diane von Weltzien:* Die Welt der Rituale. Feste und Zeremonien im Jahresablauf und zu wichtigen Ereignissen im Leben. München 1994.

alltag durchwirkten. Volkskulturelle Frömmigkeit war zudem oft mit magischen Praktiken durchsetzt. Diese hatten eine ähnliche Funktion wie die Psychopharmaka oder Placebos der Moderne, waren aber wohl noch wirksamer, weil sie eine Eigentätigkeit der Betroffenen bedingten.

Eine Darstellung der Volksfrömmigkeit im Lebenslauf wird ohnehin nur in Umrissen möglich sein, ohne dass wir auf die regionale Vielfalt eingehen können. Dennoch soll versucht werden, auch neuere Formen der Volksfrömmigkeit aufzuzeigen. Dabei stellt sich die Frage, ob religiöse oder ethnische Minderheiten, z. B. die Arbeitsimmigranten, ebenfalls einbezogen werden sollen. Sie prägen das moderne Alltagsleben mit, und gerade bei ihnen sind viele entsprechende Frömmigkeitsformen auch in der Gegenwart festzustellen. Aber ein solcher Einbezug muss einer Darstellung vorbehalten bleiben, die nicht auf eine knappe Seitenzahl beschränkt ist.

Der entscheidende Zug in der modernen kirchlichen Praxis liegt in der Privatisierung oder Individualisierung der Rituale, deren Anpassung an die jeweilige Alterskategorie oder Geschlechtsgruppe und dem Eingehen auf entsprechende Anregungen und Wünsche. Dabei zeichnen sich durchaus Entwicklungen ab, welche zwar gegenwärtig noch keine festen Konturen aufweisen, die aber eines Tages doch für grössere Gruppen spezifische Bedeutung haben könnten.

Die vielbeschworenen «Rites de passage»

Die traditionelle Volksfrömmigkeit hob bestimmte wichtige Lebensabschnitte heraus. Es waren Lebenssituationen, die Wendepunkte darstellten und die besonders geeignet waren, das Individuum oder die Gruppe zu verunsichern und in eine Krise zu führen. Es sind die bekannten zentralen Einschnitte des Lebens: der Eintritt ins Dasein, die Geburt also, dann die Zeit des Erwachsenwerdens, der Beginn der Adoleszenzphase, die Heirat, also der öffentliche Vollzug sexueller Partnerschaft und die Ehestandsgründung, schliesslich das Verlassen der Lebensgemeinschaft, das Sterben und der Tod. Schwellen also, die zu überschreiten dem Menschen schwerfällt. Als wichtige Phase erweist sich in der Moderne auch der Übertritt in den Ruhestand. Er hat aber aus religiöser Sicht kaum eine besondere Akzentuierung erfahren.

Lebensgeschichtlich wichtige Übergänge sind heute noch durch die sogenannten «rites de passage» gekennzeichnet. Der Ausdruck wurde vom

2 Vgl. dazu Pierre *Centlivres:* Die Übergangsriten heute. In: Paul Hugger (Hg.): Handbuch der Schweiz. Volkskultur. Bd 1. Zürich 1992. 223–230; Stefan Civelli: Übergangsriten. Von Geburt, Taufe, Schulbeginn, Erstkommunion, Firmung und Konfirmation; in: Paul Hugger (Hg.): Kind sein in der Schweiz. Zürich 1998. 199–212.

3 Vgl. dazu *Jacques Gélis:* Die Geburt. Volksglaube, Rituale und Praktiken von 1500–1900. München 1989. 67–69 (mit Abb. des Steins von Courgenay).

französischen Ethnologen Arnold van Gennep (1873–1957) geprägt. Er unterschied drei wesentliche Phasen, Teilriten oder Rituale: die Trennung oder Ablösung vom bisherigen Zustand, die eigentliche Schwelle, eine Phase der Schwebe, des Weder – Noch, und schliesslich die Integration in den neuen gesellschaftlichen Status. Seine Analyse hat bis heute ihre Gültigkeit bewahrt.[2]

Zäsuren des Daseins

Die Ankunft: Geburt und Taufe

Die Geburt ist die erste Krise, die ein Mensch in seinem Leben besteht. Er wird ins Dasein «geworfen», und dieser Verlust der Geborgenheit im Mutterleib stellt eine schwere Erschütterung dar. Für die Mutter ist der Geburtsakt ein Schlüsselerlebnis, früher war er oft auch eine Gefährdung des eigenen Lebens. Nicht umsonst häuften sich hier die rituellen Vorkehrungen, um beide, Mutter und Kind, heil in die Gemeinschaft einzuführen resp. wieder zu integrieren. Religiöse Praktiken der offiziellen Kirche und abergläubische Verhaltensweisen wirkten ineinander.

Schon im Vorfeld der Geburt, bei der Schwangerschaft, kamen übernatürliche oder magische Bezüge ins Spiel. Unfruchtbare Frauen nahmen ihre Zuflucht zu regionalen Heiligtümern, vor allem zu Marienorten, aber auch zu heiligen Quellen und Findlingssteinen, wobei die Frauen durch Öffnungen krochen oder über Rinnen rutschten (z. B. in Courgenay, Jura).[3] Religiöse Motive brachten die Leute auch bei der Erklärung der Herkunft

Wo die Kinder herkommen: Storchenfarm und «Storch's Magazin».
Postkarte, abgestempelt am 26.Juli 1902.
Museum der Kulturen, Basel.

Geburtsbaum an der Strasse nach Luthern im Luzerner Hinterland; der Storch trägt «Selina» als Püppchen in einem Plastiksack; die beiden am eigentlichen Ort befindlichen Geburtsbäume sind in der Bildmitte im Hintergrund erkennbar.
Foto: Ernst Halter, Aristau AG, 1999.

der Kinder ein. In Amden etwa holte sie die Hebamme in Einsiedeln, der wichtigsten regionalen Wallfahrtsstätte, wo sie in Kratten an den Wänden der Kirche hingen.[4] Nach der Geburt musste die Frau in katholischen Gegenden das Haus hüten als den ihr zugewiesenen Schutzbereich, in Amden 3 bis 4 Wochen lang.[5] Die Dachtraufe galt als Grenze ihrer Bewegungsfreiheit. Noch in den fünfziger Jahren ging im genannten Bergdorf (wie anderswo) die junge Mutter nach Ablauf der Frist morgens zur Kirche, um sich vom Pfarrer «aussegnen» zu lassen. Dies geschah in der Sakristei mit brennenden Kerzen. Darauf schritt die Frau zum Marienaltar, um der Jungfrau für die Geburt zu danken und ihr das Kind aufzuopfern. Sie legte die Kerze auf den Altar und nahm wieder Platz in der Gemeinde für den anschliessenden Gottesdienst. Das Aussegnen der Mutter ist bereits für das 12. Jahrhundert bezeugt, in Analogie zum Fest Maria Reinigung oder Maria Lichtmess (2. Februar).[6] Letztlich beruht der Vorgang auf der altjüdischen Vorstellung, dass die Frau nach der Geburt 40 resp. 80 Tage unrein sei und dann der Reinigung im Tempel bedürfe.[7]

In einzelnen bäuerlichen Gegenden, wie etwa der Waadt, pflanzte man bei der Geburt eines Kindes einen Baum. Sein Wachsen wurde in Parallele mit dem Gedeihen des jungen Menschen gesetzt. Diese Gewohnheit nahm man in neuerer Zeit wieder auf, zwar nur vereinzelt, aber dafür auch in nichtbäuerlichen Kreisen. Darin liegt wohl ein diffuses naturreligiöses Empfinden, welches das Individualleben in Parallele zum biologischen Kosmos setzt.[8] Eine ähnliche thematische Anspielung mag auch bei den Geburtsbäumen liegen, welche Freunde oder Nachbarn seit einigen Jahren in den Kantonen Luzern und Aargau vor dem Haus des Neugeborenen aufpflanzen und mit allerhand Kleinkind-Attributen behängen.

In der Namenwahl drückte sich ein Denken in Kontinuitäten über das Individuelle hinaus aus. Dort, wo dem Kind der Vorname des Grossvaters oder der Grossmutter gegeben wurde, äusserte sich nicht nur ein familienzentriertes Empfinden, sondern auch die Vorstellung, dass Wesen und Eigenart in den Nachkommen weiterlebten (vgl. lat. avunculus, Enkel, der kleine Grossvater, von avus, Grossvater).

Durch all die Jahrhunderte hindurch waren die Eltern bestrebt, das Neugeborene möglichst bald durch die Taufe in die Gemeinschaft der Christen aufzunehmen, ihm damit den Zugang zum ewigen Heil zu sichern. Nach der damaligen Ansicht der katholischen Kirche konnten ungetaufte Kinder nicht an der vollen ewigen Seligkeit teilhaben, sie gelangten an einen Ort des Nirwana, den sogenannten Limbus, fern von der direkten Anschauung Gottes. Darum wartete man, auch in evangelischen Gebieten, nach der Geburt nur kurze Zeit, wenige Tage, oft nur Stunden bis zur Taufe zu, so dass die Mutter dabei meist nicht anwesend sein konnte. Eltern waren über das Schicksal ungetauft verstorbener Kinder untröstlich, die grosse Säuglingssterblichkeit früherer Jahrhunderte führte aber häufig dazu. Ungetaufte Kinder wurden nicht kirchlich beerdigt, sondern vom Mesmer, vom Totengräber oder vom Vater ohne Zeremonie an einem besonderen Ort des Friedhofs begraben. Einzelne Wallfahrtsorte, die vor allem der Schmerzhaften Gottesmutter gewidmet waren, hatten den Ruf, dass dort durch die Fürbitte des oder der Schutzheiligen totgeborene Kinder kurz zum Leben erweckt würden. Man brachte solche Säuglinge hin und suchte, den günstigen Augenblick zu erhaschen, erkenntlich am leichten Verfärben der Gesichtsfarbe, dem Öffnen des Mundes, einem kleinen Hauch aus der Nase, der mit einer Feder feststellbar war. Alsbald wurde die Taufe vollzogen. Welcher Trost für die Eltern! Der Brauch kam vor allem im Zuge der gegenreformatorischen Marienverehrung auf (17. Jahrhundert), stiess aber auf das Misstrauen der Amtskirche. Bekannt als entsprechende Wallfahrtsorte waren z. B. die Kapelle der Schmerzhaften Muttergottes Zen Hohen Flühen bei Bitsch im Goms, an markanter Stelle gelegen[9], oder die Mater Dolorosa von Disentis.[10]

4 *Paul Hugger*: Amden. Eine volkskundliche Monographie. Basel 1961. 23.

5 Hugger: Amden. 27.

6 Vgl. auch *Klaus Guth:* Vom Umgang mit dem Leben. Bräuche im Umkreis von Geburt und Tod. In: SAK 91.1995. 77 – 90, spez. 80.

7 Marienlexikon. Hg. v. *Remigius Bäumer* und *Leo Scheffczyk* 5. St. Ottilien 1993. 448 f.

8 *Hugger:* Les âges de la vie. La vie quotidienne I. Encyclopédie illustrée du Pays de Vaud. Vol. 10. Lausanne 1982. 14 f. Der Brauch des «Geburtsbaumes» ist alt und auch im deutschen Sprachraum vielfach bezeugt. Vgl. dazu Handwörterbuch des deutschen Aberglaubens Bd. III (Berlin und Leipzig 1931) 419 f.

9 Vgl. dazu: *Klaus Anderegg:* Durch der Heiligen Gnad und Hilf. Wallfahrt, Wallfahrtskapellen und Ex votos in den Oberwalliser Bezirken Goms und Raron. Basel 1979. 76–88; *Oskar Vasella:* Über die Taufe totgeborener Kinder in der Schweiz. Zs. f. Schweiz. Kirchengeschichte. 60. 1966. 1–75.

10 *Iso Müller:* Zur Taufe totgeborener Kinder im Bündnerland. SAVk 54.1958. 15–27 (spez. 17 f).

Naturgemäss war die Taufe früher nicht nur ein liturgisches Ereignis, sondern der Tag wurde auch mit vielfachen Brauchformen ausgestaltet, weltlichen, wie dem heiteren Taufmahl, das oft zu neuen Partnerschaften führte, religiös fundierten, wie etwa den Taufzetteln, gefalteten Segenssprüchen, die den Taufbatzen enthielten und vor allem in evangelischen Gebieten kalligraphisch reich gestaltet waren. Dabei entwickelte sich eine eigentliche Symbolsprache.

Religiöse Initiationsriten des Jugendalters: Erstkommunion, Firmung und Konfirmation

Diese Anlässe haben ihre Bedeutung als Initiationsriten bis heute behalten, auch wenn sich der Sinngehalt vielfach vom Religiösen ins Mondän-Weltliche verschoben hat. Es sind (nebst anderen Anlässen wie Schuleintritt, -abschluss, Autofahrprüfung) herausragende Daten im Leben junger, kirchlich gesinnter Menschen geblieben. Dabei wird in Kleidung und Gastlichkeit ein grosser Aufwand betrieben, weil diese Tage vor allem auch dem Familienprestige dienen, der Selbstdarstellung. Sie befriedigen die emotionalen Bedürfnisse der Eltern, denn beim Anblick von blühender Jugendlichkeit und sich abzeichnender Reife stellt sich Rührung ein.

Obwohl die Konfessionen immer auf die Unterschiede bei ihren wichtigen religiösen Ritualen geachtet und das Trennende mehr betont haben als das Gemeinsame, weisen diese zentralen Riten doch viel Gemeinsames auf, und läge dies nur darin, dass sie elementare Bedürfnisse beim Übertritt aus der Kindheit in das Jugend- resp. Erwachsenenalter erfüllen.

Aber sie unterscheiden sich auch: Einen typischen Unterschied zwischen Erstkommunion und Konfirmation dokumentiert z. B. der bei beiden gleichermassen wichtige Fototermin. Wir haben auf der einen Seite das individuelle Bild in frommer Pose der jungen Katholiken mit Kerze und Andachtsbuch, dort das Gruppenbild mit dem Pfarrer. Dies entspricht dem je andern Sinngehalt: bei der Erstkommunion die individuelle Begegnung mit dem sakramentalen Gott, bei der Konfirmation das öffentliche Glaubensbekenntnis des Jugendlichen vor der Gemeinde und die Aufnahme in die Gemeinschaft. Damit korrespondiert auch die Farbe des Kleides: das Weiss als Symbol der Unschuld und der kindlichen Reinheit bei der Erstkommunion, Abbild der eigenen Seele also, dunkel bei der Konfirmation, entsprechend dem Ernst des Anlasses und dem nun erreichten Erwachsenen-Status (wobei der Schleier, wie er bei den Mädchen in der Waadt nach der Jahrhundertwende üblich war, eine gewisse Auflockerung darstellte).

Zur Erstkommunion • Die grosse Wertschätzung des Altarsakramentes führte mit der Zeit zu immer stärkeren Reinheitsvorstellungen als Vorbedingung des Empfangs. Dieser wird im Laufe der Geschichte erschwert. Parallel dazu, unterstreicht Hartinger, nimmt die kultische Verehrung der wundertätigen Hostie zu.[11] Gemäss Weisung des IV. Laterankonzils von 1215 wurden Kleinkinder nicht zugelassen, da sie noch nicht die Gabe der

Erstkommunion in Brunnen SZ. Hell und freudig das Fest; die Mädchen im Weiss der Unschuld, die Knaben mit bebänderten Kränzchen am Revers, ein stolzer Pfarrer in der Mitte; die Gruppe wird flankiert von Kaplan und Vikar. Eine echt katholische «Heerschau».
Foto: Adolf Odermatt, Brunnen. Sammlung Paul Hugger, Chardonne VD.

Unterscheidung hätten. Genaue Alterslimiten gab es allerdings nie. Auch kannte das Mittelalter keine gemeinsame Erstkommunion. Sie geht auf eine Anregung der Jesuiten im 17. Jahrhundert zurück. Diese hatten einen besonderen Sinn für die dramaturgische Inszenierung religiöser Akte. «Sie liessen die Erstkommunikanten, besonders die Mädchen, in Engelskostümen auftreten, mit Blumenkränzen im Haar, brennenden Kerzen und Rosenkränzen in den Händen.»[12]

Seit dem frühen 19. Jahrhundert tauchen die Erinnerungsbilder auf, die auch als Wandschmuck dienen. Im 19. Jahrhundert wurde der Weisse Sonntag (dominica in albis, Tag, an dem die Neugetauften in der christlichen Antike das weisse Kleid ablegten) zum Tag der Erstkommunion. In unserem Jahrhundert war die kirchliche Feier bei der Erstkommunion ein wichtiges Ereignis für Dorf und Stadt. Mit Kreuz und Fahnen holte man die Erstkommunionkinder beim Schul- oder Pfarrhaus ab, die Dorfmusik geleitete sie zur Kirche. «An manchen Orten spielte früher die Musik an diesem Tage als dem einzigen Male im Jahr sogar in der Kirche, was für das

11 *Walter Hartinger:* Religion und Brauch. Darmstadt 1992. 142.
12 Hartinger 147 f.

Ernst und gesammelt – dem Anlass angemessen –, scharen sich die Konfirmandinnen und Konfirmanden von Turbenthal ZH um ihren Pfarrer; in den Händen halten sie das brandneue Kirchengesangbuch.
Foto: Hans Epper, Turbenthal, Ostern 1918. Sammlung Paul Hugger, Chardonne VD

Volksgemüt die Feierlichkeit des Gottesdienstes wesentlich hob (...). Das Gotteshaus, das noch den österlichen Schmuck trägt, wird zu Ehren des eucharistischen Kindertages noch festlicher mit Girlanden und weissen Blumen geschmückt.»[13] Heute bricht am Schluss des Gottesdienstes das Fotoblitzgewitter über die Kinder herein; unermüdlich fotografieren Eltern, Paten, Verwandte. Es ist ein Vorgeschmack dessen, was sich am Hochzeitstag wiederholen wird.

Bis anfangs dieses Jahrhunderts trugen die Mädchen dunkle Röcke in Anspielung an das schwarze Brautkleid (mit Kränzlein und Blumengesteck). Die Knaben kamen seit Beginn des Jahrhunderts in langen Hosen daher, generell im dunklen Anzug. Ursprünglich trugen auch die Knaben ein Blumenkränzchen im Haar, später ein Sträusschen am Revers und eine weisse Armbinde. Heute wird oft ein einheitliches weisses Kleid für beide Geschlechter gewählt, auch um das gegenseitige sich Überbieten im Kleiderluxus zu verhindern. Vielfach stellen es die Pfarreien den Eltern leihweise zur Verfügung.

Ein grosser Aufwand wird bei der weltlichen Nachfeier vor allem in den romanisch sprechenden Ländern betrieben; die «communion solennelle» führt in Frankreich immer noch die ganze Verwandtschaft zusammen, zuweilen als mehrtägiges Ereignis. Auch bei uns ist die weltliche Feier bedeutender geworden. Dementsprechend fallen die Geschenke aus. Die Erst-

Aufgehellt durch weisse Schleier erscheint dagegen das fast gleichzeitige Konfirmationserinnerungsbild von Cudrefin NE. Solche Schleier waren damals in der französischen Schweiz gebräuchlich.
Foto: E. Nicod-Matthey, Cudrefin. Sammlung Paul Hugger, Chardonne VD.

kommunion hat so die Funktion eines die Familienbande festigenden Anlasses erhalten.

Eine Besonderheit, die sich bei der Erstkommunion entwickelt hat, bildet die Wahl eines gleichaltrigen und gleichgeschlechtlichen Partners, des Kommunionsgespanen. Vermutlich rührt der Brauch daher, dass man ursprünglich zu zweit in die Kirche einzog. «Ein Gespan ladet den andern zum Mittagessen ein, meistens der aus dem begüterten Hause den aus armen Verhältnissen stammenden. Vielfach bilden sich zwischen den Beiden freundschaftliche Beziehungen, die das ganze Leben hindurch andauern. So sagt man noch im Alter im Hinblick auf längst Verstorbene: Er (Sie) isch min Gspane gsi», schreibt für die dreissiger und vierziger Jahre Hans Krömler (a. O. S. 91).

Firmung • Die Firmung hat sich seit dem 12. Jahrhundert als eigenständiges Sakrament herausgebildet, wird aber erst im 19. Jahrhundert zum regelmässigen Ereignis. Die Bischöfe als Firmspender besuchen in mehrjährigem Turnus die einzelnen Pfarreien. Der Tag entwickelte sich im Geiste des Triumphalismus, welcher sich als Folge des 1. Vatikanischen Konzils (1869/70) in der Kirche ausbreitete, zum gloriosen Anlass, der Bischof zog

13 *Hans Krömler:* Der Kult der Eucharistie in Sprache und Volkstum der deutschen Schweiz. Basel 1949. 89.

durch Triumphpforten ein, begrüsst von der Bevölkerung, oft auch von den lokalen Behörden. Das ganze hat den Charakter eines nachbarocken Adventus-Programms.[14]

Anschliessend an die Firmung gehen die Firmpaten mit ihren Schützlingen auf den traditionellen Ausflug; heute geschieht dies meist im Familienverband. Beliebte Ziele sind in der Ost- und Zentralschweiz der Kinderzoo in Rapperswil, der Zoologische Garten in Zürich, der Rheinfall, das Verkehrsmuseum Luzern. Als Geschenk ist die Uhr immer noch beliebt; aber viele andere Objekte laufen ihr den Rang ab, Bargeld ist erwünscht. Die Uhr war einst symbolträchtig; von jetzt an sollte sich der junge Mensch an die Zeit der Erwachsenen halten und selber die Verantwortung für sein Tun übernehmen.

Die Konfirmation • Die Firmung als Sakrament wurde von den Reformatoren abgelehnt. Aus der Hochschätzung Luthers für das Abendmahl entwickelte sich aber mit der Zeit die Konfirmation. Sie spielt bis heute eine zentrale Rolle im Leben der protestantischen Gemeinschaft.[15] Luther verlangte eine sorgfältige Vorbereitung des jungen Menschen auf das erste Abendmahl, auch wenn heute die ursprüngliche erstmalige Admission zum Abendmahl nicht mehr damit verbunden ist.

Die Konfirmation geht in ihrer Grundform vermutlich auf die Anregung von Martin Bucer zurück (1491–1551), des Reformators von Strassburg. Er teilte bereits die Feier in die entscheidenden Sequenzen auf, die heute noch im lutheranischen Formular beachtet werden: Examen, Glaubensbekenntnis, Gehorsamversprechen, Erneuerung des Taufgelöbnisses mit Handauflegung und Fürbittgebet der Gemeinde. In der Schweiz wurde die Konfirmation erst im Laufe des 18. Jahrhunderts üblich. Da die entsprechende Unterweisung durch den Pfarrer ausserhalb des Schulunterrichtes erfolgte, führte die Vorbereitungsphase zur Aussonderung einer bestimmten Altersstufe, welche der Gruppe für das ganze Leben einen Zusammenhalt gab und auch eine besondere Gefühlskultur förderte. Dies trifft heute noch vermehrt zu, wo die Pfarrer oft mit den Konfirmandinnen und Konfirmanden in ein Vorbereitungslager ziehen, in ungewohnter Parallele zu gewissen Initiationsriten afrikanischer Stämme. Lange Zeit leitete die Konfirmation auch ins Erwachsenenalter über; jetzt durfte der junge Mann am Leben der Knabenschaften teilnehmen, z. B. «z'Stubete» gehen. Das Rauchen in der Öffentlichkeit war fortan gestattet. Die Mädchen konnten Besuche der jungen Burschen empfangen. Diesen Übergang ins Erwachsenenalter unterstreicht die dunkle Kleidung bei der Feier, wie sie im 19. Jahrhundert üblich wird. Bei der Konfirmation bildeten sich ebenfalls

14 Vgl. *Klaus Tenfelde:* Adventus: Die fürstliche Einholung als städtisches Fest. In: P. Hugger (Hg.): Stadt und Fest. Zu Geschichte und Gegenwart europäischer Festkultur. Unterägeri 1987. 45–60.

15 Vgl. dazu: *Christine Burckhardt-Seebass:* Konfirmation in Stadt und Landschaft Basel. Volkskundliche Studie zur Geschichte eines kirchlichen Festes. Basel 1975.

vielseitige populär-religiöse Gewohnheiten heraus, etwa im Bereich der Gedenk-Urkunde, wo wir die ganze Entwicklung vom einfachen Konfirmationsschein im frühen 19. Jahrhundert über das Bild mit dem individuellen Bibelspruch bis zur Photopostkarte mit Schutzengel im ersten Drittel unseres Jahrhunderts finden. Noch immer ist das Konfirmationsbild wichtig, der entsprechende Bibelspruch wird oft vom Konfirmanden oder der Konfirmandin selbst ausgewählt.[16]

So gestalten die Kirchen wichtige Abschnitte des Jugendlebens mit. Diese Formen entsprachen einem alten Lebensschema, welches bei vielen nichteuropäischen Kulturen ebenfalls beachtet wurde. Die kirchlichen Rituale legten sich so über einen gesellschaftlich vorgegebenen Raster der Lebensalter.

Dass die Kirchen damit eine Orientierung und Sinngebung anboten, verdeutlicht die Jugendweihe in der frühern DDR, die ähnliches in säkularisierter Form fortführte. Ihre Beliebtheit auch nach dem Zusammenbruch des Parteistaates zeigt, dass hier wesentliche Bedürfnisse gestillt werden.

Primiz

Zu den Initiationsriten im katholischen Kirchenleben gehört die Primiz, die als Ereignis zwar zunächst die Biografie des Priesterkandidaten prägt, aber von der katholischen Bevölkerung intensiv mitgefeiert, entsprechend reich ausgestaltet wurde und so ein Kollektiverlebnis war. Die ganze dramaturgische Phantasie des Volkes kam hier zum Zug. Um die Primizfei-

Primizfeier in Walenstadt, 1957; Festprozession durch die Stadt.

Foto: E. Widmer, Walenstadt. Museum der Kulturen, Basel.

Primiz. Vor dem geschmückten Eingang zum Pfarrhaus hat sich die Primiziantengruppe zur Erinnerungsfoto aufgestellt: voran das geistliche Bräutchen, flankiert von zwei Gespanen, rechts die geistliche Mutter (die meist auch zu den Ausbildungskosten des Primizianten beigetragen hatte) und hinten die Geistlichkeit; in der Mitte der Primiziant mit dem Primizkreuz als traditioneller Gabe, rechts vermutlich der Ortspfarrer, links der geistliche Vater.
Foto: Photohaus J.Weber, Frauenfeld. Sammlung Paul Hugger, Chardonne VD.

er in der Pfarrkirche, das erste Messopfer des jungen Priesters, ranken sich bis heute brauchtümliche Formen: Dazu gehören der Einzug mit Musik und wehenden Vereinsfahnen unter einer Triumphpforte hindurch und die Ausgestaltung als geistliche Hochzeit, wobei man dem weltlichen Brauch wichtige Formen entlehnt: Da gibt es den geistlichen Vater und die geistliche Mutter, das geistliche Bräutchen, ein in Weiss gekleidetes Mädchen, das auf einem Kissen die Primizkrone oder den Primizkranz trägt. Alle diese Figuranten wirken beim anschliessenden Ehrenmahl mit. Das Volk mass dem Primizsegen eine besondere Kraft zu, von weither strömte man herbei, um seiner teilhaft zu werden.

Die Fülle des Lebens: Verlobung und Hochzeit

Die Heirat, die Verbindung von Mann und Frau zum Zweck der Gründung einer Familie, hatte in früheren Gesellschaften naturgemäss eine zentrale Bedeutung. Nur verheiratete Menschen waren vollwertige Mitglieder der Gesellschaft. Junggesellen und «alte Jungfern» wurden marginalisiert: sie besassen einen geringeren gesellschaftlichen Status und wurden oft mit Spott bedacht. Fragen wie Fruchtbarkeit in der Ehe, Sicherung der

Eindrücklich dokumentiert dieses Familienbild die geistlichen «rites de passage». In einer Innerschweizer Bauernfamilie haben sich gleich drei Töchter für das Ordensleben entschieden, vermutlich bei den Menzinger Schwestern: rechts die älteste, die die Weihen bereits erhalten hat, in der Mitte die jüngste als Postulantin am Tag ihrer Einkleidung und links die dritte am Tag der Profess. Das weisse Kränzchen – als Zeichen der Unschuld – wird Jahrzehnte später bei der Bestattung auf den Sarg gelegt werden.
Foto: Emil Synnberg, Luzern. Sammlung Paul Hugger, Chardonne VD.

Nachkommenschaft beschäftigten das Denken. Entsprechend vielfältig waren auch die Vorkehrungen religiöser und magischer Art, die diese Übergänge begleiteten und absicherten.

Zunächst allerdings war der Eheschluss ein rechtlicher Akt, der erst im Laufe der Zeit von der Kirche auch als Sakrament interpretiert wurde. Gespendet wurde die Ehe nach kirchlichem Verständnis ohnehin von den Brautleuten selbst, allerdings unter segnendem Beistand des Priesters.

Früher kam jedoch der Verlobung der entscheidende rechtliche Charakter zu; sie war lange wichtiger als die Trauung. Ehepfänder wurden ausgetauscht; der noch heute gebräuchliche Kauf von Eheringen stellt eine Sehwundform dar. Im 19. Jahrhundert schenkte oft nur der Bräutigam einen Ring. Im Tessin war bis vor 30 Jahren ein spezieller Verlobungsring üblich, meist mit einem Stein besetzt. Bei der Verlobung übergab der Bräutigam der Braut oft einen Segensspruch, kalligraphisch schön ausgestaltet und von einem sprachbegabten Freund oder Bekannten gereimt.

16 Vgl. dazu den Katalog des Schweiz. Verlags für kirchl. Kunst, Belp, wo v. a. posterähnliche Farbphotographien angeboten werden.

Die moderne Entwicklung seit dem Zweiten Weltkrieg ging über Stufen: Zuerst verlor die Verlobung an Bedeutung und fiel schliesslich fast ganz weg, wobei eine Zeitlang eine gewisse Renaissance auszumachen war. Heute werden die Eltern oft erst im nachhinein über den Schritt informiert. Doch sind Polterabende als Trennungsrituale aus dem Stand der Ledigen regional weiterhin beliebt. Dann trennte man zivile und kirchliche Trauung, wo diese überhaupt noch stattfand, zeitlich, in dem Sinne, dass die kirchliche Trauung oft viel später nachgeholt wurde.

Noch in den dreissiger Jahren kannte man in der Schweiz regional unterschiedliche Trautage: In der katholischen Innerschweiz und im Kanton Freiburg bevorzugte man den Montag (weil man am Samstag aus Rücksicht auf den Sonntag nicht über Mitternacht hinaus feiern durfte), im reformierten Bernbiet und in der Waadt den Freitag. Im Kanton Zürich heiratete man am Dienstag oder am Donnerstag, in Graubünden und im Wallis am Sonntag.[17] Andere Trautage mied man, auf ihnen lag Unheil. Ohnehin wurden am Tag viele Verhaltensweisen beachtet, die apotropäischen (Unheil abwehrenden) Charakter hatten: Vorschriften für die Braut auf dem Gang von und zur Kirche, schützende Beigaben ins Ehebett, Aussegnen der Hochzeitskammer (zur Abwehr schädlicher Einflüsse). Das Hochzeitspaar wird bis heute vielerorts beim Gang aus der Kirche mit Reis oder sonstigen Getreidekörnern beworfen. Die Deutung ist nicht gesichert, aber sie dürfte wohl, wie Hartinger schreibt, in der Analogie zu biblischen Bildern, wo das Korn Sinnbild der Fruchtbarkeit und des Überflusses ist, zu suchen sein (a. O. 164).

Der Brautkranz war ursprünglich Ausdruck jungfräulicher Reinheit. Diese Sinndeutung geht wohl auf den theologischen Diskurs des Mittelalters über die Reinheit Mariens zurück, die man im Kranz oder in der Krone Mariens symbolisiert sah. Zwischen Hochzeit und

Hochzeitspaar um 1890 – das dunkle Gewand wird bereits aufgehellt durch den luftigen Schleier und das Bouquet der Braut sowie das Myrtensträusschen und die weissen Handschuhe des Bräutigams.
Foto: A. Gossauer, Rapperswil.
Sammlung Paul Hugger, Chardonne VD.

Die Schlachtkapelle von St. Jakob bei Basel war eine beliebte Hochzeitskirche. Das Bild aus dem Jahre 1943 belegt mit der Uniform zugleich die Zeit des Aktivdienstes.
Foto: E. Schulz, Basel. Sammlung Paul Hugger, Chardonne VD.

Marienwallfahrt besteht bis heute im katholischen Raum ein enger Zusammenhang, Brautkränze wurden früher an Wallfahrtsorten niedergelegt. Viele Brautpaare der Ostschweiz heirateten in Einsiedeln oder in Maria Bildstein bei Benken, also an Marienwallfahrtsorten. Früher wäre es in den Dörfern, wo man sich gegenseitig genau kannte, undenkbar gewesen, wenn eine Frau, die nicht mehr jungfräulich in den Ehestand trat, einen Brautkranz getragen hätte. Er wäre ihr abgerissen worden, oder es wäre sonst eine öffentliche Brandmarkung erfolgt. Das weisse Brautkleid selbst, das nach der Verfemung der 70er Jahre wieder seine triumphale Rückkehr erlebt hat, war erst in den 20er und 30er Jahren allgemein geworden. Vorher war das dunkle Sonntagskleid, aufgehellt durch Kranz, Schleier und andere weisse Accessoires, die Regel.

Die kirchliche Trauung, obwohl heute nicht mehr allgemein üblich, wird von vielen Brautpaaren noch gewünscht, wohl weniger wegen des sakramentalen Werts als der emotionalen Qualitäten halber. Der feierliche Einzug unter brausender Orgelmusik in einen stimmigen Kirchenraum, die Worte des Pfarrers und andere liturgische Elemente erhöhen den festlichen Tag. Aus diesem Grund werden vielfach schön gelegene Dorfkirchen oder

17 Vgl. Karte 219 des Atlas der Schweiz. Volkskunde.

Kapellen gewählt und der angestammten Pfarrkirche vorgezogen. Oft lassen sich Paare nach Jahren des gemeinsamen Lebens und Wohnens noch kirchlich trauen, die Frau in Weiss und Blütenschleier. Einmal im Leben im Mittelpunkt stehen, gefeiert werden, erfahren, dass sich alles um die eigene Person dreht. Welchen Einfluss populäre Sendungen über Traumhochzeiten ausüben, bleibt abzuklären. Die Rührung nach soviel Hindernissen und über soviel Glück ist am Schluss alleweil da. Vorbild oder Surrogat für mögliche eigene Frustration?

Bei der Gestaltung der kirchlichen Trauungen wirken sich die interkonfessionellen oder konfessionsverbindenden Ehen aus. Hier finden Elemente aus den jeweiligen anderen Konfessionen Eingang, etwa der Ringwechsel vor dem Pfarrer bei reformierten Hochzeiten.

Sterben und Tod

Volksreligiöse Bräuche und Verhaltensweisen manifestierten sich vor allem im Umkreis des Todes. Dies gilt für die Vergangenheit, weniger für heutige Gesellschaften. In dieser Situation wirkt der einzelne Mensch besonders hilflos und schutzbedürftig, sei es als Sterbender selbst oder als Hinterbliebener. Er ist auf die Unterstützung der Gemeinschaft, der Gruppe, angewiesen. Das ambivalente Verhältnis, das auch frühere Gesellschaften zum Tod und zum Toten hatten, rief entsprechenden Verhaltensweisen, Ritualen, seien sie empathischer oder apotropäischer Natur. Dabei unterschied sich die Einstellung je nach Konfession, was auch durch die unterschiedliche theologische Lehre und die Einstellung der kirchlichen Amtsträger bedingt war. Im katholischen Raum war der Sterbende stärker in religiöse Rituale einbezogen, in Frömmigkeitsübungen auch, die zeitlebens den Menschen auf das eigene Sterben vorbereiten sollten: spezielle Andachten und Wallfahrten, Mitgliedschaft in Guttod-Bruderschaften usw., eine Kultur des Sterbens, von der vieles volksreligiösen Ursprungs war. Dagegen wirkte das Verhalten der evangelischen Kirche und Bevölkerung spröder, der einzelne war stärker seinem personalen Bezug zu Gott überlassen, das Sterben wurde als etwas Verinnerlichtes, weniger als gemeinschaftsgestützter Vorgang betrachtet. In der Moderne empfand man dies vielfach als Mangel, und gewisse Erneuerungsbestrebungen innerhalb der evangelischen Sterbe- und Todesliturgie zielten auf ein stärkeres Engagement der Kirche. Ein frühes Beispiel dafür ist die Einführung des Totensonntags (letzter Sonntag im Kirchenjahr) 1917 in der Schweiz, was mit auf Drängen der Laien geschah.

Einige Elemente des «klassischen» katholischen Todesbrauchtums mögen das Gesagte illustrieren: Schon dem jungen Brautpaar schenkte man als Hochzeitsgabe die Versehgeräte, die eines Tages auf der Kommode in der Kammer aufgestellt würden. Der Versehgang war auf dem Lande ein öffentliches Ereignis. Der Priester, begleitet von Ministranten und Mesmer, brachte das Sakrament zum Sterbenden, und Familienangehörige und

Ein Trauerkondukt der zwanziger Jahre im Basler Aussenquartier Kleinhüningen; damals war ein Begräbnis noch ein öffentliches Ereignis.
Sammlung Paul Hugger, Chardonne VD.

Nachbarn bildeten das fromme Spalier. Nach dem Hinschied wurde der Tod erst recht zum Schauspiel für die Gemeinschaft, durch die Totenwache, welche Stube und Haus mit Leuten füllte, bei gemeinsamem Rosenkranz-Gebet und brennenden Kerzen, wobei der Leichnam aufgebahrt und geschmückt war. Dazu trat die Sprache der Glocken, dies auch in evangelischen Siedlungen, je unterschiedlich nach Geschlecht und Lebensalter. Der Leichenkondukt vor allem war eine öffentliche Demonstration der Solidarität mit den Hinterbliebenen, aber auch des Prestiges. Seine Strukturen waren genau festgelegt. Das alles und noch viel mehr – reglementierte Trauerkleidung und vorgeschriebenes Trauerverhalten in verwandtschaftlicher Abstufung zum Beispiel – waren Ausdruck und Bestandteil einer differenzierenden Frömmigkeitskultur im Umkreis des Todes, von der nur noch Bruchstücke geblieben sind. Vielfach werden Tod und Bestattung heute als Privatsache angesehen. Sichtbar ist diese Tendenz an den Todesanzeigen, wo zuweilen nur noch der Vorname des oder der Verstorbenen angegeben wird, den Insidern soll dies genügen. Scheinbar im Widerspruch dazu ist gerade hier ein neues Streben nach individualisierender Pietät zu erkennen, im Text vor allem. Man sucht, zwar noch vereinzelt und vor allem in urbanisierten Gebieten der deutschen Schweiz, der Eigenart und Einzigartigkeit der Hingeschiedenen im Text gerecht zu werden und vermeidet so den stereotypen Wortlaut früherer Anzeigen.

Man fordert heute vielfach eine neue, expressive Kultur des Sterbens mit Öffentlichkeitscharakter. Der Tod soll nicht mehr verschleiert werden, die Trauerarbeit eindeutiger und sichtbarer erfolgen. Einige Ansätze weisen darauf hin, dass wir zu einem neuen gemeinschaftlichen Verständnis des Sterbens und des Todes unterwegs sind. Aber vieles bleibt noch auf einzelne initiative Gruppen beschränkt.[18]

Im Gegenzug zu der erwähnten Privatisierung drängt sich die massenmediale Kultur auch in die Trauerfeiern. In deutschen Abdankungskapellen werden immer mehr sentimentale Schlager verlangt statt eigentlich religiöse Melodien. Das kirchliche Musik- und Liedgut ist weniger gefragt, wie Horst Albrecht aus Süddeutschland und Bayern berichtet.[19] Bei einer Beurteilung müssten die «religiösen Implikationen populärer Musik» mitberücksichtigt werden. Gerade die Harmonik verspreche letztlich ein gutes Ende: «Diese Hoffnung hat die populäre Musik in ihren Dienst genommen; sie verspricht, die Kommunikation, die Angst zu bändigen» (39). Ähnliches geschieht bei der Trauung.[20]

Damit ist angedeutet, dass eine mediale Kultur heute vielfach den Stellenwert früherer religiöser Verortung hat. Hier werden entsprechende Erlebnisse gesucht, in die Medien setzt man Erwartungen, sie bieten Geborgenheit, eine Geborgenheit, die durch Knopfdruck erreichbar ist. Mehr noch: Die Medien selbst entwickeln kulturelle Rituale und verwenden eine Sprache, welche liturgischen Charakter hat.

Friedhofkreuz, 1865, aus Erschwil SO mit den Marterwerkzeugen Christi (arma Christi).
Foto: Dominik Wunderlin, Basel.

Grabmonumente im Friedhof von Gentilino bei Montagnola.
Foto: Dominik Wunderlin, Basel.

In der Werbung werden dauernd christliche und klassische Mythen zitiert, Bilder evoziert und banalisiert, die letztlich auf religiöses Gedanken- und Bildgut zurückgreifen. Radio und Fernsehen ritualisieren heute den Tageslauf vieler Menschen, sie sind anstelle jener Sinngliederungen getreten, welche die Kirche früher anbot: Angelus-Läuten usw. Jetzt gliedert sich der Tag in die von den Medien vorgegebenen gewohnten zeitlichen Zäsuren, die Menschen werden in einen «elektronischen Uterus hineingeboren, in die Medienwelt ohne Aufhören, ohne Pause» (Albrecht 72).

Ist dies das alleinige Fazit? Die Dinge liegen wohl nicht so eindeutig. Ich denke, dass bereits heute, uns unbewusst, gesellschaftliche Einstellungen und Sensibilitäten bestehen, die nach Ausdruck bei den unterschiedlichen Phasen des Lebens suchen und die in die Nähe dessen gehören, was wir mit dem traditionellen Begriff Volksfrömmigkeit bezeichnen. Aber wir haben noch nicht das Instrumentarium und die Zugänge, um diese neuen Formen zu erkennen.

18 Weiterführende Literatur: *Josef Zihlmann:* Wie sie heimgingen. Hitzkirch 1982; *Paul Hugger:* Von Sterben und Tod. In: Handbuch der Schweiz. Volkskultur. Bd. I. Zürich 1992. 185–222; *Albert Hauser:* Von den letzten Dingen. Tod, Begräbnis und Friedhöfe in der Schweiz. 1709–1900. Zürich 1994.

19 Die Religion der Massenmedien. Stuttgart/Köln 1993. 38 f.

20 *H. Albrecht:* Der trivialisierte Tod. Bestattung im nachbürgerlichen Zeitalter. In: Theo- logia practica. 20. 1989. 188–201.

Fritz Franz Vogel

Den Christus spielen!

Kreuztragung – Kreuzigung – Grablegung:
So wurde vor hundert Jahren auf einer Dorfbühne die Passion Christi aufgeführt – im nahen Elsass oder im französisch sprechenden Jura; kaum anders dürfte auch im katholischen Schweizer Mittelland gespielt worden sein.
Alle 3 Fotos: Theodor Saile, Colmar, April 1899.
Sammlung Paul Hugger, Chardonne VD.

Kreuztragung

Zur Szenographie des religiösen Volkstheaters

An den Pfahl gekettet, bespuckt, mit der Spottfeige bedacht, gegeisselt, mit Dornen gekrönt, die Zunge durchbohrt, an den Pranger gestellt, die Schulter klaffend verwundet, der Rücken gespalten, in ein Kellerloch gesperrt, aufs Dreikantholz gesetzt, mit dreckigen Lumpen geblendet, zum Kreuztragen gezwungen, ans Kreuz genagelt, mit Essigwasser gespeist, die Knie gebrochen, mit der Lanze seitlich aufgeschlitzt ... Das populäre Bildprogramm der Marterung und Leiden Christi kennt keine Grenzen. Bis zuletzt wies Christus 5475 Wunden auf[1] – wahrlich ein Kosmos von Torturen, der jeden 14-Stationen-Kreuzweg in den Schatten stellt.

Die Kumulierung des Leidens bezeugt die Partizipation frommer Menschen am Heilsgeschehen. Die individuellen Bildfindungen für alle erdenklichen Situationen und Empfindsamkeiten sind die persönliche Armada der *arma Christi.* Und heute? Ist damit diese *vita dolorosa* nicht prädestiniert für eine religiöse Show par excellence, für ein neuzeitliches, blutgeiles Medien- oder Musiktheaterprojekt mit Jesus Christ als Superstar?

Der Mensch macht keinen Hehl aus seiner Lust auf starke Momente. Die Medien versorgen ihn mit dem täglichen Wahn-Sinn und befriedigen seinen Kitzel mit Mord und Totschlag, Unglücksfällen und Verbrechen. Die täglichen Sensationen stimulieren die *sensations,* die sinnliche Empfindung.

Das menschliche Leid beschäftigt uns, weil wir als Menschen um dessen Ursprung wissen. Wir sind Täter und Opfer, schwanken zwischen echt und falsch, zwischen Realität und Simulation. Wir spielen, als ob uns etwas weh täte, als ob wir Hunger hätten, als ob wir tot wären. Der Konjunktiv als Spielbedingung lässt uns Realität erahnen, erspart uns das *factum brutum* und ist damit ein erster Schritt zur Bewältigung des Leidens an sich. Weil wir uns unserer Endlichkeit bewusst sind – und dennoch kein beweisbares Rezept zur Ewigkeit *in petto* haben –, sind wir auf Fingierungen angewiesen; sie sind der Motor, Alltäglichkeit auszuhalten und mit Fernblick auf ein Paradies zu überwinden.

Hinter dem *Es bitzli tot sy,* wie Kinder sagen, steckt das Bedürfnis nach der Imitation des Unfasslichen, die wir ins Spiel des So-tun-als-ob aus-

1 Gockerell, Nina: Das Leiden Christi in der volkstümlichen Bilderwelt. In: Henker, Michael/Dünninger, Eberhard/Brockhoff, Evamaria (Hg.): Hört, sehet, weint und liebt. Passionsspiele im alpenländischen Raum. München 1990, S.145–156.

Kreuzigung

gelagert haben. Solches Spiel zeigt die Option Tod aus der Perspektive des Lebens, des Weiter- und Überlebens. Insofern sind die religiösen Gewaltdarstellungen ein Bekenntnis zum Leben; im gespielten Tod wird uns unser Leben bewusst. Die Körperhaut ist dabei die Schnittstelle, an der sich Glauben erfahrbar machen lässt. Vernarbte Wunden sind Zeichen der Heilung, des Heils an sich.

Spiel und Theater sind reproduktive Medien. Mit ihnen lässt sich also Glaubenserfahrung immer wieder neu entfachen. Sie infiltrieren den ungläubigen Menschen mit ihrer Heilsbotschaft – egal ob Leidensgeschichte oder Osterfeier – und perpetuieren im magischen Dunkel mirakulöser Wunder und Wirkungen mystische und transzendente Erlebnisse.

Jedes religiöse Spiel ist der Versuch, sich dieser personifizierten Unheimlichkeit anzunähern. Zuschauer wie Schauspieler wollen am göttlichen Triumvirat teilhaben, wollen ein höheres Ich als existent und lebendig erfahren, wollen ... *sich in dieses höhere, andre Ich verwandeln und es so selber repräsentieren, ja mehr, sich mit ihm identifizieren. [...] ... über sich selbst hinaus in ein Anderes hinein. Dieser Spieltrieb im Menschen ist eine Entfaltung persönlicher Kräfte, die ein fremdes – mögliches oder unmögliches – Dasein und Leben über das eigene gegebene Dasein und Leben hinaus erzeugen. Dieser Trieb ist gemeinschaftlich gebunden, weil man sich nicht allein vor sich selber verwandeln kann in ein anderes, sondern Zeugen, Zuschauer dazu braucht. [...] Dies macht das Wesen des Theaters aus: Der Spieler verwandelt sich und macht im (meistens freilich unsichtbaren und unhörbaren, aber deswegen doch sehr realen) Dialog über die Rampe hinweg mit der ‹Gemeinde› diese selbst seiner Verwandlung ansichtig und in grossen Augenblicken gar teilhaftig. [...] Das*

Grablegung

Theater ist von Haus aus begabt dazu, Spielern und Zuschauern das Erlebnis eines Andern, Grössern, Höhern zu schenken. Darum muss es seelsorgerlich betrachtet werden. [...][2]

Theater als unersetzliches Instrument zur religiösen Gesundheit? Christliche Theatergeschichte ist bis in das Barock hinein zugleich Kirchengeschichte und umgekehrt. Während sich die Reformation des Bibel- und Spottspiels bedient und eifernde puritanische Prädikanten und Räte alles Theaterspiel aufgrund der immanenten Sitten- und Staatsgefährdung zu unterbinden versuchen, hat es die katholische Kirche grundsätzlich nie befeindet, sondern stets gefördert: *als Glaubenslehre, als Sittenspiegel, als Staatskunde.*[3]

Thesenartig lässt sich festhalten, dass sich diachronisch keine Progressionen feststellen lassen. Zu verschiedenen Zeiten entstehen, verschwinden oder verdichten sich unter theatralischem Gesichtspunkt vier wesentliche Aufführungs- und *spil*[4]-Konzepte, die sich von der Liturgie, dem teilnehmenden Vollzug und der unmittelbaren Offenbarung christlicher, überlieferter Zeichen und Handlungen innerhalb eines religiös definierten Raumes, abgrenzen. Es sind dies:

2 Keller, Iso: Das Theater seelsorglich betrachtet. In: Anima Heft 1/Juli 1946. Freiburg 1946, S. 47 f.

3 Ebda. S. 47.

4 *spil* ist die gängige Bezeichnung des mittelalterlichen religiösen oder weltlichen Dramas oder der Weihefeier, die sich aus dem sakralen-kirchlichen Bereich entwickelt haben, von nichtklerikalen Darstellern getragen werden und meist ohne spezifische Autorenschaft sind.

– die Kontemplation: Die Handlungen verlassen den Kirchenraum. Das Geschehen (*tableaux vivants*, Kreuzweg) passiert an einem ausserkirchlichen Ort. Die Teilnehmenden begeben sich in Andacht von Ort zu Ort und vollziehen Religiosität in Form innerer Versenkung;

– die Prozession: Die religiöse Handlung manifestiert sich als Ritus, der von vorausgehenden Leuten verkündet wird. Das gläubige Publikum zieht im Anhang mit und imitiert die Vor-Bilder;

– die Präsentation: Religiöse Riten, aus- und aufgeführt von ausgewählten Teilnehmenden, bewegen sich am ausgegrenzten Publikum vorbei. Der innerliche oder erinnerte Vollzug religiöser Handlungen ist von aussen nicht mehr sichtbar;

– das Theater: Die in einen szenisch-dramaturgischen Ablauf strukturierte Handlung findet am gleichen Ort statt, wo das Publikum zuschaut. Es gibt keine Teilnehmenden mehr, sondern bloss Zuschauer und Spieler, die durch eine Rampe getrennt sind. Letztere repräsentieren Figuren, mit denen sie innerlich nicht verknüpft sein müssen. Die Darsteller handeln gemäss einer von aussen geführten, eine individuelle Interpretation beabsichtigenden Regie. Die religiösen Inhalte sind bloss noch Vorlagen, die den Zeitgeist spiegeln und den Rahmenbedingungen der Aufführungsorte und -träger unterworfen sind.

Die Wahrnehmung des religiösen Geschehens ist also verschieden. Während die Mitbeteiligung an Liturgie, Kontemplation und Prozession noch Vermittlung religiöser Inhalte *per se* darstellt, sind die Vorführungen religiöser Inhalte einer didaktischen Aufmachung unterworfen. Dank der jährlich sich rituell revitalisierenden Vor-Führungen erlernt das Publikum biblische Geschichte spielend, es ‹geht mit› oder ‹kommt nach›.

Der klerikale Wunsch nach Katechese mittels Theater ist damit eine Krücke, Heilsgeschichte (durch den *Synchronismus*[5] und durch Zeitsprünge) zu pflegen[6] und aufgrund der Gleichzeitigkeit miteinander in Beziehung zu setzen – so wie das Kirchenjahr die Geburts-, Leidens- und Erlösungsgeschichte im Zeitraffer darstellt. Theater als mnemotechnisches Verfahren erfüllt den Imperativ *Tut dies zu meinem Gedächtnis!* vollauf. Mit der *imitatio Christi,* seines Handelns, Wirkens und Leidens, tut der Mensch so, als ob er sich in eine bessere Zukunft erlöse. Die Seel-Sorge trachtet *dem im Menschen wurzelnden Spieltriebe etwa bei den Jünglingen entgegenzukommen und durch seine sittlich geleitete Wegführung seine Betätigung nach bedenklicherer Seite hin zu lähmen, [...] damit in der Darstellung edler Menschen und ergreifender Schicksale hervorragend sittlich wirkende Kräfte gelöst und in den Zuschauern tätig werden.*[7]

Staunen, Feiern, Danken, Loben, Preisen, Bitten, Flehen, Verkünden, Trauern und Lachen sind das jedem Menschen eigene und kanonisierte Handlungsrepertoire religiös-liturgischer Gottesfurcht, am besten verwirklicht in der sozial abgesicherten Gemeinschaft. Die Verquickung von Nützlichkeit und Spass oder, um den angelsächsischen Begriff zu bemühen, *infotainment,* eint die Brauchtumsträger[8] und kultiviert die Spielkommunikation, denn auch wer ausserhalb des amtlichen Gottesdienstes mit Spiel Ehrfurcht vor Gott beweist, ist ein praktizierender Christ.

Die irdische Rechtschaffenheit will jedes Spiel – «im Gedenken» und beim Laien mit wenig interpretatorischer Absicht – gut und gottgefällig machen, auch wenn es von Leiden und Trauer handelt. Denn im Besingen und Spielen des *theatrum coeli* zeigt sich die kollektive Anteilnahme am schmerzhaften Lebensweg «unseres Herrn», die Metapher für die eigene *via dolorosa* im Jammertal Erde.

Als Mängelwesen gibt sich der Mensch Rechenschaft über seine Schuld. Scham und Sühne sind die Katalysatoren, die göttliche Allmacht anzuerkennen und jedes Theater entsprechend dem herrschenden Zeitkolorit und ethisch rechtschaffenen Empfinden zu formen und zu formulieren, so dass *kein Hauch von dem, was die Evangelisten von der Auferstehung des Herrn und den sie begleitenden Umständen berichten, in menschlichem poetischem Rankenwerk verkrüppelt wird oder gar untergeht.*[9]

Religiöse Vorlagen eignen sich aufgrund der Bekanntheit und allgemeinen Verständlichkeit der narrativen Elemente – meist ein simpler *plot* – besonders zur Theatralisierung; sie sind schnell erzählt, verstanden und erst noch augenfällig. Dennoch bleiben konkretisierte Stücke hinsichtlich Stil, inhaltlichen Schwerpunkten und Interpretationen dank der besonderen Betonung der Intensität der Gefühlserfahrung und der direkten körperlichen Erfahrung – das Kapital spielender Laien – veränderbar und innerhalb der Weltlichkeit bis zur Parodie und Travestie simplifizier- und karikierfähig. Dazu bei trägt die Umsetzung mit Laien, die nicht das literarische Mass an

5 Bucher, Anton von: Geistliches Vorspiel zur Passionaction ... ohne Ort 1782, S.152: *[...] Wird ja wunderselten wer hundert Jahr alt, und wer wollte hundert Jahr lang an einer Komödie schauen. Da habn unsere Voreltern gwiß was Gescheits erfunden an dem Synchronismus, und wär er nicht erfunden noch, es fiehl g'wiss von unsern jungen Lekern keinem mehr ein. [...]*

6 Keller, Iso: Das Theater seelsorglich betrachtet. In: Anima ..., S. 49 (vgl. Anm. 2): *[...] Aber überlassen wir das übliche Vereinstheater endlich den neutralen Vereinen... [...] Erste Aufgabe katholischer Spielgemeinschaften ist es, das eigentliche religiöse Stück zu pflegen! [...]*

7 Hüpgens, Theodor: Religion und Bühne. In: Frankfurter Zeitgemässe Broschüren. Bd.38. Heft 3/1918. Hamm 1918, S. 5.

8 Wiesebach, Wilhelm: [Einführung]. In: Halleluja! (Osterspiel). Frankfurt/ M. 1921, S. 5: *[...] Wie das Passionsspiel, so soll auch das Osterspiel, seinem Charakter entsprechend, als Volksspiel nur von Männern und Frauen des Volkes, nicht von Berufsschauspielern dargestellt werden. Was der Berufsschauspieler durch künstlerisch allseits fein abgewogene Plastik und Mimik bietet, das ersetzt der gläubige und ganz und gar von seiner Aufgabe durchdrungene Spieler aus dem Volke durch das leuchtende und wärmende Mitteilen seiner Seele. Immer wieder muß daran erinnert werden, daß ein Osterspiel [...] ein feierliches Weihespiel, ein Gebet, eine gottesdienstliche Handlung ist, die die Spieler auf der Bühne mit den Zuschauern im Saal, ihren Brüdern und Schwestern, gemeinsam üben. [...]*

9 Wiesebach, Wilhelm [Einführung]. In: Halleluja! (Osterspiel). Frankfurt/M. 1921, S. 4.

Ernst auf die Bühne bringen, sondern stets im weitesten Sinne sich selbst spielen und sich der Öffentlichkeit/Lächerlichkeit preisgeben.

Kirchliches Problem war das Gebot, sich von Gott kein Bild machen zu dürfen (Ex 20,4/Dtn 5,8), um das Geheimnis als Stimulanz zu bewahren, was bis in unser Jahrhundert Kritiker auf den Plan brachte.[10] Allerdings verabschiedet bereits das tridentinische Konzil (1549–1563) diese gerade im volksreligiösen Bereich unhaltbare Vorschrift mit der Begründung, dass mit der im Bild erwiesenen Ehrfurcht nicht das götzenhafte Abbild, sondern das leibhaftige Vorbild gemeint sei. Mit diesem im Hinblick auf die Katechese geschickten Schachzug sind der Inflation für das visuelle Gedächtnis keine Grenzen mehr gesetzt; Andachtsbilder verstärken und unterstützen die *compassio* des einzelnen, vergegenwärtigen und vermehren das Personal des Himmels und der Hölle – und erhalten durch die Darstellung der gescheiterten Prototypen Adam/Eva die Sünde aufrecht.[11]

Die Attraktion der Schaufrömmigkeit und damit der Sinnfälligkeit von Sinnbildern ist ein voller Werbeerfolg für das Evangelium, auch wenn Christus im heiligen Spiel vor Gott aus seiner *edlen Entrücktheit in die Ebene des Leiblich-Realistischen* herabgezerrt und in der die Zeiten hartnäckig bis auf höchst seltene Ausnahmen überdauernden Darstellung als *weibisch gelockter Schönling aus einer Geistigkeit* in eine *Leiblichkeit*[12] pervertiert wird.

Die Anfänge religiösen Spielens reichen zurück ins 4. Jh., zum lateinischen *Quem quaeritis?*-Tropus – *Wen sucht ihr? / Jesus! / Er ist nicht hier. Er ist auferstanden. Sagt es allen weiter!* Im 9. Jh. tauchen in der Karwoche sinnfällige Riten auf, jedoch keine Personendarstellungen:

- die *adoratio crucis* (Kreuzanbetung)
- die *depositio corporis* (Grabesruhe)
- die *elevatio crucis* (Auferstehung)
- die *visitatio sepulcri* (Grabbesuch)

10 Arnet, Edwin: Das Religiöse im Film. In: Der Grundriss. Film Theater Laienspiel. Nr. 9/September 1941, Zürich 1941, S. 266: *[...] Gewiss hat auch die Kirche Unsichtbares versinnbildlichen müssen, wir denken an die Taufe und das Abendmahl ..., aber im Film findet nicht eine Versinnbildlichung, sondern eine Versinnlichung statt. Das Kreuz, der Abendmahlswein, das Taufwasser ... das sind Sinnbilder eines Ungreifbaren. Man darf sie nicht anbeten, denn das wäre Verrat am Ungreifbaren; bei einem Symbol ist das, was das Symbol vertritt, immer grösser als das Symbol selber. Durch ein Verfilmen solcher Symbole aber wird gerade ihr optischer, ihr folkloristischer, ihr dinglicher Wert übersteigert, und in jeder Übersteigerung des Sinn-Bildes liegt die Zerstörung des Sinn-Bildes. [...]*

11 Esche, Sigrid: Adam und Eva. Sündenfall und Erlösung. Düsseldorf o. J.

12 Arnet, Edwin: Das Religiöse im Film. In: Der Grundriss ..., S. 264 f (vgl. Anm. 10) Der Autor fährt fort: *[...] Die Darstellung Christi in der Malerei oder Plastik unterscheidet sich von der verfilmten Figur grundlegend und in dem Masse, als Vision von Photo und Kunst von Artistik verschieden sind. Der Maler malt aus der Frommheit heraus eine Figur, die diese Frommheit um so reiner trägt, als die Figur kein Abklatsch der Wirklichkeit, sondern ein Spiegelbild der innern Vision des Malers ist. Der Maler lässt weg, er subtrahiert, er verdichtet, er gibt dem Gesicht Christi, der Gebärde, dem Mantel etwas von jener innern Ergriffenheit, die ihn überhaupt zur Darstellung dieser Figur angetrieben hat. [...]*

Auf dem Hintergrund des liturgischen Ostertropus, der durch Pilger aus der Ostkirche nach Westeuropa kommt und sich in Frankreich und Deutschland festsetzt, entwickelt sich im 10. Jahrhundert mit dem lateinischen Wechselgesang ein gesangliches und szenisch ausgestaltetes Element der Ostermesse, an der nicht nur die Mönche oder Nonnen, sondern alle Gläubigen teilnehmen. Hauptakteurin ist die *ecclesia triumphans* mit ihrem Hokuspokus (= *hoc est corpus?*). Ausgangspunkt ist das Grab Christi, zu dem am Ostermorgen die drei Frauen – dargestellt von Klerikern, einem *in nuce* bereits komischen Moment (‹Rockrolle›) – zur rituellen Salbung des toten Christus kommen.

Bereits in diesem Frühstadium szenischer Darstellung sind theatralische Momente sichtbar:

– narrative Handlung in Form eines Dialoges,
– dramatische Momente (Bruch der Erwartung), Lösung/Botschaft/ Befriedigung. Exposition (Gang zum Grab), Steigerung (Wen sucht ihr?), Höhepunkt (Er ist nicht hier, er ist auferstanden wie vorausgesagt), Katharsis (Erschrecken), Finale/Belehrung/Auftrag/ Botschaft (Verkündet es allen!),
– von aussen sichtbare szenographische Gestaltung (Altar als Bühne und/oder Kulisse. Ausstattung: Simultanbühne, links Hölle/Höllenschlund, rechts Himmel, dazwischen die Erde; also das spannungsgeladene Modell des horizontalen Dualismus und noch nicht jenes des hierarchisch gegliederten Gradualismus: Himmel oben, Hölle unten),
– von innen getragene, jährlich wiederholte Handlung unter Einbezug von personellen Ressourcen aus dem interessierten Umfeld (Publikum als Zuschauer),
– Einbezug von Effekten (Musik, Gesang, Donnerschlag),
– stilisierende und typisierende Verkleidung (fleischfarbenes ‹lîbgewandt›).

Das mittelhochdeutsche Osterspiel von Muri, das älteste überlieferte deutschsprachige Drama überhaupt, hat eine herausragende Stellung innerhalb der Gattung durch seinen künstlerisch geformten, dem höfisch-ritterlichen Geist entspringenden Dialog, der an die Darsteller höchste Ansprüche im Hinblick auf Wortgestaltung und Gebärdensprache stellt. Eindringlich gestaltet ist in den 1840 und 1942 wiederentdeckten Fragmenten – die zwischen 1240 und 1260 entstandene handschriftliche Pergamentrolle, ein Souffliertext, wurde im 15. Jahrhundert als Bucheinband rezykliert – die Rolle der Maria Magdalena, gespielt von einem männlichen Darsteller namens Antonius. Magdalena, die *sanctissima peccatrix*, wandelt sich entlang ihres relativ statischen Antipoden Christus, den sie erst als Gärtner verkennt, von einer Verworfenen zu einer (sich selbst) Erkennenden. Zu Sophokles' Antigone bestehen Parallelen – z. B. in den ‹Reinwaschungen›

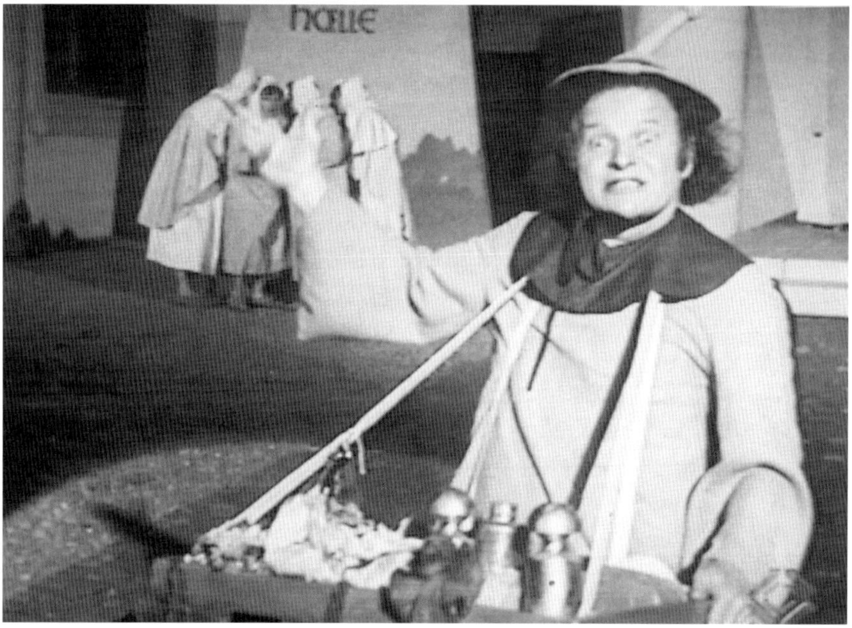

von Pilatus/Kreon oder in der Liebe des Feindes.[13] Die 612 Verse, ungefähr die Hälfte des vermuteten Umfangs, erzählen die Ereignisse rund um die Auferstehung nicht dramatisch, sondern als ein vom Wort getragenes, kirchlich-kontemplatives Festspiel. Ob eine Auferstehungsszene ins Spiel eingefügt war, was sich im Sinne der vorhandenen Dramaturgie durchaus denken lässt, bleibt offen.

Die visuell und akustisch lebendige und einprägsame Vergegenwärtigung der Auferstehung führt in eine immer mehr sich an Laien wendende Spieltradition (z. B. Ersetzung des lateinischen Gesangs durch mittelhochdeutsch gesprochenen Text) mit unkontrollierbarer, in Szenen und Szenerien unterteilbarer Eigendynamik. Die Texte werden abgeschrieben, kompiliert, neu zusammengesetzt, ergänzt, bearbeitet und erweitert, so wie es in der Dramaturgie auch heute üblich ist, um eine für Ort, Spieler und Spielerinnen sowie Publikum akzeptable und für die Regie zu verantwortende, interpretatorisch individuell richtige Strichfassung zu erreichen. Weil kein Textstand unantastbar ist, wird inhaltlich kräftig ausgebaut: Szenen mit Pilatus, den Juden und dem ungläubigen Thomas, die derbe Krämer- oder die Höllenfahrtszene (das Deszensusspiel) kommen dazu.

Um das Osterspiel als Mittelpunkt entwickelt sich die Spielfreude nach zwei Seiten: in Richtung «kosmologischer Zukunft» (Himmelfahrts-

13 Haller, Christian: Die Unbestechlichen: Maria Magdalena und Antigone. In: Das Osterspiel von Muri. Urtext, Spielfassung, Materialien. Baden 1994, S. 7–17.

14 Schulze, Ursula (Hg.): Churer Weltgerichtsspiel nach der Handschrift des Staatsarchivs Graubünden Chur. Berlin 1993.

spiele, Jüngstes Gericht), aber auch rückwärts in die biohistorische Dimension Christi (Passions-, Christi-Geburt-, Magier-, Dreikönigs- und Herodesspiele). Des weiteren wollen Dramatisierungen von Bibelteilen (Adam und Eva, Sündenfall und Vertreibung aus dem Paradies, Opferung Isaaks, Kain und Abel, Mosesszenen, David und Goliath, Sturz Luzifers, Zehnjungfrauenspiel) und Heiligenlegenden (Sebastianispiele und Legenden von Ortsheiligen) ausserhalb der Kirche aufgeführt werden und kristallisieren zu gesellschaftlichen, das Kirchenjahr strukturierenden Ereignissen.

Das Churer Weltgerichtsspiel[14] von 1517 ist eines der vielen Weltgerichtsspiele, die am Ende des 15. und beginnenden 16. Jh. entlang von Matth. 25,31–46 geschrieben und/oder aufgeführt werden (Bern, Chur, Luzern, Schaffhausen, Walenstadt) und den erhöhten Chorraum als Bühne nutzen.

Ein Vorredner und geistlicher *magister ludi* begrüsst das Publikum und erläutert die heilspädagogische Absicht, nämlich die Belehrung durch inneren Nachvollzug: [6 ff.] *Wer wil vermiden ewig pin Vnnd bringennz sel jns ewig rich, Der bild das ingste gricht in sich.*

Ausgangsbasis ist einerseits die Vermeidung der biblischen Sünden des Dekalogs (Ex 20,2–17), die seit dem 14. Jh. deutschsprachig fassbar sind, aber auch der mittelalterliche Sündenkatalog in der auf Thomas von Aquin zurückgeführten Siebnergruppe in der SALIGIA-Ordnung (*superbia, avaritia, luxuria, invidia, gula, ira, acedia*) [296 ff.]. Mit diesen beiden Instrumenten wird anlässlich des Jüngsten Gerichts ein Gewissensspiegel propagiert. Die im Spiel vorgeführten, ihre Verhaltensweisen und Verfehlungen reflektierenden Personen (Engel, Teufel, Gestalten des Alten und Neuen Testaments, Kirchenlehrer und Heilige, Seelen der Auferstandenen, Antichrist, deren Anhänger und Gegner, die sieben Hauptsünden) werden vor Gott beurteilt und in gut oder bös geschieden. Spielabsicht ist eine dramatisch-narrative Schilderung des richtigen Lebens und individuellen Heils: [1534 ff.] *Nun bkert üch, es ist min rat, Das hant ir frilich offt gehört, Wan die welt sich gar zerstert Mit bübery vnnd Antecrist, Der yetz by uch gewessen ist, So sond wir uch dann wider bkeren. Darumb sond ir gott flissig eren,*

Osterspiel von Muri. Aufführung der Laientheatergruppe Muri; Regie: Josef Elias; 1978. Gast: Margrit Winter (als Maria Magdalena mit dem Auferstandenen).

Gegenüberliegende Seite: Rico Galizia als Krämer.
Fernsehaufzeichnung;
Repros: Fritz Franz Vogel, Wädenswil ZH.

Nend wider hin die Zehen bott, Kennend vnnd ouch erend gott, Das uch gott nitt straff mit rach, Darumb sonnd ir vnns volgen nach.

Die Bühne ist die Welt, die Schauspieler sind die Menschen. Das Stück, das gespielt wird, ist das Leben – und dieses ist ein Traum(a). Wenn es zu Ende ist, ruft der Tod die Spieler von der Bühne ab. Gott, der Spielmeister, hält Gericht. Dieses vorgezogene, dramatische Partikulargericht ist auch der Inhalt der allegorischen Dramen und theozentrischen Sakramentsspiele von Calderón de la Barca (1600–1681). *Das Grosse Welttheater* von 1645 wird seit 1924 in Abständen von rund fünf Jahren als Freilichtspiel vor der barocken Kirchenkulisse in Einsiedeln im Geist der Zeit jeweils neu interpretiert (Peter Erkelenz, Oskar Eberle, Erwin Kohlund, Dieter Bitterli). Durch das Agieren der Bühnenfiguren (Welt, Herrschaft, Weisheit, Schönheit, Reichtum, Armut) wird die Vorsehung und Weltregie Gottes sichtbar. Aus der Perspektive des belehrten Zuschauers begreift der Mensch noch heute im Spiegelspiel die Weltenmechanik und die *ars moriendi et vivendi.*

Anhand von Stücken und Periochen – inhaltlichen Zusammenfassungen – lässt sich der theaternärrische Kosmos am Wallfahrtsort zur schwarzen Madonna bis ins 16. Jh. zurückverfolgen und macht das fruchtbare Gemisch von Fasnachtsbrauch, Liturgie, Stiftsschultheater, Prozession und Wallfahrtsspiel bis in die Regie- und Dramaturgiekonzepte (Innen- vs. Aussenraum, Mehr- vs. Einortbühne, barocke Bühnen- und Feuerkunst vs. Schäferidylle des 19. Jh. etc.) augenfällig.[15]

Mit den Inhalten wachsen die Zahl der Mitwirkenden, die Spieldauer und der katechetische Erfolg.[16] Es entstehen neue Bühnenformen (Anfang des 16. Jh. ist die Trennung in einen göttlichen, weltlichen und teuflischen Bühnenbereich vollzogen, die kubische Simultanbühne mit ihren den entsprechenden Bewohnern zugeteilten Spielhäusern, die je nach Bedarf «aufgeblendet» werden, ähnlich dem Aufblenden einer Szene mit Licht, erobert die Marktplätze theaterfruchtbarer Städte[17]), das Gesprochene wird

15 Braun, P. Heinrich Suso: Bühnenkünste des Einsiedler Barocktheaters. In: Corolla Heremitana. Festschrift Linus Birchler. Olten/Freiburg 1964, S. 243–289.
Braun, Hans Eugen [= Braun, P. Heinrich Suso]: Das Einsiedler Wallfahrtstheater der Barockzeit. Diss. Freiburg 1969.

16 M. E. ist diese Mission der Kirche bloss ein vermeintlicher Aufbruch in die Weltlichkeit. In Wahrheit scheint es eher der Einbezug des Weltlichen zu sein, um als Kirche überleben zu können, kurz: Vereinnahmungs- und damit Vorwärtsstrategie. Die weltliche Macht ist gegenüber neuen subversiven Tendenzen viel restriktiver, denn ihre Macht liegt auf dieser Welt, während göttliche Macht mit ihrem sanktionierten, erst im Jenseits wirkenden Sünden- und Ablassregister nie zu korrumpieren ist.

17 Moser, Dietz-Rüdiger: Die Bühnenformen der Passionsspiele. Eine Skizze. In: Henker, Michael . . ., S. 98 (vgl. Anm. 1).

18 Thoran, Barbara: Frauenrolle und Rolle der Frauen in der Geschichte der deutschsprachigen Passionsspiele. In: Henker, Michael . . ., S. 113 ff. (vgl. Anm. 1).

19 Jacobelli, Maria Caterina: Risus paschalis e il fondamento teologico del piacere sessuale. Brescia 1990.

Calderón de la Barca: Das grosse Welttheater. Aufführung der Theatergesellschaft Einsiedeln; Regie: Dieter Bitterli; 1987.
Foto: Fritz Franz Vogel, Wädenswil ZH.

zugunsten des zu Schauenden aufgrund der erhöhten Distanzen zwischen Spieler und Zuschauer rückgebaut, Spezifikationen in Ikonografie und Typisierungen in Kostümgestaltung werden sichtbar, interdisziplinäre Wechselbeziehungen von Schauspiel, Malerei, Skulptur und Musik werden ausgebaut und Frauen vermehrt ins Spiel einbezogen.[18] Schliesslich zeichnen organisierte Handwerkerzünfte und Bruderschaften verantwortlich für einzelne Spielteile und Szenen, die immer öfters den Lustbarkeiten weltlicher Gesetze gehorchen.

Dass bereits im 16. Jh. Weltliches in die Liturgie zurückkommt, zeigt sich anhand des Brauches im süddeutschen und romanischsprachigen Gebiet, die Gläubigen während der österlichen Liturgie mit Witzen, anzüglichen Scherzen, obszönen Wörtern oder Nonsens-Gedichten gebührend zu unterhalten und zum Lachen zu bringen[19].

Der Kontrast zur Auferstehungsfeier ist der Karfreitag. Als äusserster Punkt erlittener Gottesferne und Verlassenheit macht er den Kreuzweg des eigenen Lebens schmerzlich bewusst. Während die Auferstehung hoffnungsfrohen Glauben erzeugt, lässt sich der Tod bloss als *rite de passage* in ein versprochenes und mit allerlei Glückseligkeiten angereichertes fiktives Jenseits euphemisieren.

Auf diesem Hintergrund erstaunt der durchschlagende Erfolg der Passion Christi nicht. Sein Leiden übertrifft alle Leiden, es ist das Paradigma Leiden schlechthin. Christus am Kreuz ist keine alltägliche Nachricht, sondern die universale Ikone am Scheitelpunkt zwischen irdischer Endlichkeit und göttlicher Ewigkeit, am Limes zwischen Orient und Okzident, ist die vertikale Verbindung zwischen neuzeitlichem Bauernhimmel und antiker Schädelstätte, ein irritierendes Macht- und Kraftzentrum zwischen ausgemergelter Armut und konvulsivischer Ekstase. Wo Christus im Zentrum steht, ist das Ich mit all den Verletzungen und Hoffnungen auf Tilgung irdischer Sünden mitgemeint.

Das Spiel der Passion – und deren Erlösung – symbolisiert diesen Tausch Tod gegen Leben nicht nur, weil er an den Anfang des Frühlings gesetzt wird. Die Erfolgsmission am Kalvarienberg basiert auf der Unmöglichkeit, selber schon einmal tot gewesen zu sein. Der eigene Tod ist immer hypothetisch, tritt er ein, kümmert er einen nicht mehr. So ist der Tod des andern der Spiegel des eigenen Todes.

Das 1633 aufgrund eines Gelübdes in der Not einer Pestseuche begründete Passionsspiel in Oberammergau ist der historische Verschnitt[20] und Inbegriff der von Laien inmitten einer triumphalarchitektonischen Volks- und Naturbühne dargestellten Leidensgeschichte Jesu. Dabei verschmilzt die Aufführung Theater und Liturgie in eine von Zuschauern und Akteuren gemeinsam nachvollzogene Quasi-Liturgie, deren Länge bereits Luther für seine Zeit missfiel: *Da kumpt es, das man die passion ßo vill stund vorzeugt, weyß gott, ob es mehr zum schlaffen oder zum wachen erdacht ist.*[21] Die heiligen Ingredienzien in diesem Diorama sind aber bloss profane Requisiten: *Ein kleines Kreuz und ein Kelch für den Engel. Bogen und Pfeil für den Tod. Waschbecken und Handtuch für den Pilatus und das Todesurteil und das Stäbchen zum Brechen, Waschbecken und Tuch zum Füßwaschen, Speise und Trank, einen Kelch, das Osterlamm, ein Wasserkrug für den Hausvater. Ein weißes Kleid, Purpurmantel, Mooskolben, Strohkrone, Dornenkrone, eine Saul* [= Säule] *zur Geißelung, drei Kreuze, das Kreuz zum Ziehen, drei Nägel, die Titelschrift, ein Schwamm auf einer Stange, das Brustblech für den Kaiphas, das Schweißtuch für die Veronika, die Salbenbüchse für die Magdalena, dreißig Silberlinge für die Hohenpriester, den Gurt für den Judas und sein Beutel, auch ein Strick zum Hängen, drei Würfel, eine Pfeife, ein Schweinshorn*[?], *eine Glutpfanne, Strick und Ketten, ein Schaffel mit Blut oder roter Farbe, die Ruten und Peitschen, eine Leiter zur Kreuzigung, zwei Schwapel* [= Fackeln], *der Judenbaum* [an dem sich Judas erhängt].[22]

Die Ikonographie der Passion hat viele Gesichter und ungewöhnliche Töne (Klappern und Rätschen, die die Gläubigen zusammenrufen, denn die Glocken sind ‹nach Rom geflogen›, um den päpstlichen Segen für den Ostermorgen zu holen). Mendrisio[23] zelebriert am Gründonnerstag (*Funziun de giüdee*) eine nicht datierte historische Prozession durch die reichlich mit volksreligiösen *trasparenti*[24] geschmückte Innenstadt – sehr kontrastierend zu all den bunten und illuminierten Reklameschildern heutiger Konsumgesellschaft. Die Prozession führt rund 200 Personen vor, die den Gang Jesu auf den Kalvarienberg nacherzählen: Reiter, Trompeter, Standartenträger, Longinus, Veronika, Christus, Hebräer, drei Marien, Diebe, Würfelspieler, Anna, Kaiphas, Pilatus, Herodes, Hohenpriester, Nikodemus u. a. Die Prozession am Karfreitag, weniger Spielszenen als vielmehr Präsentationen von heiligen Gegenständen und bemalten Lampions, soll älter sein – ein Dokument von 1670 versichert die Existenz einer Holzplastik des toten Christus, wie sie im Umzug mitgeführt wird – und weist ausgeprägteren religiös-liturgischen Charakter auf als der Vortag: narrative Insignien der Passion und des Kreuzwegs, Embleme der kleinen Passion, der tote Christus auf einer Totenbahre, das Leichentuch Christi, Laternen der 7 Leiden und die grosse schwarze Fahne der Gemeinde.

Fasziniert von den historischen Prozessionen in Mendrisio, verwirklicht eine Gruppe Junger 1945 in Coldrerio ihre Passion als Verknüpfung von panoramischem Landschaftstheater und Guckkastenbühne.

Während des nun 50jährigen Bestehens gibt es immer wieder Modifikationen. So wird in den 50er Jahren der Umzug auf den Mittwoch der Karwoche vorverlegt, um die Prozessionen in Mendrisio nicht zu konkurrenzieren. Während zu Beginn noch relativ wenig Figuren vorhanden sind, kommen im Laufe der Zeit immer mehr Bilder und Personnagen dazu, die analog zum benachbarten Mendrisio als Umzug gezeigt werden: Zur Besetzung – König Herodes, ein römischer Soldat und Jesus – gesellt sich 1953 ein Pferd mit entsprechend erfahrenem Reiter. Anfang der 60er Jahre wird die Kreuzigung ein- und damit die Prozession in Richtung Aufführung

20 Treutwein, Christoph: Inhalt und Aufbau deutschsprachiger Passionsspiele des Mittelalters. In: Henker, Michael ... S. 29 f. (vgl. Anm. 1). Der Autor belegt in 75 untersuchten Passionsspielen folgende Inhalte in zumindest zwei Textzeugnissen: Einzug in Jerusalem, Beratung der Juden (33x); Vorhersagen (des Leidens und der Auferstehung, des Verrats, der Verleugnung des Petrus); Abendmahl (31x); Fusswaschung; Gespräch zwischen Maria und Jesus vor Jesu Leiden; Verrat des Judas (30x); Gebet auf dem Ölberg; Gefangennahme Jesu; Heilung des Malchus; Jesus vor den Hohenpriestern, vor Pilatus, vor Herodes; Verleugnung des Petrus; Reue des Judas; Aussöhnung von Pilatus und Herodes; Geisselung; Dornenkrönung; Traum der Frau des Pilatus; Verurteilung Jesu durch Pilatus; Jesus auf dem Weg nach Golgatha; Jesus und die Töchter von Jerusalem, und Simon von Cyrene, und Veronika; Kreuzigung (26x); Anbringen der Kreuzesinschrift; Teilung der Gewänder; die beiden Schächer am Kreuz; Kreuzesworte (25x); Marienklage (49x); Klage der Marien am Kreuz; Johannes und Maria; Zeugnis des Centurio; Beinbrechung; Heilung des Longinus; Begräbnis Jesu (30x); Aufnahme der Schächer in den Himmel bzw. in die Hölle.

21 Luther, Martin: Werke. Weimarer Ausgabe Bd. 2, S. 136.

22 Graber, Georg: Passionsspiel aus Köstenberg. Das Leiden Christi. Graz 1937, S. 26.

23 Le processioni storiche di Mendrisio. Locarno 1998.

24 Im *Libro dei Conti* der SS. Sacramento Bruderschaft sind seit 1712 Kerzenkäufe für die künstlerisch gestalteten Leuchtkästen und Wandbilder verzeichnet. Die ersten Personenzuschreibungen solcher Motivtafeln datieren vom Ende des 18. Jh. (Giovan Battista Bagutti, 1742–1823, aus Rovio).

Passionsspiel Coldrerio, Kreuzigungsszene.
Foto: Fritz Franz Vogel, Wädenswil ZH, 1995.

umgebaut. 1967 werden die beiden Schächer eingeführt, 1972 der Zivilprozess vor Pontius Pilatus, ebenso Barabbas, 1973 kommt Kaiphas dazu, 1976 der Prozess bei den Hohenpriestern, der Verrat durch Judas und der Kreuzweg auf den Kalvarienberg. Der Versuch, die Abendmahlsszene einzubauen, scheitert, weniger aufgrund der zeitlichen Abfolge als vielmehr der einzusetzenden Spieldauer wegen. 1983 wird die Prozession wesentlich auf die blosse Präsentation der Figuren gekürzt, das eigentliche Spiel vor Ort szenisch und sprachlich erweitert und findet – nicht zuletzt aufgrund von Neubausiedlungen – zur heutigen Form mit ihrer mittels Fundament gesicherten Lokalität im Freien statt, sofern das Wetter eine Aufführung erlaubt.

Auch im technisch-organisatorischen Bereich gibt es im Laufe der Zeit Neuerungen: 1957 wird das Holzkreuz gegen ein leichteres aus Sagex und Polyester ausgewechselt. 1961 findet im Hinblick auf eine Institutionalisierung der Vorführungen und Koordinierung der Vorbereitungen die Gründungsversammlung eines verantwortlichen Organisationskomitees statt. Zudem werden im Laufe der Zeit Kostüme angefertigt, ausgediente Feuerwehrhelme zu Soldatenmützen umfunktioniert, die Beschallung wird mittels Mikrophonen und Lautsprechern verbessert, die Beleuchtung professionalisiert.[25]

Damit ist die Passion von Coldrerio Beispiel eines Verismus, der Veränderungen und Modifikationen nicht scheut, und wird als heimliche Siegerin im Passionswettkampf des Südtessin gehandelt.[26] Frage bleibt, ob trotz des markant gestiegenen Touristeninteresses nicht ein Zugzwang für Veränderungen besteht, um die mit dem Auto angereisten *Fast-food*-Kulturverzehrer mit einer im Spiegel der Jetztzeit reflektierten Passionsgeschichte zu befriedigen.

Dass sich Veränderungen des Liturgievollzugs auf die Bräuche auswirken, illustriert die Karfreitags-Prozession der den Kreuzweg referierenden, schwarz verhüllt die Klageweiber von Jerusalem mimenden *pleureuses* in Romont – seit 1843 ohne Kreuz, denn dieses verbrannte in jenem Jahr im Depot. Statt des lateinischen *stabat mater* wird heute französisch gesungen und gebetet. Auf (blut)roten Tüchern zeigen die in ungerader Zahl Trauernden die *arma Christi* und dessen *vera icon* und mahnen mit ihren die Kirchenglocken ersetzenden, schnarrenden Rätschen (*tapolets*) zur Beweinung. Die Tränen gehören dabei zu den fürbittenden Gnadenflüssigkeiten wie das Blut Christi oder die Milch der *mater misericordiae.* Als vorösterliches Heilsgemisch versprechen Blut und Tränen Läuterung von aller Schuld.

In Selzach wird 1892 erstmals ein Passionsspiel nach Oberammergauer Muster aufgeführt und wegen des grossen Erfolges sogleich auf einen Spieltag ausgebaut: 23 lebende Bilder von der Erschaffung der Welt bis zum Einzug Jesu in Jerusalem am Vormittag, 20 Bilder von Christus vor Kaiphas bis zur Auferstehung und Himmelfahrt am Nachmittag. In unregelmässigen Abständen werden die dauernd wechselnden Inszenierungen veränderter Textgrundlagen (Gottlieb Vögeli, Heinrich Weber, Placidus Hartmann, Cäsar von Arx, Otto Wolf) bis 1952 fortgeführt. Der 1937 prämierte, neu geplante Passionsspiel-Dom wird nicht realisiert. Nach einer Pause von 20 Jahren werden die Spiele 1972 einmalig wieder aufgenommen. Seither entwickeln sich die vom ökumenischen Geist getragenen, mit Volksliedern, oratorischen Gesängen und Orchestereinlagen angereicherten Spiele zu konzertanten oder opernhaften, übers Jahr verteilten Aufführungen mit Werken von Mozart und Haydn.[27]

Im Bannkreis der totalen Erlebnisgesellschaft und inmitten grenzenloser Metakommunikation und Automobilität widersetzt sich die Passion nach wie vor der Vereinnahmung. Sie ist grossartiges Welttheater und Lehrbeispiel zugleich, an dem sich die Geschichte der Menschheit und die Biographie des Jedermanns zu messen hat, weil darin auf anschauliche Weise der Mensch zum göttlichen Thema wird. In dieser Passions-Topographie ist Golgatha der knöcherne Schuttberg, auf dem sich das mittelalterliche, für unsere Betrachtung seitenverkehrt einkopierte, simultane Weltbild exemplifiziert: Christus als vertikale, fleischgewordene Erlösung auf der sündigen Erde als Machtzentrum, rechts – das Kreuz als gerecht richtende Waage – die im reulosen, zürnenden und sich abwendenden Schächer personifizier-

25 Solcà, Carlo: La manifestazione sacra di Coldrerio. Coldrerio 1995.

26 Medici, Mario: Le processioni di Coldrerio. In: Illustrazione ticinese 5/1978: *[…] Nulla è più vivo e penetrante, più doloroso e spoglio di questa sacra rappresentazione di Coldrerio, ancora piena di schietto fascino e di promesse: un rito ormai radicato e abi-tudinale nella tradizione popolare […].*

27 Hug, Walter: Passionsspiele und Mozartopern im hundertjährigen Passionsspielhaus Selzach. Selzach 1995.

te Hölle und links der mit gesenktem Kopf demütig-reuige Auferstehungsoptimist.

Das Passionsspiel war im Laufe der Geschichte vielen Wandlungen unterworfen. Es musste barocke Züge ablegen, allegorische Figuren verabschieden, das anthropozentrische Welt- und Wertesystem hinterfragen, Antisemitismen streichen, den Aufritt von Geistern und Dämonen unterbinden, das Karikieren bestimmter Stände unterlassen und die Szenen von allem Sentimentalen reinigen. Es blieb inhaltlich, konzeptionell und sprachlich bis heute korrekturbedürftig. *Ein Kleid, dem man einen Flicken nach dem anderen aufsetzt, wird wohl nie ein Gewand mit modernem Zuschnitt. […] … ist jedoch nicht einzusehen, weshalb sich Stoffe, die der Weltgeschichte oder der Gegenwart entnommen sind, für Panorama-Darstellungen nicht eignen sollen. Es gibt viele Wege, die den Sinn des Kreuzesmysteriums erschliessen können. Der beste Zugang wird immer derjenige sein, der von den Gedanken, Fragen und Erfahrungen ausgeht, die den Zuschauer unserer Zeit bewegen.*[28] Dies ist aber möglicherweise trotzdem immer die Urszene, weil sie am meisten Projektionsfläche bietet und sich jeder Allgegenwärtigkeit und Widerlichkeit widersetzt.

Dass sich religiöses Theater im weltlichen Bereich der Stilmittel der Komödie äusserst gern bedient, zeigen zwei Beispiele. Franz Alois Schumacher (1703–1784) schrieb für die private Ergötzung am Güdismontag von 1743 in Rothenburg sein Fasnachtsspiel *Isaac*, das vor jeglicher Aufführung bereits zum religionspolitischen Skandal wurde – und uns dank dessen erhalten blieb.

Die Inspiration zu dieser Parodie gewinnt Schumacher aus einem Tafelbild in geschwungener Trapezform in der Jesuiten-Apotheke in Trier, gemalt vom Pater Apotheker um 1710: der bemäntelte, weisshaarige Abraham zielt aus nächster Distanz mit seiner Büchse auf Isaac. Dieser, mit einem Lendentuch verhüllt, die Augen mit einer weissen Binde abgedeckt und die Hände auf dem Rücken gebunden, kauert im Kniesitz auf einem mit Holztremeln gebeigten Feueropferaltar. In diesem Moment uriniert von schräg rechts oben ein rechtshändiger, geflügelter Engel – trotz anderslautenden (Bild)wünschen sind die himmelspatriarchalen Geschöpfe stets männlich! – in dichtem Strahl millimetergenau auf die brennende Lunte. Die Bildlegende auf dem Sockel dieses Retabels bestätigt den naiv-volksfrommen Bildinhalt: *Abraham du druckst umsunst. Ein Engel dir aufs Zündloch brunst.*

Schumachers Stück wird aufgrund des vernichtenden Berichts der Luzerner weltlichen und weltgeistlichen Zensoren (*scandalos, unchristlich, blasphem und gotteslästerlich*[29]) verboten, weil diese darin eine Verballhornung der Isaak-Erzählung sehen, obwohl der Autor an einer Ratssitzung vor versammelten Herren und Obern die satirische Absicht erläutert. Diese wird im Prolog vom *tambur* geschickt als Motto vorangestellt: [15 f.] *d'rotenburgger haben ihres spihl nit aus d<er> bibel gnommä, sonder sie haben den inn-*

Passionsspiele Selzach SO, 1972, Kreuzwegszene.
Repro: Fritz Franz Vogel, Wädenswil ZH.

halt von den tirolerä bekommä. Sie wollen [20] d<*er*> *tyroläräeyfalt ausspihlä* und [31] *tyroler nachaffä.* Schumacher beteuert, er wolle durch Kinderlehre und die Anprangerung naiver Volksfrömmigkeit in seiner Predigt die womöglich irregeleiteten Pfarrkinder wieder auf den rechten Weg bringen.

Die Parodie auf den Typus des biblischen Schauspiels aus dem Tirol, also eine Parodie auf eine allseits bekannte, werbewirksame literarische Gattung [Titelblatt] *Isaac der Alt Testamentische in Einem Týroler spihl)*, passt zur Theater- und Imitationslust des Volkes, weil es damit nicht behaupten muss, sich selbst zu spielen, sondern andere Typen an den Pranger stellt, um letztlich doch sich zu meinen. Damit erfüllt das über die vielen von Abgängern von Jesuitenschulen dramatisierten Viten von Ortsheiligen modifizierte und damit popularisierte Ordenstheater beim einfachen Volk den Zweck der anschaulichen Seelsorge und religiösen Erziehung: [924 f.] *Halt dih wohl Isaac, undt sey mär än ehr, undt geh auh fleißig in d'christä lehr.* Bekannte Szenen und Genres bedienen sich auf religiös-triviale Weise aus dem Fundus der Bauernkomödie mit ihrem gutmütigen Spott ([162] *Da muest mar helffän ä wenig de<n> Abram voppä, ih will där den auh ä drinkgeldt schoppä.)* und ihrem tölpelhaften Personal (Aus-der-Rolle-Fallen, Text vergessen, Versprecher, dialektale Einfärbungen zur Personentypisierung, bäuerliches Milieu etc.). Die Einbindung von Spiellust und -vermögen (die Paarreime als mnemotechnisches Gestaltungsmittel) war und ist ein probates Mittel, in

28 Rupp, Walter: Theologie der Passionsspiele. In: Henker, Michael . . ., S. 124 f. (vgl. Anm. 1).
29 Haas, Walter: Franz Alois Schumachers «Isaac». Eine Volksschauspielparodie aus dem 18. Jahrhundert. Luzern 1975, S. 24.

der Rolle des trotteligen Gott Vaters oder des zappelhaften Cherubindle die wahrhaftige Religion zu verstehen. Die Mimesis ist gerade wegen des Auseinanderklaffens von hohem Inhalt und trivialer Form [273 f.] *Gott vodä mueß ä brafe ma seyn, ä barth mueß er haben, und ä 3 eggigä schein)* das unheimlich erfolgreiche Konzept religiöser Tradierung.

Die Zensurbegründung des geistlichen Rats rekapituliert die Gefahr bei der theatralischen Bibelexegese, nämlich durch die Komödie den Inhalt, vorab die Erlösung der Menschheit durch Christus, lächerlich zu machen, aber auch die Anmassung, Gott mit einem Menschen zu vergleichen, ja ihm überhaupt anthropomorphes Aussehen und Verhalten zu verleihen.

Anton von Buchers (1746–1817) *Geistliches Vorspiel zur Passionaction, betitelt: In DlLVVIo CoMeta sIngVLIs orIens; oder Fürwahr ein Schreckstern jedem ist, der Sündflutgrund zu aller Frist, das ist die erschrecklichste Tragödia aller Tragödien, welche die erste Person in der Gottheit, als nämlichen GOtt Vater ein Schöpfer der sündigen Welt, in dem ersten Buch Genesis Cap. 6to mit den Sündern des Erdbodens, quia omnis caro corruperat viam suam I Gen cap. 6. v. 5. auf dem großen Theater der Welt selbeigen produciret und agiret hat. Von einem unsers Ordens=Pater inventiret, Nun aber zu grösserer Ehre GOttes von mir corrigirt, mit unzahlbaren Exhibitionen decorirt ad peruersum Saeculi Genium applicirt, mit schönen neuen Versen und Zusätzen amplificirt, und zur Auferbauung der Glaubigen in ein hellers Taglicht producirt Anno reparatae Salutis 1782* treibt die literarisch-musikalische Persiflage zur Meisterschaft. Das in bairischem Idiom gehaltene, sünd(flut)hafte Handwerkerspiel, das gemäss fiktionaler Vorrede nach der Karfreitagsprozession und vor der Passionstragödie aufzuführen ist, wird durch satirische Moralpredigten des Pater Umgang verbunden.

Das mit viel Sprachwitz und aufgeklärter Pfaffenhaltung verfasste Stück, das originaler ist als eine mögliche Originalvorlage – in die ersten Titelzeilen ist ein Chronogamm eines fiktiven Uraufführungsjahres 1721 eingewoben – und eine falsch verstandene Religiosität anprangert[30], imitiert in volkstümlich-dialektalen Knittelversen Barocktheater. Gemäss Personenregister hat Meister Hafner Gott Vater zu spielen, die Bräukasperlenerl die Göttin Cybele, der Brunknecht Jodl Gott Vulkan als *ein russiger schmutzi-*

30 Kiermeier-Debre, Joseph: Eine Komödie und auch keine. Theater als Stoff und Thema des Theaters von Harsdörffer bis Handke. Stuttgart 1989, S. 96–110.

31 Ein Textausschnitt findet sich am Schluss des Artikels.

32 Es liesse sich darüber spekulieren, ob mit diesen Umständen das antike Muster von Gottgeburten variiert wird, denn ein Erlöser braucht eine ungewöhnliche Genese, so wie hier, wo der befleckende, weil animalische Empfängnisakt ein bloss (prophetisch) angekündigter, nicht aber ein vollzogener ist.

33 *Eine schöne neue Comedia / Von der Geburt Jesu Christi unsers Heilandes und Seligmachers. Jetzo zum ersten der Jugend zum besten in Druck verfertiget. Gedruckt im Jahr / 1693.* Stückabdruck in: Sembdner, Helmut: Die Oberuferer Weihnachtsspiele im Urtext Stuttgart 1977

Anton von Bucher: Sündfluthspiel, 1782.
Aufführung des Comoedi-Spiel Landshut;
Regie: Joseph Kiermeier-Debre; Luzern 1984.
Foto: Fritz Franz Vogel, Wädenswil ZH.

ger Waffenschmiede, vorstellend das Feuer, der Flosserjakl Gott Neptun und der Perückenmacher auf dem Gries Gott Aeolus *als ein französischer Koch den Wind agierend.* Für den Stieflschuster bleibt die Rolle des Noe, für die Klosterausgeherin die *Hechse* und für den Bettelrichter der *Lucifer.* Das Theater ist die Welt, aber nicht mehr die allegorischen Himmelssphären des Barock repräsentierend, sondern irdisches Sozialmilieu parodierend.

Glanzstück dieser in Luzern erst im Dezember 1984 vom deutschenschweizerischen Comoedi-Spil uraufgeführten Parodie ist die opernhafte Schlussapotheose[31], die trotz des von Gott gestifteten Regenbogens als Symbol des beschwörenden Bundes zwischen Himmel und Erde nicht darüber hinwegtäuschen kann, dass der finale Entscheid der Vorsehung erst mit dem Jüngsten Gericht gefällt wird.

Im Gegensatz zu Passion/Osterspiel und Weltgericht geben sich die Christi-Geburt-Spiele eindeutig weniger spektakulär, sofern man von den mirakulösen Verkündigungs- und Empfängnisumständen, der beinahe gänzlich fehlenden Schwangerschaft und der plötzlichen Königsgeburt ohne Wehen – jedes Jesuskind wird uns inmitten fromm-familiärer Idylle mindestens als halbjährig präsentiert – absieht.[32]

Die Niedlichkeit *der Geburt Jesu Christi unsers Heilandes und Seligmachers*[33] hat nicht bloss die Krippen- und Stallszenographie beflügelt und damit die nordische, animalisch angereicherte Stallwärme zur Winterszeit rehabilitiert – die agrarische Christigeburt erscheint uns erst im Vergleich zum heutigen Lebensstandard so erbärmlich–, sondern auch den Kanon kirchlichen Singens erhalten und erweitert. Kein Religionsunterricht der Unter- und Mittelstufe lässt das einfache Spiel um *Jesuschindli, Eseli* und *Öchsli* aus, gleich einem schulischen Initiationsritus in die Zauberwelt Religion. *D'Zäller Wiehnacht* (1960) von Paul Burkhardt (1911–1977) transponiert die Weihnachtsgeschichte in eine chorische Aufführung mit szenischen Spieleinlagen. Das ohne Kostümierung zu inszenierende, völlig säkularisierte Singspiel in Zürcher Dialekt und zwinglianischer Sprödigkeit scheut keine helvetischen Diminutive und verzichtet zugunsten der Alltagskleidung auf Gewand und Garderobe. Der Schlager *Das isch dä Schtärn vo Bethlehem* hat als eingängiges Liedgut mittlerweile den Weg in die Hitparade jedes Kindergartens gefunden – unabhängig von der Jahreszeit. Weitere Renner von *O-mein-Papa*-Burkhardt sind *De Zäller Josef* und *D'Zäller Ostere.*

Konkurrenz erwächst im schulischen Katechismus in den letzten Jahren mit neuen, bezüglich Inhalt und Form sehr interessanten und bisweilen frömmigkeitskritischen Produktionen. Der Wegweiser durch die Spielliteratur für das Schul- und Jugendtheater[34] weist unter der Rubrik *Weihnachtszeit* 135 Stücke und Notensätze, unter *Religiöse Spiele* 40 Inszenierungsideen auf (z.B. über ein Zählbüro in Bethlehem, über Josephs Problem der unbefleckten Empfängnis Mariens oder über den interethnischen Zugang zu Religionsgeschichten, über Kinderkreuzzüge oder Jugendsekten.)

Der Vollzug von religiösem Brauchtum ist heute angesichts multimedial vermarkteter «Multikulti-Surrogate» und schwindender Jenseitsgläubigkeit und Gottesfürchtigkeit schwieriger geworden und einem konsumistischen Gebrauch von Brauchtum gewichen. Und dennoch: Die narrative Beschaulichkeit des sinnlichen Direkterlebnisses von Laien für Laien widersetzt sich, wenn auch bloss noch sehr vereinzelt von Brauchtumsversessenen am Leben gehalten, hartnäckig der pseudodevotionalen Schnippeltechnik medialer Zubereitung und damit auch tendenziöser und saturierter Kulturkritik, obwohl die eklektizistische Hetze entlang jahreszeitlicher Ereignisse eher ein pflichtschuldiges Abhaken bestimmter Brauchtumspartikel ist als die für Geist und Seele notwendigen und entschlackenden Exerzitien.

Religiöses Theater kann – ob im fundusgespeisten Dekor der katholisch geprägten Komödie oder in aseptischer Nüchternheit des protestantischen Singspiels und Musicals[35] – vor allem in seiner in sich geschlossenen Form als kontemplatives Störmanöver in unserem Alltag dienen, als *ausgezeichnetes Mittel der Persönlichkeitsbildung und Gemeinschaftsschulung.*[36] Es ist die vor allem auf der schulischen Unterstufe didaktisierte und ästhetisierte Katechese biblischer Botschaften rund um Geburt und Tod, *eine* der Möglichkeiten zum Gedächtnis, zur *tätigen Teilnahme am Gottesdienst*[37], die auch gegen den Kulturentwurf des 20. Jahrhunderts, nämlich jedes Relikt wie eine Reliquie zu musealisieren, mit spielerisch-utopischem, ephemerflüchtigem, sozial- und individualbiografischem Eifer opponiert.

34 Heinzelmann, Marcel: Wir spielen Theater. Wegweiser durch die Spielliteratur für das Schul- und Jugendtheater. Zürich 1998 (7. Aufl.)

35 Vogel, Fritz Franz: Fetziger Sound, rassige Tänze. Zur Vermusicalisierung der deutschschweizerischen Schulbühnen. In: Mimos. Zeitschrift der Schweiz. Gesellschaft für Theaterkultur. Nr. 1–2/1997. S. 2–5.

36 Keller, Iso: Das Theater seelsorglich betrachtet. In: Anima . . ., S. 51 (vgl. Anm. 2).

37 Steinmann, Paul: Theater und Liturgie. Möglichkeiten und Formen des darstellenden Spiels im Gottesdienst. Diplomarbeit. Luzern 1983, S. 2/9.

[…] **Gott Vater hitzigst.** *Das bleibt der Welt nun immer kund, geschlossen sei mein Gnadenbund.*
Steigt
Mein Gnagnagnagnadenbund, mein Gnagnagnagnagnadenbund.
Stossend.
Geschlossen sei – Geschlossen sei – Geschlossen sei mein Gnadenbund.
Geschwind.
Das bleibt der Welt nun immer kund, das bleibt der Welt nun immer kund!
Geschwinder.
Das bleib der Welt, das bleib der Welt, das bleib der Welt nun immer kund!
Geschwindest.
Mein Gnagnagnagnagnadenbund, mein Gnaden, Gnaden, Gnadenbund.
Mein Gnagnagnagnadenbund, (Mit maiestätischen Stoß) ge-schloss-en sei!
Paucken. *Pidibum, Pidibum, Pidibum, Pidibum!*
Gott Vater mit Nachdruck. *Mein Gnadenbund, bund, bund, bund, bund!*
Allegro Noe. *Mein Herz verwund – verstumt mein Mund*
G.V. *Geschlossen sei – mein Gnadenbund!*
Noe. *O goldne Stund!* **Gott V.** *Das bleibe kund*
Noe. *Lieb ohne Grund!* **G.V.** *geschlossen sei mein Gnadenbund!*
Noe. *O Lie, Lie, Lie, Lie, Liebens Fund!*
G.V. *Mein Gnaden, Gnaden, Gnadenbund.*
Paucken *Pidipum, Pidipum, Pidipum, Pum! Pum!*
zugleich.

> *I* **G.V.** *Geschlossen sei mein Gnadenbund, mein Gnaden, Gnaden, Gnadenbund! Gnagnagnagna! Gnagnagnagna*
> *I* **Noe.** *O Lie, Lie, Lie, Lie, Lie, Lie, Lie,*
> *I* **G.V.** *Gnagnagnagna! Gnagnagnagna.*
> *I* **Noe.** *O Lie, Lie, Lie, Lie, Lie, Lie, Lie,*
> *I* **G.V.** *Gnagnagnagna! Gnagnagnagna*
> *I* **Noe.** *O Lie, Lie, Lie, Lie, Lie, Lie, Lie,*
> *O Liebes Fund*
> *I* **G.V.** *Mein Gnadenbund*
> *I* **Paucken.** *Pidipum, pum, pum, pum, pum, pum.*

G.V. *Geschlo-ssen-sei. Geschlo-ssen sei. Geschlo-ssen sei!*
Noe. *O liebes Fund, o liebes Fund, o liebes Fund, o liebes Fund!*
G.V. *Geschlossen sei, sei, sei, sei, sei, sei, sei, sei, sei, sei, sei.*
Mein Gnadenbund, bund, bund, bund, bund, mein Gnadenbund.
Geschlossen sei! – Es bleibe Kund – Geschlossen sei – mein Bund!
Mein Gnadenbund, bund, bund, bund, bund. Triller.
u u u und&c.
Paucken. *Pum, Pum, Pum, Pum. […]*

V. Anhang

Register

↔ weitere Stellen zu finden unter
→ Stellen zu suchen unter
Heilige unter den Anfangsbuchstaben ihrer Namen

A

B

C

D

E

H

I, J

K

L

M

N

O

P

R

S

T

Z

Auskunft über die Autorin und die Autoren

Thomas Antonietti, Sitten: Lic. phil. (Ethnologie, Publizistik, Sozialpsychologie), Konservator der volkskundlichen Abteilung des Kantonalen Museums für Geschichte, Sitten, und Präsident der Vereinigung der Walliser Ortsmuseen. Forschungen und Publikationen in den Bereichen Sachkultur, Brauchtum, Tourismus und Fotografie. Publikationen: *Eggenberg und sein Triel. Ein bäuerliches Gerät in der dörflichen Erinnerung,* 1988; *Ungleiche Beziehungen. Zur Ethnologie der Geschlechterrollen im Wallis,* 1989.

P. Otto Bischofberger SMB (Verein Missionshaus Bethlehem) † (1934–1997): Prof. Dr. phil. (Ethnologie, Soziologie, Anthropologie), ab 1967 Lehrtätigkeit am Missionsseminar Schöneck, ab 1973 zudem an der Theologischen Fakultät Luzern, ab 1985 ordentlicher Professor für Religionswissenschaft, 1974–1988 Mitglied des Generalrats der Bethlehem Mission.

Wolfgang Brückner, Würzburg: Prof. Dr. phil, Ordinarius für deutsche Philologie und Volkskunde an der Universität Würzburg. Zentrale Forschungsfelder: konfessionell geprägte Kultur, nonverbale Kommunikation, Fund und Erfindung sogenannten Volkstums. Zahlreiche Publikationen zum Wallfahrtswesen, zur Bilderpopularisierung, zu Volkskunstproblemen, zur literarischen Vermittlung von Erzählgut und zur Volkskunde im Nationalsozialismus.

Roland J. Campiche, Lausanne: Prof. Dr. phil., lic. theol., seit1970 Ordinarius für Soziologie an der Universität Lausanne, seit 1971 Direktor des Bureau romand des Insituts für Sozialethik des Schweizerischen Evangelischen Kirchenbundes in Lausanne, 1991–1995 Präsident der Société Internationale de Sociologie des Religions. Zahlreiche Publikationen, u.a. (Hg. mit A. Dubach) *Croire en Suisse(s)* [dt. Ausg.: Jeder ein Sonderfall, 1993]. Lausanne 1992; (Hg.) *Cultures jeunes et religions en Europe.* Paris 1997.

Ernst Halter, Aristau AG: Dr. phil. (Germanistik, Kunstgeschichte, Mediävistik), Schriftsteller und Herausgeber, 1970–1985 Cheflektor des Orell Füssli Verlags, Zürich, seit 1985 freischaffend. Letzte Veröffentlichungen: *Das Buch Mara,* Roman, Zürich 1988; *Aschermittwoch,* Gedichte, Zürich 1990; (als Hg.) *Davos, Profil eines Phänomens,* Zürich [2]1997; *Irrlicht,* Roman, Zürich 1995.

Claudius Heitz, Freiburg im Breisgau: Lic. phil. (Geschichte, Theologie, Germanistik), seit 1994 wissenschaftliche Hilfskraft am Institut für Religiöse Volkskunde der Theologischen Fakultät Freiburg. Publikationen: *Die Revolution von 1848/49 im Dreisamtal,* 1997; in Vorbereitung: *Volksmissionen in Baden* 1849–1918 (Diss.), verschiedene Beiträge zu regional- und frömmigkeitsgeschichtlichen Publikationen.

Thomas Hengartner, Hamburg / Bern: Prof. Dr. phil., seit 1996 Ordinarius für Volkskunde an der Universität Hamburg. Forschungsschwerpunkte: religiöse Volkskunde, Stadtvolkskunde, Technik im Alltag, volkskundliche Genussmittelforschung. Publikationen u.a.: *Gott und die Welt im Emmental,* Bern [2]1995; *Forschungsfeld Stadt,* Berlin / Hamburg 1999; *Ganz Ohr. Telefonische Kommunikation,* Bern 1994; Edition der Schriften von Niklaus Manuel, Bern 1999.

Paul Hugger, Chardonne VD: Prof. Dr. phil., em. Ordinarius für Volkskunde an der Universität Zürich. Forschungsgebiete: Ortsmonographien, altes Handwerk, Hirtenkultur, industrielle Entwicklung und Lebensweise, Stadtvolkskunde, Fotografie als Medium des Alltags. Neuere Publikationen: (Hg.) *Der Gonzen. 2000 Jahre Bergbau.* 1991; (Hg.) *Handbuch der schweizerischen Volkskultur.* 3 Bde. 1992; *Das Berner Oberland und seine Fotografen.* 1995; (Hg.) *Kind sein in der Schweiz.* 1998.

Karl Imfeld, Kerns: Theologe, während 35 Jahren Pfarrer in Kerns OW, befasst sich mit der regionalen Volkskunde allgemein, besonderes Forschungsgebiet: religiöse Volkskunde, religiöse Praxis und Bräuche. Publikationen u.a. über «Drei Könige in Kerns» sowie «Älplerkilbi in Obwalden»; in: Thalmann, R. (Hg.): *Das Jahr der Schweiz in Fest und Brauch.* Zürich und München 1981; «Alpine Bann- und Segensbräuche»; in: Haid, H. u. G.(Hg.): *Alpenbräuche. Riten und Traditionen in den Alpen.* Bad Sauerbrunn 1994.

Roland Inauen, Appenzell: Lic. phil. (Volkskunde, Germanistik), seit 1992 Konservator am Museum Appenzell und Kulturbeauftragter des Kantons Appenzell I. Rh. Veröffentlichung: E. Taverna, R. Widmer, P. Witschi, I. Inauen: *Kräuter und Kräfte. Heilen im Appenzellerland* (hg. Walter Irniger). Herisau 1995.

Peter Kern, Lütisburg SG: Lic. phil. (Volkskunde, Geschichte), Mitarbeiter in einem Büro für Archiv und Geschichte. Veröffentlichung: *Heiliggräber im Bistum St. Gallen.* Basel 1993; als Mitautor: *Aus der Geschichte von Bronschhofen.* Wil 1996, sowie: *Aus der Geschichte von Stadt und Gemeinde Altstätten.* Altstätten 1998.

Ottavio Lurati, Basel / Montagnola TI: Prof. Dr. phil., Ordinarius für italienische Linguistik an der Universität Basel, Mitglied u.a. der *Accademia della Crusca.* Forschungsgebiet: Gesellschaftsgeschichte im Spiegel von Alltagssprache, Idiomatik und Toponomastik. Veröffentlichungen u.a.: *Le parole di una valle. Dialetto, gergo e toponomia della Val Verzasca,* 1983; Il Canton Ticino, in: Franceso Bruni (Hg.): *L'Italiano delle regioni,* 1992; *Modi di dire. Nuovi percorsi interpretativi,* 1998.

Pirmin Meier, Beromünster: Dr. phil. (Germanistik, Philosophie, Geschichte), seit 1979 Kantonsschullehrer in Beromünster LU. Veröffentlichungen u.a. über Reinhold Schneider, Fundamentalismus, die magische Volkskunde des Alpenraums; *Paracelsus – Arzt und Prophet,* [3]1993; *Ich Bruder Klaus von Flüe. Eine Geschichte aus der inneren Schweiz,* 1996.

P. Franz-Toni Schallberger OSsR (Orden der Redemptoristen), Mariawil, Baden: Seelsorger mit Akzent auf der spirituellen Vertiefung. Veröffentlichungen: *Was Du trägst, trägt Dich* (Christophoruslegende); *Der Spur des Lebens folgen (Maria von Magdala); Eucharistie – leibgewordener Glaube; Kreuzweg – vierzehn Schritte zum Leben – Erlösungsweg; Immerwährende Hilfe zum Leben – Maria; Maria bewirkt, dass Jesus wirkt* (alle im Kanisius-Verlag, Freiburg i. Ue./Konstanz).

Alois Senti, Köniz BE: Dr. phil. und h.c., bis 1995 Redaktor am Landwirtschaftlichen Informationsdienst in Bern. Veröffentlichungen: *Sagen aus dem Sarganserland.* Bd.1, 1974, Bd.2, 1998; *Gebete aus dem Sarganserland; Der Sarganserländer Alpsegen; Anekdoten, Schwänke und Witze aus dem Sarganserland.*

Ludwig Suter-Brun, Beromünster LU: Grafiker und Illustrator, Fotograf und Publizist, kennt seit frühester Kindheit «d'Möischterer Uffert». Bücher und Ausstellungen zur Geschichte, der Kunst und Kultur des Stiftes und Fleckens Beromünster. Publikationen u.a.: *Der Auffahrtsumritt Beromünster,* Beromünster 1991.

Rolf Thalmann, Basel: Dr. phil., sein Versuch eines religiös-volkskundlichen Inventars des Kantons Aargau zeitigte 1977 die Ausstellung und Publikation *Zeichen des Glaubens – Religiöse Bildwelt im Alltag.* Lenzburg 1977. Gründer der «Arbeitsgruppe religiöse Volkskunde» innerhalb der Schweiz. Gesellschaft für Volkskunde. Seine religiös-volkskundliche Bibliothek wurde 1991 von der Universität Würzburg erworben.

Mathilde Tobler, Luzern: Dr. phil. (Kunstgeschichte, Volkskunde), nach Tätigkeit als Kulturbeauftragte des Kantons Obwalden Konservatorin des Heimatmuseums in Sarnen, seit 1992 Verantwortliche für Ausstellungwesen und Öffentlichkeitsarbeit am Museum in der Burg Zug. Ihre Dissertation über marianische Gnadenkopien führte sie zur Beschäftigung mit Klosterarbeiten.

Fritz Franz Vogel, Wädenswil ZH: Lic. phil. (Volkskunde), arbeitet in den Medien Text, Fotografie und Buch (auch als Herausgeber und Hersteller). Forschungsschwerpunkte: inszenierte und dokumentarische Fotografie, populäres und freies Theater, visuelle Kommunikation, Erotica. Veröffentlichungen u.a.: *Das Alphabet. Die Bildwelt der Buchstaben von A bis Z,* 1995; *musikTHEATERmusik,* 1998; *Via vacca. Die Kuh in Kunst, Kitsch und Kaufhaus,* 1999.

Klaus Eberhard Welker, Wittnau (bei Freiburg im Breisgau): Dr. phil. (Vergl. Religionswissenschaft, Japanologie, Alte Kirchengeschichte, Volkskunde); bis 1995 Akad. Rat am Institut für Religiöse Volkskunde, Universität Freiburg i. Br. Forschungsgebiete: Brauch, Heiligenverehrung, Patrozinien, Wallfahrt. Veröffentlichungen u.a.: *Die grundsätzliche Beurteilung der Religionsgeschichte durch Schleiermacher,* 1965; *Heilige in Geschichte – Legende – Kult. Beiträge zur Erforschung volkstümlicher Heiligenverehrung und zur Hagiographie,* 1979.

Paul Wicki, Zürich: Lic. phil. (Germanistik und Volkskunde), Berufsschullehrer und redaktioneller Mitarbeiter in einem Verlag; Schwerpunkt: neue Staaten in Osteuropa und Zentralasien.

Dominik Wunderlin, Basel: Lic. phil. (Volkskunde, Geschichte, Humangeographie); Konservator / Leiter der Abt. Europa (Volkskunde) am Museum der Kulturen, Basel. Forschungsschwerpunkte: Jahreslaufbrauchtum, religiöse Volkskunde, Spielzeug. Diverse Ausstellungspublikationen, zuletzt: *Basler Fasnacht – Menschen hinter Masken* (1998/1999); als Publizist: *Wasserfallen-Passwang – ein Reise(ver)führer,* 1998; 1983–1997 Redaktor des Baselbieter Heimatbuchs.